VERÖFFENTLICHUNGEN DER
HISTORISCHEN KOMMISSION ZU BERLIN
BAND 67

BEITRÄGE ZU INFLATION UND WIEDERAUFBAU IN DEUTSCHLAND UND EUROPA 1914—1924

Herausgeber

GERALD D. FELDMAN
CARL-LUDWIG HOLTFRERICH
GERHARD A. RITTER
PETER-CHRISTIAN WITT

BAND 8

Walter de Gruyter · Berlin · New York

1986

THE ADAPTATION TO INFLATION

Edited by

GERALD D. FELDMAN
CARL-LUDWIG HOLTFRERICH
GERHARD A. RITTER
PETER-CHRISTIAN WITT

With Contributions by

GEROLD AMBROSIUS · DAVID E. BARCLAY · GERALD D. FELDMAN
MARTIN GEYER · CARL-LUDWIG HOLTFRERICH · HANS JÜRGEN JAKSCH
CLAUS-DIETER KROHN · ANDREAS KUNZ · GUNTHER MAI
WILLIAM C. MATHEWS · MERITH NIEHUSS · NORBERT RANFT
ROBERT SCHOLZ · STEVEN B. WEBB · PETER-CHRISTIAN WITT

Walter de Gruyter · Berlin · New York

1986

DIE ANPASSUNG AN DIE INFLATION

Herausgegeben von

GERALD D. FELDMAN
CARL-LUDWIG HOLTFRERICH
GERHARD A. RITTER
PETER-CHRISTIAN WITT

Mit Beiträgen von

GEROLD AMBROSIUS · DAVID E. BARCLAY · GERALD D. FELDMAN
MARTIN GEYER · CARL-LUDWIG HOLTFRERICH · HANS JÜRGEN JAKSCH
CLAUS-DIETER KROHN · ANDREAS KUNZ · GUNTHER MAI
WILLIAM C. MATHEWS · MERITH NIEHUSS · NORBERT RANFT
ROBERT SCHOLZ · STEVEN B. WEBB · PETER-CHRISTIAN WITT

W DE G

Walter de Gruyter · Berlin · New York

1986

Die Herausgabe des vorliegenden Bandes erfolgt mit einem Druckzuschuß
der Stiftung Volkswagenwerk, Hannover, sowie mit finanzieller Hilfe
der Deutschen Bundesbank, Frankfurt am Main
Die Schriftenreihe der Historischen Kommission zu Berlin erscheint mit Unterstützung
des Senators für Wissenschaft und Forschung, Berlin

Lektorat der Schriftenreihe

Christian Schädlich

CIP-Kurztitelaufnahme der Deutschen Bibliothek

Die Anpassung an die Inflation / hrsg. von Gerald D. Feldman ... Mit Beitr. von Gerold Ambrosius ... - Berlin ; New York : de Gruyter, 1986.
(Veröffentlichungen der Historischen Kommission zu Berlin ; Bd. 67 : Beiträge zu Inflation und Wiederaufbau in Deutschland und Europa 1914—1924 ; Bd. 8)
Parallelt.: The adaptation to inflation
ISBN 3-11-009935-7

NE: Feldman, Gerald D. [Hrsg.]; Ambrosius, Gerold [Mitverf.]; Historische Kommission ‹ Berlin, West ›: Veröffentlichungen der Historischen Kommission zu Berlin / Beiträge zu Inflation und Wiederaufbau in Deutschland und Europa 1914—1924; PT

USA-ISBN 0899252877

Satz: Historische Kommission zu Berlin, Berlin 38
Druck: Werner Hildebrand, Berlin 65
Einband: Lüderitz & Bauer, Berlin 61

EINLEITUNG

Die hier unter dem Titel „Anpassung an die Inflation" zum Abdruck gebrachten Beiträge entstammen unterschiedlichen Arbeitsphasen des Forschungsprojektes „Inflation und Wiederaufbau in Deutschland und Europa 1914—1924". Zum Teil wurden sie auf dem Workshop des Projektes in Berkeley 1982 zur Diskussion gestellt, zum Teil bildeten sie den Kern einer Sektion des Internationalen Wirtschaftshistorikerkongresses in Budapest 1982, ein anderer Teil wurde auf der Abschlußtagung des Projektes Ende 1983 vorgetragen, und einige wurden speziell für diesen Band geschrieben. Allen Beiträgen gemeinsam ist, daß — so unterschiedlich die konkreten Fragestellungen auch sein mögen — sie die Frage danach aufwerfen, wie Wirtschaftssubjekte, Politiker oder soziale Klassen sich an die Bedingungen von Inflation anzupassen vermögen. Der Begriff „Anpassung" ist sehr bewußt gewählt worden: Unter ihm kann verstanden werden das geschmeidige Sicheinfügen unter Bedingungen, die sich der eigenen Beeinflussung entziehen, ebenso wie der Versuch, die Bedingungskonstellationen für das eigene Handeln zu verändern. Der Begriff „Anpassung" läßt es zu, die Variabilität von Handlungsbedingungen und Handlungschancen ebenso wie veränderte Wahrnehmungen durch die Handelnden zu erfassen, und — wichtiger noch —, wenn von „Anpassung" gesprochen wird, wird ein dynamischer, ein realistischer Begriff verwandt. Keinem der Handelnden oder Erduldenden wird eine unrealistische Einsicht in seine realen Handlungsbedingungen unterstellt, erst aus der nachträglichen Konstruktion von Datenreihen erkennbare Entscheidungsalternativen werden nicht als handlungsleitende Motive ausgegeben oder gar Zweckrationalität und Berücksichtigung aller voneinander abhängigen Faktoren vermutet. Wenn von „Anpassung" gesprochen wird, so ist damit also ein bewußt „historischer" Begriff verwandt worden, der sich auch absetzt von nachträglichen Rationalisierungen, wie sie durch die Wirtschaftstheorie gerade an die deutsche Inflation herangetragen worden sind. Ob die Theorie „rationaler Erwartungen" für heutige Inflationen, für das Handeln von Wirtschaftssubjekten, Politikern und sozialen Klassen heute ein tragfähiges Konzept ist, kann unentschieden bleiben, wenngleich sich auch hier der Verdacht aufdrängt, daß es sich um ein auf vielen unbewiesenen und wohl auch unbeweisbaren Vorannahmen beruhendes, um ein ideologisches und nicht um ein realistisches Modell handelt, sicher ist aber eines: Für Handlungsmöglichkeiten und Handlungen von Wirtschaftssubjekten, Politikern und sozialen Klassen in der deutschen Inflation im und nach dem Ersten Weltkrieg gibt es schon deswegen nichts her, weil individuell und kollektiv Erfahrung mit Preisstabilität, allenfalls auch mit langfristig sinkenden Preisen, nicht aber mit Inflation vorlag. Das heißt: individuell und kollektiv, auf der politischen wie der wirtschaftlichen Entscheidungsebene und im Bewußtsein der Menschen mußten erst Erfahrungen gesammelt und verarbeitet werden. Das Phänomen der Inflation mußte nicht nur wahrgenommen werden, sondern es mußten — viel mühseliger und viel offener für Vorurteile, selektive Wahrnehmungsprozesse und ideologische oder situativ bedingte Verwertungsabsichten — Ursachen gesucht, analysiert und die individuell wie kollektiv angemessenen Maßnahmen ergriffen werden — und dabei ging es keineswegs nur um die Frage, wie etwa aktiv der Lauf der Inflation beeinflußt werden konnte, ob Wiedergewinnung der Preisstabilität im Denken und Handeln Priorität erhielt oder nicht, sondern es eröffnete sich eine weite Palette von Handlungsmöglichkeiten, die zudem durch endogene und exogene Faktoren dauernd variabel gestaltet wurden und — rationale Erwartungen vorausgesetzt — von den Handelnden ein dauerndes Neu- und Umbedenken ihrer Entscheidungsalternativen verlangt hätten. Ob letzteres eine realistische Annahme für individuelle und kollektive Verhaltensweisen ist, ob wirklich rationale Analyse handlungsbestimmend war oder auch nur sein konnte, wenn man bedenkt, welch begrenzter Informationsausschnitt den Handelnden zur Verfügung stand, dies wird in den hier zum Abdruck gelangenden Aufsätzen erkundet an unterschiedlichen Themen und Fragestellungen und mit sehr unterschiedlichen methodischen Ansätzen und theoretischen Vorüberlegungen.

Da die hier versammelten Aufsätze, wie schon angemerkt wurde, für unterschiedliche Zwecke verfaßt wurden und dabei auch die sehr unterschiedlichen Zielsetzungen der Autoren, die ihren Beitrag teils als Teil einer größeren Studie, teils als einen in sich abgeschlossenen Aufsatz geschrieben haben, zu bedenken sind, stellt ihre Zusammenfassung unter dem Titel „Anpassung an die Inflation“ eine nachträgliche Rationalisierung des Lenkungsausschusses des Forschungsprojekts „Inflation und Wiederaufbau“ dar. Diese Tatsache sollte aber nicht zu dem Mißverständnis verleiten, daß hier nur ein Sammelband mehr vorgelegt wird, der seine Heterogenität unter einem anspruchsvollen, künstlich Gemeinsamkeiten herstellenden Titel verbergen will. Denn tatsächlich ist *eine* gemeinsame Zielsetzung aller Beiträge die Frage nach der Fähigkeit und Bereitschaft zur, bisweilen auch nur die Frage nach den faktischen Ergebnissen von Anpassung an die Inflation.

Im *Ersten Teil* des Sammelbandes wird nach theoretischen wie faktischen Rahmenbedingungen für das Handeln von Individuen und sozialen Gruppen gefragt. Dabei handelt es sich einmal um das Verständnis von Inflation bei deutschen Nationalökonomen, ein Problem, dem Claus-Dieter *Krohn* in seinem Aufsatz über die Entwicklung der Geldtheorie von der Vorherrschaft von Knapps staatlicher Theorie des Geldes zu Schumpeters monetärer Kreislaufanalyse in dem Aufsatz „Das Sozialprodukt und die Rechenpfennige" nachgeht. Steven B. *Webb* präsentiert eine Untersuchung über den Zusammenhang von Realwert öffentlicher Einnahmen und Ausgaben in den Jahren 1919 bis 1923 und Inflation und belegt in einer kontrafaktischen Analyse, daß das Steuerprogramm, das 1920 den Reichstag passiert hatte, bei einem Stoppen der Inflation sowohl zur Balancierung der Ausgaben des Reiches wie zur Zahlung von, allerdings verminderten Reparationsleistungen ausgereicht hätte; ein Ergebnis, das in dem Aufsatz von Hans Jürgen *Jaksch* über den Zusammenhang von Inflation und Reparationsforderungen indirekt eine Bestätigung findet, wenn der Autor hier aufgrund eines spieltheoretischen Ansatzes zu dem Ergebnis kommt, daß hohe Reparationsforderungen für die Alliierten und Laufenlassen der Inflation für die deutsche Regierung ein die eigenen Interessen jeweils rational verfolgendes Konzept waren. Beide Aufsätze geben, allerdings nur indirekt, auch Antwort darauf, mit welchen Entscheidungsalternativen sich handelnde Politiker wie Wirtschaftssubjekte konfrontiert sahen, und verweisen darauf, daß Inflation auch als eine „Anpassung" an exogen gesetzte Bedingungen verstanden werden kann.

Im *Zweiten Teil* des Sammelbandes wird eine Reihe von Aufsätzen zum Abdruck gebracht, die sich mit der Entwicklung von institutionellen und individuellen Rahmenbedingungen für solche sozialen Gruppen beschäftigen, die kaum aktiv, sondern in der Regel nur reaktiv „Anpassung" an veränderte wirtschaftliche Verhältnisse — seien sie güter- oder geldwirtschaftlicher Art — vornehmen können. Dabei werden einmal, wie in den Aufsätzen vor Martin *Geyer* über die Wohnungszwangswirtschaft in München, von Norbert *Ranft* über die Erwerbslosenfürsorge in den Städten des Ruhrgebiets während der Besetzung im Jahre 1923 oder von Gunther *Mai* über die personelle Demobilmachung, im wesentlichen politische Maßnahmen auf unterschiedlichen Entscheidungsebenen — vom

Reich bis hin zur einzelnen Kommune — untersucht, zum anderen wird, wie in dem Beitrag von Merith *Niehuss* über Lebensweisen von Familien in der Inflation, den von Merith *Niehuss* und Gerald D. *Feldman* vorgelegten Haushaltsbudgets aus der Inflationszeit und in dem Beitrag von Robert *Scholz* über Lohn und Beschäftigung von Arbeitern in der Inflation, der Versuch unternommen, zu einer methodisch überzeugenden Bewertung vorhandener zeitgenössischer Datensätze über die soziale Lage der Arbeiterschaft in der Inflation zu gelangen; und zum dritten werden in dem Beitrag von Andreas *Kunz* am Beispiel der Beamtenschaft die Entstehung und die Folgen des Land-Stadt-Gegensatzes während der Inflation für eine soziale Gruppe und ihre Interessenorganisation wie die Formen ihrer Interessenwahrnehmung beschrieben.

Im *Dritten Teil* geht Gerold *Ambrosius* den Konflikten zwischen betriebswirtschaftlichen Überlegungen der Werksleitungen kommunaler Versorgungsbetriebe und den fiskalischen Ansprüchen der besitzenden Kommunen während der Inflation nach, während Peter-Christian *Witt* das Investitionsverhalten des größten aller öffentlichen Betriebe Deutschlands, der Eisenbahnen, in dem Zeitraum 1914 bis 1924 untersucht und Gerald D. *Feldman* nach den kurz- und langfristigen Folgen der Inflation für das System sozialer Sicherung in Deutschland fragt. Der *Vierte Teil* behandelt wirtschaftspolitische Programme und Entscheidungen; einmal wird in den Aufsätzen von David *Barclay* über Rudolf Wissell und von William *Mathews* über Robert Schmidt nach Zielsetzungen und Prioritäten sozialdemokratischer Wirtschaftspolitik in den Jahren 1919 und 1920, nach den Konflikten zwischen dem kurzfristig Erforderlichen und dem langfristig Anzustrebenden gefragt, zum anderen untersucht Carl-Ludwig *Holtfrerich*, ob die Goldzölle als eine politische Gegenmaßnahme gegen die einseitige Meistbegünstigung, die Deutschland in dem Versailler Vertrag gewähren mußte, ihre Zielsetzung erfüllt haben.

Die Herausgeber der Reihe „Inflation und Wiederaufbau in Deutschland und Europa 1914—1924“ danken allen in der Historischen Kommission an der Fertigstellung beteiligten Kollegen und Mitarbeitern für die Unterstützung, die sie diesem Band haben zuteil werden lassen. Für die finanzielle Hilfe der Stiftung Volkswagenwerk und der Deutschen Bundesbank möchten sie an dieser Stelle ihren besonderen Dank aussprechen. Darüber hinaus hoffen die Herausgeber, den geplanten Abschlußband der Sammelwerke zur Inflationsforschung über „Die Konsequenzen der Inflation“ recht bald folgen lassen zu können.

Hamburg, im September 1986 *Peter-Christian Witt*

INTRODUCTION

The contributions included here under the title *The Adaptation to Inflation* are the products of various phases within the continuing research project on "Inflation and Reconstruction in Germany and Europe 1914—1924". Some were topics of discussion during the project workshop in Berkeley in 1982, some formed the core of a section of the International Economic History Congress in Budapest in 1982, some were presented at the conference that concluded the project at the end of 1983, and a few were written especially for this volume. Common to all the contributions is that, regardless of their different approaches to concrete issues, they all raise one question: How are economic interest groups, political leaders, or social classes able to adapt to the conditions of inflation? The term "adaptation" has been intentionally selected. It can be understood both as a supple conforming to circumstances beyond one's own control and as an attempt to alter the circumstances that condition one's own actions. The term "adaptation" thus takes into account the variability of conditions and chances that shape behavior as well as the changes in perception of social actors themselves. More importantly, the term "adaptation" is both dynamic and grounded in reality. It is not suggested here that those who responded to the inflation or simply endured it were guilty of unrealistic insights into the actual conditions of their actions. Alternative choices that are recognized only after the subsequent construction of data are not presented as motives that shape behavior, nor are purposeful goals or the consideration of all interrelated factors assumed. When speaking of "adaptation" a "historical" term has been intentionally used; it is used in contrast to the subsequent rationalizations of economic theory, particularly as they concern the inflation in Germany. The problem of whether the theory of "rational expectations" is a sound concept for today's inflation, for the actions undertaken by today's economic interest groups, politicians, and social classes may remain open, even though one may suspect that that model is based on many unproven and perhaps unprovable assumptions, that it is ideological and not based on reality. One thing about the model, though, is certain. It can be applied neither to the possibilities for social action nor to the concrete activities of economic interest groups, political leaders, and social classes in the German inflation during and after the First World War, because in Germany there had been individual and collective experience of price stability and in some cases of long-term price decreases, but not of inflation. This meant that experience first had to be gained and assimilated individually and collectively, both on the political and economic decision-making level and in the popular consciousness. The phenomenon of inflation not only had to be assimilated; its causes also had to be sought and analyzed, while individually and collectively appropriate measures had to be taken in response to it. The latter processes were more tedious and more subject to the vagaries of prejudice, selective perception, and ideological or situationally conditioned purposes. It was by no means just a matter of how the course of the inflation could actively be influenced: that is, whether or not the recovery of price stability was to be given both theoretical and practical priority. Rather, a wide range of possible courses of action was available, courses which themselves were constantly and variably shaped by endogenous and exogenous factors. If rational expectations are assumed, the social actors would have been required constantly to rethink and reformulate alternative decisions concerning those courses of action. Is the latter a realistic assumption about individual and collective behavior? Did (or could) truly rational analysis determine behavior, especially in view of the limited information that was available to social actors? These problems are explored in the essays included here, which themselves are based on different themes and questions as well as very diverse methodological postulates and theoretical considerations.

The essays collected in this volume were, as previously noted, written for various purposes, and thus they reflect the quite different aims of their authors. Some were written in the context of larger studies, while others are self-contained. Accordingly, the steering committee of the research project "Inflation and Reconstruction" decided to compile them under the title *The Adaptation to Inflation*. One should not assume, however, that this is just another collection of heterogeneous essays artificially linked by a pretentious title. Indeed, common to all the contributions is a consideration of the problem of the capacity and readiness to adapt to inflation, or on occasion simply of the actual results of an "adaptation" to inflation.

In *Part One* questions are raised concerning the theoretical and actual conditions that shaped the actions of individuals and social groups. One question concerns German economists' understanding of inflation, a problem discussed by Claus-Dieter *Krohn* in his essay on the development of monetary theory ranging from the time of the predominance of Knapp's theory of money to the analysis of monetary circulation outlined in Schumpeter's essay on "Das Sozialprodukt und die Rechenpfennige". Steven B. *Webb* presents an examination of the relation between the real value of public revenues and expenditures from 1919 to 1923, and he confirms in a counterfactual analysis that the fiscal program which passed the Reichstag in 1920 would have sufficed, had inflation been stopped, to balance both the expenditures of the Reich and the payment of reduced reparations. This result is indirectly confirmed in the essay by Hans Jürgen *Jaksch* on the relation between inflation and reparation, in which the author comes to the conclusion, based on a game-theory approach, that for the Allies high reparations and for the German government uncontrolled inflation were rational concepts that fitted their respective interests. Both essays provide, if only indirectly, answers to the question of which alternative choices confronted political leaders as well as economic interests, and they note that inflation can also be understood as an "adaptation" to exogenous conditions.

A series of essays in *Part Two* of this collection deals with the development of the institutional and individual conditions of those social groups that were scarcely able to "adapt" actively but as a rule only reactively to altered economic circumstances, both in the goods and monetary sectors. First, the essays by Martin *Geyer* on housing control in Munich, by Norbert *Ranft* on unemployment relief in the cities of the Ruhr during the occupation of 1923, and by Gunther *Mai* on personnel demobilization investigate the essentially political measures that were taken on various levels, from the Reich to individual municipalities. Secondly, an attempt has been made here -- for example, in the contribution by Merith *Niehuss* on family life-styles during the inflation, in the presentation by Merith *Niehuss* and Gerald D. *Feldman* on household budgets during the inflation, and in the contribution by Robert *Scholz* on workers' wages and occupations during the inflation -- to achieve a methodologically convincing evaluation of available data on the social position of the working class during the inflation. Third, in a contribution based on the example of civil servants, Andreas *Kunz* describes the origins and consequences of rural-urban antagonisms during the inflation for a social group, its interest organization and the ways in which that group protected its interests.

In *Part Three* Gerold *Ambrosius* traces the conflicts between the administrative concerns of municipal utilities managers and the fiscal demands of municipal owners during the inflation. Peter-Christian *Witt* examines the investment behavior of the largest of all public enterprises in Germany, the railways, between 1914 and 1924. Gerald D. *Feldman* looks into the short-term and long-term consequences of inflation for the German social security system. *Part Four* focuses on programs and decisions in the area of economic policy. First, the essays by David *Barclay* on Rudolf Wissell and by William *Mathews* on Robert Schmidt pose questions regarding the aims and priorities of Social Democratic economic policy, and the conflicts between short-term requirements and long-term objectives in that policy, in the years 1919 and 1920. Carl-Ludwig *Holtfrerich* considers in his essay the extent to which gold duties actually fulfilled their aim of politically counteracting the one-sided most-favored nation treatment to which Germany had to agree under the Versailles Treaty.

The editors of the series "Inflation and Reconstruction in Germany and Europe 1914—1924" express thanks to all the colleagues and associates in the Historische Kommission who have been involved with this volume for the support that they have given to it. Special thanks go to the Volkswagenwerk Foundation and the Deutsche Bundesbank for their financial support. Finally, the editors hope soon to be able to conclude this series of collected studies of inflation with a volume on *The Consequences of Inflation.*

Hamburg, September 1986 *Peter-Christian Witt*

INHALT

CONTENTS

ERSTER TEIL

PART ONE

Zeitgenössische und moderne Erklärungen der Inflation

Contemporary and Modern Theories of Inflation

ZWEITER TEIL

PART TWO

Reaktionen sozialer Gruppen auf die Inflation

Reactions of Social Groups to Inflation

VIERTER TEIL

PART FOUR

Binnen- und Außenwirtschaftsprogramme in Anpassung an die Inflation

Economic Programs and Adaptation to Inflation

ERSTER TEIL

PART ONE

Zeitgenössische und moderne Erklärungen der Inflation

Contemporary and Modern Theories of Inflation

Geldtheorien in Deutschland während der Inflation 1914 bis 1924

CLAUS-DIETER KROHN

I
Einleitung

Für den Historiker, der sich mit den zeitgenössischen wissenschaftlichen Erklärungen der Geldwertänderungen beziehungsweise des Währungsverfalls in den Jahren nach 1914 befaßt, sind nicht allein die dogmengeschichtlichen Entwicklungen des theoretischen Wissens von Interesse, sondern er hat auch nach dem normativen Gehalt, den ideologischen Komponenten und damit nach dem jeweiligen gesellschaftspolitischen Stellenwert dieses Wissens zu fragen. Es geht also nicht so sehr um die in den Wissenschaftsgeschichten üblicherweise angenommene lineare Anhäufung beziehungsweise kontinuierliche Vervollkommnung von theoretischen Erkenntnissen, vielmehr wird hier unter der Geldtheorie ein diskursiver Prozeß verstanden, bestimmt durch ein historisches Apriori, das nicht allein die Gültigkeit und Genesis theoretischer Urteile absteckt, sondern noch mehr auf die Realitätsbedingungen wissenschaftlicher Aussagen verweist. Gefragt werden soll nicht nur nach dem, was in der Realität die Annahmen der Geldtheoretiker legitimierte, sondern auch nach den jeweiligen Interessen, die ihre Positionen prägten.

Eine solche Untersuchung bietet sich um so mehr an, als die Geldlehre in Deutschland zu Beginn des Jahrhunderts einen — gemessen an den denkgeschichtlichen Traditionen — bemerkenswerten Tiefstand aufwies, was bereits einzelne Zeitgenossen beklagt hatten.[1] Keines der

[1] Vgl. S. P. Altmann anläßlich einer Rezension von Irving Fisher, *Die Kaufkraft des Geldes*, in: *Jahrbücher für Nationalökonomie und Statistik* (im folgenden *JbfNuS* zitiert),

diskutierten geld- oder inflationstheoretischen Probleme nach Ausbruch des Krieges war neu, wenn man nur an die Zeit des englisch-französischen Krieges Ende des 18. Jahrhunderts, die Aufhebung der Goldeinlösung der Bank von England 1797 und die daran anschließende, fast fünfzig Jahre dauernde heftige geldtheoretische Kontroverse zwischen den Anhängern der sogenannten *Banking*-Schule und denen des *Currency*-Prinzips denkt. Hier und da sind diese Erscheinungen von der deutschen Wissenschaft zwar aufgenommen worden, von einer systematischen theoretischen Verarbeitung oder Weiterentwicklung wird man allerdings kaum sprechen können.[2] Zu betonen ist allerdings, daß eine intensivere Inflationsanalyse überhaupt erst nach 1945 auf dem Hintergrund von zwei Nachkriegsinflationen und den schleichenden Inflationen in den westlichen Industrieländern seit den fünfziger Jahren in Gang gekommen ist. Und die seither feststellbare „galloping inflation of the literature", so Fritz Machlup in einem charakteristischen Wortspiel,[3] mit immer variantenreicheren Verfeinerungen zeigt, daß darüber bis heute alles andere als Klarheit besteht.

Aber trotz dieser Einschränkung wird man auch aus der zeitgenössischen Diskussion einige Besonderheiten isolieren können, die auf spezifische Defizite der Geldtheorie im Rahmen der damaligen Erkenntnismöglichkeiten verweisen. Das wird etwa deutlich, wenn man die deutsche Rezeption der *Banking*theorie ansieht, an die zahlreiche Vertreter des neuen sogenannten geldtheoretischen Nominalismus anknüpften

112 (1919), S. 467; Georg Bernhard, *Probleme der Finanzreform*, Berlin-Leipzig 1919, Vorwort; Joseph A. Schumpeter, *Die Wirtschaft der Gegenwart in Deutschland* (1927), in: Ders., *Dogmenhistorische und biographische Aufsätze*, Tübingen 1954, S. 255 ff.

[2] Zu berücksichtigen ist, daß seit dem Reichsbank-Gesetz von 1875 die Goldwährung im Deutschen Reich gesetzliches Zahlungsmittel war, die nach der Lehrmeinung als die beste Währung im Sinne der Wahl des „richtigen" Wertmaßstabs galt. Ein weiterer Faktor war, daß von der Wissenschaft unter Wirtschaft allgemein ein statisches System verstanden wurde, in dem alle wirtschaftlichen Elemente ohne nennenswerte Friktionen zu einem harmonischen Gleichgewicht tendierten, in dem das Geld als scheinbar neutraler Vermittler keine besondere Aufmerksamkeit verlangte. Vgl. Adolph Wagner, *Sozialökonomische Theorie des Geldes und Geldwesens. Tunlichst in prinzipieller Behandlungsweise, zugleich in genauerer Ausführung*, Leipzig 1909, S. 116 ff.; Melchior Palyi, *Ungelöste Fragen der Geldtheorie*, in: Moritz Julius Bonn/M. Palyi (Hrsg.), *Die Wirtschaftswissenschaft nach dem Kriege. Festgabe für Lujo Brentano zum 80. Geburtstag*, Bd. 2, München-Leipzig 1925, S. 457.

[3] Fritz Machlup, *Another View of Cost-Push and Demand-Pull Inflation*, in: *Review of Economics and Statistics*, 42 (1960), S. 125.

und die auch von der deutschen Reichsbank vertreten wurde. Hervorstechendes Merkmal war, daß gegenüber der englischen Vorlage nur verschiedene Einzelkomponenten das Bild der deutschen *banking*theoretischen Anschauungen prägten.[4] Vor allem übersahen die deutschen Vertreter, daß ihre berühmten englischen Vorgänger die Geldversorgung nur unter den Bedingungen der Goldkonvertibilität als nichtinflatorisch ansahen, nicht aber bei Inkonvertibilität der Währung. Ähnliches ist auch bei der eng mit dieser Lehre verbundenen Zahlungsbilanztheorie zu erkennen, die im Deutschen Reich nach 1914 die alles beherrschende Ursachenerklärung der Inflation lieferte, wohingegen sie etwa bei Thomas Tooke nur einen Faktor unter verschiedenen anderen Kosteninflationskräften ausgemacht hatte.

Der große Einfluß, den die *Banking*theorie auf die deutsche Geld- und Bankliteratur ausübte, läßt sich auf die in Deutschland herrschenden besonderen ökonomischen Denktraditionen zurückführen, die in Gestalt der sogenannten Historischen Schule der Nationalökonomie eng mit der Entwicklung des preußisch-deutschen Obrigkeitsstaates verknüpft waren.[5] Denn die *Banking*theorie lieferte mit ihrer Präferenz für Banknoten als bequemeres Zahlungsmittel gegenüber dem von der *Currency*-Schule bevorzugten reinen Edelmetallgeld die Stichworte für das staatliche Geldmonopol. Damit bot sie scheinbar ein Verbindungsglied zur Kontinuität der romantischen Geldtheorie in Deutschland, obwohl die englischen Theoretiker selbst Banknoten nicht als Geld, sondern nur als Geldsurrogat, beschränkt auf Transaktionen in der Unternehmersphäre, betrachtet und für das staatliche Papiergeld ein von Regierungseinflüssen unabhängiges Kontroll- und Regulierungssystem verlangt hatten.

Auf solche selektive Auswahl *banking*theoretischer Elemente reduzierte sich im wesentlichen die deutsche Auseinandersetzung mit den Anregungen der klassischen englischen politischen Ökonomie. Die Historische Schule war gerade als Oppositionswissenschaft entstanden und suchte nachzuweisen, daß keine zeitlosen Theorien und übernationalen ökonomischen „Gesetze" existierten. Wirtschaftswissen-

[4] Herbert Patschan, *Die Entwicklung der Bankingtheorie in Deutschland. Ein dogmenkritischer Beitrag*, iur. Diss., Freiburg 1929.

[5] Vgl. Hermann Schumacher, *Geschichte der deutschen Bankliteratur im 19. Jahrhundert*, in: *Die Entwicklung der deutschen Volkswirtschaftslehre im neunzehnten Jahrhundert. Gustav Schmoller zur siebenzigsten Wiederkehr seines Geburtstages, 24. Juni 1908*, Bd. 1, Abschn. VII, Leipzig 1908, S. 29.

schaftliche Arbeiten erschöpften sich im Deutschen Reich vorwiegend in historischen Beschreibungen, deren Wert für die Erforschung institutioneller Rahmenbedingungen wirtschaftlichen Handelns allerdings nicht bestritten werden soll. Die klassischen Traditionen fanden so im deutschsprachigen Raum auch nur wenige Anhänger an der Peripherie in Österreich, deren spezifische Leistung in der Formulierung der Grenznutzentheorie beziehungsweise der subjektiven Wertlehre bestand. Trotz der Positionsverluste der Historischen Schule im sogenannten „Methodenstreit" um 1900 blieben die Theoretiker vielfach Einzelgänger, die immer rechthaberischer und dogmatischer wurden, wie etwa das Beispiel Ludwig von Mises, ihres Hauptvertreters, zeigt.[6]

Generell wird man so den Einfluß des preußisch-deutschen Obrigkeitsstaates auf das Profil gesellschaftswissenschaftlichen Denkens zu berücksichtigen haben. Die Befestigung des Semiabsolutismus in Deutschland nach 1848 und 1866 hatte bei den Bildungsbürgern zum Rückzug in die Innerlichkeit und zu jenem kulturellen Individualismus geführt, der jede Konvention verwarf und nur der eigenen Intuition folgte, wie die intellektuelle Esoterik zahlreicher Wissenschaftler immer wieder zeigte. Für das hier behandelte Thema vermittelt diesen Eindruck beispielhaft die 1905 erschienene *Staatliche Theorie des Geldes* von Georg Friedrich Knapp, die einen Wendepunkt der deutschen Geldliteratur markiert und herausgehobene historiographische Bedeutung für das dann folgende Inflationsproblem hat. Mit Knapps Geldlehre begann eine hektische Phase des Theoretisierens,[7] die anläßlich der geldpolitischen Veränderungen nach Ausbruch des Krieges in einer Unzahl von Pamphleten immer weiter ausuferte. Die theoretische Ausbeute dieser Auseinandersetzungen war freilich gering. Auffallend war jedoch, daß zahlreiche Beiträge, wenn auch nicht zur theoretischen Erkenntnis, so doch zur wissenschaftlichen Legitimation der Kriegspropaganda erheblich beitrugen.

Der folgende Beitrag behandelt die charakteristischen Merkmale der zeitgenössischen Geldtheorie. Weitgehend erhellt das bereits die Definition des Preisanstiegs nach 1914 und die Debatte um die Inflationsursachen in und nach dem Krieg. Die nicht minder wichtige Diskussion

[6] Für den Zusammenhang vgl. Claus-Dieter Krohn, *Wirtschaftstheorien als politische Interessen. Die akademische Nationalökonomie in Deutschland 1918—1933*, Frankfurt/M. 1981, S. 19ff.

[7] So Howard S. Ellis, *German Monetary Theory 1905—1933*, Cambridge/Mass. 1934, S. VII.

über die Inflationswirkungen im Kreise der Wissenschaft wird hier demgegenüber vernachlässigt, weil darüber die neuesten Untersuchungen zur historischen Inflationsforschung bereits einiges gesagt haben.[8]

II

Der Nominalismus

Im Zeichen der gelenkten Währungen, die sich heute überall durchgesetzt haben, mag die *Staatliche Theorie* Knapps, die das Geld nicht von irgendwelchen Wertbestimmungen oder Deckungsregeln her, sondern als „Geschöpf der Rechtsordnung" definierte, sicher mit ein Stück als Wegbereiter des modernen Geldwesens angesehen werden. Bestimmt kann der von ihm begründete Nominalismus, der das geld- und währungstheoretische Denken nach 1914 beherrschend prägte, auch nicht für die vielen fragwürdigen oder gar falschen Auffassungen vom Geld und seiner Entwertung im damaligen Inflationsprozeß verantwortlich gemacht werden. Doch bei einem Vergleich heutiger geldpolitischer Instrumente mit der Knappschen Lehre springt sogleich ins Auge, daß er nicht als der moderne ökonomische Neuerer anzusehen ist, denn seine Lehre zielte auf etwas ganz anderes und Übereinstimmungen mit heutigen Geldverhältnissen scheinen eher akzidentiell als wesentlich zu sein.

In der eigenartigen Substanz, Perspektive und Verknüpfung mit anderen geldtheoretischen Elementen produzierte der Nominalismus unter den Zeitgenossen die vielen Mißverständnisse, die den Weg zu anderen Einsichten lange Zeit verstellen und viel dazu beitragen sollten, die Mechanismen des späteren Inflationsprozesses im Dunkeln zu lassen, zumal Knapps großer Schülerkreis und seine zahlreichen Anhänger vielfach weit über das hinausgegangen waren, was er selbst eigentlich wollte.[9] Kurz gesagt, betonte seine Lehre die Bedeutungslo-

[8] Vgl. u. a. Carl-Ludwig Holtfrerich, *Die deutsche Inflation 1914—1923. Ursachen und Folgen in internationaler Perspektive*, Berlin-New York 1980, S. 193ff.; ders., *Die konjunkturanregenden Wirkungen der deutschen Inflation auf die US-Wirtschaft in der Weltwirtschaftskrise 1920/21*, in: Gerald D. Feldman u. a. (Hrsg.), *Die deutsche Inflation. Eine Zwischenbilanz*, Berlin-New York 1982, S. 207ff.; Gerald Merkin, *Towards a Theory of the German Inflation. Some Preliminary Observations*, in: G. D. Feldman u. a. (Hrsg.), *a.a.O.*, S. 25ff.

[9] Bei Erscheinen der *Staatlichen Theorie des Geldes* war Knapp bereits 63 Jahre alt. Die Kritik an dieser Arbeit berührt weder die Verdienste seines Lebenswerks als bedeuten-

sigkeit des Geldstoffs, erkannte jedoch nicht das Problem der Geldmenge für den Tauschprozeß. Auch die späteren Anhänger des Nominalismus beseitigten dieses Defizit nicht, so daß die hier gebotenen Möglichkeiten für eine interventionsstaatliche Beeinflussung oder gar Regulierung des Wirtschaftsprozesses nicht erkannt wurden. Knapp ging es lediglich um den Nachweis, daß der Staat „als Obrigkeit das Zahlungswesen nach der juristischen Seite ordnet". Das meinte allerdings nicht so sehr die an sich selbstverständliche Regulierung des Zahlungsverkehrs durch rechtsstaatliche Normen, vielmehr stand dahinter die Annahme, daß der Staat aus eigener Vollkommenheit, unabhängig vom Verkehr, das Zahlungssystem bestimmen könne.[10] Darin mag der heute schwer verständliche Erfolg der in überaus gekünstelter Terminologie vorgelegten Geldlehre Knapps vermutet werden: Für eine Wissenschaft, der ökonomischen Fragen im wesentlichen als Verwaltungsprobleme erschienen, war die *Staatliche Theorie* mit ihrer nominalistischen Gelddefinition in der Tat ein wesentlicher Neuansatz.

Mag es auch Zufall gewesen sein, die *Staatliche Theorie* erschien zu einer Zeit, als anläßlich der Marokko-Krise die Frage der Finanzen in Spannungsfällen Gegenstand öffentlicher Erörterungen geworden war.[11] Der seit den neunziger Jahren dauernde konjunkturelle Aufschwung war mit umfangreicher Kreditvergabe verbunden gewesen, bei der die Möglichkeit politischer Krisen nur wenig berücksichtigt worden war. Um künftig die metallische Basis für solche Krisenfälle zu schonen, wurde der Reichsbank mit der Novellierung des Bankgesetzes Anfang 1906 das Recht erteilt, Banknoten in kleinen Stücken zu 50 und 20 Mark auszugeben, um einen Teil des umlaufenden Goldes aus dem

der Statistiker und als Historiker der Bauernbefreiung in Preußen noch seine wissenschaftliche Integrität. Knapp betonte, daß er nur im „Zuschauerraum" stehe, während die Umsetzung seiner wissenschaftlichen Erkenntnisse in politisches Handeln anderen vorbehalten sei. Vgl. Georg Friedrich Knapp, *Über die Theorien des Geldwesens,* in: *Schmollers Jahrbuch,* 33,2 (1909), S. 3. Zu seinem persönlichen Profil vgl. auch die Charakteristik seiner Tochter Elly Heuss-Knapp, *Bürgerin zweier Welten. Ein Leben in Briefen und Aufzeichnungen,* hrsg. von M. Vater, Tübingen 1961, bes. S. 65.

[10] Georg Friedrich Knapp, *Staatliche Theorie des Geldes,* 4. Aufl., München-Leipzig 1923, S. 95 u. 447. Zur Kritik dazu vgl. Walther Lotz, *G. F. Knapps neue Geldtheorie,* in: *Schmollers Jahrbuch,* 30 (1906), S. 777ff. u. 1213ff.; Friedrich Wieser, Art. *Geld,* in: *Handwörterbuch der Staatswissenschaften* (im folgenden *HdSW* zitiert), 4. Aufl., Bd. 4, Jena 1927, S. 683.

[11] Ludwig Bendix, *Krieg und Geldmarkt,* Berlin 1915, S. 7; Karl v. Lumm, *Die Stellung der Notenbanken in der heutigen Volkswirtschaft,* Berlin 1909, S. 5.

Verkehr zu ziehen. Seit dieser Zeit wurde auch die zusätzliche Ausgabe von sogenannten Reichskassenscheinen als zweckmäßiges Kreditinstrument diskutiert[12] und — nach preußischen Vorbildern aus den Jahren 1848, 1866 und 1871 — die Einrichtung spezieller Darlehenskassen vorgeschlagen, um private Kreditansprüche in Ausnahmesituationen vom Kapitalmarkt fernzuhalten. Aus psychologischen Gründen wurde gleichzeitig die bisher „hinkende Goldwährung" durch Außerkurssetzung des alten Silbertalers aus der Zeit vor 1875 zur reinen Goldwährung veredelt. Anläßlich der weiter eskalierenden internationalen Spannungen (Daily Telegraph-Affäre 1908) begann nach der Bank-Enquete von 1908 eine systematische Goldansammlungspolitik beziehungsweise eine „Entgoldung" des Geschäftsverkehrs. 1909 wurden dann Banknoten zum gesetzlichen Zahlungsmittel erklärt und die Privatbanken angehalten, ihren Giroverkehr auszubauen. In all diesen Bestimmungen wurde ein wesentlicher Schritt auf dem Wege zur „finanziellen Mobilmachung" gesehen.[13]

Die systematische Gewöhnung des Publikums an die Papierwirtschaft seit dieser Zeit verhinderte, daß die Aufhebung der Goldeinlösungspflicht bei Ausbruch des Krieges als nennenswerter Bruch empfunden wurde.[14] Hinzu kam, daß die nach dem Bankgesetz von 1875 vorgeschriebene Dritteldeckung auch nach Kriegsbeginn beibehalten wurde, wobei allerdings von da an die Darlehenskassenscheine mit in diese Deckung einbezogen wurden. Unter der Devise, für die Reichsbank mache „jede Mark einen Taler" aus, leitete sie eine forcierte Goldankaufspolitik ein, und zugleich wurde der Öffentlichkeit mit diesen Maßnahmen eine Stabilität und Liquidität der Währung suggeriert, die nur schwerlich gefährdet werden könne.

Auf diesem Hintergrund ist die Wirkung der *Staatlichen Theorie* zu verstehen. Knapp selbst verstand sie lediglich als „rein formalistischen Gedankenprozeß", der nur „den Staat in seiner Wichtigkeit" bei der Begültigung des Geldes herausstellen wollte. Ausdrücklich wies er immer wieder darauf hin, daß er keine wirtschaftliche Theorie des Geldes

[12] Reichskassenscheine waren eine unverzinsliche Schuld des Reiches und wurden seit 1874 ausgegeben, um das eingezogene einzelstaatliche Papiergeld zu ersetzen.

[13] Ludwig Pohle, *Das Problem der Valuta-Entwertung*, Dresden 1919, S. 5f.; Adolf Weber, *Allgemeine Volkswirtschaftslehre*, in: D. Sarason (Hrsg.), *Das Jahr 1913. Ein Gesamtbild der Kulturentwicklung*, Berlin 1913, S. 184.

[14] Fritz Terhalle, *Währung und Valuta. Eine Einführung in die deutsche Währungsfrage der Gegenwart*, Jena 1922, S. 14; Ignatz Jastrow, *Geld und Kredit im Kriege*, Jena 1915, S. 17.

beabsichtigt habe, er betonte sogar, von theoretischer Nationalökonomie nicht allzuviel zu verstehen,[15] und sein Buch ist auch ohne nennenswerte Kenntnis der geldwirtschaftlichen Literatur entstanden. Die politischen Implikationen aber und die gedankliche Konstruktion der Knappschen Lehre faszinierte jenen Teil der wissenschaftlichen Öffentlichkeit, der nach der langen Periode des vorwiegend wirtschaftsgeschichtlichen Interesses theoretisch ausgehungert war, ohne an die englische Lehrtradition anknüpfen zu müssen. Nur so ist der Beifall zu verstehen, mit dem Knapp als „Begründer einer Wissenschaft vom Gelde", als „größter und klarster Denker" auf dem Gebiete des Geldwesens oder gar als der größte Ökonom seiner Zeit gefeiert und sein Werk in Deutschland nahezu zur „Heiligen Schrift" erklärt werden konnte, wie der „Metallist" Melchior Palyi ironisch meinte.[16]

Ausgangspunkt für die *Staatliche Theorie* waren die historischen Beobachtungen der österreichischen Währungsverhältnisse, die nach 1879 die auffallende Erscheinung zeigten, daß uneinlösliche Papiergulden, die — und das war das Entscheidende — nicht vermehrt wurden, auch ohne „Substanzwert" funktionierten, ja sogar zeitweise ein Agio gegenüber dem umlaufenden Silbergeld aufwiesen. Das widersprach den bisher geltenden Annahmen des sogenannten Greshamschen Gesetzes, wonach bei Parallelwährung das wertvollere Zahlungsmittel alsbald aus dem Verkehr verschwinden würde.

Knapp sah jedoch nicht die unveränderliche Menge jener Papiergulden, sondern wollte beweisen, daß nicht der wirtschaftliche Verkehr beziehungsweise stillschweigende Übereinkunft, sondern staatliche Gebote beziehungsweise die Rechtsordnung die Geldverfassung bestimmten, seien es feste Goldpreise oder der Umlauf von Papiergeld als gesetzliches Zahlungsmittel.[17] Die für die Geldtheorie zentrale Frage,

[15] Georg Friedrich Knapp/Friedrich Bendixen, *Zur staatlichen Theorie des Geldes. Ein Briefwechsel 1905—1920,* hrsg. von Kurt Singer, Basel-Tübingen 1958, S. 146 u. 227.

[16] Vgl. etwa Ludwig Calligaris, *Banknotenumlauf in Deutschland, Frankreich und England,* in: *Bank-Archiv,* 8 (1908/09), S. 170; Bundesarchiv Koblenz (im folgenden BA zitiert) Nachlaß (im folgenden NL zitiert) Knapp 116, Verband deutscher Städtestatistiker an Knapp, 7. 3. 1922; *Georg Friedrich Knapp. Ein literarisches Bildnis.* Sonderheft des *Wirtschaftsdienstes,* März 1922, S. 2; Melchior Palyi, *Der Streit um die Staatliche Theorie des Geldes,* München-Leipzig 1922, S. 6. Weitere Nachweise zur Aufnahme der *Staatlichen Theorie* in der Wissenschaft bei Jakob Burawoy, *Der Nominalismus Knapps, Bendixens und Elsters, seine Kritik durch die Literatur und seine Rechtfertigung,* Diss. rer. pol., Leipzig 1929, S. 187f.

[17] Georg Friedrich Knapp, *Die rechtshistorischen Grundlagen des Geldwesens,* in:

welche Beziehung zwischen dem Geld und dem Preisniveau bestehe, stellte Knapp nicht, so daß seine Lehre im Grunde nur Selbstverständlichkeiten beschrieb, wenn man als die ‚Entdeckung' Knapps gelten läßt, daß Staat und Recht auch etwas mit dem Geldwesen zu tun haben, was aber bereits die englischen Klassiker gewußt hatten.[18]

Hierbei schälte sich auch eine Argumentation heraus, die einmal Knapps ideologische Herkunft andeutete und außerdem die allgemeine politische Diskussion, zumal nach Ausbruch des Krieges, beherrschen sollte. Auch wenn Knapp die mehrfach vorgebrachte Unterstellung immer wieder zurückwies,[19] hatte die *Staatliche Theorie* enge Berührungspunkte mit dem geldwirtschaftlichen Denken der politischen Romantik in und nach den Befreiungskriegen zu Anfang des 19. Jahrhunderts. Schon Fichte, besonders aber dessen Schüler Adam Müller, hatten der „traurigen Beschränkung" der Metallgeldwirtschaft die „Nationalität" der Papiergeldwirtschaft entgegengestellt,[20] als deren vollkommenster Vermittler der Staat und die von ihm repräsentierte „politische Idee" gesehen wurde.[21] Diese nationalwirtschaftlich-merkantilistischen Tendenzen waren erneut im Bimetallismus-Streit nach 1880 zum Ausdruck gekommen. Vor allem die verschuldeten Agrarier, die im expandierenden Industriestaat ihre bisher dominierende gesellschaftspolitische Rolle zu verlieren drohten, forderten vom Staat die Wiederherstellung der in den siebziger Jahren aufgehobenen freien Silberprägung, weil einerseits Silberwährung sinkenden Geldwert und damit Erleichterung der Schuldenlast bedeutete und man sich andererseits durch die Währungsverschlechterung vorteilhafte Exportchancen oder eine Art indirekten Schutzzolls für fremde Importe

Schmollers Jahrbuch, 30 (1906), wiederabgedruckt in: Ders., *Einführung in einige Hauptgebiete der Nationalökonomie. Siebenundzwanzig Beiträge zur Sozialwissenschaft*, München-Leipzig 1925, S. 225 ff.

[18] Vgl. Thomas Tooke/William Newmarch, *Die Geschichte und Bestimmung der Preise während der Jahre 1793—1857*, dt. von C. W. Asher, Bd. 1, Dresden 1858, S. 631.

[19] BA Koblenz, NL Knapp 135, Knapp an Varrentrapp, 23. 11. 1909; siehe auch G. F. Knapp/F. Bendixen, *Zur staatlichen Theorie*... [wie Anm. 15], S. 104.

[20] So besonders bei der Begründung der Tresorscheine bzw. Schatzanweisungen des preußischen Staates, mit denen die Ausgaben während der Reformära und der Befreiungskriege finanziert wurden.

[21] Johann Gottlieb Fichte, *Der geschlossene Handelsstaat* (1800), Jena 1920, S. 41 ff.; Adam Müller, *Die Elemente der Staatskunst* (1809), 1. Halbbd., 4. Buch: *Von der Idee des Geldes und des Nationalreichtums* (= Die Herdflamme, Bd. 1), Wien-Leipzig 1922, S. 341 ff.; vgl. auch H. S. Ellis, *German Monetary Theory*... [wie Anm. 7], S. 9.

erhoffte. Diese keineswegs auf das Deutsche Reich beschränkte Agitation war zwar nach dem Übergang der Agrarexportländer, besonders Indiens, zum Gold beziehungsweise zur Goldkernwährung gescheitert,[22] immerhin schienen jedoch Elemente dieses Streits in die Knappsche Theorie insofern eingeflossen zu sein, als sie etwa annahm, daß der Staat durch einfachen Machtspruch den Zahlungsmitteln Geltung und damit Wert beilegen könne.[23]

Seine vermeintlichen oder realen Kritiker konnte sich Knapp nur als Anhänger des Metallismus vorstellen, den er fälschlich für die herrschende Geldlehre hielt. Metallisten waren für ihn „vor allem Liberale mit Hinneigung zum Freisinn; zu diesem Bekenntnis gehört der Metallismus; aus den politischen Banden können die Herren nicht heraus, sie besitzen gar nicht das, was ich theoretische Kaltblütigkeit nenne". Auf der gleichen Linie lag der auch bei Knapp offenkundige traditionelle Affekt gegen die englische Klassik mit ihrem „harmlosen Individualismus" und ihrer „instinktiven Abneigung" gegen den Staat.[24] Von hier zur Anglophobie während des Krieges, zu der auch die nominalistischen Geldtheoretiker einiges beizutragen hatten, war es dann nur noch ein kleiner Schritt.[25]

Die Mißverständnisse, die Knapps Lehre hervorrief,[26] folgten aus der Tatsache, daß er nur eine juristische Theorie vorzulegen beabsichtigte,

[22] Walther Lotz, Art. *Währungsstreit*, in: *Wörterbuch der Volkswirtschaft*, 3. Aufl., Bd. 2, Jena 1911, S. 1266ff.; Karl Helfferich, *Das Geld*, 6. Aufl., Leipzig 1923, S. 171ff.

[23] Ludwig Calligaris, *Das Dogma der Metallisten*, in: *Bank-Archiv*, 9 (1909/10), S. 4f.; M. Palyi, *Der Streit um die Staatliche Theorie*... [wie Anm. 16], S. 14f.

[24] G. F. Knapp/F. Bendixen, *Zur staatlichen Theorie*... [wie Anm. 15], S. 38f.; Georg Friedrich Knapp, *Die Währungsfrage vom Staate aus betrachtet* (1907), in: Ders., *Einführung in einige Hauptgebiete der Nationalökonomie*... [wie Anm. 17], S. 256 u. 275.

[25] Der Knapp-Schüler Schmidt-Essen beispielsweise stellte die „befreiende Tat" seines Lehrers *per se* als „Los von England" dar und plante darauf aufbauend, selbst einen „Beitrag zur Völkerpsychologie auf dem Gebiete des Geldwesens (zu) liefern"; vgl. Alfred Schmidt-Essen, *Nationale Währungspolitik. Los von England!*, Dresden-Leipzig 1917, Vorwort u. S. 5, 41. Ähnlich auch Friedrich Bendixen, *Währungspolitik und Geldtheorie im Lichte des Weltkrieges. Neue Folge von „Geld und Kapital"*, München-Leipzig 1916, S. 54f.; Robert Liefmann, *Geld und Gold. Ökonomische Theorie des Geldes*, Stuttgart-Berlin 1916, S. 12.

[26] Zur Kritik an Knapp im einzelnen vgl. Herbert Döring, *Die Geldtheorien seit Knapp. Ein dogmenhistorischer Versuch*, 2. Aufl., Greifswald 1922, S. 130ff.; H. S. Ellis, *German Monetary Theory*... [wie Anm. 7], S. 13ff.; ferner die Stellungnahmen *pro* und *contra:* Fritz Neumark, *Bemerkungen zum Streit um die Staatliche Theorie des Geldes*, in: *JbfNuS*, 122 (1924,I), S. 52ff.; M. Palyi, *Der Streit um die Staatliche Theorie*... [wie Anm. 16], S. 50ff.

gleichwohl aber auch den Anspruch erhob zu erklären, „wie die Geldwirtschaft wirkt".[27] Anstelle von Geldwert oder Kaufkraft sprach er zwar überwiegend nur von der „Geltung", und das war für ihn eine „juristische Vorstellung, ganz unabhängig davon, was man mit dem Gelde kaufen kann", dennoch legt etwa die Formulierung, daß „der Staat gar keine Veränderlichkeit des Geldwertes kennt",[28] die Vermutung nahe, als ob die staatliche Proklamation das Papierzeichen zugleich auch dauerhaft wertvoll mache. Diese Aussage war um so erstaunlicher, als sie erst 1918 in der zweiten Auflage der *Staatlichen Theorie* erschien, der Knapp nach der Kritik an seiner juristischen Einseitigkeit ein klärendes Kapitel über den Geldwert und die Preise angehängt hatte. Das gleiche gilt für den hieraus von Knapp gezogenen Schluß, der den während der Inflationsjahre juristisch geltenden Grundsatz „Mark gleich Mark" *a priori* theoretisch legitimierte: „In dem Augenblick, in dem der Staat die Begültigung der Stücke ausspricht, sagt er, daß bestehende Schulden mit diesen Stücken getilgt werden können."[29]

Vehement richtete sich Knapp daher auch gegen die Quantitätstheorie, die aus Preisaggregaten Veränderungen des „Geldwerts", nach Knapp eine Art von „höherem Blödsinn", von seiten des Geldes ableitete. Die auch von ihm nicht zu übersehende Tatsache von Preisänderungen konnte daher nicht von der Geldseite her erfolgen, sondern mußte von der Warenseite verursacht sein. Während das Geld vom Staat proklamatorisch begültigt sei, würden die Waren nach Maßgabe des „Verkehrsurteils" bewertet, und das hieß, daß die Preisbildung ohne innere Verbindung zum Geldwesen nur nach dem Angebot von Güterquantitäten erfolgte. Die Kaufkraft des Geldes, definiert als „reziproke Betrachtung der Preise", würde sich danach nur ändern, wenn die Machtverhältnisse des Marktes dauerhaft zu Preisänderungen bei allen Güterkategorien führten.[30]

In der dritten Auflage der *Staatlichen Theorie* von 1921 sah Knapp auch partiell die Wirkungen der starken Papiergeldausgabe seit dem Krieg, aber das war für ihn „eine Aufgabe der Finanzwissenschaft", die

[27] G. F. Knapp, *Einführung in einige Hauptgebiete der Nationalökonomie*... [wie Anm. 17], S. 276.

[28] G. F. Knapp, *Staatliche Theorie*... [wie Anm. 10], S. 439ff.; G. F. Knapp/F. Bendixen, *Zur staatlichen Theorie*... [wie Anm. 15], S. 110.

[29] G. F. Knapp, *Staatliche Theorie*... [wie Anm. 10], S. 439.

[30] *A.a.O.*, S. 445ff.

nicht in die *Staatliche Theorie* gehöre. Daher wandte er sich auch gegen diejenigen „merkwürdigen Beschränkungen", die die Papiergeldemission anklagten, ohne die „Art der Störung" zu beschreiben.[31]

Wie wenig die *Staatliche Theorie* zu den quantitativen Geldproblemen zu sagen wußte, zeigen auch die Arbeiten der Knapp-Schüler über das Geldwesen in den verschiedenen europäischen Staaten. Illig zum Beispiel, der die französische Geldwirtschaft in und nach der Revolution untersuchte, wußte nur mitzuteilen, daß „nicht die übertriebene Assignatenemission" die Warenteuerung jener Zeit hervorgerufen habe, sondern umgekehrt, diese hätte zur Folge gehabt, daß auch der Staat in Mitleidenschaft gezogen wurde und in eine Finanznot geriet, aus der er sich nur durch eine „ungeschickte Geldpolitik" retten konnte.[32]

Für die Inflationsmentalität in Deutschland, das ist bereits betont worden, kann Knapp nicht als *spiritus rector* genommen werden. Sicher ist jedoch auch, daß die nominalistische Ablehnung des quantitativen Geldproblems und die Leugnung des Geldeinflusses auf die Preisbildung nach Ausbruch des Krieges quasi im öffentlichen Interesse lag und seit dieser Zeit, je länger die Vermehrung des Papiergeldumlaufs dauerte, desto breitere Anerkennung fand, weil die *Staatliche Theorie* ein bequemes Argumentationsgerüst lieferte, um die Inflation auf Ursachen zurückzuführen, für die die amtliche Reichsfinanz- und -währungspolitik nicht verantwortlich zu machen waren.[33] Eine genuine Fortsetzung fanden diese Anschauungen dann in der sogenannten Zahlungsbilanztheorie, die die alles beherrschende — nichtmonetäre —Ursachenanalyse des Währungsverfalls lieferte.[34] Nach dem In-

[31] *A.a.O.*, S. 442f.

[32] Hermann Illig, *Das Geldwesen Frankreichs zur Zeit der ersten Revolution bis zum Ende der Papiergeldwährung*, Straßburg 1914, S. 87.

[33] Vgl. dazu die Kritik von Ludwig von Mises, *Theorie des Geldes und der Umlaufsmittel*, 2. Aufl., München-Leipzig 1924, S. 249.

[34] Zum Streit um den wissenschaftlichen und rechtfertigenden Charakter der Zahlungsbilanztheorie vgl. u. a. Peter Czada, *Ursachen und Folgen der großen Inflation*, in: Harald Winkel (Hrsg.), *Finanz- und wirtschaftspolitische Fragen der Zwischenkriegszeit*, Berlin 1973, S. 10f.; C.-L. Holtfrerich, *Die deutsche Inflation* ... [wie Anm. 8], S. 155ff. Auf der gleichen Linie lag auch der von der Wissenschaft mitgetragene publizistische Feldzug nach 1914, der unter dem Stichwort „Das Geld bleibt im Lande" in neomerkantiler Sicht nachzuweisen suchte, daß die Geldmengenexpansion im Kriege einen realen Wohlstandszuwachs markiere. Zur Kritik daran mit vielen Belegen vgl. Heinrich Dietzel, *Die Nationalisierung der Kriegsmilliarden*, Tübingen 1919.

flationschaos schienen Knapp sogar selbst Zweifel gekommen zu sein, ob seine Lehre die nötigen geldtheoretischen Erkenntnisse nicht womöglich erschwert oder verhindert hätte: In dem kurz vor seinem Tode 1926 verfaßten Geld-Artikel für die Neuauflage des *Handwörterbuchs der Staatswissenschaften* glaubte er ausdrücklich zur „Beruhigung der Gemüter" betonen zu müssen, daß es der *Staatlichen Theorie* durchaus fern gelegen habe, die Papiergeldwirtschaft zu empfehlen.[35]

Als enger Anhänger Knapps verstand sich der publizierfreudige Hamburger Bankier Friedrich Bendixen, der seit 1908 die nominalistische Botschaft der *Staatlichen Theorie* in einer Vielzahl von Schriften fortzuentwickeln, das heißt um die noch fehlende „wirtschaftliche Ausgestaltung" zu ergänzen suchte.[36] Nach seinem „konservativ-revolutionären" Selbstverständnis wollte er die Goldwährung nicht abschaffen, sondern allmählich im Laufe der Jahrzehnte, „wenn nicht Jahrhunderte" in eine freie Papierwährung umgewandelt wissen.[37] Dafür habe Knapps Lehre die Voraussetzungen geschaffen, die wie ein „Sonnenstrahl durch das finstere Gewölk des Wahnes" gebrochen sei und „mit dem Schutt der Jahrhunderte" aufgeräumt habe.[38] Wie Knapp lehnte auch Bendixen die Geldwertvorstellungen ab; so etwas könne nur von denen vertreten werden, die die „Eierschalen des Metallismus" noch nicht abgestreift hätten. Der Geldwert sei keine selbständige Größe, sondern nur das Spiegelbild der Preise. Und deren Veränderungen seien unter normalen Bedingungen nur durch Vorgänge auf der Warenseite verursacht.[39]

Den spezifischen und die Knappsche Theorie erweiternden Neuansatz glaubte Bendixen einmal in der Definition des Geldes als „symbolischem Repräsentanten" von Werten, die anderswo vorhanden sein müßten, das heißt als „Anweisung" auf diese Güter, sowie zum anderen in der Lehre von der Geldschöpfung gefunden zu haben.

Die Anweisungstheorie des Geldes war aber alles andere als originell und führte die Diskussion nicht weiter. Obwohl er wie Knapp und die anderen Nominalisten die Quantitätstheorie ablehnte, der er ein falsch

[35] Georg Friedrich Knapp, Art. *Geldtheorie, staatliche*, in: *HdSW*, 4. Aufl., Bd. 4, Jena 1927, S. 754.

[36] F. Bendixen, *Währungspolitik und Geldtheorie*... [wie Anm. 25], S. 86.

[37] G. F. Knapp/F. Bendixen, *Zur staatlichen Theorie*... [wie Anm. 15], S. 76.

[38] F. Bendixen, *Währungspolitik und Geldtheorie*... [wie Anm. 25], S. 86.

[39] Friedrich Bendixen, *Das Inflationsproblem*, Stuttgart 1917, S. 23ff.; Ders., *Geld und Kapital. Gesammelte Aufsätze*, 3. Aufl., Jena 1922, S. 34f.

verstandenes, „mechanisch wirkendes Kräftespiel" zwischen Geld und Warenmenge zuschrieb, lief seine Anweisungstheorie gerade auf die älteste und primitivste Auffassung der Quantitätstheorie hinaus.[40] Erst Schumpeter sollte hier die präzisierende Klarheit schaffen. Ähnlich sah seine Geldschöpfungslehre aus, die ebenfalls nicht neu war, sondern die Annahmen der *Banking*theorie wiedergab, die — allerdings nur bei Goldkonvertibilität der Währung — in der Kreation von Warenwechseln ein konjunkturell stimulierendes, preisneutrales Mittel gesehen hatte, bei dem sich Waren- und Zahlungsmittelexpansion also parallel bewegten. Diese Prinzipien lagen im übrigen auch längst den gesetzlichen Bestimmungen der Reichsbankpolitik zugrunde.

Auch Bendixen ging es nicht darum, den geldtheoretischen Nominalismus zur Theorie einer rationalen Geldmengenpolitik weiterzuentwickeln, die anstelle der bisherigen Deckungsregeln eine sinnvolle Geldmengensteuerung setzte, sondern seine Geldschöpfungslehre zielte nur auf den logischen Nachweis, daß die Währung nicht an das Gold gebunden sei. Seine „klassischen" Geldschöpfungsprinzipien forderten die Beseitigung aller Fesseln des Geldumlaufs, sofern die Notenvermehrung auf die Diskontierung von Warenwechseln beschränkt werde. Dazu sollte die Zentralbank in unbeschränkter Höhe verpflichtet werden, so daß der Anspruch der Produzenten auf Kredit auch eine Diskontpolitik der Zentralbank — die einzige Steuerungsmöglichkeit, über die die Reichsbank verfügte — verbieten würde.[41]

Von der impliziten Emissionsschranke der alten *Banking*theorie, der Goldkonvertibilität, war in Bendixens Version nicht mehr viel übriggeblieben. Sein entscheidender Irrtum war, daß er die „goldene Bremse an der Kreditmaschine" (Schumpeter) beseitigt wissen wollte, ohne etwas an deren Stelle zu setzen, so daß eine auf solchen verkürzten Prämissen aufgebaute Geldschöpfungspolitik relativ orientierungslos bleiben mußte.[42] Keineswegs war sicher, daß die Diskontierung von

[40] Zur Kritik vgl. H. Döring, *Die Geldtheorien seit Knapp*... [wie Anm. 26], S. 137ff.

[41] Friedrich Bendixen, *Das Wesen des Geldes. Zugleich ein Beitrag zur Reform der Reichsbankgesetzgebung* (1910), 2. Aufl., München-Leipzig 1918, S. 42; ders., *Das Inflationsproblem*... [wie Anm. 39], S. 32; ders., *Geld und Kapital*... [wie Anm. 39], S. 10u. 51.

[42] Zur *Banking*theorie mit weiteren Literaturhinweisen vgl. u. a. Heinz Rieter, *Die gegenwärtige Inflationstheorie und ihre Ansätze im Werk von Thomas Tooke*, Berlin-New York 1971, S. 122ff.; Frank W. Fetter, *Development of British Monetary Orthodoxy 1797—1875*, Cambridge/Mass. 1965, S. 165ff.

Warenwechseln automatisch zur entsprechenden Vergrößerung des Warenangebots führen würde. Die Wechseldiskontierung konnte nämlich nicht nur, wie Bendixens gleichfalls geldtheoretisch arbeitender Bankierskollege Ludwig Albert Hahn bemerkte, zum Verkauf eines Mehr an Waren, sondern ebensogut auch zum Verkauf gleicher Warenmengen zu erhöhten Preisen führen, so daß inflatorische Wirkungen von der Geldseite keineswegs ausgeschlossen waren.[43] Bendixen dagegen betonte, daß nicht die Geldschöpfung, sondern erst das Käuferverhalten die Ursache der Preissteigerung sein könnte. Wie Knapp sah auch er das Geld als neutralen Schleier in „rätselhaftem Parallelismus" zu den Waren, so daß die Preise beziehungsweise später die Inflation für ihn nur auf die Vorgänge des Marktes zurückgeführt werden konnten.[44]

Auch das lag auf der Linie der verkürzten Rezeption der *Banking*theorie: Die Erklärung des Preisniveaus allein von der Warenseite beziehungsweise vom „Markt" implizierte die Ablehnung der Quantitätstheorie, wie sie von der deutschen Wissenschaft in jenen Jahren verstanden wurde. Mit den englischen Vorgaben hatte das jedoch nur wenig zu tun. Die *Banking*theoretiker hatten sich lediglich gegen den Absolutheitsanspruch der — vor allem von Ricardo und der *Currency*-Lehre vertretenen — alten Quantitätstheorie gewandt, welche Veränderungen der Preise nur mit Variationen des Geldangebots in Verbindung brachte, keineswegs aber deren Ansatz — zumal bei Papiergeld — generell abgelehnt. Ja, auch sie sahen in der Bindung der Währung an das Gold und damit in einer Beschränkung des Spielraums für die Geldmengenexpansion eine wichtige Voraussetzung für die Stabilität der Währung, auf die nicht verzichtet werden könnte. Sie unterschieden sich von den Vertretern der *Currency*-Schule nur in ihrer Antwort auf die Frage, wie rigide oder flexibel diese Beschränkungen im Konjunkturzyklus gehandhabt werden sollten; das heißt, es ging in dieser Kontroverse nur um die Frage, ob die Kreditversorgung der Wirtschaft mit starren Regeln an die Golddecke gebunden oder ob sie mehr der Risikoeinschätzung der Banken überlassen und damit flexibler gehandhabt werden sollte. Ein Blick weiter zurück in die englische Währungsgeschichte hätte Bendixen möglicherweise Aufklärung über die Fragwürdigkeit seiner Anknüpfungen und Schlußfolgerungen geben kön-

[43] Ludwig Albert Hahn, *Von der Kriegs- zur Friedenswährung*, Tübingen 1918, S. 51.

[44] F. Bendixen, *Währungspolitik und Geldtheorie*... [wie Anm. 25], S. 30; ders., *Geld und Kapital*... [wie Anm. 39], S. 56; ders., *Das Wesen des Geldes*... [wie Anm. 41], S. 30.

nen. Denn sowohl die *Currency*-Schule als auch die *Banking*theorie waren geprägt gewesen von der sogenannten *Bullion*-Kontroverse zur Zeit der englischen Bank-Restriktion während des napoleonischen Krieges, die deutlich gemacht hatte, welche Wirkungen die nach Aufgabe der Goldeinlösung fehlenden Regulierungsmechanismen auf die Geldemission, die Wechselkurse, auf die Warenpreise und den Preis des Goldes *(bullion)* hatten. Schon in dieser Kontroverse waren die zentralen Komponenten aller monetären Probleme angesprochen worden.[45]

So inkonsistent wie seine Geldschöpfungs- und Anweisungstheorie war auch Bendixens Haltung zur Reichsbankpolitik während des Krieges, die er, anders als Knapp, laufend kommentierte. Im Sommer 1913 forderte er auf dem Hintergrund kriegswirtschaftlicher Vorbereitungen ein Gesetz, nach dem die Reichsbank nicht berechtigt, sondern verpflichtet werden sollte, nach den Bedürfnissen des Verkehrs Noten auszugeben, das heißt „klassisches" Geld zu schöpfen, und von der Dritteldeckung abzugehen.[46] Nach der relativ geräuschlosen Überwindung der Liquiditätskrise zu Beginn des Krieges durch Aufhebung der Goldeinlösungspflicht und verstärkte Diskontierung von Wechseln bei der Reichsbank,[47] die weitgehend Bendixens Optionen entsprach, lobte er dann die „Vorzüge deutscher Organisation" auch auf wirtschaftlichem Gebiet: Gegenüber der Bank von England, die „in ratloser Nervosität 8 bis 10 % Diskont ausschrie und dann erschöpft die Hände in den Schoß sinken ließ, stand unsere Reichsbank riesengroß da".[48] Diese Meinung änderte er aber schon bald. Fortan war das Ziel seiner Attacken auf die Reichsbankpolitik allerdings nicht die Notenvermehrung, sondern das vergleichsweise belanglose Problem der — im übrigen nur noch formalen — Dritteldeckung. Und auch hierbei griff er nicht etwa die fragwürdige Einbeziehung der Darlehenskassenscheine in die Deckungsfähigkeit an, sondern nur die Goldhortungspolitik. Hatte er in seinen früheren Schriften noch durchaus die Aufrechterhaltung der Goldwährung auf unabsehbare Zeit für notwendig gehalten,

[45] Th. Tooke/M. Newmarch, *Die Geschichte und Bestimmung der Preise*... [wie Anm. 18], Bd. 1, S. 591 ff.; siehe auch H. Rieter, *Die gegenwärtige Inflationstheorie*... [wie Anm. 42], S. 139 ff.

[46] Friedrich Bendixen, *Die Reichsbank vor dem Kriege* (1913), in: Ders., *Währungspolitik und Geldtheorie*... [wie Anm. 25], S. 4.

[47] C.-L. Holtfrerich, *Die deutsche Inflation*... [wie Anm. 8], S. 61 f.

[48] Friedrich Bendixen, *Die Reichsbank im Kriege. Ein Feldpostbrief, 18. 1. 1915*, in: Ders., *Währungspolitik und Geldtheorie*... [wie Anm. 25], S. 17.

so zielte er jetzt auf deren völlige Abschaffung.[49] Da die im August 1914 aufgehobene Einlösungspflicht nach dem Kriege sicher nicht wieder eingeführt werden würde, habe auch der Goldbestand seine Bedeutung für den Aufbau der Zahlungswirtschaft verloren; für den Außenhandel genüge dabei auch ein bestimmter Devisenvorrat.

Am Ende des Krieges glaubte er dann darüber triumphieren zu können, daß „nicht die Wissenschaft, sondern die Werttheoretiker es sind, die das Geldproblem nicht lösen können".[50] Seine eigenen Arbeiten lieferten dafür allerdings keinen Beleg. Trotz des Anspruchs, die *Staatliche Theorie* um das noch fehlende wirtschaftliche Gegenstück zu vervollständigen, war Bendixen über Knapp und eine deformierte *Banking*lehre nicht nennenswert hinausgelangt.

Auch von den anderen Anhängern oder Schülern Knapps, für die stellvertretend nur Wilhelm Lexis, Johann Plenge und Karl Elster von der älteren Generation sowie seine Schüler Rudolf Dalberg, Franz Gutmann, Kurt Singer oder Alfred Schmidt-Essen genannt seien, wurde die *Staatliche Theorie* kaum weiterentwickelt. Ihre zahlreichen Beiträge erschöpften sich nach 1914 lediglich darin, Knapps Theorie überschwenglich zu feiern, weil sie, wie man meinte, durch die Geldpolitik des Krieges so glänzend bestätigt worden sei. Auch die in den Traditionen der Historischen Schule stehenden wirtschaftswissenschaftlichen Zeitschriften, wie *Schmollers Jahrbuch* oder die *Jahrbücher für Nationalökonomie und Statistik*, boten jederzeit den Anhängern der *Staatlichen Theorie* die Möglichkeit für kaum variierte Wiederholungen. Und dann ist der Reichsbankpräsident Havenstein nicht zu vergessen, der von Knapp und Bendixen schon 1908 als „heimlicher Anhänger" gesehen wurde.[51] Von den Knapp-Schülern gingen ferner einige als Journalisten in die Wirtschaftspresse, so etwa Alfred Schmidt-Essen zur *Deutschen Bergwerkszeitung* nach Düsseldorf oder Kurt Singer, der nach seiner Promotion bei Knapp zunächst als persönlicher Sekretär Bendixens arbeitete, zum 1916 gegründeten Hamburger *Wirtschaftsdienst*, der bald zum „Vorkämpfer der Staatlichen Theorie" werden sollte.[52]

[49] Friedrich Bendixen, *Die Reichsbank nach dem Kriege* (1916), in: Ders., *a.a.O.*, S. 25ff.

[50] *A.a.O.*, S. 137.

[51] G. F. Knapp/F. Bendixen, *Zur staatlichen Theorie...* [wie Anm. 15], S. 100 u. 157.

[52] *A.a.O.*, Vorrede von Hrsg. Kurt Singer, S. 7.

Zweifellos hatte die Knapp-Schule den geldtheoretischen Nominalismus weitgehend für sich monopolisiert. Dennoch gab es auch noch einige andere Vertreter, von denen nur Otto Heyn und Robert Liefmann genannt seien. Doch das waren Einzelgänger, die sich entweder, wie Heyn, um die Priorität des Gedankens mit Knapp stritten[53] oder aber eine exaltierte Botschaft vertraten, wie etwa Liefmann, der nicht nur die Geldtheorie, sondern generell das ökonomische Denkvermögen erst bei sich beginnen ließ.

Schon während des Bimetallismus-Streits in den neunziger Jahren hatte Heyn, Amtsrichter in Altona und seit 1904 Syndikus der Handelskammer Nürnberg, das Projekt einer „Papierwährung mit Goldreserve für den Auslandsverkehr" veröffentlicht,[54] weil, wie die Preissteigerungen nach den amerikanischen Goldfunden gezeigt hätten, die reine Goldwährung aufgrund ihrer Abhängigkeit von der Metallgewinnung keineswegs die Stabilität des Geldwertes garantieren könne. Statt dessen sollte der Staat mit Hilfe der Papierwährung die Geldmenge und damit die Preisniveaustabilität unabhängig von jenen Einflüssen regulieren können. Dabei unterschied er sich von der Knapp-Schule, die jede Geldwertvorstellung ablehnte. Heyn definierte das Geld als Anhänger der Wertlehre auch bei reiner Papierwährung vermöge seiner Kaufkraft als Wertobjekt. Später nahm er diese Anschauung jedoch zurück. Während der Goldankaufsaktion der Reichsbank vor dem Kriege glaubte er nunmehr, daß nur Geld mit eigenem Substanzwert das nötige binnenwirtschaftliche und internationale Vertrauen zu stiften in der Lage sei.[55] Während des Krieges veränderte Heyn seinen Standpunkt wiederum und plädierte jetzt erneut für die Papierwährung, allerdings mit der Bedingung, daß die Reichsbank verpflichtet werden sollte, zum alten Satz Noten gegen Gold an Private zur Begleichung

[53] Knapp berief sich in der *Staatlichen Theorie* auf Otto Heyn, obgleich dieser die tradierte Sehweise der Wertlehre für das Geld nicht in Frage stellte. Um so schärfere Gegensätze bestanden zwischen Heyn und Bendixen. Beide kannten sich aus gemeinsamen Hamburger Jahren und rivalisierten erbittert; vgl. dazu die Bemerkungen Bendixens an Knapp vom 8. 11. 1905 u. 6. 9. 1913, in: G. F. Knapp/F. Bendixen, *Zur staatlichen Theorie*... [wie Anm. 15], S. 13 u. 159; siehe auch F. Bendixen, *Das Inflationsproblem*... [wie Anm. 39], S. 20ff.

[54] Otto Heyn, *Papierwährung mit Goldreserve für den Auslandsverkehr*, Berlin 1894.

[55] Otto Heyn, *Erfordernisse des Geldes. Ein Beitrag zur Geldtheorie*, Leipzig 1912, S. 20ff.; ders., *Zur Frage der Verstärkung des Goldschatzes der Reichsbank*, in: *Bank-Archiv*, 12 (1912/13), S. 119ff.

von Auslandsverbindlichkeiten einzutauschen.[56] Dieser sogenannten Goldkernwährung, eine Definition des Nominalisten Johann Plenge,[57] lag der Gedanke zugrunde, daß die allgemeine Goldeinlösung auch nach dem Kriege nicht wiederkommen würde und daher die vorhandene Goldmenge in die Reichsbank gehöre, um unter deren Kontrolle als „Weltgeld“ zur Begleichung eventueller Passivsaldi der Handelsbilanz verwendet zu werden. Im Innern dagegen reiche das Papiergeld, das ähnlich wie bei Bendixen als Kreditgeld begriffen wurde und zu dessen Kaufkrafterhaltung nur die Bindung an irgendwelche Forderungen oder Eigentumsobjekte zur Aufrechterhaltung des „Vertrauens“ gehörte. Insofern definierte er Papiergeld als „Vertrauensgeld“, doch eine Analyse der dafür erforderlichen geldpolitischen Instrumente und Garantien lieferte er nicht.[58] Optimistisch hielt er das offenbar nicht mehr genauerer theoretischer Überlegungen für wert. Die Gefahr einer übermäßigen Ausgabe von Papiergeld bestand für Heyn „nur bei unreifen, absolutistisch regierten Völkern“.[59]

Mit dem Buch *Geld und Gold* trat 1916 auch Robert Liefmann als Nominalist hervor,[60] der einer breiteren Öffentlichkeit durch seine seit 1905 in zahlreichen Auflagen erschienene Studie über die Organisationsformen der Kartelle und Trusts bekannt geworden war. Trotz des für die nominalistische Diskussion günstigen Klimas provozierte er fast einhellige Ablehnung, und das nicht allein wegen seines Eklektizismus, der jedem Trend hinterherlief, seiner „ehrgeizigen Hast“, wie etwa Knapp und Bendixen meinten, in der er mit „wildem Kriegsgeschrei in die Geldlehre eingebrochen“ war,[61] sondern ebenso wegen seines anmaßenden Auftretens, das den Eindruck vermittelte, als ob er als Erster in der Lage gewesen sei, die nötigen Zusammenhänge zu erkennen und zu formulieren.[62] So ist auch zu verstehen, daß kaum ein Beitrag der

[56] Otto Heyn, *Unser Geldwesen nach dem Kriege,* Stuttgart 1916, S. 23ff.

[57] Johann Plenge, *Von der Diskontpolitik zur Herrschaft über den Geldmarkt,* Berlin 1913, S. 16ff. Zur Trennung von „Weltgeld“ und „Landesgeld“, die sich schon bei J. Steuart (1767) findet, vgl. auch Ladislaus von Bortkiewicz, *Das währungspolitische Programm Otto Heyns,* in: *Schmollers Jahrbuch,* 42,2 (1918), S. 735ff.; vgl. auch Joseph A. Schumpeter, *Geschichte der ökonomischen Analyse,* Bd. 1, Göttingen 1965, S. 377.

[58] O. Heyn, *Unser Geldwesen nach dem Kriege*... [wie Anm. 56], S. 2.

[59] Otto Heyn, *Zur Verteidigung der Chartaltheorie des Geldes,* in: *JbfNuS,* 106 (1916), S. 790.

[60] R. Liefmann, *Geld und Gold*... [wie Anm. 25].

[61] G. F. Knapp/F. Bendixen, *Zur staatlichen Theorie*... [wie Anm. 15], S. 179.

[62] Vgl. Robert Liefmanns autobiograph. Essay in: Felix Meiner (Hrsg.), *Die Volkswirtschaftslehre der Gegenwart in Selbstdarstellungen,* Leipzig 1924, S. 155ff.

geldtheoretischen Diskussion nach 1916, der Liefmann erwähnte, nicht seinen Widerspruch oder — häufiger — scharfen Protest hervorrief, und meistens endeten solche Kontroversen in persönlichen, beleidigenden Invektiven.[63]

Liefmanns Geldtheorie suchte Elemente des Nominalismus mit einer zweifelhaften Variante der subjektiven Wertlehre zu verbinden. Im Gegensatz zu den klassischen Traditionen, die sich für ihn nur „quantitativ-materialistisch" an der Herstellung von Gütern orientiert hätten, sah er im „Wirtschaften ... etwas Psychisches, eine Art von Erwägungen, nämlich ein Vergleichen von Lust- und Unlustempfindungen". Für die Geldlehre habe diese Einsicht zur Folge, daß es keine allgemeine Kaufkraft des Geldes gäbe, sondern der Geldwert sich nach der „individuellen Schätzung" durch die jeweiligen zur Verfügung stehenden Einkommen bemesse: „Mit einem Wort, die Wirtschafter rechnen nicht in Geld, sondern sie rechnen mit ihrem Einkommen, das in einer nicht in Geld bestehenden abstrakten Rechnungseinheit ausgedrückt ist, rein formal ihre Kaufkraft bedeutet."[64] Daraus leitete er dann die eigenwillige Annahme ab, daß gerade bei höheren Preisen dem einzelnen Konsumenten die Geldeinheit wertvoller sei, weil er bei seiner begrenzteren Gelddisposition nur den dringendsten Bedürfnissen abhelfen könne, so daß man bei Preisanstieg dem Gelde eine höhere Kaufkraft beimessen müsse.[65]

Zwar hatte die Einkommenstheorie, das heißt die Empfehlung, das Preisniveau nicht durch die Geldmenge allgemein, sondern durch die wirksame Nachfrage der vorhandenen Einkommen zu erklären, schon eine lange Tradition.[66] Liefmann hielt seine Erkenntnis jedoch für einen bahnbrechenden Neuansatz, mit dem er im Gegensatz etwa zu den angelsächsischen Einkommenstheoretikern die Quantitätstheorie erledigen zu können meinte, die aber in anderer Begrifflichkeit seine ganze Argumentation bestimmte.

[63] Vgl. die Kontroversen Liefmanns mit Alfred Amonn, in: *Archiv für Sozialwissenschaft und Sozialpolitik* (im folgenden *AfSS* zitiert), 46 (1918/19), S. 256ff., u. 47 (1920/21), S. 500ff., 523ff., 558ff.; mit Karl Elster, in: *JbfNuS*, 111 (1918,I), S. 327ff., 612ff.; mit Friedrich Bendixen, in: *Weltwirtschaftliches Archiv* (im folgenden *WA* zitiert), 12 (1918,I), S. 13ff., und 13 (1918,II), S. 70f. und 430f.

[64] R. Liefmann, *Geld und Gold*... [wie Anm. 25], S. 27 u. 87.

[65] Zur Kritik dieser Auffassung vgl. Joseph Gruntzel, *Der Geldwert. Grundsätze für die Beurteilung der Geldentwertung*, Stuttgart 1919, S. 26.

[66] J. A. Schumpeter, *Geschichte der ökonomischen Analyse*... [wie Anm. 57], Bd. 2, S. 1346.

An sich bedeutete die Einkommenstheorie eine verfeinerte Perspektive, keinesfalls aber einen Gegensatz zur Quantitätstheorie.[67] Gerade für die Analyse des späteren Inflationsprozesses bot sie die Chance, Wirkungen der Geldmengenänderungen genauer zu fassen und damit die Geldanalyse enger mit dem wirtschaftlichen Kreislauf zu verbinden. Doch das alles fand sich nicht bei Liefmann. Er zielte nur auf den Nachweis, daß es allgemeine Preisänderungen beziehungsweise allgemeine Kaufkraftvariationen des Geldes nicht geben könne, weil durch die unterschiedlichen Einkommen und subjektiven Präferenzen etwa den Preiserhöhungen der einen Gütergruppe Preissenkungen in anderen Bereichen entsprechen würden oder weil Geldvermehrungen in unterschiedlichem Maße über die Einkommen auf die Preise einwirkten.[68] Die Berechnung etwa von Preis- und Lebenshaltungsindizes hielt er daher ebenso wie Knapp nur für eine Irreführung der individualistischen Tauschwirtschaft.[69]

Für die geldwirtschaftliche Diskussion in und nach dem Kriege war die Liefmannsche Einkommenstheorie nicht nur belanglos, sondern wirkte sogar verunklärend. Die auch von ihm nicht zu leugnende Teuerung ließ sich für ihn nicht durch Geldmengenänderungen bestimmen. Da Preisänderungen immer nur „individuell" ermittelt werden könnten, sei auch eine erkennbare Relation von allgemeinem Preisniveau und Geldmenge nichts als eine Behauptung und logisch nur bei vollkommener Assignatenwirtschaft verifizierbar. Die Tatsache, daß der Staat während des Krieges mit neuem Bedarf und womöglich auch mit entsprechender Geldvermehrung aufgetreten sei, sagte für Liefmann noch nichts, da Preisänderungen auch durch Rohstoff- oder Arbeitskräftemangel hervorgerufen sein könnten: „Daher ist niemals festzustellen, welcher Teil an der Teuerung im Kriege auf Geldvermehrung, welcher auf Knappheit an Waren und Arbeitskräften zurückzuführen ist."[70] Wie wenig Liefmann die monetären Probleme übersah, zeigte auch seine Analyse des Wechselkursverfalls seit 1914: Der durch die herrschende Warenknappheit verursachte Preisauftrieb würde durch

[67] Irving Fisher, *The Nature of Capital and Income*, New York 1906, S. 51 ff.; Ralph G. Hawtrey, *Currency and Credit* (1919), dt.: *Währung und Kredit*, hrsg. von F. Oppenheimer, Jena 1926, S. 25 ff.; zur Kritik vgl. auch Hans Neisser, *Der Tauschwert des Geldes*, Jena 1928, S. 150.

[68] R. Liefmann, *Geld und Gold*... [wie Anm. 25], S. 130 u. 165.

[69] *A.a.O.*, S. 59; G. F. Knapp, *Staatliche Theorie des Geldes*... [wie Anm. 10], S. 442.

[70] R. Liefmann, *Geld und Gold*... [wie Anm. 25], S. 164 ff.

mehr Importe gesenkt und damit zugleich der Wechselkurs verbessert werden können. Wäre mehr eingeführt worden und wären dadurch die Preise im Inland herabgedrückt worden, so wäre der Kurs der Valuta weniger tief gesunken.[71]

III

Der Metallismus

Bei der zahlenmäßig nur kleinen Gruppe der sogenannten Substanzwerttheoretiker oder Metallisten, für die das Geld ohne Goldgrundlage undenkbar war, bestand ebenfalls nur eine vermittelte Verbindung zur alten *Currency*-Schule. Zwar wird man unter Vorbehalten Adolph Wagner seit seiner Dissertation von 1857 über die Peelsche Bankakte zu den Anhängern jener Schule in Deutschland zählen können, doch trat er im 20. Jahrhundert mit Ausnahme seiner *Sozialökonomischen Theorie des Geldes* von 1909 kaum noch in Erscheinung.[72] Die anderen Metallisten, von denen nur die Hauptvertreter Karl Diehl, Walther Lotz, Richard Hildebrand oder der Knapp-Schüler Karl Helfferich genannt seien, waren alles andere als *Currency*-Theoretiker. Stand hinter der Peelschen Bankakte beispielsweise die liberale Auffassung, daß das Goldgeld weitgehend für politische Manipulation unzugänglich sein sollte und die Preisbildung auf dem Binnenmarkt sowie die Wechselkurse daher nur von den Zufällen der Goldproduktion und den Mechanismen der Goldbewegung abhängen sollten, so setzten die deutschen Metallisten die Akzente wesentlich anders. Wohl machte der Goldanhänger Bruno Moll die Unterscheidung, daß sich Metallismus und Nominalismus „wie Individualprinzip und Sozialprinzip oder wie Kapitalismus und Kommunismus" verhielten,[73] und auch von Knapp wurde beispielsweise im Gegenzug unterstellt, daß Diehl unter Nationalökonomie nichts als die Kennerschaft von Adam Smith und David Ricardo verstehe,[74] doch mit den realen Frontbildungen hatte das nur wenig zu tun. Im Lager der deutschen Metallisten wehte nämlich alles andere als ein liberaler Wind. Karl Diehl etwa hielt das *Currency*-Prinzip für nichts als „Manchestertum in seiner Anwendung auf die Geldlehre";[75]

[71] Robert Liefmann, *Die Geldvermehrung im Weltkriege und die Beseitigung ihrer Folgen*, Stuttgart-Berlin 1918, S. 110.

[72] Adolph Wagner starb im September 1917.

[73] Bruno Moll, *Logik des Geldes*, München-Leipzig 1916, S. VI.

[74] G. F. Knapp/F. Bendixen, *Zur staatlichen Theorie*... [wie Anm. 15], S. 31.

[75] Karl Diehl, *Zur Knappschen Geldtheorie*, in: *Bank-Archiv*, 21 (1921/22), S. 82.

als Begründer der sogenannten sozialrechtlichen Schule, einer Variante der Historischen Schule, die die Wirtschaftsordnungen nach jeweils herrschenden Rechtsnormen in ihren „nationalen Eigentümlichkeiten" zu definieren suchte,[76] stritt er sich vielmehr mit Knapp darüber, daß er schon lange vor der *Staatlichen Theorie* das Geld als Geschöpf der Rechtsordnung erklärt habe.[77] Ähnlich argumentierte auch Karl Helfferich, der als Bankpraktiker und alter Anhänger Ludwig Bambergers wohl die Goldwährung befürwortete, jedoch als Schüler Knapps angesichts ihrer offenkundigen Mängel die planmäßige Einwirkung des Staates für eine notwendige Bedingung hielt, um das Geld so zu gestalten, „daß es den durch seine Funktion und den Stand der Volkswirtschaft gegebenen Erfordernissen so gut wie möglich zu genügen vermag".[78] Diese Aufgabe sahen Diehl, Helfferich oder Hildebrand insbesondere durch „konstitutionelle Einrichtungen", im gesetzlich fixierten Goldankauf zu festen Preisen sowie durch das gesetzliche Ausprägungsverhältnis der Münzen erfüllt, das zwischen den einzelnen Ländern für stabile Wechselkursparität innerhalb der sogenannten Goldpunkte sorgte.[79]

Weiter gingen diese geldpolitischen Analysen nicht. Selbst ein so erfahrener Geldpraktiker wie Helfferich referierte noch 1923 zur Geldversorgung beziehungsweise Geldmengenpolitik nur die Bestimmungen des alten Bankgesetzes, das heißt für ihn kamen nur Goldan- und -verkäufe zur Regulierung des Außenhandels und die Diskontpolitik zur Beeinflussung der inländischen Geldnachfrage infrage, obwohl zum Beispiel Offenmarkt-Operationen schon seit der Vorkriegszeit etwa zu den geldpolitischen Instrumenten in den USA gehörten.[80] Andere Metallisten, wie beispielsweise Diehl, blieben ganz bei der Wertlehre stehen und überließen das Geld aufgrund seines Substanzwertes der individuellen Wertschätzung, das heißt Geldpolitik gab es hier überhaupt

[76] C.-D. Krohn, *Wirtschaftstheorien als politische Interessen*... [wie Anm. 6], S. 20.

[77] K. Diehl, *Zur Knappschen Geldtheorie*... [wie Anm. 75], S. 82.

[78] K. Helfferich, *Das Geld*... [wie Anm. 22], S. 402 ff. In der 1. Aufl. von 1903 hatte Helfferich noch einen rein metallistischen Standpunkt vertreten, seit der 2. Aufl. von 1906 hatte er dann die Knappsche Theorie verarbeitet und der staatlichen Einwirkung auf die Organisation des Geldwesens die entscheidende Bedeutung beigemessen; vgl. auch Karl Helfferich (Hrsg.), *Ausgewählte Reden und Aufsätze über Geld- und Bankwesen* von Ludwig Bamberger, Berlin 1900.

[79] *A.a.O.*, S. 231 u. 389; K. Diehl, *Über Fragen des Geldwesens und der Valuta während des Krieges und nach dem Kriege*, 2. Aufl., Jena 1921, S. 2.

[80] K. Helfferich, *Das Geld*... [wie Anm. 22], S. 464 ff.

nicht, die Geldzirkulation wurde definiert als Tausch zwischen gleichermaßen wertvollen Gütern, der durch die Marktmechanismen geregelt werde.[81]

Die sozialistischen Theoretiker müssen geldtheoretisch ebenfalls zu den Metallisten gerechnet werden. Auch für sie gab es das Geld nur als werttheoretisches Problem. Wie etwa eine Auseinandersetzung zwischen Rudolf Hilferding, Karl Kautsky, Otto Bauer und Eugen Varga in der *Neuen Zeit* 1911/12 über die Teuerung zeigt, war man über die Marxsche arbeitswerttheoretisch begründete Geldanalyse (Arbeitskosten des Goldabbaus) und seine entsprechend begründete Ablehnung der Quantitätstheorie nicht wesentlich hinausgelangt. Geld erschien auch bei ihnen nicht als allgemeines Zahlungsmittel mit autonomen Eigenschaften, sondern lediglich als präzirkulatorisch determinierte spezifische Warenart.[82] Diese Orthodoxie gilt auch für Hilferding, der sich im *Finanzkapital* von 1910 wohl ein Stück vorgewagt und im Papiergeld der Zentralbanken schon ein „bewußt geregeltes gesellschaftliches Verhältnis“ wahrgenommen hatte, doch war es für ihn lediglich ein technisches Substitut, das durch die „objektive Größe“ der Metall- oder Warendeckung bestimmt werde. Da die Warenproduktion ständigen Schwankungen unterliege, sei „reines Papiergeld“, so das Fazit, „auf die Dauer unmöglich“.[83]

Wenn schon dieses ambivalente Vortasten Hilferdings in geldtheoretischen Fragen von Kautsky als „bloße akademische Schrulle“ eingeordnet wurde, so ist nicht überraschend, daß die sozialistischen Möglichkeiten, die Hilferdings Theorie der „Zirkulationsmittel“ hätte eröffnen können, nicht weiterentwickelt wurden.[84] Auch zu den Wäh-

[81] K. Diehl, *Zur Knappschen Geldtheorie...* [wie Anm. 75], S. 82; Siegfried Budge, *Waren- oder Anweisungstheorie des Geldes?*, in: *AfSS*, 46 (1918/19), S. 752.

[82] Eugen Varga, *Goldproduktion und Teuerung*, in: *Neue Zeit* (im folgenden *NZ* zitiert), 30,1 (1911/12), S. 212ff.; Rudolf Hilferding, *Geld und Ware*, in: *A.a.O.*, S. 773ff.; Otto Bauer, *Geldproduktion und Teuerung*, in: *NZ*, 30,2 (1911/12), S. 49ff.; Karl Kautsky, *Gold, Papier und Ware*, in: *A.a.O.*, S. 886ff. Allgemein dazu Herbert Block, *Die Marxsche Geldtheorie*, Jena 1926.

[83] Rudolf Hilferding, *Das Finanzkapital. Eine Studie über die jüngste Entwicklung des Kapitalismus* (1910), Frankfurt/M. 1968, S. 38ff.; ders., *Probleme der Bank-Politik*, in: *Der Kampf*, 3 (1909/10), S. 75ff. Zur Kritik vgl. Valentin F. Wagner, *Geschichte der Kredittheorien. Eine dogmenhistorische Darstellung*, Wien 1937, S. 110ff.; H. Neisser, *Der Tauschwert des Geldes...* [wie Anm. 67], S. 147ff.

[84] Hilferdings Geldtheorie endete in einem Zirkelschluß. Wohl sah er in den „mit Bewußtsein geregelten“ Papierzahlungsmitteln einen qualitativen Fortschritt gegen-

rungsproblemen nach 1914 äußerten sich Sozialisten kaum originell, und es scheint, als ob die Geldtheorie bis heute der schwächste und vernachlässigste Teil der marxistischen politischen Ökonomie geblieben ist.[85]

Für die Substanzwerttheoretiker konnte es aufgrund der Knappheit des Goldes sowie der relativ stabilen Goldversorgung hektische Geldwertverschlechterungen und entsprechende Preissteigerungen von der Geldseite her nicht geben. Auch sie lehnten daher die quantitätstheoretischen Annahmen ab, weil sie zu einer Überschätzung der Veränderlichkeit des Geldwertes und der vom Gelde ausgehenden Wirkungen auf die Preise verleiteten. Vielmehr sahen sie, wie etwa Helfferich, bei kaum einer anderen Ware eine „so große Stabilität" garantiert, „wie sie bei dem Gelde aufgrund seiner wirtschaftlichen Sonderstellung" anzutreffen sei, einerlei ob reine Goldwährung oder eine durch elastische Notenausgabe ergänzte Geldverfassung herrsche.[86]

Genauso wie die Nominalisten reagierten daher auch die Metallisten auf die Teuerung nach 1914. Kausal hatte diese Teuerung für sie mit der Geldvermehrung nichts zu tun; in einer Front traten daher Nominalisten und Metallisten gegen die kleine Schar der liberalen Inflationstheoretiker an, die in den Preiserhöhungen oder Wechselkursverschlechterungen einen Reflex der Geldmengenexpansion sahen.[87] Als „sekundäre Ursache" wollten sie die Geldvermehrung zwar nicht ganz von der Hand weisen, doch das sei nur eine Folge des momentanen kriegsbedingten Faktors passive Handels- und Zahlungsbilanz.[88] Der

über dem alten, „sachlich geregelten" Goldgeld und betonte in seiner Kritik an Knapp auch, daß hierbei „ein wesentliches Problem steckt, nämlich das nach den Schranken dieser staatlichen ... Regelung". Zu Recht warf er Knapp die Mißachtung dieser Tatsache vor, während er sich selbst nur die Goldwährung als Limitationskriterium vorstellen konnte. Vgl. R. Hilferding, *Das Finanzkapital*... [wie Anm. 83], S. 40.

[85] Vgl. etwa Otto Neurath, *Die Wirtschaftsordnung der Zukunft und die Wirtschaftswissenschaften*, Berlin-Wien 1917, ein Plädoyer für die Abkehr von der Geldwirtschaft und den Aufbau einer naturalwirtschaftlichen Verwaltungswirtschaft. Ebenso die widersprüchliche Darstellung von Alfred Braunthal, *Kautsky als Geldtheoretiker*, in: Otto Jenssen (Hrsg.), *Der lebendige Marxismus. Festgabe zum 70. Geburtstag von Karl Kautsky*, Jena 1924, S. 121 ff.

[86] K. Helfferich, *Das Geld*... [wie Anm. 22], S. 584.

[87] Vgl. Gustav Cassel, *Deutschlands wirtschaftliche Widerstandskraft*, Berlin 1916, S. 133; Alfred Lansburgh, *Die großen Notenbanken im Dienste der kriegführenden Staaten*, in: *Die Bank* (1915/2), S. 1090.

[88] K. Diehl, *Über Fragen des Geldwesens*... [wie Anm. 79], S. 38 ff.; K. Helfferich, *Das Geld*... [wie Anm. 22], S. 214 f.

einzige Beitrag der Metallisten zur Bewältigung der monetären Probleme in und nach dem Kriege bestand dann auch in der Forderung nach Rückkehr zur Goldkonvertibilität für Inländer und Ausländer oder aber — als letztes Zugeständnis — nach der Goldkernwährung, also Goldkonvertibilität nur für Ausländer, solange die Zahlungsbilanz noch nicht wieder aktiv geworden sei und für die entsprechenden Goldimporte sorgen würde.[89]

IV

Die Funktionswert- und Kreislauftheorie

Einen qualitativen Schritt nach vorn brachten erst die geldtheoretischen Ansätze Ludwig von Mises', vor allem aber Joseph A. Schumpeters, die beide der österreichischen Schule Carl Mengers und Eugen von Böhm-Bawerks entstammten und jeweils modifiziert an deren Botschaft anknüpften. Ihr Einfluß blieb jedoch gering. Mises' orthodoxer Liberalismus bot trotz einiger neuer Einsichten kaum mehr als fixe Ideen und traditionsverhaftete Impulse für die Tatsachenanalyse.[90] Aber auch Schumpeters im Vergleich zu Mises ungleich bedeutenderer Ansatz blieb zunächst ohne Wirkung. Auffallend ist einmal, wie dieser im deutschen Wissenschaftsbetrieb wohl einzige Theoretiker von internationalem Format die Rolle des Einzelgängers liebte,[91] zum anderen verstand er sich bewußt als Vertreter der „reinen Theorie", dessen weiträumige Konzeption erhaben über den konkreten Problemen der Zeit stand. Wie seine geldtheoretische Pionierstudie von 1917 oder seine große soziologische Analyse über die „Krise des Steuerstaates"[92] angesichts der Kriegsniederlage der Mittelmächte zeigt, verstand er es wohl, brennende ökonomische Fragen scharfsinnig zu thematisieren, die von der Wirtschaftswissenschaft auch zu verlangenden therapeuti-

[89] K. Diehl, *Über Fragen des Geldwesens*... [wie Anm. 79], S. 179 ff.; ebenso Walther Lotz, *Das Papiergeld unter besonderer Berücksichtigung der heutigen deutschen Valutafrage. Drei gemeinverständliche Vorträge,* Berlin 1920, S. 34 ff.

[90] C.-D. Krohn, *Wirtschaftstheorien als politische Interessen*... [wie Anm. 6], S. 33 passim.

[91] Joseph A. Schumpeter, *Das Woher und Wohin unserer Wissenschaft. Abschiedsrede gehalten vor der Bonner staatswissenschaftlichen Fachschaft am 20. Juni 1932,* in: Ders., *Aufsätze zur ökonomischen Theorie,* Tübingen 1952, S. 600.

[92] Joseph A. Schumpeter, *Die Krise des Steuerstaates* (1918), in: Ders., *Aufsätze zur Soziologie,* Tübingen 1953, S. 1 ff.

schen Instrumente sucht man bei ihm jedoch vergeblich. Dem widersprechen auch nicht seine — kurzfristigen — praktischen Engagements unmittelbar nach dem Kriege, so etwa seine Tätigkeit als österreichischer Finanzminister im Kabinett des Sozialisten Otto Bauer während einiger Monate im Jahre 1919. Für die Soziologie dieses Wissenschaftlers ist hier sein politisches Scheitern interessanter. In kurzer Zeit hatte er sich zwischen alle Stühle gesetzt und mit seinen Kollegen überworfen. Typisch scheint der Zug gewesen zu sein, schnell unterschiedlichen politischen oder weltanschaulichen Strömungen zu folgen, sich bald aber wieder zu distanzieren. Auch später hat Schumpeter häufiger — allerdings nur theoretisch — unterschiedliche politische Ideale verklärt.[93]

Mises' und Schumpeters, von Wiesers Einkommenstheorie her geprägte Funktionswertbestimmung des Geldes setzte sich explizit von den metallistischen und nominalistischen Richtungen ab, die, so Mises, „dem geistigen Horizont von Kassenboten" entsprächen.[94] Anstelle der fruchtlosen Debatte um das „Wesen" des Geldes, ob Papier- oder Metallgeld, und der von der Geldtheorie immer wieder neu variierten Geldauffassung, wonach das Geld allgemeines Tauschmittel, Wertträger, Wertmesser und rechtsgültiges Zahlungsmittel zu sein hatte, wollten sie nur noch die Grundfunktion als allgemeines Tauschmittel definieren, von der alle anderen Bestimmungsgrößen abhingen. Das bedeutete auch eine Analyse der bislang nicht gesehenen Einwirkungen der Geldseite auf die Austauschverhältnisse beziehungsweise das Preisniveau, wodurch die in Deutschland von den verschiedenen geldtheoretischen Lagern abgelehnte Quantitätstheorie neue Aktualität bekam. Die Funktionswerttheorie suchte in erster Linie die Vorstellung zu widerlegen, als ob das Geld wie ein neutraler Schleier über der Güterwelt läge und als ob Wert- und Verteilungsprobleme unabhängig vom Gelde betrachtet werden könnten. Schumpeter ist das gelungen, Mises' Versuch jedoch, die Geldtheorie mit der subjektiven Wertlehre zu verbinden, führte nicht weiter und wurde selbst von seinem partiellen Mitstreiter abgelehnt.[95]

[93] Vgl. dazu das Vorwort von Fritz Karl Mann (Hrsg.), Joseph A. Schumpeter, *Das Wesen des Geldes*, Göttingen 1970, S. XI f.

[94] Ludwig v. Mises, *Theorie des Geldes und der Umlaufsmittel*, München-Leipzig 1912, S. 46.

[95] J. A. Schumpeter, *Geschichte der ökonomischen Analyse* ... [wie Anm. 57], Bd. 2, S. 1322 f.

Nach der Werttheorie der Österreicher bestimmte sich der Güteraustausch im Gegensatz zu den Annahmen der Klassiker nicht nach irgendwelchen objektiven Maßstäben (Arbeitswerten oder Produktionskosten), sondern nach individuellen Präferenzen, nach der subjektiven Wertschätzung der Waren. Das Geld hatte in diesem System nur die Funktion eines Hilfsmittels als skalierender Preisindikator ohne eigenen Verkehrswert. Allerdings hatte es nach Mises für den einzelnen Teilnehmer am Marktprozeß einen eigenen subjektiven Gebrauchswert, der jedoch nichts anderes darstellte als den „antizipierten Gebrauchswert" der für das Geld anzuschaffenden Dinge; seine Größe bemesse sich nach dem Grenznutzen der für das Geld einzutauschenden Güter. Damit das Geld diesen sogenannten „subjektiven Wert" bei der Güterschätzung erhalten konnte, mußte es ursprünglich einmal einen sogenannten „objektiven Tauschwert" als allgemeines Zahlungsmittel gehabt haben. Dieser Tauschwert konnte jedoch nur durch Rückgriff in eine Zeit bestimmt werden, in welcher der Wert des Geldes durch seinen Geldstoff geprägt wurde. Der objektive Tauschwert enthielt somit eine „historisch" überkommene Komponente, die in die Gegenwart und von hier aus in die Zukunft übertragen wurde. Darin läge, so Mises, der Gegensatz zwischen der Tauschwertbildung des Geldes und der der anderen Güter.[96] Dieser objektive Tauschwert, das heißt die Kaufkraft, mußte den Wirtschaftssubjekten bekannt sein, noch ehe sie dem Geld irgendeinen subjektiven Wert beilegten.

Die in der Verkehrsgleichung aufgestellte Beziehung von Änderungen des Geldwerts und der angebotenen oder nachgefragten Geldmenge wurde von Mises dahin verändert, daß nicht die Geldnachfrage der Gesamtwirtschaft schlechthin, sondern der Geldbedarf der Einzelwirtschaft maßgebend für Preisänderungen sei. Vermehrung des Geldvorrats der Volkswirtschaft bedeutete danach höheren Geldbesitz der Marktteilnehmer und Herabdrückung des Grenznutzens der Geldeinheit. Die Tauschfähigkeit werde erhöht, die Güterpreise würden ansteigen und dadurch die Einkommen des Verkäufers erhöhen, bis die Preissteigerungen — allerdings in unterschiedlichem Ausmaß — alle Waren erfaßt hätten.[97]

[96] L. v. Mises, *Theorie des Geldes*... [wie Anm. 233], S. 85ff.; ders., *Die Stellung des Geldes im Kreise der wirtschaftlichen Güter,* in: Hans Mayer (Hrsg.), *Die Wirtschaftstheorie der Gegenwart,* Bd. 2, Wien 1932, S. 309ff.; vgl. auch Laurence S. Moss, *The Economics of Ludwig von Mises. Toward a Critical Reappraisal,* Kansas City 1976, S. 13ff.

[97] L. v. Mises, *Theorie des Geldes*... [wie Anm. 33], S. 105ff.

Zweifellos bot solche Betonung individueller Verhaltensvariablen und die — nach modernen Standards — monetaristische Definition des Tauschwertes eine Präzisierung der Geldtheorie, insbesondere auch für die Erklärung des späteren Inflationsprozesses. Dennoch blieb diese Geldtheorie im Eklektizismus stecken. Mises zielte nicht auf eine Funktionsbestimmung des Geldes im wirtschaftlichen Kreislauf ab, sondern nur auf eine Kombination der empirisch konstatierbaren nominalistischen Entwicklungen mit dem alten *Currency*-Prinzip, das heißt, er richtete sich gegen alle Lenkungsinitiativen staatlicher Zentralbanken. In seinem übersteigerten Individualismus wollte er das Geld lediglich von den sakrosankten Marktgesetzen steuern lassen. So blieben viele Ungereimtheiten. Fragwürdig war einmal die Notwendigkeit eines Rekurses auf die „Urgeschichte", um einen objektiven Tauschwert zu ermitteln.[98] Diese Ableitung war aber notwendig, weil die subjektiven Werttheoretiker, wie das Beispiel Liefmanns bereits gezeigt hatte, jede Art von Indexzahlenberechnung ablehnten, da diese den individuellen Charakter wirtschaftlicher Transaktionen zu wenig berücksichtigte. Nicht eindeutig war ferner Mises' einkommenstheoretische Modifikation der Quantitätstheorie, die letztlich auf rohe Proportionalitätsvorstellungen hinauslief. Kaum konnte man, wie er unterstellte, von solchen Kassenbeständen bei den Wirtschaftssubjekten als effektiver Nachfrage ausgehen, deren Erhöhung durch Geldvermehrung nur für den gleichmäßigen Warentausch Verwendung finden sollte.[99] In Mises' orthodoxem System gab es offenbar nur vollkommene Markttransparenz ohne Unsicherheitsmomente und daher auch keinen Grund für eine die Nachfrage drosselnde Liquiditätshaltung. Noch bedenklicher aber war, daß Mises das Geld, das heißt im wesentlichen Metallstücke oder metallgedeckte Noten, von sogenannten Umlaufsmitteln (Schecks, Wechseln etc.) unterschied, wobei jene einen vom individuellen Bedarf her bestimmten Umfang hätten, während letztere von individuellen Einflüssen unabhängig sein sollten.[100]

Mit solcher Unterscheidung folgte Mises der Wicksellschen Zinstheorie, nach der es die Banken in der Hand hätten, durch Vermehrung

[98] Felix Somary in einer Rez. von Mises, *Theorie des Geldes*, 1. Aufl., in: *Schmollers Jahrbuch*, 37,1 (1913), S. 446; Ladislaus von Bortkiewicz, *Der subjektive Geldwert*, in: *Schmollers Jahrbuch*, 44 (1920), S. 178 f.; vgl. auch Benjamin A. Anderson, *The Value of Money*, New York 1917, S. 103 ff.

[99] L. v. Mises, *Theorie des Geldes*... [wie Anm. 33], S. 115 f.

[100] *A.a.O.*, S. 113.

der Umlaufsmittel die Zinsrate unter den sogenannten natürlichen Darlehenszins, das heißt die Marke, bei der Angebot und Nachfrage von Krediten im Gleichgewicht seien, herabzudrücken.[101] Für Mises hatte dieser Ansatz, den er später in seiner monetären Konjunkturtheorie genauer faßte, solche Bedeutung, daß er vorerst nur wenig Raum für andere Gründe der Geldmengenänderungen und deren Auswirkungen auf die Preise ließ. Auch sah er nicht das Problem, daß jenes Gleichgewicht durchaus bei jedem anderen Zinssatz möglich ist und die Aufgabe einer Geldpolitik darin besteht, denjenigen Gleichgewichtssatz zu finden, der eine preisstabile wirtschaftliche Entwicklung ermöglicht, worauf Schumpeter in einer klärenden Analyse hinweisen sollte. Mises unterstellte lediglich, daß die Banken, ganz gleich, ob Zentral- oder Privatbanken, unabhängig von ihren Einlagen aus Geschäftsinteresse willkürlich und permanent Kredite emittieren würden. Nur die Konkurrenz der Banken um Einlagen durch attraktive Zinssätze verhindere, daß die Zinsrate immer weiter gegen Null falle. Aber ein „Weltkartell" der Banken würde die Umlaufsmittel schrankenlos vermehren und den Zins tief herabsetzen können, die so den „Keim der Zerstörung" in sich trügen.[102]

Von solchen Annahmen ließ Mises auch in seinen zahlreichen späteren Werken nicht ab.[103] Einmal mehr zeigte sich hier, daß seine Deduktionen vor allem als die Rechtfertigung des uneingeschränkten *Laissez-faire*-Kapitalismus anzusehen waren. Seine Geldtheorie gipfelte dann auch in dem Schlußsatz: „Das Geld ist eine Einrichtung des freien Marktes der auf dem Sondereigentum an den Produktionsmitteln beruhenden Gesellschaftsordnung."[104] Nur auf diesen Nachweis kam es ihm an, dafür formulierte er seine subjektive Gebrauchswerttheorie des Geldes, und seine Trennung der Umlaufsmittel vom Gelde zielte im wesentlichen auf die Forderung ab, daß nur die Aufrechterhaltung der Grundgedanken der Peelschen Bankakte, das heißt das Goldgeld, stabile Geldverhältnisse garantieren könne.

Alle Abweichungen davon seit 1914 reduzierte er auf das kapitalfeindliche Wirken des „Etatismus", sein allgemeiner Nenner für jede Form staatlicher Interventionen. Die Inflation erschien in dieser Sicht

[101] Knut Wicksell, *Geldzins und Güterpreise*, Jena 1898, S. 93.

[102] L. v. Mises, *Theorie des Geldes*... [wie Anm. 33], S. 366ff., S. 419.

[103] Vgl. etwa Ludwig v. Mises, *Geldwertstabilisierung und Konjunkturpolitik*, Jena 1928, S. 40ff.

[104] L. v. Mises, *Theorie des Geldes*... [wie Anm. 33], S. 420.

dann auch nur als Requisit der Interventionisten und der ihnen hörigen Bürokratie, „um die Armen reich zu machen".[105] Unter dem Begriff „Destruktionismus" faßte er alles zusammen, was in die marktdeterminierten Tauschverhältnisse einzugreifen drohte, und so waren dann auch Sozialreform, Sozialismus, Etatismus, Christentum und der Krieg für Mises ununterscheidbare Begriffshülsen ein und derselben Sache.

Erst mit Schumpeters Aufsatz über das „Sozialprodukt und die Rechenpfennige"[106] vom Frühjahr 1918 erschien im Deutschen Reich ein geldtheoretischer Beitrag, der mit hinreichender Klarheit in einem einfachen, übersichtlichen Modell die Geldfunktion und die Beziehung von Waren und Geld im Wirtschaftskreislauf darzustellen vermochte. Neu war Schumpeters Ansatz nicht nur, weil er die stagnierende Diskussion, was alles als Geld zu bezeichnen sei, überwand, sondern auch, weil er im Vergleich zu Mises auf umständliche, nur historisch zu ermittelnde Kaufkrafterklärungen verzichtete. Bei Schumpeter erschien als Geld, was die Geldfunktion als Tauschmittel erfüllen konnte, und der Geldwert als Kaufkraft der Einkommenseinheit, dessen Veränderung für ihn im Gegensatz zur Tradition der Wertlehre durch Indexberechnungen für Waren, Lebenshaltung etc. erfaßt werden konnte. Dieser heute als Allgemeinplatz anmutende Ansatz war damals keineswegs so selbstverständlich, denn Preis- oder Geldwertindizes waren bekanntlich sowohl den subjektiven Werttheoretikern als auch den Nominalisten suspekt, weil man dahinter nur quantitätstheoretische Fixierungen vermutete. Und dementsprechend unterentwickelt war auch die deutsche Preisstatistik: Seit 1879 gab es wohl verschiedene Güterpreisindizes, die jedoch nur rohe Aggregate aus wenigen Waren darstellten; erst nach dem Kriege wurden diese Erhebungen verfeinert und auch um eine Statistik der Lebenshaltungskosten erweitert.

So verkörperte Schumpeter die Ausnahme, als er den Streit um das Für und Wider der Quantitätstheorie dadurch überwand, daß er sie kurzerhand für einen „geldtheoretischen Lehrsatz" erklärte, der mit

[105] *A.a.O.*, S. 203. Gegenüber der 1. Aufl. von 1912 hat Mises seine Polemik gegen staatliche Interventionen nach den Erfahrungen seit 1914 in der 2. Aufl. noch erheblich verschärft. Auch sind seine während der Kriegszeit erschienenen Aufsätze über Knapp etc. in diese Aufl. eingearbeitet worden.

[106] Joseph A. Schumpeter, *Das Sozialprodukt und die Rechenpfennige. Glossen und Beiträge zur Geldtheorie von heute*, in: *AfSS*, 44 (1917/18), S. 627ff.; wiederabgedr. in: Ders., *Aufsätze zur ökonomischen Theorie*... [wie Anm. 91], S. 29ff. (danach zitiert).

verschiedenen Geldtheorien durchaus kompatibel sei.[107] Ihm ging es nicht um die übliche „Wesens"-Bestimmung des Geldes, sondern um dessen Kreislauffunktion, die schon seit längerem Gegenstand der anglo-amerikanischen Forschung war. Während etwa Irving Fisher in den Vereinigten Staaten bei der Neubestimmung der alten Quantitätstheorie insbesondere die Wirksamkeit des Geldes durch Einbeziehung von Buch- und Giralgeld präziser untersucht und zu deren empirischer Überprüfung die Indexrechenmethode in die Wissenschaft vom Gelde eingeführt hatte, war von der sogenannten Cambridger Schule in England vor allem die Bedeutung des Einkommens im Sinne wirksamer Güternachfrage für die Preisbestimmung genauer analysiert worden.[108] In seiner Variation der von Newcomb/Fisher erstmalig formulierten Verkehrsgleichung $M \cdot U = P \cdot Q$ durch die Gleichung $E = M \cdot U = P \cdot Q$ (M = Geldmenge, U = Umlaufsgeschwindigkeit, P = Preisniveau, Q = Warenmenge, E = Einkommen) brachte Schumpeter die alten quantitätstheoretischen Faktoren, die bei konstant gesetzter Umlaufsgeschwindigkeit und Warenmenge nur die gesamte Geldmenge und das allgemeine Preisniveau gemeint hatten, in ein neues Größenverhältnis zu den Einkommen der Wirtschaftssubjekte mit entsprechender Beschränkung der rechten Seite auf Konsumgüter und deren Preise (wobei unter Konsum auch der produktive Konsum von Kapitalgütern zur Produktionserweiterung verstanden wurde).[109] Mit dieser Formel wollte Schumpeter das zentrale Charakteristikum des Geldkreislaufs, die Gleichheit von Geldeinkommen, Preissumme der Konsumgüter (das heißt des Sozialprodukts in seiner Version) und Preissumme der Produktionsgüter ausdrücken.[110] Damit würden das Problem der Geldwert- oder Kaufkraftmessung erheblich erleichtert und zahlreiche Schwierigkeiten beseitigt werden, wie etwa Indexzahlen aus einer unübersehbaren Fülle von Preisen zu ermitteln.

Fraglich war zwar, ob Schumpeters stillschweigende Voraussetzung eines Gleichgewichts zwischen Produktions- und Konsumgütersphäre realistisch sein könnte, für die Erklärung des Geldkreislaufs schien dieser Kunstgriff jedoch zulässig zu sein, denn er ermöglichte zu erken-

[107] *A.a.O.*, S. 50; vgl. auch Karl Kirmaier, *Die Quantitätstheorie. Eine Untersuchung über den ursächlichen Zusammenhang zwischen Geldmenge und Geldwert*, Jena 1922.

[108] Karsten Laursen/Jørgen Pedersen, *The German Inflation 1918—1923*, Amsterdam 1964, S. 24f.

[109] J. A. Schumpeter, *Das Sozialprodukt*... [wie Anm. 106], S. 77.

[110] *A.a.O.*, S. 36f.

nen, in welcher Weise sich Geld und Waren zueinander verhielten.[111] In diesem Schema hatte das Geld nur die technische Funktion einer Spielmarke oder eines „Rechenpfennigs" zur Abwicklung des Geschäftsverkehrs. Der eigene Geldstoff war dabei ebenso unwichtig wie die Deckung, ausschlaggebend blieb allein, in welchem Umfang sich Geldeinkommens- und Warenmengen gegenüberstanden.

Schumpeters Anweisungs- oder Eintrittsbillett-Theorie, nach der nicht das Geld schlechthin, sondern die jeweiligen Einkommenssummen und deren Kaufkraft die Anteilsberechtigung an einer bestimmten Gütermasse gaben, zielte auf eine Integration der verschiedenen geldtheoretischen Ansätze ab.[112] Diese für Schumpeters Werk typische Konzilianz ließ allerdings keinen Zweifel, daß sein „Nominalismus" oder der von ihm verwendete Anweisungsbegriff nur formal etwas mit Knapps oder Bendixens Anschauung zu tun hatte,[113] wie sich sein einkommenstheoretischer Ansatz auch fundamental vom werttheoretischen Subjektivismus der österreichischen Geldtheoretiker Mises und Wieser unterschied, die mit ihrer Konstruktion eines objektiven Tauschwerts bestimmte Austauschverhältnisse bereits vorausgesetzt hatten, welche für Schumpeter aber erst zu erklären waren. Ebenso differenzierte er die von jenen in walrasianischem Optimismus vollständiger Marktübersicht unbeachtet gelassene Aufteilung der Geldmenge in effektive Nachfrage und Kassenhaltung, auch wenn das bei ihm nur eine nicht näher erklärte logische Abstraktion blieb.[114]

Sicher war mißverständlich, wenn Schumpeter das Geld zuweilen als „Satellit der Ware", als „Hülle der Güterwelt" oder ähnlich umschrieb.[115] Solche Metaphern dienten allerdings wohl nur der expositionellen Erklärung des Problems, denn tatsächlich verstand er unter Geld alles andere als den von den anderen theoretischen Ansätzen nicht in Frage gestellten neutralen Schleier. In seiner ausführlichen Analyse

[111] Unberücksichtigt konnte hier der Austausch zwischen Produktions- und Konsumgüterbereich bleiben, da nach diesem Schema ebensoviele Produktionsmittel in Konsumgüter eingehen wie Konsumgüter zwecks Umwandlung in Produktionsmittel „erspart" werden.

[112] J. A. Schumpeter, *Das Sozialprodukt*... [wie Anm. 106], S. 31, 37, 45 ff.

[113] Später hat Schumpeter den Begriff „Anweisungstheorie" wegen der irreführenden Assoziation mit einem rechtlichen Begriff durch den Ausdruck „Zeichentheorie" ersetzt; vgl. J. A. Schumpeter, *Das Wesen des Geldes*... [wie Anm. 93], S. 42.

[114] J. A. Schumpeter, *Das Sozialprodukt*... [wie Anm. 106], S. 48 u. 68 f.

[115] *A.a.O.*, S. 32.

der Verkehrsgleichung betonte er vielmehr, daß das Geld durchaus ökonomische Eigengesetzlichkeiten habe und Umfang und Richtung des Wirtschaftsprozesses weitgehend mitbestimmen würde.

Damit lieferte er eine weitere Modifikation der Geldwertbestimmung, die auf Wicksells Erklärung der Geldmengen- und Preisänderungen durch die Zinsraten zurückging. Während die Quantitätstheorie nur etwas über die funktionale Beziehung von Geld und Preisen aussagte, wollte Wicksell mit seiner Zinstheorie erklären, wie Geldmengenänderungen auf die Preise wirkten. Danach würden beispielsweise Zinssenkungen unter dem sogenannten Gleichgewichtszins, bei dem Spar- und Investitionssummen im Gleichgewicht stehen sollten, die Investitionsbereitschaft und damit die Güterpreise sowie die Einkommen in die Höhe treiben. Solange die niedrigen Zinssätze herrschten, würden die Kreditschöpfung, das heißt die Geldmenge, sowie die Preise steigen.

Bei Schumpeter erschien die Geldschöpfung jetzt als entscheidendes Vehikel der ökonomischen Dynamik und der sprunghaften Durchsetzung neuer technisch-industrieller Kombinationen.[116] Darin unterschied sich seine Geldschöpfungstheorie ganz erheblich von der Bendixens oder der alten *Banking*theorie, nach der Kredite in Gestalt von Wechseln nur preisneutral der Produktion folgten. Ebenso grenzte sie sich von der pessimistischen Umlaufsmitteltheorie von Mises ab. Sah Mises in der Kreditschöpfung den Keim der Zerstörung, so zählte sie für Schumpeter gerade wegen ihrer dynamisierenden und innovativen Impulse zum konstituierenden und stabilisierenden Faktor der industriekapitalistischen Ordnung. Im Gegensatz zur bloß verkehrswirtschaftlichen, wirke sich hier, so Schumpeter, die spezifisch kapitalistische Funktion des Geldes aus.[117]

Damit war auch bereits gesagt, daß zur Funktionsfähigkeit des Wirtschaftssystems ein Höchstmaß an Elastizität der Geldversorgung gehörte. Geldmengenänderungen, ganz gleich ob Bar- oder Bankgeld, würden aber nun nicht gleichmäßig allen Wirtschaftssubjekten zufallen, sondern in unterschiedlichen Kanälen in den Verkehr fließen, mit entsprechenden Einkommens- und Vermögensverschiebungen. Dem-

[116] *A.a.O.*, S. 102ff.; vgl. auch Joseph A. Schumpeter, *Theorie der wirtschaftlichen Entwicklung. Eine Untersuchung über Unternehmergewinn, Kapital, Kredit, Zins und den Konjunkturzyklus*, 2. Aufl., München-Leipzig 1926, S. 140ff.

[117] J. A. Schumpeter, *Das Sozialprodukt*... [wie Anm. 106], S. 109.

entsprechend seien die Wirkungen der Geldvermehrung, je nachdem ob sie in den Konsum oder als Investition in die Produktion fließe. Für den ersten Fall nahm Schumpeter an, daß durch vermehrte Nachfrage die Preise der Konsumgüter und weiter die der vorgeordneten Produktion ansteigen würden, ohne daß sich am produktiven Apparat etwas ändern würde. Das Ergebnis wäre eine „volkswirtschaftliche Verschwendung" und Gütervernichtung ohne Gegenleistung, „unproduktiv wie eine Plünderung". Im anderen Fall träte das genaue Gegenteil ein: Die Preissteigerungen erschienen zuerst im Produktionsgütersektor und griffen alsdann auf den Konsumbereich über. Damit würde eine Art „erzwungenes Sparen" eintreten, weil durch höhere Preise im Produktionsgütersektor Investitionsanreize aktiviert und dadurch Ressourcen umgelenkt würden, das heißt weniger Konsumgüter, sondern mehr Maschinen produziert werden würden: „Ohne es zu wollen und ohne die Früchte davon zu genießen, werden viele Leute zum Sparen gezwungen." Diese Unabhängigkeit von Spar- und Investitionsfunktion war für Schumpeter einer der zentralen Schlüssel zum Verständnis des kapitalistischen Mechanismus.[118] Geldvermehrung wurde hier ein Anlaß zur Preiserhöhung und Mehrproduktion, die dann ihrerseits über Mengeneffekte auf lange Sicht die gestiegenen Preise wieder abbauen könnte.

Nicht zu beurteilen sind hier die fraglichen Prämissen, daß eine Liquiditätsvermehrung bei den Verbrauchern nur konsumtiv und dauerhaft preissteigernd, bei den Produktionsmittelbesitzern dagegen infrastrukturverbessernd und dauerhaft preissenkend wirken würde. Empirische Befunde wie auch die allerdings erst später von Keynes entwickelte Kassenhaltungs- und Liquiditätspräferenztheorie einerseits, die Kapitalorganisation auf vermachteten Märkten andererseits sprechen eher gegen solche Annahmen. Wichtig für den geldtheoretischen Zusammenhang ist jedoch, daß monetäre Faktoren als unabhängige Variablen des Güterkreislaufs thematisiert wurden, das heißt die Geldmenge als wichtiges aktives Element von Wachstum und Prosperität erschien.

Unterschieden hiervon hat Schumpeter den „historischen Fall" der staatlichen Papiergeldemission, die als ursprüngliches Produkt einer Notlage nur vorübergehend solche Impulse vermitteln könne. Auf längere Sicht würde sich dieser Prozeß durch seine Eigendynamik jedoch zu einer „Schraube ohne Ende" entwickeln, weil er durch seine

[118] *A.a.O.*, S. 91 ff.

Wirkung auf die Preise das Staatserfordernis erhöhen würde und so fortzeugend immer weitere Emissionen nötig mache, eine Tatsache, die, so Schumpeter ironisch, die anderen Geldtheoretiker nur zu dem Schluß führe, daß die Notenvermehrung nicht Ursache, sondern Folge der hohen Preise sein könne. Die Wirkungen solcher Inflation würden in ihrem vollen Ausmaße erst dann zu übersehen sein, wenn man zu normalen Zuständen zurückgekehrt sei.[119]

Schumpeters Einkommenstheorie, die nicht nur den Einfluß monetärer Vorgänge auf das Preisniveau methodisch zu verdeutlichen, sondern vor allem auch den Zusammenhang zwischen Geldumlauf und Geldwert einerseits, Investitionen und Gütererzeugung andererseits zu erhellen suchte, bedeutete eine qualitative Verfeinerung der alten „naiven" Quantitätstheorie. Erheblich wich Schumpeter damit von den international bekannten Autoritäten ab — neben Irving Fisher zum Beispiel auch der Schwede Gustav Cassel —, die in der Geldmenge die wichtigste aktive Variable des allgemeinen Preisniveaus ohne weitere Beeinflussung des Produktions- und Verteilungsprozesses sahen.[120]

Solche Annahmen reflektierten die alte klassische Dichotomie der Quantitätstheorie, wonach der durch M und P gekennzeichnete geldwirtschaftliche Bereich getrennt vom güterwirtschaftlichen Sektor, repräsentiert durch Q, existierte. In letzterem, dem Markt, bildeten sich nach jenen Anschauungen die relativen Preise der verschiedenen Waren im Gegensatz zum allgemeinen Preisniveau und hier würden Volumen und Struktur der Produktion bestimmt, das heißt für Fisher und Cassel bewirkte eine Geldmengenvermehrung nur allgemeine, proportionale Preiserhöhungen ohne Einfluß auf reale Größen.[121] Währungspolitische Lenkungen lehnten sie daher auch ab; für die wirtschaftliche Stabilität sei eine genügend große Preisflexibilität sowie wirksame Konkurrenz ausreichend.

Gegen diese den geld- vom güterwirtschaftlichen Bereich isolierende Einseitigkeit und das dahinter stehende neoklassische Gleichgewichtsmodell richtete sich speziell der dynamische Ansatz Schumpeters. Seien es Gründe differierender Geldillusion, unterschiedliche

[119] *A.a.O.*, S. 95 ff.

[120] Vgl. Irving Fisher, *Die Kaufkraft des Geldes. Ihre Bestimmung und ihre Beziehung zu Kredit, Zins und Krisen* (engl. 1911), dt. von I. Stecker, Berlin-Leipzig 1922, S. 140; Gustav Cassel, *Theoretische Sozialökonomie,* 3. Aufl., Erlangen-Leipzig 1923, S. 404 f.; siehe auch H. S. Ellis, *German Monetary Theory*... [wie Anm. 7], S. 126 ff.

[121] I. Fisher, *Die Kaufkraft des Geldes*... [wie Anm. 120], S. 126.

Marktmacht oder andere Faktoren, auf jeden Fall würden Geldmengenänderungen die Preise nicht gleichmäßig beeinflussen. Damit hörten Preiserhöhungen auf, nur nominell oder neutral zu sein, sondern bedeuteten reale Vermögensverschiebungen,[122] so daß die Frage der Notenpolitik oder Kaufkraftentwicklung — wie kurz darauf der an Schumpeters dynamisches Entwicklungsmodell anknüpfende Bankier L. A. Hahn bemerkte — keineswegs nur eine theoretisch-ökonomische, sondern eine „stark politische" sei.[123] Umgekehrt, so zeigte Schumpeter aber auch, würden sich Veränderungen der „Produktensumme", das heißt der rechten Seite der Verkehrsgleichung, wohl in Preisänderungen auswirken, von sich aus aber keine automatische Änderung auf der linken Geldseite verursachen, etwa so, daß Preissteigerungen eine Geldmengenvermehrung nötig machten, da sich der „direkte Einfluß der Warenseite" immer nur in der Verschiebung der Preisverhältnisse untereinander auswirke.[124] Das zielte auf die von seinen Kollegen und der Reichsbank während des Krieges vertretene sogenannte Theorie der Verkehrsbedingtheit der Geldvermehrung, die den Notendruck damit rechtfertigte, daß infolge der Warenknappheit die Preise gestiegen seien und dies einen erhöhten Geldbedarf erforderlich mache.[125]

Zu dieser Differenzierung der Strukturmerkmale der Verkehrsgleichung gehörte auch eine für die spätere Inflationsanalyse nicht unwichtige Qualifizierung des komplizierten Phänomens der Umlaufgeschwindigkeit oder der sogenannten Effizienz des Geldes, die von der alten Quantitätstheorie als Konstante gesetzt wurde. In damals gebräuchlicher Terminologie verstand man darunter die Anzahl des „Händewechsels" der Geldeinheit während einer Wirtschaftsperiode oder, in Schumpeters Begriffen, die Anzahl der Fälle, in denen das Geld die Konsumtionssphäre passiert.[126] Dieses für die kommenden Jahre

[122] J. A. Schumpeter, *Das Sozialprodukt*... [wie Anm. 106], S. 89. Allerdings betonte er, daß diese Wirkungen nicht alle dauern würden.

[123] L. A. Hahn, *Von der Kriegs- zur Friedenswährung*... [wie Anm. 43], S. 4.

[124] J. A. Schumpeter, *Das Sozialprodukt*... [wie Anm. 106], S. 83.

[125] Otto Auhagen, *Ursachen und Wirkungen der Geldentwertung*, in: *Schmollers Jahrbuch*, 44,1 (1920), S. 89. Vgl. dazu auch C.-L. Holtfrerich, *Die deutsche Inflation*... [wie Anm. 8], S. 155 ff.

[126] J. A. Schumpeter, *Das Sozialprodukt*... [wie Anm. 106], S. 73. Zur dogmengeschichtlichen Debatte vgl. auch Josef F. Feilen, *Die Umlaufsgeschwindigkeit des Geldes. Untersuchungen zur Gegenstandstheorie und Kategorienlehre der Geldwirtschaft*, Berlin-Leipzig 1923.

wichtige Problem wurde von ihm angesichts der theoretischen und statistischen Schwierigkeiten allerdings nur vorläufig und allgemein erörtert. So kam es, daß während der erst in der Phase der Hyperinflation einsetzenden Diskussion über die Frage, ob eine erhöhte Umlaufgeschwindigkeit als Indiz verlorener Geldillusion zu den selbständigen Geldentwertungsfaktoren gezählt werden müsse, die Schumpeterschen Darlegungen unterschiedliche Interpretationen fanden. Während sich etwa der Holländer Walré de Bordes bei seiner Untersuchung über die österreichische Währung auf Schumpeter berief, weil er als erster bereits 1918 für hochgradige Inflationsphasen eine Verstärkung der Geldentwertung über die Geldvermehrung hinaus durch erhöhte Umlaufgeschwindigkeit gesehen habe, glaubte Ladislaus von Bortkiewicz im Gegensatz dazu, daß jener sich „gegen die in Frage stehende theoretische Auffassung“ ausgesprochen habe.[127] Schumpeters eigene Aussagen lassen so unterschiedliche Auslegungen jedoch nicht zu.

In einer Polemik gegen Irving Fisher hatte er sich gegen dessen Annahme gewandt, daß eine Vermehrung des Geldes *per se* auch die Effizienz erhöhe und damit die Geldentwertung beschleunige, weil bei sinkendem Geldwert jeder das Geld loszuwerden trachte.[128] Diesen Fall wollte Schumpeter nur bei schweren Störungen gelten lassen, wenn das Vertrauen zur Währung erschüttert sei und weitere Geldentwertungen erwartet würden, wie es tatsächlich nach 1921 der Fall war. Abgesehen aber von solchen extremen Situationen würden Kaufkraftänderungen — und nur aus dieser Passage zitierte Bortkiewicz — nicht auf die Umlaufgeschwindigkeit wirken und durch sie noch verstärkt werden[129] — eine Annahme, die durch die relative Konstanz der „Geldillusion“ in den ersten Nachkriegsjahren offenbar bestätigt wurde.

Gemessen am damaligen Stand der theoretischen Diskussion und im Hinblick auf die Analyse der heraufziehenden Inflation ist die Bedeutung des Schumpeter-Beitrages unübersehbar. Denn er

— ließ die Begriffsverwirrung in bezug auf das „Wesen“ des Geldes hinter sich,

[127] J. van Walré de Bordes, *The Austrian Crown. It's Depreciation and Stabilization*, London 1924, S. 162; Ladislaus von Bortkiewicz, *Die Ursachen einer potenzierten Wirkung des vermehrten Geldumlaufs auf das Preisniveau*, in: *Schriften des Vereins für Socialpolitik* (im folgenden *SchVfS* zitiert), 170, München-Leipzig 1925, S. 270.

[128] I. Fisher, *Die Kaufkraft des Geldes*... [wie Anm. 120], S. 212ff.

[129] J. A. Schumpeter, *Das Sozialprodukt*... [wie Anm. 106], S. 85.

— überwand die Trennung von Geld- und Güterseite sowie die Vorstellung des neutralen Geldschleiers und betonte die Kreislauffunktion des Geldes im dynamischen Wachstumsprozeß,
— sah die Eigendynamik der staatlichen Notenvermehrung,
— widerlegte die herrschende Theorie von der Verkehrsnotwendigkeit der Geldvermehrung und
— thematisierte schließlich die sozialen Verteilungswirkungen von Geldvermehrungen, so besonders auch im Kriege, wobei er eine rationale Verteilung der Lasten durch rechtzeitige Steuererhebung forderte, die der Papiermarkemission und Anleihebegebung vorzuziehen sei, weil durch den Zinsendienst für letztere der Prozeß der Geldentwertung noch beschleunigt werden und darüber hinaus neben der Gütervernichtung noch moralische und soziale Folgen unabsehbaren Ausmaßes eintreten würden.[130]

Schumpeters Beitrag aber wurde von den Kritikern schroff zurückgewiesen, es genügte dafür bereits seine quantitätstheoretische Orientierung. Der Gegensatz dürfte auch — die verkürzte Bortkiewicz-Rezeption zumindest legt das nahe — von wissenschaftlichen Rivalitäten mitgeprägt worden sein, denn immerhin hatte Schumpeter es verstanden, Fragen aufzuwerfen, die erheblich über das analytische Niveau der normalen Wissenschaft hinausgingen. Dementsprechend fielen auch die Kritiken aus. Zwar lobte man vielfach seinen „wertvollen Beitrag", doch erfolgte die Auseinandersetzung sowohl unter den Nominalisten als auch bei den Metallisten nur insofern, als man prüfte, wieweit er in die eigene Konzeption paßte. Karl Diehl etwa und ähnlich auch Siegfried Budge hielten den Schumpeterschen Ansatz der Gegenüberstellung von Geld und Waren von vornherein für „irreführend", weil das Geld selbst zur Produktenmasse gehöre. Ebenso unsinnig fanden sie den Begriff des Sozialprodukts, bei dem man „unwillkürlich an ein Produkt (denke), das irgendwie auf dem Wege sozialer bzw. sozialistischer Regelung zustande gekommen ist". Er passe mehr zum „System von Rodbertus" als zu den Vorgängen der privatkapitalistischen Wirtschaftsordnung.[131]

Mehr noch fühlte sich die Knapp-Schule durch Schumpeter irritiert. Bendixen tat ihn salopp mit dem Bemerken ab: „Sehr gescheit, aber

[130] *A.a.O.*, S. 98.

[131] K. Diehl, *Über Fragen des Geldwesens* ... [wie Anm. 79], S. 164; S. Budge, *Waren- oder Anweisungstheorie des Geldes?* ... [wie Anm. 81], S. 732ff.

nicht durchgearbeitet. Etwas unsauber." Knapp hielt Schumpeter nicht nur für „staatsblind, sondern auch (für) geschichtsblind" und witterte schon die Zumutung, daß er „zu einem modus vivendi mit uns gelangen" wollte.[132] Und Karl Elster hatte den Aufsatz wohl nicht einmal verstanden, denn er glaubte, daß Schumpeter mit der „arithmetischen Gleichung" nur die alten naiven Kausalitätsverhältnisse der Quantitätstheorie wieder aufwärme. Für ihn zeigte sich so „in geradezu abschreckender Weise, wie gefährlich das in der nationalökonomischen Wissenschaft leider so beliebte Operieren mit mathematischen Formeln und Gleichungen zu werden vermag".[133]

Damit war der allgemeine Tenor gegenüber der Quantitätstheorie markiert, die die gesamte Literatur schon widerlegt zu haben meinte, wenn man sie als „zu mechanisch" abtat.[134] An dieser Ablehnung änderte sich auch während der Inflationsphase nichts. Erst nach der Stabilisierung begannen jüngere Wissenschaftler punktuell, dieses Defizit zu überwinden. Zu nennen wären hier Walter Euckens und Bortkiewicz' Bemühungen um das Problem der Umlaufgeschwindigkeit.[135] Doch blieben diese erst nach der Währungsstabilisierung auf der Tagung des Vereins für Socialpolitik im Herbst 1924 ausgetragenen Diskussionen überwiegend an Einzelerscheinungen des vorangegangenen Inflationsprozesses orientiert. Keinesfalls wird man behaupten können, wie es dort geschehen ist, daß die Quantitätstheorie, die noch kurz zuvor als „theoretische Verschrobenheit" galt, jetzt bereits zum „Gemeingut der Gebildeten" geworden war.[136]

Erst Jahre später sollte der junge Kieler Sozialwissenschaftler Hans Neisser, den Spuren Schumpeters folgend, mit seinem berühmten Werk über den *Tauschwert des Geldes* einen schlüssigen Beitrag zur Anerkennung der Verkehrsgleichung liefern, der nicht nur die noch immer herrschende theoretische Trennung von Geld- und Güterkreis-

[132] G. F. Knapp/F. Bendixen, *Zur staatlichen Theorie*... [wie Anm. 15], S. 195.

[133] Karl Elster, *Die „Grundgleichung der Geldtheorie"*, in: *JbfNuS*, 115 (1920,II), S. 1ff., Zitat S. 14.

[134] F. Bendixen, *Währungspolitik und Geldtheorie*... [wie Anm. 25], S. 93f.; K. Diehl, *Über Fragen des Geldwesens*... [wie Anm. 79], S. 23ff.; K. Helfferich, *Das Geld*... [wie Anm. 22], S. 501f., 583f.

[135] Walter Eucken, *Kritische Betrachtungen zum deutschen Geldproblem*, Jena 1923; L. v. Bortkiewicz, *Die Ursachen einer potenzierten Wirkung*... [wie Anm. 127], S. 256ff.; ausführlich dazu G. Merkin, *Towards a Theory of the German Inflation*... [wie Anm. 8], S. 25ff.

[136] Melchior Palyi, in: *SchVfS*, 170 [wie Anm. 127], S. 250f.

lauf aufhob, sondern insbesondere die seit den Inflationserfahrungen nunmehr dominierenden Annahmen von der aktiven Rolle der Geldmenge durch den Nachweis ersetzte, daß alle in der Verkehrsgleichung auftretenden Bestimmungsfaktoren weitgehend als unabhängige Variablen anzusehen seien. Hierbei griff Neisser auch auf soziologische Probleme aus, indem er etwa die Frage nach dem Einfluß ökonomischer Marktmacht auf die Geldmengenentwicklung stellte. Dazu gehörte beispielsweise die von Schumpeter nicht behandelte Tatsache, daß Kredite in Form von Anlagekrediten nicht nur zusätzliche, monetär induzierte Erscheinungen seien, sondern soziologisch als innere Notwendigkeit kapitalistischer Konkurrenz und Akkumulation begriffen werden müßten. Nach diesem auf Marx zurückgehenden und von Hilferding und dem Amerikaner Veblen weiter präzisierten Gedanken erschien der Kredit somit kausal verursacht durch die Produktionsstruktur und nicht als Transaktionsmechanismus des Bankensystems.

Ferner modifizierte Neisser die Schumpetersche Einkommenstheorie insofern, als er die Kategorie der wirksamen Nachfrage für die Geldwertbestimmung stärker aus der Einkommenstheorie isolierte, was wiederum eine verfeinerte Betrachtung des noch unklaren Problems der Umlaufgeschwindigkeit erleichterte und mehr die Probleme der Zinspolitik in den Vordergrund rückte. Von diesem Standpunkt aus lieferte er sodann zum ersten Mal in der deutschen Geldtheorie ein konsistentes Plädoyer für eine gezielte Geldmengensteuerung durch die Geld- und Kreditpolitik, etwa die in den USA bereits seit dem National Bank Act von 1863 bekannte — allerdings erst nach 1933 systematisch praktizierte — Mindestreservepolitik der Zentralnotenbank.[137]

[137] H. Neisser, *Der Tauschwert des Geldes*... [wie Anm. 67], S. 12ff. u. 154ff.; ders., *Der Kreislauf des Geldes*, in: *WA*, 33 (1931), S. 365ff. Zum Vergleich: In Deutschland wurde die Mindestreservepolitik erst seit 1948 praktiziert, vgl. Otto Veit, *Grundriß der Währungspolitik*, Frankfurt/Main 1961, S. 675ff. Zur positiven Würdigung Neissers vgl. H. S. Ellis, *German Monetary Theory*... [wie Anm. 7], S. 169ff.

V

Zusammenfassung

Die herrschenden Geldtheorien in Deutschland können in den Jahren nach 1914 durch folgende Merkmale charakterisiert werden:

— Die Geldtheorien boten keine allgemeine Theorie der Geldwirtschaft; es gab keine monetäre Analyse des wirtschaftlichen Kreislaufs. Das Geld wurde als separater, staatlich begültigter Bereich isoliert von den anderen wirtschaftlichen Tatsachen verstanden.

— Preise wurden als monetäres Gewand von Tauschrelationen zwischen Gütern angesehen, wobei das Geld auf eine statische Einheit oder auf das Charakteristikum eines „neutralen Schleiers" reduziert wurde, dessen Größenänderung keine realen Effekte zeitigte. Das Modell des Wirtschaftsablaufs erschien damit als ein Tauschmodell von Gütern, das logisch vollständig und autonom existierte.

— Es bestand bei solchen Prämissen weitgehende Unklarheit, was überhaupt unter Geld zu verstehen ist und wie sich der Tauschwert beziehungsweise die Kaufkraft des Geldes konstituierte. Die sogenannten Metallisten definierten den Geldwert durch den Stoffwert der Zahlungsmittel, die Nominalisten lehnten Fragen nach dem Geldwert, wenn sie sich überhaupt damit befaßten, ab; die Kaufkraft erschien bei ihnen als reziproker Wert des Preisniveaus, das durch den Marktmechanismus bestimmt wurde. Beide Richtungen stimmten darin überein, daß das Geld erst von der Rechtsordnung konstituiert werde. Auswahlkriterium der Geldfunktion war so nicht die Tauschmittelfunktion, sondern die staatliche Rechtsordnung.

— Quantitätstheoretische Analysen wurden daher abgelehnt. Konkrete Preisänderungen schienen nur von der Warenseite her erklärbar zu sein.

— Erst mit Schumpeters Aufsatz *Das Sozialprodukt und die Rechenpfennige* während des Krieges begann der Durchbruch zu einer realistischen Geldtheorie, die die Trennung von Geld- und Gütersektor aufhob und zu einer monetären Analyse des Kreislaufs vordrang. Aufgegriffen wurden diese Anregungen für eine kritische Inflationsanalyse oder gar die Geldpolitik jedoch nicht; erst nach dem Ende des Inflationschaos wurde von einer jüngeren Wissenschaftlergeneration die Arbeit an der von Schumpeter vorbereiteten realistischen Geldtheorie fortgeführt.

Summary

Up to World War I there did not exist any real economic theory of money in Germany to analyze or even to master the soon lingering inflation process after 1914. On the one hand there was the small orthodox school calling for return to the gold standard which just had been abolished after the outbreak of the war. On the other hand dominated a specific German thinking on monetary problems, for which the so-called *State Theory of Money* by Georg Friedrich Knapp had been delivered the main arguments. In the history of monetary doctrines this theory, first published in 1905, could be counted as nucleus of modern monetary nominalism. But Knapp himself aimed at quite different things: he only discussed the „chartal" creation of money by government authority tacit believing that this automatically creates value and a stable currency system. So this theory with its historical approach belonged rather to the politics of the authoritarian Wilhelminian Reich than to political economy. That may explain its prodigious influence on monetary discussions before, during, and after the war. The characteristic feature of that discussions was the distortion of the old *Banking Theory* and the repudiation of the *Quantity Theory of Money* which characterized Anglosaxon thinking. Money appeared only as „neutral veil" separated from the commodity market. Under these assumptions the inflation process after 1914 could only be explained with commodity shortenings or with the passive balance of payments, for what the policy of the Reichsbank could not be made responsible.

The first breakthrough towards a realistic monetary theory and inflation analysis appeared in 1917 with Joseph A. Schumpeter's article *Das Sozialprodukt und die Rechenpfennige* which removed the old visions of separated money and commodity markets and interpreted money as part of the business cycle. The article also discussed the quantity problems of money and its relations to currency depreciations. But these suggestions were ignored by the community of science during the following inflation years. Only after the hyper-inflation in 1923 a new generation of younger economists followed Schumpeter in discussing monetary problems in real economic terms.

Government Revenue and Spending in Germany, 1919 to 1923[1]

STEVEN B. WEBB

Germany's international and domestic conflicts after World War I repeatedly turned on the question of how much Germans could pay. How much could the German taxpayers pay to their government? How much could the government pay its bureaucrats and its citizens in social distress? How much could the German nation pay the French? Historians have not ignored these questions, but they have usually approached them in only a piecemeal fashion, looking at a single tax or spending category, and not putting together a comprehensive picture.[2] This paper presents a more comprehensive and accurate compilation of statistics than previously available and uses them to address the questions of how much the Germans could pay and how much they tried to pay.

Many economists studying the German hyperinflation have also recognized the importance of government spending and revenue.[3] They

[1] On an earlier version of this paper I received helpful comments from the Economic History Seminar at the University of Michigan, commentators at the Cliometrics Society and the Midwest Economics Association meetings, the Economics Faculty at the University of Saarbrücken, and especially Carl-Ludwig Holtfrerich. The author bears full responsibility, however, for any remaining errors. The Volkswagen Foundation and the National Science Foundation have provided financial assistance for this paper.

[2] Peter-Christian Witt, *Finanzpolitik und sozialer Wandel in Krieg und Inflation 1918—1924*, in: Hans Mommsen/Dietmar Petzina/Bernd Weisbrod (ed.), *Industrielles System und politische Entwicklung in der Weimarer Republik*, Düsseldorf 1974, Heinz Haller, *Die Rolle der Staatsfinanzen für den Inflationsprozeß*, in: Deutsche Bundesbank (ed.), *Währung und Wirtschaft in Deutschland 1876—1975*, Frankfurt a/M. 1976, and Carl-Ludwig Holtfrerich, *Die deutsche Inflation, 1914—1923: Ursachen und Folgen in internationaler Perspektive*, Berlin 1980, are commendable exceptions.

[3] Steven B. Webb, *Money Demand and Expectations in the German Hyperinflation: A*

usually treat the government as a black box that ran deficits or even just printed money to finance its expenditures. By ignoring the inside of the box and by modelling its behavior only in terms of the price level and money supply, they ignore much information that their own theory says should be important. To the new data assembled here, the paper will address some of the questions that concern monetary economists — how the deficits related to current and past prices and whether the deficit spending process was dynamically stable.

Revenue

On the revenue side of the German fisc there were during the inflation years numerous changes both in the tax laws, specifying what the government was trying to collect, and in the real revenues obtained by each tax. TABLE 1 shows the most important revenue flows. APPENDIX I explains their sources. Each of the three main tax reforms — in winter 1919—20, in early 1922, and in August—September 1923 — had a different political climate and motivation. The first tax reform package, designed by Reichsfinanzminister Matthias Erzberger shifted from the federal states to the Reich the power to impose direct taxes on income, wealth, and real property. In exchange, the Reich promised to turn over to the state and local governments two-thirds of the revenue from the income and corporate tax, one-fifth of the inheritance tax, half of the land-purchase tax, and 15 percent of the turnover tax. Nevertheless, additional subsidies to local and state governments were necessary on a regular basis.[4] The Erzberger reforms, in other words, not only passed some new taxes but also restructured the German fiscal system, making it more vertically integrated and centralized. The political rationale for this was not only to modernize the fiscal system but also to shift power from the states with their relatively oligarchic constitutions to the national level, where the new constitution was a model of parliamentary democracy.[5] The reforms of 1922 were necessitated by Reichskanzler

Survey of the Models, in: N. Schmuckler/E. Marcus (ed.), *Inflation Through the Ages*, New York 1983.

[4] *Deutschlands Wirtschaft, Währung und Finanzen* (hereafter cited as *DWWF*), Allied Powers, Reparations Commission, Berlin 1924, p. 78.

[5] P.-Chr. Witt, *Finanzpolitik*... [see note 2], and idem, *Staatliche Wirtschaftspolitik in Deutschland 1918—1923: Entwicklung und Zerstörung einer modernen wirtschaftspolitischen Strategie*, in Gerald D. Feldman et al. (ed.), *The German Inflation: A Preliminary Balance*, Berlin 1982.

TABLE 1

Monthly Revenues of the Reich
Million Marks
Deflated with WPI (1913 = 1)

Month	Total Revenue	Total Taxes	Income Tax	Payroll Dedct.	One-Time Levies	Other Taxes	Railroad Revenue
1919 Apr	322.73	176.22	0	0	0	176.22	109.09
May	338.38	185.52	0	0	0	185.52	122.22
Jun	325.97	165.91	0	0	0	165.91	124.03
Jul	339.82	166.96	0	0	0	166.96	128.02
Aug	272.04	124.41	0	0	0	124.41	120.62
Sep	242.19	118.86	0	0	0	118.86	97.97
Oct	275.27	124.20	0	0	Reichs-	124.20	109.96
Nov	188.05	84.22	0	0	not-	84.22	77.58
Dez	189.54	89.17	0	0	opfer	89.17	75.22
1920 Jan	142.54	73.10	0	0	.01	73.09	48.33
Feb	103.73	54.73	0	0	.05	54.68	38.11
Mar	150.47	69.71	0	0	.06	60.65	60.00
Apr	129.75	47.01	.00	NA	.04	46.96	70.06
May	172.05	71.52	.03	NA	.28	71.21	84.77
Jun	239.93	130.58	3.19	3.	12.83	114.57	90.58
Jul	302.92	175.69	28.91	29.	9.93	136.86	96.35
Aug	264.62	150.69	38.34	38.	4.28	108.07	93.79
Sep	275.13	162.67	51.60	51	7.47	103.60	91.33
Oct	348.37	218.44	73.67	74.	19.73	125.03	95.24
Nov	406.03	293.64	92.72	93.	37.95	162.98	88.28
Dec	634.24	496.53	99.31	101.	176.25	220.97	100.07

TABLE 1 (*Continuation*)

Monthly Revenues of the Reich

Million Marks

Deflated with WPI (1913 = 1)

Month	Total Revenue	Total Taxes	Income Tax	Payroll Dedct.	One-Time Levies	Other Taxes	Railroad Revenue
1921 Jan	605.63	468.13	91.74	92.	154.65	221.74	102.99
Feb	616.38	486.88	89.64	90.	112.54	284.71	104.93
Mar	681.72	510.90	100.75	101.	123.88	286.27	125.45
Apr	572.71	400.23	78.20	73.	118.05	203.98	137.89
May	642.52	466.26	83.97	73.	114.50	267.79	140.53
Jun	603.65	422.26	84.67	70.	91.24	246.35	148.03
Jul	596.64	389.23	95.80	61.	62.24	231.19	158.67
Aug	419.64	267.97	73.44	40.	30.73	163.80	125.83
Sep	394.06	237.10	61.84	32.	19.32	155.94	125.56
Oct	397.68	251.42	72.76	40.	19.11	159.55	114.84
Nov	325.79	205.96	60.23	30.	21.05	124.68	99.33
Dec	379.34	229.68	79.08	45.	13.47	137.13	124.04
1922 Jan	398.36	239.84	95.10	62.	8.72	136.02	120.30
Feb	375.00	234.49	108.05	33.	5.61	120.83	113.63
Mar	431.18	259.02	115.10	34.	4.60	139.32	130.68
Apr	369.86	207.44	67.61	34.	3.93	135.90	141.51
May	464.84	272.74	89.01	44.	8.59	175.14	169.97
Jun	457.84	252.86	82.65	48.	4.27	165.95	181.79
Jul	392.02	214.18	76.44	47.	2.58	135.16	153.08

TABLE 1 *(Continuation)*

Monthly Revenues of the Reich
Million Marks
Deflated with WPI (1913 = 1)

Month	Total Revenue	Total Taxes	Income Tax	Payroll Dedct.	One-Time Levies	Other Taxes	Railroad Revenue
Aug	282.38	173.68	48.54	30.	1.46	123.68	94.01
Sep	213.47	112.46	48.43	28.	1.12	62.91	88.26
Oct	206.17	89.14	38.67	28.	.80	49.67	102.76
Nov	181.26	89.96	25.23	19.	.53	64.20	80.55
Dec	259.04	90.53	32.58	27.	.32	57.63	154.47
1923 Jan	240.89	102.94	33.93	NA	.12	68.89	123.60
Feb	142.24	60.61	18.59	NA	.06	41.97	71.37
Mar	244.98	104.29	38.58	NA	.14	65.57	119.54
Apr	285.52	168.87	53.32	NA	.05	115.50	103.79
May	316.43	195.92	64.49	NA	Rhein-	137.03	88.78
Jun	140.77	67.04	28.16	NA	Ruhr	40.63	59.88
Jul	92.94	54.50	15.96	NA	Levy	37.30	37.59
Aug	139.58	91.71	25.89	NA	34.36	63.67	49.40
Sep	182.67	54.67	12.55	NA	35.16	43.31	115.89
Oct	66.85	12.33	2.89	NA	5.95	9.49	51.63

Josef Wirth's policy of fulfillment — to raise extra revenue to pay cash reparations and to repair the damage that the inflation, unleashed by the expenses of fulfillment, had done to Erzberger's taxes. The reforms of August—September 1923, at the height of the hyperinflation, aimed to build some inflation-proof foundation for a subsequent and total fiscal reform that had to accompany monetary stabilization.

The most important tax was on personal and corporate income, passed in March 1920. In keeping with the welfare state philosophy of the new Republic, the rates were progressive, starting at 10 percent once incomes exceeded 4000 marks per year (around $ 80 in 1920) and rising to 60 percent for incomes in the highest brackets.[6] Collections began slowly and worked from the bottom up. Taxes at the lowest rate were deducted from wages and salaries. These deductions seem to have reached their maximum coverage by fall 1920, and except for a few periods they comprised the bulk of the income tax revenues.[7] Income taxes on those in brackets above the minimum, those with high salaries and with property income, were intended to generate two-thirds of the revenue, but opportunities to delay payment in an inflationary environment provided an enormous avenue for effective evasion. At the close of the year, the government was supposed to assess the income of persons and corporations and send out bills for taxes in arrears. The first time around, this process dragged out into the summer of 1921, by which time the resumption of inflation was stripping payments of their real value. Early in 1922 the government got busy sending out tax bills and had some success in collecting taxes from the rich. A law in April 1922 required some prepayment of estimated tax liabilities, but a quantum jump of the inflation rate in summer 1922 again lifted most of the real burden of the income tax off all payers except wage and salary recipients. As the inflation of incomes moved more people into brackets with higher tax rates, the government shifted the scale of progressivity five times, with the objective of keeping real progressivity constant.[8] If withholding had been made on a progressive basis, the pace of indexation might have made a critical difference to income tax revenue as the inflation accelerated. The adjustments to the rates were generally late

[6] *Frankfurter Zeitung*, 25 Nov 1919, 2nd ed, pp. 3—4.

[7] Peter-Christian Witt, *Tax Policies, Tax Assessment and Inflation: Toward a Sociology of Public Finance in the German Inflation, 1914—1923*, in: N. Schmuckler/E. Marcus (ed.), *Inflation Through the Ages*, New York 1983.

[8] *DWWF*, p. 89.

enough and small enough so that at least the minimum rate of 10 percent soon applied to virtually all of wages and salaries. Since the progressive rates beyond the minimum applied only to ex post assessments and payments, the pace of their indexation hardly mattered for anybody but the hypothetical individual who made his prepayments in full and on time.

Next to the income tax, the most important taxes were the one-time levies (einmalige Abgabe) assessed on various measures of wealth. The largest of these after the war was the Reichsnotopfer (Reich's emergency sacrifice), passed by Erzberger in December 1919. Payers had a choice either of making a lump-sum payment or of paying on installment for up to 47 years on agricultural property and 25 years on other property. Five percent annual interest was charged after December 1920. Since price fluctuations showed no trend from spring 1920 through spring 1921, the interest charge exacted a real penalty at first, and payments on the Reichsnotopfer were high in December 1920 and January 1921, then they declined some but continued at a steady pace until June 1921. When inflation started up again at the end of June and every delay cut the real value of ones obligation (fixed in paper marks by the assessment in January 1920), payments of the Reichsnotopfer fell sharply even in nominal terms. In April 1922 the Reichstag replaced the Reichsnotopfer with several continuous taxes on wealth and with a forced loan imposed on property owners. With the acceleration of inflation in summer 1922, these measures did no better than the Reichsnotopfer in raising real revenue. In August 1923 the Reichstag passed several new levies, the most important of which, the Rhein-Ruhr Abgabe, brought in about half of the total tax revenue for the next 3 months. In September these obligations as well as some other taxes were made payable in an amount equal to their gold (dollar) value on the day the obligation was incurred. One could no longer expect that delays in payment would reduce the real value of ones obligation, and a procrastinator ran the risk that the foreign value of the mark would fall faster than the domestic value, as had often happened before. Although closing the barn door in this way would have done more good back in 1921, before the horses had escaped, the measure at least signalled the seriousness of the government's intention to restore fiscal stability.

The four other important taxes were a turnover tax, a coal tax, an exchange-rate-indexed import duty, and a levy on exports. All four predated the Erzberger reforms. In addition to raising revenue, the import duty aimed to appease domestic protectionist interests. Revenue from the export levy was earmarked to pay reparations, and it surely increased the real burden of making the reparations transfer.[9] Before the war the Reich had few taxing powers, and most of its taxes were specific (marks per physical unit rather than *ad valorem*), so their real value literally disappeared in the inflation.

From operating the newly nationalized railroads and the postal and telegraph services, the Reich earned typically 30 to 60 percent of its total revenue (see TABLE 1). The revenues and expenses from these operations belong in the budget for our purposes. The railroad, postal and telegraph services received subsidies each month from the Reich to cover any shortfall between their income and expenses, so any increment to their revenue reduced the Reich's borrowing and any increment to their expenses increased it.

The main issue with regard to government revenues in the inflation period is whether the Germans made a good faith effort to balance the budget. While judgement on the sincerity of the government effort depends on evidence about the political decision-making process, which lies beyond the scope of this paper, the evidence here reveals at least the magnitude, if not the motives, of what the German government did accomplish. Although to some extent they merely shifted the collection point from the states to the federal level, TABLE 1 indicates that for a while the new income tax and Reichsnotopfer increased the Reich's revenue fifty percent over what it would otherwise have received. Beyond just eyeballing the data in TABLE 1, systematic statistical analysis is also useful, particularly to take account of the lags in collecting revenue and to see how those lags changed. Let us assume that the monthly nominal (not deflated as in TABLE 1) revenue flows can be modelled in the form:

$$\log \mathrm{REV}_t = a_0 + \sum_j a_j \cdot \mathrm{DUMMY}_j + \sum_{i=0}^{\infty} b_i \cdot \log \mathrm{WPI}_{t-i} + \epsilon_t$$

where b_i are non-zero weights that may increase for a few periods (two at most, it turns out) and then decline geometrically toward zero in the distant past. APPENDIX II describes the precise functional forms and estimation procedures. The dummy variables test the size and statistical significance of shifts in the intercept term. Since the equation is in natural logarithms, the coefficients on the dummies are estimates of the

[9] Paul A. Samuelson, *The Transfer Problem and Transportation Costs,* in: R. E. Caves and H. G. Johnson (ed.), *Readings in International Economics,* Homewood, Ill. 1968 (1952, 1954).

percentage shift in the revenue flow, holding constant the lag structure on prices. These percentage shifts differ from the changes in the deflated revenue flows in TABLE 1, because the distributed lag not only deflates the nominal revenues to offset the changes in price level, but also takes into account changing inflation rates, which affect the real value of taxes paid today on income or sales from several months ago. Only if the inflation rate were constant would the estimated coefficients on the dummies equal the changes in the average level of real revenue reported in TABLE 1. To get some sense of how the lag structure changed, the equations were estimated over periods of increasing length, from the earliest possible date (usually June 1919) to December 1921, then to December 1922, July 1923, and October 1923. For total tax revenue thrice-monthly data are available for 1923, as described in APPENDIX I, and they permit a separate estimation for the last year. Whether the coefficient on current prices was positive, where the lag structure peaked (which b_i was largest), and what was the average lag all indicate how quickly inflation had an impact on nominal revenues.[10]

The regressions for revenues reported in TABLE 2 suggest that the German government had mixed success in its efforts to collect more resources, other than through the inflation tax. The tax reforms of 1920 increased total real revenue by 20 to 30 percent, although the resumption of inflation in 1921 and 1922 dissipated most of these gains. Other taxes, as well as the income tax and Reichsnotopfer, contributed to these gains. (The railroad revenue did not shift significantly in 1920). The reforms of 1922, however, did not shorten the lag between prices and revenues; if anything, the lags for taxes increased. Only the railroad moved fast enough to make steady gains on inflation.

1923 brought two shocks to the Reich's revenue gathering operations. First came the Ruhr invasion in January. Surprisingly the invasion did not have a clear impact on tax revenues. The coefficients on the dummy for January 1923 were always statistically insignificant in the tax equations and positive as often as negative (the predicted sign), although the regressions with thrice-monthly data are not reliable on this point, since there are only 3 observations before the invasion. Railroad revenues, however, did suffer a large and statistically significant downward shift, which presumably accounts for most of the downward shift

[10] Ideally one would like to test for shifts in the lag coefficients on prices by entering dummy variables there as well as in the intercept term (or by running the regressions for the various subperiods), but the resulting equations are too complicated to estimate with the 55 or fewer observations available.

in total government revenue. The second shock of 1923 came in August, when the government increased the penalties for delaying tax payments and imposed new levies. The large and usually statistically significant coefficients on the dummy for August 1923 attest to the effectiveness of these actions for the railroad as well as most taxes. They sent signals to firms and households that the government was equipping itself with the revenue collection power necessary for a permanent stabilization.

Expenditures

Direct statistics on monthly government outlays are sparse. Inflation as well as changes in political situations rendered the projected budgets meaningless. Total government outlays, although not available as the sum of individual expenditure categories, can be calculated as the sum of total revenue and the increase in government debt — what came in must have gone out. APPENDIX I describes some minor adjustments, to give a more accurate picture of what the government received and spent from the new issue of T-bills. Deflated aggregate spending, shown in TABLE 3, fluctuates wildly from month to month. The number of persons employed, tons of coal purchased, and battalions of veterans pensioned by the government did not vary nearly so much. The month-to-month fluctuations are partly accounting errors. Total cash inflow, which is what TABLE 3 actually reports in *column* 1, did not equal cash outflow each month. The fluctuations over three to six months result mainly from changes in the purchasing power (in wholesale prices) of payments made to the same number of government employees. The apparent changes in purchasing power resulted partly from the lag of consumer prices behind wholesale prices, but partly resulted in variations in the standard of living of the employees. Total deflated government spending varied less from year to year than from month to month and standard of living of the employees. Total deflated government spending varied less from year to year than from month to month and showed no trend — 9.4, 8.5, 10.0, 6.2, and 8.5 billion marks for the fiscal years 1919 to 1923.[11] The low in 1922 resulted from the onset of

[11] Fiscal year (April—March) totals from TABLE 3. For 1923, the April to October sum was multiplied by 12/8. These figures are lower than Witt's estimates: 14.6, 16.0, 14.8, 10.1, and 17.9 billion 1913 marks for the five years (P.-Chr. Witt, *Finanzpolitik*... [see note 2], p. 424). Partly this is because he includes all state and local spending, whereas I only include that paid with transfers from the Reich. For the main issues in this paper —the government's ability to pay reparations and the stability of the process

hyperinflation, which widened the spreads between wholesale and consumer prices and between consumer prices and wages.[12] The three annual peaks resulted from military demobilization in 1919, cash reparations in 1921, and passive resistance in 1923.

What information we have on individual spending categories indicates that the bulk of German government spending was for domestic purposes. As TABLE 3 shows, service on the debt became a minor item once the inflation of 1919 wrote off most of the real value of the war bonds. The Reichsbank kept the discount rate at 5 percent until after mid 1922, by which time the hyperinflation made negligible the real burden of even double-digit annual interest rates. In that the government deficit was the root cause of the inflation and that raising the discount rate would have discouraged business and lowered taxes more than it would have affected government spending or tax programs, the Reichsbank was probably right to fight inflation with a low rather than a high discount rate.[13] Railroad expenses were typically about one-third of total government outlays, and railroad user charges only covered about two-thirds of the expenses, the rest being made up by the general budget. After stabilization, ending subsidies for rail and postal services was an important part of the program to balance the state budget.[14] Miscellaneous domestic expenses include revenue sharing with the states, transfers to veterans and unemployed, subsidies for passive resistance, and salaries of government employees. They averaged about one-fourth of total expenses and usually less than the total amount of new borrowing. As a residual, the miscellaneous category is most subject to error on a month-to month basis. The Socialists, who led the first two governments and had at least veto power on government action until the end of the inflation, considered the outlays for social programs

generating government debt — excluding state and local spending seems best. In any case, there are no monthly data for them. Witt's figures are higher also because he deflates with a mix of the consumer and wholesale price indices.

[12] *Zahlen zur Geldentwertung in Deutschland 1914 bis 1923* (= Statistisches Reichsamt, Sonderheft 1 zu *Wirtschaft und Statistik*), Berlin 1925.

[13] *Akten der Reichskanzlei. Weimarer Republik*, ed by Karl Dietrich Erdmann und Wolfgang Mommsen, *Das Kabinett Bauer. 21. Juni 1919 bis 27. März 1920*, ed. by Anton Golecki, Boppard 1980, p. 43; *ibid., Die Kabinette Stresemann I und II. 13. August 1923 bis 6. Oktober 1923. 6. Oktober 1923 bis 30. November 1923*, ed. by Karl Dietrich Erdmann, Martin Vogt, 2 vols., Boppard 1978, pp. 106—107.

[14] *DWWF*, pp. 31—33, 73.

as essential fruits of their revolution.[15] Efforts to balance the budget should, they thought, concentrate on the revenue side.

Reparations and other expenses dictated by the Versailles treaty were the most politically controversial categories of German outlays. TABLE 3 reports three concentric measures of the burden of Versailles — total Treaty expenses, total reparations, and cash reparations. APPENDIX I describes the sources and methods of interpolation. Cash reparations — specified in goldmarks and payable in foreign exchange — received the most attention. The transfer problem — whether the Germans could or would be allowed to run the balance of trade surpluses necessary to make the cash reparations more than a paper transaction — caught the interest of everyone from economic theorists and labor leaders to politicians and unemployed veterans. Although the cash reparations paid during the inflation were small in total, the Allies demanded payments at two or three times the maximum annual rate, achieved in fiscal year 1921. The threat of what Germany might have to pay affected the course of the inflation more than the fact of what they actually paid. About as expensive as the cash reparations were the reparations specified and paid in kind — coal and chemicals, cattle and lumber, riverboats and rail cars. Total Versailles expenses include reparations plus occupation costs, settlement for foreign debts, and other „payments not counted as reparations." Total Treaty expenses often were over half of all government outlays, especially in fiscal year 1921 when cash reparations were made.

In fulfilling the material demands of the Treaty, the German government rarely expropriated resources directly. Usually they made explicit expenditures, paying some „fair" price to private suppliers. The main exceptions were two big deliveries of railroad equipment, in March 1921 and January 1922, for which the government made no cash outlay but apparently just sent over some Reichsbahn equipment.[16] The Allies and those on the German Left often called for direct seizure of wealth, but the Allies also joined the propertied interests of Germany in successfully opposing the general socialization that would have created the political-economic context necessary to make direct expropriations for reparations. Democracy, capitalism, and reparations — the Germans might have achieved any two of these goals, but the Allies insisted upon all three within less than two years after lifting their blockade.

[15] P.-Chr. Witt, *Staatliche Wirtschaftspolitik*... [see note 5].

[16] In TABLE 3 the German estimate of the value of these deliveries is included in total reparations but not in total Treaty expenses.

Like taxes and railroad revenues, nominal expenditures also lagged behind (wholesale) prices. There were some lags in payment, but more important were the lags in indexing wages and salaries to the cost of living and the lag of consumer prices behind wholesale prices.[17] The same statistical procedures used with revenues allow us to test for changes in the lag between nominal expenses and prices. (See APPENDIX II.) Since cash reparations were obviously linked to the exchange rate, rather than domestic prices, they were subtracted from total spending. TABLE 4 reports the regression results for total spending (net of cash reparations). Note first that the fit with monthly data is poorer than for revenues (TABLE 2), as reflected by the standard error of the regression — approximately the percentage standard deviation of the estimate from the actual value. The coefficients on dummy variables show no statistically significant shifts of spending in Fall 1920 or January 1923. Spending did increase dramatically in August 1923. Although the coefficients (the percent shifts) on the August 1923 dummy are about the same size for spending as for revenue, the base amount is so much larger for spending that the real budget deficit also increased sharply.[18] Greater subsidies for passive resistance in the Ruhr account for the higher spending up to late September, when the passive resistance was called off. Thereafter spending did decline and the persistence of a high level compared to earlier in 1923 was probably the result of Ministries trying to build up some cash reserves to tide them over when stabilization brought an end to government borrowing. The average lag of expenditures behind prices clearly declines after 1921. Whereas the lag for spending was at first longer than for revenue, by 1923 it was definitely shorter. A shorter lag for spending meant that when inflation increased the government financed a larger share of its outlays by borrowing.

Dynamics of Inflationary Finance

As Chicago economists have so effectively taught the finance ministers of Latin America, governments can systematically collect resour-

[17] Revenue and spending were regressed on wholesale prices, because consumer prices are not available until 1920 and because they can be fit very well with a distributed lag on wholesale prices.

[18] As with taxes, the thrice-monthly regressions for spending show a smaller and not statistically insignificant upward shift in August 1923. Th reason lies presumably in the narrower definition of spending in the thrice-monthly data. See APPENDIX I.

ces with the inflation tax.[19] The inflation tax did undeniably balance the books for Germany in the end, but the government did not consciously choose the inflation rate of money or prices. Certainly no revenue maximizing calculus guided their monetary policy. The money supply, as well as prices, was endogenous. The Reichsbank passively accommodated the private sector's decisions about how much of the stock of government debt to hold as interest-bearing assets and how much to hold as money.[20] As earlier sections of this paper showed, the stock of government debt and the increments to it were the ad hoc result of taxation and spending programs that were neither responsive to the immediate inflationary situation nor indexed to the current price level. The main short and intermediate term fluctuations in the real deficit resulted from differences in the way that given fiscal programs responded to changes in the inflation rate.

Since the supply of debt and of money followed an autonomous process, we must consider whether the process was stable.[21] One potential source of instability was absent — the acceleration of inflation did not increase the real value of the deficit. Even in the later years, when price increases raised expenses more quickly than revenues, the more important effect was that faster inflation lowered the real value of expenses. Statistical analysis shows that an increase of the inflation rate was not significantly correlated with changes in the real value of the deficit.[22]

[19] Cagan even worked out the formula for the long-run maximum real revenue from the inflation tax, assuming people form their expectations of inflation by an adaptive process. For Germany the revenue maximizing rate of inflation was about 20 percent per month — a typical rate for 1919 and 1921—1922, but far less than the rates after mid 1922 (Phillip Cagan, *The Monetary Dynamics of Hyperinflation,* in: Milton Friedman [ed.], *Studies in the Quantity Theory of Money,* Chicago 1956, pp. 77—86).

[20] Steven B. Webb, *Government Debt and Inflationary Expectations as Determinants of the Money Supply in Germany, 1919 to 1923,* in: *Journal of Money, Credit and Banking,* (1985).

[21] Cagan explored the question of whether the inflation was stable from the money demand side — whether a rise of prices would raise adaptive inflationary expectations so much that the resulting secondary rise of prices would exceed the initial one, setting off a self-accelerating hyperinflation. His coefficient estimates for the German case do imply instability (Ph. Cagan, *The Monetary Dynamics...* [see note 19], pp. 64—73). When Khan reestimated Cagan's model with a correction for serially correlated errors, however, the coefficients did not imply unstable money demand (Moshin S. Khan, *The Monetary Dynamics of Hyperinflation: A Note,* in: *Journal of Monetary Economics,* vol. 1 [1975], no. 3, pp. 355—362.)

[22] The change in the net stock of T-bills, deflated with the wholesale price index, was

To check for other sources of instability in the fiscal system, we can run simulations with a model built around the previously estimated equations for revenue and spending. As APPENDIX 3 explains in detail, the equations for revenue and spending imply some rate of growth of debt for any given recent history of prices, revenue, spending and debt. The simulations differ in three groups of dimension: (1) the coefficients in the equations, (2) the starting values for prices, revenue, spending, and debt, and (3) the initial inflation rates. Four sets of coefficients were tried — those estimated with monthly data in the four periods reported in TABLES 2 and 4. The starting values for prices, etc. were the average of their (logged) values for four subperiods: 4/1919 to 9/1920, 10/1920 to 12/1922, 1/1923 to 7/1923, and 8/1923 to 10/1923. The subperiods correspond to the periods distinguished by the dummy variables used in the regressions of TABLES 2 and 4, and the dummies were set at 1 or 0 in correspondence with the period from which the starting values were taken. The inflation rate, by which the log of prices increased before the next period's estimation of revenue, spending, and debt growth, was set at a low rate (INFL-OLD) for months -2 to 0 and at a high rate (INFL-NEW) for months 1 to 3 of the simulation.[23] For months 4 to 24 the inflation rate became endogenous and equalled the estimated growth rate of debt for the previous month. The top part of TABLE 5, where starting values and coefficient estimates are drawn from corresponding periods, shows clearly that the fiscal structure became less stable as the inflation progressed. The growth of debt accelerates at a decreasing rate in the simulations for the first two subperiods but at an increasing rate in the last three.

To see why the fiscal system became more likely to explode, the bottom of TABLE 5 shows simulations with coefficients and starting values drawn from different periods — the 4/1919 to 9/1920 period of low inflation and the 1/1923 to 7/1923 period of high inflation. Neither the initial values of the inflation rate nor the coefficients make much difference. Indeed the coefficients estimated with the period extending to 7/1923 gave slightly slower simulated growth than those estimated

regressed on the change of the inflation rate of the WPI. For three different estimation periods — 2/1919 to 10/1923, 4/1920 to 7/1923, and 4/1920 to 10/1923 — the coefficient on the change of the inflation rate was always negative but never statistically significant at even the 10 percent level.

[23] The low level inflation rate was chosen equal to the lowest monthly inflation rate for the period from which the average values of prices, etc. were taken. The high level inflation rate equalled the highest monthly inflation rate in the period.

with the period ending 12/1921. Neither do larger initial inflation rates have a decisive effect, although they do cause some increase in the growth rate of debt. The dominant factor is the starting values for prices, revenue, spending, and debt — specifically the difference between the first three, which remain in a relatively constant relationship to one another, and the government debt. In the early post war years even large fluctuations in current prices, revenue and spending could have only a small percentage effect on the great flywheel of the accumulated debt. As the subsequent progress of inflation reduced the real burden of the government debt, it also reduced the real inertia in that flywheel. Eventually, what had happened to spending and revenue within the last month largely determined the stock of debt and the level of prices. Without a large flywheel to absorb the impact of increased real deficits, even a relatively mild shock of inflation could shoot the government debt into hyperinflation.

Economists are perhaps too sanguine when they evaluate the dangerousness of a country's debt by comparing it to the size of GNP. When the value of a country's currency depends on the willingness of investors to hold its debt — as in Germany during the inflation and in the U.S. today — then inflating the nominal value of GNP relative to the stock of debt can make a dangerously unstable situation, for it is basically the market's desire to hold a smaller real stock of debt that has driven up the price level. With an increase of all nominal values except the stock of debt, the same real deficit will have a bigger inflationary impact.

Counterfactual Reparations

The possibility of more lenient terms for Germany in the Versailles Treaty is one of the most common counterfactuals in European history. The statistics developed here shed some light on the impact of reparations on the German fisc. The figures in TABLES 1 and 3 indicate that the Versailles Treaty expenses contributed significantly to the German government deficits and therefore to the growth of the money supply up to the time of the Ruhr invasion. Versailles expenses were generally at least 20 percent and occasionally over half of total outlays. Cash reparations rarely exceeded half of the total and did not begin until May 1921, but their timing obviously contributed to inflationary expectations and thus to the resumption of inflation that scuttled the Reichsnotopfer and otherwise weakened the tax system. In fiscal year 1921, when the stabilization that followed the Erzberger tax reforms of 1920 broke down, Treaty expenses account directly for more than 100 percent of the deficits. But no reparations or occupation is not a plausible counterfactual.

What the Germans asked for was perhaps a reduction and certainly a delay in cash reparations, to give them time to get their tax system working in an environment of price stability. Suppose that the French had agreed to postpone cash reparations for one year, to begin in May 1922 instead of 1921. If this postponement had perpetuated the price stability of July 1920 — June 1921, let us calculate (guess) how much cash reparations the German government could have paid without running budget deficits, which would have restarted inflation. The crucial question is what would have happened to receipts from the income tax and the Reichsnotopfer. Income taxes came in two parts, payroll deductions and ex post assessment. Although the assessed tax was designed to bring in the greater revenue and did so in nominal terms, the inflation resumed before most of even the 1920 assessed tax was paid and made the payroll deduction the predominant source in real terms.[24] If prices had remained stable, as our counterfactual assumes, then the total real income tax revenue would be about the same multiple of the payroll deduction as was the total nominal revenue. From October 1920 to June 1921 payroll deductions came in at a real rate of 1023 million marks per year (deflating to 1913 values with the WPI, see TABLE 1). Payroll deductions in the tax year April—December 1921 were about .21 of total nominal income tax revenues.[25] So total real income tax revenues in a steady non-inflationary state would have been about 4895 million marks per year. The Reichsnotopfer brought unusually large payments in December 1920 and January 1921, presumably as some people tried to pay their full obligation without interest charges. For the next five months before the inflation restarted — February to June 1921 — the real revenue of the Reichsnotopfer averaged 1346 million marks per year. For July 1920 to June 1921 the real revenues from the other taxes, the railroad, and the post were 4065 million marks, making the total counterfactual revenues 10,306 million marks per year. Real spending, net of cash reparations, was 10,039 million marks for the year July 1920 to June 1921. See TABLE 3. This leaves a hypothetical surplus of 267 million marks per year. Thus with stable prices but

[24] P.-Chr. Witt, *Tax Policies*... [see note 7].

[25] Calculated from P.-Chr. Witt, *ibid.*, p. 466.

without raising taxes or reducing other purchases and without any borrowing, the German government could have paid 200 to 300 million goldmarks per year in reparations.

Obviously the French would not have been satisfied with so little in reparations. The 1320 million goldmarks that Germany did pay in fiscal year 1921 barely placated them. A 20 percent surcharge on all taxes would, however, have generated another 1750 million marks per year, allowing the Germans to meet the London Ultimatum demand for 2,000 million marks in cash reparations per year, without running government deficits.[26] Other questions remain — not the least of which is whether foreigners would have let the Germans run the 2,000 million mark *trade* surplus (beyond reparations in kind), necessary to make the transfer. But the myopia of French impatience is clear. A one year delay in cash reparations in exchange for the Reichstag's putting a 20 percent surcharge on taxes is not far-fetched, and certainly not inferior to what the French actually got.

Conclusions

The Germans could pay. The expenses of the Versailles Treaty and of the fruits of the revolution required tax revenues that the Germans could raise. Writers from Bresciani-Turroni[27] to Witt[28] have said that the demands for government outlays were not an inordinate share of national product. Yet politics, not national income accounts, define the possible. The taxes Germany actually passed had the potential, in the non-inflationary environment for which they were designed, to raise almost all the resources necessary to meet the international as well as domestic commitments. The Germans not only could pay, but they made substantial efforts to do so. But they failed.

The German fiscal system was stable in the early years of post-war inflation, but it became increasingly unstable after 1921. The main cause of instability was the decline in the real value of the stock of debt. The

[26] With much controversy, France adopted such a 20 percent surcharge — the *double décime* (Stephen Schuker, *The End of French Predominance in Europe: The Financial Crisis of 1924 and the Adoption of the Dawes Plan,* Chapel Hill 1976, pp. 47—115, passim).

[27] Costantino Bresciani-Turroni, *The Economics of Inflation: A Study of Currency Depreciation in Post-War Germany,* 1931, trans. 1937, New York.

[28] P.-Chr. Witt, *Tax Policies...* [see note 7].

same real deficit then had a larger impact on the growth rate of the stock. When the growth rate of debt exceeded the recent rate of inflation, then the inflation rate would rise, because debt growth raised the money supply and inflationary expectations, the two determinants of the price level. Once the hyperinflationary spiral became vigorous in mid 1922, it was checked only by forceful Reichsbank intervention in the foreign exchange market, in the temporary stabilization of February 1923 and in the permanent stabilization of November 1923.

Faced with inflexible demands to spend, the government failed to collect nearly enough revenue. To bring in the real returns expected of them the taxes required stable prices and at least two years lead time. If they had had the two years, plus a modest surcharge, the taxes might have paid reparations and still balanced the budget and avoided the resumption of inflation. Over a year of price stability did follow the passage of Erzberger's tax reform in 1920. The beginning of reparation payments in 1921, which the taxes could not yet come close to paying, restarted the inflation that wrecked the tax system. Inflation decimated the real value of what the government received from the Reichsnotopfer and from other taxes that were paid with some delay, especially the assessed income tax. Erzberger should have designed inflation-proof taxes, indexing obligations to dollars, as was done in 1923. The wealthy classes in Germany should not have evaded taxation, by delaying payments, by legislative maneuvering, or by capital exports. The French should have given the German tax system another year to establish itself, before requiring cash reparations. Whether any of these three remedies could have worked by itself is not clear, so we can make no clear assignment of blame for the fiscal failure that set Germany on the road to hyperinflation. We do at least know, however, that some politically plausible scenarios of compromise could have been financially successful.

TABLE 2

Revenue Regressions

$$\log X_t = a_0 + \sum_{j=1}^{3} a_j \, DUMMY_j + \sum_{i=0}^{\infty} b_i \log P_{t-i}$$

X = spending net of cash reparations.

Period	Dummy Variables			S.E.R.[b]	b_o	Peak b_i (mos.)	Average Lag (mos.)
	Sept. 1920	Jan. 1923	Aug. 1923				
Total Revenue							
6/1919—							
12/1921	.21 *[a]	—	—	.14	0	2	5.4
12/1922	.04	—	—	.15	0	1	7.9
7/1923	.06	-.22	—	.17	.11	1	6.6
10/1923	—	.41**	1.96**	.18	.22	0	7.5
Total Taxes							
6/1919—							
12/1921	.33	—	—	.20	0	1	4.2
12/1922	.22	—	—	.20	0	2	5.5
Thrice Monthly Taxes							
12/11/'22—							
7/31/'23	—	.25	—	.51	.20	0	0.5
11/10/'23	—	.12	.51	.56	.04	1/3	0.6

TABLE 2 *(Continuation)*

Revenue Regressions

Period	Dummy Variables			S.E.R.[b]	b_o	Peak b_i (mos.)	Average Lag (mos.)
	Sept. 1920	Jan. 1923	Aug. 1923				
Income Tax							
10/1920—							
12/1921	—	—	—	.12	.68	0	0.7
12/1922	—	—	—	.14	0	2	3.0
7/1923	—	-.23	—	.18	0	2	3.7
10/1923	—	-.16	1.60**	.23	.24	0	4.5
Other Taxes							
6/1919—							
12/1921	.27**a	—	—	.18	0	2	4.2
12/1922	.15 *a	—	—	.22	0	1	5.0
7/1923	.09	.05	—	.27	0	1	6.7
10/1923	—	-.10	2.03**	.28	.14	0	10.5
Rail Road							
6/1919—							
12/1921	—	—	—	.11	.11	0	9.3
12/1922	—	—	—	.13	.24	0	6.5
7/1923	—	-.44**	—	.14	.30	0	4.3
10/1923	—	-.57**	1.44**	.17	.42	0	2.8

Statistical significance: * = .05 level, ** = .01 level.

[a] Statistical significance shown by F-test, but not by t statistic.

[b] Standard Error of the Regression estimate.

TABLE 3

Monthly Expenditures of the Reich
Million Marks
Deflated with WPI (1913 = 1)

Month	Net Increase of Debt	Total Expen-ditures	Interest on Debt	Total RR Expenses	Other Domestic Expenses	Total Treaty Expenses	Total Reparations	Cash Reparations
1919 Apr	1 203.41	1 526.14	130.63	NA	NA	NA	NA	0
May	1 600.95	1 939.33	181.60	NA	NA	NA	NA	0
June	589.87	915.85	156.06	NA	NA	NA	NA	0
July	1 140.08	1 479.90	130.47	NA	NA	NA	NA	0
Aug	469.14	741.17	129.97	NA	NA	NA	NA	0
Sept	368.13	610.32	99.67	NA	NA	NA	NA	0
Oct	535.91	811.18	81.63	NA	NA	NA	NA	0
Nov	331.53	519.58	82.99	NA	NA	NA	NA	0
Dec	- 87.82	101.72	62.34	NA	NA	NA	NA	0
1920 Jan	232.29	374.83	39.52	NA	NA	NA	19.07	0
Feb	82.41	186.14	32.59	NA	NA	NA	8.81	0
Mar	33.28	183.75	28.85	NA	NA	NA	33.61	0
Apr	207.21	336.95	32.97	NA	NA	124.33	28.55	0
May	359.01	531.07	38.74	NA	NA	130.46	34.62	0
June	622.11	862.03	40.69	NA	NA	137.54	41.38	0
July	775.05	1 077.97	42.17	NA	NA	137.96	42.18	0
Aug	433.94	698.56	42.56	NA	NA	138.83	42.81	0
Sept	438.75	713.88	42.93	NA	NA	165.20	69.33	0
Oct	142.19	490.55	43.61	NA	NA	136.80	41.09	0

TABLE 3 (*Continuation*)

Monthly Expenditures of the Reich
Million Marks
Deflated with WPI (1913 = 1)

Month	Net Increase of Debt	Total Expen-ditures	Interest on Debt	Total RR Expenses	Other Domestic Expenses	Total Treaty Expenses	Total Reparations	Cash Reparations
Nov	416.83	822.86	42.75	NA	NA	130.00	34.07	0
Dec	183.90	818.13	49.14	293.67	339.42	135.90	39.92	0
1921 Jan	354.52	960.15	46.78	221.89	558.78	132.71	36.81	0
Feb	156.53	772.91	50.59	241.03	345.57	135.72	40.00	0
Mar	-315.03	366.68	55.33	374.65	-338.74	275.45	784.56	0
Apr	641.85	1 214.56	52.30	264.29	735.11	162.86	51.35	0
May	814.70	1 457.22	54.63	260.23	838.47	303.89	192.24	119.0
June	359.61	963.26	51.58	250.33	277.77	383.58	272.05	199.7
July	361.09	957.74	45.99	213.77	419.65	278.32	166.63	99.3
Aug	556.49	976.12	36.00	172.93	460.00	307.19	195.47	155.3
Sept	312.01	706.07	34.71	224.06	72.62	374.69	262.99	196.0
Oct	223.72	621.41	26.91	157.14	101.83	335.53	223.69	163.8
Nov	216.98	542.76	20.19	158.63	99.42	264.53	152.85	104.4
Dec	475.06	854.40	19.88	185.94	231.74	416.85	305.13	192.0
1922 Jan	265.11	663.48	18.05	137.10	221.97	286.35	261.48	136.5
Feb	126.97	501.97	17.72	146.73	45.61	291.90	180.01	109.0
Mar	106.61	537.79	14.76	155.58	102.57	264.88	152.98	101.3
Apr	136.13	505.99	10.24	122.71	118.39	254.64	145.66	91.4

TABLE 3 (*Continuation*)

Monthly Expenditures of the Reich
Million Marks
Deflated with WPI (1913 = 1)

Month	Net Increase of Debt	Total Expen- ditures	Interest on Debt	Total RR Expenses	Other Domestic Expenses	Total Treaty Expenses	Total Reparations	Cash Reparations
May	118.56	583.40	10.69	160.77	162.71	249.23	148.84	76.9
June	42.35	500.19	10.28	202.19	95.76	191.96	77.36	8.6
July	130.42	522.44	5.58	155.08	196.85	164.92	96.43	43.8
Aug	96.26	378.64	2.67	136.21	140.22	99.53	77.40	21.8
Sept	358.07	571.54	1.86	196.16	284.70	88.82	67.98	26.2
Oct	261.40	467.58	.93	204.06	175.84	86.75	113.28	72.9
Nov	189.52	370.78	.56	135.15	115.41	119.78	111.78	46.9
Dec	374.75	633.78	.85	283.87	221.58	127.48	129.54	29.1
1923 Jan	209.08	449.96	.52	164.60	122.99	161.86	129.54	32.3
Feb	252.23	394.47	.34	175.57	142.71	75.85	62.87	10.7
Mar	592.84	837.82	1.53	323.24	358.36	154.70	NA	56.2
Apr	336.94	622.46	1.38	253.09	288.51	79.48	62.19	.0
May	199.98	488.87	1.62	239.18	151.53	96.54	82.95	18.5
June	554.55	686.49	1.10	269.28	340.27	75.85	69.24	11.8
July	450.59	550.74	.12	179.09	303.60	67.92	60.63	1.1
Aug	925.99	1 077.14	.04	392.80	634.00	50.29	47.92	2.5
Sept	1 268.48	1 433.86	.00	608.19	789.10	36.57	33.56	1.8
Oct	717.12	782.68	.00	355.03	405.04	22.62	NA	.0

Sources: see Appendix I.

TABLE 4

Expenditures Regressions

$$log\ X_t = a_0 + \sum_{j=2}^{3} a_j\ DUMMY_j + \sum_{i=0}^{\infty} b_i\ log\ P_{t-i}$$

X = spending net of cash reparations.

Period	Dummy Variables		S.E.R.	b_0	Peak b_i (mos.)	Average Lag (mos.)
	Jan. 1923	Aug. 1923				
Monthly						
6/1919—						
12/1921	—	—	.58	0	1	8.8
12/1922	—	—	.48	0	2	4.8
7/1923	-.24	—	.46	.30	0	3.9
10/1923	-.36	1.87**	.46	.29	0	4.9
Thrice Monthly						
12/11/'22—						
7/31/'23	-.17	—	.35	.08	1/3	0.6
11/10/'23	.02	.44	.41	.49	1/3	0.2

TABLE 5

Simulation of Debt Growth

Period for		Initial Inflation Rates[a]		Growth Rate of Debt[a]		
Aver. Start Values	Est. Coefs.	LOW	HIGH	3rd Month	12th Month	24th Month
4/1919—9/1920	6/1919—12/1921	-.09	.22	.0175	.0192	.0204
10/1920—12/1921	6/1919—12/1921	-.05	.33	.0277	.0325	.0364
10/1920—12/1922	6/1919—12/1922	-.05	.71	.09	.20	.72
1/1923—7/1923	6/1919—7/1923	-.13	1.49	.90	6.28	84.69
8/1923—10/1923	6/1919—10/1923	2.54	5.77	8.87	57.47	∞[b]
4/1919—9/1920	6/1919—7/1923	-.09	.22	.0121	.0136	.0145
4/1919—9/1920	6/1919—7/1923	-.13	1.49	.028	.053	.066
1/1923—7/1923	6/1919—12/1921	-.09	.22	.09	3.01	24.91
1/1923—7/1923	6/1919—12/1921	-.13	1.49	1.25	5.75	47.81

[a] Rates of inflation and growth are changes in the natural logarithm.
[b] Blows up after 16 months.

APPENDIX I

Data Sources for Revenue and Expenditure

Data reported in the TABLES 1 and 3 in the text have all been deflated with the wholesale price index, the average for the month as reported in the *Statistisches Jahrbuch* 1923, p. 284, in Holtfrerich 1980, p. 15, and in many other places.

Revenues are the better documented side of fiscal policy. There are six main sources of revenue data: Bresciani-Turroni (monthly, aggregated, deflated), *Deutschlands Wirtschaft, Währung und Finanzen* (*DWWF*; monthly, disaggregated as well as aggregated, deflated), Jessen (monthly, disaggregated, nominal as well as deflated), *Wirtschaft und Statistik* (monthly, dissaggregated, nominal), archives of the Reichskanzlei/BAK R 43 I and R 2; and Reichsfinanzministerium (monthly, disaggregated, nominal), and *Statistisches Jahrbuch* (annual, disaggregated by ministry, not in terms of type of tax, nominal; the 1924/25 volume does print the monthly deflated series that are also in *DWWF*). Bresciani-Turroni's data are misleading in that the figures for fiscal year 1919 include all revenues and expenditures of the rail and postal services, while the figures for subsequent years exclude these large revenue items. *DWWF*, from which most of Bresciani-Turroni's data come, does not have data for 1919, and the expenditures given for subsequent years do not include what the rail and postal services paid out of their own revenues. The other three sources of monthly data are more primary and have nominal (paper mark) data that differ mainly in the periods covered: Jessen, April 1919 to March 1922; *Wirtschaft und Statistik*, October 1920 to 1924 and beyond; and the Chancellery and Finance Ministry records, May 1919 to 1924.

The revenue data reported in TABLE 1 for April 1919 to September 1920 come from Jessen's Table 6, except for the Reichsnotopfer, which comes from BAK R 43 I/2356. For October 1920 to October 1923, all data except for withholding taxes come from *Wirtschaft und Statistik* 1920—24. These correspond closely with the Reichsfinanzministerium data reported in BAK R2/1884 and BAK R43 I/2356. They also correspond closely with income tax data reported by Witt (1983; from ZSA RFM/1100-1120), except for March 1921 and March 1922, where Witt's numbers are 600 and 1200 million marks greater. The figures for income tax withheld come from Witt (1983); for March 1921 and 1922 they were adjusted downward by 600 and 1200 paper marks. Total revenue includes taxes, forced loans (Zwangsanleihe), and railroad and postal revenues.

Total government outlays are not available as the sum of individual expenditure categories and so are calculated as the sum of total revenue and the increase in government debt outstanding.[1] Jessen and *DWWF* used this method, with government debt equal to T-bills outstanding. For the last two fiscal years included in the inflation, 1922(—23) and 1923(—24), the government apparently neither published nor saved in the archives the usual department-by-department accounts of expenditures. They too, it seems, could stimate their overall expenses in the end only by the principle of „what came in must have gone out."

Although the increase in government debt approximately equals the change in T-bills outstanding (*DWWF*, p. 62), three adjustments are necessary. First, debt should include bonds as well as T-bills. Over 60 percent of the government debt at the beginning of 1919 was in the form of bonds, about a third of which were redeemed during the inflation. Changing the form of government debt from fixed-interest bonds to discounted bills is not spending, or even a transfer. Furthermore, some of the „redemptions" occurred when firms and individuals paid their taxes with bonds (Holtfrerich 1980, p. 131). There are no monthly data on bonds outstanding, so they were linearly interpolated from the annual figures for the end of March, the end of the fiscal year (*DWWF*, p. 29).[2] Second, some of the T-bills outstanding and held at the Reichsbank were balanced against government deposits there. In other words, the government had borrowed the money but not yet spent it. Thus net T-bills equals total minus government deposits at the Reichsbank.[3] These deposits are available monthly after January 1921. For 1919 and 1920, they were estimated as two-thirds of total Reichsbank deposits, which was their share in 1921 (*Zahlen zur Geldentwertung*, pp. 45—51).

[1] Witt apparently did estimate annual government spending directly, cf. P.-Chr. Witt, *Finanzpolitik* . . . [see note 2].

[2] The deflated quarterly data (interpolated to monthly) on amortization of bonds (*DWWF*, p. 31) do not provide a satisfactory basis for interpolating monthly bond totals, because the accumulated amortization for fiscal years 1920 and 1922 differ substantially from the year to year changes implied on page 29 (*DWWF*).

[3] By the same rationale, we should also deduct from its indebtedness the government's currency holdings and deposits at commercial banks, but such data do not exist. In August to October 1923 the higher real government spending and deficits could be partly a statistical artifact arising from government agencies' trying to build up reserves to meet anticipated payrolls and to cushion the impact of a possible end to government borrowing (cf. Hjalmar Schacht, *Die Stabilisierung der Mark*, Berlin-Leipzig 1927, p. 118).

Third, the amount of money raised and presumably spent by the government was always somewhat less each increase in the (face value of the) outstanding debt, because the T-bills were sold at a discount. Until the last 3 months this difference is difficult to estimate, because we do not know the age mix of the stock of T-bills, and small in amount, because the maturity of the bills was only 3 months. (With the 5 percent annual discount rate that prevailed until mid 1922, each issue of T-bills raised 98.75 percent of its face value.) In August 1923 the annual discount rate rose to 30 percent, then to 90 percent in September, and nearly all of the outstanding debt was less than a month old. So for August net T-bills were deflated by .9375 [= 1 — (.30/4) · (5/6); the 5/6 presumes that the average debt was 2 weeks old, 1/6 of the way to maturity] and by .8125 [= 1 − (.90/4) · (5/6)] for September and October. These adjustments account for the two surplus months and increase the volatility of the spending estimates, a volatility that surely overstates the variation in what the government was actually purchasing. Overall, the adjustments lower the estimates of how much the government spent and borrowed, especially for the last three months, which is probably a valid correction.

For a few budget categories — interest on debt, subsidies to the railroad, and expenses of the Versailles Treaty — there are monthly statistics, which TABLE 2 summarizes. Although *DWWF* reports interest on floating debt (p. 31), it appears that these numbers erroneously charge the interest on a T-bill to its date of issue, rather than its date of maturity, which makes a big difference when deflated to real marks. The difference between the face value of T-bills issued and the proceeds received by the government is not (current) spending and therefore cannot be counted as the interest expense. The expense comes when the bill matures and the government must pay back what it originally got for the bill plus the discount. A better estimate of the interest on floating debt requires an estimate of the T-bills reaching maturity each month. If all T-bills were refinanced every three month, the total maturing in a month would equal the sum of increases in the stock 3 months ago, 6 months ago, 9 months ago, etc. back to when the stock was zero. To simplify the computation, I took the sum back 8 quarters then added one-third of the stock 27 months ago. The monthly interest expense of floating debt is the estimate of T-bills maturing *times* the share of T-bills outside the Reichsbank (*DWWF*, p. 62[4]) *times* the

[4] The reported share of T-bills outside the Reichsbank is an overestimate, for some of

quarterly bankrate 3 months ago. To this was added an estimate of the interest cost of bonds: the stock of bonds *times* .04/12, assuming an average 4 percent annual coupon rate. TABLE 3 reports the deflated results, which are lower than the interest expenses reported in *DWWF* (p. 31). Expenses of the railroad equal its revenue (see TABLE 1) plus the deflated government subsidy (*DWWF*, p. 31).

For expenses of the Versailles Treaty several sources give data with sufficient overlaps to build three series — total Versailles Treaty expenses, total reparations, and cash reparations. Total Versailles expenses include occupation costs, settlement of international debts (Ausgleichsverfahren), and other payments (Leistungen) not included in reparations. For fiscal years 1920 and 1921 — April 1920 to March 1922 — there are annual data detailed by category (ZSA-Potsdam, Reichs-Schatzministerium 22.01/3488). Monthly total Versailles expenditures were then estimated as total reparations (described below, not including the two big deliveries of railroad equipment) plus a monthly payment that is a constant in real terms (wholesale prices) and that sums annually to the difference between reparations and total Versailles expenses. For April 1922 to October 1923, total Versailles expenses are the deflated figures reported in *DWWF*, p. 31. When reflated, these correspond well with the incomplete monthly series of nominal values in ZSA-P RSchM 22.01/3488.

The Friedensvertrag-Abrechnungsstelle (FAST) reported reparations expenses for January 1920 to November 1922, monthly and with detailed categories (BAK R2/2795). These figures include 3 big outlays that other reparations accounts (and total government spending estimates) do not — two big transfers of railroad equipment (presumably directly from the Reichsbahn) in March 1921 (7624 mill. M) and in January 1922 (3187 mill. M) and a payment of cash reparations in October 1922, which was about half of the 96 million goldmarks promised to Belgium in the form of 6-month gold notes. From December 1922

them were held by the Seehandlung (Prussian State Bank), which used them for collateral loans at the Darlehnskassen, branches of the Reichsbank. Darlehnskassen notes thus created were then exchanged at the Reichsbank for its notes. See Steven B. Webb, *The Supply of Money and Reichsbank Financing of Government and Corporate Debt in Germany, 1919—23*, in: *Journal of Economic History*, 44 (June 1984), and idem, *Government Debt*... [see note 20]; *Akten der Reichskanzlei*... *Das Kabinett Bauer*... [see note 13], p. 42; and *Akten der Reichskanzlei*... *Das Kabinett Fehrenbach. 25. Juni 1920 bis 4. Mai 1921*, ed. by Peter Wulf, Boppard 1972, pp. 447—448.

to September 1923, reparation expenses are estimated as the total Versailles expenses minus Ausgleichsverfahren, occupations costs, and payments other than reparations (Dec. 1922 to Feb. 1923 from ZSA-P RSchM 22.01/3488, where Dec. 1922 and January 1923 were assumed to be of equal real value in wholesale prices. April to Sept. 1923 from BAK R2/2659). Cash reparations were those paid in foreign exchange. For May 1921, when payments started, to November 1922, data comes from the FAST reports (BAK R2/2795). From December 1922 to March 1923 data are from ZSA-P RSchM 22.01/3488 and from the March 1923 data on treaty expenses due in foreign exchange (BAK R2/2357). From May 1923 to September 1923 data are from BAK R2/2659 and are converted from goldmarks at the monthly average exchange rate.[5]

For the last year of the inflation, starting November 1922 and continuing on into 1924, there are revenue and expenditure reports every 10 days, thrice monthly, in BAK R 43 I/2356-2358. Table A1 reports the stock of T-bills at the end of the dekaden, the tax revenue, and the spending. The revenue is tax collection net of expenses of the Finanzkassen. Thus the figures do not include revenue from the post and railroad. For fiscal year 1922 net collections of the Finanzkassen were 83 percent of the total tax revenue reported in *Wirtschaft und Statistik*. The total expenditures equal tax revenue plus net T-bills, which have been adjusted in the same way as the monthly series.

[5] In these data, unlike those in total Versailles expenses, the 96 million goldmarks of 6-month notes given to Belgium in October 1922 was paid for half in October and half in March 1923.

TABELE A1

Thrice-Monthly Revenues and Expenditures of the Reich
Milliard Paper Marks

Period	T-Bills (Adjusted)	Revenue	Spending
1922			
Nov — II	728	NA	NA
Nov — III	789	14	75
Dec — I	912	19	143
Dec — II	1 021	32	141
Dec — III	1 349	16	344
1923			
Jan — I	1 490	46	187
Jan — II	1 704	58	272
Jan — III	1 925	50	270
Feb — I	2 261	150	486
Feb — II	2 713	93	545
Feb — III	3 334	70	692
Mar — I	4 088	91	844
Mar — II	5 462	102	1 477
Mar — III	6 223	81	842
Apr — I	6 788	175	740
Apr — II	7 516	145	873
Apr — III	7 988	178	650
May — I	7 986	577	576
May — II	8 374	425	813
May — III	9 622	249	1 497
June — I	11 011	216	1 604
June — II	13 134	261	2 383
June — III	20 372	150	7 388
July — I	26 253	260	6 141
July — II	37 084	509	11 341
July — III	54 069	460	17 445
Aug — I	99 935	1 791	47 656
Aug — II	261 975	4 594	166 635
Aug — III	928 243	6 356	672 624
Sept — I	1 857 821	49 906	979 483
Sept — II	4 602 146	84 660	2 828 985
Sept — III	31 306 930	81 848	26 786 610
Oct — I	57 588 400	396 366	26 677 820
Oct — II	187 423 100	2 456 918	132 291 600
Oct — III	5 119 441 000	5 903 179	4 937 916 000
Nov — I	24 328 100 000	53 449 070	19 262 110 000

APPENDIX II

Procedures for Regression Analysis of Revenue and Expenditure

Assume the relation between revenue or spending flows and the level of prices takes the form:

$$\begin{aligned}\text{Log } X_t &= a_0 + \sum_{j=1}^{3} a_j \, \text{DUMMY}_j \\ &\quad + b_0 \log P_t + b_1 \log P_{t-1} + \ldots + b_h \log P_{t-h} \\ &\quad + \sum_{i=h+1}^{\infty} b_h \lambda^{i-h} \log P_{t-i} + \epsilon_t.\end{aligned}$$

The b_i usually rise to a maximum at b_h, then the coefficients on log p_{t-i} decline geometrically at a rate λ, where λ is positive but less than 1. Thus the modal lag in collecting taxes or indexing salaries may be a month or more, but the price levels in the more distant past eventually decline in importance.[1]

To actually estimate the equation, it was transformed:

$$\begin{aligned}\log X_t &= a_o + \sum_{j=1}^{3} a_j \, \text{DUMMY}_j \\ &\quad + \beta_o \log P_t + \beta_1 \log P_{t-1} + \ldots + \beta_h \log P_{t-h} \\ &\quad + \lambda \log X_{t-1} + \eta_t,\end{aligned}$$

implying $b_o = \beta_o$, $b_1 = \beta_1 + \lambda b_0, \ldots b_h = b_h + \lambda b_{h-1}$. Both log P_t and log X_{t-1} are usually not independent of the error term η_t, necessitating an instrumental variable or two-stage least squares procedure (Kmenta 1971, pp. 491—492).[2] The regressors in the first-stage equation were log P_{t-1}, ... log P_{t-h-1}, log X_{t-2}, log y_{t-1}, and the dummy variables, where Y was total spending when X was a revenue variable, and Y was total revenue when X was a spending variable. I tried to get the maximum number of β coefficients without having any negative. In each case I first ran the equation with $h = 1$. If β_1 was negative I dropped it and just used a simple geometric lag model. If β_o was negative I dropped it. If β_1 was

[1] Polynomial lag structures were also tried, but they usually implied negative coefficients for some of the lagged prices.

[2] Jan Kmenta, *Elements of Econometrics*, New York 1971.

positive I tried h = 2. If β_1 and β_2 (and β_0) all remained positive, I tried h = 3. Whenever one or more β turned negative (invariably with h less than or equal to 3), I took the previous equation as the final result, which was reported in TABLES 2 and 4.

The average lag equals

$$\sum_{i=36}^{36} i \left[\frac{b \Sigma i}{\sum_{i=0}^{\infty} b_i} \right]$$

The effect of only taking the sum back 36 periods instead of to infinity is trivial. $\sum_{i=0}^{\infty} b_i$ was computed as $b_o + \ldots + b_h/(1 - \lambda)$. Dividing b_i by the sum of all b_i gives the share of the ith month in the whole distributed lag.

APPENDIX III

Simulation the Impact of Inflation on the Growth of Debt

The estimated equations for revenue and spending plus some identities make a model capable of dynamic simulation:

$$\log SPEND_t = a_o + \sum_{j=1}^{3} a_j \, DUMMY_j + \sum_{i=0}^{h} a_i \log P_{t-i} + \lambda_1 \log SPEND_{t-1}$$

$$\log TAX_t = b_o + \sum_{j=1}^{3} b_i \, DUMMY_j + \sum_{i=0}^{h} a_i \log P_{t-i} + \lambda_2 \log TAX_{t-1}$$

$$DEBT_t = DEBT_{t-1} + SPEND_t - TAX_t$$

$$INFL = INFL : LOW \text{ or } INFL : HIGH \text{ or } \Delta \log DEBT_t$$

$$\log P_{t-1} = \log P_t + INFL$$

Note that the equations for revenue and spending are in the reduced form in which they were estimated. It would be more difficult but possible, with some assumption like stable prices before 1914, to do those equations with a distribution of lags on all past prices. It seemed more straight forward, however, to use the form that was actually estimated.

The inflation rate INFL can be specified exogenously as INFL: LOW or HIGH or can be made endogenous and equal to the rate of growth of DEBT.

Bibliography

Bresciani-Turroni, Costantino, *The Economics of Inflation: A Study of Currency Depreciation in Post-War Germany*, 1931, trans. 1937, New York.

BAK: Bundesarchiv, Koblenz, R2: Reichfinanzministerium, R43 I: Reichskanzlei.

Cagan, Phillip, *The Monetary Dynamics of Hyperinflation*, in: Milton Friedman (ed.), *Studies in the Quantity Theory of Money*, Chicago 1956.

Deutschlands Wirtschaft, Währung und Finanzen [*DWWF*], Allied Powers, Reparations Commission, Berlin 1924.

Haller, Heinz, *Die Rolle der Staatsfinanzen für den Inflationsprozeß*, in: Deutsche Bundesbank (ed.), *Währung und Wirtschaft in Deutschland 1876—1975*, Frankfurt a/M. 1976.

Holtfrerich, Carl-Ludwig, *Die deutsche Inflation, 1914-1923: Ursachen und Folgen in internationaler Perspektive*, Berlin 1980.

Jessen, Arnd, *Finanzen, Defizit und Notenpresse 1914-1922*, Berlin 1923.

Khan, Moshin S., *The Monetary Dynamics of Hyperinflation: A Note*, in: *Journal of Monetary Economics*, vol. 1 (1975), no. 3, pp. 355—362.

Kmenta, Jan, *Elements of Econometrics*, New York 1971.

RK: Reichskanzlei, *Akten der Reichskanzlei. Weimarer Republik*, ed. by Karl Dietrich Erdmann and Wolfgang Mommsen, Boppard a. Rhein 1971-1978 (from BAK R 43 I).

Samuelson, Paul A., *The Transfer Problem and Transportation Costs*, in: R. E. Caves and H. G. Johnson (ed.), *Readings in International Economics*, Homewood, Ill. 1968 (1952, 1954).

Schacht, Hjalmar, *Die Stabilisierung der Mark*, Berlin-Leipzig 1927.

Schuker, Stephen, *The End of French Predominance in Europe: The Financial Crisis of 1924 and the Adoption of the Dawes Plan*, Chapel Hill 1976.

Statistisches Jahrbuch für das Deutsche Reich, Statistisches Reichsamt, Berlin.

Trachtenberg, Marc, *Reparation in World Politics: France and European Economic Diplomacy, 1916-1923*, New York 1980.

Webb, Steven B., *Money Demand and Expectations in the German Hyperinflation: A Survey of the Models*, in: N. Schmuckler/ E. Marcus (ed.), *Inflation Through the Ages*, New York 1983.

Webb, Steven B., *The Supply of Money and Reichsbank Financing of Government and Corporate Debt in Germany, 1919—23*, in: *Journal of Economic History*, 44 (June 1984).

Webb, Steven B., *Government Debt and Inflationary Expectations as Determinants of the Money Supply in Germany, 1919 to 1923*, in: *Journal of Money, Credit and Banking*, forthcoming 1985).

Wirtschaft und Statistik (1921 ff.), Statistisches Reichsamt, Berlin.

Witt, Peter-Christian, *Finanzpolitik und sozialer Wandel in Krieg und Inflation 1918-1924*, in: Hans Mommsen/Dietmar Petzina/Bernd Weisbrod (ed.), *Industrielles System und politische Entwicklung in der Weimarer Republik*, Düsseldorf 1974.

Witt, Peter-Christian, *Staatliche Wirtschaftspolitik in Deutschland 1918-1923: Entwicklung und Zerstörung einer modernen wirtschaftspolitischen Strategie*, in: Gerald D. Feldman et al. (ed.), *The German Inflation: A Preliminary Balance*, Berlin 1982.

Witt, Peter-Christian, *Tax Policies, Tax Assessment and Inflation: Toward a Sociology of Public Finance in the German Inflation, 1914-1923*, in: N. Schmuckler/E. Marcus (ed.), *Inflation Through the Ages*, New York 1983.

Zahlen zur Geldentwertung in Deutschland 1914 bis 1923 (= Statistisches Reichsamt, Sonderheft 1 zu *Wirtschaft und Statistik*), Berlin 1925.

ZSa-P: Zentrales Staatsarchiv, Potsdam.

Summary

People from Reichsbank President Havenstein to rational-expectations economist Thomas Sargent, although not everyone in between, have blamed the German inflation on government deficits. So it is important to set straight the facts at their origin. This essay presents and analyses data on German government revenue and spending during the period of inflation after World War I. It presents econometric estimates of how sensitive the real values of revenue and spending were to changes in the inflation rate. Because there were lags in indexing and paying government expenses (like salaries), as well as lags in indexing and collecting taxes, inflation reduced the real value of both spending and taxes. Compared to long-run price stability, inflation increased the real deficit, but short-run accelerations of inflation usually lowered it. Simulations test the stability of the deficit-inflation process, starting from initial conditions that correspond to different phases of the inflation. With initial values from the hyperinflation period the simulations explode, because the hyperinflation had so lowered the ratio of real debt to real deficit. The essay describes in detail the major revenue sources and spending items, especially reparations, which were almost half of total expenses in the year after May 1921. A counterfactual analysis indicates that if inflation had not resumed after May 1921, when Germany began paying cash reparations, the taxes passed in 1920 would have been able to balance the domestic budget and cover some reparation expenses.

Inflation und Reparationsforderungen in der frühen Weimarer Republik: Eine spieltheoretische Untersuchung*

HANS JÜRGEN JAKSCH

I
Einleitung

In dieser Arbeit untersuche ich eine historische Konfliktsituation mit Mitteln der Ökonometrie und der Spieltheorie. Mein Interesse gilt dabei dieser Situation und nicht den beiden Hilfswissenschaften.

1. Fragestellung

Bei der Beurteilung der Reparationsforderung der Alliierten und der Gründe für die Inflation in der frühen Weimarer Republik gibt es zwei extreme zeitgenössische Ansichten. Die eine, vertreten von der Reichsregierung, aber auch von ausländischen Gelehrten, besagte, daß die hohen Reparationsforderungen der Alliierten die deutsche Inflation von 1920 bis 1923 wesentlich verursacht hätten. Die andere Meinung, die in der Literatur der französischen Regierung *Poincaré* zugeschrieben wird, sah in der Inflation eine bewußte Maßnahme der Reichsregierung zur Vermeidung von Reparationsleistungen.

* Den Herren Dr. Peter *Böhm* (St. Gallen), Prof. Dr. Malte *Faber* (Heidelberg), Prof. Dr. Ulrich *Fehl* (Oldenburg) und Prof. Dr. Carl-Ludwig *Holtfrerich* (Berlin) sowie den Teilnehmern des Münchener Wirtschaftswissenschaftlichen-Mathematischen Kolloquiums im Wintersemester 1983/84 danke ich für zahlreiche Verbesserungsvorschläge. Zumal ich nicht allen ihren Anregungen gefolgt bin, trifft mich aber allein die Schuld an Fehlern, die diese Arbeit möglicherweise noch enthält.

Beide Ansichten stützten sich nicht auf klare theoretische Überlegungen. So wurde die erste Meinung sowohl vom Kaufkraftparitätentheoretiker *Cassel* als auch vom Zahlungsbilanztheoretiker *Williams* vertreten.[1] Gegen die andere Auffassung läßt sich ohne weitere Untersuchung der Zusammenhänge der Einwand vorbringen, daß eine Inflation bestenfalls einen Aufschub oder eine Ermäßigung, nicht aber die Beendigung der Reparationsleistungen nach sich ziehen mußte.

Versucht man heute, diese beiden gegensätzlichen Auffassungen zu verstehen, so drängt sich die folgende Frage auf:

Angenommen, wir hätten es mit zwei Kontrahenten zu tun, die wir kurz mit ‚Reichsregierung' und ‚Alliierte' bezeichnen. Die Reichsregierung betrachtet die möglichst gute Versorgung des Reiches mit wirtschaftlichen Gütern, die Alliierten betrachten dagegen die Erzielung von möglichst großen Reparationen als Ziel ihres Handelns. Gefragt wird, ob diese beiden Kontrahenten ihre jeweiligen Ziele rational verfolgt haben.

Wenn man sich mit der Geschichte der deutschen Reparationen nach dem Ersten Weltkrieg beschäftigt hat, so weiß man, daß man mit dieser vereinfachenden Fragestellung von einer sehr großen Zahl von Einzelheiten absieht.[2] So werden Verteilungsfragen nicht behandelt, die die einzelnen Kontrahenten betreffen. Beispielsweise sind bestimmte Produzentengruppen in den alliierten Ländern gegen bestimmte Reparationsleistungen eingestellt gewesen, da sie eine billige Konkurrenz für ihre eigenen Produkte befürchteten. Im Deutschen Reich gab es andererseits Inflationsgewinner und -verlierer, so daß die Betrachtung des Reiches als Ganzes notwendigerweise die Zusammenhänge vergröbert.

Außerdem unterstellen wir bei der Untersuchung von Alternativen, daß die Inflationierung der deutschen Volkswirtschaft ganz im Ermessen der Reichsregierung lag, daß also die Stabilisierung der Mark eine realistische Handlungsalternative war. Als Motor der Inflation sehen wir das große und nachhaltige Defizit im Reichshaushalt an, das zur

[1] Gustav Cassel, *Das Geldwesen nach 1914*, Jena 1925. (Aus dem Schwedischen übersetzt.) Vgl. etwa S. 140.

John M. Williams, *German Foreign Trade and the Reparation Payments*, in: *Quarterly Journal of Economics*, 36 (1922), S. 488—503. Vgl. bes. S. 502.

[2] Von den zahlreichen Veröffentlichungen über die Reparationen seien hier nur zwei Monographien genannt, eine zeitgenössische und eine moderne: Carl Bergmann, *Der Weg der Reparation von Versailles über den Dawesplan zum Ziel*, Frankfurt 1926, und Marcus Trachtenberg, *Reparation in World Politics*, New York 1980.

Vermeidung der Inflation anders als durch inflatorische Kredite der Reichsbank hätte gedeckt werden müssen.

Im Ermessen der Alliierten stand es dagegen, durch höhere oder niedrigere Reparationsforderungen auch die Höhe der Reparationsleistungen zu beeinflussen. Hohe Forderungen ziehen dabei nicht notwendigerweise hohe Leistungen nach sich, denn dazu müßte sich das Reich etwa die fremden Währungen beschaffen können, in denen Reparationen geleistet werden müssen. Außerdem hängen die Reparationsleistungen, ebenso wie die Güterversorgung des Reiches, von den Verhaltensweisen *beider* Kontrahenten ab. Einzelheiten dieses Zusammenhangs werden wir im dritten Abschnitt dieser Arbeit beschreiben.

2. *Methodisches*

Die Simulation fiktiver Ereignisse innerhalb eines historischen Rahmens ist nur dann möglich, wenn man mit der Konstanz wenigstens einiger grundlegender Faktoren rechnen kann, die das menschliche Verhalten bestimmen. Konstant ist in einem ökonometrischen Modell der meist *a priori* gewählte Funktionstyp einer Verhaltensgleichung und die Parameter, die diese Gleichung kennzeichnen. Sie werden dann auf Grund von statistischen Überlegungen geschätzt. Setzt man beispielsweise voraus, die Inflation im Deutschen Reich zwischen 1920 und 1923 könne im wesentlichen durch das Defizit im Reichshaushalt, die Geldschöpfung der Reichsbank und die Geldnachfrage des Publikums erklärt werden, so wird man versuchen, die Parameter der beiden letztgenannten Verhaltensgleichungen aus den Daten mit Hilfe statistischer Methoden zu schätzen, um möglichst plausible Zahlenwerte für die unbekannten Parameter zu finden. Eine hypothetische Variation der in diesem Modell exogenen Variablen (hier des Defizits im Reichshaushalt und des Privatdiskonts) erlaubten es dann, fiktive Abläufe der Inflation zu simulieren und dabei beispielsweise die Frage zu beantworten, wie die Halbierung des Defizits im Reichshaushalt auf die Inflation gewirkt hätte.[3]

[3] Vgl. hierzu Hans Jürgen Jaksch, *Ein einfaches ökonometrisches Modell für die deutsche Hyperinflation von 1923*, in: Gerald D. Feldmann/Carl-Ludwig Holtfrerich/Gerhard A. Ritter/Peter-Christian Witt (Hrsg.), *Die deutsche Inflation. Eine Zwischenbilanz / The German Inflation. A Preliminary Balance* (= Veröffentlichungen der Historischen Kommission zu Berlin, Bd. 54: Beiträge zu Inflation und Wiederaufbau in Deutschland und Europa 1914—1924, Bd. 1), Berlin-New York 1982, S. 107—132.

Offensichtlich ist eine solche Untersuchung auf Annahmen aufgebaut, die, mindestens in gewissen Grenzen, willkürlich sind. Da ein historischer Vorgang einmalig ist, kann diese Willkür wohl auch durch ein noch so sorgfältiges Vorgehen nicht vermieden werden. Daher ist auch das hier dargestellte Modell nicht die einzig mögliche Erklärung der Wirklichkeit (‚die' Wahrheit), sondern andere, konkurrierende Erklärungen sind denkbar.

Im folgenden zweiten Abschnitt dieser Arbeit beschreiben wir die Verhaltensgleichungen des Modells und ihre ökonometrische Schätzung. Die Auswahl der Variablen und die Spezifizierung der Gleichungen werden durch die Fragestellung und durch die Wirtschaftstheorie bestimmt.

Im dritten Abschnitt beschreiben wir, welche Konsequenzen die Reparationsforderungen der Alliierten haben. Außerdem werden die Ergebnisse des gemeinsamen Handelns der beiden Kontrahenten, die ‚Auszahlungen' im Sinne der Spieltheorie, festgelegt.

Im vierten Abschnitt berechnen wir dann numerisch verschiedene Auszahlungs‚matrizen' und beantworten dann die zu Anfang gestellte Frage, wie das historisch beobachtete Verhalten der beiden Kontrahenten (‚Spieler' im Sinne der Spieltheorie) im Lichte unserer Ergebnisse beurteilt werden muß.[4]

3. Reparationen und Inflation von 1920 bis 1923

Wir beenden diese Einleitung mit einer kurzen Übersicht über die wirkliche Entwicklung einiger wesentlicher Variabler unseres Modells in der frühen Weimarer Republik.

Die Reparationsverpflichtungen des Deutschen Reiches wurden im Versailler Vertrag vom 28. Juni 1919 nur allgemein festgelegt, eine bestimmte Geldsumme wurde nicht genannt. Sachlieferungen, vor allem an Frankreich und Belgien, begannen schon 1919, zu Leistungen in Geld (konvertibler fremder Währung) kam es erst nach dem Londoner Ultimatum vom 5. Mai 1921. Hier wurde auch festgelegt, daß das Deutsche Reich insgesamt 132 Mrd. Goldmark (GM) an Reparationen zu leisten habe;[5] da aber die zeitliche Verteilung dieser Zahlungen nicht

[4] Eine Einführung in die Spieltheorie ist das Buch von Guillermo Owen, *Spieltheorie*, Berlin-Heidelberg-New York 1971. (Aus dem Englischen übersetzt.)

[5] Die GM ist eine fiktive Recheneinheit, die zur Zeit der deutschen Inflation und Hyperinflation sehr gebräuchlich war. Will man einen bestimmten Markbetrag in GM

in allen Einzelheiten bestimmt war, kann ein genauer Barwert dieser Schuld zu einem bestimmten Stichtag nicht angegeben werden.[6]

Auf Grund des Londoner Ultimatums leistete das Deutsche Reich insgesamt Zahlungen in Höhe von etwa 1,7 Mrd. GM auf das Reparationskonto. Diese Leistungen erfolgten zwischen August 1921 und Juli 1922. Danach erklärte das Deutsche Reich seine Zahlungsunfähigkeit und zahlte vor der Markstabilisierung keine weiteren Reparationen, obwohl nach dem Londoner Ultimatum die Zahlung von noch fast 300 Mio. GM an die Alliierten im Kalenderjahr 1922 ausstand. Nach der Besetzung des Ruhrgebiets im Januar 1923 durch Frankreich und Belgien wurden sogar die Sachlieferungen an diese beiden Länder eingestellt, die den größten Teil der Reparationen beanspruchten.

Schon diese kurze Übersicht über die Reparationen vor der Markstabilisierung Ende 1923 zeigt, daß der Untersuchungszeitraum zweckmäßigerweise in drei Perioden eingeteilt wird. In der ersten Periode, in der das Deutsche Reich keine Reparationen in Geld zahlen mußte, wurden auch keine solchen Zahlungen geleistet. Sie beginnt mit dem November 1920, dem ersten Monat unseres Untersuchungszeitraums, und endet mit dem Juli 1921. Den Anfang dieser Periode haben wir so gewählt, daß der Übergang von der Kriegs- zur Friedenswirtschaft im Deutschen Reich im wesentlichen beendet war, ihr Ende fällt dagegen in den Monat vor dem Beginn der Zahlung von Reparationen nach dem Londoner Ultimatum. Der Index der Großhandelspreise war in diesem Zeitraum praktisch konstant, er fiel sogar leicht von 15,1 auf 14,3 (1913 ~ 1,0).

Die zweite Periode beginnt mit dem August 1921, dem ersten Monat, in dem es zu Reparationsleistungen auf Grund des Londoner Ultimatums kam, und endet ein Jahr später, nämlich mit dem Juli 1922. In diesem Jahr leistete das Deutsche Reich den Hauptteil seiner Reparationsverpflichtungen aus dem Londoner Ultimatum, und zwar die

umrechnen, so muß man ihn zunächst zum geltenden Kurs in US Dollar ($) umrechnen und dann durch 4,198 (dem Kurs des US Dollar 1913) dividieren.

Bei Division desselben Markbetrages durch den Großhandelspreisindex (mit 1913 ~ 1,0) erhält man dagegen den entsprechenden Markbetrag in Preisen von 1913, den wir als ‚Konstante Mark' bezeichnen.

132 Mrd. GM sind etwa das Doppelte des Volkseinkommens im Deutschen Reich von 1913.

[6] M. Trachtenberg, *Reparation*... [wie Anm. 2], S. 211. Bergmann schätzt den „Jetztwert" dieser Schuld mit Hilfe einiger subjektiver Annahmen auf etwa 50 Mrd. GM. C. Bergmann, *Der Weg der Reparation*... [wie Anm. 2], S. 104.

schon erwähnten 1,7 Mrd. GM. Im Juli 1922 erklärte es jedoch, zur Zahlung der für den August 1922 geschuldeten Rate von 50 Mio. GM nicht mehr fähig zu sein.

Vom August 1921 bis zum Juli 1922 stieg der Index der Großhandelspreise von 19,2 auf 100,6. Die jährliche Inflationsrate betrug also 400 %.

In der dritten Periode, vom August 1922 bis zum Juni 1923, leistete das Deutsche Reich keine Reparationen in Geld mehr. Gleichzeitig begann im Juli 1922 die Hyperinflation; vom Juli 1922 bis zum August 1922 stieg der Index der Großhandelspreise von 100,6 auf 192,0, verdoppelte sich also fast innerhalb eines Monats. Im Juni 1923 nahm dieser Index den Wert von 19.385,0 an.

Wir werden im folgenden diese drei Perioden auch kurz durch die römischen Zahlen I, II und III bezeichnen.

II

Die Verhaltensgleichungen des Modells

Ziel dieses Abschnitts ist es, vier Verhaltensgleichungen zunächst im Einklang mit der ökonomischen Theorie zu spezifizieren und dann aus den vorliegenden Daten zu schätzen. Dies geschieht zunächst ganz unabhängig von den übrigen Überlegungen. In diesem Sinn ist dieser Abschnitt eigenständig, und nur seine Ergebnisse werden in den folgenden Abschnitten verwendet.

1. Der Wechselkurs

Nach der Kaufkraftparitätentheorie ist der Wechselkurs proportional zum Verhältnis der Preisniveaus in den beiden Ländern, deren Währungen wir betrachten. Verliert aber in dem einen Land das Geld durch eine Inflation an Wert, während in dem anderen Land das Preisniveau stabil bleibt, so ist der Wechselkurs nur eine Funktion dieses Preisverhältnisses und daher des Preisniveaus in dem inflationierenden Land. Der Wert des US Dollar ist jedoch in der Beobachtungsperiode stabil geblieben. Wir erhalten also

(1) $$w_t = \phi\,(p_t)$$

mit

w_t – Wechselkurs, Mark (M) pro $;

p_t — Index der Großhandelspreise, M pro KM,

und ϕ ist das Symbol für die gewählte Funktion.

Unter der Annahme einer konstanten Elastizität des Wechselkurses in bezug auf den Index der Großhandelspreise ergibt sich für (1) eine in den Logarithmen der Variablen lineare Funktion:

$$\text{(2)} \qquad \log w_t = \alpha \log p_t + \beta + u_{1t}\,.$$

u_{1t} ist eine stochastische Variable, für die die üblichen Annahmen bei ökonometrischen Verhaltensgleichungen gelten. Allerdings dürften bei der Verwendung von Monatsdaten diese stochastischen Variablen in der Zeit korreliert sein, was bei der Schätzung von α und β berücksichtigt werden muß.

Diese Schätzung ergibt

$$\text{(3)} \qquad \log w_t = \underset{(30,5)}{1{,}1142} \log p_t + \underset{(6,6)}{1{,}3302}$$

$$R^2 = 0{,}9875;\ DW = 1{,}7417;\ \hat{\rho} = \underset{(2,4)}{0{,}1649},$$

wobei R^2 das Bestimmheitsmaß, DW der *Durbin-Watson*-Koeffizient und $\hat{\rho}$ die Schätzung des Autokorrelationskoeffizienten der u_{1t} ist. Die Schätzung beruht auf Monatsdaten, Zeitraum ist November 1920 bis Juni 1923. $\hat{\rho}$ wurde nach der Methode von *Cochrane* und *Orcutt* bestimmt.[7] Die Zahlen in Klammern sind die Beträge der t-Werte.

Die Ergebnisse dieser Schätzung sind vom Standpunkt der Ökonometrie her gesehen völlig befriedigend. Da die Mark nach und nach ihre Geldfunktion verlor, das Dollarpreisniveau aber konstant blieb und der Dollar sogar Geldfunktionen im Deutschen Reich übernahm, ist es sinnvoll, daß die Elastizität des Dollarwechselkurses in bezug auf das Preisniveau der Mark größer als eins ist.

Schätzungen von (2) mit den Daten nur der Perioden I und II sowie II und III geben keinen Anhaltspunkt für eine wesentliche Zunahme dieser Elastizität während der Untersuchungsperiode.[8]

2. Der der Reichsregierung zugängliche Devisenvorrat des Deutschen Reiches

Ein wesentlicher Teil der Reparationen des Deutschen Reiches mußte, wie es insbesondere nach dem Londoner Ultimatum deutlich

[7] Vgl. etwa Jan Kmenta, *Elements of Econometrics*, New York-London 1971, bes. S. 287 ff.

[8] Quelle für die beobachteten Werte der w_t und p_t ist: Statistisches Reichsamt, *Zahlen zur Geldentwertung in Deutschland von 1914 bis 1923*, in: Sonderhefte zu *Wirtschaft und Statistik*, 5 (1925), H. 1, S. 6 und 17 u. 18.

wurde, in Gold oder konvertierbaren Devisen bezahlt werden. Diese Beträge mußten also von der Reichsregierung aufgebracht, also von Privaten gekauft werden, soweit sie nicht von einem Zeitraum zum anderen übertragen wurden. Man kann daher den der Reichsregierung zur Verfügung stehenden Devisenbetrag als Überschuß des Angebots der Privaten über ihre Nachfrage verstehen; übersteigt die Nachfrage das Angebot, so nehmen die der Reichsregierung für Reparationszahlungen zur Verfügung stehenden Devisenbestände ab.

In der Untersuchungsperiode ist das Überschußangebot der Privaten an Devisen mit fortschreitender Inflation gefallen, die Überschußnachfrage der Privaten also gestiegen. Der Grund hierfür ist, daß der US-Dollar und andere ausländische Zahlungsmittel wichtige Geldfunktionen im Deutschen Reich übernahmen — zunächst waren sie vor allem Wertaufbewahrungsmittel, dann auch Recheneinheit und schließlich sogar Tauschmittel.

Daher ist es sinnvoll, den Devisenvorrat des Reiches, aus dem Reparationen gezahlt werden können, als eine Funktion des Wechselkurses anzusehen. Denn der Wechselkurs gibt die Preissteigerungen der Mark in bezug auf den US Dollar wieder, drückt also das marginale Wertverhältnis aus, das die Privaten den beiden Währungen zuschreiben.[9]

Allerdings steht es bis zu einem gewissen Grad im Ermessen der Reichsbank, welche Veränderung ihres Devisenbestandes sie zulassen will: Sie regelt diesen Fluß durch die Kontrolle der Geldmenge und damit des Preisniveaus. Wird das Preisniveau bei gegebener Geldnachfrage der Privaten durch die Geldmenge bestimmt, und beeinflußt die Geldmenge über das Preisniveau auch den Wechselkurs (Gleichung (1)), so beeinflußt die Reichsbank den Wechselkurs nur indirekt. Will sie den Anstieg des Wechselkurses verlangsamen, der durch das Steigen des Preisniveaus hervorgerufen wird, so deckt sie auch die Überschußnachfrage der Privaten nach Devisen, die für dringende Einfuhren (Lebensmittel, Rohstoffe) benötigt werden. Außerdem entzieht sie nur so ihre

[9] In diesem Zusammenhang kann man die Frage stellen, warum die Alliierten nicht mit Zahlungen in Mark zufrieden waren und diese Markbeträge dann auf den Devisenmarkt warfen. Ein sehr geringer Dollarbetrag dürfte hierfür stets zu haben gewesen sein. Abgesehen davon, daß diese Strategie der Alliierten eben nicht empirisch beobachtet werden konnte, halten wir sie für eine schlechte Strategie, da sie den Dollarkurs der Mark schnell sehr hoch getrieben hätte und wahrscheinlich kaum erfolgreich gewesen wäre. Auch heute sind die Banken in den entwickelten Marktwirtschaften ja nicht bereit, für ihre argentinischen oder brasilianischen Forderungen Pesos oder Cruzeiros anzunehmen.

Devisenbestände dem Zugriff der Alliierten. Andererseits ist ein bis auf zufällige Schwankungen stabiler Wechselkurs nur durch die Stabilisierung des Preisniveaus zu erreichen.

Diese Überlegung führt zu dem folgenden funktionalen Ansatz:

(4) $k_t = \xi\,(w_t)$

k_t – Devisenvorräte des Reiches, die für Reparationszahlungen im Monat t zur Verfügung stehen, in $.

Da k_t nichtnegativ ist, empfiehlt es sich, statt k_t seinen Logarithmus als abhängige Variable zu wählen. Wir setzen (4) also logarithmisch-linear an:

(5) $\log k_t = \gamma \log w_t + \delta + u_{2t}$.

Die Schätzung von (5), ebenfalls mit Hilfe der Methode von *Cochrane* und *Orcutt*, ergab

(6) $$\log k_t = -\underset{(9{,}7)}{0{,}2020} \log w_t + \underset{(58{,}4)}{6{,}5909}$$

$$R^2 = 0{,}7660;\ DW = 2{,}5251;\ \hat{\rho} = -\underset{(2{,}8)}{0{,}5891}.$$

Die Symbole haben dieselbe Bedeutung wie in Gleichung (3). Beobachtungszeitraum ist nun aber Mai 1921 bis August 1922. Daß nicht der ganze Untersuchungszeitraum auch Beobachtungszeitraum ist, liegt daran, daß gewisse Außenhandelsdaten nicht für einen größeren Zeitabschnitt zur Verfügung standen. Wir kommen hierauf am Schluß dieses Unterabschnitts zurück.

Wenden wir uns nun einer genaueren Beschreibung der Bedeutung zu, die die k_t $(t = 1,2, \ldots, T)$ in unserem Modell spielen.

Statistisch errechnet man k_t aus dem Goldbestand der Reichsbank zu Beginn des Monats t, indem man den Exportüberschuß und den Kapitalbilanzüberschuß dieses Monats zu diesem Bestand addiert. Wir nehmen also an, der Export- und der Kapitalbilanzüberschuß eines Monats werde vollständig von den Privaten der Reichsbank zur Verfügung gestellt oder, wenn dieser Überschuß negativ ist, werde er ganz aus den Goldvorräten der Reichsbank gedeckt. Erst dann ergebe sich der Bestand an konvertiblen Devisen, der der Reichsbank und damit dem Reich für Reparationen zur Verfügung steht.

Für die Bestimmung einer Grenze für die Reparationszahlungen hat (6) die folgende Bedeutung: Durch eine Inflationierung kann es wegen (6) und (3) die Reichsregierung erreichen, daß ihre Gold- und Devisenvorräte, aus denen die Reparationen bezahlt werden können, schwinden und sogar einen beliebig kleinen, wenn auch positiven Wert annehmen.

Wir bereits betont, ist k_t der Goldbestand der Reichsbank plus den Überschüssen von Export über Import und der Kapitalbilanz; der Devisenbestand der Reichsbank kann sogar auf Null fallen. Wird nämlich der ganze Betrag zu Reparationszahlungen verwendet, der nach der Aufrechnung mit diesen Überschüssen im Besitz der Reichsbank ist, so sinkt der Devisenbestand der Reichsbank zu Beginn des Monats $t + 1$ auf Null.

Zur Berechnung einer Zeitreihe für k_t, mit deren Hilfe wir die Parameter in (6) geschätzt haben, gingen wir folgendermaßen vor:

Aus amtlichen Statistiken kannten wir den Goldbestand der Reichsbank zu Beginn eines Monats. Ferner war aus der Literatur recht gut bekannt, in welcher Weise das Reich die Zahlungen auf Grund des Londoner Ultimatums aufgebracht und geleistet hat. Ist noch der Außenhandelsüberschuß bekannt, so kann der Kapitalbilanzsaldo als Residuum bestimmt werden.[10]

Devisenbestände der Reichsbank, Außenhandelsüberschuß und Kapitalbilanzsaldo gestatteten es dann, eine Zeitreihe der k_t zu berechnen.

Es bleibt noch zu erwähnen, wie der Außenhandelsüberschuß ermittelt wurde. Was den Außenhandel anbetrifft, so sind die amtlichen Statistiken von Export und Import (die keine Dienstleistungen umfaßten) nicht ganz verläßlich. Denn da nach dem Londoner Ultimatum ein Teil der Reparationszahlungen des Reiches an die Exporterlöse des Reiches gebunden war,[11] bestand ein amtliches Interesse daran, diese Zahlen so klein wie möglich auszuweisen. Aber auch schon vor dem Londoner Ultimatum dürfte das Reich Veranlassung gehabt haben, die Devisenzuflüsse möglichst gering darzustellen, da hohe Zuflüsse oder Devisenbestände notwendigerweise die Begehrlichkeit der Alliierten wecken mußten.

Statt der amtlichen Statistiken haben wir daher Zahlen für die Exporte und Importe verwendet, die *Witt* für den Zeitraum der deutschen Reparationszahlungen nach dem Londoner Ultimatum geschätzt hat.[12] Besonders die Exporte sind hier größer als in der amtlichen Statistik.[13]

[10] Zu den Zahlungen auf Grund des Londoner Ultimatums siehe C. Bergmann, *Der Weg der Reparation* ... [wie Anm. 2], S. 102.

[11] *Ebda.*

[12] Peter-Christian Witt, *Bericht* (ohne Titel), in: *Newsletter zum Projekt Inflation und Wiederaufbau in Deutschland und Europa 1914-1924*, 1 (1980), S. 7 f., und die dazugehörigen Zahlenangaben.

[13] Quelle für die Goldbestände der Reichsbank ist Statistisches Reichsamt, *Zahlen zur Geldentwertung* ... [wie Anm. 8], S. 51 und S. 53.

3. Das Volkseinkommen

Gegenstand unserer weiteren Überlegungen ist die Art und Weise, wie das Preisniveau und die Inflationsrate das Volkseinkommen beeinflussen. Und zwar wollen wir annehmen, daß nur diejenigen Einflüsse zu beachten sind, die relativ kurzfristig auftreten, und daß die Veränderungen des Preisniveaus tendenziell in eine Richtung verlaufen, so daß etwa die Stabilisierung eine, die Hyperinflation die andere extreme Alternative ist. Dann können wir voraussetzen, daß nur die Inflationsrate eine unabhängige Variable zur Erklärung des Volkseinkommens ist und schreiben

$$y_t = \chi\left(\frac{\Delta p_{t-1}}{p_{t-1}}\right) \tag{7}$$

mit

y_t — Volkseinkommen, in KM;

$\Delta p_t = p_{t+1} - p_t$.

Obwohl Inflationen heute keine Seltenheit sind, besteht über die Folgen einer Inflation noch weitgehend Unklarheit.[14] Aber auch kurzfristig dürfte die Inflation negative Wirkungen auf das Volkseinkommen haben. Dies gilt für die in den entwickelten Marktwirtschaften heute gängigen Inflationsraten von etwa 5 bis 20 % im Jahr, und für höhere Inflationsraten ist diese Aussage wohl erst recht zutreffend. Man kann also annehmen, daß besonders die Hyperinflation in der frühen Weimarer Republik nachteilige Folgen für das Volkseinkommen hatte, zumal sie für viele Menschen unerwartet kam.

Allerdings muß ebenfalls berücksichtigt werden, daß eine unerwartete Inflation mindestens nach einer Periode stabiler Preise eine belebende Wirkung auf die volkswirtschaftliche Nachfrage hat. In der Makroökonomik der fünfziger und sechziger Jahre ist die Depressionsbekämpfung durch die Anregung der volkswirtschaftlichen Nachfrage besonders betont worden. Damit verbundene inflationäre Entwicklungen wurden dagegen für nicht so gefährlich gehalten, die Inflation war der Preis für die Vollbeschäftigung. In die Literatur über die deutsche Inflation nach dem Ersten Weltkrieg ist diese Ansicht durch das Buch

[14] Stanley Fischer/Franco Modigliani, *Towards an Understanding of the Real Effects and Costs of Inflation*, in: *Weltwirtschaftliches Archiv*, 114 (1978), S. 810—833.

von *Laursen* und *Pedersen* eingeführt worden.[15] Tatsächlich ist nicht zu bestreiten, daß das Volkseinkommen im Deutschen Reich etwa bis zum Beginn des Jahres 1923 gestiegen ist. Auch blieb dem Deutschen Reich die Depression von 1920/21 weitgehend erspart.

Zusammenfassend lassen sich folgende Inflationswirkungen auf das Volkseinkommen feststellen:

Auf die volkswirtschaftliche Nachfrage wirkt die Inflation anregend, da der reale Zinssatz niedrig ist und damit die Kosten der Investitionen verringert werden.

Auf das Güterangebot wirkt dagegen die Inflation eher hemmend, da die Wirtschaftsrechnung erschwert oder, in der Hyperinflation, unmöglich gemacht wird. Scheingewinne führen zum Überleben unwirtschaftlicher Unternehmungen, die nicht in dem Ausmaß, in dem sie knappe Ressourcen verbrauchen, zur Steigerung des wirtschaftlichen Wohlstandes beitragen.

Diese Überlegungen legen es nahe, daß die Funktion χ konkav ist. Aber nicht nur die Spezifikation von χ ist schwierig; sondern es fehlt auch an zuverlässigen Daten für die abhängige Variable in (7), nämlich das Volkseinkommen selbst. Bevor wir die genaue analytische Spezifikation von χ beschreiben, sei dargestellt, wie wir diese Lücke geschlossen haben.

Das Volkseinkommen des Deutschen Reiches in den Jahren gleich nach dem Ersten Weltkrieg ist zwar mehrfach geschätzt worden,[16] aber nur auf Jahresbasis, so daß wir Monatszahlen konstruieren mußten. Hierbei sind wir folgendermaßen vorgegangen:

Die für die Jahre 1920 bis 1923 aufgestellten Indexzahlen von *Henning*[17] haben wir auf die Schätzung des deutschen Volkseinkommens von 1913 angewandt, die von Walther *Hoffmann* stammt.[18] Die so konstruierten Zahlen wurden dann in die Wertschöpfung der Landwirtschaft, des Gewerbes und der Dienstleistungen zerlegt, und zwar in der folgenden Weise: Für 1913 gibt Walther *Hoffmann* sogar die Wertschöpfung dieser Branchen an. *Dessirier* hat Indizes für die Entwicklung

[15] Karsten Laursen/Jørgen Pedersen, *The German Inflation 1918-1923*, Amsterdam 1964.

[16] Carl-Ludwig Holtfrerich, *Die deutsche Inflation 1914-1923*, Berlin-New York 1980, bes. S. 220 ff.

[17] Zitiert bei C.-L. Holtfrerich, *a.a.O.*, S. 221.

[18] Walther G. Hoffmann, *Das Wachstum der deutschen Wirtschaft seit Mitte des 19. Jahrhunderts*, Berlin-Heidelberg-New York 1965, S. 165 ff.

der Bruttoproduktionswerte in den Bereichen Landwirtschaft und Industrie berechnet,[19] die wir auf die Zahlen von Walther *Hoffmann* angewandt haben. Die auf diese Weise konstruierten Zahlen für die Entstehung des Volkseinkommens im Deutschen Reich sind in der folgenden TABELLE 1 zusammengestellt.

TABELLE 1

Entstehung des Volkseinkommens im Deutschen Reich, in Mio. KM (= Mark von 1913)

	Landwirtschaft	Gewerbe	Dienstleistungen	Σ
1913	11.270	26.380	11.156	48.806
1920	7.100	16.356	12.660	36.116
1921	7.213	20.576	11.256	39.045
1922	8.002	22.678	9.819	40.496
1923	8.114	14.245	12.781	35.140

Nun gilt es, die Jahreszahlen für 1920 bis 1923 sinnvoll auf die Monate der betreffenden Jahre zu verteilen. Hierzu haben wir als erstes jede Zahl, die die Wertschöpfung in einer Branche wiedergibt, durch zwölf geteilt. Dann haben wir die für Landwirtschaft erhaltene Zahl in den Monaten Januar, Februar und Dezember um 10 % vermindert, in den Monaten August, September und Oktober aber um 10 % erhöht. Die Durchschnittszahlen für die Wertschöpfung an Dienstleistungen wurden nicht weiter verändert. Die Durchschnittszahl für die Wertschöpfung des Gewerbes haben wir schließlich mit Hilfe der amtlichen Statistiken der „unterstützten Erwerbslosen" interpoliert:[20] Ist E der Jahresdurchschnitt dieser Erwerbslosen, E_t ihre Anzahl im Monat t des betreffenden Jahres, so haben wir die durchschnittliche Wertschöpfung des Gewerbes mit dem Faktor $(1{,}25 - (E_t/E) \cdot 0{,}25)$ multipliziert.

Die auf diese Weise errechneten Zahlen für das monatliche Volkseinkommen sind in der TABELLE 2, *Spalte* 9 (unten S. 103) zusammengestellt.

[19] Jean Dessirier, *Indices comparés de la production industrielle et de la production agricole en divers pays de 1870 à 1928*, in: *Bulletin de la statistique générale de la France et du service d'observation des prix*, 18 (1929), S. 65—110.

[20] *Statistisches Jahrbuch für das Deutsche Reich*, 44 (1924/25), S. 299.

Man erkennt aus dieser Zahlenreihe, daß — bis auf zwei wohl saisonal begründete Abnahmen des Volkseinkommens im November und Dezember 1920 sowie im ersten Quartal 1922 — dieses Einkommen bis zum September 1922 gestiegen ist und erst dann abnimmt. Natürlich ist diese Schätzung von subjektiven Momenten stark beeinflußt; der Verlauf der Zeitreihe entspricht aber im großen und ganzen den Erwartungen, die man aus der Kenntnis der wirtschaftlichen Entwicklung jener Jahre im Deutschen Reich ableiten dürfte.

Wir wenden uns nun wieder der Spezifizierung der Funktion χ aus (7) zu.

Diese Funktion bestehe aus einem steigenden Teil für geringe und aus einem fallenden Teil für hohe Inflationsraten. Das Maximum des Volkseinkommens werde etwa dort angenommen, wo die Inflation in eine Hyperinflation übergeht. Dies ist in der hier untersuchten historischen Situation im Juli 1922 (abgekürzt 7.22) der Fall. Damals betrug die monatliche Inflationsrate 0,4309, also kaum weniger als 50 %. Nach der vorhin konstruierten Zeitreihe für das Volkseinkommen liegt dieses Maximum im September 1922, also nur zwei Monate später.

Sucht man nun eine leicht zu schätzende Funktion, die die geforderten Eigenschaften hat, so stößt man auf die Parabel. Da die gesuchte Funktion aber bezüglich ihres Maximums nicht notwendigerweise symmetrisch ist, muß man zwei Parabelbögen schätzen, die ihren Scheitel im Punkt (0,4309; μ) haben, wobei μ ein noch zu bestimmender Parameter ist.

Man erhält aus diesen Überlegungen die Funktion

$$(8) \qquad y_t - \mu - u_{3t} = \begin{cases} \kappa \left(\dfrac{\Delta p_{t-1}}{p_{t-1}} - 0{,}4309 \right)^2 \text{ für } t < 7.22 \\ \lambda \left(\dfrac{\Delta p_{t-1}}{p_{t-1}} - 0{,}4309 \right)^2 \text{ für } t \geqq 7.22 \end{cases}$$

u_{3t} ist eine zufällige Variable mit den üblicherweise angenommenen Eigenschaften.

Aus der konstruierten Zeitreihe für die y_t hatten wir einen Anhaltspunkt für die Größe von μ. Für $\mu = 3100, 3200, \ldots, 4100$ haben wir jeweils κ und λ nach der Methode der kleinsten Quadrate geschätzt und aus diesen Schätzungen dann diejenige ausgewählt, für die insgesamt, also für beide Teile von (8), die Summe der quadrierten Residuen minimiert wird. So erhielten wir die folgende Schätzung:

$$
(9)\quad y_t - 3500 = \begin{cases} -\ 1902{,}75\ \left(\dfrac{\Delta p_{t-1}}{p_{t-1}} - 0{,}4309 \right)^2 \text{ für } t < 7.22 \\ -\ 680{,}478\ \left(\dfrac{\Delta p_{t-1}}{p_{t-1}} - 0{,}4309 \right)^2 \text{ für } t \geqq 7.22. \end{cases}
$$

Beide Koeffizienten des Quadrates sind negativ, so daß für eine Inflationsrate, die kleiner als 0,4309 ist, der Parabelbogen aufsteigt, aber für eine Inflationsrate, die größer als 0,4309 ist, der Parabelbogen abnimmt. Dies entspricht ungefähr dem beobachteten Verlauf der y_t. Allerdings streut $\frac{\Delta p_{t-1}}{p_{t-1}}$ ziemlich stark, wenn es auch tendenziell zunimmt. Daher streuen auch die mit (9) prognostizierten Werte von y_t stark, jedenfalls bedeutend stärker als die Zeitreihe, die wir zur Schätzung von κ, λ und μ verwendet haben.

In (9) ist y_t eine stetige Funktion von $\frac{\Delta p_{t-1}}{p_{t-1}}$, und auch die erste Ableitung dieser Funktion nach $\frac{\Delta p_{t-1}}{p_{t-1}}$ ist stetig. Die zweite Ableitung nach dieser Variablen ist aber nicht mehr stetig, sie hat vielmehr in dem Punkt (0,4309; μ) eine Sprungstelle. In diesem Sinn hat also der Übergang von der Inflation zur Hyperinflation auch eine qualitative Wirkung.

4. *Exporte und Importe des Deutschen Reiches*

Wie wir in Unterabschnitt II.2 erwähnt haben, spielt der Exportüberschuß des Deutschen Reiches eine wichtige Rolle bei der Berechnung der beobachteten Werte der k_t. Darüber hinaus brauchen aber Export und Import nicht durch bestimmte Verhaltensgleichungen erklärt zu werden, wie die Beschreibung der Simulationsergebnisse im Abschnitt IV zeigen wird. Wir haben dennoch eine Export- und eine Importgleichung in unserem Modell geschätzt, und zwar aus zwei Gründen: Erstens wollten wir überprüfen, zu welchen Ergebnissen wir hierbei mit den Schätzungen *Witts* gelangen, und zweitens, um die impliziten Kapitalbilanzsalden, die sich aus unseren Simulationen ergeben, berechnen zu können. Dabei erweist es sich als zweckmäßig, den Export und den Import getrennt zu untersuchen und den Außenbeitrag sodann als Differenz dieser beider Größen aufzufassen.

Der Export sei, so nehmen wir an, abhängig vom Dollarpreis der deutschen Produkte auf dem Weltmarkt, der Import aber sei abhängig vom deutschen Volkseinkommen. Dabei wird dieser Dollarpreis gemessen am Wert der deutschen Produkte in KM, und das reale, nicht das nominale Volkseinkommen bestimmt den in KM ausgedrückten Wert der Importe. Wie ein Blick auf den Großhandelspreisindex in den Vereinigten Staaten von Amerika zeigt,[21] hat das Preisniveau dort nur wenig geschwankt, und wir nehmen an, daß das auch für die Weltmarktpreise der deutschen Exporte im Beobachtungszeitraum gilt.

Wir erhalten also die folgenden Gleichungen:

$$(10)\qquad \begin{aligned} e_t &= \psi\,(p_t/w_t) \\ m_t &= \zeta\,(y_t). \end{aligned}$$

Hierbei bedeutet

e_t – Exporte des Deutschen Reiches, in KM;

m_t – Importe des Deutschen Reiches, in KM.

Unter der Annahme linearer Verhaltensgleichungen wird hieraus

$$(11)\qquad \begin{aligned} e_t &= \nu\,(p_t/w_t) + \omega + u_{4t} \\ m_t &= \pi y_t + \vartheta + u_{5t}, \end{aligned}$$

wobei u_{4t} und u_{5t} zufällige Variable sind.

Die Schätzung der unbekannten Strukturparameter aus (11) führt zu folgendem Ergebnis:

$$(12)\qquad \begin{aligned} e_t &= -\,4706{,}89\,(p_t/w_t) + 1435{,}53 \\ &\qquad\;\;(6{,}7) \qquad\qquad\quad (11{,}3) \\ R^2 &= 0{,}7636;\; DW = 1{,}4057 \\ m_t &= 0{,}5402\, y_t - 970{,}528 \\ &\qquad (2{,}6) \qquad\quad (1{,}4) \\ R^2 &= 0{,}3174;\; DW = 1{,}6512. \end{aligned}$$

Die Symbole sind wie in der Gleichung (3) erklärt. Beobachtungszeitraum ist Mai 1921 bis August 1922.

Gegen die Ergebnisse dieser Schätzung wird man nicht viel einwenden können. Allerdings ist für die Importgleichung das Bestimmheitsmaß R^2 klein. Dies erklärt sich wohl daraus, daß für die deutschen Importe nicht nur die Größe des Volkseinkommens maßgebend war.

[21] Für 1921 betrug dieser Index 50,3, für 1922 49,9 (1967 ~ 100,0). Vgl. Ben J. Wattenberg: *The Statistical History of the United States. From Colonial Times to the Present*, New York 1976, S. 199.

Die beiden geschätzten Koeffizienten dagegen haben sowohl das Vorzeichen als auch die Größe, die man aus allgemeiner Erfahrung erwartet. So nimmt der Export mit steigendem Wechselkurs bei Gültigkeit von (3) und (12) und im übrigen gleichbleibenden Bedingungen zu, und die Zunahme des Volkseinkommens führt zu steigenden Importen. Der Außenhandelsmultiplikator ist ein wenig größer als zwei.

Aus (12) erhält man also als Gleichung für den Exportüberschuß des Deutschen Reiches

$$(13) \qquad h_t = e_t - m_t = -4706{,}89\,(p_t/w_t) - 0{,}5402\,y_t + 2406{,}058.$$

Zur Kontrolle der errechneten k_t diente uns die Gleichung (13), nicht aber eine der Gleichungen (12).

5. *Simulierte Variablenwerte*

Wir betrachten nun die simulierten Werte der endogenen Variablen, die sich jeweils aus den Gleichungen (3), (6), (9) und (13) ergeben. Über den Untersuchungszeitraum, also von November 1920 bis Juni 1923, seien nur die Werte der p_t vorgegeben. Und zwar betrachten wir zwei Zeitreihen dieser Variablen: erstens den Index der Großhandelspreise im Deutschen Reich, wie er sich historisch entwickelt hat. Er stellt für uns das Ergebnis der Inflationspolitik der Reichsregierung dar. Zweitens aber betrachten wir eine fiktive Entwicklung dieses Preisindex, die wir an anderer Stelle unter der Annahme eines allmählichen Abbaus des Budgetdefizits des Reiches abgeleitet haben.[22] Immerhin erhöht sich bei dieser Betrachtungsweise in den 32 Monaten des Untersuchungszeitraums das Preisniveau auch beträchtlich, nämlich um gut 50 %, so daß die durchschnittlichen Preisniveausteigerungen auch unter der Annahme dieser Stabilisierungspolitik immer noch mehr als 20 % jährlich betragen hätten.

In der folgenden Tabelle 2 sind zunächst diese beiden Preisreihen und dann die damit nach den Gleichungen (3), (6), (9) und (13) vorausgesagten Reihen der endogenen Variablen w_t, k_t und y_t dargestellt. Für jede dieser Variablen gibt es drei Zeitreihen: Zunächst führen wie die empirisch beobachteten Werte der Variablen auf, dann ihre simulierten Werte unter der Annahme der empirisch beobachteten Inflationspolitik der Reichsregierung und schließlich ihre simulierten Werte unter

[22] Vgl. H. J. Jaksch, *Ein einfaches ökonometrisches Modell* . . . [wie Anm. 3], S. 128.

der Annahme der fiktiven Stabilisierungspolitik, die wir oben erwähnt haben. Empirische Daten für k_t standen uns nur für den Zeitraum Mai 1921 bis August 1922 (abgekürzt 5.21 bis 8.22) zur Verfügung. Die empirischen Beobachtungen der y_t wurden durch eine Interpolation der verfügbaren Jahresdaten gewonnen, wie wir es in II.3 beschrieben haben.

TABELLE 2

Simulierte Variablenwerte der w_t, k_t und y_t
(N. B. Einheiten wie in den Gleichungen (3), (6), (9) und (13); ein Punkt teilt die ganzen Zahlen von den Dezimalen ab.)

Monat	p_t		Monat	p_t	
11.20	15.09	15.10	3.22	54.33	8.70
12.20	14.40	15.70	4.22	63.55	10.10
1.21	14.39	16.10	5.22	64.58	10.50
2.21	13.76	13.10	6.22	70.30	10.80
3.21	13.38	11.20	7.22	100.59	12.30
4.21	13.26	13.00	8.22	192.00	14.70
5.21	13.08	8.90	9.22	287.00	20.00
6.21	13.06	9.10	10.22	566.00	21.20
7.21	14.28	11.10	11.22	1 154.00	22.30
8.21	19.17	10.00	12.22	1 475.00	23.70
9.21	20.67	18.70	1.23	2 785.00	22.60
10.21	24.60	10.20	2.23	5 585.00	23.80
11.21	34.16	9.30	3.23	4 888.00	23.10
12.21	34.87	11.60	4.23	5 212.00	18.90
1.22	36.65	12.00	5.23	8 170.00	24.50
2.22	41.03	9.30	6.23	19 385.00	24.20

TABELLE 2 *(Fortsetzung)*

Simulierte Variablenwerte der w_t, k_t und y_t
(N. B. Einheiten wie in den Gleichungen (3), (6), (9) und (13); ein Punkt teilt die ganzen Zahlen von den Dezimalen ab.)

Monat	w_t		
11.20	77.24	76.53	76.59
12.20	73.00	73.65	81.09
1.21	64.91	73.76	83.59
2.21	61.31	70.20	66.46
3.21	62.45	68.04	55.81
4.21	63.53	67.37	65.89
5.21	62.30	66.35	43.20
6.21	69.36	66.23	44.29
7.21	76.67	73.16	55.26
8.21	84.31	101.58	49.19
9.21	104.91	110.47	98.81
10.21	150.20	134.11	50.29
11.21	262.96	193.35	45.37
12.21	191.93	197.83	58.04
1.22	191.81	209.12	60.27
2.22	207.82	237.15	45.37
3.22	284.19	324.25	42.12
4.22	290.11	386.13	49.74
5.22	317.44	393.10	51.94
6.22	493.22	432.09	53.60
7.22	1 134.56	644.08	61.95
8.22	1 465.87	1 323.58	75.57
9.22	3 180.96	2 071.42	106.49
10.22	7 183.10	4 414.53	113.63
11.22	7 589.27	9 763.52	120.22
12.22	17 972.00	12 834.09	128.66
1.23	27 918.00	26 056.79	122.02
2.23	21 190.00	56 575.68	129.26
3.23	24 457.00	48 767.06	125.04
4.23	47 670.00	52 382.12	99.98
5.23	109 996.00	86 436.00	133.51
6.23	353 412.00	226 355.62	131.69

TABELLE 2 *(Fortsetzung)*

Simulierte Variablenwerte der w_t, k_t und y_t
(N. B. Einheiten wie in den Gleichungen (3), (6), (9) und (13); ein Punkt teilt die ganzen Zahlen von den Dezimalen ab.)

Monat	k_t		
11.20		320.69	320.64
12.20		295.69	289.99
1.21		311.50	303.72
2.21		305.07	308.46
3.21		312.62	325.39
4.21		309.92	311.31
5.21	293.65	312.84	341.17
6.21	309.02	311.79	338.21
7.21	307.01	306.25	324.12
8.21	336.98	286.24	331.40
9.21	256.02	281.64	288.06
10.21	232.83	270.70	330.03
11.21	288.77	251.48	337.05
12.21	236.20	250.28	320.65
1.22	244.26	247.51	318.24
2.22	243.54	241.29	337.01
3.22	228.04	226.52	342.12
4.22	233.92	218.66	330.81
5.22	243.29	217.87	327.94
6.22	229.19	213.75	325.86
7.22	137.86	197.19	316.46
8.22	203.92	170.48	304.02
9.22		155.73	283.66
10.22		133.66	279.96
11.22		113.85	276.79
12.22		107.73	273.02
1.23		93.37	275.96
2.23		79.83	272.77
3.23		82.27	274.61
4.23		81.09	287.29
5.23		73.28	270.99
6.23		60.33	271.74

TABELLE 2 *(Fortsetzung)*

Simulierte Variablenwerte der w_t, k_t und y_t
(N. B. Einheiten wie in den Gleichungen (3), (6), (9) und (13); ein Punkt teilt die ganzen Zahlen von den Dezimalen ab.)

Monat	y_t		
11.20	3014.59	3193.22	3194.26
12.20	2966.03	3067.81	3208.91
1.21	3055.64	3145.62	3187.30
2.21	3037.79	3071.33	2775.17
3.21	3093.04	3100.03	2868.92
4.21	3111.38	3131.90	3361.13
5.21	3137.71	3124.15	2440.37
6.21	3188.70	3144.25	3182.64
7.21	3247.93	3283.32	3415.22
8.21	3373.36	3485.12	2965.58
9.21	3421.77	3263.41	3368.78
10.21	3485.66	3389.73	2008.33
11.21	3474.98	3496.60	2987.27
12.21	3416.04	3180.02	3435.89
1.22	2762.64	3225.50	3201.04
2.22	2532.59	3315.54	2681.51
3.22	2538.41	3478.33	3033.05
4.22	3133.95	3370.22	3361.34
5.22	3448.95	3172.83	3208.71
6.22	3671.21	3277.06	3192.05
7.22	3726.51	3500.00	3337.79
8.22	3821.30	3344.61	3394.25
9.22	3842.65	3497.22	3490.59
10.22	3811.81	3300.65	3238.29
11.22	3761.70	3248.45	3226.71
12.22	3516.28	3455.63	3242.20
1.23	3032.70	3357.72	3066.56
2.23	2937.72	3275.39	3228.46
3.23	2918.50	2912.50	3096.89
4.23	2866.24	3247.08	2785.74
5.23	2794.38	3487.29	3465.54
6.23	2816.06	2896.38	3126.40

Wir erörtern nun diese simulierten Werte von w_t, k_t und y_t nacheinander.

w_t: An den simulierten Werten für den Wechselkurs fällt auf, wie gut die empirische Wechselkursentwicklung bis etwa zum Herbst 1922 mit Hilfe der tatsächlichen Preisniveauentwicklung vorausgesagt wird. Später weichen die simulierten Werte von den Daten stärker ab. Die letzten fünf Werte der Simulation über- oder unterschreiten die beobachteten Werte derselben Monate deutlich.

Wie nach der Gleichung (3) nicht anders zu erwarten war, wird mit dem Preisniveau auch der Wechselkurs stabilisiert. Er erreicht ab November 1922 den Wert von etwa 120 bis 130 Mark pro US Dollar.

k_t: Man erkennt deutlich, daß die Inflation zu einer Abnahme der für Reparationszahlungen zur Verfügung stehenden Devisenreserven führte. Da die Daten nur den Zeitraum Mai 1921 bis August 1922 umfassen, ist diese Abnahme besonders gut an der simulierten Zahlenreihe zu sehen, und zwar für den Fall der Inflation. Bei Beginn der Hyperinflation stehen etwa nur halb so viele Devisen für diesen Zweck zur Verfügung wie im Fall der Stabilitätspolitik; im Juni ist dieses Verhältnis auf ungefähr ein Viertel gefallen.

y_t: Die simulierten Werte des Volkseinkommens unterscheiden sich kaum, gleichgültig, ob es zur Inflation und Hyperinflation kommt oder ob das Preisniveau stabilisiert wird. Die nachteiligen Folgen der Inflation auf das Volkseinkommen als ganzes dürften also erst nach der Stabilisierung der Mark aufgetreten sein.

III

Reparationsforderungen, Reparationsleistungen und die Berechnung der Auszahlungen

Alle im vorigen Abschnitt beschriebenen Gleichungen geben letztlich Beziehungen zwischen dem Preisniveau p_t als unabhängiger Variable und den jeweiligen abhängigen Variablen (w_t, k_t, y_t und h_t) wieder. Der Wechselkurs, der der Reichsregierung für Reparationszahlungen zur Verfügung stehende Vorrat an Devisen und der Exportüberschuß können also über die Veränderung des Preisniveaus (und seiner Veränderungsrate) beeinflußt werden.

In diesem Abschnitt wenden wir uns nun den Reparationsforderungen der Alliierten zu. Es zeigt sich, daß diese Forderungen zwar die Reparationsleistungen des Reiches beeinflussen, daß aber diese Einwirkung methodisch anders formuliert werden muß als die Verhaltensgleichungen, die wir im vorigen Abschnitt ökonometrisch geschätzt haben.

1. Reparationsforderungen und Reparationsleistungen

Wir nehmen an, daß die Alliierten in Unkenntnis der Reaktion der Reichsregierung die Reparationsforderungen für jeden Monat der in Betracht kommenden Periode formulieren. Beispielsweise sollen, wie wir in einer Variante unseres Modells annehmen werden, die monetären Reparationen konstant 150 Mio. $ pro Monat des Untersuchungszeitraumes betragen (‚hohe' Reparationsforderungen).[23] Die Reparationsforderungen der Alliierten werden durch a_t symbolisiert.

Diesen Reparationsforderungen, die nicht durch die Reichsregierung beeinflußt werden können, stehen Reparationszahlungen der Reichsregierung in den betreffenden Monaten gegenüber. Diese Zahlungen seien hier durch l_t wiedergegeben. Sie sind ebenfalls in $ ausgedrückt.

Außer den Reparationszahlungen gibt es aber, so sei angenommen, sachliche Reparationsleistungen des Reiches an die Alliierten, also Lieferungen wirtschaftlicher Güter aus dem deutschen Sozialprodukt, die wir mit s_t bezeichnen und die in KM gemessen werden.

Für jeden Monat der Untersuchungsperiode gelte nun, daß die Summe aus Reparationszahlungen und sachlichen Reparationsleistungen, ausgedrückt in ihrem Dollarwert, nicht größer sind als die Reparationsforderungen:

$$a_t \geqq l_t + s_t\,(p_t/w_t) \tag{14}$$

mit

a_t – monatliche Reparationsforderungen der Alliierten, in $;

l_t – monatliche Reparationszahlungen des Deutschen Reiches an die Alliierten, in $;

s_t – monatliche sachliche Reparationsleistungen des Deutschen Reiches an die Alliierten, in KM.

Nun wird sowohl l_t als auch s_t nicht nur durch die Reparationsforderungen der Alliierten nach oben beschränkt. Vielmehr gibt es für s_t eine obere Schranke, die in der Aufnahmebereitschaft der alliierten Volks-

[23] 150 Mio. $ x 12 = 1800 Mio. $ sind etwa 10 % des Volkseinkommens im Deutschen Reich von 1913.

wirtschaften für sachliche Reparationsleistungen des Deutschen Reiches besteht und die wir f_t nennen:

(15) $$0 \leqq s_t \leqq f_t$$

mit

f_t – obere Schranke für sachliche Reparationsleistungen, in KM.

In unseren Rechnungen werden wir annehmen, f_t sei verhältnismäßig klein und betrage 10 Mio. KM pro Monat.

Dagegen sind die Reparationszahlungen l_t außer durch (14) auch durch die dem Reich zugänglichen Gold- und Devisenbestände nach oben beschränkt. Diese Schranke werde, so nehmen wir an, durch die kleinere von zwei Zahlen bestimmt:

Erstens beschränke der zu Beginn eines Monats bei der Reichsbank vorhandene Gold- und Devisenbestand die Reparationszahlungen dieses Monats.

Außerdem muß aber berücksichtigt werden, daß während dieses Monats der Exportüberschuß und der Überschuß der Kapitalbilanz (ohne Reparationen) diesen Bestand verändern. Ist die Summe dieser beiden Überschüsse negativ, so ist der Gold- und Devisenbestand der Reichsbank, der für Reparationszahlungen verwendet werden kann, geringer als der Gold- und Devisenbestand der Reichsbank zu Beginn des fraglichen Monats. Also können die Reparationszahlungen in diesem Monat diesen geringeren Betrag nicht übersteigen, da sonst der Bestand an Gold und Devisen zu Beginn des nächsten Monats negativ wäre.

Zweitens müssen wir daher annehmen, die Reparationszahlungen dieses Monats würden durch den für Reparationszahlungen zur Verfügung stehenden Betrag an Gold und Devisen beschränkt:

(16) $$0 \leqq l_t \leqq \min (b_t, k_t)$$

mit

b_t – Gold- und Devisenbestand der Reichsbank zu Beginn des Monats t, in \$.

Als Alternative zu (16) kann man l_t nach oben nur durch k_t beschränken:

(17) $$0 \leqq l_t \leqq k_t.$$

k_t ist definitionsgemäß positiv (vgl. (5)). Also ist bei Gültigkeit sowohl von (16) als auch von (17) der Devisenbestand der Reichsbank zu Beginn des Monats t + 1, nämlich

$$b_{t+1} = k_t - l_t,$$

nichtnegativ. Daher sind (16) und (17) sinnvolle Alternativen.

In den Rechnungen zeigt sich, daß man zu den gleichen Aussagen kommt, gleichgültig, ob man (16) oder (17) benutzt. Bei hohen Reparationsforderungen sinkt allerdings bei der Annahme von (17) der Gold- und Devisenbestand der Reichsbank gegen Ende des Untersuchungszeitraumes auf Null. Da die historischen Daten selbst gegen Ende der Hyperinflation noch einen erstaunlich hohen Gold- und Devisenbestand der Reichsbank erkennen lassen, schien es uns sinnvoll zu sein, mit der stärkeren Schranke (16) statt mit (17) zu rechnen.

Bei gegebenen a_t, p_t/w_t, f_t, b_t und k_t (alle diese Zahlen sind nichtnegativ) hat das System (14), (15) und (16) im allgemeinen unendlich viele Lösungen l_t und s_t. Wir schränken diese Lösungsmenge durch die zusätzliche Forderung ein, l_t sei unter Beachtung der gegebenen Schranken maximal. Erst wenn l_t maximiert worden ist, wird s_t unter Beachtung der dann gültigen Schranken (also bei maximalem l_t) maximiert.

Dies bedeutet, daß die Alliierten monetäre Reparationsleistungen (in $) stets Sachlieferungen von gleichem Wert vorziehen. Diese Forderung dürfte der Wirklichkeit entsprechen, obwohl historisch die Bewertung sachlicher Reparationsleistungen durch das Deutsche Reich viel höher war als durch die Alliierten,[24] so daß diese die deutschen Sachlieferungen möglicherweise weit unter dem gültigen Weltmarktpreis erhielten.

Unter diesen Annahmen ist l_t leicht zu bestimmen. Es gilt

$$l_t = \min(a_t, b_t, k_t),$$

und zur Bestimmung von s_t unterscheiden wir zwei Fälle:

a) Ist

$$l_t = a_t,$$

so folgt

$$s_t = 0.$$

b) Ist

$$l_t = \min(b_t, k_t),$$

so folgt

$$s_t = \min\left(f_t, \left(a_t - \min(b_t, k_t)\frac{w_t}{p_t}\right)\right).$$

Daher sind auf Grund unserer Annahmen die monetären Reparationsleistungen l_t und die sachlichen Reparationsleistungen s_t für alle t eindeutig bestimmt.

[24] Vgl. C. Bergmann, *Der Weg der Reparation* ... [wie Anm. 2], S. 101.

Aber im Gegensatz zu den Variablen, die wir im vorigen Abschnitt durch Verhaltensgleichungen erklärt haben, werden l_t und s_t *nicht* nur durch einen der beiden Kontrahenten festgelegt. Hierfür gibt es zwei Gründe: Erstens werden w_t und p_t in (14) und zweitens wird k_t in (16) (oder (17)) allein durch die Reichsregierung bestimmt. Andererseits wird aber a_t allein von den Alliierten festgelegt. l_t und s_t sind eine Funktion dieser Parameter, werden also sowohl durch Handlungen der Reichsregierung als auch der Alliierten bestimmt. Nach welchen Kriterien dies geschehen sein könnte, untersuchen wir als nächstes.

2. *Die Berechnung der Auszahlungen*

Wir nehmen an, die Alliierten versuchten, die Reparationsleistungen des Deutschen Reiches an sie in der Untersuchungsperiode zu maximieren.

Diese Untersuchungsperiode (etwa eine der im ersten Abschnitt definierten Perioden I, II oder III) sei in die Monate t = 1, 2, ..., T zerlegt. Dann bilden wir die Summe der Reparationsleistungen dieser Monate und erhalten die *Summe der Reparationsleistungen des Deutschen Reiches an die Alliierten* (in $):

$$\sum_{t=1}^{T} \left(\frac{p_t}{w_t} s_t + l_t \right). \tag{18}$$

Wir werden diese Reparationsleistungen gelegentlich auch in KM berechnen, um sie mit dem Volkseinkommen des Deutschen Reiches zu vergleichen. Statt (18) erhalten wir dann die *Summe der Reparationsleistungen des Deutschen Reiches an die Alliierten* (in KM):

$$\sum_{t=1}^{T} \left(s_t + \frac{w_t}{p_t} l_t \right). \tag{19}$$

Wenden wir uns nun den Strategien des Deutschen Reiches zu. Durch ihren Amtseid war die Reichsregierung verpflichtet, zum Wohl des deutschen Volkes zu handeln. Setzen wir voraus, daß sie diese Absicht ernsthaft verfolgt hat und daß gerade nach dem verlorenen Kriege die Versorgung des deutschen Volkes mit wirtschaftlichen Gütern ein wichtiges Anliegen der Reichsregierung war. Außerdem nehmen wir weiter an, daß das Volkseinkommen einen ersten Maßstab für diese Güterversorgung darstellt.

Um zu einer Größe zu gelangen, die die im Deutschen Reich verfügbare Gütermenge wiedergibt, wird man dieses Einkommen um die sachlichen Reparationsleistungen vermindern müssen. Jedoch ist der Exportüberschuß nicht vom Volkseinkommen abzuziehen, da im Ausmaß dieses Überschusses Devisen ins Land fließen. Aber auch monetäre Reparationsleistungen vermindern wenigstens die potentielle Güterversorgung im Deutschen Reich, sind also vom Volkseinkommen abzuziehen. Als Auszahlung an die Reichsregierung erhalten wir auf diese Weise die *im Deutschen Reich aktuell und potentiell verfügbaren Güter- und Dienstleistungen* (in KM):

$$\sum_{t=1}^{T} \left(y_t - s_t - \frac{w_t}{p_t} l_t \right). \tag{20}$$

Schon im ersten Abschnitt haben wir die Einwände erwähnt, die man gegen die Festlegung des Handlungsziels in einer einzigen Zahl erheben kann. Natürlich dürfte in Wirklichkeit ein Bündel von Erwägungen und Gründen die Handlungen sowohl der Reichsregierung als auch der Alliierten bestimmt haben. Wahrscheinlich gibt es eine Hierarchie von Wünschen und Zielen, die das Vorgehen der beiden Kontrahenten genauer erklären. Daß aber andererseits (18) und (20) wichtige Teile einer solchen Zielhierarchie sind, dürfte nicht strittig sein.

3. Simulierte Werte der Reparationsleistungen

Um die Ergebnisse zu erläutern, die wir auf Grund unserer Überlegungen über die Bestimmung der Reparationsleistungen erzielt haben, sei zunächst angenommen, es gebe die schon oben erwähnte Variante hoher Reparationsforderungen von 150 Mio. $ im Monat, die gut doppelt so groß sind wie die Leistungen des Reiches, die sich aus dem Londoner Ultimatum ergeben. Ihr stellen wir eine Variante ‚niedriger' Reparationsforderungen gegenüber, die nur ein Zehntel dieses Betrages ausmachen, sich also auf 15 Mio. $ im Monat belaufen. Die Obergrenze für die sachlichen Reparationsforderungen sei, wie schon im vorigen Abschnitt erwähnt, durch 10 Mio. KM monatlich gegeben.

Die Untersuchungsperiode reiche von November 1920 bis 1923, umfasse also alle drei Perioden I, II und III. Da wir jeweils zwei Alternativen der Entwicklung des Preisniveaus im Deutschen Reich mit diesen beiden Alternativen alliierter Reparationsforderungen kombinieren müssen, erhalten wir vier Zeitreihen für die fiktive Entwicklung der monetären und sachlichen Reparationsleistungen. Sie sind in der folgenden TABELLE 3 zusammengestellt. *Spalte* 1 und 3 entsprechen hohen Reparationsforderungen, *Spalte* 2 und 4 niedrigen.

Tabelle 3

Simulierte Werte von l_t (in Mio. US Dollar) und s_t (in Mio. KM)
(Der Punkt trennt die ganzen Zahlen von den Dezimalen)

Monat	l_t				Monat	s_t			
11.20	150.00	15.00	150.00	15.00	11.20	0.0	0.0	0.0	0.0
12.20	150.00	15.00	150.00	15.00	12.20	0.0	0.0	0.0	0.0
1.21	145.69	15.00	139.99	15.00	2.21	10.00	0.0	10.00	0.0
2.21	150.00	15.00	150.00	15.00	2.21	0.0	0.0	0.0	0.0
3.21	150.00	15.00	150.00	15.00	3.21	0.0	0.0	0.0	0.0
4.21	150.00	15.00	150.00	15.00	4.21	0.0	0.0	0.0	0.0
5.21	150.00	15.00	150.00	15.00	5.21	0.0	0.0	0.0	0.0
6.21	150.00	15.00	150.00	15.00	6.21	0.0	0.0	0.0	0.0
7.21	150.00	15.00	150.00	15.00	7.21	0.0	0.0	0.0	0.0
8.21	150.00	15.00	150.00	15.00	8.21	0.0	0.0	0.0	0.0
9.21	136.24	15.00	150.00	15.00	9.21	10.00	0.0	0.0	0.0
10.21	145.40	15.00	138.06	15.00	10.21	10.00	0.0	10.00	0.0
11.21	125.30	15.00	150.00	15.00	11.21	10.00	0.0	0.0	0.0
12.21	126.18	15.00	150.00	15.00	12.21	10.00	0.0	0.0	0.0
1.22	124.10	15.00	150.00	15.00	1.22	10.00	0.0	0.0	0.0
2.22	123.42	15.00	150.00	15.00	2.22	10.00	0.0	0.0	0.0
3.22	117.87	15.00	150.00	15.00	3.22	10.00	0.0	0.0	0.0
4.22	108.64	15.00	150.00	15.00	4.22	10.00	0.0	0.0	0.0
5.22	110.02	15.00	150.00	15.00	5.22	10.00	0.0	0.0	0.0
6.22	107.86	15.00	150.00	15.00	6.22	10.00	0.0	0.0	0.0
7.22	105.89	15.00	150.00	15.00	7.22	10.00	0.0	0.0	0.0

TABELLE 3 *(Continuation)*

Simulierte Werte von l_t (in Mio. US Dollar) und s_t (in Mio. KM)
(Der Punkt trennt die ganzen Zahlen von den Dezimalen)

Monat	l_t				Monat	s_t			
8.22	91.29	15.00	150.00	15.00	8.22	10.00	0.0	0.0	0.0
9.22	79.19	15.00	150.00	15.00	9.22	10.00	0.0	0.0	0.0
10.22	76.55	15.00	133.66	15.00	10.22	10.00	0.0	10.00	0.0
11.22	57.11	15.00	146.30	15.00	11.22	10.00	0.0	10.00	0.0
12.22	56.74	15.00	130.49	15.00	12.22	10.00	0.0	10.00	0.0
1.23	50.99	15.00	142.54	15.00	1.23	10.00	0.0	10.00	0.0
2.23	42.38	15.00	133.43	15.00	2.23	10.00	0.0	10.00	0.0
3.23	37.45	15.00	139.34	15.00	3.23	10.00	0.0	10.00	0.0
4.23	44.81	15.00	135.27	15.00	4.23	10.00	0.0	10.00	0.0
5.23	36.27	15.00	150.00	15.00	5.23	10.00	0.0	0.0	0.0
6.23	37.01	15.00	120.99	15.00	6.23	10.00	0.0	10.00	0.0

Die Betrachtung der TABELLE 3 läßt erkennen, welche Ergebnisse man für die Werte der Auszahlungen unter den verschiedenen Annahmen über die Verhaltensweisen der beiden Kontrahenten erwarten kann.

Die Inflationierung führt mindestens zu einer teilweisen Verminderung der Reparationen. Bei niedrigen Reparationsforderungen werden allerdings diese Forderungen durch monetäre Reparationsleistungen vollständig erfüllt, und zwar unabhängig davon, ob das Preisniveau im Reich stabilisiert wird oder nicht. Daher besteht auch kein Raum für sachliche Reparationsleistungen, und diese Leistungen sind somit im ganzen Untersuchungszeitraum gleich Null.

Ein anderes Bild bietet sich dagegen bei hohen Reparationsforderungen. Nehmen wir zunächst wieder an, das Reich inflationiere (*Spalte* 1). Während in der Periode I die Reparationsforderungen von 150 Mio. $ pro Monat fast vollständig erfüllt werden, fallen die monetären Reparationsleistungen in den beiden folgenden Perioden II und III stark ab. In der Periode III (historisch der Periode der Hyperinflation) sinken sie von etwa 100 Mio. $ auf 37 Mio. $, also auf weniger als ein Viertel der hohen Reparationsforderungen.

Aber auch bei der Stabilisierungspolitik des Reiches (*Spalte* 3) ergibt sich ein merklicher Rückgang der monetären Reparationsleistungen, allerdings nur um etwa 30 Mio. $, also um etwa ein Fünftel der Reparationsforderungen.

In den Monaten, in denen die Reparationszahlungen unter die Reparationsforderungen fallen, wird diese Lücke durch sachliche Reparationsleistungen weiter aufgefüllt. Bei der Inflationspolitik der Reichsregierung (*Spalte* 1) tritt diese Lücke häufiger auf als im Fall der Stabilisierung. Die sachlichen Reparationen erreichen in fast allen Monaten die Obergrenze von 10 Mio. KM.

Wir bemerken also, daß die Höhe der Reparationsforderungen ebenso wie die Geldpolitik des Reiches die Höhe und Art der Reparationsleistungen bestimmt. Welche Auszahlungen sich für die Kontrahenten ergeben, untersuchen wir im nächsten Abschnitt.

IV

Optimale Strategien der Reichsregierung und der Alliierten

Im folgenden Unterabschnitt 1 beschreiben wir, welche grundsätzlichen Folgerungen sich aus unserem Modell ergeben. Daß sie nicht trivial sind, zeigen die Überlegungen im folgenden Unterabschnitt 2. Schließlich beschäftigen wir uns im Unterabschnitt 3 mit der Frage, ob eine Zusammenarbeit der Alliierten und der Reichsregierung im Rahmen des hier beschriebenen Modells denkbar gewesen sei.

1. Grundlegende Ergebnisse

Nach den in den vorigen Abschnitten beschriebenen Vorarbeiten seien numehr jede der Auszahlungen (18) bis (20) unter den vier möglichen Kombinationen von Verhaltensannahmen berechnet. Für jede der Perioden I, II und III sowie für die gesamte Untersuchungsperiode von November 1920 bis Juni 1923 wurden diese Auszahlungen ermittelt. Dabei stellen wir wieder hohe Reparationsforderungen von 150 Mio. $ niedrigen von 15 Mio. $ gegenüber. Die Strategien der Reichsregierung bestanden wieder entweder in der Inflationierung der Geldmenge und des Preisniveaus oder in einer fiktiven Stabilitätspolitik, die zu der in der TABELLE 2, *Spalte* 1 dargestellten Reihe von Preisniveaus führt. Die so berechneten Auszahlungsmatrizen sind unten dargestellt. Die gemäß (19) berechnete Auszahlungsmatrix für die Alliierten werden wir erst in IV.3 benötigen. Dabei beschränken wir uns auf die beiden gemäß (18) und (20) berechneten Auszahlungsmatrizen, die für die gesamte Untersuchungsperiode (November 1920 bis Juni 1923) gelten; die Matrizen für die Teilperioden I, II und III führen zu keinen wesentlich anderen Ergebnissen.

Auszahlungsmatrix für die Reichsregierung (Mrd. KM)

	Hohe Reparationsforderungen	Niedrige Reparationsforderungen
Inflation	83,5	101,2
Stabilisierung	75,8	97,3

Auszahlungsmatrix für die Alliierten (Mio. $)

	Hohe Reparationsforderungen	Niedrige Reparationsforderungen
Inflation	3469,5	480,0
Stabilisierung	4678,8	480,0

Wenden wir uns zunächst der Auszahlungsmatrix der Reichsregierung zu und berücksichtigen wir noch die Annahme, daß sie die Zeile (jeweils die gleiche in beiden Matrizen) festlegt, in der die schließlich verwirklichte Auszahlung steht. Dann ist sofort klar, daß sie die erste Zeile wählt, denn in der Auszahlungsmatrix für die Reichsregierung ist jedes der beiden Elemente größer als das entsprechende Element der zweiten Zeile. *Gleichgültig also, ob die Alliierten niedrige oder hohe Reparationsforderungen stellen, die Inflation führt zu einer günstigeren Situation für die Reichsregierung als die Stabilisierung.*

Die Alliierten dagegen, die die Spalten der Auszahlungsmatrix wählen, maximieren ihre Auszahlung, wenn sie die erste Spalte bestimmen. *Gleichgültig, wie die Reichsregierung handelt, hohe Reparationsforderungen führen zu höheren Reparationsleistungen als niedrige Reparationsforderungen.*

Betrachtet man in gleicher Weise die Auszahlungsmatrizen für jede Periode I, II und III gesondert, so erkennt man, daß auch für jede einzelne dieser Teilperioden das analoge Ergebnis gilt. Wir haben diese Auszahlungsmatrizen daher hier nicht angegeben. Allerdings ist in der Auszahlungsmatrix für das Reich, die sich nur bei Betrachtung der Periode III ergibt, das Element in der ersten Zeile und zweiten Spalte nur um sehr wenig größer als das Element in der zweiten Zeile und zweiten Spalte dieser Matrix. Bei niedrigen Reparationsforderungen zahlt sich also der Übergang zur Hochinflation auch kurzfristig kaum aus. Wir werden diese Eigenschaft des Modells im folgenden Unterabschnitt weiter verfolgen.

Wenn auch die Inflation nicht als Instrument zur Abwehr hoher Reparationszahlungen erklärt werden kann, so hätten doch die Alliierten etwa 30 % mehr an Reparationen aus dem Deutschen Reich herausholen können, wenn die Reichsregierung die Geldmenge und das Preisniveau stabilisiert hätte, sie selbst aber bei hohen Reparationsforderungen geblieben wären. Daraus erklärt sich die wiederholte Aussage alliierter Staatsmänner, das Deutsche Reich versuche, mit Hilfe der Inflation seinen Reparationsverpflichtungen zu entgehen, und solle daher die inflationäre Politik einstellen. Obwohl die Inflationspolitik des Reiches kein sinnvolles Instrument zur Abwehr von Reparationsleistungen ist, wären mehr Reparationen geleistet worden, wenn das Reich eine Stabilitätspolitik betrieben hätte.

Andererseits hätten niedrige Reparationsforderungen der Alliierten die Auszahlung an das Deutsche Reich um etwa 20 % erhöht. Aber auch unter dieser Annahme wäre die Inflationspolitik eine sinnvolle Maßnahme für das Deutsche Reich gewesen, denn die Auszahlung an das Reich steigt damit um weitere 4 %. Wie schon erwähnt, schrumpft dieser Vorteil in der Periode III (historisch der Hyperinflation) auf praktisch Null zusammen, wobei wir natürlich (wie in der ganzen Diskussion der Inflationsfolgen) die Stabilisierungskrise von 1924/25 nicht berücksichtigen.

Kurzfristig hat aber die Inflation keine negativen Folgen auf das dem Deutschen Reich zur Verfügung stehende Angebot an wirtschaftlichen Gütern gehabt. Zur Abwehr von Reparationsleistungen eignete sich die Inflation nicht. Auch hatten die Alliierten keine Veranlassung, von hohen Reparationsforderungen abzurücken. Niedrige Reparationsforderungen hätten auch zu erheblich niedrigeren Reparationsleistungen geführt.

2. *Die Inflation als Instrument zur Abwehr hoher Reparationen*

Wir wenden uns nun einer Frage zu, die man vielleicht schon als beantwortet ansieht: Da in unserem Modell die Reichsregierung die Inflation wählt, gleichgültig, ob die Alliierten hohe oder niedrige Reparationen fordern, ist die Inflation keine wirksame Waffe zur Abwehr von Reparationszahlungen gewesen. Aber dieses Ergebnis kann auf zwei verschiedenen Gründen beruhen, und es sollte genauer untersucht werden, welcher dieser Gründe hier vorliegt.

So ist erstens die Vorstellung, man könne durch die Inflation die eigene Zahlungsfähigkeit in fremder Währung beschränken, möglicherweise grundsätzlich falsch. Dann ist es unmöglich, monetäre Reparationsleistungen durch eine Inflation zu vermeiden. Die Lage ist ähnlich wie bei Sachreparationen, die mit Hilfe unmittelbarer militärischer Gewalt eingetrieben werden können.

Zweitens ist es jedoch möglich, daß Reparationen zwar dadurch abgewehrt werden können, daß sich die Regierung der Verfügungsmacht über ausländische Zahlungsmittel begibt, daß aber unter den gegebenen Umständen dieser Prozeß zu lange dauert und nicht nachhaltig genug ist, um große Reparationszahlungen zu vermeiden. Während also im ersten Fall die Strategie der Reichsregierung grundsätzlich zur Vermeidung monetärer Reparationsleistungen ungeeignet ist, sind es im zweiten die Institutionen und Reaktionen der Wirtschaftssubjekte, die sie unzweckmäßig erscheinen lassen.

Einige Gründe sprechen für die Richtigkeit der zweiten Ansicht. Wir wollen nun eine Folgerung aus unserem Modell beschreiben, die diese Auffassung stützt.

Betrachten wir die Periode III und die Auszahlungen, die nur dieser Periode zugerechnet werden. Wie bereits erwähnt führt die Inflationspolitik der Reichsregierung bei niedrigen Inflationsforderungen der Alliierten zu einer kaum merklich höheren Auszahlung an die Reichsregierung als die Stabilisierungspolitik. Also hat die Stabilisierungspolitik der Reichsregierung gegenüber der Hyperinflation möglicherweise eine Chance, zu größeren Auszahlungen an das Reich zu führen, wenn die Alliierten andere Reparationen als die oben vorausgesetzten (150 Mio. und 15 Mio. $) fordern. Daher haben wir die Auszahlungen in der Periode III für Reparationsforderungen von jeweils 0, 15, 30, ..., 150 Mio. $ monatlich berechnet und sie in der TABELLE 4 auf der folgenden Seite zusammengestellt.

Man erkennt aus der TABELLE 4, daß bei Reparationsforderungen zwischen 30 und 75 Mio. $ die Stabilisierung für die Reichsregierung günstiger ist als die Inflation, da sie zu einer höheren Auszahlung führt. Für geringere Reparationsforderungen als 30 und höhere als 75 Mio. $ ist jedoch die Stabilisierung ungünstiger als die Inflationspolitik. Also ist keine Zeile in der Auszahlungsmatrix für die Reichsregierung Element für Element größer als die andere Zeile, und wir können daher nicht so argumentieren wie in Unterabschnitt IV.1, als sich die Inflation vorteilhaft für die Reichsregierung erwiesen hat, gleichgültig, wie die Alliierten sich verhalten hätten.

Ähnliches erkennt man aus der Auszahlungsmatrix für die Alliierten. In dieser Matrix ist keine Spalte Element für Element größer als jede andere Spalte dieser Matrix. Insbesondere führt aber auch die Erhöhung der Reparationsforderungen über 105 Mio. $ zu einer (wenn auch geringen) Abnahme der Auszahlung an die Alliierten, sobald die Reichsregierung inflationiert. Jedoch steigen die Auszahlungen an die Alliierten monoton mit steigenden Reparationsforderungen an, wenn die Reichsregierung die Stabilitätspolitik betreibt, die wir als typisch vorausgesetzt haben.

Aber es ist auch im Fall der Auszahlungen, wie sie in der TABELLE 4 zusammengestellt sind, leicht, Strategien für jeden der beiden Kontrahenten zu bestimmen, die zu einer optimalen Auszahlung führen. Hierzu muß man die bisher angestellten Überlegungen etwas verallgemeinern.

Der gesuchte Optimalpunkt sollte offenbar so beschaffen sein, daß keiner der beiden Kontrahenten seine Auszahlung erhöhen kann, es sei denn, der andere ändere sein Verhalten. Ein solcher Punkt (ein ‚Gleichgewichtspunkt' im Sinne der Spieltheorie) ist aber in der TABELLE 4 leicht zu bestimmen.

TABELLE 4

Auszahlungsmatrix für die Reichsregierung (Zeile 1 und 2, Eintragungen in Mrd. KM), sowie die Alliierten (Zeile 3 und 4, Eintragungen in Mio. US Dollar), beides für die Periode III und die jeweils zugehörigen Strategien

	Monatliche Reparationsforderungen (Mio. $)										
	150,0	135,0	120,0	105,0	90,0	75,0	60,0	45,0	30,0	15,0	0,0
Inflation	30,59	30,69	30,61	30,58	30,61	30,78	31,12	31,74	33,00	34,51	36,02
Stabilisierung	27,06	27,39	28,27	29,16	30,05	30,93	31,82	32,70	33,59	34,48	35,36
Inflation	622,10	612,40	619,98	623,00	619,36	595,96	549,77	470,92	330,00	165,00	0,00
Stabilisierung	1 546,83	1 485,00	1 320,00	1 155,00	990,00	825,00	660,00	495,00	330,00	165,00	0,00

Untersuchen wir hierzu zunächst das Verhalten der Alliierten. Reparationsforderungen von weniger als 105,0 Mio. $ sind für sie offenbar unzweckmäßig. Würden sie nämlich eine solche Strategie wählen, so könnten sie durch eine Vergrößerung ihrer Reparationsforderungen ihre Auszahlung erhöhen, gleichgültig, welche Strategie die Reichsregierung einschlägt. Also müssen wir zur Bestimmung eines Gleichgewichtspunktes nur die ersten vier Spalten in beiden Auszahlungsmatrizen berücksichtigen.

Wenden wir uns nun dem Verhalten der Reichsregierung zu. Für sie ist es nicht zweckmäßig, die zweite Zeile zu wählen. Denn bei Reparationsforderungen der Alliierten von 105,0 Mio. $ und mehr fährt die Reichsregierung stets besser, wenn sie die erste Zeile wählt und damit inflationiert.

Bei einer Inflationspolitik der Reichsregierung maximieren die Alliierten aber ihre Auszahlung, wenn sie genau 105,0 Mio. $ Reparationen fordern. Damit ist der Gleichgewichtspunkt des durch die TABELLE 4 gegebenen Matrizenspiels eindeutig bestimmt: Er liegt in *Zeile* 1 und *Spalte* 4. Es kommt zur Auszahlung von 30,58 Mrd. KM an die Reichsregierung und von 623,00 Mio. $ an die Alliierten.

An dieser Überlegung fällt vor allem auf, daß die Alliierten ihre Reparationsforderungen auf 105,0 Mio. $ festsetzen müssen, wenn sie eine optimale Strategie verwirklichen. Höhere Reparationsforderungen sind daher nicht durchzusetzen, es sei denn, die Reichsregierung kann bewogen werden, nicht zu inflationieren.

Eine schnelle Inflationierung führt also tatsächlich zu verminderten Reparationsleistungen. Der Grund hierfür liegt in einer um so stärkeren Abnahme des der Reichsregierung zugänglichen Gold- und Devisenbestandes, je nachhaltiger die Inflation ist.

Daß sogar eine Abnahme der Reparationsforderungen von 150,0 Mio. $ auf 105,0 Mio. $ zweckmäßig ist, kann wohl nur dadurch erklärt werden, daß wir lediglich die Auszahlungen für die Periode III betrachten, aber die Auszahlung für die ganze Untersuchungsperiode simuliert haben. Damit ist der Anfangsbestand der Reichsbank an Gold und Devisen von Simulation zu Simulation zu Beginn der Periode III verschieden. Anders ausgedrückt: Bei hohen Reparationsforderungen von 150,0 Mio. $ hat dieser Bestand bis zum Beginn der Periode III schon stärker abgenommen als bei ‚mäßigen' Forderungen von 105,0 Mio. $. Mithin bleibt im zweiten Fall in der Periode III für die Alliierten mehr zu holen als im ersten.

Vergleicht man dieses Ergebnis mit den historisch beobachteten Goldbeständen der Reichsbank am 30. Juni 1923, so fällt auf, daß diese immerhin noch 716,9 Mio. GM (= 170,8 Mio. $) betragen haben,[25] während wir in allen Varianten mit Reparationsforderungen von über 100 Mio. $ ein sehr viel stärkeres Schrumpfen dieser Bestände errechnen. Dieser Unterschied zwischen der Wirklichkeit und dem Modell erklärt sich daraus, daß wir in dem Modell ein ungehindertes Zugriffsrecht der Alliierten auf alle dem Deutschen Reich zugänglichen Gold- und Devisenbestände angenommen haben. Dieses Recht gab es in Wirklichkeit nicht; die Alliierten mußten zur Durchsetzung ihrer Forderungen zu Sanktionen greifen, deren wirksamste wohl die Besetzung oder Abtretung von Teilen des Reichsgebietes war. Die Ruhrbesetzung durch Frankreich und Belgien im Januar 1923 und die Unterstützung der Separatisten im Rheinland und der Pfalz sind hierfür Beispiele. Die Reichsregierung wählte also tatsächlich eine recht gewagte Strategie, als sie im August 1922 die monetären Reparationsleistungen auf Grund des Londoner Ultimatums einstellte, obwohl die Reichsbank noch über große Goldbestände verfügte und in diesem Monat nur die kleine Summe von 50 Mio. GM zu zahlen war.

3. Möglichkeiten zur Zusammenarbeit zwischen den Alliierten und der Reichsregierung

Wir haben bisher angenommen, daß sowohl die Alliierten als auch die Reichsregierung entgegengesetzte Interessen hatten und daß es wegen des Fehlens verbindlicher Abkommen keine Möglichkeit der Kontrahenten gab zusammenzuarbeiten. Diese Betrachtungsweise dürfte wirklichkeitsnah sein, denn der verbindliche Verzicht auf bestimmte Verhaltensweisen konnte dem anderen kaum glaubhaft gemacht werden. Internationale Verträge sind zwar denkbar; sie stellen aber nur dann eine glaubhafte Bindung an gewisse Verhaltensweisen dar, wenn ihre Einhaltung durch Sanktionen erzwungen werden kann.

Untersuchen wir aber, ob, abgesehen von dieser Schwierigkeit, die Zusammenarbeit beider Kontrahenten sinnvoll gewesen wäre. Dann können wir zwei Arten dieser Zusammenarbeit unterscheiden: Erstens ist denkbar, daß diese Zusammenarbeit nur zu den Auszahlungen an die beiden Kontrahenten führt, die in einem bestimmten Felderpaar der

[25] Vgl. Statistisches Reichsamt, *Zahlen zur Geldentwertung* ... [wie Anm. 8], S. 53.

Auszahlungsmatrizen angegeben ist. Zu weiteren Zahlungen der Kontrahenten füreinander kommt es also nicht. Zweitens ist eine Zusammenarbeit denkbar, bei der etwa die Reichsregierung den Alliierten pauschal (also unabhängig von den in der Auszahlungsmatrix zusammengefaßten Zahlungen) eine gewisse Geldsumme zahlt, damit sie auf bestimmte monatliche Reparationsforderungen verzichten (‚Seitenzahlungen' im Sinne der Spieltheorie).

Veranschaulichen wir uns die erste Möglichkeit, indem wir diejenige Auszahlungsmatrix vom Typ 2 x 2 betrachten, die sich aus der TABELLE 4 ergibt, wenn die Alliierten nur zwischen Reparationsforderungen von 90,0 und 75,0 Mio. $ wählen. Wie in IV.2 leitet man ab, daß sich nur dann ein Gleichgewicht ergibt, wenn die Reichsregierung inflationiert und die Alliierten Reparationen von 90,0 Mio. $ monatlich fordern. Aber man erkennt auch, daß in diesem Spiel *beide* Kontrahenten gewinnen, wenn sie zur jeweils anderen Strategie (Reparationsforderungen von 75,0 Mio. $ und Stabilisierung) übergehen. Die Auszahlung an die Reichsregierung stiege dann um knapp ein Drittel Mrd. KM, während die Alliierten etwa 200 Mio. $ an Reparationsleistungen gewönnen.

Geht aber die Reichsregierung zur Stabilisierung über, so brauchen sich die Alliierten mit diesem Gewinn nicht zu bescheiden. Sie würden vielmehr einen noch größeren Betrag gewinnen, wenn sie hohe Reparationsforderungen von 90,0 Mio. $ stellten. Daher wäre diese Strategie der Alliierten für die Reichsregierung nur dann glaubhaft, wenn die Alliierten sich bindend verpflichten könnten, nicht zu diesen hohen Reparationsforderungen überzugehen.[26]

Für die Erklärung der Wirklichkeit ist diese Überlegung eher beispielhaft als nützlich. Denn es ist nicht sinnvoll, dann nur die Auszahlungen zu betrachten, die für die Periode III gelten. Bei der entsprechenden Untersuchung des gesamten Zeitraums vom November 1920 bis zum Juni 1923 ergibt sich nämlich, daß die Auszahlungsmatrizen nicht die Struktur haben, die zu einer solchen Zusammenarbeit veranlassen könnte.

Untersuchen wir nun als letztes, ob die Reichsregierung die Alliierten durch eine Pauschalzahlung für diese Zusammenarbeit gewinnen könnte. Hierzu haben wir beide Auszahlungsmatrizen in KM berechnet (vgl. (19)) und kamen zu folgendem Ergebnis:

[26] Hätte auch die Reichsregierung Veranlassung, von der Stabilitätspolitik abzugehen, wenn die Alliierten Reparationen von 75 Mio. $ fordern, so erhielten wir das bekannte ‚Gefangenendilemma'. Vgl. G. Owen, *Spieltheorie*... [wie Anm. 4], S. 145.

Auszahlungsmatrix für die Reichsregierung (Mrd. KM)

	Hohe Reparationsforderungen	Niedrige Reparationsforderungen
	(150,0 Mio. $)	(15,0 Mio. $)
Inflation	83,5	101,2
Stabilisierung	75,8	97,3

Auszahlungsmatrix für die Alliierten (Mrd. KM)

	Hohe Reparationsforderungen	Niedrige Reparationsforderungen
	(150,0 Mio $)	(15,0 Mio. $)
Inflation	20,9	3,2
Stabilisierung	23,9	2,4

Im Gegensatz zur Auszahlungsmatrix der Alliierten, die Zahlungen in $ enthielt (vgl. S. 113), sind hier die Eintragungen in der zweiten Spalte in der Auszahlungsmatrix der Alliierten voneinander verschieden. Der Grund hierfür ist, daß sich das Verhältnis vom Wechselkurs zum Preisniveau ändert, wenn man die Stabilisierung statt der Inflation betrachtet. Damit ändert sich aber auch die Bewertung des $, der unverändert Maßstab für die Reparationsforderungen ist.

Auch in diesem strategischen Spiel sind die Inflationspolitik für die Reichsregierung und hohe Reparationsforderungen für die Alliierten die einzigen Gleichgewichtsstrategien.

Nun biete jedoch die Reichsregierung den Alliierten eine Pauschalzahlung an, und diese verpflichten sich dafür, so sei angenommen, nur niedrige Reparationsforderungen von 15,0 Mio. $ monatlich zu stellen. Der Betrag, den die Reichsregierung mindestens aufwenden muß, um die Alliierten zu dieser Handlung zu bewegen, beträgt im Fall der Stabilisierung 21,5 Mrd. KM und im Fall der Inflationierung 17,7 Mrd. KM.

Da die Inflationierung zu einer höheren Auszahlung an die Reichsregierung führt als die Stabilisierung und da sie gleichzeitig im Fall der Inflationierung als Preis für den Verzicht auf hohe Reparationsforderungen weniger (17,7 Mrd. KM statt 21,5 Mrd. KM) an die Alliierten zahlen muß, wird die Reichsregierung die Inflationierung wählen. Gegenüber den hohen Reparationsforderungen gewinnt die Reichsregierung 101,2 — 83,5 = 17,7 Mrd. KM. Dies reicht aber nur gerade aus, um die 17,7 Mrd. KM zu bezahlen, die die Alliierten als pauschales Entgelt für den Übergang zu niedrigen Reparationsforderungen erhalten müßten.

Die Zusammenarbeit lohnt sich in dem dargestellten Modell also nicht, und beide Kontrahenten werden daher nicht zusammenarbeiten, und zwar auch dann nicht, wenn es gelänge, verbindliche Abkommen abzuschließen, die die Einhaltung der jeweiligen Verpflichtungen garantieren.

Angemerkt sei noch, daß dieses Ergebnis auf der Spezifizierung der Auszahlungsfunktionen wie in (19) und (20) beruht, von den verwendeten Zahlenwerten also unabhängig ist.

4. Zusammenfassung der Ergebnisse

a) Die Ansicht, Inflation und Hyperinflation in der frühen Weimarer Republik seien eine zweckmäßige Antwort der Reichsregierung auf die hohen Reparationsforderungen der Alliierten (besonders nach dem Londoner Ultimatum vom 5. Mai 1921) gewesen, hat sich nicht bestätigt.

b) Sieht man von den volkswirtschaftlichen Verlusten der Stabilisierungskrise von 1924/25 ab, so hatte diese Inflation höchstens in ihrer Spätzeit, also etwa ab Herbst 1922, nachteilige Wirkungen auf das Volkseinkommen als Ganzes.[27] Die Inflation war kein geeignetes Mittel, um die Verfügungsmacht der Reichsregierung über konvertible ausländische Zahlungsmittel zu beschränken. Hohe Reparationsforderungen führten auch zu hohen Reparationszahlungen.

c) Dennoch ist eine solche Politik zur Vermeidung einseitiger Zahlungen nicht als völlig wirkungslos anzusehen. In der Hyperinflation sinkt der für Reparationen verfügbare Devisenbestand stark ab. Dieses Urteil ist besonders dann gerechtfertigt, wenn man ihn mit dem Bestand

[27] Folgen für die Einkommensverteilung bleiben dabei ebenfalls unberücksichtigt. Zur sehr plausiblen These, daß die Inflation durch sonst unlösbare innere Verteilungskonflikte verursacht worden ist, vgl. Heinz Haller, *Die Rolle der Staatsfinanzen für den Inflationsprozeß*, in: Deutsche Bundesbank (Hrsg.), *Währung und Wirtschaft in Deutschland 1876—1975*, Frankfurt am Main 1976, S. 128 ff.

vergleicht, über den die Reichsregierung bei einer Geldmengen- und Preisniveaustabilisierung hätte verfügen können.

d) Unabhängig von der Antwort auf die Frage, wie bindende Vereinbarungen zwischen den beiden Kontrahenten hätten zustande kommen können, wäre für beide eine Zusammenarbeit nicht so vorteilhaft gewesen, daß sie auf ihre Gleichgewichtsstrategien (hohe Reparationsforderungen der Alliierten, Inflationspolitik der Reichsregierung) verzichtet hätten. Besonders für die Inflation muß man also eine andere Erklärung suchen als die einer Abwehr hoher Reparationen.

Summary

During the German inflation of 1920 to 1923, opinions were voiced that the German government inflated the German currency in order to escape reparation payments. In the present paper, a simple game-theoretic model is constructed where either of the two players, the German government and the Allies, are assumed to have two strategies: The German government could have inflated the German currency or could have abstained from inflation, and the Allies could have demanded excessive or moderate reparations. Assuming that the inability to pay reparations due to inflation is essentially caused by the strong private demand for foreign exchange during an inflationary process, it is shown that this effect, although quite remarkable, could not have been the reason for the inflation of the Mark since this policy led to a greater payoff for the German government in the short run regardless of the reparation demands. Similarly, excessive reparation demands lead to larger reparation payments than moderate reparation demands, regardless of the inflation in the German economy. Thus, it is concluded that excessive reparations and the inflation of the Mark were rational policies on the part of the two players.

ZWEITER TEIL

PART TWO

Reaktionen sozialer Gruppen auf die Inflation

Reactions of Social Groups to Inflation

Wohnungsnot und Wohnungszwangswirtschaft in München 1917 bis 1924*

MARTIN H. GEYER

I

Die Mieterschutzgesetzgebung und die Wohnungsmangelbekämpfung waren, wie viele andere sozialpolitische Neuerungen der Weimarer Republik, das eigenartige Produkt einer aus den Notlagen und den politischen Konstellationen des Krieges und der Demobilmachung resultierenden Gesetzes- und Verordnungspraxis, in der der veränderte sozialpolitische Stellenwert der Wohnungsfrage als eine durch staatliche Intervention zu regelnde Aufgabe zum Ausdruck kam. Zwar hatten sich die Bundesstaaten besonders seit der Jahrhundertwende stärker darum bemüht, Rahmengesetze zur Bekämpfung der Wohnungsüberfüllung und zur baupolizeilichen Aufsicht zu erlassen, aber letztendlich blieb die Initiative, den Wohnungsmangel zu mildern, eine Angelegenheit der Städte und damit der Kommunalparlamente, in denen auf Grund der restriktiven Wahlgesetzgebung der hausbesitzende Mittelstand seinen Einfluß geltend machen konnte. Entsprechend uneinheitlich waren dann auch die Maßnahmen, die vor dem Ersten Weltkrieg vor allem in den Großstädten ergriffen worden waren. Die Unterstützung von gemeinnützigen Wohnungsbaugenossenschaften durch Vermittlung oder direkte Gewährung von Baukrediten einerseits, die Ausführung des Wohnungsbaus unter kommunaler Regie meist für

* Bei dem folgenden Aufsatz handelt es sich um ein überarbeitetes Kapitel der Magisterarbeit des Verfassers (Martin H. Geyer, *Arbeiter, Angestellte und Mittelstand in München während der Inflation 1914—1923*), die im April 1983 der Ludwig-Maximilians-Universität München vorgelegen hat. — Der Aufsatz wurde im Sommer 1984 fertiggestellt.

städtische Arbeiter und Angestellte andererseits zählten zu den ersten, meist nur zaghaften Versuchen, den Mangel an preisgünstigen Kleinwohnungen, deren Bau für privatwirtschaftliche Investitionen weniger attraktiv war, zu mildern.[1]

Bemerkenswert sind diese frühen Maßnahmen auf dem Gebiet des sozialen Wohnungsbaus; jedoch schon aus der Perspektive der zweiten Kriegshälfte, angesichts der vorauszusehenden Schwierigkeiten bei der Demobilmachung des Heeres, des erwarteten Rückgangs des Wohnungsneubaus nach dem Krieg infolge der Explosion der Baukosten und der damit zusammenhängenden politischen Gefahr der Wohnungsnot, erschienen diese Vorkriegsexperimente alles andere als ausreichend. Der Münchener Gemeindeverwaltung, der jüngst eine „überdurchschnittliche Aktivität" in diesem Bereich kommunaler Leistungsverwaltung bescheinigt wurde, warf 1917 selbst der Vorsitzende des Münchener Grund- und Hausbesitzervereins, Josef Humar, vor, das Wohnungswesen nur als „Nebensache" betrachtet zu haben.[2] Der unter den Auspizien des „Deutschen Vereins für Wohnungsreform" im Dezember 1916 gegründete Wohnungsausschuß, dem auch die freien und christlichen Gewerkschaften beitraten, startete in den letzten Kriegsjahren eine publizistische Kampagne mit Vorschlägen zur Neugestaltung der Wohnungspolitik in der Nachkriegszeit, wobei dem Staat und den Gemeinden weitreichende Aufgaben zugewiesen wurden.[3] In der Weimarer Verfassung wurde diese neue, positive Rolle des

[1] Für einen Überblick über die Wohnungsfrage vor dem Krieg vgl. Carl Fuchs, *Wohnungsfrage und Wohnungswesen*, in: *Handwörterbuch der Staatswissenschaften*, 4. Aufl., Erg.Bd., Jena 1929, S. 1098—1160, bes. 1102 ff.; *Wohnungsüberfüllung und ihre Bekämpfung in deutschen Städten* (= Einzelschrift des Statistischen Amtes der Stadt München, Nr. 11), München 1914; Dorothea Berger-Thimme, *Wohnungsfrage und Sozialstaat. Untersuchung zu den Anfängen staatlicher Wohnungspolitik in Deutschland (1873—1918)* (= Europäische Hochschulschriften, Reihe 3, Bd. 68), Frankfurt/M.-Bern 1976; Adelheid von Saldern, *Kommunalpolitik und Arbeiterwohnungsbau im Deutschen Kaiserreich*, in: Lutz Niethammer (Hrsg.), *Wohnen im Wandel. Beiträge zur Geschichte des Alltags in der bürgerlichen Gesellschaft*, Wuppertal 1979, S. 344—362.

[2] Wolfgang Krabbe, *Die Anfänge des „sozialen Wohnungsbaus" vor dem Ersten Weltkrieg. Kommunalpolitische Bemühungen um eine Lösung des Wohnungsproblems*, in: *Vierteljahrschrift für Sozial- und Wirtschaftsgeschichte*, Bd. 71 (1984), S. 30—58, S. 35; *Denkschrift zur Übergangswirtschaft im Wohnungswesen*, hrsg. vom Grund- und Hausbesitzer-Verein, München 1917, S. 13.

[3] Zur Geschichte des Wohnungsausschusses vgl. Karl von Mangoldt, *Der Deutsche Verein für Wohnungsreform 1898—1920*, in: *30 Jahre Wohnungsreform 1898—1928. Denkschrift aus Anlaß des 30jährigen Bestehens*, hrsg. vom Deutschen Verein für Wohnungsreform, Berlin 1928, S. 5—59, bes. S. 57; zu den Zielen vgl. Gerhard Albrecht

Staates als Verfassungsauftrag festgeschrieben: Nach Artikel 155 der neuen Verfassung war es Aufgabe der staatlichen Politik, jedem Deutschen „eine entsprechende Wohn- und Wirtschaftsheimstätte zu sichern".

Ob dieser Verfassungsauftrag eingelöst werden konnte, wird neuerdings unterschiedlich beantwortet.[4] Dabei ist aber nicht zu übersehen, daß es sich bei dem Mangel an Wohnraum nur um einen Teilausschnitt der Wohnungsfrage der Nachkriegszeit handelte. Wie der Verein für Wohnungsreform gegen Ende der zwanziger Jahre rückblickend nicht ohne Verbitterung feststellte, waren unter dem Druck der Wohnungsnot, dem Kampf um die gesetzlich zu regelnden Mietpreise und nicht zuletzt auf Grund der Radikalisierung der Mieterbewegung während der Inflationszeit die „Besonnenen" der alten Führer überrannt worden und zugleich der Kampf um die traditionellen Ziele der Wohnungsreform in den Hintergrund getreten. Die Diskussionen über die Bewirtschaftung von Wohnraum und über die Mietpreisbildung überlagerten die Diskussionen über die Formen der Wohnungsreform der Vorkriegszeit.[5] Am Beispiel der Stadt München, die in den zwanziger Jahren, sowohl was das Ausmaß der Wohnungsnot als auch die Struktur des Wohnungsmarkts anbelangt, im Reichsdurchschnitt lag,[6] sollen die Grundprobleme der Wohnungsfrage der Nachkriegszeit dargestellt werden.

u. a., *Wohnungsfrage und Übergangswirtschaft* (= Deutscher Wohnungsausschuß, Schriften, Heft 3), Berlin 1917. Niedergeschlagen haben sich seine Vorschläge z. B. in der *Denkschrift zur Wohnungs- und Siedlungsfrage*, München 1917, die vom Bayerischen Landesverein zur Förderung des Wohnungswesens vorgelegt wurde.

[4] Dan P. Silverman, *A Pledge Unredeemed: The Housing Crises in Weimar Germany*, in: *Central European History*, Bd. 3 (1970), S. 112—139; differenzierter Peter-Christian Witt, *Inflation, Wohnungszwangswirtschaft und Hauszinssteuer. Zur Regelung von Wohnungsbau und Wohnungsmarkt in der Weimarer Republik*, in: Lutz Niethammer (Hrsg.), *Wohnen*... [wie Anm. 1], S. 385—407.

[5] Zissler, *Der Deutsche Verein für Wohnungsreform in den Inflationsstürmen*, in: *Denkschrift*... [wie Anm. 3], S. 60—67, S. 61; bezeichnend ist, daß das von den Reformern so lange geforderte Preuß. Wohnungsgesetz bei seinem Erlaß 1918 schon nicht mehr aktuell war, dazu Lutz Niethammer, *Ein langer Marsch durch die Institutionen. Zur Vorgeschichte des preußischen Wohnungsgesetzes von 1918*, in: Ders. (Hrsg.), *Wohnen*... [wie Anm. 1], S. 363—384, bes. S. 379ff.

[6] Wilhelm Morgenroth, *Die Wohnungszählungen deutscher Städte im Frühjahr 1925*, in: *Statistisches Jahrbuch deutscher Städte*, 22. Jg. (1927), S. 243—337, u. *Die Wohnungsverhältnisse im Deutschen Reich nach der Reichswohnungszählung 1927*, bearbeitet vom Statistischen Reichsamt (= Statistik des Deutschen Reichs, Bd. 362, Teilbde. 1 u. 2), Berlin 1930.

Die Kündigung von ungefähr 300 Arbeiterwohnungen durch die neugegründeten Bayerischen Geschützwerke, die für ihre zum größten Teil aus den Kruppschen Hauptwerken in Essen neu zugezogenen Facharbeiter Wohnungen benötigten, war der äußere Anlaß, der im Frühjahr 1917 in München die Öffentlichkeit und, nach einer Anfrage der SPD, die städtische Verwaltung auf das Problem lenkte. Bis zum Ende desselben Jahres wurde das 1911 gegründete, aber ohne größere Funktion gebliebene Wohnungsamt reorganisiert. Die Bekanntmachung des Bundesrates vom 26. Juli 1917 zum Schutze der Mieter, die die Befugnisse der zu Beginn des Krieges errichteten Mieteinigungsämter ausbaute, und dann vor allem die umfassenden Bekanntmachungen vom 23. September 1918, durch die noch vor der Revolution der Mieterschutz und Maßnahmen zur Wohnraumbeschaffung erweitert wurden, übertrugen den Wohnungsämtern die kritische Aufgabe, das mit der Demobilmachung befürchtete Chaos auf dem Wohnungsmarkt zu regeln.[7] Durch eine Vielzahl von Verordnungen der Staatsregierung und der Demobilmachungsbehörden sowie von Bekanntmachungen des Magistrats wurde eine straffe, zentrale Regelung des Wohnungsangebots und der Mietpreise in den Händen des städtischen Wohnungsamts eingeführt.

Auf dem Verbandstag der deutschen Mietervereine im September 1919 konnte der Vertreter des bayerischen Ministeriums für Soziale Fürsorge auf die im Vergleich zu anderen deutschen Ländern sehr viel früher einsetzenden und sehr viel weiterreichenden Leistungen Bayerns bei der Bewältigung der Wohnungsfrage, der, wie er meinte, „sozialistischsten aller sozialen Fragen“, verweisen.[8] Tatsächlich hatte gerade in Bayern die anhaltende soziale und politische Gärung, insbesondere in der Hauptstadt München, zu einer vergleichsweise strengen Handhabung der Wohnungszwangswirtschaft geführt. Die Verordnungen der bayerischen Regierung Hoffmann während der Münchener Rätezeit im „Bamberger Exil“ vom 29. April 1919 über die „Bekämpfung ungebührlicher Mietzinssteigerungen“ und die „Bekämpfung der Wohnungsnot“, bei denen es sich teils um eine Zusammenfassung von bis dahin

[7] Zu den Kündigungen vgl. Stadtarchiv München (StAM), Wohnungsamt Nr. 33; zu den internen Diskussionen nach 1916 vgl. *a.a.O.*, Nr. 8; eine kurze Zusammenfassung der Gesetze und Verordnungen bei Ludwig Preller, *Sozialpolitik in der Weimarer Republik*, Düsseldorf 1949, Nd. 1978, S. 67 ff.

[8] *Bericht über die öffentliche Verbandstagung deutscher Mietervereine am 27. 9. 1919 in Dresden*, Dresden 1919, S. 19.

ergangenen Verordnungen, teils um eine Neufassung einzelner Bestimmungen handelte, übertrug den ganzen Komplex der Mietpreisbemessung Ausschüssen für Mietpreisbildung in den Wohnungsämtern, die sich paritätisch aus Hausbesitzern und Mietervertretern zusammensetzten. Jede Mietpreissteigerung wurde von der behördlichen Zustimmung abhängig gemacht; zum Schutz vor „Wuchermieten" konnten abgeschlossene Mietverträge auf Antrag des Mieters oder auch auf Initiative des Amtes herabgesetzt werden. Ähnlich wie bei den zur gleichen Zeit errichteten Wuchergerichten, mit denen man dem Schleichhandel mit Lebensmitteln beizukommen hoffte, handelte es sich um Sondergerichte, die nach „billigem Ermessen" entschieden und deren Entscheidungen nicht anfechtbar waren. Kündigungen und Neuvermietungen durften nur mit Zustimmung des Wohnungsamtes erfolgen. Mietverträge, die ohne behördliche Zustimmung abgeschlossen wurden, erklärte man für ungültig; die bis dahin existierende private Wohnungsvermittlung wurde untersagt. Zur Beschaffung dringend benötigten Wohnraums konnten Wohnungen beschlagnahmt und aufgeteilt werden.[9]

Während die Wohnungsfrage vor dem Krieg primär als ein Teilbereich der „Arbeiterfrage" diskutiert wurde — handelte es sich doch angesichts des auf privatwirtschaftlicher Grundlage basierenden Wohnungsbaus im allgemeinen um einen Mangel an gesunden und preisgünstigen Kleinwohnungen für die unteren Einkommensschichten[10] —, trug die hier kurz skizzierte Wohnungszwangswirtschaft zur Veränderung ihrer wirtschaftlichen, sozialen und politischen Problematik bei. Der „Schutz der Konsumenten" entwickelte sich, wie im folgenden ausgeführt werden soll, zu einer brisanten Verteilungsfrage, die alle gesellschaftlichen Gruppen betraf: Da die Mieten bis zur Stabilisierung der Mark im Herbst 1923 nur unzureichend der Geldentwertung angepaßt wurden, das heißt ihr realer Wert im Vergleich zur Vorkriegszeit

[9] Vgl. *Der Mieterschutz. Sammlungen der Verordnungen nebst den preußischen und bayerischen Vollzugsvorschriften*, erläutert von Ludwig Lehmann, München 1919, S. 117ff.

[10] „Die Wohnungsfrage ist, in den Städten fast immer, auf dem Land weniger, eine Geldfrage; der Satz: Wohnfrage ist Lohnfrage hat daher seine Richtigkeit in bezug auf die Mietpreise, die in der Regel mit der finanziellen Leistungsfähigkeit der Mieter nicht im Einklang stehen und oft nur dadurch bezahlt werden können, daß die Lebenshaltung auf anderen Gebieten eingeschränkt wird." Dieses bei Sozialreformern weitverbreitete Urteil bei Michael Gasteiger, *Die Arbeiterwohnungsfrage in Deutschland. Mit besonderer Berücksichtigung der Baugenossenschaft*, München 1916, S. 4.

abnahm, wohnte nicht nur ein großer Teil der Bevölkerung preisgünstiger, sondern war auch in der Lage, die Teuerung anderer Lebenshaltungskosten bis zu einem gewissen Grad zu kompensieren. Die Mietpreisbemessung war damit angesichts der während des Krieges gesunkenen Realeinkommen sehr eng mit der Einkommensfrage verknüpft.

Das Wesen der gesamten Zwangswirtschaft während des Krieges war es gewesen, durch nicht-monetäre Zuteilungskriterien und künstliche Niedrighaltung von Preisen auf indirektem Wege Einkommenspolitik zu betreiben. Bezeichnend für die Konflikte im Zusammenhang mit der Umformung und Kodifizierung der das Wohnungswesen betreffenden Kriegs- und Übergangsbestimmungen in sozialpolitische Reichsgesetze nach 1919 war, daß diese zu einem Zeitpunkt erlassen wurden, als man in den meisten anderen Sektoren der Wirtschaft die verhaßte Zwangswirtschaft abzubauen begann. Aus diesem Grund steht neben der Darstellung des Ausmaßes und der Struktur der Wohnungsnot und ihrer Bekämpfung nach dem Krieg das während der Inflation zentrale Problem der Handhabung der Mietpreisfestsetzung im Mittelpunkt. Die starke einzelstaatliche Initiative[11] bei der Bekämpfung der Wohnungsnot und dem Ausbau des Mieterschutzes lassen den langwierigen und komplizierten politischen Entscheidungsprozeß, der zur Kodifizierung des Reichswohnungsmangelgesetzes vom Mai 1920, des Reichsmietengesetzes vom März 1922 und des Mieterschutzgesetzes (Gesetz über Mieterschutz und Mieteinigungsämter) vom Juni 1923 führte, eher in den Hintergrund treten, wenngleich die am Münchener Beispiel feststellbaren sozialen Konfliktlagen die zentralen Schwierigkeiten beleuchten, die bei der Ausarbeitung der Reichsgesetze auftauchten.

II

Der drohenden Gefahr einer Wohnungsnot, auf die vereinzelt schon vor den (unzulänglichen) Ergebnissen der Reichswohnungszählung des Jahres 1918 hingewiesen wurde, schenkte man in der Öffentlichkeit in den ersten Kriegsjahren wenig Beachtung.[12] Wie die beachtliche Zu-

[11] Was oft übersehen wird, z. B. bei D. P. Silvermann, *A Pledge*... [wie Anm. 4].

[12] Zum folgenden vgl. Wilhelm Morgenroth, *Ausschnitte aus der Münchner Wohnungsstatistik*, in: Albert Gut (Hrsg.), *Das Wohnungswesen der Stadt München*, München 1928, S. 171—187, u. Albert Gut, *Die Wohnungsnot und ihre Bekämpfung*, in: *A.a.O.*, S. 97—130.

nahme des Wohnungsleerbestandes von unter einem Prozent 1914 auf 4,4 % 1915 zeigt, hatten die Einberufung zum Militärdienst, die erhöhte Zahl von Haushaltsauflösungen infolge der hohen Kriegssterblichkeit und der Abwanderung von Arbeitskräften aus München sowie die wirtschaftlichen Schwierigkeiten von Kriegerfamilien, die gezwungen waren ihren Wohnungsstandard zu senken, in den ersten Kriegsjahren zu einer merklichen Entspannung auf dem Münchener Wohnungsmarkt geführt. Erst die rasche Expansion der Kriegsindustrie im Münchener Raum im Rahmen des ‚Hindenburg-Programms' und die damit verbundene hohe Nachfrage nach gelernten und ungelernten Arbeitskräften führte zu einer größtenteils statistisch nicht erfaßten Zuwanderung aus den umliegenden ländlichen Gebieten in die oberbayerische Metropole. Bis Mitte 1917 war der Wohnungsleerbestand auf die Vorkriegshöhe zusammengeschmolzen. Die Kriegsindustrien versuchten, für ihre Arbeiter Wohnungen freizumachen, und begannen nach 1916, ebenso wie die in der Hauptstadt München rasch expandierenden Kriegsamtsstellen, in aller Eile Wohnungen in Fabrik- und Büroräume unzuwandeln. Wie im ganzen Reich kam der Wohnungsneubau fast völlig zum Erliegen.

Die Demobilmachung führte dann in München, ebenso wie in anderen Teilen des Reiches, innerhalb kürzester Zeit zu einer krisenhaften Zuspitzung der Wohnungsnot. Allein vom Oktober 1918 bis zum Dezember 1920 stieg die Zahl der offiziell beim Wohnungsamt gemeldeten, wohnungssuchenden Haushaltungen auf über 17000 und bis zum Ende des Jahres 1923 auf über 27000.[13] Diese Zahlen geben wohlgemerkt keine Auskunft über die Art und das Ausmaß der Wohnungsnot, da die Zahl der ‚Karteileichen' zweifellos sehr groß war und offiziell jeder Wohnungswechsel über das Wohnungsamt abgewickelt werden mußte.

Der Einfluß der Wohnungszwangswirtschaft auf die Verschärfung der Wohnungsnot beschäftigte schon die Zeitgenossen, die, ähnlich wie der rückschauende Betrachter, ihre Schlüsse weniger auf konkretes statistisches Material und mehr auf Impressionen gründeten. Erst die Wohnungszählung der deutschen Städte im Mai 1925 gibt einen detaillierten Einblick in die veränderte Wohnsituation der Münchener Be-

[13] Diese und die folgenden stat. Angaben über die Tätigkeit des Wohnungsamts aus StAM, Wohnungsamt 42 u. *Statistisches Handbuch der Stadt München*, hrsg. vom Statistischen Amt der Stadt München, München 1928, S. 63.

völkerung im Vergleich zur Vorkriegszeit.[14] Nie zuvor hatten sich zwischen zwei aufeinanderfolgenden statistischen Erhebungsjahren ähnlich ausgeprägte Strukturveränderungen wie zwischen 1910 und 1925 feststellen lassen.

Die Tatsache, daß die Gesamteinwohnerzahl Münchens von 1910 bis 1925 nur um knapp 12 %, die Zahl der Wohnungen aber um 22 % stieg — in anderen Worten: die Wohndichte abnahm (von 3,98 auf 3,76 Personen je Wohnung) —, wurde gerade von seiten des Hausbesitzes als ein Indiz für die negativen Wirkungen der Wohnungszwangswirtschaft angeführt. Die niedrigen Mieten infolge der Mietpreisbindung förderten, so das Argument, den „Wohnungsluxus" der unteren Schichten. Wenn man bedenkt, daß zum Beispiel sieben Häuser einer Münchener Straße 1910 noch 185 Haushaltungen mit 746 Bewohnern, 1925 nur noch 162 Haushaltungen mit nur 515 Bewohnern beherbergten, ist dieses Argument der Verbesserung der Wohnsituation einzelner Mietergruppen nach dem Krieg wohl nicht so abwegig. Davon profitiert scheinen diejenigen zu haben, die *vor* Einführung der Wohnungszwangswirtschaft schon eine Wohnung hatten und in der Folgezeit durch den Tod oder Wegzug einzelner Mitwohner oder Familienangehöriger als Alleinmieter die Wohnung übernehmen konnten, da infolge des unter dem Marktwert liegenden Mietpreises die Auflösung von Wohnungen, die man bei freien Mietpreisen nicht hätte halten können, hinausgeschoben wurde. Luxuswohnungen haben dabei offensichtlich weniger eine Rolle gespielt, da diese oft freiwillig oder auf Veranlassung des Wohnungsamtes hin in Teilwohnungen aufgeteilt wurden; den Hauptanteil machten Wohnungen mittlerer Größe aus, die von „einfacheren Volksschichten" bewohnt waren. Dies wird durch die Beobachtung bestätigt, daß sich das während der Inflationszeit unzureichende Angebot an untervermieteten Zimmern mit der Stabilisierung der Währung und dem langsamen Steigen der Wohnungsmiete nach 1924 schnell besserte.[15]

[14] Zur Wohnsituation vgl. W. Morgenroth, *Ausschnitte*... [wie Anm, 12], ders., *Die Wohnungszählung*... [wie Anm. 6], u. ders., *Einige Hauptergebnisse der Wohnungszählung vom 10. Mai 1925 in München,* in: *Münchener Wirtschafts- und Verwaltungsblatt,* 1. Jg. (1926), S. 107—114.

[15] W. Morgenroth, *Einige Hauptergebnisse*... [wie Anm. 14], S. 111; auch Werner Abelshauser, *Verelendung der Handarbeiter? Zur sozialen Lage der deutschen Arbeiter in der großen Inflation der frühen zwanziger Jahre,* in: Hans Mommsen/Winfried Schulze (Hrsg.), *Vom Elend der Handarbeit. Probleme historischer Unterschichtenforschung,*

Die Abnahme der Wohndichte sollte man aber nicht überbewerten; denn einmal spiegelte sich darin bis zu einem gewissen Grad die Wohnungserfassung durch das Wohnungsamt wider, die zum Sinken des Wohnungsleerbestandes, zur Aufteilung von Wohnungen und zur Nutzung von Räumen führte, die vor dem Krieg von den städtischen Wohnungsinspektoren nicht freigegeben worden wären. Zum anderen läßt sich, wie gerade von zeitgenössischen Statistikern immer wieder betont wurde, die Wohnbevölkerung nicht mit der der Vorkriegszeit vergleichen. Tatsächlich illustriert die Münchener Wohnungsnot einen interessanten Ausschnitt des ‚demographischen Dilemmas' der zwanziger Jahre.[16] Die Durchschnittsgröße der Haushaltungen hatte sich in München von 1910 bis 1925 um 13 % vermindert, was auf den dramatischen Geburtenrückgang während des Krieges und auf die große Zahl von Eheschließungen zurückzuführen ist. Die Altersgruppe der unter zehn Jahre alten Personen hatte um 28 %, die der unter 16 Jahre alten um 16 % abgenommen, während die Gesamtbevölkerung um 14 % und die über 16 Jahre alten Personen um 25 % zunahmen. Dieser Anstieg des Durchschnittsalters der Wohnbevölkerung führte dazu, daß die Zahl der Haushaltungen sehr viel schneller wuchs (um ein Drittel) als die der Wohnungen (um ein Fünftel). Infolge des insgesamt höheren Altersdurchschnitts hatte damit die Wohnungsnot im Vergleich zur Vorkriegszeit einen tendenziell anderen Charakter: Das Problem des Schlafgängertums machte dem Problem des Zusammenwohnens erwachsener verheirateter Personen Platz. Während sich vor dem Krieg die Begriffe „Wohnung" und „Haushaltung" fast deckten, das heißt auf jede Wohnung praktisch eine Haushaltung gekommen war, lebten 1925 16 % aller Haushaltungen in „Wohngemeinschaften" zu je zwei oder mehr Haushaltungen.[17] Bei den 27 696 Wohnungssuchenden des Jahres

Stuttgart 1981, S. 445—476, S. 469; zum Zimmerangebot die interessante Arbeit von Josef Hunck, *Freie Wirtschaft und Zwangswirtschaft im Wohnungswesen* (= Hamburger wirtschafts- und sozialwissenschaftliche Schriften, H. 10), Rostock 1929, S. 92 ff.

[16] Für die Bedeutung demographischer Veränderungen auf dem Arbeitsmarkt sehr gut Jürgen Reulecke, *Veränderungen des Arbeitskräftepotentials im Deutschen Reich 1900—1933*, in: Hans Mommsen u. a. (Hrsg.), *Industrielles System und politische Entwicklung in der Weimarer Republik*, Düsseldorf 1974, S. 84—95; die Perspektive von vor 1914 Klaus Tenfelde, *Großstadtjugend in Deutschland vor 1914. Eine historisch-demographische Annäherung*, in: *Vierteljahrschrift für Sozial- und Wirtschaftsgeschichte*, Bd. 69 (1982), S. 182—218.

[17] So das Urteil von W. Morgenroth, *Die Wohnungszählung* ... [wie Anm. 6], S. 249. In der großangelegten kommunalen *Erhebung der Wohnverhältnisse der Stadt München*

1923 handelte es sich bei 13 529 um Haushaltungen, die keine eigene Wohnung hatten und 4924 standesamtliche Aufgebote.[18] Es fehlte somit an abgeschlossenen Wohnungen, die nicht wie Einzelzimmer durch ein „Zusammenrücken" infolge von Mietpreiserhöhungen freigemacht werden konnten.

Trotz der Verbesserung der Wohnsituation eines Teiles der Bevölkerung traf die Wohnungsüberfüllung nach wie vor die unteren Einkommensklassen; denn gerade in Kleinwohnungen mit bis zu drei Zimmern blieb die Überbelegung ein schwerwiegendes Problem. Eine private Wohnungserhebung aus dem Jahr 1921 illustriert das katastrophale Ausmaß der Wohnungsnot: Die Einzimmerwohnungen mit Küche und einem Zimmer waren nach der Zählung der Kontrolleure der Ortskrankenkasse durchschnittlich mit 3,8 Personen, die städtischen Notwohnungen mit 3,5 Personen und nach den Erhebungen des Bezirksverbands für Säuglingsfürsorge mit 4,9 Personen belegt.[19] Nimmt man, wie die zeitgenössische Statistik, eine Überbelegung bei mehr als zwei Personen pro Wohnraum an, so war 1925 jede 14. Münchener Wohnung überfüllt. Einzelne Fälle, in denen bis zu zehn Personen in einem Wohnraum hausten, waren zwar Ausnahmen, aber nichtsdestoweniger symptomatisch für die allgemeine Wohnungsnot. Gerade bei kinderreichen Familien, die sich überdurchschnittlich aus der Münchener Arbeiterschaft rekrutierten, war die Belegungsdichte der Wohnungen besonders hoch.[20]

1904—1907 (= Mitteilungen des Statistischen Amtes der Stadt München, Bd. 20, Teilbde. 1—6), München 1910, wurde festgestellt, daß 25 % der Wohnungen zeitweise in Teilwohnungen aufgeteilt waren (*a.a.O.*, Teilbd. 6, S. 6). Morgenroth urteilte 1912, daß „unter der veränderten Lage des Wohnungsmarktes mit seiner zunehmenden Knappheit, die umgekehrte Erscheinung gezeigt hat, daß die Teilwohnungen großenteils wieder aufgehoben ... worden sind". *Der Wohnungsmarkt der Stadt München. Statistische Mitteilungen über seine gegenwärtige Lage und seine Entwicklung in den letzten Jahrzehnten* (= Veröffentlichungen des Statistischen Amtes der Stadt München, Heft 26), München 1912, S. 3; zu den zyklischen Schwankungen auf dem Wohnungsmarkt auch W. R. Krabbe, *Die Anfänge...* [wie Anm. 2].

[18] *Statistisches Handbuch...* [wie Anm. 13], S. 63.

[19] Die (nicht repräsentative) Untersuchung stützte sich bei der Krankenkasse auf 400, bei der Säuglingsfürsorge auf 503 und bei den Notwohnungen auf 720 Fälle, vgl. M. Epstein, *Das Wohnungselend*, in: *Das Münchner Kind nach dem Kriege*, München 1921, S. 23—26; allgemein vgl. Michael Gasteiger, *Die Not in München*, München 1923, S. 18ff.

[20] Wilhelm Morgenroth, *Münchens kinderreiche Familien und ihre Wohnungen*, in: *Allgemeines Statistisches Archiv*, Bd. 18 (1927), S. 82—96.

Ihren Klassencharakter verlor die Wohnungsnot in München während der Zwischenkriegszeit. Auffällig ist jedoch, wie sehr die Zwangswirtschaft die Wohnungsfrage zu einer fast alle sozialen Schichten berührenden Angelegenheit machte. Ärzte, Beamte und Selbstständige mußten sich, wenn sie eine Wohnung suchten oder umziehen wollten, an das Wohnungsamt wenden — immerhin handelte es sich bei einem guten Fünftel der Wohnungsgesuche um geplante Wohnungswechsel in der Stadt —; bei der Zuweisung von Wohnungen kannte der Wohnungsnachweis zwar „dringliche" oder „vordringliche" Fälle, aber keine sozialen Statusunterschiede: Nach München versetzte Beamte konnten ebensowenig Wohnungen vermittelt bekommen wie Firmen für ihr zum Teil hochqualifiziertes Personal. Das Hauptproblem war aber, daß angesichts der Massen von vorgemerkten Haushaltungen und der streng bürokratischen Vergabepraxis nach dem Zeitpunkt der Antragsstellung die schlimmsten Fälle der Wohnungsnot nicht behoben werden konnten. 1924 war ein großer Teil der Antragsteller, die sich 1919 angemeldet hatten, noch nicht „an der Reihe": Vom Juli bis Dezember 1922 konnten zum Beispiel im Monatsdurchschnitt nur 2,6 % der gemeldeten Haushaltungen vermittelt werden.[21]

Die Verwaltung von Mangel war eine wenig angenehme Aufgabe, zumal da, wie der Leiter des Münchener Wohnungsamtes 1918 ausführte, sich Wohnungen im Gegensatz zu Lebensmitteln, bei denen man bei auch noch so geringen Vorräten immer eine Sonderzuweisung ausgeben könne, durch welche sich eine augenblickliche Erregung beseitigen lasse, nicht einfach „aus dem Boden stampfen ließen".[22] Wie schon gesagt, waren die vom Wohnungsamt publizierten Zahlen nicht sehr präzise, aber immerhin spielten diese, da sie in der Presse regelmäßig publiziert wurden, in der öffentlichen Diskussion über die Effizienz des Wohnungsamtes eine große Rolle. Als 1922 anläßlich der Ergänzung von Einwohnerlisten eine große Zahl von „Wohnungsschiebungen" entdeckt wurde, war die Empörung groß und verschärfte die ohnehin vehemente Kritik, die an der „Diktatur des Wohnungsamtes"

[21] Eine Fülle von Klagen in: Bayerisches Hauptstaatsarchiv (BayHStA), MArb. 1534—1536; vgl. auch die Bemerkung des späteren Reichswirtschaftsministers Curtius, daß einer seiner Vorgänger in Berlin keine Wohnung zu finden in der Lage war, Julius Curtius, *Sechs Jahre Minister der Deutschen Republik*, Heidelberg 1948, S. 23; die Angaben über die Tätigkeit der Wohnungsämter berechnet auf der Grundlage der Zahlen im StAM, Wohnungsamt 42.

[22] Albert Gut, *Wohnungsnot und Demobilmachung. Vortrag in der Wohnungskommission*, StAM, Wohnungsamt Nr. 21/II.

in der Öffentlichkeit laut wurde: von seiten der Unternehmer, weil die bürokratischen Regelungen des Wohnungsamtes den regionalen Arbeitskräfteausgleich, speziell der verheirateten Arbeiter, behinderte und damit den Arbeitskräftemangel in München während der Inflationskonjunktur verschlimmerte; von seiten der Arbeiter, weil sie sich „zwangsweise seßhaft gemacht" und somit „an die Kette des Elends" angebunden sahen. Immerhin war eine Wirkung der Wohnungszwangswirtschaft, daß die hohe innerstädtische Mobilität der Vorkriegszeit auf einen Bruchteil der Umzüge und des Wohnungswechsels in der Vorkriegszeit zurückging.[23]

Es verwundert deshalb nicht, daß sich das Wohnungsamt bald der „größten negativen Popularität" erfreute. Der Münchener Mieterverein war der Meinung, daß selbst die Franzosen im besetzen Gebiet „nicht so gemein mit der Bevölkerung, wie dieses hier von diesem Amt geschieht", umgingen. Selbst die diensthabenden Ordnungspolizisten weigerten sich 1921/22 wiederholt, gegen im Wohnungsamt randalierende Personen vorzugehen. Die Wohnungsnot drohte sich zu einer politischen Krise auszuwachsen. Im Sommer 1922 erwog die konservative bayerische Regierung, zur Bekämpfung der Wohnungsnot in München einen staatlichen Wohnungskommissar einzusetzen, ein Plan, der nur deshalb auf Ablehnung stieß, weil man keine Chancen zur Verbesserung der augenblicklichen Situation sah.[24] Taktisch klüger war es wohl auch; denn so mußte sich die neue sozialdemokratische Kommunalverwaltung fragen lassen, warum sie nichts gegen das Problem zu unternehmen in der Lage war.

III

Mit dem Schutz der Mieter vor „unangemessenen" Mietpreissteigerungen mußten Entscheidungen über die vermeintliche „Angemessenheit" getroffen werden. Der Schutz der Konsumenten „im Interesse des gemeinsamen kraftvollen Durchhaltens und der Gerechtigkeit",[25] ließ

[23] Vgl. die *Monatsberichte der Handelskammer München*, passim, StAM Gewerbeamt 273b; *Münchener Post*, Nr. 27 vom 2. 2. 1922; zur Mobilität W. Morgenroth, *Hauptergebnisse...* [wie Anm. 14], S. 256.

[24] *Bayerischer Kurier*, Nr. 259 vom 21. 6. 1921; *Zeitgeist*, Nr. 1 vom 27. 7. 1923; Beispiele für Dienstverweigerungen in StAM Wohnungsamt, Nr. 22 u. 25; *Denkschrift über die Bestellung eines staatlichen Wohnungskommissars für München*, BayHStA MJu 16276.

[25] Manfred Lehmann, *Der Begriff des angemessenen Preises* (= Arbeiten zum Handels-, Gewerbe- und Landwirtschaftsrecht, Nr. 32), Marburg 1921, S. 71.

sich, nach seinem ohnehin kläglichen Scheitern während der letzten Kriegsjahre, nach dem Krieg und der Rückkehr zur freien Wirtschaft in den meisten anderen Wirtschaftsbereichen nur mehr mit Schwierigkeiten rechtfertigen. Die Wohnungsnot erlaubte aber, wie man bis weit in das bürgerliche Lager der Meinung war, nicht sofort die Rückkehr zur freien Wirtschaft, da dies zu „Mord und Todschlag" geführt hätte.[26] Damit wurde die Bestimmung der sozialen und wirtschaftlichen Parameter für die Bildung der Mietpreise akut. Die bis zum Ende des Krieges entbrannte Diskussion über „Preistreiberei", „Wucher" und „Angemessenheit" hatte nicht nur gezeigt, daß ein Kunterbunt von volkswirtschaftlichen, juristischen, politischen und vor allem sozialen Argumenten ins Feld geführt wurde, sondern daß auch keine Einstimmigkeit in dieser Frage zu erzielen war.[27] Die Bestimmung der „Angemessenheit" von Mieten entwickelte sich somit zu einer der zentralen Verteilungsfragen, die im Falle des Hausbesitzes während der Inflation von besonderer Brisanz war, da Antworten auf die Handhabung von Eigentums- und Kontraktrechten, zum Beispiel langfristiger Mietverträge oder Hypothekenschulden, gefunden werden mußten.

Die Regelung der Mietpreise war, wie schon angedeutet wurde, den Mieteinigungsämtern übertragen worden, in denen die Interessenvertreter der „Wohnungskonsumenten" — es handelte sich dabei um so unterschiedliche Gruppen wie die Mietervereine, die Gewerkschaften, die Hausfrauenvereine etc. — Sitz und Stimme hatten. So divergierend die politischen Überzeugungen und Interessen der vertretenen Mieter auch sein mochten — so wurde den Gewerkschaften wiederholt vorgeworfen, zu nachgiebig zu sein[28] —, so herrschte doch ein Konsens

[26] Waldemar Zimmermann, *Die Grenzen der Wohnungszwangswirtschaft*, in: *Verhandlungen des Vereins für Sozialpolitik 1930* (= Schriften des Vereins für Sozialpolitik, Bd. 182), München 1931, S. 229—253, S. 232; die frühe Zwangswirtschaft konnte verteidigt, die Gesetzgebung *nach* 1924 vehement verurteilt werden, vgl. z. B. Adolf Weber, *Politische Preise, politische Arbeitsbedingungen, Arbeitslosigkeit. Vortrag gehalten anläßlich der Jahresversammlung der Vereinigung der bayerischen Arbeitgeberverbände in München am 8. Mai 1931*, München-Leipzig 1931, S. 7ff., wo er sich vehement gegen die „politischen Mietpreise" wandte.

[27] Dazu M. Lehmann, *Der Begriff...* [wie Anm. 25]; eine gute Darstellung der Kernprobleme am Beispiel des Lebensmittelhandels vgl. Hans Geithe, *Wirkungen der Lebensmittelzwangswirtschaft der Kriegs- und Nachkriegszeit auf den Lebensmitteleinzelhandel*, Staatswiss. Diss., Halle 1925.

[28] Vgl. z. B. die Angriffe des Mietervereins in der *Münchener Zeitung*, Nr. 323 vom 22. 11. 1922, u. *Bayerisches Mieter Echo*, Nr. 1 vom 1. 5. 1923. Durch interne Querelen war der kleinbürgerliche Münchener Mieterverein nach dem Krieg sehr geschwächt und mußte mehrmals bis 1923 reorganisiert werden.

darüber, daß eine Lockerung der 1918/19 eingeführten gesetzlichen Bestimmungen angesichts der Wohnungsnot zu einem Hochschnellen der Mieten führen würde, was katastrophale Folgen für die in Miete lebenden Familien haben mußte. Wie die Befürworter einer extensiven Auslegung der Preistreibereiverordnung, die sich bei Versorgungsschwierigkeiten auf die Existenz einer „Notmarktlage", das heißt einer extremen Diskrepanz zwischen Angebot und Nachfrage zuungunsten der Konsumenten beriefen, argumentierten die Interessenvertreter der Mieter, daß „das private Recht des Vermieters hinter dem Interesse der Öffentlichkeit an der Lage der Mieter" zurückzutreten habe.[29] Entsprechend sei es unvereinbar, daß die „Hausagrarier" unverdiente Gewinne aus dem Hausbesitz zogen und sich unverdientermaßen von den „Inwohnern ernähren lassen".[30] Die daraus abgeleitete Maxime, das „Eigentumsrecht, wie es in Rom vor 2000 Jahren bestanden hat", passe nicht mehr in die heutige Zeit, rührte an den Grundfesten der Wirtschaftsordnung.[31]

Mit Vehemenz wandte sich der rührige Vorsitzende des Münchener Hausbesitzervereins, Josef Humar, gegen derartige Vorstellungen von Recht und Gerechtigkeit, die bezeichnenderweise nicht nur von der politischen Linken vorgebracht wurden. In den Augen der Hausbesitzer entwickelte sich die Zwangswirtschaft zu einem unhaltbaren und sozial ungerechten System, das die freie Verfügungsgewalt über das Eigentum radikal beschnitt, eine Bevölkerungsgruppe willkürlich unter eine Sondergerichtsbarkeit stellte und einem Teil des Wirtschaftskörpers zumutete, „Leistungen zum Teil unentgeltlich zu geben".[32] Im Hinblick auf die öffentliche Diskussionen über die Gemeinwirtschaft sowie die Verhandlungen der Sozialisierungskommission über die Neuregelung des Wohnungswesens konnte die Mieterschutzgesetzgebung als eine Vorstufe zur Sozialisierung des Hauseigentums betrachtet werden. Als sein gutes Recht forderte der organisierte Hausbesitz, daß neben den persönlichen Verhältnissen der Mieter bei der Mietpreisbildung auch die wirtschaftlichen Verhältnisse der Hausbesitzer in Betracht zu ziehen seien. Die zentrale Forderung war, neben der Deckung

[29] Arthur Meyerowitz, *Das gesamte Miet- und Wohnungsnotrecht [...] nach dem Stand vom Mai 1929*, 2., vollständig neu bearb. Aufl., Berlin 1929, S. 78.

[30] *Münchener Zeitung*, Nr. 30/31 vom 31. 1. 1922.

[31] A. Meyerowitz, *Das gesamte Miet- und Wohnungsnotrecht...* [wie Anm. 29], S. 90.

[32] Dazu die *Münchener Bürger- und Hausbesitzerzeitung* (im folgenden MBHZ zitiert), Zitat in Nr. 17 vom 24. 4. 1920.

der Unkosten und der Lasten eines Hauses auch eine „angemessene" Entschädigung für die Hausverwaltung wie auch für die Vergütung für das im Haus investierte Kapital in die Miete einzuberechnen. Dabei verwies man zum einen auf die Tatsache, daß von den Mietern durch die Untervermietung von Zimmern zu Wucherpreisen der Marktwert einer Wohnung ausgenutzt werden konnte, zum anderen darauf, daß die Mieten der *nach* dem Juli 1918 zu einem großen Teil mit öffentlichen Mitteln erbauten Häuser den Preissteigerungen angepaßt wurden.[33]

Die Grundüberlegung der bis Ende 1919 erlassenen Bestimmungen war, daß bei Mietpreiserhöhungen, Streitigkeiten etc. der Vermieter das Verfahren im Miteinigungsamt in Gang bringen mußte. Das zeitraubende und nur mit großem bürokratischem Aufwand zu bewerkstelligende, individuelle Verfahren bei der Mietpreisbildung, das die bayerischen Hausbesitzer wohl nicht zuletzt deshalb der schematischen Höchstmietenregelung Preußens vom Dezember 1919 vorzogen, weil es weitaus höhere Steigerungssätze zuließ, sollte nach den bayerischen Ausführungsbestimmungen vom August 1920 zum Reichswohnungsmangelgesetz vom Mai desselben Jahres vereinfacht werden.[34] Anstelle des zweifellos sehr dehnbaren „billigen Ermessens" des Mieteinigungsamtes, bei dem, wie die Hausbesitzer immer wieder klagten, der Erfolg „nicht allein von der subjektiven Auffassung der Richter, sondern auch von der mehr oder weniger geschickten Vertretung beim Mieteinigungsamt abhing",[35] sollte die Berechnung durch Richtlinien vereinheitlicht und schematisiert werden: Die Miete sollte sich auf der Friedensgrundmiete (das heißt: Bruttomiete des Jahres 1914 minus Steuern, Instandsetzungskosten etc.) aufbauen, die um die durch die Teuerung eingetretenen Mehrbelastungen in der Form von Zuschlägen für

[33] Eine Aufstellung der Mieten für Neubauwohnungen konnte nicht gefunden werden; zum „Zimmerwucher in München" vgl. z. B. *MBHZ*, Nr. 39 vom 24. 9. 1921. Ein Ausschuß wohnungsloser Feldsoldaten beklagte sich im Sommer 1919 heftig darüber, daß der „Mietwucher" hauptsächlich bei Vermietung von Einzelzimmern auftrete, und hier seien es „nicht Kapitalisten, sondern meistens Proletarier, welche in geradezu schamloser Weise die Notlage ihrer Mitmenschen ausnützen", Schreiben vom 8. 7. 1919, StAM Wohnungsamt 21/II.

[34] Vgl. z. B. *MBHZ*, Nr. 9 vom 28. 2. 1920; auch der Vorsitzende des Münchener Mieteinigungsamtes lehnte die preußische Höchstmietenregelung ab, vgl. Held, *Die Zwangswirtschaft auf dem Gebiete des Wohnungswesens und ihre Auswirkungen,* in: *Zeitschrift für Wohnungswesen in Bayern,* Jg. 1921, S. 128—130.

[35] *MBHZ*, Nr. 34 vom 20. 8. 1921.

die laufenden Unterhaltskosten, Steuern, große und kleine Reparaturen etc. zu erhöhen war.

Der Gedanke, die Miete durch Zuschläge zur Friedensmiete zu bestimmen und sie dazu in ihre einzelnen Bestandteile aufzugliedern, antizipierte die Bestimmungen des Reichsmietengesetzes von 1922, dessen erster Entwurf kurz nach dem Erlaß der bayerischen Ausführungsbestimmungen von der Reichsregierung im Februar 1921 vorgelegt wurde. Die im Herbst vom „Ausschuß für Mietpreisbildung" im Münchener Mieteinigungsamt begonnenen Verhandlungen zur Ausarbeitung praktikabler Richtlinien für München zogen sich bezeichnenderweise über ein Jahr hin, ohne daß eine Kompromißformel zwischen den Parteien gefunden wurde.[36]

Der erste Entwurf, der im Mai 1921 vorgelegt wurde, sah im Gegensatz zu der bayerischen Verordnung nicht Zuschläge zur Friedensmiete, sondern ein System der Kostenumlegung vor, das heißt, die Kosten sollten nach einem festgelegten Verteilungsschlüssel nach den tatsächlich entstehenden Kosten auf die einzelnen Parteien eines Hauses umgelegt werden: Diejenigen Zuschläge, die vom Vermieter nicht unmittelbar für Reparaturen am Haus verwendet wurden, plante man, einem von Mietern und Vermietern verwalteten öffentlichen Ausgleichsfond zuzuführen. Waren dies weitreichende Zugeständnisse an die Mietervereine, die sich auf den Standpunkt stellten, daß Zuschläge für Reparaturen nicht einfach in den Taschen der Vermieter verschwinden durften, so kam den Hausbesitzern die beabsichtigte Regelung entgegen, daß längerfristige Mietverträge, in denen feste Mietpreise vereinbart worden waren, noch vor ihrem Ablauf abgeändert werden konnten. Die Idee zur Schaffung dieses bürokratischen und sehr aufwendigen Ausgleichsfonds läßt sich schon in einer von Humar im Herbst 1920 konzipierten Denkschrift finden. Humar, der als Berater bei der Ausarbeitung des Reichsmietengesetzes tätig war, scheint den Plan gehabt zu haben, die Münchener Richtlinien quasi als Vorbild für die zu erlassende Mietenregelung zu konzipieren.[37]

[36] Die Akten des Münchener Mieteinigungsamtes sind nicht mehr vorhanden; zum Folgenden: BayHStA MJu 16271 und die Berichte in der *MBHZ*, Nr. 32 vom 6. 8. 1921, Nr. 42 vom 15. 10. 1921, Nr. 8 vom 25. 2. 1922.

[37] Josef Humar, *Der Wiederaufbau des deutschen Wohnungswesens*, München (Herbst 1920), in: Archiv der Industrie und Handelskammer (IHK), München, Nr. 157; zu seiner Tätigkeit in Berlin, siehe seine Angaben in den *Verhandlungen der Sozialisierungs-Kommission über die Neuregelung des Wohnungswesens*, 2 Bde., Berlin 1921, Bd. 1, S. 132f.

Die Vorbehalte, die von den bayerischen Staatsministerien und, nach einer Anfrage, auch vom Reichsarbeitsministerium gegen die Richtlinien vorgebracht wurden, waren zum einen, daß es sich nicht um eine Anwendung bestehenden Rechts, sondern vielmehr um Setzung neuen Rechts durch das Münchener Mieteinigungsamt handele: Das Reichsarbeitsministerium befürchtete vor allem, daß die Vorschriften über die Verwendung der Beträge für laufende Instandsetzungsarbeiten angesichts der Entwürfe zum Reichsmietengesetz aus „sachlichen und politischen Gründen" zu weitgehend waren. Einen Eingriff in laufende Mietverträge erachtete man unter Hinweis auf die Rechtsprechungspraxis des Reichsgerichts für gesetzwidrig und stellte sich damit auf den Grundsatz „Mark = Mark".[38]

So berechtigt diese Kritik formaljuristisch wohl auch hinsichtlich einzelner Bestimmungen dieses Entwurfs war, so illustriert sie doch die prinzipielle Problematik einer Mietpreisbildung, die sich auf dem Konsens und dem Interessenausgleich der verschiedenen Interessengruppen im Mieteinigungsamt aufbauen sollte. Wie die wiederholten Unterbrechungen der Verhandlungen zeigten, erreichte man bei dem Versuch, die Mieten in ihre Einzelbestandteile aufzugliedern und Zuschläge zu bestimmen, schnell die Grenze der Kompromißfähigkeit. Dies war nicht zuletzt auch einer der entscheidenden Gründe dafür, daß sich die Verabschiedung des Reichsmietengesetzes so lange hinzog.

Nach weiteren Verhandlungen wurde im August 1921 vom Vorsitzenden des Mieteinigungsamtes eine Neufassung der Richtlinien ausgearbeitet, die den Ausgleichsfond und das System der Kostenumlegung fallen ließ und, entsprechend dem ursprünglichen Wortlaut der bayerischen Ausführungsbestimmungen, auf der Grundlage statistischer Erhebungen bei einer Anzahl von Münchener Häusern Zuschläge zur Friedensmiete festlegte. Wie dann auch das Reichsmietengesetz vom März 1922 bestimmte, handelte es sich nicht um eine Höchstmiete: Grundsätzlich bestand freier Vertragsabschluß zwischen Vermieter und Mieter, aber auf Antrag konnte jede der beiden Vertragsparteien die „gesetzliche Miete" verlangen und damit jederzeit bestehende Vereinbarungen abändern lassen. Der vom Mieteinigungsamt festgesetzte Berechungsmodus für die Zuschläge wurde von allen Tageszeitungen veröffentlicht, und es ist daher anzunehmen, daß diese

[38] Schreiben des RAM vom 31. 8. 1921, BayHStA MJu 16 271; vereinzelte Hinweise deuten darauf hin, daß in der Praxis längerfristige Mietverträge mit vereinbarter Miete vom Mieteinigungsamt abgeändert wurden.

‚gesetzliche' Miete quasi eine Mindestmiete war, die für den größten Teil der Münchener Häuser galt.

Die vorgesehene Erhöhung der Mieten zum 1. Januar 1922 sollte sich auf nominal 75 % der Friedensmiete belaufen; angesichts der Teuerungswelle im Herbst 1921 konnte man nicht von einer übermäßigen Anhebung sprechen. Daher war es um so überraschender, als in einer im August 1921 im Ministerium für Soziale Fürsorge abgehaltenen Besprechung alle Vertreter der Mieter, mit Ausnahme der in München sehr regen Hausfrauenvereinigung, diese Neufassung ablehnten. Bezeichnend ist dabei, daß weniger einzelne Bestimmungen kritisiert wurden, als vielmehr die Tatsache, daß der Bevölkerung zusätzliche, nicht tragbare Lasten aufgebürdet werden sollten. Wie der Vertreter des Reichsbundes der Kriegsbeschädigten, der klagte, daß in den Richtlinien nichts enthalten sei, „was einen Schutz für die Massen der Invaliden, die an und für sich schon an der Grenze ihrer Leistungsfähigkeit angelangt sind, darstellen würde", brachten die Vertreter der freien und christlichen Gewerkschaften, die Gewerkschaftsvertreter der Beamten und der Gemeindearbeiter sowie die Führung des Allgemeinen Gewerbevereines die spezifischen Bedenken ihrer Organisationen gegen eine Erhöhung der Mieten vor. Das Urteil Humars, daß die Mietervertreter überhaupt keine Regelung wollten, war wohl nicht so falsch.[39]

Wahrte die schließlich am 15. Oktober 1921 in der Staatszeitung veröffentlichte Fassung der Richtlinien die Interessen der Hausbesitzer? Wie schon die Vertreter der Mieter, die sich an der Ausarbeitung beteiligt hatten, sah sich Humar der massiven Kritik derjenigen ausgesetzt, die vor allem die „schwachen Punkte" und nicht, wie er, den „Fortschritt" hervorhoben. Die Nürnberger Hausbesitzer, die bei der Ausarbeitung ihrer Richtlinien auf ähnliche Schwierigkeiten wie in München gestoßen waren, warfen auf turbulenten Versammlungen in München dem Landesvorsitzenden im Januar vor, nicht energisch genug die Interessen der Vermieter gewahrt zu haben und die Bewegung der Hausbesitzer zu schwächen. Als Protest gegen die Zwangswirt-

[39] Vermerk über die Besprechung im Min. für Soz. Fürsorge über die Münchener Richtlinien am 9. 8. 1921, BayHStA MJu 16271; da nicht klar war, wer letztlich im Mieteinigungsamt über die Richtlinien zu entscheiden hatte: die Vertreter der Mieter und Vermieter, der Vorsitzende oder dieser und die Beisitzenden zusammen, übertrug das Min. für Soz. Fürsorge die Entscheidung dem Vorsitzenden. — Für die Hausbesitzer ein Beispiel mehr für das Chaos in der Mieterschutzgesetzgebung, vgl. *MBHZ*, Nr. 32 vom 6. 8. 1921.

TABELLE 1

Mietpreis einer Wohnung mit 100 Mark monatlicher Friedensmiete in München von 1920 bis 1923

Zeitperiode	Nominalpreis	Realmark	
		zu Beginn der Periode	zu Ende der Periode
Jan. 1920—März 1920	110	17.60	14.30
April 1920—März 1921	165	13.90	12.65
April 1921—Dez. 1921	130	14.30	8.38
Jan. 1922—Juni 1922	165	8.25	3.96
Juli 1922—Aug. 1922	235	4.35	1.76
Okt. 1922—Nov. 1922	760	3.44	1.10
Dez. 1922—Jan. 1923	1.446	2.13	1.30
Februar 1923	5.340	2.00	
März 1923	8.003	2.80	
April 1923	11.918	3.42	
Mai 1923	19.922	2.60	
Juni 1923	19.922	2.60	
Juli 1923	45.040	1.19	
August 1923	113.600	1.58	
September 1923	2,425 Mio.	2.04	
Oktober 1923	475 Mio.	11.73	
November 1923	144,4 Mio.	10.51	
Dezember 1923	28,8 Bill.	23.00	

Zusammengestellt nach: [Hans Heiler], *Die Verelendung des Mittelstandes* (= Beiträge zur Statistik Bayerns, H. 106), München 1925, S. 67.

schaft drängten sie auf einen „Abgabenstreik", durch den man zu dieser Zeit in Nürnberg das Mieteinigungsamt gefügig zu machen hoffte. Ihrer Meinung nach konnte nur eine *automatische* Anpassung der Mieten an die gestiegenen Ausgaben eine Lösung darstellen.[40] Dies traf zweifelsohne den Kern des Problems von Verträgen bei anhaltender Teuerung; denn bis die Mieten schließlich nach einem halben Jahr erneut der Preisentwicklung angepaßt wurden, waren sie auf weniger als die Hälfte des vereinbarten Werts gefallen.

[40] Zu den Auseinandersetzungen vgl. *MBHZ*, Nr. 3 vom 21. 1. 1922 u. Nr. 4 vom 28. 1. 1922. Die gestörte Einigkeit wurde durch den Erlaß des Reichsmietengesetzes ein paar Monate später wieder hergestellt; obwohl es sich nicht sehr von den Richtlinien unterschied, wurden vom Münchener Hausbesitzerverein große Protestveranstaltungen gegen den Erlaß des Gesetzes organisiert.

IV

Der Mieterschutz hatte, wie schon in der zeitgenössischen Diskussion hervorgehoben wurde, weitreichende Auswirkungen für die Realeinkommenslage der in Mietwohnungen lebenden Bevölkerung während der Inflation. Die Ausgaben für Mieten, die nach einer Erhebung aus dem Jahr 1909 in München zwischen 10 % und 15 % des Haushaltsbudgets von Arbeitern ausgemacht hatten,[41] waren, wie in Tabelle 1 deutlich wird, bis 1922 auf einen geringen Bruchteil ihres ursprünglichen Wertes gesunken: Nach dem Reichslebenshaltungsindex waren in München im Januar 1923 die Aufwendungen für Ernährung im Vergleich zur Zeit vor dem Krieg um das 1058fache, für Bekleidung um das 1679fache und die für Heizung und Beleuchtung um das 1348fache gestiegen; da die Mieten nur um das 19fache gestiegen waren, verteuerte sich der Gesamtaufwand um ‚nur' das 1000fache.[42] Dabei darf natürlich nicht übersehen werden, daß die durch die Münchener Richtlinien und dann durch das Reichsmietengesetz vorgesehenen Zuschläge, wie zum Beispiel für Zentralheizung, die Mieten gerade für große Wohnungen im Einzelfall sehr verteuern konnten.

Die Tatsache, daß die Aufwendungen für Mieten weit hinter denen für andere Lebenshaltungskosten blieben, wurde vom organisierten Hausbesitz als Indiz dafür gewertet, daß der Verteilungskampf zwischen den „zwei Klassen": den Mietern und Vermietern, in dem sich der Münchener Hausbesitzerverein sah,[43] zugunsten der Mieter entschieden war. Es ist der eigenartige Mechanismus der Umverteilung infolge der Inflation, daß die „Verluste" des Hausbesitzes zwar im Saldo als „relative Gewinne" der Mieter identifizierbar zu sein scheinen — entsprechend strukturierte sich auch der Konflikt zwischen Mietern und Vermietern —, daß aber diese Realeinkommensgewinne der Konsumenten durch die Teuerung auf anderen Gebieten neutralisiert wurden. Nur so sind, trotz der lächerlichen Höhe der Mieten, die regelmäßig wiederkehrenden Protestversammlungen der verschiedenen Verbraucherorganisationen anläßlich von Mietpreissteigerungen zu erklären.

[41] Else Conrad, *Lebensführung von 22 Arbeiterfamilien in München* (= Einzelschriften des Statistischen Amtes der Stadt München, Nr. 8), München 1909, S. 75.

[42] *Wirtschaft und Statistik*, 3. Jg. (1923), S. 96; zur Entwicklung der Lebenshaltungskosten vgl. Carl-Ludwig Holtfrerich, *Die deutsche Inflation 1914—1923*, Berlin 1980, S. 24ff.

[43] *MBHZ*, Nr. 28 vom 10. 7. 1920.

Aber waren die Hausbesitzer tatsächlich die „Verlierer", wie sie selbst insbesondere während der Inflation lautstark behaupteten? Zwar war durch die Zwangswirtschaft und die Inflation die Grundrente weitgehend expropriiert worden, aber mit der Inflation wurden auch die auf den Häusern lastenden Hypotheken wertlos. Es handele sich tatsächlich nicht um eine Enteignung der Hausbesitzer, bemerkte Rudolf Hilferding in der Sozialisierungskommission 1921, „sondern zu einem großen Teil trifft die Sache die Hypothekengläubiger, die Hypothekenbanken und dergleichen [...]".[44] Es spricht einiges dafür, daß die Fiktion Goldmark = Papiermark lange Zeit die Sicht für diese Entwicklung versperrte; denn zumindest beim Aushandeln der Mieten wurden fleißig die Hypothekenzinsen, nicht aber die Entwertung der Hypotheken berechnet.[45]

Als Besitzer von „Realwerten", die nach der Währungsstabilisierung zudem entschuldet waren, gehörten die Hausbesitzer zu den Gewinnern der Inflation. Ihre Erfahrung der Inflation läßt sich aber nicht allein darauf reduzieren, wie sie sich nach der Stabilisierung stellten; denn, worauf Peter-Christian Witt zu Recht hinweist, es handelte sich gerade für einkommensschwache Hausbesitzer bei der Hypothekenentwertung nur um einen fiktiven Gewinn, „der nicht die mit den minimalen laufenden Einnahmen entstehenden Probleme löste".[46] Ähnlich wie bei anderen sozialen Gruppen darf bei dem Protest des organisierten Hausbesitzes nicht übersehen werden, daß mehr als nur die unmittelbare materielle Lage eine Rolle spielte. Das im Namen des Münchener Verbandsorgans zum Ausdruck kommende Selbstverständnis als „Bürger und Hausbesitzer" schien lädiert, da soziale Hier-

[44] *Verhandlungen der Sozialisierungs-Kommission*... [wie Anm. 37], Bd. 2, S. 279; ausführlich wurde dieses Problem nicht diskutiert.

[45] Siehe z. B. die Aufstellung in *Verhandlungen der Sozialisierungs-Kommission*... [wie Anm. 37], Bd. 1, S. 97; der Deutsche Verein für Wohnungsreform schrieb 1928 selbstkritisch: „Wer heute auf die Entwicklung dieser Jahre zurückschaut, mag wohl verwundert den Kopf darüber schütteln, wie lange wir als Wertzuwachs angesehen haben, was in Wirklichkeit nur eine Veränderung des Geldmaßstabes war." (Zissler, *Der Deutsche Verein*... [wie Anm. 5], S. 63.) Erstaunlich ist ja die relativ späte Formierung des Protests der Gläubiger, dazu gut Michael L. Hughes, *Economic Interest, Social Attitudes, and Creditor Ideology: Popular Responses to Inflation*, in: Gerald D. Feldman u. a. (Hrsg.), *Die deutsche Inflation. Eine Zwischenbilanz* (= Veröffentlichungen der Historischen Kommission zu Berlin, Bd. 54), Berlin 1982, S. 385—407.

[46] P.-Ch. Witt, *Inflation*... [wie Anm. 4], S. 395. Auch J. H. Hunck, *Freie Wirtschaft*... [wie Anm. 15], S. 96.

archien, die traditionell auf marktmäßigen Vorteilen und Abhängigkeitsverhältnissen aufgebaut waren, während der Inflation aus dem Gleichgewicht geraten zu sein schienen: Die Höhe der Miete wurde durch die „Wohnungskonsumenten“ im Mieteinigungsamt mitbestimmt, die Wohnungen und Zimmer wurden durch das Wohnungsamt zugewiesen und der „Herr-im-Haus-Standpunkt“ schien durch die Mieterausschüsse, die innerhalb eines Hauses zur Überwachung der Investitionen nach dem Reichsmietengesetz gebildet werden konnten, in Frage gestellt.[47]

Die Frage der Mietpreisbildung — ebenso wie nach der Stabilisierung der Kampf um die „Aufwertung“ der Sparguthaben und Hypotheken — spaltete die sich zum Mittelstand zählenden Gruppen. Weder Industrie, Handel und Handwerk noch der Staat waren an größeren Mietpreissteigerungen interessiert, da Arbeiter wie Beamte oder Sozialrentner mit neuen Lohnforderungen beziehungsweise einer Erhöhung der Bezüge antworteten. „In fixing wages“, so das Urteil von Robert R. Kuczynski 1925 über die Wirkungen der Wohnungszwangswirtschaft, „the low rent was fully taken into account, and the main effect of the rent restriction law in the long run was that the German employer had the benefit of having his employees lodged for practically nothing.“[48] Industrie und Handel warnten zwar vor den hinter der Zwangswirtschaft drohenden Sozialisierungsplänen. Zugleich aber wurde betont, daß eine sofortige Aufhebung der Zwangswirtschaft für Räume, die dem Handel und Gewerbe dienten, der „Preistreiberei“ mit Mieten Tür und Tor öffnen und die weniger zahlungskräftigen Geschäftsleute aus ihren Läden vertreiben würde.[49] Die Münchener Handelskammer sprach sich 1922 zwar für eine mäßige Erhöhung der von den Mietern zu tragenden Mietsteuer aus, da man nur so die Finanzierung des öffentli-

[47] Der Protest des organisierten Hausbesitzes ist dem der Bauern vergleichbar; zu letzteren gut Robert G. Moeller, *Winners as Losers in the German Inflation: Peasant Protest over the Controlled Economy, 1920—1923*, in: G. D. Feldman u. a. (Hrsg.), *Die deutsche Inflation*... [wie Anm. 45], S. 255—288.

[48] Robert R. Kuczynski, *Postwar Labor Conditions in Germany* (= Bulletin of the United States Bureau of Labor Statistics, No. 380), Washington 1925, S. 46; auch J. Hunck, *Freie Wirtschaft*... [wie Anm. 15], S. 81; vgl. dazu auch die *Verhandlungen der Sozialisierungs-Kommission*... [wie Anm. 37], Bd. 2, S. 27 ff., 49 ff., 258 ff.

[49] Schreiben vom 10. 10. 1921 an den deutschen Reichstag, betr. das Reichsmietengesetz, in: IHK München, XXII, Nr. 158. Das Reichsmietengesetz von 1922 erlaubte die Berechnung von Sonderzuschlägen für gewerblich genutzte Räume, was zu einer Welle von Protesten des Handels und Handwerks führte.

chen Wohnungsbaues gewährleistet sah; von der Aufhebung der Wohnungszwangswirtschaft erwartete man aber zu diesem Zeitpunkt „katastrophale Erschütterungen des Wirtschaftslebens", wobei, wie immer wieder hinzugefügt wurde, der kleine Mittelstand der leidtragende Teil sein würde.[50] Angesichts der eigenen Kampagnen des Handels gegen die „willkürliche" Handhabung der Preistreibereiverordnungen zu dieser Zeit sind dies beachtenswerte Argumente, die für die eigenartige Struktur der Konsumentenkoalitionen während der Inflation sprechen. Es entbehrt nicht einer gewissen Ironie, daß in Bayern gerade das Finanzministerium das Ministerium für Soziale Fürsorge immer wieder vor den nachteiligen Auswirkungen von Mietpreiserhöhungen warnte. Freilich wurden die Bedenken nicht nur damit begründet, daß die minderbemittelten Schichten der Bevölkerung, „namentlich die Arbeiter, Beamten und Angestellten", mit Lasten bedroht würden, „die ein großer Teil nicht mehr ertragen kann", sondern auch damit, daß eine weitere Erhöhung der Beamtengehälter nur mit Hilfe der Notenpresse und der Vergrößerung der schwebenden Schuld finanziert werden könne.[51]

Der „Schutz des Mittelstandes", der zu den programmatischen Forderungen der konservativen bayerischen Regierungen nach 1920 gehörte, war somit eine sehr zwiespältige Angelegenheit, wollte man doch sowohl den bürgerlichen Mietergruppen als auch den bürgerlichen Hausbesitzern entgegenkommen. Im November 1921 urteilte der Verbandsvorsitzende der bayerischen Baugenossenschaften, Paul Busching, daß geringe Mieten zwar nicht die Deklassierung und Proletarisierung des Mittelstandes aufzuhalten, „wohl aber den Übergang von der Wohnung in eine Behausung noch zu verzögern vermochten".[52] Nach einer kräftigen Anhebung der Mieten im Rahmen des neuen Reichsmietengesetzes im Oktober 1922 warnte der Regierungspräsident von Oberbayern, Gustav von Kahr, daß „ein weiteres Nachgeben auf diesem Gebiete den in Miete wohnenden Mittelstand noch vollends

[50] Stellungnahme der Münchener Handelskammer zu einer Umfrage des Ministeriums für Industrie. Handel und Gewerbe vom 21. 2. 1922, BayHStA MWi 8388; zur kontroversen internen Diskussion die Stellungnahmen in: IHK München, XXII, Nr. 158.

[51] Vgl. z. B. Rundschreiben des Finanzmin. vom 5. 1. 1922; die Ministerratssitzung am 23. 12. 1922; Schreiben des Finanzm. an das Min. für Soz. Fürsorge vom 15. 12. 1922, BayHStA MWi 8388.

[52] *Zwangswirtschaft im Mietwesen und Baukostenausgleich*, in: *Zeitschrift für Wohnungswesen in Bayern*, 19. Jg. (1922), S. 319—328, S. 319.

ruinieren" werde. Unangenehmerweise konnte man, wie von Kahr im Herbst 1923 erfahren mußte, als er in seiner Funktion als Generalstaatskommissar von Bayern die Mietpreise für minderbemittelte Gruppen senkte, bei derartigen Rettungsversuchen des Mittelstandes ins Kreuzfeuer der Kritik geraten, betrachteten sich doch die Hausbesitzer als *die* Stütze des Mittelstandes.[53]

Der Hausbesitz war in München, wie in anderen Teilen des Reiches, stark mittelständisch geprägt. Leider sind Vergleichsdaten für die soziale Struktur des Hausbesitzes nur für die Jahre 1900 und 1927 vorhanden, so daß allenfalls Tendenzen in den Veränderungen der Besitzverhältnisse einzelner sozialer Gruppen festgestellt werden können.[54] Infolge der starken öffentlichen Bautätigkeit nach dem Krieg nahm der relative Anteil der im Privatbesitz befindlichen Anwesen trotz einer geringen numerischen Zunahme von 89,5 % auf 75,1 % ab. Sowohl hinsichtlich der Zahl als auch des relativen Anteils hatte der Hausbesitz bei Kaufleuten, Beamten, Angehörigen freier Berufe und Gehilfen zugenommen; dagegen hatte er bei selbständigen Gewerbetreibenden wohl eine absolute Zunahme erfahren, jedoch ging ihr relativer Anteil am Münchener Hausbesitz zurück. Diese heterogene Zusammensetzung des Hausbesitzes macht deutlich, wie schwierig es ist, direkt von der Höhe der Mieteinnahmen auf die Lage des Hausbesitzes zu schließen. Für die etwa 17 % der Rentiers und Privatiers, die 1927 unter den Hausbesitzern gezählt wurden, konnte sich die Zwangswirtschaft katastrophal auswirken, wenn sie nicht über sonstige Nebeneinkommen

[53] *Halbmonatsbericht des Regierungspräsidenten von Oberbayern für den 1.—15. 10. 1922*, S. 4, BayHStA 102136; zum Herbst 1923 vgl. *MBHZ*, Nr. 36 vom 3. 11. 1923 und die verbitterten Zuschriften in BayHStA, Generalstaatskommissar 42. Die Mittelstandskonzeptionen der bayerischen Regierung werden dargestellt von Gerald D. Feldman, *Bayern und Sachsen in der Hyperinflation 1922/23*, in: *Historische Zeitschrift*, Bd. 238 (1984), S. 569—609. Ein gutes Beispiel für die Divergenzen innerhalb des Mittelstandes gibt Theodor Brauer in seinem Art. *Mittelstandspolitik*, in: *Grundriß der Sozialökonomik*, Abt. IX, T. 2: *Die autonome und staatliche soziale Innenpolitik*, Tübingen 1927, S. 368—410, S. 398: „Die Schmarotzerrolle, die ein großer Teil der Hausbesitzer in den Großstädten nachweisbar spielte, indem die Betreffenden vielfach nur Mittel für die Grundstücksspekulanten waren, um deren auf die Überschätzung der Grundstückswerte aufgebaute Spekulation glücklich durchzuführen, hat jedenfalls mit mittelständischem Wesen im tieferen Sinn recht wenig zu tun, und von einer ‚Selbständigkeit' die als sozial-kultureller Wert zu sehen wäre, kann da auch nur zu einem geringen Teil die Rede sein."

[54] Eine Aufstellung der Verteilung der Anwesen nach dem Beruf der Eigentümer in: *Münchener Wirtschafts- und Verwaltungsblatt*, 3. Jg. (1928), Nr. 12, S. 4.

verfügten. Bei einem großen Teil der Beamten, der Angehörigen freier Berufe, die sonst zumindest in ihren kollektiven Organisationen die Interessen der Konsumenten vertraten, sowie einem Teil der Gewerbetreibenden und Kaufleute fiel das Sinken der Mieteinnahmen mit einem im Vergleich zur Zeit vor dem Krieg geringerem Realeinkommen zusammen.[55]

Die tendenzielle Kontinuität der Besitzverhältnisse des Mittelstandes darf nicht über die Mobilisierung des Grundbesitzes während der Inflation hinwegtäuschen: Immerhin wurden in den fünf Jahren zwischen 1918 und 1923 über 10 512 bebaute Liegenschaften in München veräußert, in den vorangegangenen dreizehn Jahren dagegen nur 7814.[56] Bei einem guten Teil dieser Verkäufe wird es sich um Spekulationsobjekte gehandelt haben, die binnen kurzer Zeit ihre Besitzer wechselten. Die geringe Rentabilität des in Mietshäusern investierten Kapitals, die immens gestiegenen Betriebs- und Unterhaltungskosten, wohl aber auch das Unverständnis des Wesens der Inflation lassen sich für diese aus der Perspektive der Hyperinflation und der Stabilisierung wenig verständlichen Verkäufe anführen. Verkaufswillige Hausbesitzer wurden gewarnt, nicht auf Ausländer „hereinzufallen", die mit ganzen Koffern voll Geld gekommen sein sollen, da „die größte Menge Geld wertlos ist, wenn man sich nichts dafür kaufen kann". Auf der anderen Seite mag der Hinweis der Hausbesitzerzeitung, daß der Ausländer, „der seine um einen Spottpreis erstandenen Papiermark (angelegt in Grundbesitz — MG) in Goldmark verwandelt, die er beim Steigen unserer Valuta zu realisieren hofft", manch einen hausbesitzenden Hobbyspekulanten auf falsche Ideen gebracht haben: Tatsächlich hätte, worauf in der Hausbesitzerzeitung noch 1922 hingewiesen wurde, eine Markstabilisierung oder Kursgewinne der Mark nach dem

[55] Zur Einkommensentwicklung einzelner Berufsgruppen vgl. C.-L. Holtfrerich, *Die deutsche Inflation*... [wie Anm. 42], S. 228 ff., Andreas Kunz, *Verteilungskampf oder Interessenkonsensus? Einkommensentwicklung und Sozialverhalten von Arbeitnehmergruppen in der Inflationszeit 1914—1924*, in: G. D. Feldman u. a. (Hrsg.), *Die deutsche Inflation*... [wie Anm. 45], S. 347—383; Paul Lutz, *Die öffentliche Kleinrentnerfürsorge. Unter besonderer Rücksichtnahme auf die örtlichen Verhältnisse in München*, Staatswirtsch. Diss., München 1925 [1927] (Maschinenschrift). Eine der nach wie vor besten Darstellungen der Wirkungen der Inflation auf die mittelständischen Schichten findet sich bei Franz Eulenburg, *Die sozialen Wirkungen der Währungsverhältnisse*, in: *Jahrbücher für Nationalökonomie und Statistik*, Bd. 122 (1924), S. 748—794, Bes. S. 771 ff.

[56] Errechnet nach den Angaben in: *Statistisches Handbuch*... [wie Anm. 13], S. 70.

Verkauf unter Umständen einen ganz ordentlichen Gewinn abwerfen können.[57]

Wer verkauft und wer gekauft hat, wissen wir nicht; es ist jedoch anzunehmen, daß neben den Ausländern, die zwischen April 1919 und Dezember 1922 in München offiziell 1564 bebaute und unbebaute Grundstücke gekauft haben — dabei interessierten sie sich zumindest im Jahr 1920 hauptsächlich für größere Herrschaftshäuser und teuere Wohnungen in Schwabing —, nicht nur Schieber und Kriegsgewinnler, sondern auch ‚ehrbare' Vertreter des Mittelstandes, soweit sie kapitalkräftig genug waren, profitieren konnten.[58]

V

Die sich abzeichnende Wohnungsnot gegen Ende des Krieges ließ die Stadt im Frühjahr 1918 ein Programm zum Bau städtischer Einfamilienhäuser aufstellen; weitere Schritte wurden im Herbst desselben Jahres durch die Vermittlung von Hypothekenkapitalien der Landeskulturrentanstalt und aus einer städtischen Anleihe von insgesamt sieben Millionen Mark an Baugenossenschaften unternommen.[59] Die „technischen Grundsätze für Kleinwohnungsbau", von denen die Vergabe der Gelder abhängig gemacht wurde, bedeuteten eine bewußte Abkehr von der bis dahin im Kleinwohnungsbau üblichen Mietskaserne: Große Höfe und ausreichende Grünflächen sollten an die Stelle von Rückgebäuden und Flügelbauten treten. Neben diesen regulären Neubauprogrammen forcierte man schon seit Anfang des Jahres 1918 eine Reihe von Notmaßnahmen, wie die Bereitstellung von Massenquartieren, den Umbau von Geschäftsräumen und dann, nach dem

[57] *MBHZ*, Nr. 6 vom 7. 2. 1920; Nr. 22 vom 14. 1. 1922; Nr. 38 vom 23. 9. 1922.

[58] Zahlen für 1919/20 aus Michael Gasteiger, *5 Jahre Gemeindepolitik*, München 1924, S. 69; seine Behauptung in: *Die Not*... [wie Anm. 19], S. 10, daß 1/8 der Münchener Häuser und Grundstücke in die Hand von Ausländern gelangten, ist wohl übertrieben. Zum „Ausverkauf" auch Ludwig Haider, *Die Überfremdung der deutschen Wirtschaft*, Staatswirtsch. Diss., München 1925 [1926] (Maschinenschrift), S. 102ff., für den Verkauf von Häusern in Schwabing. Eulenburg urteilte zusammenfassend, daß der neue Hausbesitz „an potentere, kapitalkräftigere Personen gekommen ist". *Die sozialen Wirkungen*... [wie Anm. 55], S. 774.

[59] Für das Folgende ein guter Überblick bei Helmreich, *Die Finanzierung des Wohnungsbaues in der Nachkriegszeit*, in: A. Gut (Hrsg.), *Das Wohnungswesen*... [wie Anm. 12], S. 119—130, für die Entwicklung im Reich, P.-Ch. Witt, *Inflation*... [wie Anm. 4], bes. S. 392ff.

Krieg, von ehemaligen Kasernen. Aus Mitteln der produktiven Erwerbslosenfürsorge begann man nach 1919 den Ausbau von Dachgeschoßwohnungen, von dem langfristig ein Teil der Hausbesitzer profitierte. Schon in der Vorkriegszeit hatte die Stadt mit dem Bau einer geringen Zahl von städtischen Wohnungen und mit der Vergabe von Darlehen begonnen, Initiativen bei der Bekämpfung der sich nach 1906 verschärfenden Wohnungsnot zu ergreifen.[60] Während diese Maßnahmen aber primär subsidiären Charakter gehabt hatten, zwangen die Schwierigkeiten bei der Kapitalbeschaffung für private Bauherren und die enorme Steigerung der Baukosten — Probleme, die man während der Kriegszeit nur für die Zeit der Demobilmachung erwartete — zu einer grundsätzlichen Neuorientierung bei der Planung des Wohnungsbaus. Mit der Bundesratsverordnung vom 31. Oktober 1918, die 100 Millionen Mark zur Gewährung von Baukostenzuschüssen bereitstellte, wurde mit der Vorstellung, daß der Wohnungsbau allein Angelegenheit der Gemeinden sei, gebrochen: Die Zuschüsse waren zur Hälfte vom Reich und zur Hälfte von Land und Gemeinde zu tragen, wobei in Bayern bis 1920 die Gemeinden nur zu einem Sechstel des Aufwandes herangezogen wurden. Die Zuschüsse sollten den „verlorenen Bauaufwand", das heißt die gesamten Kosten, die über 130 % der Friedenspreise von 1913 hinausgingen, erstatten. Die Explosion der Baustoffpreise ließ die Hoffnung, daß sich die Finanzierung des Wohnungsbaues nach der Demobilmachung in ähnlichen Bahnen wie vor dem Krieg entwickeln würde, zur Illusion werden. Da es sich bei den Zuschüssen praktisch um Geschenke an die Bauherren handelte, die zudem nicht gerade ein kostengünstiges Bauen förderten, wurde mit dem Haushaltsjahr 1920 die Unterstützung durch Reichsregelung auf Darlehensbasis umgestellt. Danach trug das Reich einen bestimmten Betrag für den Quadratmeter neubebauter Wohnfläche. Diese „Baukostenüberteuerungszuschüsse" des Reiches sollten zurückgezahlt und, wie auch die Darlehen der Länder und Gemeinden, durch die Einführung einer Mietsteuer, die von den Mietern zu zahlen war, gedeckt werden.

Zwar waren die Mieten der nach 1918 erbauten Wohnungen nicht der Mietpreiskontrolle unterworfen, aber die zunehmende Diskrepanz

[60] W. R. Krabbe, *Die Anfänge...* [wie Anm. 2], bes. S. 53ff., auch Alfred Körner, *Die gemeinnützige Bautätigkeit in München* (= Schriften des Bayerischen Landesvereins zur Förderung des Wohnungswesens, Heft 26), München 1929, der wohl zu Recht die Initiativen der Stadt weniger optimistisch einschätzt (*a.a.O.*, S. 93).

zwischen den Baukosten und dem Rentenwert, dem sogenannten „rentierlichen Bauaufwand", ließen private Kapitalinvestitionen in Mietwohnungen wenig attraktiv erscheinen. Die Frage, ob die Liberalisierung der Wohnungszwangswirtschaft Privatkapital in den Mietwohnungsbau kanalisiert hätte, wurde nicht zuletzt aus diesem Grund schon von einem großen Teil der Zeitgenossen wie auch von der neueren Forschung negativ beantwortet.[61] Die Bereitstellung von öffentlichen Mitteln wurde damit zur Voraussetzung eines erfolgreichen Wohnungsbaus. Das Dilemma dabei war, daß mit dem Beginn der Inflationskonjunktur im Jahre 1920 der Wohnungsneubau in Wettbewerb mit dem Bauboom der Industrie und den großen öffentlichen Projekten zum Ausbau der Wasserenergie in Oberbayern treten mußte. 1919 hatte man damit begonnen, durch eine Teilbewirtschaftung der wichtigsten Baustoffe dafür Sorge zu tragen, daß die aus sozialen und wirtschaftlichen Gründen vordringlichsten, mit staatlichen Mitteln unterstützten Bauvorhaben ausgeführt werden konnten. Eine zentrale Bewirtschaftung der Rohstoffe bei gleichzeitiger Koppelung von Baugenehmigung und Baustoffzuweisung wurde wegen der erwarteten hohen Organisationskosten nicht für das ganze Reich, wohl aber in Bayern teilweise durchgeführt. Da die chronische Unterversorgung Bayerns mit Kohle nicht beseitigt werden konnte, blieb die Versorgung mit Baumaterial bis zur Stabilisierung immer unzureichend.[62] So urteilte das Ministerium für Soziale Fürsorge bei der Aufstellung des Bauprogramms für 1922 kritisch, daß eine über das Jahr 1921 hinausgehende Bautätigkeit nach den bisherigen Erfahrungen auch bei noch so großem Finanzaufwand nicht zu erreichen sein werde, „da es sich zeigte, daß es bald an Rohstoffen, bald an Arbeitskräften fehlte".[63]

Die „schier unbegrenzt erscheinende Möglichkeit zur öffentlichen Verschuldung"[64] läßt zumindest aus der Perspektive der Bauperioden nach 1924 die Finanzierungsprobleme während der Inflation neben dem güterwirtschaftlichen Problem der Rohstoffbeschaffung eher als zweit-

[61] Vgl. z. B. W. Abelshauser, *Verelendung*... [wie Anm. 15], u. R. R. Kuczynski, *Postwar Labor Conditions*... [wie Anm. 48], S. 41; Alfons Reinhart, *Die Verteuerung des Häuserbaues in München 1910—1921*, Staatswissensch. Diss., München 1923 (Maschinenschrift).

[62] Vgl. dazu die Berichterstattung in der *Zeitschrift für Wohnungswesen in Bayern*.

[63] Min. für Soz. Fürsorge an den Präsidenten des Landtages, März 1922, BayHStA MJu 16283; dazu auch P.-Ch. Witt, *Inflation*... [wie Anm. 4], S. 393.

[64] P.-Ch. Witt, *Inflation*... [wie Anm. 4], S. 396.

rangig erscheinen. Dennoch ist bemerkenswert, wie schwierig sich die Finanzierung gestaltete und welche politischen Hindernisse es zu überwinden galt. Wie schon angedeutet, sollte durch die Erhebung einer Mietsteuer die Aufnahme der staatlichen und kommunalen Darlehen gewährleistet werden. Die zunehmende Diskrepanz der Mietpreise zwischen bewirtschafteten und freien, nach 1918 erbauten Wohnungen ließ alle mit Fragen des Wohnungsbaus beschäftigten Organisationen und staatlichen Stellen zur Überzeugung gelangen, daß langfristig eine Steigerung der Mietpreise notwendig sei. Dieser „unverdiente Rentenzuwachs" infolge des Steigens der Mieten sollte durch eine Steuer abgeschöpft werden; denn, so das Argument, wenn eine Mietenabgabe nicht erhoben werde, „werden die Mieten in ihrer vollen Höhe den Hausbesitzern zufließen und die Staatskasse wird leer ausgehen, die Mieter aber keinen Vorteil haben".[65] Nach langwierigen Verhandlungen passierte schließlich im Juni 1921 das Gesetz über die Erhebung einer Abgabe zur Förderung des Wohnungsbaus den Reichstag. Die Steuer wurde in Bayern von den Gemeinden und dem Staat getrennt in der Form eines Zuschlages zur Haus- und Arealsteuer erhoben. Wie jede Steuer während der Inflation entsprach diese zu dem Zeitpunkt ihrer Erhebung im März 1922 für das Jahr 1921 nur noch einem Bruchteil ihres ursprünglich veranschlagten Wertes. Pläne der Gemeinde, 1922 und 1923 die ohnehin minimalen Sätze der Geldentwertung anzupassen, führten regelmäßig zu einer Welle des Protests in der Öffentlichkeit, da aus sozialen Gründen eine Erhöhung der Mieten abgelehnt wurde. Nachdem zum Beispiel im April 1922 der Stadtrat die Empfehlung der Finanzkommission zur Erhöhung der Mietabgabe abgelehnt hatte, obwohl die Münchener Sätze im Vergleich zu anderen Gemeinden relativ niedrig waren, mußte das Bauprogramm radikal gekürzt werden. Der bayerische Städtebund klagte, daß es vielen Gemeinden nicht einmal möglich sei, die durch die Mietsteuer gedeckten Kapitalien zu beschaffen. Da die Reichs- und Staatszuschüsse im allgemeinen nicht rechtzeitig der Teuerung angepaßt wurden, drohten Finanzierungslücken immer wieder den Wohnungsbau auch in den zum Bauen günstigen Jahreszeiten aufzuhalten.[66]

[65] Min. für Soz. Fürsorge an den Ministerpräsidenten, 4. 1. 1921, BayHStA MWi 8387.

[66] Helmreich, *Die Finanzierung...* [wie Anm. 59], S. 123ff.; die heftigen Konflikte im Münchener Stadtrat, in: *Münchener Gemeinde Zeitung*, 51. Jg. (1922), S. 595ff., 919ff. u. 931ff.

Eine nicht zu unterschätzende Rolle für den Erfolg des Wohnungsbaus spielte darüber hinaus die unterschiedliche Risikobereitschaft der Gemeindeversammlungen bei der Aufnahme von Krediten: So ermahnte im Frühjahr 1922 (!) die bayerische Regierung die Gemeinden und Bezirke nach einer Erhöhung der Mietsteuer, die gewonnenen Mittel tunlichst unmittelbar zur Gewährung von Darlehen, nicht aber zur Verzinsung und Tilgung eines aufzunehmenden Kapitals zu verwenden: Da es sich nicht beurteilen lasse, „in wieweit die Abgabe [...] bei etwa veränderten Schwierigkeiten getragen werden kann, [...] erscheint es für die Bezirke und Gemeinden nicht unbedenklich, wenn sie durch Aufnahme von Schulden gebunden wären [...]“[67]

Die Finanzierungsschwierigkeiten ließen die Gemeinden nach anderen Möglichkeiten zur Kapitalbeschaffung suchen. Überlegungen, die Arbeitgeber zur Finanzierung des Wohnungsbaus heranzuziehen, tauchten schon unmittelbar nach dem Krieg auf. Als im März 1921 der Bayerische Industriellenverband an die Regierung mit der Bitte um Gewährung von Zuschüssen für den verlorenen Bauaufwand für Arbeiterwohnungen herantrat, antwortete man kühl, daß die geringe Wohnbautätigkeit der Industriellen befremdend wirken müsse, „zumal doch kein Zweifel besteht, daß weite Kreise der Industrie wirtschaftlich in der Lage wären, erhebliche Mittel für diesen aufzuwenden“.[68] Nachdem im August 1921 die preußischen Gemeinden im Rahmen der Änderung des Kommunalabgabengesetzes ermächtigt worden waren, Beiträge von Arbeitgebern zu erheben, die in der Regel mehr als 20 Arbeiter beschäftigten, drängten der Bayerische Städtebund, der Münchener Stadtrat und der Schutzverband der Landhausbesitzer, der durch die Beschlagnahmung von Ferienhäusern in kleineren industriellen Gemeinden alarmiert war, auf eine ähnliche Regelung wie in Preußen. Im Frühjahr 1922 forderte der Landtag die Regierung auf, einen Entwurf vorzulegen. Das am 25. November des Jahres verabschiedete Gesetz sah dann selbst nach Meinung des Ministeriums für Industrie, Handel und Gewerbe, das sich vehement gegen eine derartige Regelung gesträubt hatte, eine sehr mäßige Belastung der Industrie vor.[69] Dem Münchener Stadtrat ging sie jedenfalls nicht weit genug. In einem Entwurf forderte er, alle Arbeitgeber heranzuziehen, die mehr als zehn

[67] *Bayerischer Staatsanzeiger,* Nr. 111 vom 13. 5. 1922 (amtlicher Teil).

[68] Min. für Soz. Fürsorge an Bayer. Industriellenverb. vom 9. 3. 1921, BayHStA MWi 3144.

[69] Vermerk des Min. für Industrie, Handel und Gewerbe vom 20. 9. 1923, *a.a.*O.

Personen beschäftigten, sowie die Niederlassung vom Bau von Arbeiterwohnungen abhängig zu machen. Den Zeitpunkt für die Erhebung der Steuer, die den „allgemeinen wirtschaftlichen Verhältnissen entsprechend" zu erhöhen war, sollte vom Stadtrat bestimmt werden. Es verwundert wenig, daß dieser Entwurf auf Widerspruch stieß und abgelehnt wurde.[70] Tatsächlich war es für industrielle Unternehmen durch die Beteiligung an gemeinnützigen Wohnungsbaugenossenschaften relativ einfach, an öffentliche Gelder für den Werkwohnungsbau heranzukommen. Angesichts der Heftigkeit der Angriffe des Münchener Stadtrats ist es nicht ohne Ironie, daß das größte, öffentlich unterstützte Bauprojekt der unmittelbaren Nachkriegszeit in München von einer Baugenossenschaft großer Industriebetriebe ausgeführt wurde.[71]

TABELLE 2

Der Wohnungsbau in München in den Jahren 1911 bis 1925

	Gesamtzahl der durch Neu- und Umbau erstellten Wohnungen	Mit öffentlichen Mitteln unterstützte Wohnungsprojekte (Jahr der Finanzierung)	
1911—1913[1]	5151	—[2]	
1914	1824	—[2]	
1915	667	—[2]	
1916	129	—[2]	
1917	99	—[2]	
1918	319	—[2]	
1919	649	2012	(639)[3]
1920	1603	713	(175)[3]
1921	802	990	(87)[3]
1922	1478	575	(1)[3]
1923	990	237	—
1924	833	1428	—
1925	2394	1698	—

[1] Im Jahresdurchschnitt.
[2] Zahlen nicht feststellbar.
[3] Davon Notwohnungen.
Zusammengestellt nach: *Statistisches Handbuch...* [wie Anm. 13], S. 62.

[70] Min. für Industrie, Handel und Gewerbe an Min. für Soz. Fürsorge vom 3. 3. 1923, *a.a.O.*

[71] *Festschrift zum 60jährigen Jubiläum der Alte Haide Gemeinnützige Baugenossen-*

Tabelle 2 zeigt, daß der öffentliche Wohnungsbau in dem hier untersuchten Zeitraum trotz großer Anstrengungen nicht in der Lage war, den Rückgang der privaten Wohnungsbautätigkeit auszugleichen. Der Wohnungszwangswirtschaft, die sich auf die Regelung der Mietpreise und des Wohnungsmarktes erstreckte, fehlte bis zur Währungsstabilisierung letztlich der dritte Pfeiler eines ausgedehnten Wohnungsneubaues, der dem Grundübel der Wohnungsnot allein hätte beikommen können.

VI

Die Hyperinflation mit ihren katastrophalen Auswirkungen prägte sich tief in das Gedächtnis der Zeitgenossen ein. Mit Arbeitslosigkeit, Versorgungsschwierigkeiten, Unruhen und Putschen war fast die gesamte Bevölkerung in irgendeiner Weise konfrontiert. Die Wohnungsfrage gibt zwar nur einen kleinen, aber bezeichnenden Einblick in diese Zeit des „Kampfes aller gegen alle", in der sich die gesamten Probleme und Konflikte der vorangegangenen Jahre zu verdichten schienen.

Die Hyperinflation ließ die Hoffnung, „angemessene Preise" zu ermitteln, immer willkürlicher erscheinen. Der Zeitunterschied zwischen dem Festsetzen und dem Einheben der Mieten verschob sich ständig zuungunsten der Hausbesitzer — eine Erfahrung, die sie mit den Arbeitern, Angestellten, Beamten und Rentnern teilten, deren Bezüge trotz der immer kürzeren Auszahlungsperioden weit hinter der Geldentwertung zurückblieben. Wie alle anderen Gruppen forderten die Hausbesitzer, daß ihre Bezüge auf wertbeständiger Basis berechnet wurden. Im September des Jahres wurde der Münchener Maurerstundenlohn als Index für die Mietpreisbildung herangezogen, und ab Oktober 1923 begann man in ganz Bayern mit der Indexierung der Mieten auf der Grundlage des Lebenshaltungsindex. Im Oktober wurden sie auf 11 %, im Dezember schon auf 16 % der Vorkriegsmiete festgesetzt.[72] Der Protest der Mieter blieb nicht aus, da sie, angesichts der mit der Stabilisierung verbundenen hohen Arbeitslosigkeit und der niedrigen Reallöhne wohl zu einem großen Teil tatsächlich nicht in der Lage

schaft m.b.H. München, München 1979, o. S.; über diese Finanzierungsmöglichkeiten mehr bei A. Körner, *Die gemeinnützige Bautätigkeit*... [wie Anm. 60], S. 104 ff.

[72] *MBHZ*, Nr. 36 vom 3. 11. 1923; zur Entwicklung der „gesetzlichen Miete" nach 1923 die Übersicht im *Reichsarbeitsblatt*, 6. Jg. (1926), S. 21—22; im Dezember 1924 betrug sie 68 %, im Dezember 1925 95 % der Friedensmiete.

waren, die vergleichsweise hohen Mieten zu zahlen. Die Hausbesitzer verwiesen ihrerseits auf die auf wertbeständiger Basis erhobenen Steuern und Zahlungsforderungen der städtischen Wasser- und Elektrizitätswerke; die schon erwähnte Verordnung des Generalstaatskommissars, für Personen in „bedrängter wirtschaftlicher Lage" die Mieten nicht zu erhöhen, wurde als ein Beispiel mehr für die Willkürlichkeit und den Opportunismus der staatlichen Politik angeprangert.[73] Doch von wem konnte man Schützenhilfe erwarten? Die vom Hausbesitzerverein im Herbst 1923 aufgestellte Forderung, zunächst große Wohnungen, Büros und Handelsräume von der Mietenkontrolle zu befreien, spaltete, wie schon in den vorangegangenen Jahren, wenn derartige Themen vorlagen, die Handel- und Gewerbetreibenden, wenngleich sie sich letztlich in dieser Frage fast durchweg negativ aussprachen.[74] So verwundert es wenig, daß es zur Wahrung der eigenen Interessen aus der Sicht des organisierten Hausbesitzes nicht einmal mehr opportun schien, mit den etablierten bürgerlichen Parteien zusammenzuarbeiten: Mit der Gründung der Wirtschaftspartei 1921, die 1925 in Reichspartei des deutschen Mittelstandes umgetauft wurde, schuf sich der organisierte Hausbesitz eine schlagkräftige politische Lobby.[75]

Seit dem November 1923 plante die Reichsregierung, den „Hohlraum", der sich infolge der künstlich niedrig gehaltenen Mieten und dem weit unter dem Goldwert möglich gewesenen Abstoßen der Hypotheken ergeben hatte, zu erfassen und auf diese Weise die Mieten langsam auf die Vorkriegshöhe anzuheben. Trotz der Proteste der Hausbesitzer und der Vermieter wurde durch die 3. Steuernotverordnung eine „Hauszinssteuer" erhoben, die sowohl für allgemeine Finanzzwecke als auch für die Finanzierung des Wohnungsbaus verwendet wurde.[76] Zu den Konflikten der durch die 3. Steuernotverordnung

[73] Vgl. die Zuschriften in: BayHStA, Generalstaatskommissar 42.

[74] Bay. Staatsmin. für Industrie, Handel und Gewerbe an alle Handelskammern, Handwerkskammern und den Bayerischen Industriellenverband am 12. 9. 1923. Bezeichnend ist die Position der HK Augsburg, die sich einer Stellungnahme enthielt, „weil auch die Meinungen innerhalb der Mitglieder unserer Kammer bzw. der von uns vertretenen Geschäftskreise in dieser Angelegenheit außerordentlich verschieden sind". Schreiben vom 15. 10. 1923, IHK München XXII, Nr. 158.

[75] Vgl. dazu Martin Schumacher, *Mittelstandsfront und Republik. Die Wirtschaftspartei — Reichspartei des deutschen Mittelstandes, 1919—1933*, Düsseldorf 1972.

[76] Vgl. Claus-Dieter Krohn, *Stabilisierung und ökonomische Interessen. Die Finanzpolitik des Deutschen Reiches 1923—1927*, Düsseldorf 1974, S. 43f., und die Begründung

verfügten Entschuldung des Hausbesitzes kam der neue Konflikt um die „Aufwertung“. Nach der Währungsstabilisierung verstärkte sich der Druck, die öffentliche Kontrolle über das Wohnungswesen abzubauen.[77] Die nicht abbrechende Diskussion über die Neufassung der vom Gesetzgeber zeitlich begrenzten Reichsgesetze, die 1928 zu der Neufassung des Reichswohnungsmangel- und Reichsmietengesetzes führte, illustriert die fundamentalen Schwierigkeiten, in einem wichtigen Teilbereich der Weimarer Sozialpolitik zu einem Kompromiß zu gelangen und die größtenteils als Übergangsbestimmungen konzipierten Gesetze und Verordnungen des Krieges und der Demobilmachung als sozialpolitische Reformen in der Weimarer Republik zu verankern.

Summary

The housing shortage was one of the important social problems of the Weimar Republic. The emergencies created by the demobilisation of the troops and the policies of protecting the consumers from price hikes during and after the war, led to new, far-reaching initiatives and interventions by the Reich, the states and the local governments in the field of housing. Price controls, the control of the rental market, and publicly supported housing projects were the central pillars of these early social policies — the so-called „Wohnungszwangswirtschaft“ — that were codified in the 1920's as Reichsgesetze and which have formed the basis of modern housing and rental law.

As the example of Munich shows, the housing shortage was partly inherited from the Kaiserreich (especially as very little building occurred during the war) and was partly created by the fundamental demographic changes in the age structure of the population. Nevertheless, it is argued in this essay that the Zwangswirtschaft and the inflation gave the housing question in the post-war era a new quality: to

in: *Ermächtigungsgesetz und Wohnungswesen* von Regierungsrat Ebel im RAM in: *Reichsarbeitsblatt,* 4. Jg. (1924), S. 104—106.

[77] Zu der Entwicklung nach 1924 vgl. L. Preller, *Sozialpolitik*... [wie Anm. 7], S. 384 ff. u. 485 ff.; im Mittelpunkt stand der Abbau der Wohnraumbewirtschaftung, die von Land zu Land sehr unterschiedlich gehandhabt wurde. A. Meyerowitz, *Das gesamte Miet- und Wohnungsnotrecht*... [wie Anm. 29], schreibt (S. 69) 1929, das Miet- und Wohnungsnotrecht sei an Übersichtlichkeit kaum noch zu überbieten, was dazu geführt habe, „daß in Deutschland schließlich kein Mensch mehr weiß, was auf diesem Gebiet Rechtens ist“.

some degree the drastic rent-controls during the inflation broke the nexus of low income and poor housing, hence helping to improve the housing conditions for a part of the population. However, these controls did little to solve the chronic housing shortage. In contrast to the pre-war period, members of most every social group came to feel this shortage, as the housing distribution was controlled by the local Wohnungsämter until after the stabilization of the Mark.

The lack of capital and rising prices during the inflation did not make private initiative in the housing industry attractive. The dilemma of the public building programs was that they were not capable of compensating for the reduction of private investment due to the shortage of building material, to the shortage of labor after 1920, to the unwillingness and political unpopularity of increasing deficits, and finally to the failure to raise the low rents by means of a tax, in order to finance the building programs.

After the control of rents was introduced, it became vital to find compromises between the interest organisations of the consumers and of the house owners, in order to determine the setting of „just" rental rates. This became an almost impossible task since low rents were an important precondition through which the income of a major portion of society could be indirectly raised. Whether the renters were really the „winners" in this continual conflict during the inflation — a conflict fought on both the local and national levels in connection with the codification of the housing laws — was already doubted by many contemporary observers, since the low rents were taken for granted in the fixing of wages. As owners of real estate with depreciated mortgages, house owners came to be considered the „winners" of the inflation after the stabilization of the Mark. However, it is argued here that one should not overlook the fact that the shortage of capital and the depreciated rental incomes, combined with lowered real incomes in their respective professions, might have put the house owners in serious difficulties during the inflation, as can be seen in the high property turnover. In order to understand the protest of the house owners, it is important to keep in mind that the illusion of Goldmark = Papermark obfuscated the long-term advantage they gained from the devaluation of mortgages, and that the Wohnungszwangswirtschaft seemed „unjust" to them once the measures of the Zwangswirtschaft of the war were slowly abolished in other sectors of the economy. Not without good reason, it seemed to them that they are loosing control over their own property.

In regard to the well-known phenomenon of the formation of splinter parties during the Weimar Republic, it is significant that house owners saw themselves in conflict with other groups of the Mittelstand and the bourgeoise parties, and finally resolved to establish their own party.

The conflict over re-formulating the social housing policies dragged on throughout the Weimar Republic; it illuminates the difficulties in achieving a compromise in one vital field of social legislation.

Erwerbslosenfürsorge, Ruhrkampf und Kommunen
Die Trendwende in der Sozialpolitik im Jahre 1923

NORBERT RANFT

I

Zahlreiche Aussagen von Zeitgenossen belegen nachdrücklich, daß die sozialen Verhältnisse in den Herbst- und Wintermonaten des Jahres 1923 als geradezu katastrophal empfunden wurden. „Mit Familienangehörigen sind zur Zeit 80 % unserer Bevölkerung auf öffentliche Unterstützung angewiesen ... Die Sätze der Erwerbslosenfürsorge sind durchweg nicht ausreichend, namentlich nicht für Personen mit Kindern. Es ist oft unverständlich, wie solche Familien damit ihr Leben bei der herrschenden Teuerung in bescheidenstem Umfange fristen können.“[1] Diese Feststellungen des Dortmunder Wohlfahrtsdezernenten in einem Bericht an den zuständigen Regierungspräsidenten vom 11. Dezember 1923 mögen an dieser Stelle genügen, um einen ersten Eindruck von der Notlage zu vermitteln, in der sich in dieser Zeit vor allem die Bevölkerung des Ruhrgebiets befunden hat. Hyperinflation, wirtschaftlicher Einbruch, Arbeitslosigkeit und Versorgungskrise hatten eine Situation geschaffen, in der sozialpolitische Gegenmaßnahmen nahezu wirkungslos bleiben mußten. Wilhelm Polligkeit, der Vorsitzende des Deutschen Vereins für öffentliche und private Fürsorge, kam in einem Gutachten zur sozialen Lage zu dem deprimierenden Ergebnis, daß trotz aller Anstrengungen die öffentliche und private Wohlfahrtspflege in Deutschland nur als „organisierte Hungersnot“ bezeichnet werden könne.[2] Während von den ‚Sozialpolitikern‘ in den

[1] Sonderakte des Wohlfahrtsamtes. Stadtarchiv Dortmund (im folgenden StADo), Best.: 3—1009, Bl. 2.

[2] Wilhelm Polligkeit, *Die gegenwärtige Notlage und drohende Katastrophe in Deutsch-*

einschlägigen Organen die berühmte Grundsatzdebatte über die „Krisis der Sozialpolitik" geführt wurde,[3] hatte die sich überstürzende Entwicklung die Sozialpolitik an den Rand des Bankrotts geführt. Auswirkungen und Folgen der nun einsetzenden Neuordnung waren von so grundsätzlicher Art, daß es angebracht erscheint, das Jahr 1923 zumindest im sozialpolitischen Bereich als Endpunkt der Nachkriegsperiode zu kennzeichnen.

Dieser Beitrag unternimmt den Versuch, die Grundzüge der sozialpolitischen Entwicklung in der Zeit von Hyperinflation und Ruhrkampf am Beispiel der Erwerbslosenfürsorge darzustellen. Hierbei werden vor allem auch die Belange der Kommunen beziehungsweise ihrer Sozialpolitik im Vordergrund stehen, die Belange eines Sektors, dessen Bedeutung, wie im übrigen noch zu zeigen sein wird, weitaus größer gewesen ist, als dies in den weiteren Jahren der Weimarer Republik der Fall war. Allerdings können die Ergebnisse dieser Untersuchung nur in beschränktem Maße Anspruch auf Allgemeingültigkeit erheben, da sie sich im wesentlichen auf die Ruhrgebietsstädte beziehen, deren Situation überdies aufgrund der Besetzung durch belgische und französische Truppen sowie der ungleich stärkeren hyperinflationären Entwicklung durch geradezu extreme Verhältnisse gekennzeichnet war. Gleichwohl bieten die hier vorliegenden spezifischen Umstände eine besonders geeignete Möglichkeit, die Funktion und Motivation von Sozialpolitik unter den Bedingungen einer extremen Konstellation zu analysieren. Es steht außer Zweifel, daß die besonderen Formen staatlicher Sozialpolitik, wie sie im besetzten Gebiet vorlagen, im Laufe des Jahres 1923 immer mehr in den Brennpunkt der Kollision von Außen-, Finanz-, Sozial- und Wirtschaftspolitik gerieten. Hyperinflation und Währungsstabilisierung markierten zugleich den Höhepunkt und das Ende einer sozialpolitischen Entwicklung, deren strukturelle Grundzüge sich während des Krieges und der Demobilmachung herausgebildet hatten, deren besonderer Charakter aber vor allem im Verlauf des Ruhrkampfes offen zu Tage trat. Die Analyse des Konfliktes in bezug auf die Erwerbslosenfürsorge beziehungsweise seines Ergebnisses vermag darüber hinaus zur Beantwortung der Frage beizutragen, in welchem Maße die einzelnen Träger staatlicher Sozialpolitik,

land. Gutachten auf Veranlassung des Deutschen Roten Kreuzes für das Internationale Komitee vom Roten Kreuz, in: *Soziale Praxis,* 32. Jg. (1923), Nr. 49 u. 50, Sp. 1023.

[3] Zusammenfassend hierzu vor allem Ludwig Preller, *Sozialpolitik in der Weimarer Republik,* Kronberg/Ts.-Düsseldorf 1978, S. 208 ff.

nämlich Reich, Länder und Kommunen, ihren Einfluß innerhalb der sozialpolitischen Entscheidungsprozesse geltend machen konnten. Die Einflußnahme der Interessengruppen kann in diesem Rahmen nur insoweit Berücksichtigung finden, als ihre direkten Konsequenzen für staatliches Handeln bedeutsam erscheinen.

Eine umfassende Darstellung der Entwicklung der Erwerbslosenfürsorge in der Kriegs- und Inflationszeit muß sicherlich einer breiter angelegten Untersuchung vorbehalten bleiben.[4] Gleichwohl sollen an dieser Stelle in knapper Form einige Grundzüge der Entwicklung bis 1923 skizziert werden, soweit sie vor allem im Zusammenhang mit der Ausgestaltung der kommunalen Sozialpolitik gestanden haben.

Neben den gewerkschaftlichen Unterstützungskassen[5] haben zweifellos die fürsorgerischen Maßnahmen der Städte bereits vor dem Ersten Weltkrieg Anfänge und Grundlagen einer Erwerbslosenfürsorge geschaffen, die die bewußte Abwendung vom gängigen Prinzip der Armenfürsorge bedeutete und Erwerbslosigkeit, obwohl bis dahin in vielen Regionen sicherlich kein Massenphänomen, als Strukturproblem zu begreifen begann, das in die Gestaltung der entstehenden Leistungsverwaltung einzubeziehen sei. Gewährung von Barunterstützungen ohne die diskriminierenden Bedingungen der Armenfürsorge, „Genter System" und „Kölner System"[6] waren Ausdruck städtischer Formen von Sozialpolitik, die vornehmlich von den Kommunalverwaltungen getragen wurden, aber noch keineswegs den Interessen und Absichten der gesellschaftlich dominierenden Gruppen entsprachen. In diesem Sinne führte der Deutsche Städtetag im April 1914 denn auch Klage darüber, daß die Einführung weiterer Arbeitslosenversicherungskassen in aller Regel am Widerstand der jeweiligen Stadtparlamente gescheitert sei.[7] Allerdings gelangte die Entwicklung im Kaiserreich wohl

[4] Zu wesentlichen Aspekten aus der Sicht der kommunalen Politik, die hier nur resümierend dargestellt werden können, wird meine im Stadium der Fertigstellung befindliche Monographie zur Sozial- und Wirtschaftspolitik der Ruhrgebietsstädte in der Kriegs- und Inflationszeit umfangreicheres Material enthalten.

[5] Zum gewerkschaftlichen Unterstützungswesen vgl. Klaus Schönhoven, *Selbsthilfe als Form von Solidarität. Das gewerkschaftliche Unterstützungswesen im Deutschen Kaiserreich bis 1914*, in: *Archiv für Sozialgeschichte*, Bd. 20 (1980), bes. S. 168 ff.

[6] Hierzu zusammenfassend: *Der gegenwärtige Stand der Arbeitslosenfürsorge und -versicherung in Deutschland* (= Schriften der Deutschen Gesellschaft zur Bekämpfung der Arbeitslosigkeit, H. 2), Berlin 1913.

[7] Vgl. Denkschrift des Deutschen Städtetages vom April 1914. Die Frage der Arbeitslosenversicherung in den Stadtverwaltungen, Archiv des Vereins für Kommunalwissenschaften, B (Deutscher Städtetag) 5007 (im folgenden AVfK, B (DST)).

kaum über erste Anfänge hinaus und dies nicht zuletzt deshalb, weil viele Kommunen wie auch der Städtetag sich die Forderung zu eigen machten, daß eine umfassende Regelung nur mit Hilfe einer reichsgesetzlich zu verankernden Arbeitslosenversicherung realisierbar sei.[8]

Als ergänzende Maßnahmen zu den unterschiedlichen Formen der materiellen Unterstützung von Erwerbslosen wandten zahlreiche Städte bereits frühzeitig die Mittel der Arbeitsvermittlung und der Arbeitsbeschaffung an. Zwar wird man Charakter und Umfang dieser Bemühungen nicht überbewerten dürfen, dennoch zeigen die Verbreitung der gemeinnützigen Arbeitsnachweise und die zahlreichen Versuche, durch Notstandsarbeiten dem Arbeitskräfteüberangebot auf den örtlichen Arbeitsmärkten zu begegnen, daß auf diese Weise erste, wenn auch noch weitgehend konzeptionslose Schritte auf dem Weg zu einer integrierten Arbeitsmarktpolitik getan wurden. So verfügten Anfang 1913 über 90 % aller preußischen Städte mit mehr als 25 000 Einwohnern über städtische beziehungsweise städtisch unterstützte Arbeitsnachweise,[9] deren Tätigkeit auf immerhin 1,3 Mill. Vermittlungen angestiegen war.[10] Auch wenn städtische Notstandsarbeiten, die sich unter dem Motto der „inneren Kolonisation" noch weitgehend auf unproduktive Arbeiten beschränkten, bis zum Ersten Weltkrieg nur in begrenztem Maße Verbreitung fanden,[11] so dürften auch die Erfahrungen auf diesem Felde die spätere Entwicklung der kommunalen Sozialpolitik nicht unmaßgeblich beeinflußt haben.

Bekanntlich verursachten Mobilmachung und Umstellung auf Kriegswirtschaft erstmalig, wenn auch nur für wenige Monate, Massenarbeitslosigkeit in bisher nicht bekanntem Umfang. Angesichts der

[8] Die Forderung nach Einführung einer Versicherung, die übrigens durchaus Zwangscharakter haben sollte, ist anläßlich der Hauptversammlung des Deutschen Städtetags im Jahre 1911 in thesenhafter Form verabschiedet worden und wurde in den folgenden Jahren bei zahlreichen Gelegenheiten wieder vorgetragen. Vgl. Rundschreiben an die Mitglieder des Deutschen Städtetages (31.12.1913), AVfK, B (DST) 713 o. Pag.

[9] *Ebda.* Von 123 Städten verfügten 115 über städtische bzw. städtisch unterstützte Arbeitsnachweise. 1910 waren es erst 85.

[10] *Ebda.* Die Zahlen, die nach den Angaben des Verbandes Deutscher Arbeitsnachweise und des Reichsarbeitsblattes zusammengestellt sind, zeigen folgende Entwicklung: (jeweils 100 000) 1900: 356; 1902: 450; 1904: 631; 1906: 839; 1908: 913; 1910: 1118; 1912: 1298 vermittelte Stellen.

[11] 1910/1911 waren in den 23 Städten, die Angaben darüber gemacht haben, von 8486 gemeldeten Arbeitslosen 4749, also gut 50 %, zeitweilig bei Notstandsarbeiten beschäftigt. Vgl. *Statistisches Jahrbuch deutscher Städte*, Breslau, 19. Jg. (1913), S. 116.

„nationalen Aufbruchstimmung“ verwundert es nicht, daß zahlreiche Städte und Gemeinden diesen kriegsbedingten sozialen Mißständen abzuhelfen versuchten, indem sie im Zuge von Sofortmaßnahmen unter anderem zusätzliche Geldmittel für die Erwerbslosenunterstützung bereitstellten. Auch wenn durch solche Mittel oft nur die ärgsten Notstände behoben werden konnten, bleibt es dennoch bemerkenswert, daß etwa eine Stadt wie Dortmund 3 Mill. Mark außerplanmäßige Mittel bereitstellte, was immerhin einem Zehntel des Gesamthaushaltes entsprach.[12] Darüber hinaus brachte der Kriegsbeginn in der Frage der Erwerbslosenfürsorge insofern einen Durchbruch grundsätzlicher Art, als das Reichsamt des Innern nunmehr verfügte, daß Arbeitslosenunterstützung nicht mehr mit den diskriminierenden Sanktionen der Armenunterstützung verbunden sein sollte. Im Rahmen der Verhandlungen zur Dezember-Kriegsanleihe von 1914 hat das Reich überdies erstmalig auch erhebliche Mittel für die von den Kommunen geleistete Erwerbslosenunterstützung bereitgestellt.[13] Der Krieg hat somit ohne Zweifel ganz entscheidend zur Fortentwicklung des sozialpolitischen Instrumentariums beigetragen. Allerdings war der Charakter dieser Sozialpolitik weniger durch das Bemühen um Kompensation der systemimmanenten Strukturdefizite gekennzeichnet, als durch die von „nationalen Interessen“ diktierte Notwendigkeit zur Integration, so daß man mit einiger Berechtigung von der Instrumentalisierung der Sozialpolitik sprechen kann.

Im Verlauf des Krieges traten außer der Erwerbslosenfürsorge, die jedoch nach einigen Monaten überflüssig wurde, die vom Reich mitfinanzierte, aber weitgehend von den Kommunen getragene Kriegswohlfahrtspflege (das ist Fürsorge für die Angehörigen der Kriegsteilnehmer) und die immer umfangreicheren zwangswirtschaftlichen Maßnahmen in den Vordergrund. Letztere führten dazu, daß die Versorgung großer Teile der Bevölkerung mit Grundnahrungsmitteln zunehmend durch staatliche, insbesondere kommunale Behörden, organisiert wurde. Je umfangreicher der Katalog dieser Instrumentarien und je größer schließlich auch die materielle Notlage wurde, desto mehr waren besonders die Städte gezwungen, durch flexibles und unmittelbares Reagieren den alltäglichen und objektiven Ansprüchen der Bevölkerung gerecht zu werden. Kommunale Politik, die ja viel direkter

[12] Siehe Beschluß der Stadtverordnetenversammlung vom 3.8.1914; in: StADo, Stadtverordnetenversammlung, Jg. 1914.

[13] L. Preller, *Sozialpolitik* ... [wie Anm. 3], S. 61.

als die „große Politik" mit den tagtäglichen Nöten konfrontiert war, mußte sich immer mehr zu einer gestaltenden Daseinsvorsorge verstehen, deren primäre Motivation in den konkreten Bedürfnissen der jeweiligen Einwohnerschaft zu sehen ist und deren hervorstechendstes Merkmal der Bezug zu einer pragmatischen Problemlösung gewesen sein dürfte.

Die politische Umwälzung bei Kriegsende veränderte auch die Strukturen kommunaler Politik. Die Ersetzung der „Honoratiorenparlamente" durch demokratisch gewählte Gremien bedeutete ohne Zweifel die Einbindung städtischer Administrationen in parteipolitisch geprägte, demokratische Strukturen und Legitimationszusammenhänge.[14] Nach dem weitgehend folgenlos gebliebenen Zwischenspiel der Rätebewegung muß man jedoch, von wenigen regional bestimmten Ausnahmen abgesehen, ein hohes Maß an sachlicher und personeller Kontinuität innerhalb der städtischen Bürokratien konstatieren. Dies bedeutete zum Beispiel, daß in nahezu keiner Stadt des Ruhrgebiets irgendein Austausch der Verwaltungen stattgefunden hat. Überall hat man es auch in den zwanziger Jahren mit Bürgermeistern, Dezernenten und Beamten zu tun, die ihre Laufbahn schon in der Vorkriegszeit begonnen hatten.[15] Von weitaus größerer Bedeutung für die kommunale Politik in der Weimarer Republik als die politische Umwälzung war der Verlust der steuerlichen und damit finanziellen Autonomie.[16] Die zunehmende Zentralisierung, von der auch alle anderen Sektoren der Gesetzgebung erfaßt wurden, brachte die Städte in Abhängigkeit von Reich und Ländern. Der Spielraum für kommunale Politik wurde, wie noch zu zeigen sein wird, zusehends enger, und der Einfluß auf Entscheidungen der übergeordneten Instanzen war in den allermeisten Fällen eher gering. Zwar erreichte dieser Trend erst mit den Kampagnen gegen die kommunale Selbstverwaltung und der Brüningschen

[14] Vgl. hierzu u. a. Wolfgang Hofmann, *Zwischen Rathaus und Reichskanzlei. Die Oberbürgermeister in der Kommunal- und Staatspolitik des Deutschen Reiches von 1890—1933* (= Schriften des Deutschen Instituts für Urbanistik, Bd. 46), Stuttgart-Berlin-Köln-Mainz 1974, sowie die mittlerweile recht umfangreiche biographische Literatur über kommunale Spitzenpolitiker.

[15] Allein die Anzahl der z. T. über Jahrzehnte in ihren Ämtern verbliebenen Oberbürgermeister vermag diesen Tatbestand eindrucksvoll zu belegen. W. Hofmann, *Zwischen Rathaus* ... [wie Anm. 14], S. 67.

[16] Überblicksdarstellung in Karl-Heinrich Hansmeyer (Hrsg.), *Kommunale Finanzpolitik in der Weimarer Republik* (= Schriftenreihe des Vereins für Kommunalwissenschaften, Bd. 36), Stuttgart-Berlin-Köln-Mainz 1973.

Notverordnungspolitik seinen Höhepunkt, aber auch in der Phase der Inflation sind die Entwicklungslinien der städtischen Politik zunehmend den Bedingungen der politischen „Großwetterlage" unterworfen gewesen.

Nachdem etliche Gemeinden bereits im Sommer 1918 damit begonnen hatten, Vorkehrungen für die drohende Arbeitslosigkeit im Demobilmachungsfalle zu treffen,[17] stellte die Demobilmachungsverordnung vom 13. November 1918,[18] die mit zahlreichen Änderungen im wesentlichen bis Herbst 1923 in Kraft blieb, die Erwerbslosenfürsorge auf eine völlig neue Grundlage. Die Finanzierung der von den Kommunen einzurichtenden Erwerbslosenfürsorge wurde zwischen Reich (1/2), Ländern (1/3) und Kommunen (1/6) aufgeteilt. Obwohl nunmehr eine reichseinheitliche Regelung vorlag, war den Städten etwa in der Frage der Höhe der Unterstützungssätze (Anbindung an den Ortslohn) oder der Handhabung der Bedürftigkeitsprüfung ein nicht unbeträchtlicher Gestaltungsspielraum verblieben. Ohne an dieser Stelle auf die Demobilmachungsproblematik eingehen zu wollen, sei darauf hingewiesen, daß gerade auch die explizite Zielsetzung der Erwerbslosenfürsorgeverordnung, nämlich die kriegsbedingte Arbeitslosigkeit aufzufangen, den eher instrumentellen Charakter der Nachkriegssozialpolitik unterstreicht. Wie in so vielen Fällen besonders im Bereich der Sozialpolitik trat auch auf dem Gebiet der Erwerbslosenfürsorge recht bald eine Veränderung der Zielsetzungen ein. Was als Demobilmachungsmaßnahme zur Beseitigung der Kriegsfolgen gedacht war, verselbständigte sich zunehmend und wurde zum Grundelement der staatlichen Sozialpolitik. Der Begriff der kriegsbedingten Arbeitslosigkeit war in der Praxis nicht anwendbar.

Zwar wird man den Umgang mit Arbeitslosigkeit als Lernprozeß begreifen müssen und dies um so mehr, als sich nach der eigentlichen Demobilmachung die Arbeitsmarktlage dauerhaft zu stabilisieren schien, gleichwohl bleibt festzuhalten, daß städtische Verwaltungen aufgrund ihrer Tradition und Mentalität offenbar weitaus früher als

[17] So legte der Dortmunder Magistrat z. B. einen Entwurf für eine Erwerbslosenfürsorge-Ordnung vor. Die eingesetzte Vorbereitungskommission hatte ihre Vorarbeiten bei Waffenstillstandsbeginn abgeschlossen. Vgl. Klara Grünebaum, *Die soziale und wirtschaftliche Bedeutung des Dortmunder Arbeitsnachweises und seine rechtliche Stellung vor und nach dem Arbeitsnachweisgesetz vom 1. Oktober 1922*, Maschinenschrift, Staatswiss. Diss., Tübingen 1923, S. 126.

[18] *Reichsgesetzblatt*, Jg. 1918, S. 1305 ff.

andere staatliche Organe oder gesellschaftliche Gruppen in der Lage waren, Arbeitslosigkeit als strukturelles Problem mit all seinen stabilitätsgefährdenden Folgewirkungen zu erfassen.[19] Die oft bemängelte, großzügige Handhabung der Bedürftigkeitsprüfung und die permanenten Konflikte in bezug auf die Festsetzung der Unterstützungssätze bieten Anhaltspunkte für diesen Sachverhalt. Es war sicherlich nicht nur der Weg des geringsten Widerstands oder der Versuch, die Erregung zu kanalisieren, wenn die Städte immer wieder, zum Teil unter Umgehung des Dienstweges, zusammen mit Arbeitslosendelegationen bei Reichs- und Staatsbehörden zu intervenieren suchten.[20] Auch im Zusammenhang mit der inflationären Preisentwicklung waren es gerade die Großstädte, die auf eine flexible, inflationsangepaßte Handhabung der Unterstützungssätze gedrängt haben.[21] Daß die Zielsetzung der kommunalen Politik ihre Ursachen sowohl in sozialpolitischen Ansprüchen als auch in sehr pragmatischen Notwendigkeiten hatte, mag an dieser Stelle ein Vorgang aus dem Jahre 1919 belegen.

Als die Arbeitslosenzahl auf unter eine Million gesunken war und die drängendsten Demobilmachungsprobleme gelöst waren, begannen im Sommer 1919 einige Reichsministerien Überlegungen darüber anzustellen, wie die Erwerbslosenfürsorge, die vor allem vom Finanzministerium immer mehr als unzumutbare Belastung des Haushaltes angesehen wurde, einzuschränken sei.[22] Ausgehend von der Annahme, daß

[19] In diesem Zusammenhang ist es bezeichnend, daß die kommunalen Spitzenverbände bereits am 18.11.1918 eine gemeinsame Mustersatzung für die Erwerbslosenfürsorge in den Gemeinden vorlegten. Akte betr. die Fürsorge für Erwerbslose ..., Geheimes Staatsarchiv Preußischer Kulturbesitz (im folgenden GStA), Preußisches Staatsministerium, Rep. 90 Nr. 1141, Bl. 99ff.

[20] Im Februar 1921 sah sich der Preußische Minister für Volkswohlfahrt veranlaßt, in einem „Akt der Notwehr" disziplinarische Sanktionen gegen ein derartiges Vorgehen anzudrohen. Auf Protest des Reichsstädtebundes beim Reichsarbeitsminister wurde der entsprechende Erlaß weitgehend entschärft. Vgl. Akte betr. Erwerbslosenfürsorge in Preußen, Zentrales Staatsarchiv Potsdam (im folgenden ZStAP), Reichsarbeitsministerium (im folgenden RAM) 1172, Bl. 31f.

[21] In zahlreichen Fällen hat der Deutsche Städtetag beim Inkrafttreten neuer Unterstützungssätze auf deren Unzulänglichkeit angesichts der fortschreitenden Teuerung hingewiesen und weitergehende Regelungen verlangt. Vgl. etwa Schreiben des Geschäftsführers des Deutschen Städtetages an den Reichsarbeitsminister vom 28.4.1920, in: Akte betr. Erwerbslosenfürsorge, AVfK, B (DST) 4971, o. Pag.

[22] Siehe hierzu und zum folgenden v. a. die Besprechungen im RAM über die Steigerung der Sachleistungen in der Erwerbslosenfürsorge am 17. und 20.6.1919, Akte betr. Fürsorge für die Arbeitslosen, Preußisches Justizministerium, GStA, Rep. 84a Nr. 122,

es sich bei vielen Arbeitslosen um „arbeitsscheue Elemente" und „Schmarotzer" handele, entwickelte man den Plan, einen Teil der Erwerbslosenunterstützung nur noch in Form von Sachleistungen (das heißt Massenspeisungen und Lebensmittelzuweisungen) zu gewähren. Auf diese Weise, so kalkulierte man, wären nicht nur Kosten einzusparen, sondern würde auch eine beträchtliche Zahl von Arbeitslosen von der Inanspruchnahme der Unterstützung abgeschreckt. Die Kommunen widersetzten sich dieser rigorosen Zwangsmaßnahme auf das Heftigste. Zum einen, so argumentierte der Deutsche Städtetag bei den entsprechenden Verhandlungen im Reichsarbeitsministerium, handele es sich bei den Arbeitslosen in den allermeisten Fällen keineswegs um arbeitsscheue Elemente und zum anderen würde dieses Vorhaben eine völlig ungerechtfertigte Diskriminierung bedeuten, deren Konsequenzen zwangsläufig politische Destabilisierungstendenzen fördern müßten. Darüber hinaus hätte man mit der staatlich organisierten Nahrungsmittelzuweisung derart schlechte Erfahrungen gemacht, daß man die Praktikabilität der Maßnahmen mehr als skeptisch beurteile. Da die konkrete Durchführung der zwischen den Reichsministerien ausgehandelten Einschränkungen zweifellos von der Unterstützungsbereitschaft der Kommunen abhängig war, sah sich der Reichsarbeitsminister im Herbst des Jahres gezwungen, diese Pläne weitgehend aufzugeben.[23] Den Sachleistungen wurde der Zwangscharakter genommen, und damit war die Verordnung weitgehend wirkungslos. Der sozialpolitische Pragmatismus der städtischen Verwaltungen hatte sich in diesem Fall gegenüber fiskalischer Prioritätensetzung der Reichsministerien behaupten beziehungsweise durchsetzen können.

Seit 1918 waren die Gemeinden zwar nur noch zu einem Sechstel an der Mittelaufbringung für die Erwerbslosenfürsorge beteiligt, gleichwohl mußte es angesichts der Finanzreform ihr Interesse sein, die Kosten soweit wie möglich zu reduzieren. Als probate Mittel, die der Tradition städtischer Sozialpolitik durchaus entsprachen, boten sich Arbeitsvermittlung und Arbeitsbeschaffung an. Für viele größere Städte war es zum Beispiel daher geradezu eine Selbstverständlichkeit, die neu geschaffene Erwerbslosenfürsorge in das Arbeitsnachweiswesen zu integrieren und beide Bereiche in Arbeitsämtern zusammenzufas-

Bl. 260 ff., sowie die zusammenfassende Stellungnahme des Deutschen Städtetages vom 10.7.1919, Akte betr. Erwerbslosenfürsorge, AVfK, B (DST) 4972, o. Pag.

[23] Schreiben des Reichsarbeitsministers an den Deutschen Städtetag vom 31.10.1919, *ebda.*

sen.[24] Dieses Vorgehen wurde vor allem damit begründet, daß Arbeitsvermittlung durch enge Kooperation mit der Fürsorge zur Verhinderung von Erwerbslosigkeit beitragen könne,[25] zumal auf diese Weise Reibungsverluste zwischen Fürsorge und Vermittlung umgangen würden.[26] Auch wenn man einräumen muß, daß dieser Schritt mehr als naheliegend war, darf man hierin dennoch städtischerseits einen weiteren Schritt auf dem Weg zu einer integrierten Arbeitsmarktpolitik erblicken und dies um so mehr, als zu diesem verwaltungsmäßigen Vorgehen keinerlei gesetzlich vorgegebene Notwendigkeit bestand. Der Aufbau von Arbeitsvermittlung und Erwerbslosenfürsorge vollzog sich auf reichsgesetzlicher Ebene bekanntlich noch weitgehend unabhängig voneinander.[27]

Angesichts der umfangreichen Beschäftigungsprobleme im Zuge der Demobilmachung griffen zahlreiche Städte auf das „bewährte" Mittel der Notstandsarbeiten zurück. Vom 1. Dezember 1918 bis zum 1. Dezember 1919 waren mit einem Kostenaufwand von ca. 1 Mrd. Mark, an deren Aufbringung die Kommunen etwa zur Hälfte beteiligt waren, rund 130 000 Arbeitslose mit solchen Notstandsarbeiten beschäftigt.[28] Als, wie bereits geschildert, im Sommer 1919 von seiten der Reichsministerien die Reduzierung der Erwerbslosenfürsorge ins Auge gefaßt wurde, schlug der Deutsche Städtetag, ebenso wie übrigens die Gewerkschaften,[29] vor, die bisher vom Reichsfinanzministerium bezu-

[24] Vgl. z. B. für Dortmund K. Grünebaum, *Die soziale und wirtschaftliche Stellung des Dortmunder Arbeitsnachweises* ... [wie Anm. 17], S. 18 und 126ff., sowie für Duisburg *Verwaltungsbericht der Stadt Duisburg 1912—1924*, hrsg. vom Städtischen Statistischen Amt, o. O. o. J., S. 764ff.

[25] Begründung des Magistrats der Stadt Dortmund zur Nachbewilligung von 10 000 Mark für den Haushalt des Hauptarbeitsnachweises vom 20.3.1919. Akte betr. Kriegsfürsorge, StADo, Best. 3—2202, Bl. 171 ff.

[26] So im Jahresbericht des Arbeitsamtes Dortmund für 1919. Akte betr. Stadtverordnetenversammlungen, StADo, Best. 3—403, Bl. 311.

[27] Einen deutlichen Anhaltspunkt, daß in dieser Zeit das umfassendere Konzept von Arbeitsmarktpolitik auf kommunaler Seite vorlag, liefert u. a. folgender Tatbestand: Erst durch entsprechende Anregungen der Städte wurde das RAM veranlaßt, von seinen ursprünglichen Plänen abzugehen, die Arbeitslosenversicherung an die Krankenkassen anzugliedern. Siehe unten S. 177.

[28] Angaben Krebs (Ass. im Referat Notstandsarbeiten des Reichsfinanzministeriums) in der Besprechung über die Neugestaltung der Erwerbslosenfürsorge am 23.10.1919 im RAM. Akte betr. Erwerbslosenfürsorge, AVfK, B (DST) 4971, o. Pag.

[29] Eingabe Carl Legiens an die zuständigen Reichsressorts vom 8.3.1919. Akte betr. produktive Erwerbslosenfürsorge, ZStAP, RAM 1023, Bl. 21 f. Interessanterweise

schußten Notstandsarbeiten zu einer produktiven Erwerbslosenfürsorge umzugestalten, um auf diese Weise mittels Arbeitsbeschaffung eine sinnvollere Verwendung der Fürsorgemittel sicherzustellen.[30] Da sich schließlich auch das Reichsarbeitsministerium überzeugt hatte, daß mit nur geringem Kostenmehraufwand eine volkswirtschaftlich nutzbringende Ergänzung zur reinen Erwerbslosenfürsorge realisierbar sei,[31] war der Weg frei für eine entsprechende Neufassung des § 15 der Erwerbslosenfürsorgeverordnung.[32] Für die Arbeitsvorhaben im Rahmen der produktiven Erwerbslosenfürsorge, deren Träger vornehmlich Gemeinden, Gemeindeverbände, Länder und in Einzelfällen auch Reichsstellen (Bahn und Post) waren, erhielt der Antragsteller nunmehr den zweieinhalbfachen Satz der eingesparten Erwerbslosenfürsorge als Lohnkostenzuschuß, sofern er selbst die gleiche Summe beizusteuern bereit war. Kosten für Material, Werkzeug und ähnliches mußten weitgehend selbst getragen werden. Zwar war, wie diese Bestimmungen zeigen, die Bewilligung von Zuschüssen an die nachzuweisende Einsparung von Fürsorgemitteln gebunden, und hierin kam ohne Zweifel sowohl der Entstehungszusammenhang als auch die unmittelbare finanzielle Zielsetzung der produktiven Erwerbslosenfürsorge zum Ausdruck, gleichwohl ließen auch offizielle Einschätzungen aus dem Reichsarbeitsministerium keinen Zweifel darüber, daß diese Form der Arbeitsbeschaffung zusammen mit der Arbeitsvermittlung auf staatliche Korrektur der durch Störungen im Wirtschaftssystem verursachten Defizite abziele.[33] Im Rahmen der produktiven Erwerbslosenfürsorge, die ca. 40 % der gesamten Mittel in Anspruch nahm, wurden in Spitzenzeiten der Arbeitslosigkeit bis zu über 200 000 Erwerbslose

schlägt der Vorsitzende der Generalkommission der Gewerkschaften Deutschlands vor, die Entlohnung der Notstandsarbeiter den Tariflöhnen anzugleichen. Zur Problematik von Arbeitsbeschaffung und Gewerkschaften neuerdings auch Heinrich Potthoff, *Gewerkschaften und Politik zwischen Revolution und Inflation* (= Beiträge zur Geschichte des Parlamentarismus und der politischen Parteien, Bd. 66), Düsseldorf 1979, S. 191 ff.

30 Wie Anm. 22.

31 In der interministeriellen Besprechung am 28.8.1919 kündigte Weigert (Geh. Reg. Rat im RAM) den neuen Kurs des Arbeitsministeriums an. Die Pläne für Massenspeisungen würden aufgegeben und die Vorbereitung für eine produktive Erwerbslosenfürsorge seien angelaufen. Akte betr. Erwerbslosenfürsorge, AVfK, B (DST) 4972, o. Pag.

32 *Reichsgesetzblatt*, Jg. 1919, S. 1827 f.

33 „Notstandsarbeiten und produktive Erwerbslosenfürsorge" — Denkschrift, verfaßt von Oscar Weigert (Vortr. Rat im RAM). Erschlossene Datierung: Ende 1919 oder Anfang 1920. Akte betr. produktive Erwerbslosenfürsorge ZStAP, RAM 1024, Bl. 162 ff.

mit Arbeit versorgt.[34] Selbst das statistische Mittel für den Zeitraum 1920 bis Anfang 1923, das durch die Phasen relativer Vollbeschäftigung und durch die Finanzierungsprobleme seit Herbst 1922 niedriger erscheinen muß, ergibt immerhin eine Zahl von ca. 80 000 ständig beschäftigten Arbeitslosen.[35] Darüber hinaus ist die Bedeutung der Notstandsarbeiten für Konjunktur und Arbeitsmarkt in vollem Umfang nur dann einschätzbar, wenn man über diese Zahlen hinaus berücksichtigt, daß durch Material-, Rohstoff- und Werkzeugbeschaffung zusätzliche Nachfrage geschaffen wurde, deren Größenordnung, ausgedrückt in der Anzahl der gesicherten Arbeitsplätze, von offizieller Seite mit etwa 30 % der jeweils beschäftigten Erwerbslosen beziffert wurde.[36] Von den Arbeitsbedingungen und der Entlohnung der Notstandsarbeiter läßt sich nur schwer ein klares Bild gewinnen, da die entsprechenden Richtlinien aus pragmatischen Gründen sehr allgemein gehalten waren und sogar explizit auf die Festlegung von Einheitssätzen verzichteten.[37] Die Kommunen, die sich in dieser Frage zwischen Kostenersparnis und Sicherstellung eines Mindestmaßes von Arbeitsproduktivität zu entscheiden hatten, waren häufig geneigt, die Löhne den ortsüblichen Tariflöhnen anzunähern. In einigen Fällen wurde sogar Klage darüber geführt, daß Notstandsarbeiterlöhne über den jeweiligen Tarifen lägen.[38]

Obwohl dem Nutzen der Arbeitsbeschaffungsmaßnahmen ein weitaus höherer finanzieller Aufwand als bei der reinen Fürsorge gegenüberstand, griffen zahlreiche Städte, deren Tradition dieses beschäfti-

[34] Diese Zahlen wurden von Staatssekretär Geib (RAM) anläßlich der Sitzung des Reichsministeriums am 23.3.1921 vorgetragen. Akten — Reichskanzlei: Arbeitslosenfürsorge, Bundesarchiv Koblenz (im folgenden BA zitiert), R 43 I 2026, Bl. 117.

[35] Die Zahl der für diesen Zeitraum angegebenen 68,6 Mill. Tagwerke ergibt bei angenommenen 300 Tagwerken pro Mann und Jahr durchschnittlich rund 80 000 beschäftigte Erwerbslose. Vgl. die Übersicht über die bewilligten Maßnahmen der produktiven Erwerbslosenfürsorge vom 1.4.1920 bis zum 20.2.1923, in: *Reichsarbeitsblatt 1923 (Nichtamtl. Teil)*, S. 97.

[36] Wie Anm. 28.

[37] „... muß die Entlohnung so bemessen werden, daß der Antrieb zur Aufnahme anderer Arbeit nicht beseitigt wird und daß für andere Arbeiter nicht die Versuchung besteht, zu den Notstandsarbeiten abzuwandern." Rundschreiben des Reichsarbeitsministers vom 12.2.1921 zur Entlohnung der Notstandsarbeiter. Akten — Reichskanzlei: Arbeitslosenfürsorge, BA, R 43 I 2026, Bl. 70.

[38] Vgl. hierzu die Ausführungen der Städtetagsvertreter anläßlich eines Empfangs beim Reichspräsidenten am 4.11.1920. Akte betr. Maßnahmen der produktiven Erwerbslosenfürsorge, AVfK, B (DST) 4999, o. Pag.

gungspolitische Instrument ja entstammte, die Möglichkeiten der produktiven Erwerbslosenfürsorge bereitwillig auf.[39] Wie Auseinandersetzungen mit den Reichsbehörden zeigten, waren die Kommunen tendenziell geneigt, die Bestimmungen hinsichtlich der Förderungswürdigkeit von Projekten weitaus großzügiger zu handhaben, als dies die im Gegensatz zu den vorherigen Notstandsarbeiten vergleichsweise engen Richtlinien der produktiven Erwerbslosenfürsorge zuließen.[40] Allerdings muß man Reichsarbeitsminister Brauns durchaus zugestehen, daß er solche Fälle in der Regel sehr flexibel, ja geradezu großzügig behandelte und eine Ausweitung der Arbeitsbeschaffungspolitik insofern förderte, als er, nicht zuletzt auf Drängen der Gemeinden, Mittel aus der produktiven Erwerbslosenfürsorge für den Wohnungsbau und in Ausnahmefällen auch für private Unternehmungen zur Verfügung stellte.[41] Darüber hinaus ging das Reichsarbeitsministerium immer mehr dazu über, die Notstandsarbeiten als konjunkturabhängige, beschäftigungspolitische Maßnahme einzusetzen. Mitteleinsparung beziehungsweise -zurückhaltung bei stabiler Arbeitsmarktlage und Mittelaufstockung bei Krisenanzeichen sind Beleg für die Absicht, Arbeitsbeschaffung als konjunkturkorrigierendes Steuerungsinstrument zu nutzen.[42]

Der in der bisherigen Forschung nicht hinreichend gewürdigte Versuch, durch zielgerichtete Arbeitsbeschaffung den Störungen des Wirtschaftsablaufes zu begegnen, ist zweifellos als ein Aspekt jenes staatli-

[39] Zahlreiche Einzelprojekte befinden sich in den einschlägigen Akten des RAM. ZStAP, RAM 1023—1029 sowie 1253—1417 (!). Es handelte sich bei den Notstandsarbeiten vor allem um Straßenbau, Kanalisierungen, Bodenmeliorationen, Friedhofs-, Sport- und Spielplatzbau.

[40] Mit Rundschreiben vom 31.7.1920 wies der Reichsarbeitsminister nachdrücklich auf die zu beachtende Einhaltung der Vorschriften hin. Akten — Reichskanzlei: Arbeitslosenfürsorge, BA, R 43 I 2025, Bl. 181 ff.

[41] Siehe Neufassung der Ausführungsbestimmungen zum § 15 der Erwerbslosenfürsorgeverordnung vom 10.1.1920. Akte betr. produktive Erwerbslosenfürsorge, ZStAP, RAM 1025, Bl. 4 ff., sowie das Rundschreiben des Reichsarbeitsministers vom 7.1.1921. Akten — Reichskanzlei: Arbeitslosenfürsorge, BA, R 43 I 2026, Bl. 21 ff.

[42] So hieß es z. B. in dem Runderlaß des Reichsarbeitsministers vom 5.11.1921: „Die Unternehmungen der produktiven Erwerbslosenfürsorge, ... müssen darauf geprüft werden, ob sie nach Lage des Arbeitsmarktes noch unbedingt erforderlich sind ... Die Befürchtung liegt nahe, daß die gegenwärtige günstige Gestaltung des Arbeitsmarktes keine dauernde Erscheinung ist, so daß es auch von diesem Gesichtspunkt aus erwünscht ist, die Notstandsarbeiten für Zeiten vorzubehalten, in denen sie unentbehrlich sind." Akten — Reichskanzlei: Arbeitslosenfürsorge, BA, R 43 I 2027, Bl. 100 f.

chen Interventionismus anzusehen, der im Rahmen von Kriegswirtschaft und Demobilmachung begonnen hatte und bis 1923 eine mehr oder minder konsequente Fortsetzung fand. Zwar ist die rekonstruktionsfördernde Wirkung der staatlichen Ausgabenpolitik in der Inflationszeit weitgehend unbestritten,[43] aber erst Witt hat neuerdings auf Zusammenhänge hingewiesen, die dieser Politik den Charakter einer bewußten Konjunkturpolitik sowie eines integrierten finanz-, wirtschafts- und sozialpolitischen Konzeptes verleihen.[44] Systematische Erfassung und Analyse der Wirtschaftsdaten, konjunkturbelebender oder auch konjunkturdämpfender Umgang mit der Vergabe von Staatsaufträgen in Milliardenhöhe[45] sowie die geschilderten Bemühungen um Arbeitsbeschaffung deuten darauf hin, daß den Maßnahmen der öffentlichen Hände bis zur Stabilisierungskrise mehr als nur eine inflationsfördernde, ziellose Ausgabenvermehrung unterstellt werden kann. Es kann kein Zweifel darüber bestehen, daß den Städten mit ihrem expandierenden Wohnungsbau, ihren forcierten Infrastrukturmaßnahmen sowie dem zügigen Ausbau ihres sozialpolitischen Instrumentariums ein erheblicher Anteil an dieser Entwicklung zukam.[46] In welchem Maße bewußte Konjunkturpolitik betrieben wurde und inwieweit auf Reichs- oder Kommunalebene hierbei ein ordnungspoli-

[43] Abelshauser und Petzina sprechen in diesem Zusammenhang von einer umfassenden Politik des „deficit spending", die wenn nicht im Sinne eines strategischen Konzeptes so doch *de facto* vorgelegen habe. Vgl. Werner Abelshauser/Dietmar Petzina, *Krise und Rekonstruktion. Zur Interpretation der gesamtwirtschaftlichen Entwicklung im 20. Jahrhundert*, in: Dies. (Hrsg.), *Deutsche Wirtschaftsgeschichte im Industriezeitalter. Konjunktur, Krise, Wachstum,* Königstein/Ts.-Düsseldorf 1981, S. 63. Siehe auch Carl-Ludwig Holtfrerich, *Die deutsche Inflation 1914—1923. Ursachen und Folgen in internationaler Perspektive,* Berlin-New York 1980, bes. S. 97 ff., sowie Peter-Christian Witt, *Finanzpolitik und sozialer Wandel in Krieg und Inflation 1918—1924*, in: Hans Mommsen/Dietmar Petzina/Bernd Weisbrod (Hrsg.), *Industrielles System und politische Entwicklung in der Weimarer Republik,* Düsseldorf 1974, S. 395 ff.

[44] Peter-Christian Witt, *Staatliche Wirtschaftspolitik in Deutschland 1918—1923: Entwicklung und Zerstörung einer modernen wirtschaftspolitischen Strategie,* in: Gerald D. Feldman/Carl-Ludwig Holtfrerich/Gerhard A. Ritter/Peter-Christian Witt (Hrsg.), *Die deutsche Inflation. Eine Zwischenbilanz/The German Inflation Reconsidered. A Preliminary Balance* (= Veröffentlichungen der Historischen Kommission zu Berlin, Bd. 54. Beiträge zu Inflation und Wiederaufbau in Deutschland und Europa, 1914—1924, Bd. 1), Berlin-New York 1982, S. 151 ff.

[45] *Ebda.*

[46] Die Ausgaben der Städte mit über 50 000 Einwohnern für das Bau- und Straßenwesen sowie für das Wohlfahrtswesen stiegen von 1911 bis 1925 durchschnittlich um das 3,5fache, während die Gesamtausgaben nur um das 1,8fache anstiegen. Siehe *Statistisches Jahrbuch deutscher Städte*, Jena, 22. Jg. (1927), S. 15 ff.

tisches Gesamtkonzept neuer Qualität vorgelegen hat, kann im Rahmen dieser Untersuchung nicht abschließend beantwortet werden. Gleichwohl wird man durchaus von Anfängen einer modernen Arbeitsmarkt- und Konjunkturpolitik in der Nachkriegszeit sprechen müssen, von Ansätzen und Grundlagen, die später völlig verschüttet wurden. Diese neuen Formen von Staatsinterventionismus, die der Tradition kommunaler Politik gar nicht so wenig verwandt waren, hatten in den städtischen Verwaltungen eine entscheidende administrative und auch politische Stütze. Neben dem Zusammenbruch des politischen Konsens, der dieser Politik der „economics of wellfare" schließlich die Grundlage entzog, dürfte also auch die zunehmende Zentralisierung aller Politikbereiche dafür mitverantwortlich gewesen sein, daß derartige Ansätze keine Fortführung fanden, sondern dem Primat einer einseitigen Finanz- und Wirtschaftspolitik weichen mußten.

Während des Jahres 1919 wurden im Zuge der Anstrengungen zum Abbau der Erwerbslosenfürsorge auch die Planungen zur Schaffung einer Arbeitslosenversicherung begonnen, die neben der Neuregelung der Mittelaufbringung durch das Versicherungsprinzip vor allem auch einen gesicherten Rechtsanspruch der Betroffenen auf einheitlicher Grundlage gewährleisten sollte. Angesichts der für die öffentlichen Hände zu erwartenden finanziellen Entlastungen waren es neben Reich und Ländern insbesondere die Gemeinden, die diese Pläne von Anfang an nachhaltig unterstützten. Interessanterweise war es der Deutsche Städtetag, der den ursprünglichen Plänen, die Arbeitslosenversicherung an die Krankenkassen anzugliedern, in den einschlägigen Beratungen das Argument entgegensetzte, daß eine sinnvolle Neukonstruktion eine Integration mit dem bestehenden Arbeitsnachweissystem sicherstellen müsse.[47] Hierdurch wurde von städtischer Seite ein arbeitsmarktpolitischer Grundsatzaspekt in die Debatte eingeführt, der sich schließlich auch durchzusetzen vermochte. Die Vorarbeiten zum Gesetzgebungsverfahren verzögerten sich, und Ende 1920 wurde ein Teil des Gesamtplanes aufgegeben, weil man im Reichsarbeitsministerium zu der Überzeugung gelangt war, daß eine reine Versicherung angesichts der nur schwer kalkulierbaren Arbeitsmarktlage und der instabilen Konjunkturverhältnisse ihren sozialpolitischen Aufgaben nicht gerecht werden könne.[48] Aus dieser Einsicht in die begrenzte Wirksamkeit einer Versicherung, die sich ja dann einige Jahre später als nicht

[47] Siehe Vorstandssitzungen des DST vom 14.4. und vom 20.5.1920. Akte betr. Vorstandssitzungen 1919/20, AVfK, A (DST) 223/I, o. Pag.

[48] Denkschrift des RAM über ein „Gesetz über eine vorläufige Arbeitslosenversiche-

ganz unrichtig herausstellte, legte Brauns 1921 den Entwurf eines Gesetzes über eine vorläufige Arbeitslosenversicherung vor, die sich von der bisherigen Erwerbslosenfürsorge vor allem dadurch unterschied, daß nunmehr neben den öffentlichen Haushalten Arbeitgeber und Arbeitnehmer zu zwei Dritteln an der Mittelaufbringung beteiligt werden sollten. Obwohl die finanzielle Entlastung für die Gemeinden weitaus geringer gewesen wäre als für Reich und Länder, war der Deutsche Städtetag bereit, diese Übergangslösung mitzutragen.[49] Als das Gesetzgebungsvorhaben jedoch in die entscheidende Phase trat, wurde die Verabschiedung durch die Vorgänge des Jahres 1923 vorläufig verhindert.

II

Am 11. Januar 1923 begann der Einmarsch belgischer und französischer Truppen in die bis dahin unbesetzten Teile des Ruhrgebietes.[50] Der Entschluß der Reichsregierung, dieser Aktion mit der Ausrufung des „passiven Widerstandes" entgegenzutreten, setzte in sozialpolitischer Hinsicht eine staatliche Intervention bisher nie dagewesenen Ausmaßes in Gang, die mit zunehmender Dauer nur noch durch die inflationäre Aufblähung des Reichshaushaltes finanziert werden konnte. Ausbau der normalen und der produktiven Erwerbslosenfürsorge, Lohnsicherung für die Arbeiterschaft der vom Ruhrkampf direkt oder indirekt betroffenen Beriebe sowie zahlreiche andere Hilfsmaßnahmen verursachten Kosten von exorbitanter Höhe. Auch wenn keine präzisen Zahlen für den gesamten Zeitraum vorliegen, mag die Angabe des Reichsfinanzministers, daß die Höhe der „Ruhrbeihilfen" in der Woche vom 9. bis 15. September 1038 Billionen Mark (das waren umgerechnet ca. 75 Mill. Goldmark) betragen habe, einen ungefähren Eindruck davon vermitteln.[51] Obwohl diese Aufblähung der Staatsaus-

rung" vom Dezember 1920. Akten — Reichskanzlei: Arbeitslosenfürsorge, BA, R 43 I 2025, Bl. 435 ff.

[49] Vgl. Vorstandssitzung des DST vom 18.10.1921. Akte betr. Ausschuß für Arbeitslosenversicherung, AVfK, B (DST) 713, o. Pag.; sowie die Besprechung zwischen RAM und Gemeindevertretern am 26.10.1921. *Ebda.*

[50] Vgl. zum Ruhrkampf (immer noch) die wissenschaftlich nicht unbedingt erschöpfende, zeitgenössische Darstellung von Wentzcke. Paul Wentzcke, *Ruhrkampf. Einbruch und Abwehr im rheinisch-westfälischen Industriegebiet*, Bd. 1 u. 2, Berlin 1930—1932. Wichtige Aspekte aus der Sicht der neueren Forschung vor allem bei Karl Dietrich Erdmann, *Adenauer in der Rheinlandpolitik nach dem Ersten Weltkrieg*, Stuttgart 1966.

[51] Vgl. Kabinettsitzung mit dem preußischen Staatsministerium vom 15.9.1923. *Akten der Reichskanzlei. Die Kabinette Stresemann I und II*, 2 Bde, bearb. von Karl

gaben bis an die Grenzen der Belastbarkeit ging und sicherlich auch für das endgültige Scheitern aller Versuche zur Währungsstabilisierung mitverantwortlich war, wurden die Konsequenzen in Kauf genommen, weil man der Überzeugung war, nur auf die Weise könne die notwendige innere Stabilität zur Abwehr der französischen Zwangsmaßnahmen sichergestellt werden. Um den „nationalen Abwehrkampf" bestehen zu können, wurden Instrumente geschaffen, die den Umfang bisheriger Sozialpolitik weit übertrafen. Gerade die extremen Verhältnisse des Jahres 1923 können zeigen, daß die Sozialpolitik zu allererst im Dienst der „nationalen" Ziele gestanden hat. Was im Krieg und mit der Demobilmachung begonnen hatte, wurde nun in gesteigerter Form fortgesetzt und, als sich Ende 1923 die Zielsetzungen änderten, war der Kriegs- und Nachkriegssozialpolitik die Grundlage entzogen. Für die Entwicklung während des Jahres 1923 ist es allerdings fast tragisch zu nennen, daß die Steigerung des Staatsinterventionismus für eine hyperinflationäre Enwicklung mitverantwortlich war, die die Wirkungen der sozialpolitischen Maßnahmen von vornherein begrenzte oder sogar in Frage stellte. Es kam eine Preisentwicklung in Gang, der die Hilfsmaßnahmen nur hinterherzulaufen vermochten.

Die Federführung für die Abwicklung der Gegenmaßnahmen lag beim Reichsarbeitsministerium, und obwohl etwa die Wirtschaft auch weiterhin ihre Beziehungen zum Wirtschafts- und zum Finanzministerium zu nutzen verstand, hat das Arbeitsministerium in der ersten Phase des Ruhrkampfes eine Vormachtstellung aufbauen können, die es bis zum Sommer weitgehend zu behaupten vermochte.[52] Zur Durchführung der sozialpolitischen Aufgaben wurden Ruhrreferate errichtet, Ausschüsse der unterschiedlichsten Art gebildet und vor allem die wirtschaftlichen Außenstellen (WAST) als neue administrative Mittelinstanzen geschaffen, denen sich schließlich auch Reichsfinanzministerium und Reichswirtschaftsministerium durch die Entsendung eigener Kommissare angeschlossen haben.[53] Gerade die Aufgaben und Kompe-

Dietrich Erdmann und Martin Vogt (im folgenden *Stresemann I u. II* zitiert), Boppard 1978, S. 273 f.

[52] Zu den Organisationsfragen Uwe Oltmann, *Reichsarbeitsminister Heinrich Brauns in der Staats- und Währungskrise 1923/24 — Die Bedeutung der Sozialpolitik für die Inflation, den Ruhrkampf und die Stabilisierung*, Maschinenschrift, Phil. Diss., Kiel 1968, S. 78 ff. Zu Organisation und Abwehrmaßnahmen aus gewerkschaftlicher Sicht H. Potthoff, *Gewerkschaften und Politik*... [wie Anm. 29], S. 323 ff.

[53] Schreiben des Reichsarbeitsministers, des Reichswirtschaftsministers und des

tenzen der WAST (Informationssammlung und -weitergabe, Unterrichtung von Bevölkerung und Organisationen sowie weitgehende Selbständigkeit bei Mittelbewilligung und Kreditvergabe) belegen die Bemühungen des Reichsarbeitsministeriums, der außergewöhnlichen Situation durch rasche und flexible Behandlung der Verwaltungsvorgänge gerecht zu werden. Gleichwohl konnte von einheitlicher Organisation und bürokratischer Kontrolle im besetzten Gebiet zunehmend keine Rede mehr sein. Die Ursache für diese Auflösungserscheinungen lag in erster Linie in den zum Teil rüden Gegenmaßnahmen der Besatzungstruppen begründet, die unter anderem dazu führten, daß die Gelder für Lohnsicherung und Erwerbslosenfürsorge nur noch auf ‚konspirativem Wege' eingeschleust werden konnten. Diese und andere außergewöhnliche Umstände führten zu einer vorübergehenden „Renaissance" der kommunalen Selbstverwaltung. Zum einen waren die Städte immer mehr von den Oberinstanzen abgeschnitten und zum anderen wurden sie faktisch gezwungen, die ständig wachsenden Probleme rasch und unbürokratisch durch improvisierte Eigeninitiative zu lösen.[54] Dies war um so notwendiger, als die Handhabung der verschiedenen Hilfsmaßnahmen den lokal sehr stark differierenden Verhältnissen angepaßt werden mußte. So hatten sich die Behörden zum Beispiel bei der Bewilligung von Unterstützungsgeldern oder der Entlohnung von Notstandsarbeitern auf Preisunterschiede einzustellen, die von Stadt zu Stadt nicht selten 10 % oder mehr betrugen.[55]

Als erste sozialpolitische Maßnahme zur Stützung des passiven Widerstandes nahm das Reichsarbeitsministerium die sogenannte Lohnsi-

Reichsministers der Finanzen an die zuständigen Minister der Länder vom 11.4.1923. Akten — Reichskanzlei: Arbeitslosenfürsorge, BA, R 43 I 2028, Bl. 19 ff.

[54] Einzelne Aktivitäten, z. T. städteübergreifender Art, bei P. Wentzcke, *Ruhrkampf* ... [wie Anm. 50], Bd. 1, S. 384 f.

[55] So berichtete der Reichs- und Staatskommissar für Westfalen und das unbesetzte Gebiet, Ernst Mehlich, im April über folgende Preissituation in Bochum und Dortmund:

	Bochum	Dortmund
Brot	4.600 M	4.800 M
1 l Milch	900 M	1.000 M
Rindfleisch	3.400 M	6.500 M
Schweinefleisch	4.400 M	5.500 M

Siehe Lageberichte Mehlich, ZStAP, RAM 2952, Bl. 113.

cherung in Angriff, die schließlich nach längeren Verhandlungen zwischen dem Ministerium und den der Zentralarbeitsgemeinschaft angeschlossenen Verbänden Anfang Februar zustande kam.[56] Dieses geheime Übereinkommen hatte zum Ziel, die Entlassung von Arbeitskräften dadurch zu verhindern, daß Kredite für die Unternehmen bereitgestellt werden sollten, mit deren Hilfe Arbeiter zu entlohnen seien, die aufgrund des passiven Widerstandes nicht mehr „produktiv" beschäftigt werden könnten. Zur Kreditfinanzierung wurde die „Rhein-Ruhr-Hilfe" gegründet,[57] ein Fonds, in den die Unternehmen des besetzten Gebietes und das Reich Beiträge einzahlten. Vertraglich wurde diese Abmachung in mehreren Einzelabkommen (von denen das „Dürener Abkommen" vom 10. Februar sicherlich das bekannteste ist) zwischen dem Reich und den jeweils zuständigen Unternehmerverbänden und Gewerkschaften geregelt. Obwohl die Industrie darüber hinaus, wie etwa am Beispiel der „Stahlfinanz" zu sehen ist,[58] auch andere Kredithilfen des Reiches in Anspruch nahm, zeigte es sich recht bald, daß die Unternehmen die Bestimmungen der Lohnsicherungsabkommen sehr extensiv auszulegen gewillt waren. Schon im April führte die WAST Hamm Klage über Betriebe, die sich Instandsetzungsarbeiten aus Mitteln der eigentlich für unproduktive Arbeiten bestimmten Lohnsicherung finanzieren ließen.[59] Der Berichterstatter kam zu dem Ergebnis, daß man gegen ein derartiges Verhalten, das ständig mit drohenden Entlassungen und Stillegungen begründet würde, keinerlei Gegenmaßnahmen ergreifen könne, wenn man auf die Aufrechterhaltung einigermaßen geordneter Arbeitsmarktverhältnisse Wert lege. Es

[56] Zur Lohnsicherung vgl. vor allem U. Oltmann, *Reichsarbeitsminister Heinrich Brauns* ... [wie Anm. 52], S. 113ff.; H. Potthoff, *Gewerkschaften und Politik* ... [wie Anm. 29], S. 328f., sowie Gerald D. Feldman/Heidrun Homburg, *Industrie und Inflation. Studien und Dokumente zur Politik der deutschen Unternehmer 1916—1923* (= Historische Perspektiven, 5), Hamburg 1977, S. 134ff.

[57] Diese ist von der ebenfalls durch die Spitzenverbände gegründeten „Ruhrhilfe" zu unterscheiden, einem weitgehend unwirksamen Spendenfonds zur zusätzlichen Unterstützung von Arbeitslosen und Kurzarbeitern.

[58] Die Stahlfinanz-Gesellschaft m. b. H., an der die elf führenden Ruhrstahlkonzerne beteiligt waren, kaufte mit Hilfe von Reichsbankwechseln die unverkaufte Produktion der Konzerne vorläufig auf, um sie bei normalem Geschäftsgang wieder zurückzugeben. Dem Reich sollten beim Rückkauf 90 % der Gewinne oder Verluste zufallen. Vgl. G. Feldman/H. Homburg, *Industrie* ... [wie Anm. 56], S. 136ff., und Akte betr. produktive Erwerbslosenfürsorge — Schwerindustrie, ZStAP, RAM 647.

[59] Akte betr. produktive Erwerbslosenfürsorge im besetzten Gebiet, ZStAP, RAM 644, Bl. 110ff.

ist bezeichnend, daß die Gesellschafter der erst am 14. April gegründeten Stahlfinanz an derartigen Praktiken beteiligt waren, obwohl auch der Reichsfinanzminister ausdrücklich zu verstehen gab, daß ihnen keine solchen Mittel zustünden.[60] Nachdem das Reichsarbeitsministerium in geheimen Gesprächen vor allem von den immer machtbewußter auftretenden Vertretern der Schwerindustrie unter Druck gesetzt worden war, sah sich das Reich seit Mai/Juni schließlich gezwungen, die Kosten für unproduktive Löhne als ‚verlorene Zuschüsse' zu übernehmen.[61] Dieser Schritt bedeutete die Aufgabe des im Februar vereinbarten Prinzips der Kostenteilung. Das Reich wurde auch aufgrund von „Erpressungen" seitens der Industrie mehr und mehr zum alleinigen Finanzier des passiven Widerstandes. Nunmehr wurden grundsätzlich zwei Drittel, in besonderen Fällen sogar bis zu 100 % der unproduktiven Löhne aus Haushaltsmitteln gezahlt. Wie Feldman gezeigt hat,[62] ist nur schwer feststellbar, inwieweit sich die Unternehmen auf diese Weise zu Lasten des Reiches mehr oder minder schadlos zu halten wußten. Dennoch stellte dieses Einlenken der Reichsregierung zumindest eine einseitige Bevorzugung der Großindustrie gegenüber der übrigen Wirtschaft dar. Nachdem trotz aller Vorkehrungen Einzelheiten über die jeweiligen Abmachungen an die Öffentlichkeit gedrungen waren, wurde gerade dieser Umstand insbesondere von den Gewerkschaften des besetzten Gebietes heftig kritisiert.[63] Die wachsende Machtstellung einzelner Industriegruppen, die Ende des Jahres ja dann auch zur Revision in der Arbeitszeitfrage geführt hat, beeinflußte zunehmend auch den Umfang und die Stoßrichtung der sozialpolitischen Abwehrmaßnahmen.

[60] Siehe Schreiben des Reichsarbeitsministers an den Finanzminister vom 27.4.1923 und den zugehörigen Aktenvermerk vom 28.4. Akte betr. produktive Erwerbslosenfürsorge — Schwerindustrie, ZStAP, RAM 647, Bl. 8 f.

[61] Zu den Verhandlungen mit dem Kohlensyndikat und zum entsprechenden Abkommen vgl. U. Oltmann, *Reichsarbeitsminister Heinrich Brauns* ... [wie Anm. 52], S. 124 ff. Entsprechend für die Eisen- und Stahlindustrie G. Feldman/H. Homburg, *Industrie* ... [wie Anm. 56], S. 138 f. Siehe hierzu auch Lothar Erdmann, *Die Gewerkschaften im Ruhrkampf*, Berlin 1924, S. 174 f. Das Protokoll der entscheidenden Vorbesprechung mit Stahlindustriellen am 9.5. in: Akte betr. produktive Erwerbslosenfürsorge — Schwerindustrie, ZStAP, RAM 647, Bl. 20 ff.

[62] G. Feldman/H. Homburg, *Industrie* ... [wie Anm. 56], S. 134 ff.

[63] Vgl. Besprechung mit Gewerkschaftsvertretern im RAM am 24.7.1923. Akte betr. produktive Erwerbslosenfürsorge — Schwerindustrie, ZStAP, RAM 647, Bl. 137 ff. Während die Gewerkschaftsvertreter aus dem besetzten Gebiet die Großindustrie heftigst kritisierten, äußerten sich die Vertreter der Vorstände zu dieser Frage überhaupt nicht.

Als unterstützende Maßnahme zur Lohnsicherung, die zugleich Mitteleinsparung bei Erwerbslosenfürsorge beziehungsweise Lohnsicherung und Entlastung des Arbeitsmarktes bewirken sollte, hat das Reichsarbeitsministerium die vermehrte Arbeitsbeschaffung durch Steigerung der Staatsaufträge angesehen.[64] Als wichtigster Auftraggeber kam hierfür vor allem die Reichsbahn in Betracht, und so hat Brauns seit März ernsthafteste Anstrengungen unternommen, um über das Verkehrsministerium eine Steigerung der Aufträge für das besetzte Gebiet zu erreichen. Diese Initiative wurde von der betroffenen Industrie und den jeweiligen Städten nachhaltig unterstützt.[65] Es zeigte sich jedoch, daß das Arbeitsministerium in dieser Frage innerhalb des Kabinetts zunehmend isoliert war. Auf der vom Reichsverkehrsministerium einberufenen Staatssekretärsbesprechung am 25. April 1923 wurde Geib von den Vertretern der anderen Ressorts glatt überstimmt.[66] Die Zurückhaltung von Staatsaufträgen, so wurde auf Betreiben des Finanz- und des Wirtschaftsministeriums beschlossen,[67] sei in jedem Falle absolut notwendig, auch wenn dadurch schwerwiegende Probleme auf dem Arbeitsmarkt entstehen könnten. Das Verkehrsministerium, das sich in den vorangegegangenen Jahren bereitwillig an Arbeitsbeschaffungsmaßnahmen beteiligt und noch Anfang Februar ein Bekenntnis zur Aufgabe einer gezielten Auftragspolitik zum Ausgleich privater Nachfragedefizite abgelegt hatte,[68] schränkte seine Ausgaben weiterhin drastisch ein. Laut Angaben der Deutschen Stahlwerksgemeinschaft Essen gingen die Aufträge des Eisenbahnzentralamtes für Radsätze und Radreifen auf 26 beziehungsweise 38 % des üblichen Standes zurück.[69] Offenbar zeigte sich in dieser Frage, schon lange

[64] Schreiben des Reichsarbeitsministers an den Reichsverkehrsminister vom 5.3.1923. Akte betr. Arbeitsbeschaffung im besetzten Gebiet, ZStAP, RAM 675, Bl. 3.

[65] Vgl. etwa die Eingaben zum Fall der Firma Thyssen & Co. AG (Abt. Stahl- und Walzwerke Mülheim). *A.a.O.*, Bl. 44ff.

[66] *A.a.O.*, Bl. 42. An der Besprechung nahmen die Staatssekretäre des Finanzministeriums, des Verkehrsministeriums, des Wirtschaftsministeriums und des Arbeitsministeriums sowie der Reichsbankvizepräsident teil.

[67] Die treibende Rolle dieser beiden Ressorts wird u. a. im Tenor der entsprechenden Korrespondenz deutlich. So fühlte sich z. B. der Finanzminister veranlaßt, dem Verkehrsminister ausdrücklich für seine restriktive Ausgabenpolitik zu danken. Siehe Schreiben des Reichsministers der Finanzen an den Reichsarbeitsminister vom 18.5.1923. *A.a.O.*, Bl. 85.

[68] Siehe Schreiben des Reichsverkehrsministers an die Reichsbahndirektion vom 11.2.1923. *A.a.O.*, Bl. 12.

[69] Vgl. Schreiben des RAM an das Reichsverkehrsministerium vom 8.5.1923. *A.a.O.*, Bl. 84.

bevor die Beendigung des Ruhrkampfes ins Auge gefaßt wurde, daß gegen den erklärten Willen des Reichsarbeitsministers eine Tendenz vorherrschend wurde, die alles politische Handeln dem finanziellen Kriterium der Haushaltssanierung unterzuordnen gewillt war. Die Verantwortung für die weitere Führung des Ruhrkampfes und damit zugleich für dessen Erfolg oder Mißerfolg wurde immer mehr und ausschließlich der Sozialpolitik zugeschoben.

Je weniger eine Entlastung des Arbeitsmarktes durch Auftragsvergabe der öffentlichen Hände erreicht werden konnte, desto bedeutsamer mußten zwangsläufig die Arbeitsbeschaffungsmaßnahmen im Rahmen der produktiven Erwerbslosenfürsorge werden. Die Finanzierung der reinen Fürsorge wäre ohne Zweifel weniger kostenaufwendig gewesen, aber die Priorität der sozialpolitischen Ruhrkampfmaßnahmen lag eindeutig bei der Erhaltung der inneren Stabilität. Daher war nach allgemeiner Auffassung der Arbeitsbeschaffung gegenüber der Unterhaltung von Arbeitslosen soweit als möglich Vorrang zu geben. Das Reichsarbeitsministerium konnte sich in dieser Frage der Unterstützung der Städte, der Gewerkschaften, ja sogar der Arbeitgeber weitgehend sicher sein.[70] Die Gewerkschaften der Stadt Bochum haben ihr Anliegen in einer gemeinsamen Erklärung sehr plastisch formuliert: „Regierung gib Arbeit und gib nicht Geld für Arbeitslose."[71] Die Liste solcher Eingaben ließe sich um Einiges verlängern, und in allen Äußerungen kommt die Befürchtung zum Ausdruck, daß ein Anwachsen der Arbeitslosigkeit verheerende Konsequenzen für den politischen Widerstandswillen haben müsse.

Ende Februar waren die planmäßigen Reichsmittel für die produktive Erwerbslosenfürsorge erschöpft, und auch zahlreiche Städte konnten ihren Anteil aus Mangel an Finanzmitteln kaum noch aufbringen.[72] Gegenüber dem wiederum auf Sparsamkeit bedachten Finanzministerium konnte Brauns jedoch in diesem Falle die Freigabe weiterer Gelder

[70] Die positive Einstellung der Arbeitgeber des besetzten Gebietes zur Ausweitung der produktiven Erwerbslosenfürsorge wurde von ihnen z. B. in der Besprechung im RAM am 22.2.1923 zum Ausdruck gebracht. Akte betr. produktive Erwerbslosenfürsorge im besetzten Gebiet, ZStAP, RAM 644, Bl. 27.

[71] Forderungen der Bochumer Gewerkschaftsführer, dem RAM am 5.5.1923 durch den Stadtbaurat Diefenbach übermittelt (und nachdrücklich befürwortet). *A.a.O.*, Bl. 152.

[72] Schreiben Brauns' an Hermes vom 19.2.1923. Akten — Reichskanzlei: Arbeitslosenfürsorge, BA, R 43 I 2027, Bl. 333.

erreichen.[73] Diese erlaubten es ihm, großzügigere Sonderregelungen für das besetzte Gebiet zu erlassen. Die Städte hatten danach 20 % der Kosten selbst zu tragen, das Reich erstattete wie bisher das 2,5fache der gesparten Erwerbslosenfürsorge oder bei privaten Trägern zwei Drittel der ersparten Lohnsicherung und gewährte darüber hinaus bei Lohnkosten für Fehlbeträge bis zu 80 % Darlehen.[74] Hier sei angemerkt, daß der größte Teil dieser Kredite nach der Währungsstabilisierung zurückgezahlt wurde.[75]

Die Ruhrgebietsstädte, deren Prioritätensetzung in der Frage der Bekämpfung der Arbeitslosigkeit mit den Plänen des Reichsarbeitsministeriums identisch war, gingen unverzüglich daran, Programme für Notstandsarbeiten durchzuführen. Dies konnten sie natürlich auch deswegen tun, weil sie mit zunehmender Dauer der Inflation gelernt hatten, sich durch Kreditaufnahme, Gebührenerhöhungen und findige Steuerfestsetzung zusätzliche Finanzspielräume zu schaffen. Die Stadtverordnetenversammlung in Dortmund zum Beispiel bewilligte der Verwaltung im ersten Halbjahr 1923 Mittel für Notstandsarbeiten, die umgerechnet eine Höhe von ca. 1 Mill. Goldmark erreichten.[76] Nach längeren Verhandlungen erklärte sich das Reichsarbeitsministerium auf Drängen der beteiligten Städte, der jeweiligen Handelskammern und vor allem der preußischen Regierung schließlich auch bereit,

[73] Von den von Brauns geforderten 100 Mrd. Mark wurden schließlich 70 Mrd. bewilligt. Der Finanzminister hatte ursprünglich — wohl aus verhandlungstaktischen Gründen — nur ganze 10 Mrd. Mark bewilligen wollen. Siehe Schreiben vom 19.2. und die zugehörige Aktennotiz der Reichskanzlei. *A.a.O.*, Bl. 333 ff. Darüber hinaus Besprechung im Reichsfinanzministerium am 10.4.1923. Akten — Reichskanzlei: Arbeitslosenfürsorge, BA, R 43 I 2028, Bl. 15 ff. Noch im August beklagte sich Brauns darüber, daß das Finanzressort bei den Notstandsarbeiten die gleiche ‚Zurückhaltung' gezeigt habe, wie in der Frage der Staatsaufträge. Brauns an den Staatssekretär der Reichskanzlei am 3.8.1923. *A.a.O.*, Bl. 197 ff.

[74] Diese Richtlinien konnten nur indirekt erschlossen werden. Siehe Schreiben des Essener Oberbürgermeisters an den Regierungspräsidenten in Düsseldorf vom 8.6.1923 (weitergeleitet an das RAM) sowie das Antwortschreiben des RAM vom 9.7., in dem eine Änderung dieser Richtlinien abgelehnt wird. Akte betr. produktive Erwerbslosenfürsorge im besetzten Gebiet, ZStAP, RAM 644, Bl. 242 f.

[75] Unterlagen hierzu in der Akte betr. Abrechnung der besonderen Erwerbslosenfürsorge, ZStAP, RAM 643.

[76] Akte betr. Stadtverordneten-Protokolle 1923, StADo, Best.: 3—412. Die Mittelbewilligung für den Hafenausbau am 30.5.1923 (übrigens in Zusammenarbeit mit der Hoesch AG) erfolgte mit dem ausdrücklichen Zusatz „ungeachtet des finanziellen Risikos".

der Emschergenossenschaft umfangreiche Kredite aus Mitteln der Erwerbslosenfürsorge und der Lohnsicherung für ein Bauprogramm zu gewähren, das mehrere Mill. Goldmark umfassen sollte.[77]

Doch trotz aller Bemühungen dürften die Mittel für die produktive Erwerbslosenfürsorge schon im Frühjahr und Sommer 1923 kaum noch ausgereicht haben, um der wachsenden Arbeitslosigkeit entscheidend zu begegnen. Die wenigen, sicherlich nicht unbedingt repräsentativen Zahlen deuten darauf hin, daß beispielsweise im April nur etwa 20 bis 30 % der Erwerbslosen mit Hilfe von Arbeitsbeschaffungsmaßnahmen beschäftigt werden konnten.[78] Durch die rapide Abnahme der Staatsaufträge war der Arbeitsbeschaffungspolitik überdies ein nicht unbeträchtlicher Teil ihrer Wirkung genommen. Gleichwohl bestand zumindest auf kommunaler Seite auch weiterhin über die Notwendigkeit zu aktiver Bekämpfung der Arbeitslosigkeit keinerlei Zweifel, und wenn der Umfang und die Wirkung der entsprechenden Maßnahmen begrenzt blieb, so lag dies vor allem in der zunehmenden Finanznot begründet. In einer groß angelegten gemeinsamen Aktion, die von den Handelskammern und den betroffenen Wirtschaftsverbänden nachhaltig unterstützt wurde, unternahmen die Ruhrgebietsstädte daraufhin seit Juni 1923 den Versuch, das Reichsarbeitsministerium zu einer Neufassung der Bestimmungen über die produktive Erwerbslosenfürsorge zu bewegen.[79] Ihr Antrag, großzügige neue Projekte zu bewilligen und nunmehr grundsätzlich 80 % der Gesamtfinanzierung, in Notfällen gar 90 oder 100 % dem Reich aufzubürden, wurde dilatorisch behandelt und schließlich im September, als der Abbruch des Ruhrkampfes bevorstand, abschlägig beschieden. Damit zeigte sich das Arbeitsministerium dem Anliegen der Städte weitaus weniger zugänglich, als den etwa zur gleichen Zeit wegen höherer Zuschüsse bei der Lohnsicherung intervenierenden Arbeitgebern. Alle noch so eindringlichen Hinweise auf die finanziellen und sozialen Notstände im besetzten Gebiet und deren verheerende Konsequenzen für den Ausgang des Ruhrkampfes blieben erfolglos. Die politische Kehrtwendung des Spätsommers

[77] Vgl. Akte betr. produktive Erwerbslosenfürsorge im besetzten Gebiet, ZStAP, RAM 644, Bl. 48 ff.

[78] Schreiben des Düsseldorfer Oberbürgermeisters an den Reichsarbeitsminister vom 30.4.1923. Akte betr. Arbeitsbeschaffung im besetzten Gebiet, ZStAP, RAM 675, Bl. 61.

[79] Die entsprechenden Eingaben, Protokolle usw. in Akte betr. produktive Erwerbslosenfürsorge im besetzten Gebiet, ZStAP, RAM 644, Bl. 242 ff.

zeigte ihre ersten Auswirkungen, und mit der Aufgabe des passiven Widerstandes ging die rigorose Liquidierung der bisherigen Sozialpolitik einher.

Bis zum Jahre 1923 hatte die Arbeitsmarkt- und Sozialpolitik in den Gewerkschaften eine entscheidende Stütze gehabt. Im Verlaufe des Ruhrkampfes kam es jedoch gerade bei der Frage der Notstandsarbeiten zu schwerwiegenden Differenzen zwischen Gewerkschaften und Kommunen. Hatten sich die gewerkschaftlichen Spitzenverbände angesichts der zunehmenden eigenen Schwäche schon frühzeitig zur Befürwortung der Aufgabe des passiven Widerstandes entschlossen,[80] so waren sie nun auch zunehmend auf eine klare Abgrenzung gegenüber den Arbeitslosen bedacht. Das ehemals verkündete Prinzip der Gleichbehandlung von Notstandsarbeitern wurde vollends aufgegeben, als diese mittels kollektiver Selbsthilfe ihre Ansprüche durchzusetzen versuchten. Viele Stadtverwaltungen sahen sich gezwungen, ihre Zahlungen — und dies galt insbesondere für die Entlohnung der Notstandsarbeiter — den örtlichen Erfordernissen anzupassen. Dieses durch die Not diktierte Verhalten wurde auch dadurch gefördert, daß man sich dem Druck einer neu belebten Erwerbslosenbewegung ausgesetzt sah. Angesichts der immer drängenderen Notstände, die die Aufrechterhaltung der politischen und sozialen Ordnung zunehmend in Frage stellten, waren die Magistrate offenbar bereit, den Notstandsarbeitern ohne Unterschied Vergütungen in Höhe der ohnehin sehr niedrigen Tariflöhne zu gewähren und auch die teilweise Bezahlung arbeitsfreier Tage zuzugestehen.[81] Dies führte zum Konflikt mit den Gewerkschaften, die solche Zustände als Unterminierung ihrer Tarifpolitik ansehen mußten, zumal deren zunehmende Unwirksamkeit mittlerweile Auflösungserscheinungen innerhalb der eigenen Organisationen verursachte. Anläßlich der sogenannten Ruhrbesprechung im Reichsarbeitsministerium am 29. Mai 1923 beklagte sich der stellvertretende ADGB-Vorsitzende Graßmann heftig über die „bewußte Untergrabung der Autorität der Gewerkschaften" und die allzu nachgiebige Haltung gegenüber den „Sturmdeputationen" der Erwerbslosen.[82] Gleichzeitig versorgte man das Reichsarbeitsministerium mit entsprechenden Un-

[80] Siehe H. Potthoff, *Gewerkschaften und Politik* ... [wie Anm. 29], S. 332ff.

[81] Vgl. hierzu und zum folgenden *a.a.O.*, S. 330ff., sowie L. Erdmann, *Die Gewerkschaften* ... [wie Anm. 61], S. 175f.

[82] Zitiert bei H. Potthoff, *Gewerkschaften und Politik* ... [wie Anm. 29], S. 330.

terlagen.[83] Diese Intervention löste heftige Aktivitäten aus, in die sich auch Reichsarbeitsminister Brauns persönlich einschaltete. Da die Beendigung des Ruhrkampfes absehbar wurde und in dieser Konstellation die Loyalität der gewerkschaftlichen Spitzenverbände unabdingbar sein mußte, war man auf seiten des Reichsarbeitsministeriums gewillt, energisch einzuschreiten. Ergebnis der Beratungen war der Erlaß vom 16. Juli 1923, in dem die entsprechenden Aufsichtsbehörden eindringlich aufgefordert wurden, notfalls auch unter Androhung des Entzugs der Mittel auf Abstellung der „Übelstände" hinzuwirken.[84] Im Zuge der immer stärkeren Auflösungserscheinungen konnte allerdings von dieser Maßnahme keine tiefgreifende Wirkung mehr ausgehen.[85] Unterversorgung und Not begannen, immer weitere Teile der Bevölkerung des besetzten Gebietes zu erfassen, und die Unterschiede zwischen Beschäftigten und Erwerbslosen verloren dabei zunehmend an Bedeutung.

Auch auf dem Gebiet der eigentlichen Erwerbslosenfürsorge hat das Reichsarbeitsministerium nach Einsetzen des passiven Widerstandes Sonderregelungen für das besetzte Gebiet erlassen. Schon Mitte Februar wurde die Höhe der Erwerbslosenunterstützungssätze auf das dreifache der üblichen Sätze beziehungsweise zwei Drittel der vergleichbaren Tariflöhne angehoben.[86] In dem entsprechenden Erlaß kamen sowohl Konstruktion als auch Motivation dieser „Ruhrkampfspezifischen" Sozialpolitik deutlich zum Ausdruck. Lohnsicherung, produktive Erwerbslosenfürsorge und Erwerbslosenfürsorge galten als aufeinander bezogene Elemente eines Maßnahmenkataloges, der verhindern sollte, daß Arbeitnehmer „durch Hunger gegen ihre Überzeu-

[83] Es handelt sich hierbei um den Bericht eines DMV-Funktionärs vom 25.5., der detaillierte Angaben über die „Mißstände" in Niederlahnstein enthält. Hierzu vermerkt eine Aktennotiz: „Von H.(errn, N. R.) Graßmann, ADGB, am 29.5. persönlich übergeben. Original zurückgereicht." Akte betr. produktivte Erwerbslosenfürsorge im besetzten Gebiet, ZStAP, RAM 644, Bl. 265 ff.

[84] Akten — Reichskanzlei: Arbeitslosenfürsorge, BA, R 43 I 2028, Bl. 182 ff., sowie Schreiben des Reichsarbeitsministers an den preußischen Ministerpräsidenten vom 16.7.1923: Akte betr. die Fürsorge für Erwerbslose ..., GStA, Preuß. Staatsministerium, Rep. 90, Nr. 1150, Bl. 260 ff.

[85] Schreiben des Präsidenten der Reichsarbeitsverwaltung an den Reichsarbeitsminister vom 29.8.1923. Akte betr. produktive Erwerbslosenfürsorge im besetzten Gebiet, ZStAP, RAM 644, Bl. 412.

[86] Erlaß des Reichsarbeitsministers vom 12.2.1923. Akte betr. Deutsches Volksopfer (Ruhrspende), AVfK, B (DST) 2878, o. Pag.

gung zur Arbeit gezwungen" würden.[87] Die Instrumentalisierung der Sozialpolitik für die Prioritätensetzung der „nationalen Aufgaben" ließ sich kaum deutlicher formulieren. Allerdings zeigte die Entwicklung, daß sich der grundsätzliche Anspruch, die Unterstützung Erwerbsloser allein den Erfordernissen der Abwehrmaßnahmen unterzuordnen, nicht aufrechterhalten ließ. Untergeordnete Instanzen und vor allem städtische Behörden orientierten sich — pragmatisch wie immer — in ihrem Handeln an den Erfordernissen der materiellen Verhältnisse, das heißt der sozialen Notlage. Sie gingen dazu über, Einheitssätze auszuzahlen,[88] die die Existenzgrundlage der besonders bedürftigen Arbeitslosen schlecht bezahlter Berufsgruppen sicherstellen sollten, und Vorschüsse auf Erwerbslosenunterstützung zu gewähren.[89] Insbesondere letzteres Verfahren dürfte den Gewerkschaften erhebliches Unbehagen bereitet haben, da gerade das Problem der Vorschußzahlungen angesichts der rasanten Teuerung immer mehr zum Angelpunkt der heftigen Arbeitskämpfe im Laufe des Jahres 1923 geworden war. Obwohl derartige Eigenmächtigkeiten der Kommunen von den Reichsbehörden gar nicht gern gesehen wurden,[90] kam es auch in dieser Frage nicht zu wirksamen Gegenmaßnahmen. Die gesamte Sozialpolitik hatte sich mehr und mehr auf das entscheidende Problem, die Anpassung an die Inflation, zu konzentrieren. Bis zum Abbruch des Ruhrkampfes mußten die jeweiligen Sätze bis zu zwanzig Mal angehoben werden.[91] Erst nach langem Zögern entschloß sich die Reichsregierung, dem Drängen von Parteien und Verbänden nachzugeben. Mit der Koppelung der Unterstützungssätze an die Löhne der Reichsarbeiter wurde schließlich erst im August ein geheimes Indexverfahren eingeführt, das allerdings den fortschreitenden Niedergang nicht mehr aufzuhalten vermochte. Angesichts der rapiden Geldentwertung waren die jeweiligen Anhebungen völlig unzureichend. Der Wettlauf mit der Inflation war nicht zu gewinnen, und jede Aufstockung der Mittel wurde durch die

[87] *Ebda.*

[88] Vgl. Schreiben des Reichsarbeitsministers an den preußischen Ministerpräsidenten vom 16.7.1923. Akte betr. die Fürsorge für Erwerbslose ..., GStA, Preußisches Staatsministerium, Rep. 90, Nr. 1150, Bl. 260ff.

[89] Siehe hierzu L. Erdmann, *Die Gewerkschaften* ... [wie Anm. 61], S. 175f.

[90] Wie Anm. 88.

[91] Vgl. hierzu und zum folgenden U. Oltmann, *Reichsarbeitsminister Heinrich Brauns* ... [wie Anm. 52], S. 96ff. Zur Festsetzung des Indexverfahrens Akten — Reichskanzlei: Arbeitslosenfürsorge, BA, R 43 I 2028, Bl. 190ff.

sich überschlagende Preisentwicklung unwirksam. Für die Städte, die in ihren Unterstützungsmaßnahmen oft noch die vom Reich vorgegebenen Margen überschritten, bedeutete dies in der Konsequenz, daß alle sozialpolitischen Bemühungen dem unaufhaltsamen Verfall nicht mehr gegensteuern konnten.

Obwohl sich ein vollständiges Bild nicht mehr rekonstruieren läßt,[92] deuten alle Anzeichen darauf hin, daß mit dem Scheitern der Markstützungsaktion im April 1923 der erste tiefgreifende Einbruch auf dem Arbeitsmarkt einherging.[93] Die Versorgung der Bevölkerung mit Grundnahrungsmitteln verschlechterte sich ebenfalls zusehends. Bis zu den Sommermonaten 1923, so die im Ruhrhauptreferat des Reichsarbeitsministeriums gesammelten Lageberichte,[94] dürften Devisenmangel, Preisanstieg und Transportprobleme die Hauptursachen für eine zwar sehr kritische, aber noch erträgliche Versorgungssituation gewesen sein. Danach traten katastrophale Zustände ein: Kartoffeln und Frischgemüse waren fast gar nicht mehr verfügbar,[95] Milch- und Fleischkonsum gingen drastisch zurück,[96] und die Qualität der wenigen

[92] Der Versuch des Reichsarbeitsministeriums, Informationen über die Arbeitsmarktlage im besetzten Gebiet nicht mehr über die Reichsarbeitsverwaltung, sondern über die Magistrate und die noch immer amtierenden Demobilmachungskommissare zu erfassen, scheiterte kläglich. Eine geordnete Verwaltungstätigkeit war auch auf diesem Sektor offenbar nicht mehr gegeben. Vgl. Akte betr. Statistik der Erwerbslosenfürsorge im besetzten Gebiete, ZStAP, RAM 684.

[93] Die ersten alarmierenden Berichte (Oberpräsident Münster und Regierungspräsident Düsseldorf) gehen Ende April ein. Vgl. Protokoll der Sitzung des Preußischen Staatsministeriums am 2.5.1923. Akte betr. die Fürsorge für Erwerbslose ..., GStA, Preußisches Staatsministerium, Rep. 90, Nr. 1150, Bl. 186 ff. Das Ruhrhauptreferat des RAM stellte in einem Vermerk für den Staatssekretär am 23.4. fest, daß sich der Arbeitsmarkt im besetzten Gebiet in Auflösung befinde. Akte betr. Arbeitsbeschaffung im besetzten Gebiet, ZStAP, RAM 675, Bl. 40.

[94] ZStAP, RAM 3026—3030. Es handelt sich um offiziöse Berichte, die von den WAST, dem Reichskommissar des Reichskanzlers für die Ruhrabwehr und dem Reichsministerium für die besetzten Gebiete stammen.

[95] Lagerberichte vom 3./4. und 11.7.1923. *A.a.O.*

[96] Laut P. Wentzcke, *Ruhrkampf*... [wie Anm. 50], Bd. 2, S. 444, sank der Fleischkonsum in Bochum von 6,6 Mill. kg 1913 auf 2,7 Mill. kg im Jahre 1923, und dies bei leicht gestiegener Einwohnerzahl. Der Milchverbrauch sank im gleichen Zeitraum von 14 Mill. l auf 5,5 Mill. l — Die Fleischervereinigung Dortmund berichtete am 6.8., daß der Viehauftrieb bei zunehmend geringerer Qualität der Tiere drastisch zurückgegangen sei: Statt 1000—1200 nur noch 225 Rinder, statt 3500—4000 Schweinen nur noch 380 und statt 800—1000 Kälbern nur noch 225 täglich. Vgl. Bericht der WAST Hamm vom 6.8.1923, ZStAP, Reichs- u. Staatskommissar für gewerbliche Fragen in Westfalen, Nr. 16, Bl. 53.

noch verfügbaren Lebensmittel wurde zunehmend schlechter.[97] Die allgemeine Verschlechterung der Lebensumstände verursachte eine ständig wachsende Radikalisierung der betroffenen Bevölkerungsschichten. Seit April/Mai waren Teuerungsproteste, Hungermärsche, Plünderungen und Felddiebstähle überall im besetzten und zum Teil auch unbesetzten Gebiet an der Tagesordnung. Die offiziellen Berichte[98] schreiben die Urheberschaft derartiger Unruhen ganz pauschal dem subversiven Einfluß kommunistischer Unterwanderung zu. Gleichwohl wird deutlich, daß die Beteiligung an solcher kollektiver Selbsthilfe offenbar nicht in direktem Zusammenhang mit Arbeitslosigkeit gestanden hat. Zwar hat es auch schon vor dem Herbst 1923, als der überwiegende Teil der Bevölkerung von Arbeitslosigkeit betroffen wurde, zahlreiche Arbeitslosendemonstrationen gegeben, aber die gewaltsame Selbsthilfe stand auffälligerweise fast immer in direktem zeitlichen Zusammenhang mit den spontanen Arbeitskämpfen, die vor allem von den Zechenbelegschaften geführt wurden.

Seit dem Spätsommer 1923 war die Lage im besetzten Gebiet durch zunehmende Arbeitslosigkeit, Unterversorgung und Hunger gekennzeichnet. Die im Zeichen des „nationalen Widerstandes" begonnene Forcierung der Sozialpolitik war, wie auch Reichsarbeitsminister Brauns im August zugeben mußte,[99] gescheitert. Alle Fürsorgemaßnahmen hatten der inflationären Entwicklung und dem konjunkturellen Einbruch nicht standzuhalten vermocht. Hinzu kam, daß Arbeitsbeschaffungsprogramme und Ausweitung der produktiven Erwerbslosenfürsorge am Widerstand des Finanz- und des Wirtschaftsministeriums scheiterten, die nun immer stärker auf Währungsstabilisierung und radikale Haushaltssanierung, das heißt die Kürzung der Sozialausgaben, zu drängen begannen. Die Städte des besetzten Gebietes, die sich mit einer immer katastrophaleren Notlage konfrontiert sahen, besaßen keinerlei Möglichkeiten mehr, dem nun einsetzenden Rückzug aus der Sozialpolitik entgegenzuwirken, zumal sie aufgrund des Wäh-

[97] So verlieh z. B. das Nahrungsmitteluntersuchungsamt Essen im September einer Brotprobe, die mit der rationierten Mehlzuteilung der Reichsgetreidestelle gebacken worden war, das Prädikat „zu Genußzwecken ungeeignet". Nach einer Ortsbesichtigung durch das Reichsministerium für Ernährung wurde besagtes Mehl aus dem Verkehr gezogen. Vgl. *a.a.O.*, Bl. 22ff.

[98] Wie Anm. 94.

[99] Schreiben Brauns' an Reichskanzler Cuno vom 3.8.1923. Vgl. U. Oltmann, *Reichsarbeitsminister Heinrich Brauns* ... [wie Anm. 52], S. 111.

rungszusammenbruches immer mehr zu Kostgängern des Reiches geworden waren.

Mit dem Sturz des Kabinettes Cuno und der Bildung der Großen Koalition wurde im August 1923 die sich abzeichnende Wende vollzogen. Abbruch des passiven Widerstandes und Liquidierung der Inflation genossen nunmehr absolute Priorität, der die anderen Politikbereiche, vor allem auch die Sozialpolitik, untergeordnet wurden. Diese Kehrtwendung konnte sich auf einen breiten Konsens in der politischen Öffentlichkeit stützen; die Zustimmung zur radikalen Haushalts- und Währungssanierung reichte vom bürgerlichen Lager bis zur Sozialdemokratie und zu den Gewerkschaften. Finanzminister Hilferding (SPD) war einer der eifrigsten Verfechter der neuen Politik,[100] und die Gewerkschaften, die sich ja durch Inflation und Ruhrkampf zunehmend in ihrer organisatorischen und politischen Substanz gefährdet sahen, waren seit langem von der Haltlosigkeit der Politik des passiven Widerstandes überzeugt. Reichsarbeitsminister Brauns, dem es im Zuge der Währungsstabilisierung zwar noch gelang, gewisse zusätzliche Spielräume für die Finanzierung der eingeschränkten Sozialpolitik offenzuhalten, machte sich die neue Prioritätensetzung immer mehr zu eigen. Der Umfang sozialpolitischen Handelns wurde seit Herbst 1923 nicht mehr durch den Kompromiß zwischen realen Notwendigkeiten und finanzpolitischem Spielraum, sondern durch die von der Finanzpolitik vorgegebene Kontingentierung von Haushaltsmitteln bestimmt. Auch wenn man der Ansicht ist, daß es zu dieser Radikalkur keine Alternative gab, ist vielleicht doch die Frage zu stellen, ob nicht in diesem Falle — salopp gesagt — das Kind mit dem Bade ausgeschüttet wurde. Alle Ansätze einer integrierten, interventionistischen Arbeitsmarktpolitik und alle Versuche, mittels staatlicher Ausgaben Konjunktursteuerungsinstrumente zu entwickeln, wurden auf Jahre hinaus verschüttet. Diese zum Teil aus der Not geborenen Interventionsmethoden standen nach Meinung einer breiten Öffentlichkeit im direkten Zusammenhang mit der Inflationskatastrophe und wurden daher in einem Maße als diskreditiert angesehen, daß es später zur Brüningschen Deflationspolitik vermeintlich keine Alternative mehr gab.

[100] Vgl. Martin Vogt, *Rudolf Hilferding als Finanzminister im ersten Kabinett Stresemann*, in: *Historische Prozesse der deutschen Inflation 1914—1924. Ein Tagungsbericht*, bearb. u. hrsg. von Otto Büsch und Gerald D. Feldman (= Einzelveröffentlichungen der Historischen Kommission zu Berlin, Bd. 21), Berlin 1978, S. 127ff.

Die neue Politik bedeutete für das besetzte Gebiet, daß die Zustände im Herbst und Winter auf eine Katastrophe zusteuerten. Der Arbeitsmarkt brach völlig zusammen, nachdem immer mehr Großunternehmen ihre Produktion eingestellt hatten. Die Notwendigkeit der Weiterführung der Betriebe war mit Abbruch des passiven Widerstandes entfallen, zumal seit Anfang Oktober der rasche Abbau der Lohnsicherung erfolgte. Darüber hinaus gedachten die Arbeitgeber, ihrem Vorstoß in der Arbeitszeitfrage durch Massenarbeitslosigkeit den nötigen Nachdruck zu verleihen.[101] Die Arbeitslosigkeit griff daraufhin so sehr um sich, daß sich die Reichsregierung genötigt sah, mit einer Verordnung am 15. Oktober gegen willkürliche Entlassungen durch Anordnung von Lohnfortzahlungen vorzugehen.[102] Allerdings blieb diese Maßnahme angesichts der Währungsverhältnisse wohl weitgehend wirkungslos und wurde kurz darauf auf Drängen von Arbeitnordwest[103] weitgehend zurückgenommen.

Nach Schätzungen des Reichsarbeitsministeriums gab es in den letzten drei Monaten des Jahres 1923 im besetzten Gebiet zwischen 1,5 und 2 Mill. Hauptunterstützungsempfänger in der Erwerbslosenfürsorge,[104] und Vertreter des besetzten Gebietes nannten Zahlen von über 2 Mill. Arbeitslosen.[105] Im Oktober meldeten Bochum 50 000 bis 60 000, Düsseldorf rund 100 000,[106] Dortmund 90 000[107] und Duisburg 46 000[108] Erwerbslose. Rechnet man zu den Arbeitslosen ihre Familienangehörigen sowie Kleinrentner, Kriegsrentner, Kurzarbeiter, Armenunterstützte usw. hinzu, so dürften die Angaben, daß weit über die

[101] Siehe hierzu G. Feldman/H. Homburg, *Industrie* ... [wie Anm. 56], S. 151 f.

[102] *Ebda.*

[103] Arbeitgeberverband der Nordwestlichen Gruppe des Vereins Deutscher Eisen- und Stahlindustrieller.

[104] In der Sitzung von Reichskabinett, beteiligten Ländern und Fünfzehner-Ausschuß am 13.11.1923 bezifferte Brauns die Erwerbslosen und Kurzarbeiter im besetzten Gebiet auf 2 Mill. Siehe *Akten der Reichskanzlei. Stresemann I u. II* [wie Anm. 51], S. 1047 f. L. Erdmann, *Die Gewerkschaften* ... [wie Anm. 61], S. 141, nennt für Oktober ähnliche Zahlen, die ebenfalls aus dem RAM stammen.

[105] „Über 2 Mill. arbeitswilliger Menschen sind ohne Beschäftigung." So die Aussage des Bochumer Reichstagsabgeordneten Teuber (SPD) im Nov. 1923. Zitiert bei P. Wentzcke, *Ruhrkampf* ... [wie Anm. 50], Bd. 2, S. 201.

[106] *A.a.O.*, S. 195.

[107] Antwortschreiben des Wohlfahrtsamtes der Stadt Dortmund vom 25.3.1924 auf die Anfrage des Magistrates vom 8.3.1924. Sonderakte des Wohlfahrtsamtes betr. Statistik, StADo, Best.: 3—966, Bl. 16 f.

[108] *Verwaltungsbericht der Stadt Duisburg* ... [wie Anm. 24], S. 786.

Hälfte der Bevölkerung des besetzten Gebietes in der einen oder anderen Form von öffentlicher Unterstützung lebte, durchaus realistisch gewesen sein.[109] Es kam hinzu, daß sich die Engpässe in der Versorgung und das Währungschaos weiter drastisch zuspitzten. Der Gelsenkirchner Oberbürgermeister, gleichzeitig Geschäftsführer der kommunalen Vereinigung für Gesundheitsfürsorge im rheinisch-westfälischen Industriegebiet, sprach in einem Bericht an den Deutschen Zentralausschuß für die Auslandshilfe am 5. November 1923 von Verhältnissen, die man selbst „im Kriege in dieser Weise doch nicht erlebt" habe,[110] und der Vorsitzende des Deutschen Vereins für öffentliche und private Fürsorge nannte die Situation in bezug auf die Sozialpolitik eine „organisierte Hungersnot".[111] Besonders eindringlich beschrieb Bürgermeister Geyer aus Bochum anläßlich der Verhandlungen zwischen Reichsregierung und Vertretern des besetzten Gebietes am 25. Oktober 1923 in Hagen, was sich im Ruhrgebiet abspielte: „... Vorgänge, wie ich sie heute auf der Fahrt von Bochum bis Hagen gesehen habe, sind mir noch nicht unter die Augen gekommen. Derartige Scharen von Menschen, die hungern und die herumziehen, habe ich in meinem Leben noch nicht gesehen."[112] Unterversorgung auf allen Gebieten des täglichen Bedarfs beherrschte das Leben im besetzten Gebiet. Ausbreitung von Mangelkrankheiten aller Art und vor allem von Tuberkulose war die Folge.[113] Die Ordnungsbehörden konnten sich gegen Bettelei, Plünderungen und organisierten Diebstahl kaum noch zur Wehr setzen, zumal sich die Besatzungstruppen weitgehend passiv verhielten.[114] Angesichts der Notlage waren sogar teilweise Landwirte bereit, den massiv auftretenden Erwerbslosen nahezu freiwillig Teile ihrer Vorräte zu überlassen.[115]

[109] Die Stadtverwaltung Duisburg beziffert die Anzahl der auf Erwerbslosenfürsorge angewiesenen Einwohner auf 139 000 (bei 260 000 Gesamteinwohnerzahl) und dies ohne Einrechnung der Jugendlichen. *Ebda.* Der Dortmunder Wohlfahrtsdezernent berichtete, daß 80 % der Bevölkerung auf öffentliche Unterstützung angewiesen sei. Siehe Anm. 1.

[110] Akte betr. Die Not in den Städten, AVfK, B (DST) 2557, o. Pag.

[111] Wie Anm. 2.

[112] *Akten der Reichskanzlei. Stresemann I u. II* [wie Anm. 51], S. 807.

[113] Vgl. Bericht des Dortmunder Wohlfahrtsdezernenten an den Regierungspräsidenten in Arnsberg vom 11.12.1923. Sonderakte des Wohlfahrtsamtes, StADo, Best.: 3—1009, Bl. 2 ff.

[114] Vgl. P. Wentzcke, *Ruhrkampf* ... [wie Anm. 50], Bd. 2, S. 202 ff.

[115] Bericht des Bürgermeisters der Stadt Hilden vom 28.11.1923. Akte betr. produktive Erwerbslosenfürsorge, Einzelfälle, ZStAP, RAM 1286, Bl. 106.

Um das volle Ausmaß der Katastrophe zu ermessen, muß man berücksichtigen, daß unter der Industriearbeiterschaft des Ruhrreviers die Nebenerwerbslandwirtschaft mit den daraus resultierenden Selbstversorgungsmöglichkeiten noch weit verbreitet war (im Durchschnitt besaßen weit mehr als 30 % der nichtlandwirtschaftlichen Haushaltungen eigenes Land).[116]

Vor dem Hintergrund dieser hier nur kurz skizzierten Notstände wurde seit dem Beginn der Großen Koalition die Wende, das heißt der Abbau in der Sozialpolitik, betrieben. Die Versuche seitens des besetzten Gebietes, den Gang der Entwicklung zu beeinflussen, entsprangen zwangsläufig dem vordringlichsten Ziel, die ärgsten Folgen für die betroffene Bevölkerung abzuwenden oder zumindest abzumildern. Die zahllosen Proteste von Kommunen, Gewerkschaften und Arbeitgebern aus dem besetzten Gebiet warnten einhellig vor einem überstürzten Abbau. Die Liquidierung der Sozialpolitik vor einer Wiederaufnahme der Produktion und vor einer Verständigung mit Frankreich provoziere die soziale und politische Katastrophe.[117] Einen entscheidenden Faktor, dies sei vorweg gesagt, stellten diese Interventionen nicht mehr dar, zumal sich auch an Rhein und Ruhr die Meinung durchgesetzt hatte, daß die bisherige Ausgabenpolitik nicht beibehalten werden könne.[118]

Gleichzeitig mit der Bekanntgabe des Abbruchs des Widerstands begann das, was als „Brauns' Demobilisationsprogramm" bezeichnet worden ist.[119] Da die produktive Erwerbslosenfürsorge, vom rein haushaltspolitischen Standpunkt aus betrachtet, kostenintensiver als die eigentliche Fürsorge war, fiel sie den Sparmaßnahmen als erstes zum Opfer. Obwohl er noch immer vom politischen Wert der Arbeitsbeschaffung überzeugt war, schloß sich Brauns den Argumenten des Finanzministers an[120] und verordnete Einschränkungen,[121] die die Not-

[116] Vgl. Henny Hellgrewe, *Dortmund als Industrie- und Arbeiterstadt* (= Wirtschafts- und Sozialmonographien deutscher Länder und Städte, Bd. 2), Dortmund 1951, S. 30f.

[117] Einschlägige Eingaben, Besprechungsprotokolle etc. in Akte betr. Abbau der besonderen Erwerbslosenfürsorge, ZStAP, RAM 682.

[118] Vgl. etwa die Verhandlungen zwischen der Reichsregierung und Vertretern des besetzten Gebietes am 25.10.1923 in Hagen. *Akten der Reichskanzlei. Stresemann I u. II* [wie Anm. 51], S. 761ff.

[119] U. Oltmann, *Reichsarbeitsminister Heinrich Brauns* ... [wie Anm. 52], S. 176ff.

[120] Schreiben Brauns' an den Staatssekretär der Reichskanzlei vom 26.9.1923. Zitiert *a.a.O.*, S. 185.

[121] Schreiben Brauns' an die zuständigen Länderminister und die WAST vom

standsarbeiten nach kurzer Zeit völlig zum Erliegen brachten. Die Lohnsicherung, soweit sie nicht durch die Betriebsstillegungen ohnehin überflüssig geworden war, wurde bis Ende Oktober/Anfang November zügig abgebaut. Als entscheidendes finanzielles und sozialpolitisches Problem stellte sich nunmehr die eigentliche Erwerbslosenfürsorge dar, die im Laufe des Jahres ohnehin immer mehr zum Angelpunkt der Unterstützungsmaßnahmen geworden war. In diesem Zusammenhang wurden die Planungen, die bei den Vorbereitungen zu einer vorläufigen Arbeitslosenversicherung entstanden waren, wieder aufgegriffen. Mit der im Rahmen der Ermächtigungsgesetze am 15. Oktober 1923 erlassenen Verordnung über die Aufbringung der Mittel für die Erwerbslosenfürsorge[122] wurde die Finanzierung zu vier Fünfteln den Arbeitgebern und Arbeitnehmern und zu einem Fünftel den Gemeinden auferlegt. Die Bestimmungen über Zuschüsse von Reich und Ländern waren so gefaßt, daß ihre Höhe mehr von der Zahlungsbereitschaft als vom tatsächlichen Bedarf abhängig gemacht werden konnte.[123] Kurzfristig war allerdings von dieser Neuordnung, die ohne Zweifel einen entscheidenden Schritt auf dem Wege zur Arbeitslosenversicherung darstellte, kaum eine finanzielle Entlastung zu erwarten, da weder Arbeitgeber noch Arbeitnehmer, noch die Gemeinden zu entsprechenden Beitragszahlungen in der Lage waren. Folglich mußte die Hauptstoßrichtung der Sparmaßnahmen auch weiterhin auf den Abbau der Erwerbslosenfürsorge und der besonderen Erwerbslosenfürsorge im besetzten Gebiet gerichtet sein. Als erste Maßnahme wurde Ende September die schrittweise Angleichung zwischen dem besetzten und unbesetzten Gebiet bis zum 1. November ins Auge gefaßt.[124] Das Reichsarbeitsministerium wurde daraufhin mit einer neuen Welle von

1.11.1923. Akte betr. produktive Erwerbslosenfürsorge im besetzten Gebiet, ZStAP, RAM 645, Bl. 62f. Siehe auch U. Oltmann, *Reichsarbeitsminister Heinrich Brauns ...* [wie Anm. 52], S. 186.

[122] *Reichsgesetzblatt 1923*, S. 984.

[123] Aus „Beihilfen in der erforderlichen Höhe" (§ 1) wurden im Laufe der Beratungen „erforderliche Beihilfen". Die Höhe der Unterstützungssätze wurde vom Reichsarbeitsminister festgesetzt (§ 7), und die Beihilfepflicht von Reich und Ländern trat erst dann in Kraft, wenn mindestens 2 Wochen lang die höchsten Beiträge erhoben worden waren (§ 6).

[124] Siehe den „Abbauplan" des RAM vom 30.9.1923, überliefert als Anlage eines Schreibens des Preußischen Ministers für Volkswohlfahrt an die Regierungspräsidenten des besetzten Gebietes vom 4.10.1923. Akte betr. Fürsorge für die Erwerbslosen ..., Preußisches Staatsministerium, GStA, Rep. 90, Nr. 1142, Bl. 144.

Protesten überhäuft, als diese Planungen an die Öffentlichkeit gedrungen waren.[125] Die erfolglosen Eingaben der betroffenen Kommunen und zahlreicher anderer Verbände und Institutionen wiesen eindringlich darauf hin, daß diese Kürzungen angesichts der besonderen Notlage eine Senkung bis unter das Existenzminimum bedeuten würden. Überall im besetzten Gebiet brachen gerade im Laufe des Monats Oktober erneut Unruhen aus, und etliche Städte sahen sich veranlaßt, auch weiterhin höhere Sätze zu bewilligen. Das Arbeitsministerium zeigte sich allerdings völlig unnachgiebig, und derartige Überzahlungen wurden auf die spätere Erstattung der normalen Erwerbslosenunterstützung angerechnet.[126]

Gegen Ende des Monats Oktober spitzte sich die Lage weiter zu. Die Gesamtproblematik verschärfte sich nun insofern beträchtlich, als nicht mehr nur die Senkung von Leistungen, sondern die völlige Einstellung der Zahlungen an das besetzte Gebiet bevorzustehen schien. Die in dieser Zeit geführten Verhandlungen zwischen dem Reich und Vertretern des besetzten Gebietes zeigten, daß Berlin nicht nur der sozialen Not tatenlos gegenüberstand, sondern sogar die Befürchtung hegte, eine Abtrennung des Westens vom Reich nicht verhindern zu können.[127] Das bis dahin schlagkräftigste Argument für die Vertreter von Rhein und Ruhr, Einschränkungen der Zahlungen bedeuteten soziale Unruhen, Stärkung von kommunistischen oder separatistischen Bewegungen und daher unter Umständen die Loslösung vom Reich, war wirkungslos geworden. Die Reichsregierung gab der radikalen Sanierung den absoluten Vorrang, zumal das Ende der für die endgültige Beilegung des Ruhrkampfes entscheidenden Micum-Verhandlun-

[125] Wie Anm. 117. Siehe hierzu auch den Bericht über die Ausschuß-Sitzung der WAST Hamm vom 4.10.1923, in der auch Arbeitergebervertreter schärfstens gegen die Abbaupläne protestierten. ZStAP, Reichs- und Staatskommissar für gewerbliche Fragen in Westfalen, Nr. 14, Bl. 14.

[126] Vgl. hierzu den Schriftwechsel zwischen RAM und dem Preußischen Minister für Volkswohlfahrt vom 13. bzw. 17.10.1923. Auf Anruf der Stadtverwaltung Essen, daß die Sätze der Erwerbslosenfürsorge zu niedrig seien und einige Städte von sich aus mehr zahlten, weist das RAM auf die rigorose Handhabung der Abrechnung hin. Akte betr. Abbau der besonderen Erwerbslosenfürsorge, ZStAP, RAM 682, Bl. 201 f. Als Einzelfall mit disziplinarischen Folgen für den entsprechenden Vertreter der Bezirksregierung ist ein derartiger Fall aus dem Regierungsbezirk Düsseldorf von Mitte Oktober aktenmäßig überliefert. Akte betr. Fürsorge für die Erwerbslosen . . ., Preußisches Staatsministerium, GStA, Rep. 90, Nr. 1142, Bl. 193 ff. u. Bl. 268.

[127] Wie Anm. 118. Vgl. auch K. D. Erdmann, *Adenauer* . . . [wie Anm. 50], S. 88 ff.

gen noch nicht absehbar war. Es ist bezeichnend, daß Brauns zu einem der treibenden Vertreter dieser „Versackungspolitik" wurde und den eventuellen Verzicht auf den Westen in einer Weise propagierte, wie dies nicht einmal Finanzminister Luther zu tun wagte.[128] Überspitzt könnte man sagen, daß der Reichsarbeitsminister in der Endphase des Ruhrkampfes jeglichen Eigenanspruch der Sozialpolitik zu Gunsten der Finanzpolitik aufgegeben hatte.

Nachdem am 9. November der „endgültige" Beschluß über die Zahlungseinstellung gefaßt worden war,[129] trat am nächsten Tage mit dem Duisburger Oberbürgermeister Jarres ein äußerst aktiver Interessenvertreter des besetzten Gebietes als Innenminister in das Kabinett ein. In teilweise dramatischen Auseinandersetzungen gelang es ihm, Reichsfinanzminister Luther zur Bewilligung eines einhundert Millionen Goldmarkkredites für die Erwerbslosenfürsorge im besetzten Gebiet zu drängen.[130] Der Zeitpunkt für die Zahlungseinstellung war damit aufgeschoben. Nunmehr setzte jedoch eine gezielte und überaus heftige Protestwelle gegen die Versackungspolitik ein,[131] der sich schließlich auch der größte Teil der Reichstagsparteien anschloß. Auch auf Reichsarbeitsminister Brauns mußte diese massive Intervention spätestens dann Eindruck machen, als sich seine Fraktion dem Drängen der westdeutschen Zentrumsvertreter gegenüber nachgiebig zeigte und einen Protest gegen die Regierungspläne verabschiedete.[132] Am 17. November fiel die Entscheidung zu Gunsten des besetzten Gebietes. In drei Sitzungen[133] mit dem Reichsministerium und den Ministerpräsidenten der teilbesetzten Länder setzte der Fünfzehner-Ausschuß[134]

[128] Vgl. die überaus pointierte Stellungnahme von U. Oltmann, *Reichsarbeitsminister Heinrich Brauns* ... [wie Anm. 52], S. 254f.

[129] Kabinettsitzung vom 9.11.1923. *Akten der Reichskanzlei. Stresemann I u. II* [wie Anm. 51], S. 1000ff.

[130] Vgl. K. D. Erdmann, *Adenauer* ... [wie Anm. 50], S. 127ff. Siehe hierzu auch die Aufzeichnungen des Reichsfinanzministers ... vom 12.11.1923. *Akten der Reichskanzlei. Stresemann I u. II* [wie Anm. 51], S. 1027ff.

[131] Siehe die Protesttelegramme der Städtevereinigung des besetzten Gebietes, des Fünfzehner-Ausschusses, des Wirtschaftsausschusses des besetzten Gebietes und des Westfälischen Provinzialausschusses an Reichskanzler und Reichspräsidenten vom 15.11.1923. Akten-Reichskanzlei: Arbeitslosenfürsorge, BA, R 43 I 2028, Bl. 323ff.

[132] Ministerbesprechung vom 15.11.1923. *Akten der Reichskanzlei. Stresemann I u. II* [wie Anm. 51], S. 1085ff. Vgl. auch Rudolf Morsey, *Die deutsche Zentrumspartei 1917—1923*, Düsseldorf 1966, S. 539ff.

[133] *Akten der Reichskanzlei. Stresemann I u. II* [wie Anm. 51], S. 1104ff.

[134] Der Fünfzehner-Ausschuß war ein Gremium aus führenden Vertretern des be-

durch, daß der Beschluß, die Zahlungen der Erwerbslosenfürsorge nur noch zeitlich begrenzt zu leisten, aufgehoben wurde. Allerdings mußte der Reichsregierung dabei zugestanden werden, daß alle Zahlungen nunmehr reichseinheitlich zu handhaben seien.

Hatten viele Beteiligte Mitte November die Gesamtsituation noch äußerst pessimistisch eingeschätzt, so zeichneten sich auf dem Hintergrund der Währungsstabilisierung und des Abschlusses der Micum-Verträge erste Besserungen ab. Die Wiederaufnahme der Produktion führte zur allmählichen Entspannung auf dem Arbeitsmarkt, und die neue Preisstabilität hatte eine Besserung der Versorgungslage zur Folge. Gleichwohl war die finanzielle Situation der Erwerbslosenfürsorge auch weiterhin prekär. Bis zum Auslaufen des Notetats am 31. März 1924 standen insgesamt 340 Mill. Mark zur Verfügung,[135] die nur dann ausreichen konnten, wenn erhebliche Leistungseinschränkungen vorgenommen wurden. Der Kreis der anspruchsberechtigten Personen wurde unter anderem durch die weitgehende Ausschließung von Jugendlichen erheblich verkleinert, und die Unterstützungssätze sanken auf ein, wie unumwunden zugegeben wurde, sozial kaum noch vertretbares Niveau.[136] Neben dieser Ausgabeneinschränkung betrieb die Reichsregierung nunmehr auch die in der Notverordnung vom 15. Oktober 1923 angelegte Kostenabwälzung zu Lasten der Tarifparteien und der Kommunen. Die Beiträge deckten im März 1924 bereits mehr als 50 % der Ausgaben,[137] und dies angesichts einer immer noch relativ hohen Arbeitslosigkeit. Die Belastungen für die Städte waren natürlich um so größer, als nunmehr ein erheblicher Teil der Ausgesteuerten der im wesentlichen von ihnen selbst finanzierten allgemeinen Wohlfahrtspflege zur Last fiel.

Die Einschränkungen sozialer Leistungen im Bereich der Erwerbslosenfürsorge sowie die Kostenabwälzung auf Arbeitgeber, Arbeitnehmer und die unteren Gebietskörperschaften war kennzeichnend für die Abkehr von der bisherigen Sozialpolitik. Noch deutlicher war dieser

setzten Gebietes, das aus den Verhandlungen mit der Reichsregierung am 25.10.1923 in Hagen als Gesprächspartner für das Reich hervorgegangen war.

[135] Schreiben des Reichsministers der Finanzen an den Reichsarbeitsminister vom 14.11.1923. Akten — Reichskanzlei: Arbeitslosenfürsorge, BA, R 43 I 2028, Bl. 381 ff.

[136] Vgl. hierzu U. Oltmann, *Reichsarbeitsminister Heinrich Brauns* ... [wie Anm. 52], S. 314 ff.

[137] Schreiben des Reichsarbeitsministers an den Staatssekretär der Reichskanzlei vom 28.3.1924. Zitiert *a.a.O.*, S. 321.

Trend beim Abbau der produktiven Erwerbslosenfürsorge erkennbar.[138] Was zum Teil als aktive Arbeitsbeschaffungspolitik begonnen hatte, wurde nun zur reinen Fürsorge mit Zwangsarbeitscharakter degradiert. Die Notstandsarbeiter erhielten nunmehr in der Regel nur noch die üblichen Unterstützungssätze. Diese Einschränkung, die nach Auffassung der Kommunen nur einen entscheidenden Produktivitätsrückgang zur Folge haben konnte, und die erheblich verschlechterte Bezuschussung machten die Notstandsarbeiten für sie weitgehend unattraktiv. In der zweiten Hälfte der Weimarer Republik hat diese Form der Arbeitsbeschaffung keine wesentliche Rolle mehr gespielt.

Das Jahr 1923 stellt ohne Zweifel den entscheidenden Wendepunkt in der sozialpolitischen Entwicklung der Weimarer Republik dar. In Krieg, Demobilmachung und Ruhrkampf war ein sozialpolitisches Instrumentarium entwickelt worden, das mit Hilfe von Staatsausgaben und Arbeitsbeschaffung sozialen Ausgleich zu fördern bestrebt war. Diese Politik war von einem allgemeinen politischen Konsens getragen, weil sie den Rahmenzielsetzungen der „nationalen Aufgaben" entsprach. Damit hatte die Sozialpolitik ohne Zweifel instrumentellen Charakter, gleichwohl wurden Instrumentarien moderner Art entwickelt, die erst nach dem Zweiten Weltkrieg wieder an Bedeutung gewinnen sollten. Mit der Verschiebung der Kräfteverhältnisse zugunsten der „Wirtschaft" und des bürgerlichen Lagers brach der Konsens auseinander, und der bisherigen Sozialpolitik war die Grundlage entzogen. Die Kommunen waren aufgrund ihrer pragmatischen Verwaltungsmentalität und ihrer direkten Nähe zu den sozialen Problemen ein entscheidender Faktor dieser Sozialpolitik gewesen. Die Kehrtwendung des Jahres 1923 vollzog sich gegen ihren Willen und ohne daß sie die weitere Entwicklung hätten maßgeblich beeinflussen können. Die nur wenige Monate dauernde Katastrophe des Jahres 1923 war ein Vorspiel für die weitaus verheerenderen Zustände, mit denen sie sich im Gefolge der restriktiven Sozialpolitik der Notverordnungskabinette nach 1930 konfrontiert sahen.

[138] Vgl. Schreiben des Reichsarbeitsministers an die Obersten Landesbehörden für Erwerbslosenfürsorge vom 17.11.1923. Akten Reichskanzlei: Arbeitslosenfürsorge, BA, R 43 I 2028, Bl. 334ff.

Summary

In this paper the development of unemployment relief measures is used to illustrate the essential aspects of the sociopolitical development during the times of hyperinflation and the „Ruhrkampf". The communal level, i. e. the cities' and townships' social policy, is to be stressed more than others — as it is far more relevant to the early Weimar Republic than is commonly understood.

A number of sociopolitical measures were developed during the war, the phase of demobilization and the „Ruhrkampf" which were meant to promote social compensation by means of a policy of extended public spending and systematic employment schemes. That policy was supported by a general political consensus as interior compensation corresponded to the objectives of the „national duties", i. e. the defense against a „threat from the outside". Thus, social policy did indeed seem to be of a rather instrumental character, although those measures actually constitute rather modern instruments which were not to regain major importance until after 1945.

1923 marks the end of that development, because at that point the consensus could no longer carry since the political balance of power shifted in favour of „business" and the bourgeoisie and left the hitherto prevailing social policy without any political foundation. The interventionist policies on the labor market and in social matters were followed by a rigid determination to balance the budget which went as far as to accept even fundamental processes of destabilization — as the ensuing world-wide recession clearly illustrates.

Because of their pragmatic approach to the mentality of administration and public assistance and also because of their closeness to social problems, the cities and townships had been a decisive factor in the making of social policy during the first years of the Weimar Republic. The about-fall of 1923 was executed against their will and without leaving them a chance to exact their influence as a corrective; they themselves became the victims of the new policy. To a degree the catastrophe of the summer and fall of 1923 was nothing but a prelude to the far more devastating conditions they had to face after 1930 in the wake of the restrictive social policy of the „emergency decree"-governments.

Arbeitsmarktregulierung oder Sozialpolitik? Die personelle Demobilmachung in Deutschland 1918 bis 1920/24

GUNTHER MAI

Empirische Untersuchungen über Verlauf, Inhalt und Wirkungen der (personellen) Demobilmachung liegen bislang wenig vor.[1] Schon bei der zeitlichen Eingrenzung und der inhaltlichen Bestimmung der Demobilmachung bestehen Unsicherheiten. Prinzipiell kann man zwei Bereiche unterscheiden: den personellen (Entlassung der Heeresangehörigen und Rüstungsarbeiter) sowie den wirtschaftlichen (Einstellung der Heeresarbeiten, Verwertung des Heeresguts, Auflösung der Rohstoffvorräte bei den Kriegsgesellschaften etc.), die sich jeweils unter-

In den Anmerkungen werden die folgenden Abkürzungen verwendet: Bü = Büschel; *FZ* = *Frankfurter Zeitung;* HStASt = Hauptstaatsarchiv Stuttgart; *RGBl.* = *Reichsgesetzblatt;* StAL = Staatsarchiv Ludwigsburg; StAM = Staatsarchiv Marburg; *StAnz* = *Staatsanzeiger für Württemberg*; *WA* = Werksarchiv.

[1] Die wichtigsten jüngeren Untersuchungen sind: Gerald D. Feldman, *Wirtschafts- und sozialpolitische Probleme der deutschen Demobilmachung 1918/19,* in: *Industrielles System und politische Entwicklung in der Weimarer Republik,* hrsg. von Hans Mommsen u. a., Düsseldorf 1977, Bd. 2, S. 618 ff. Peter-Christian Witt, *Finanzpolitik und sozialer Wandel in Krieg und Inflation 1918—1924,* in: *A.a.O.*, Bd. 1, S. 395 ff. Dieter Baudis/ Helga Nußbaum, *Wirtschaft und Staat in Deutschland vom Ende des 19. Jahrhunderts bis 1918/19,* Bd. 1, Vaduz 1978, S. 347 ff. *Die Organisierung des Friedens: Demobilmachung 1918—1920,* hrsg. von Wolfang J. Mommsen (= *Geschichte und Gesellschaft,* 9. Jg. [1983], H. 2). An älterer Literatur ist vor allem zu nennen: Josef Müller, *Die Regelung des Arbeitsmarktes in der Zeit der wirtschaftlichen Demobilmachung,* Diss. Erlangen 1923. Walter Leutert, *Unterbringung von Menschen in und nach der Demobilmachung,* Diss. Jena 1923. Walter Kellner, *Die Demobilmachung in Lippe,* Detmold 1919. Dazu die als Manuskript gedruckte Denkschrift des Arbeitsamtes Frankfurt/M. „Die Demobilmachung in Frankfurt/M." von 1920, in: StAM 150/860, Bl. 382 ff.

gliedern lassen in eine Umstellungsphase (Auflösung des Heeres beziehungsweise Abbau der „Zwangswirtschaft") und eine Rekonstruktionsphase (Unterbringung der Kriegsteilnehmer und Freigesetzten beziehungsweise Wiederbelebung der Friedenswirtschaft). Die „Umstellungsphase" dauerte bis etwa April/Mai 1919. Zu diesem Zeitpunkt hatten die Militärbehörden die Heeresentlassungen weitgehend abgeschlossen. Anfang April hatte das im November 1918 gegründete Reichsministerium für wirtschaftliche Demobilmachung selbst seine Auflösung zum 1. Mai gefordert, da nach seiner Auffassung „die wirtschaftliche Demobilmachung ... so weit gediehen [war], daß der Neuaufbau der Wirtschaft beginnen konnte".[2] Wenn man in diesem Sinne die Demobilmachung weitgehend als technisch-formale Abwicklungs- und Liquidationsmaßnahme begreift, ergibt sich bei dem Abbau der Kriegswirtschaft eine Dreistufigkeit der Entwicklung von der „eigentlichen" Demobilmachung über die „spätere" Übergangswirtschaft zur „weiteren" Friedenswirtschaft,[3] mit einer entsprechend gestuften Rückbildung staatlicher Regulierungsfunktionen. Im Bereich der Wirtschaftsverfassung und Eigentumsordnung waren die Monate von November 1918 bis zum April 1919 sicherlich die „wichtigste Phase" der Demobilmachung.[4] Für die Gestaltung des arbeitsrechtlichen und sozialpolitischen Bereichs war jedoch die „Rekonstruktionsphase" der personellen Demobilmachung vom kaum geringerer Bedeutung.[5] Die Begrenzung der Demobilmachung auf die Zeit bis zum ersten Quartal 1920, wie Josef Müller sie vorschlägt, ließe sich nur formal mit dem quantitativen Umfang rechtfertigen, in dem sich die Tätigkeit der Demobilmachungsorgane in den Akten niedergeschlagen hat.[6] Der politisch markantere Einschnitt scheint indes die Auflösung der Demobilmachungsausschüsse im März 1921 gewesen zu sein, die dem Über-

[2] Joseph Koeth, *Die wirtschaftliche Demobilmachung. Ihre Aufgabe und ihre Organe*, in: *Handbuch der Politik*, hrsg. von Gerhard Anschütz u. a., 3. Aufl., Bd. 4, Berlin 1921, S. 163 ff., hier S. 167.

[3] So F. Syrup vor den Demobilmachungskommissaren in Berlin am 18.12.1918, StAM 150/859, Bl. 229. Vgl. D. Baudis/H. Nußbaum, *Wirtschaft und Staat*... [wie Anm. 1], Bd. 1, S. 348. Koeth vor dem Wirtschaftsausschuß der Nationalversammlung, *FZ*, 7.3.1919.

[4] G. D. Feldman, *Wirtschafts- und sozialpolitische Probleme*... [wie Anm. 1], S. 623.

[5] Vgl. Ludwig Preller, *Sozialpolitik in der Weimarer Republik*, Düsseldorf 1978, S. 229.

[6] J. Müller, *Die Regelung des Arbeitsmarktes*... [wie Anm. 1], Vorwort und S. 109. Wie im Falle Württembergs und Kassels (inkl. Thüringen) liegt der zeitliche Schwerpunkt auch in anderen Beständen auf den Jahren 1918—1920. HStA Hannover, Hann.

gang von einer integrativen Arbeitsmarktregulierung zum offenen Kampf um die zukünftige Gestaltung der Sozialpolitik entsprach.[7] Obwohl von der wirtschaftlichen Demobilmachung kaum zu trennen, sollen Praxis und Bedeutung der personellen Demobilmachung, schwerpunktartig am Beispiel Württemberg orientiert, im Mittelpunkt der folgenden Untersuchung stehen, die sich aus Gründen der oben angedeuteten Quellenlage im wesentlichen auf die Zeit bis 1920/21 konzentrieren muß.

Nach Angaben des württembergischen stellvertretenden Generalkommandos bestanden im November 1918 913 württembergische Formationen mit 489 074 Mann[8] (Reichsheer insgesamt: ca. 8 Mio. Mann), davon 90 871 im Besatzungsheer in der Heimat, davon wiederum 13 692 in Stuttgart. Bis zum Januar 1919 war der Personalbestand bereits auf 34 146 Mann gesunken, davon 9763 in Stuttgart. Am 1. April gab es noch 45 Formationen mit 23 763 Mann, davon 4907 in Stuttgart. Darunter befand sich eine nicht näher spezifizierte Zahl von Personen, „welche keine Arbeit finden und deshalb bis zu 4 Monaten nach der Auflösung ihres Truppenteils bei der Truppe verbleiben dürfen".[9] Bis 1920 wurden zusätzlich noch ca. 42 000 Kriegsgefangene demobilisiert.[10]

122a (Oberpräsidium), XXXIV, Nr. 368—372. Hann. 80 Hannover II (Regierungspräsident), Nr. 1980—1999; Hann. 174 Hannover II (Altkreis Linden), Nr. 339—357. HStA Wiesbaden, 405 (Regierungspräsident), Nr. 6164—6166, 6171—6182. Die beiden letzteren Archivbestände wurden hier nicht im Detail eingearbeitet.

[7] Vgl. hierzu vor allem die Auseinandersetzungen um die Arbeitszeitfrage. Gerald D. Feldman/Irmgard Steinisch, *Die Weimarer Republik zwischen Sozial- und Wirtschaftsstaat. Die Entscheidung gegen den Achtstundentag*, in: *Archiv für Sozialgeschichte*, 18. Jg. (1978), S. 353 ff.

[8] *StAnz*, 16.4.1919. Nach Arthur v. Haldenwang, *Statistik (Truppen, Kriegswirtschaft, Waffen, Fahrzeuge, Kriegskosten u.a.) und Verluste der Württemberger im Weltkrieg 1914—1918*, Stuttgart 1936, S. 41, bestand das württembergische Kontingent 1918 aus ca. 8 400 Offizieren und 248 000 Mannschaften, d. h. aus ca. 21 % der männlichen Bevölkerung des Landes. Das Besatzungsheer bestand aus 3 541 Offizieren und 96 437 Mannschaften. Diese Zahlen, die sich auf die Akten des Kriegsministeriums stützen, nannte auch Kriegsminister Hermann in: *Verhandlungen der württembergischen Landesversammlung, Protokolle*, Bd. 1, S. 88 ff., besonders S. 91. Nach diesen Angaben wurden, inkl. der Ersatzkräfte für Verluste, während des gesamten Krieges insgesamt 520 000 Personen herangezogen.

[9] *StAnz*, 16.4.1919. Unter diesen Aspekten ist sicherlich auch in vielen Fällen die Mitgliedschaft in den Freiwilligentruppen zu sehen.

[10] HStASt M 1/9 Bü 76 (Demob. 1), Bl. 45. HStASt E 361 Bü 370. In Frankfurt/M. wurden bis Ende 1919 von 847 zurückgekehrten Kriegsgefangenen 432 sofort wieder

Mitte November 1918 hatte die Demobilmachung des Heimatheeres begonnen. Zunächst wurden die Jahrgänge 1879 und älter, seit dem 1. Dezember die Jahrgänge 1880 bis 1886 entlassen, soweit sie nicht für Zwecke des Arbeits- und Sicherheitsdienstes, für die Abwicklung der Demobilmachung oder sonstige Aufgaben benötigt wurden. Lediglich die Jahrgänge 1898 und 1899 sollten als Rekrutenjahrgänge weitgehend von der Entlassung zurückgestellt werden. Es durfte jedoch niemand gegen seinen Willen entlassen werden, der „im bürgerlichen Leben trotz eifrigen Bemühens noch keine Erwerbsgelegenheit gefunden hat, sofern er auf eine solche zu seinem Lebensunterhalt angewiesen ist".[11] Während allgemein galt, daß Ältere vor Jüngeren, Verheiratete vor Ledigen zu entlassen waren, sollten die für die sofortige Demobilmachung Vorgesehenen vorrangig zur Entlassung kommen, wenn sie eine Friedensbeschäftigung in der öffentlichen Verwaltung, bei der Post, Bahn oder Verkehrsbetrieben, im Bergbau, in Elektrizitäts-, Gas- sowie Wasserwerken, in Berufsorganisationen und Wirtschaftsverbänden sowie in der Landwirtschaft fanden, wenn sie Schüler und Studenten waren oder als Selbständige und abhängig Beschäftigte eine feste Arbeitsstelle nachweisen konnten.[12] Dieselben Richtlinien galten für die Feldtruppen, da diese grundsätzlich nicht im Feld oder auf dem Transport, sondern nur in den Heimatgarnisonen entlassen werden durften. Zwischen dem 26. November und dem 31. Dezember waren alle in Stuttgart stationierten Feldtruppenteile zurückgekehrt. Bis Januar 1919 hatten praktisch alle zur Auflösung bestimmten Einheiten den Vollzug der Demobilmachungsbefehle gemeldet.[13]

Während die Demobilisierung des Besatzungsheeres noch relativ problemlos, weil zügig vollzogen werden konnte, traten bei der Rückführung und Auflösung des Feldheeres nicht unbeträchtliche Schwie-

eingestellt mit einem bezahlten vierwöchigen Urlaub, 168 ohne bezahlten Urlaub; bei 508 zahlte die Erwerbslosenfürsorge Zuschüsse für die Urlaubszeit. Bei 138 wurde die Wiedereinstellung von den Arbeitgebern abgelehnt. StAM 150/860, Bl. 390.

[11] So der 1918 erstellte ursprüngliche Demobilmachungsplan für das Deutsche Heer, Anhang C, S. 111. Ein gedrucktes Exemplar in HStASt E 130a Bü 1252. Zur militärischen Demobilmachung vgl. allgemein das *Demobilmachungs-Handbuch*, mit Genehmigung des Kriegsministeriums bearb. von Kurt Gößgen, Berlin 1919.

[12] *StAnz*, 15.11.1918.

[13] HStAStM 1/11 Bü 1120a, Bü 1114, Bl. 83, 87. HStAStM 77/1 Bü 5a, 5b, 5c. *StAnz*, 31.12.1918. In Ludwigsburg wurden z. B. allein 70 000—80 000 Mann entlassen. *Regionale und lokale Räteorganisationen in Württemberg 1918/19* , bearb. von Eberhard Kolb u. Klaus Schönhoven, Düsseldorf 1976, S. 412.

rigkeiten auf: Infolge des Rückzugs der immobilen Truppen aus der entmilitarisierten Zone und der strikten Terminierung für die Räumung der besetzten Gebiete wurde „ein völliges Abweichen von der planmäßigen Durchführung der Demobilmachung und ein überstürztes, großenteils ungeordnetes Zurückgehen der Truppen" unvermeidlich. Es kam zu verbreiteten „Disziplinlosigkeiten", indem sich ganze Einheiten ohne Befehl selbst auflösten. Das eigenmächtige Entfernen von der Truppe war an der Tagesordnung; die jüngeren Jahrgänge rebellierten gegen ihre Zurückbehaltung; die Nähe der Heimat, das bevorstehende Weihnachtsfest und der Wettlauf um die Arbeitsplätze beschleunigten den Auflösungsprozeß. Die unter diesen Umständen „notwendig gewordene unerwartet rasche Entlassung der Mannschaften" verhinderte die ursprünglich vorgesehene, „ganz allmählich stattfindende Umstellung" auf die Friedenswirtschaft, bei der das Tempo der Entlassungen aus dem Heer sich an der „Aufnahmefähigkeit des heimischen Arbeitsmarktes" orientieren konnte. Die „sorgfältige Regelung" des Zurückströmens der arbeitsuchenden Kriegsteilnehmer einerseits, das Herausziehen der Rüstungsarbeiter und Kriegsgefangenen andererseits hätten eine mehrmonatige Übergangszeit erfordert, wenn „ein Überangebot an Arbeitskräften und daraus folgende Arbeitslosigkeit" vermieden werden sollte.[14] So aber standen sich Ende 1918 in Württemberg (mindestens) ca. 300 000 Kriegsteilnehmer, 110 000 Zurückgestellte und Kommandierte, 160 000 Hilfsdienst-Personen (davon 66 000 in der Landwirtschaft) und 200 000 Frauen (davon 140 000 in gewerblich-industriellen Betrieben) auf dem Arbeitsmarkt gegenüber.[15]

Nicht zuletzt infolge dieser teilweise „tumultuarischen Formen"[16] der überstürzten Auflösung des Heeres kam es zu einer recht weitgehend dezentralisierten Durchführung der Demobilmachung, die ein flexibles Reagieren auf die spezifischen lokalen und regionalen Bedürfnisse ermöglichen sollte. In Preußen übertrug der Staatskommissar für

[14] HStASt M 390 Bü 221. HStASt M 1/9 Bü 176 (Demob. 3), Bl. 125a. StAL E 170 Bü 1838. Vgl. Anm. 11.

[15] Gunther Mai, *Kriegswirtschaft und Arbeiterbewegung in Württemberg 1914—1918*, Stuttgart 1983, S. 106, 255 f., 262 ff., 266 (Anm. 46), 273 ff.

[16] HStASt E 361 Bü 366. Trotz der langen Vorbereitungszeit seit 1916 kam die Demobilmachung für die Behörden doch sehr überraschend; erst im Oktober 1918 begannen wirklich ernsthafte Planungen. Noch Mitte Oktober war die OHL der Auffassung, es genüge, wenn die Vorbereitungen innerhalb des nächsten Vierteljahres abgeschlossen würden. HStASt M 1/9 Bü 176 (Demob. 3), Bl. 54, 61, 75.

die Demobilmachung, Koeth, seine Kompetenzen den Regierungspräsidenten als Demobilmachungskommissaren, behielt sich aber weitreichende Eingriffsmöglichkeiten vor. Trotz dieser vorsorglichen Maßnahmen zur Gewährleistung der Rechtseinheit ist hier eine gewisse Kontinuität zu den Verhältnissen der Kriegszeit in der partikularen Notstandskompetenz regionaler Organe nicht zu verkennen, die unter anderem auch in dem vorläufigen Weiterbestehen der Kriegsamtsstellen ihren verwaltungsrechtlichen Ausdruck fand.[17]

Den süddeutschen Bundesstaaten gelang es (in ungebrochener Fortsetzung ihrer Kriegswirtschaftspolitik), die Übertragung der Demobilmachungsbefugnisse „in weitgehendem Maße auf die Demobilmachungskommissare in den Einzelstaaten" durchzusetzen. Württemberg konnte damit innerhalb seiner bundesstaatlichen Grenzen eine stärker zentralisierte Regelung praktizieren: Die Funktionen des Demobilmachungskommissars wurden dem neu errichteten Arbeitsministerium übertragen. Indem die kriegswirtschaftlichen und Verkehrsabteilungen des Kriegsministeriums einschließlich des Personals zum 1. Dezember 1918 an das Arbeitsministerium übergingen, war in starkem Maße die institutionelle, personelle und zum Teil auch politische Kontinuität zur Kriegswirtschaftspolitik gegeben.[18] Dem Arbeitsminister als Demobilmachungskommissar unterstanden im Sinne der Verordnung vom 7. November 1918[19] die Demobilmachungsausschüsse in den Kommunalverbänden, das heißt in Württemberg in allen Amtskörperschaften mit Ausnahme der Gemeinden mit eigenem Arbeitsamt. Die Demobilmachungsausschüsse, die sechs bis acht Mitglieder umfaßten, arbeiteten eng mit den Arbeitsämtern zusammen, deren Zahl im Mai 1918 im Hinblick auf die Demobilmachung auf 27 und nun auf 53 erhöht worden war. Sie wurden in dem Landesamt für Arbeitsvermittlung zusammengefaßt, das dem Arbeitsministerium unterstellt war. In den Demobilmachungsausschüssen hatten die jeweiligen Oberamtsvorstände beziehungsweise Ortsvorsteher den Vorsitz, während die Beisitzer meist aus den am 22. Oktober 1918 ins Leben gerufenen Beiräten der Arbeitsämter gewählt wurden, das heißt aus den Vertretern der Arbeitgeber- und Arbeitnehmerorganisationen.[20]

[17] StAM 165/2867, Bl. 112. StAM 165/2910, z. B. Bl. 113, 135, 172, 192.

[18] HStASt E 130a Bü 1252, Bl. 22. StAM 150/859, Bl. 52, 198, 206, HStASt M 1/9 Bü 176 (Demob. 1), Bl. 335. HStASt E 130a Bü 359, Bl. 1. Vgl. G. Mai, *Kriegswirtschaft...* [wie Anm. 15], S. 245ff.

[19] *RGBl.*, 1918, S. 1292f.

[20] HStASt E 130a Bü 1252, Bl. 30. HStASt E 130b Bü 214 (17.11.1918). *StAnz,*

In der Planungs- und Anlaufphase der Demobilmachung war offenbar „die kindische Vorstellung" recht verbreitet, „als ob der Friede, wenn er nur einmal käme, eine unmittelbare Fortsetzung der Zeit vor dem August 1914 wäre, so daß die Kriegsjahre nur eine Art unangenehme Unterbrechung, eine wüste Episode darstellten".[21] Bei der Wiedereingliederung der Kriegsteilnehmer beziehungsweise bei der Freimachung von Arbeitsplätzen, bei der Kontingentierung bewirtschafteter Rohstoffe, bei der Planung für den Wiederaufbau der Außenwirtschaft usw. wurde jeweils als Anspruchs- und Zuteilungskriterium der Stand des 1. August 1914 gewählt.[22] Daß den „alten" Rechten der Vorkriegszeit durch die Veränderungen der Kriegswirtschaft „neue" Rechte gegenübergetreten waren, wurde nur ansatzweise gesehen. Ein gewisser Bewußtseinswandel setzte erst ein, als sich im Zuge der Demobilmachung die konkreten Schwierigkeiten und Konflikte immer beharrlicher abzeichneten.[23] So gingen die Behörden auf der Grundlage einer Umfrage bei den Unternehmern im Frühjahr 1918 noch im November des gleichen Jahres davon aus, daß die Arbeitgeber die heimkehrenden Soldaten wieder einstellen und die neu eingestellten Kräfte entlassen würden, die ihrerseits an ihre früheren Arbeitsplätze zurückkehren könnten. Dabei ergab sich zwar ein geschätzter „Überschuß" von etwa 10 000 Frauen, die man jedoch in der Textilindustrie unterzubringen hoffte. Der Nachholbedarf im Bausektor, die Notwendigkeit des Ersatzes der im Kriege überbeanspruchten Maschinen und die Umrüstung auf die Friedensproduktion weckten Hoffnungen auf eine günstige Nachkriegskonjunktur, die eine „größere Arbeitslosigkeit" verhindern werde.[24] Nun aber weigerten sich die Frauen, ihre Plätze in

13.11.1918. *StAnz*, 21.11.1918. G. Mai, *Kriegswirtschaft*... [wie Anm. 15] S. 424 f. Vgl. StAM 150/859, Bl. 198 f. (Koeth, 23.11.1918).

[21] So der seinerzeitige Regierungsdirektor und spätere württembergische Minister v. Hieber auf einer öffentlichen Versammlung in Stuttgart Ende Oktober 1918. HStASt M 1/11 Bü 1118.

[22] StAL E 170 Bü 1838. HStASt E 130a Bü 1247, Bl. 47, 86.

[23] HStASt M 1/9 Bü 176 (Demob. 3), Bl. 134 ff. HStASt M 1/9 Bü 316c (Demob. Frauen). Zu den „älteren" Rechten gehörte im Grundsatz auch die Weiterbeschäftigung der Frauen (und Ausländer), die bereits vor dem Krieg berufstätig gewesen waren. HStASt E 361 Bü 349. Zur Erhebung dieser Verhältnisse wurden im Dezember 1918 „in einigen Betrieben" Fragebögen an die Frauen ausgegeben. HStASt E 361 Bü 368. In Preußen gab es ähnliche Aktionen im Februar 1919, StAM 150/860, Bl. 151. Hier lautete die erste Frage: „Sind Sie bereit, freiwillig auszutreten?"

[24] HStASt M 1/9 Bü 306 (Demob. 1). HStASt M 1/9 Bü 176 (Demob. 2), Bl. 27. StAL E 170 Bü 1833 (Fragebogen).

der Industrie zu räumen und in häusliche Dienste, die Landwirtschaft oder die „typischen" Frauenbranchen zurückzukehren; die Textil- und die Bekleidungsindustrie konnten aufgrund des Kohle- und Rohstoffmangels keine freigesetzten Arbeitskräfte aufnehmen; zahlreiche Handwerker blieben angesichts des Kredit- und Rohstoffmangels lieber in der Rüstungsindustrie; die Ablieferung von Lokomotiven und Waggons an die Entente verschärfte die Transport- und Kohleversorgungslage ebenso wie der relativ harte Winter. Zudem war infolge des Ausfalls der Heeresaufträge „eine der wesentlichsten Voraussetzungen eines reibungslosen Übergangs der Kriegsindustrie in die Friedensindustrie" hinfällig geworden.[25]

Diese Situation war durchaus mit der des „Kriegsstoßes" vom August 1914 vergleichbar: Eine hohe Arbeitslosigkeit, gerade auch in der metallverarbeitenden und Maschinenbauindustrie, Betriebseinschränkungen und -stillegungen durch Kohlemangel und Transportschwierigkeiten kennzeichneten die Lage. Abermals war es oberste Maxime, daß unter „Zurückstellung friedensmäßiger Bedenken", das hieß ohne Rücksicht auf die inflationären Folgewirkungen, die Industrie über Preis- und Lohnanreize zur Aufrechterhaltung der Produktion und die Arbeiterschaft zur Rückkehr an ihre alten Arbeitsplätze außerhalb der lukrativen Kriegsindustrie, besonders in der Landwirtschaft, animiert werden sollten. Vor allem bei der Vergabe von Staatsaufträgen müsse rasch gehandelt werden; dabei sei „stets [zu] beachten, daß Mehraufwand, rechtzeitig eingesetzt, billiger [ist] als Folgen von Unruhen und Umsturz".[26]

Die ersten staatlichen Maßnahmen orientierten sich daher — im Zeichen eines neuerlichen burgfriedlichen Sammlungsversuchs — recht weitgehend an dem Katalog, der am 19. August 1914 im Reichsamt des Inneren für die Kriegszeit erarbeitet worden war.[27] Erstens galt es, die vorhandene Arbeit zweckmäßig zu verteilen und zu strecken; aus „Rücksicht auf den Stand der Kohlenversorgung und der Beschäftigung möglichst zahlreicher Arbeitskräfte" wurde zunächst der Achtstundentag, Ende November sogar der Fünfstundentag eingeführt.

[25] HStASt E 130a Bü 1252, Bl. 18ff. HStASt E 130b Bü 214 (17.3.1919). HStASt E 361 Bü 366, Bü 368.

[26] StAM 165/2867, Bl. 29, 36, 39, 116.

[27] HStASt E 130a Bü 1199, Bl. 188 ff. Abgedruckt in: *Reichsarbeitsblatt,* (1914), S. 699ff. Vgl. dazu die 1. Sitzung der Demobilmachungskommission im Reichswirtschaftsamt, 19.10.1918, HStASt M1/9 Bü 176 (Demob. 3), Bl. 75.

Unter diesen Umständen fiel es zwar den Unternehmern leicht, den Achtstundentag prinzipiell zu akzeptieren; arbeitsmarktpolitisch war diese Maßnahme jedoch von vornherein wenig erfolgversprechend, da die Unternehmen nach der Wiedereinstellung der Kriegsteilnehmer ohnehin einen erheblichen Personalüberhang hatten.[28] Zweitens sollten durch Notstandsarbeiten und „produktive Erwerbslosenfürsorge" ausreichende Arbeitsgelegenheit geschaffen werden; zu dem gleichen Zweck durften die Heeresaufträge bis zum 31. Januar 1919 fortgeführt werden. Auf diese Weise konnten in Württemberg von März bis Mai 1919 7900 Personen, davon 4500 in Stuttgart, beschäftigt werden. Doch war damit langfristig wenig geholfen, da es nicht gelang, „das Heer der Arbeitslosen aus den eigentlichen gewerblichen Arbeitern, den Facharbeitern, nennenswert zu verringern". Noch 1921 und 1922 wurden ein Sechstel beziehungsweise ein Fünftel aller Arbeitslosen mit Notstandsarbeiten beschäftigt und damit der Erwerbslosenfürsorge entzogen.[29] Die staatlichen und kommunalen Betriebe und Verwaltungen leisteten ihren Beitrag zur Verringerung der Arbeitslosigkeit, indem zum Beispiel die Eisenbahnen in Württemberg 1919 8000 Personen, davon 1300 Angestellte, einstellten, die Post 1000 Personen.[30] Drittens sollte besonders die Arbeitslosigkeit in den Großstädten bekämpft werden, indem gezielt für die Abwanderung in die Landwirt-

[28] So die Begründung des sozialdemokratischen Arbeitsministers Lindemann, *StAnz*, 16.11.1918. Vgl. G. Mai, *Kriegswirtschaft*... [wie Anm. 15], S. 350.

[29] Hierzu vgl. Rudolf Hagmann, *Die produktive Erwerbslosenfürsorge nach dem Weltkriege, mit besonderer Berücksichtigung der Verhältnisse in Württemberg*, Diss. Tübingen 1924, S. 74. *Verhandlungen der württembergischen Landesversammlung, Protokolle*.... [wie Anm. 8], Bd. 1, S. 596. Zur Fortführung der Heeresaufträge vgl. HStASt M 1/9 Bü 250. Zu den rechtlichen Aspekten vgl. Otto Hermann, *Die Demobilmachungsverordnungen vom 21. November 1918 und 4. Dezember 1919 und ihre Wirkungen*, Diss. Heidelberg 1924. Vgl. auch StAM 150/859, Bl. 22 (Koeth, 13.11.1918).

[30] *Statistisches Handbuch für Württemberg*, hrsg. vom Statistischen Landesamt, Folge 23 (1914—1921), Stuttgart 1923, S. 82, 87. Bei der Eisenbahndirektion Frankfurt/M. wurden bis Ende Januar 1919 2828 Beamte und 3152 Arbeiter wieder eingestellt, zusätzlich 7135 Arbeitslose. Dafür wurden allerdings auch 2283 Frauen und 890 Jugendliche entlassen. Insgesamt wurden angeblich 9000 Personen mehr aufgenommen als benötigt. *FZ*, 8.2.1919. *FZ*, 19.2.1919. *FZ*, 30.1.1919. Insgesamt stiegen die Beschäftigtenzahlen bei der Reichsbahn bis Januar 1920 von 70 300 auf 160 000. *Akten der Reichskanzlei. Weimarer Republik. Das Kabinett Bauer. 21.Juni 1919 bis 27. März 1920*, bearb. von Anton Golecki, Boppard 1980, S. 556. Vgl. unten auch Anm. 85. — In Frankfurt/M. nahmen die kommunalen Behörden allein bis zum 15.1.1919 über 3000 männliche Arbeitskräfte wieder auf sowie 1200 Arbeitslose, entließen dafür aber Frauen „in größerer Zahl". *FZ*, 15.1.1919. StAM 150/860, Bl. 388f.

schaft beziehungsweise in ländliche Regionen geworben wurde. Diese Bemühungen blieben jedoch weitgehend erfolglos, da — trotz besserer Ernährung — erstens der Lohnanreiz in der Landwirtschaft gering war, da zweitens viele Industriearbeiter(innen) für die landwirtschaftlichen Arbeiten nicht geeignet waren, da drittens die Landwirte sich trotz aller Mahnungen sperrten, die billigeren und anspruchsloseren Kriegsgefangenen beziehungsweise internierten Fremdarbeiter zugunsten der Deutschen zu entlassen.[31] Angesichts des gleichwohl steigenden Personalmangels der Landwirtschaft und der drohenden Gefährdung der nächsten Ernte gingen die Generalkommandos auf der Grundlage eines Erlasses des Preußischen Kriegsministeriums vom 20. Februar 1919 dazu über, Gewerkschaftsfunktionäre einzustellen, die von den Freien Gewerkschaftsverbänden durch Vermittlung der Generalkommission benannt wurden. Diese Gewerkschaftsfunktionäre sollten — unterstützt von zwei bis drei Vertrauensleuten bei jedem Truppenteil — in erster Linie (aber nicht ausschließlich) bei den Truppen für die Arbeitsaufnahme in der Landwirtschaft und im Bergbau werben, offene Arbeitsplätze ausfindig machen, die Arbeitsnachweise in ihrer Vermittlungstätigkeit unterstützen und die Durchführung von Fürsorgemaßnahmen überwachen.[32]

Diese Maßnahmen blieben jedoch weitgehend wirkungslos, da eine konjunkturelle Belebung — im Gegensatz zu 1914 — nicht für die entsprechende Entlastung sorgte. Ließen sich keine neuen Arbeitsplätze schaffen, so mußten die vorhandenen „freigemacht" werden. Auf diesem Gebiet sollte in der Folgezeit die wohl wichtigste Aufgabe der Demobilmachungsorgane liegen. Als eine der ersten konkreten Maßnahmen auf der Grundlage der Demobilmachungsverordnung vom

[31] StAM 165/2903, Bd. 1, Bl. 126, 144, 431, 434. StAM 165/2863, Bd. 1, Bl. 98, 169f., 191. *FZ*, 8.1.1919. *FZ*, 8.2.1919. Der Demobilmachungsausschuß Düsseldorf brachte trotz vielfältiger Bemühungen nur 650 Personen dazu, eine Stellung in der ostpreußischen Landwirtschaft anzunehmen, die aber wegen der schlechten Arbeitsbedingungen sehr bald zurückkehrten. J. Müller, *Die Regelung des Arbeitsmarktes*... [wie Anm. 1], S. 36.

[32] StAM 165/2903, Bd. 1, Bl. 444ff. StAM 165/2863, Bd. 1, Bl. 396, 399 (Verzeichnis der Gewerkschaftsfunktionäre vom September 1919). StAM 165/2910, Bl. 197f. Da diese Gewerkschaftsfunktionäre offenbar ihre Aufgabe zur Zufriedenheit der Militärbehörden und Demobilmachungskommissare erfüllten, wurden sie z. T. in die zivilen Arbeitsämter/-nachweise übernommen. Lediglich die Generalkommandos XII. (Dresden) und XIII. AK. (Württemberg) stellten keine solchen Gewerkschaftsfunktionäre ein.

7. November 1918 erließ der württembergische Arbeitsminister am 15. November 1918 eine Bekanntmachung über Kündigungsfristen, der am 23. November eine entsprechende Verfügung folgte. Hier waren bereits die zentralen Grundsätze enthalten, die für die gesamte personelle Demobilmachung (mit geringeren Modifikationen) maßgebend bleiben sollten. Die Gesamtzahl der Arbeitnehmer, die „infolge der Demobilmachung entbehrlich werden", sollte im Einvernehmen mit Arbeiter- und Angestelltenausschuß, Vertrauensleuten oder Fabrikpflegerinnen festgestellt und dem Landesamt für Arbeitsvermittlung vor der Entlassung mitgeteilt werden. Dabei mußte in der Regel eine Kündigungsfrist von mindestens zwei Wochen eingehalten werden, außer wenn die Betroffenen bereits eine neue Anstellung hatten oder „aus einer Erwerbstätigkeit überhaupt ausscheiden" wollten. Bereits kurzfristig Entlassenen mußte der Lohn entsprechend nachgezahlt werden. Nach Möglichkeit sollte in drei Etappen entlassen werden, nach zwei, drei und vier Wochen, „um eine zu starke gleichzeitige Belastung des Arbeitsmarktes zu verhüten".[33] Selbst wenn an manchen Orten, wie im hessischen Gelnhausen, rigide Kündigungsverbote verhängt wurden, zum Teil in Verbindung mit einer Verpflichtung zur Wiedereinstellung von bereits Entlassenen, so ließen die weitgefaßten Ausnahmekataloge doch in der realen Praxis umfangreiche Entlassungsmaßnahmen zu, die unter dem massiven Druck von Gewerkschaften und Angestelltenverbänden von den Demobilmachungsbehörden selbst angeordnet wurden.[34]

Praktisch überall, wie hier in Württemberg, war für die Entlassungen eine Reihenfolge vorgeschrieben beziehungsweise wurde eine solche offiziös praktiziert: 1. Ausländer, 2. Personen, „die nicht unbedingt gezwungen sind, einem Erwerb nachzugehen", 3. Jugendliche, die nicht ihre Familie unterhielten oder die bei den Eltern unterkommen konnten, 4. Berufsfremde, „die ihren eigenen Beruf infolge des Krieges

[33] *StAnz*, 15.11.1918. *StAnz*, 25.11.1918. Ähnlich in Preußen, StAM 150/859, Bl. 88 f., 182 f., 209. Eine Zusammenstellung der wichtigsten Verordnungen bis Mitte Januar 1919 findet sich in *Verhandlungen der württembergischen Landesversammlung, Beilagen...* [wie Anm. 8], Bd. 1, besonders S. 40 ff.

[34] StAM 165/2863, Bd. 1, Bl. 9 f., 69, 97, 210, 228 f. StAM 165/2868, Bl. 15 ff. Am 24.11.1918 forderte das Gewerkschaftskartell von Kassel und Umgebung ultimativ die „schnellste Entlassung der auswärtigen und weiblichen Arbeitskräfte, ... eventuell unter Anwendung von Zwang". In Thüringen wurden die Entlassungen im Bereich der Angestellten durch paritätisch besetzte Schlichtungsausschüsse auf lokaler und regionaler Ebene geregelt. StAM 165/2903, Bd. 1, Bl. 372.

aufgegeben haben und diesen ohne besondere Schwierigkeiten wieder aufnehmen können", vor allem Selbständige, land- und forstwirtschaftliche Arbeiter und Dienstboten. Ledige waren vor Verheirateten, Zugezogene vor Ortsansässigen zu entlassen.[35] Im Sinne der Illusion, zum *Status quo* von 1914 zurückkehren zu können, galten die während des Krieges neu herangezogenen Arbeitergruppen als „Ersatz-" beziehungsweise „Aushilfskräfte",[36] durch deren beschleunigte Entlassung den Kriegsteilnehmern die alten Arbeitsplätze freigemacht werden sollten. Damit waren in erster Linie, wie sich sehr rasch zeigen sollte, die Frauen und die Jugendlichen, die im Rahmen der Kriegswirtschaft in die Rüstungsindustrie und sehr oft vom Land in die Städte und Industriezentren zugewandert waren, von den Entlassungsmaßnahmen betroffen, in geringerem Maße auch hilfsdienstpflichtige und jüngere Männer.[37]

In Württemberg war die Zahl der gewerblich tätigen Frauen von 171563 im Juli 1914 auf 190066 (Stuttgart 38790) im August 1917 gestiegen. Dieser absolute Zuwachs wurde vor allem getragen von früheren Dienstmädchen, erstmals beziehungsweise wieder berufstätigen Hausfrauen, Kriegerwitwen, landwirtschaftlichen Arbeiterinnen

TABELLE 1

Arbeiterinnen über 16 Jahren in ausgewählten Branchen in Betrieben, die der Gewerbeaufsicht unterstanden, 1913 bis 1919[38]

	1913	1917	1918	1919	1913	1917	1918	1919
	absolut				in %			
Württemberg	66641	91343	84578	63152	100,0	100,0	100,0	100,0
davon:								
Metallverarbeitung	4092	9340	8918	5252	6,1	10,2	10,5	8,3
Maschinenbau	3964	25889	28252	9305	5,9	28,3	33,4	14,7
Textil	30088	20468	15736	18973	45,1	22,4	18,6	30,0
Bekleidung	11543	10867	9729	10724	17,3	11,9	11,5	17,0

[35] Vgl. Anm. 33.

[36] StAM 165/2866, Bd. 2, Bl. 221.

[37] StAM 165/2863, Bd. 1, Bl. 210, 228 f.

[38] *Jahresberichte der württembergischen Gewerbeaufsichtsbeamten*, Stuttgart, Jg. 1913, S. 146 ff., Jg. 1914—1918, S. 54 ff., Jg. 1919, S. 128 ff.

usw. Vor allem aber waren die in der Textilindustrie freigesetzten Frauen in die Betriebe der metallverarbeitenden und Maschinenbauindustrie geströmt.[39]

Die Stuttgarter Betriebe entließen ihre (weiblichen) Beschäftigten in sehr unterschiedlichem Maße, soweit dies die Berichte des Landesamtes für Arbeitsvermittlung erkennen lassen. Insgesamt waren aber fast alle Betriebe in irgendeiner Form bemüht, ihren Personalbestand abzubauen, wobei sie sich an die Richtlinien des Landesamtes hielten und sukzessive zum 6., 13. und 31. Dezember 1918 entließen.[40] Das Ausmaß und das Tempo des Personalabbaues zeigen die folgenden Beispiele aus einigen Stuttgarter Betrieben. Bei Bosch kamen auf 9422 Beschäftigte am 11. November 1394 Angestellte. Von diesen hatten bis zum 26. November erst 73 freiwillig gekündigt; gleichzeitig waren aber bereits 93 Angestellte wieder aus dem Feld zurück, 157 wurden noch erwartet sowie ca. 150 weitere aus den ausländischen Verkaufshäusern. Insgesamt mußte Bosch 1714 Kriegsteilnehmer wieder einstellen. Da nur 820 Beschäftigte (356 Männer und 464 Frauen) mit einer automatischen Kündigungsklausel für den Friedensfall eingestellt worden waren, erreichte Bosch die Verringerung der Beschäftigtenzahlen nur durch die Kündigung von 3500 Frauen Ende November.[41] Während bei den

TABELLE 2

Die Beschäftigten bei Bosch nach Status und Geschlecht 1914 bis 1919

	Angestellte		Arbeiter		Zusammen		Summe
	männl.	weibl.	männl.	weibl.	männl.	weibl.	
1. 8.1914	790	98	3258	580	4048	678	4726
11.11.1918	863	531	2783	5245	3636	5776	9422
1. 3.1919	999	332	3211	1578	4210	1910	6120

[39] Vgl. Friedrich Syrup, *Die Arbeiterverschiebungen in der Industrie während des Krieges und ihre Bedeutung für die Demobilmachung*, in: *Jahrbücher für Nationalökonomie und Statistik*, Bd. 111 (1918), S. 713 ff. Oskar Bachteler, *Die Verteilung der württembergischen Industrie auf Stadt und Land*, Diss. Tübingen 1923. G. Mai, *Kriegswirtschaft*... [wie Anm. 15], S. 61 ff., 105 ff., 355 f., 357 ff.

[40] HStASt E 361 Bü 368. Vom 2.12.1918 bis zum 3.2.1919 liegen die Entlassungsankündigungen von 61 Firmen für 6818 Frauen und 74 Jugendliche vor.

[41] WA-Bosch, 128/A III b2/1. *Der Bosch-Zünder*, 1. Jg. (1919), H. 1, S. 13. Zu einer monatlichen Übersicht der Belegschaftsentwicklung bei der Krupp AG vgl. Werner

Männern am 1. März 1919 der Vorkriegsstand fast wieder erreicht war (mit Ausnahme der Angestellten), war die Zahl der Frauen zwar drastisch gesunken, lag aber doch immer noch dreimal höher als vor 1914. Daimler-Untertürkheim baute seinen Personalbestand von 15 063 am 11. November auf 6300 am 30. Dezember ab, das Werk Sindelfingen von 4937 auf 2091. Da die Arbeiter aber nur sehr langsam die Arbeit freiwillig aufgaben, mußte das Werk — so der Vorstandsvorsitzende am 23. Dezember — „mit Kündigungen vorgehen", wobei man gleichzeitig darauf bedacht war, sich bei dieser Gelegenheit der im Betrieb stark vertretenen Spartakus-Anhänger zu entledigen.[42] Der Allgemeine Deutsche Versicherungsverein in Stuttgart entließ zum 31. Dezember 196 seiner ca. 600 weiblichen Angestellten, die alle zwischen 14 und 22 Jahre alt waren (davon 131 zwischen 14 und 16 Jahren) und die alle weniger als zweieinhalb Jahre in dem Betrieb gearbeitet hatten. Die Artilleriedirektion Ulm entließ 450 von 1500 Frauen, nachdem 130 bereits freiwillig ausgeschieden waren.[43]

Es zeigte sich sehr bald, daß diese erste Entlassungswelle keineswegs ausreichte, um die Kriegsteilnehmer unterzubringen. Am 4. Januar 1919 erging daher die „Verordnung über die Einstellung, Entlassung und Entlohnung gewerblicher Arbeiter während der Zeit der wirtschaftlichen Demobilmachung", die die Arbeitgeber in Betrieben mit mehr als 20 Beschäftigten verpflichtete, ihre früheren Arbeiter wieder einzustellen (nachdem dies bisher weitgehend eine Selbstverpflichtung gewesen war), doch mit der entscheidenden Einschränkung, daß diese Verpflichtung nicht bestand, wenn dies „durch die Verhältnisse des

Quambusch, *Das Problem der Arbeitsleistungen bei der Friedrich Krupp Aktiengesellschaft Gußstahlfabrik, Essen, infolge des Weltkrieges,* Diss. Würzburg 1922, S. 198 ff.

Tabelle 2a

	Angestellte		Arbeiter		Ausländer	Summe
	männl.	weibl.	männl.	weibl.		
August 1914	4465	10	33914	321	11	41169
Oktober 1918	8161	2279	70497	24308	7606	111641
Dezember 1918	6486	999	32377	1566	63	45025

Zu berücksichtigen ist, daß Krupp von den Arbeitsanforderungen und Arbeitsbedingungen eher mit Daimler als mit Bosch vergleichbar wäre.

[42] WA-Daimler, Ut 9, Ut 10, Ut 11, C 6 Nr. 11, DMG 166.

[43] HStASt E 361 Bü 368.

Betriebs ganz oder zum Teil unmöglich gemacht" werde.[44] Kohle- und Rohstoffmangel dienten jedoch oft nur als Vorwand für den Personalabbau. Bei größeren Entlassungsaktionen wurden daher die Gewerbeinspektoren angewiesen, Betriebskontrollen durchzuführen; ein nur vorübergehender Mangel an Betriebsstoffen wurde nicht als Entlassungsgrund anerkannt. Widerstrebenden Firmen wurde mit Ausschluß von der Kohle- und Rohstoffzuteilung gedroht.[45] Da sich die Arbeitgeber bei der Wiedereinstellung der Angestellten noch zurückhaltender zeigten, erging am 24. Januar eine entsprechende, aber weitergehende Verordnung zugunsten der Angestellten, die das Kündigungsrecht der Arbeitgeber zusätzlich einschränkte und das Wiedereinstellungsrecht der Angestellten erheblich erweiterte.[46]

Trotz dieser Maßnahmen erreichte die Arbeitslosigkeit im Februar 1919 ihren Höhepunkt. Sie traf nicht nur alle Branchen, vor allem auch die metallverarbeitende und Maschinenbauindustrie, sondern zugleich alle Qualifikationsstufen, vom Metallfacharbeiter bis zur Maschinenarbeiterin. Die relativen Zahlen in TABELLE 3 täuschen dabei über die reale Lage hinweg, da bei den Männern die Notstandsarbeiten für eine günstigere Bilanz sorgten; bei den Frauen überlagerte der ausgeprägte Arbeitskräftemangel in der Landwirtschaft und in den häuslichen Diensten den großen Überhang bei den Fabrikarbeiterinnen. Die Zahl der unterstützten weiblichen Erwerbslosen sank relativ rasch, da die Bedingungen für die Gewährung der Fürsorge zahlreiche Frauen ausschlossen.[47] Der Anteil Stuttgarts an der Gesamtzahl der gemeldeten

[44] *RGBl.*, 1919, S. 8ff. HStASt E 130a Bü 1252, Bl. 45, 53a. Vgl. StAM 150/859, Bl. 229: „Selbstverständlich sind diese Verpflichtungen eng begrenzt" (F. Syrup, 18. 12. 1918).

[45] StAL E 170 Bü 1720.

[46] *RGBl.*, 1919, S. 100ff. Bis dahin hatten sich in Frankfurt/M. nur 350 Arbeitgeber bereit erklärt, die zurückgekehrten Kaufleute wieder einzustellen, *FZ*, 19. 2. 1919. An sich mußten wiedereingestellte Kriegsteilnehmer mindestens 3 Monate behalten werden, im Frankfurter Handelsgewerbe wurde diese Frist per Tarifvertrag auf 6 Monate ausgedehnt. StAM 150/860, Bl. 390, 393. Durch den Schlichtungsausschuß wurde in 308 von 679 Fällen die Wiedereinstellung bewirkt; insgesamt kehrten 7614 Angestellte bis zum 1. 2. 1919 in ihre alten Stellen zurück. Dennoch ging das Arbeitsamt Frankfurt davon aus, „daß von den männlichen, die Erwerbslosenfürsorge beanspruchenden Erwerbslosen durchschnittlich mindestens 50 Prozent, beim Kaufmannsgewerbe sogar 70 bis 80 Prozent Kriegsteilnehmer sind", *FZ*, 15. 1. 1919.

[47] Vgl. die Grundsätze für Erwerbslosenfürsorge in der Übergangszeit für Württemberg, *Amts- und Anzeigenblatt der Stadt Stuttgart*, 16. 11. 1918. *StAnz*, 20. 11. 1918. Danach wurden Frauen nicht unterstützt, „die lediglich während des Krieges aushilfs-

TABELLE 3

Der Arbeitsmarkt in Württemberg und die Zahl der unterstützten Erwerbslosen 1918 bis 1920[48]

	Arbeitsuchende				Unterstützte Erwerbslose	
	absolut		pro 100 offene Stellen			
	männl.	weibl.	männl.	weibl.	männl.	weibl.
1918						
November	9 787	5 799	88	73		
Dezember	20 352	8 560	203	130	4 217	3 556
1919						
Januar	34 194	15 209	251	154	12 458	8 342
Februar	36 239	15 069	241	131	15 529	8 716
März	29 803	13 659	178	106	12 632	9 537
April	27 201	11 950	196	109	11 061	6 934
Mai	27 297	11 540	182	96	10 437	5 595
Juni	24 219	10 339	166	85	8 830	4 898
Juli	24 439	10 253	169	82	9 165	5 098
August	23 611	9 857	175	84	8 659	3 970
September	23 823	10 970	160	85	8 319	4 391
Oktober	21 480	10 763	149	83	7 365	3 979
November	20 678	9 321	160	87	8 710	3 972
Dezember	19 784	7 794	181	90	9 385	3 643
1920						
Januar	21 880	8 708	173	76	9 255	3 675
Februar	21 868	7 779	166	58	7 904	3 370
März	22 316	7 712	164	57	6 734	2 514
....						
Oktober	29 153	10 767	313	104	13 945	2 064
November	27 785	10 199	281	105	12 759	1 491

Arbeitsuchenden betrug Anfang 1919 ca. 42 % und sank bis Anfang 1920 relativ stetig auf knapp unter 30 % ab; die relative Arbeitslosigkeit lag teilweise erheblich höher als im Landesdurchschnitt. Es ist daher

weise [sic] erwerbstätig geworden sind". Nur „erwerbsbedürftige" Frauen wurden unterstützt, wenn sie entweder völlig alleinstehend oder der Haupternährer inkl. Eltern und Großeltern waren, wenn sie vor dem Krieg erwerbstätig und mindestens 26 Wochen in Stuttgart ansässig waren.

[48] *Statistisches Handbuch für Württemberg...*, Folge 23 (1914—1921), S. 56, 65, 105. *Mitteilungen des Statistischen Landesamtes*, Jgge. 1919, 1920, passim.

erstaunlich, daß der Demobilmachungsausschuß Stuttgart erst am 22. Februar 1919 zu seiner konstituierenden Sitzung zusammentrat, während zum Beispiel der Ulmer Ausschuß bereits im Dezember 1918 seine Arbeit aufgenommen hatte.[49]

Zu der wohl wichtigsten Arbeitsgrundlage der Demobilmachungsausschüsse in dieser Phase wurde die Reichsverordnung vom 28. März 1919 über die „Freimachung von Arbeitsstellen während der Zeit der wirtschaftlichen Demobilmachung".[50] Diese stellte eine abermalige Verschärfung der bestehenden Bestimmungen dar, die — wie die Demobilmachungsausschüsse verschiedentlich hatten erfahren müssen — weitgehend wirkungslos geblieben waren: Weigerten sich „die auswärtigen Arbeiter ..., die hier gut bezahlten Stellen zu verlassen", so fehlte „für einen Zwang zur Entlassung ... nach sorgfältiger Prüfung der einschlägigen Verordnungen die gesetzliche Grundlage". In gleichem Maße waren die bestehenden Bestimmungen von den „bei Beginn der Demobilmachung in ihre ländlichen Heimatorte abgeschobenen" Arbeiterinnen und den Arbeitgebern regelmäßig unterlaufen worden, so daß der Ruf nach Verschärfung der gesetzlichen Handhabe immer lauter geworden war.[51] In diesem Sinne wurden gemäß § 1 der neuen Verordnung die Demobilmachungsausschüsse ermächtigt, die Arbeitgeber „zur Freimachung von Arbeitsstellen anzuhalten, wenn sich diese Maßnahme zur Bekämpfung einer erheblichen Arbeitslosigkeit als erforderlich erweist". Nach § 5 sollten von diesen Zwangsentlassungen alle Beschäftigten betroffen sein, die erstens „weder auf Erwerb angewiesen sind noch bei Kriegsausbruch einen auf Erwerb gerichteten Beruf hatten", zweitens bei Kriegsausbruch in der Land- oder Forstwirtschaft, im Bergbau oder als Gesinde tätig waren und die drittens während des Krieges von einem anderen Ort zugezogen waren. § 14 gab den Demobilmachungsausschüssen sogar das Recht, die Neueinstellung der Zwangsentlassenen an einem anderen Ort zu untersagen, wobei allerdings die Möglichkeiten, die Einhaltung dieses Verbots zu

[49] HStASt E 361 Bü 349. Zu Ulm vgl. *Regionale und lokale Räteorganisationen*... [wie Anm. 13], S. 412 ff. Ähnliche zeitliche Differenzen gab es in Hessen. Während der Ausschuß in Kassel (ähnlich in Weimar) praktisch mit Kriegsende seine Tätigkeit aufnahm, der in Gelnhausen am 25. 11. 1918, folgte das stark industrialisierte, von hoher Arbeitslosigkeit betroffene Hanau erst am 28. 2. 1919. Zu den Protokollen des Demobilmachungsausschusses Kassel vgl. StAM 165/2863, passim. StAM 165/2868, Bl. 36.

[50] *RGBl.*, 1919, S. 355 ff. *StAnz*, 23. 4. 1919.

[51] StAM 165/2866, Bd. 1, Bl. 296. StAM 165/2910, Bl. 197 f.

kontrollieren, nur gering waren. Entscheidend war schließlich der § 15, mit dessen Hilfe die Demobilmachungsausschüsse die Arbeitgeber bindend dazu verpflichten konnten, für jede Entlassung eine Neueinstellung vorzunehmen.

Auch in diesem Fall fanden sich vor allem die Frauen als „Berufsfremde" oder während des Krieges Zugezogene im Kreis der vorrangig zu Entlassenden, wenn sie nicht ohnehin — nach der herrschenden Auffassung der Zeit — als nicht „erwerbsbedürftig" galten, soweit sie verheiratet waren oder bei Verwandten unterkommen konnten. Mit Hilfe dieser Freimachungs-Verordnung wurden — zum Teil gegen den Widerstand der Arbeiterausschüsse — in Berlin 40000 Arbeitslose untergebracht, in Nürnberg 10000, in Frankfurt/M. 2500, in Düsseldorf 1000 und in Kiel 2555, wobei allerdings in Kiel nur 935 der vermittelten Ersatzkräfte tatsächlich eingestellt wurden; in Stuttgart wurden bis Ende 1919 ca. 450 Angestellte entlassen.[52]

Nach den übereinstimmenden Berichten mehrerer Demobilmachungsausschüsse entwickelte sich bei der Durchführung dieser Verordnung in zahlreichen Betrieben „teilweise ein ziemlich erbitterter Konkurrenzkampf der Geschlechter", wie die Frauenabteilung des württembergischen Arbeitsministeriums die Stimmung beschrieb. Es waren vor allem die Berufsorganisationen der männlichen Arbeitnehmer und der Kriegsteilnehmer sowie die Arbeiter- und Angestelltenausschüsse in den Betrieben, die selbst dann die Entlassung langjährig beschäftigter Frauen erzwangen, wenn diese nicht gleichwertig ersetzt werden konnten oder wenn deren Arbeitsplätze wegen zu geringer Entlohnung von den Männern ohnehin abgelehnt wurden.[53]

Der absolute Rückgang der Beschäftigung traf primär die Frauen in den gewerblich-industriellen Betrieben, doch lag ihr relativer Anteil an der Gesamtzahl der Beschäftigten — anders als bei den Kindern und Jugendlichen — zu keiner Zeit unter dem Vorkriegsstand, mit Aus-

[52] StAM 165/2866, Bd. 2, Bl. 252. StAM 150/850, Bl. 394. HStASt E 361 Bü 349. J. Müller, *Die Regelung des Arbeitsmarktes*... [wie Anm. 1], S. 57ff. Von den 2555 freigemachten Stellen in Kiel fielen 325 wegen Arbeitsmangel fort, in 506 Fällen fehlten die Ersatzkräfte in gesuchter Qualität, 65 Eingewiesene wanderten ab, in 31 Fällen wurden die Ersatzkräfte von den Arbeitgebern abgelehnt.

[53] HStASt E 361, Bü 308, 347, 349, 370. HStASt E 130a Bü 1248, Bl. 121. Zu der Entlassungsreihenfolge des Abkommens, das der DMV mit den süddeutschen Metallarbeitgeberverbänden im November 1918 parallel zur Zentralarbeitsgemeinschaft abschloß vgl. DMV, *Jahrbuch 1919*, Stuttgart 1920, S. 229f.

TABELLE 4

Zahl der Arbeiter(innen) in Betrieben mit mindestens 10 Arbeitern und diesen gleichgestellten Betrieben, die der Gewerbeaufsicht unterlagen (1913—1924) und die Zahl der Krankenkassenmitglieder im Jahresdurchschnitt (1913—1925)[54]

Jahr	Männer über 16 Jahre	Frauen über 16 Jahre	Frauen 16—21 Jahre abs.	Frauen in %	Jugendliche 14—16 Jahre	Kinder bis 14 Jahre	Summe	Krankenkassenmitglieder Summe	Krankenkassenmitglieder Frauen absolut	Krankenkassenmitglieder Frauen in %
1913	176 015	66 641	25 872	38,8	30 100	1 802	274 558	493 712	143 123	29,0
1914								612 095	237 193	38,8
1915								561 048	248 577	44,3
1916								555 055	261 652	47,1
1917	124 797	91 343			29 446	1 786	247 372	568 723	280 800	49,4
Okt. 1918	128 549	84 578	28 792	34,0	28 387	1 957	243 471	577 996	288 005	49,8
1919	169 686	63 152	21 491	34,0	25 591	1 507	259 936	664 173	279 624	42,1
1920	169 957	66 078	22 899	34,7	24 584	1 594	262 213	707 746	284 961	40,3
1921	191 059	83 343	29 273	35,1	29 858	1 894	306 154	715 768	287 673	40,2
1922	212 517	100 320	35 100	35,0	35 533	2 522	350 972	756 838	302 998	40,0
1923								752 200	301 874	40,1
1924	209 237	98 313	32 765	33,3	32 799	1 990	342 339	737 618	296 320	40,2
1925								791 348	315 937	39,9

[54] Zusammengestellt nach den *Jahresberichten der württembergischen Gewerbeaufsichtsbeamten,* (1913), S. 146 ff., *a.a.O.*, (1914—1918), S. 54 ff., 94 ff., *a.a.O.*, (1919), S. 128 ff., *a.a.O.*, (1923/24), S. 74 ff. *Statistisches Handbuch für Württemberg,* hrsg. vom Statistischen Landesamt, Folge 24 (1922—1926), Stuttgart 1928, S. 180. Vgl. G. Mai, *Kriegswirtschaft*... [wie Anm. 15], S. 106 f.

nahme der Gruppe der 16- bis 21jährigen in den Jahren 1920/21. Das geringfügigere Absinken der Zahl sämtlicher weiblicher Krankenkassenmitglieder mag darauf hindeuten, daß die Zurückdrängung in die „typischen" Frauenberufe zumindest partiell gelungen war. Die absolut umfangreichsten Einbußen wies die Gruppe der Frauen über 21 Jahren auf. Zweifellos waren viele dieser Frauen nach Jahren harter Arbeit und Entbehrungen zu einem sofortigen und freiwilligen Ausscheiden bereit, besonders soweit bei den Verheirateten oder den aus mittelständischen Kreisen Stammenden mit der Rückkehr und Wiedereinstellung der Männer der ökonomische Zwang zu eigener Erwerbstätigkeit entfiel.[55] Zugleich regte sich jedoch sehr bald entschiedener Widerstand gegen die rigorosen Ausbrüche des „proletarischen Antifeminismus" (Thönnessen): bei den betroffenen Frauen in den Betrieben,[56] bei den Frauenverbänden, den weiblichen Landtagsabgeordneten[57] und der Abteilung für Frauenarbeit im Arbeitsministerium.

Reichsarbeitsministerium, württembergisches Arbeitsministerium und verschiedene Demobilmachungsausschüsse wiesen wiederholt darauf hin, daß die Verordnung zur Freimachung von Arbeitsplätzen grundsätzlich auch die „Erwerbsbedürftigkeit" der Frauen anerkenne (wenngleich nur unter gewissen Kautelen), daß die Entlassung der Frauen lediglich „in dem für zulässig erkannten Umfang" erfolgen dürfe und daß Härten „tunlichst" zu vermeiden seien. Der Demobilmachungsausschuß Stuttgart begründete seine zunehmende Zurückhaltung damit, daß zum Beispiel Stenotypistinnen und in ähnlichen Berufen tätige Frauen gar nicht durch entsprechend ausgebildete Män-

[55] Richard Bessel, *„Eine nicht allzu große Beunruhigung des Arbeitsmarktes". Frauenarbeit und Demobilmachung in Deutschland nach dem Ersten Weltkrieg*, in: *Geschichte und Gesellschaft*, 9. Jg. (1983), S. 211 ff. Zur (sozialen) Herkunft der Frauen vgl. G. Mai, *Kriegswirtschaft*... [wie Anm. 15], S. 355 f.

[56] So erklärte eine Bosch-Arbeiterin: „Das Verhalten der männlichen Arbeiter sei hinterhältig; sie haben die Frauen wohl gerne als Stimmenzuschuß in der Partei, aber hintenherum, bei den Betriebsleitern und Meistern, suchen sie die Frauen herauszudrücken." Als bei den Wahlen zum Arbeiterrat der Maschinenfabrik Eßlingen nur Männer gewählt wurden, wandten sich die Frauen an das Arbeitsministerium mit der Bitte, die Wahl zu annullieren, was freilich rechtlich nicht möglich war. HStASt E 361 Bü 366, Bü 370. Vgl. auch *Protokoll der Verhandlungen des 10. Kongresses der Gewerkschaften Deutschlands, Nürnberg 30. Juni—5. Juli 1919*, Berlin (1919), S. 412 ff.

[57] Eine parlamentarische Anfrage zur Entlassung der Frauen ging bezeichnenderweise nicht von der SPD, sondern von der DDP aus, deren Mitglied Anna Lindemann die Leiterin des Frauenreferats im Arbeitsministerium war. *Verhandlungen der württembergischen Landesversammlung, Protokolle*... [wie Anm. 8], Bd. 1, S. 286 ff.

ner zu ersetzen waren, daß zwangsentlassene alleinstehende Frauen, die einem Wiederbeschäftigungsverbot unterlagen, in eine ausweglose Notlage gerieten, wenn die Erwerbslosenfürsorge ausgelaufen war, usw.[58] Die Abteilung für Frauenarbeit verlangte auf der Grundlage eines speziellen Falles vom Arbeitsministerium im September 1919, besondere Bestimmungen zum Schutz der Frauen zu erlassen, da sich zunehmend die Auffassung durchsetze, „gegen die Anstellung weiblicher Kräfte sei *an sich*, ohne Rücksicht auf ihre Erwerbsbedürftigkeit, Stellung zu nehmen". Allen Demobilmachungsausschüssen in Württemberg wurde daraufhin ein Schreiben des Reichsarbeitsministers vom 28. August 1919 zur Kenntnis gebracht, in dem Schlicke einleitend darauf hinwies, daß es sich bei der Entlassung der Frauen nur zu oft weniger um die Bereitschaft zur Freimachung von Arbeitsplätzen handele als vielmehr um eine grundsätzliche Abneigung gegenüber der Frauenarbeit als solcher. Im Krieg seien die Frauen auf Wunsch des Staates in die Kriegswirtschaft eingetreten; dieser trage daher nun die Verpflichtung, „bei Rückbildung der Arbeitsverhältnisse in den Friedenszustand auf rücksichtsvolles Verfahren der Arbeitgeber gegen die weiblichen Arbeitskräfte hinzuwirken" und für ein entsprechendes Auskommen der Frauen zu sorgen. „Dem starken Druck, den die männlichen Berufsorganisationen teilweise in der Richtung einer rücksichtslosen Verdrängung der Frauen ausüben, müssen die beteiligten Behörden mit Aufklärung und nötigenfalls mit Entschiedenheit entgegentreten."[59] Da auch in Württemberg „nicht immer mit der erforderlichen Rücksichtnahme auf die wirtschaftlichen Verhältnisse im einzelnen Fall verfahren worden" war, wurden die Demobilmachungsausschüsse angewiesen, wie in Bayern zu einer präziseren Bestimmung der „Erwerbsbedürftigkeit" bei Frauen zu gelangen: Als Einkommensgrenze wurden in Stuttgart 300 M, bei Verheirateten 450 M festgesetzt, zuzüglich 75 M pro Kind. Selbst gegenüber Kriegsteilnehmern sollte nun die Rücksichtnahme nicht mehr so weit gehen, daß automatisch Frauen zur Freimachung von Arbeitsplätzen entlassen wurden.[60]

Diese Regelungen boten den Frauen immerhin einen gewissen (moralischen) Rückhalt, der grundsätzlich um einiges weiterging als noch im November 1918, vor allem da seit Anfang 1920 nach einer Empfehlung

[58] *StAnz*, 30. 1. 1919. HStASt E 361 Bü 330, Bü 349, Bü 369.

[59] HStASt E 361 Bü 370. Fast wörtlich auch der Demobilmachungskommissar von Thüringen am 18. 9. 1919. StAM 165/2866, Bd. 2, Bl. 221.

[60] HStASt E 361 Bü 349. HStASt E 130a Bü 1248, Bl. 152.

des Reichsarbeitsministeriums Frauenvertreter bei den Entlassungsmaßnahmen gehört werden sollten.[61] Als um die Jahreswende 1919/20 der Demobilmachungsausschuß Stuttgart zur Unterbringung von ca. 3000 Angestellten und ca. 4000 Kriegsgefangenen erneut mit einer zwangsweisen Freimachung von Arbeitsplätzen begann, folgte er der Maxime, daß dies nicht in erster Linie zu Lasten der Frauen gehen dürfe.[62] Diese Erkenntnis, daß „in der gegenwärtigen wirtschaftlichen Lage ... bei vielen Familien im Gegensatz zu früheren Verhältnissen eine erwerbstätige Mitarbeit der weiblichen Angehörigen erforderlich" sei, kam jedoch für die Mehrzahl der Frauen zu spät: Ein Blick auf die Ergebnisse der Gewerbezählung von 1925 und in die Berichte der Gewerbeaufsichtsbeamten zeigt, daß die Beschäftigungsstruktur bei den Frauen sich weitgehend auf den Vorkriegsstand zurückentwickelt hatte,[63] wenngleich seit Anfang 1920, mit der Lockerung der Demobilmachungsmaßnahmen, die Zahl der beschäftigten Frauen zum Beispiel in der noch vor 1914 „untypischen" metallverarbeitenden und Maschinenbauindustrie wieder anstieg.[64]

Besondere Aufmerksamkeit widmeten die Demobilmachungsorgane der Arbeitslosigkeit bei den kaufmännischen und technischen Angestellten. Trotz einer Verfügung vom 19. Januar 1919 über den Ersatz weiblicher Arbeitskräfte bei Behörden, in kaufmännischen und technischen Büros sowie in Ladengeschäften waren nach Angaben des Arbeitsministeriums die Arbeitslosenzahlen in Stuttgart, Heilbronn und Reutlingen bei den männlichen Angestellten von 350 am 5. Dezember 1918 auf 3500 Ende Februar 1919 gestiegen, bei den Frauen dagegen angeblich nur von 420 auf 650, obwohl neben den Stuttgarter Großbetrieben (siehe oben) allein die Stadt Stuttgart „mehrere hundert" weibliche Angestellte entlassen hatte. Eine Umfrage bei 323 Stuttgarter Firmen mit 11 938 Angestellten (davon 4584 Frauen) im Februar 1919 ergab, daß lediglich 32 Firmen mit 1327 Beschäftigten 222 weibliche Angestellte durch männliche zu ersetzen beabsichtigten.[65] Im Mai 1919

[61] StAM 165/2863, Bl. 505. Hier wurde gleichzeitig vor einem „rein schematischen" und „rücksichtslosen" Vorgehen gegenüber den Frauen gewarnt.

[62] HStASt E 361 Bü 370. Vgl. auch Bü 349 und Bü 361.

[63] HStASt E 361 Bü 370. Vgl. G. Mai, *Kriegswirtschaft...* [wie Anm. 15], S. 63f., 106f.

[64] Vgl. dazu die regelmäßigen Berichte über die Lage auf dem Arbeits- und Vermittlungsmarkt der Demobilmachungskommissare für Kassel und Thüringen in StAM 165/2866, Bd. 1 und 2, passim.

[65] *Verhandlungen der württembergischen Landesversammlung, Protokolle...* [wie Anm. 8], Bd. 1, S. 290ff.

führte der Demobilmachungsausschuß Stuttgart daher eine Befragung aller 15 000 männlichen und weiblichen Angestellten in seinem Bezirk durch, die der Erhebung der Vermögens-, Einkommens- und Familienverhältnisse dienen sollte. Auf Grund dieser Aktion wurden 240 Männer und 200 Frauen entlassen; bis November 1919 wurden in 273 weiteren Fällen Gesuche um Befreiung von der Zwangsentlassung gestellt, von denen 204 genehmigt wurden, darunter solche von zahlreichen Frauen.[66] Der Stuttgarter Ausschuß verfuhr bei den Einsprüchen gegen die Zwangsentlassung relativ großzügig (offenbar im Gegensatz zu dem Ausschuß in Heilbronn). Als Gründe für eine Weiterbeschäftigung akzeptierte er auch bei Frauen besonders gute Referenzen, die Unmöglichkeit einer Rückkehr zu den Eltern, wenn diese bereits zahlreiche Geschwister zu versorgen hatten, und ähnliches. In mehreren Fällen wurden die Kündigungsfristen um Wochen oder gar Monate verlängert, um den Übergang zu erleichtern. Nur in einem Fall blieb der Ausschuß mit der Mehrheit der männlichen Vertreter hart, als er dem Statistischen Landesamt untersagte, ein Drittel seiner Hilfsarbeiterstellen mit (langjährig eingearbeiteten) Frauen zu besetzen. Ende 1919 waren nach Angaben des Ausschusses alle jüngeren Angestellten beiderlei Geschlechts in Stellung; es blieb indes ein Rest von etwa 1000 älteren Angestellten, die nur schwer zu vermitteln waren. Der Ausschuß versuchte, diese dadurch unterzubringen, daß er Großbetrieben „die Erlaubnis zur Einstellung der angeforderten Kräfte nur erteilt[e], falls sie sich bereit erklären, zugleich einen oder zwei der stellenlosen, überall verschmähten Kaufleute aufzunehmen". Diese Aktion war offenbar wenig erfolgreich; im Oktober/November 1920 wies der Sonderarbeitsnachweis für Angestellte beim Landesamt für Arbeitsvermittlung noch immer 1832 beziehungsweise 1689 erwerbslose Angestellte nach.[67]

[66] HStASt E 361 Bü 347. *StAnz*, 30. 1. 1919. So auch in Frankfurt/M. bereits zum Februar, *FZ*, 23. 2. 1919. In Düsseldorf standen 1000 Kündigungen 1200 Befreiungen gegenüber; in Frankfurt/M. waren es 1160 Kündigungen und 1672 Befreiungen. J. Müller, *Die Regelung des Arbeitsmarktes*... [wie Anm. 1], S. 57ff. StAM 150/860, Bl. 394.

[67] HStASt E 361 Bü 349, Bü 370 (Einzelfälle). Eine sehr große Zahl von Demobilmachungsausschüssen richtete besondere Unterausschüsse für Angestelltenfragen ein. Der Stuttgarter Unterausschuß tagte noch Ende 1919 bis zu dreimal innerhalb von 10 Tagen. *Mitteilungen des Statistischen Landesamtes,* (1920), S. 262, 265. Der Nürnberger Unterausschuß hielt 120 Sitzungen ab und führte 80 Betriebsbesichtigungen durch. J. Müller, *Die Regelung des Arbeitsmarktes*... [wie Anm. 1], S. 73. Die kaufmännischen Angestellten aus Industriegebieten waren in einem auffälligen Maß an der Auswanderungswelle

Neben den Frauen und den Angestellten rückten im Laufe des Sommers 1919 die während des Krieges in die Städte und Industriezentren Zugezogenen in den Mittelpunkt der Aufmerksamkeit. Wie bereits Ende 1918 stand dabei die Absicht im Vordergrund, durch ein rasches Abschieben der Entlassenen „den Gefahren einer Zusammenballung beschäftigungsloser Massen vorzubeugen".[68] Zunächst hatten die Behörden noch gehofft, daß allein die schlechten Wohn- und Ernährungsverhältnisse die oft nur provisorisch Untergebrachten zur Rückkehr in ihre Heimat veranlassen würden; „ehe der dem Arbeiter folgende Troß an Kindern, Handwerkern, Beamten, Kaufleuten usw." nachgezogen sei, müsse der Staat gegensteuern. Doch die vorgesehenen Steuerungsmittel, wie die gezielte Vergabe von Rohstoffen und Aufträgen in „entvölkerte" Gebiete sowie die Beeinflussung der Arbeitsvermittlung, erwiesen sich als wenig wirksam.[69] Zwar meldete allein der DMV für Württemberg Ende 1918 11 720 Abgereiste (davon 2336 in Friedrichshafen und 6308 in Stuttgart), 1919 nochmals 13 390 (1368 in Schwenningen, 1793 in Heidenheim und 6280 in Stuttgart), bei denen es sich vorwiegend um ehemalige Rüstungsarbeiter gehandelt haben dürfte,[70] doch klagten die Arbeitgeber der Metallindustrie, der Abzug dieser Arbeiter habe sich „teilweise recht schwierig" gestaltet, so daß Anreize durch Prämienzahlungen geschaffen werden mußten.[71] Trotz aller Zuzugswarnungen setzte in Württemberg sofort nach Kriegsende ein starker Zustrom nach Stuttgart ein. Das Staatsministerium ging im Frühjahr 1919 davon aus, daß seit Oktober 1918 insgesamt ca. 40 000 Personen nach Stuttgart zugewandert waren.[72] Anfang Januar 1919 versuchte die Regierung eine Bestandsaufnahme durchzuführen, indem jeder Nicht-Württemberger verpflichtet wurde, sich binnen 24 Stunden bei der jeweiligen Ortspolizeibehörde zu melden.[73]

dieser Jahre beteiligt, die die um 1890 noch übertraf. Otto Krieger, *Die Auswanderung aus Württemberg nach dem Weltkrieg*, Diss. Tübingen 1928.

[68] StAM 165/2866, Bd. 1, Bl. 151. Vgl. *a.a.O.*, Bl. 104, 112, 135.

[69] HStASt M 1/9 Bü 176 (Demob. 3), Bl. 55.

[70] DMV, *Jahrbuch 1918*, S. 236. Dass., *1919*, S. 270.

[71] Albrecht Fischer, *Verband Württembergischer Metallindustrieller e.V. 1897—1934*, Stuttgart 1961, S. 19.

[72] HStASt E 130b Bü 214 (11. 3. 1919). Zur Fluktuation in anderen Demobilmachungsbezirken vgl. HStASt M 1/4 Bü 1067, Bl. 362, 365. Bis Anfang 1919 waren z. B. 32 000 Personen nach Merseburg zu- und 28 000 abgewandert, in Schleswig 31 673 bzw. 12 477, in Magdeburg 8100 bzw. 3400.

[73] *StAnz*, 18. 1. 1919, *StAnz*, 22. 1. 1919.

Am 28. Februar verfügte das Innenministerium auf der Grundlage einer Ermächtigung des Arbeitsministers als Demobilmachungskommissar eine Teilbewirtschaftung des Wohnraumes in Stuttgart. Vermietungen bedurften der Genehmigung durch das Wohnungsamt, das zudem über die Wohnungen aller Personen verfügen konnte, die nach dem 1. Februar 1917 zugezogen waren; dies galt selbst für die Besitzer von Häusern und Wohnungen. Der Aufenthalt in Gasthöfen und ähnlichem war ohne Genehmigung maximal zwei Wochen lang gestattet. Im März fand in Stuttgart eine Wohnungsrevision statt, in deren Verlauf die Quantität und Qualität des zugebilligten Wohnraumes zum Teil erheblich gemindert wurden. Sodann wurde ein allgemeines Zuzugsverbot verhängt, das durch die Zuweisungsmodalitäten bei den Lebensmittelkarten abgesichert werden sollte.[74] Am 3. Mai 1919 wurde die Zuzugssperre auf ganz Württemberg ausgedehnt und weiter verschärft: Personen, die von außerhalb zuzogen, durften Wohnraum nur noch mit Genehmigung der Ortspolizeibehörde mieten; das Aufenthaltsrecht in Gasthöfen etc. wurde auf maximal drei Tage reduziert.[75] Zugleich wurden als Anreiz zur Abreise reichsrechtlich allen, die innerhalb von sieben Tagen nach ihrer Entlassung ihren Aufenthaltsort verließen, Freifahrtscheine und Umzugsbeihilfen angeboten.[76]

In einem Erfahrungsbericht vom 25. September 1919 stellte der Demobilmachungsausschuß Stuttgart jedoch fest, daß die „im Interesse der einheimischen Erwerbslosen getroffenen Vorschriften, insbesondere diejenigen zur Fernhaltung auswärtiger Arbeitskräfte vom hiesigen Arbeitsmarkt nicht ausreichen, um eine Verminderung der Arbeitslosigkeit am hiesigen Platze herbeizuführen". Der Ausschuß forderte daher schärfere Rechtsmittel zur Kontrolle der Einhaltung der Vorschriften, eventuell sogar durch eine Revision der Betriebe. Das Landesamt für Arbeitsvermittlung sekundierte und schlug eine Kontrolle mit Hilfe der Ortskrankenkassen vor. Nicht zuletzt aufgrund

[74] *Amts- und Anzeigenblatt der Stadt Stuttgart*, 6. 3. 1919; *a.a.O.*, 19. 3. 1919; *a.a.O.*, 20. 3. 1919.

[75] *StAnz*, 5. 5. 1919. Diese Bestimmungen wurden aber offenbar recht weitherzig angewandt. Der Demobilmachungsausschuß Stuttgart verzichtete auf die Ausweisung, wenn am Heimatort ebenfalls Wohnungsmangel bestand oder wenn die Ausweisung eine „Härte" für den Arbeitgeber (!) bedeutet hätte. HStASt E 361 Bü 349.

[76] *RGBl.*, 1919, S. 358. In Frankfurt/M. wurden 1919 nur in 40 Fällen solche Beihilfen gezahlt. StAM 150/860, Bl. 391. Höher lag mit 3066 dagegen die Zahl derer, die am Bahnhof abgefangen und mit Weggeld weitergeschickt wurden; dies wurde auch in Kassel praktiziert.

dieser Beschwerden der Demobilmachungsausschüsse Stuttgarts und anderer Großstädte erging am 1. Dezember 1919 eine Verordnung des Reichsarbeitsministeriums, die die Entlassungspflicht für Zugezogene verschärfte und nun erstmals auch die Pendler mit einbezog. Der Stuttgarter Ausschuß band daraufhin Anfang 1920 die Neueinstellung von Auswärtigen an seine Zustimmung; bei den Pendlern wurde zumindest gegen Ledige schärfer vorgegangen sowie gegen Personen aus landwirtschaftlichen Gegenden, die „leicht" in der Landwirtschaft unterkommen könnten.[77]

Der Zuzug nach Stuttgart und Umgebung hielt jedoch trotz aller Warnungen und Maßnahmen unverändert an, wenngleich im Oktober 1919 der Bevölkerungsstand von 1914 nur knapp wieder erreicht war. Die Bevölkerungszählungen zeigen, daß zumindest kurzfristig eine Rückverschiebung in die ländlichen Gemeinden stattfand und daß der Verstädterungsprozeß sich relativ verlangsamte. Die Frauen kehrten wieder in die ländlichen Oberamtsbezirke zurück, die sie während des Krieges verlassen hatten.[78] Die in Tabelle 1 erkennbaren Rückverschiebungen der Arbeiter(innen) in die Textilindustrie waren offenbar mit einer Rückverschiebung in die alten (oft ländlichen) Standorte dieser Industrie verbunden. Nach einer Übergangszeit Anfang 1919, als selbst die Aussicht auf eine bessere Lebensmittelversorgung keinen Anreiz zur Rückkehr auf das Land zu bieten schien,[79] waren die Arbeitsuchenden gezwungen, der Arbeit auf das Land zu folgen.

Bei ihren Bemühungen, die Arbeitslosigkeit einzudämmen, die Arbeiterschaft aus den (Groß-)Städten herauszuhalten und die Problemgruppen der Frauen und Angestellten unterzubringen, waren die Demobilmachungsorgane in starkem Maße auf die Kooperation der Industrie angewiesen, da die Demobilmachungsverordnungen nur die Betriebe mit mehr als 20 Beschäftigten betrafen. Doch nach den ersten Entlassungswellen Ende 1918 und Anfang 1919, die von den Demobilmachungsorganen selbst veranlaßt worden waren, wirkten die Demobilmachungsverordnungen in zunehmendem Maße als verstärkter Kündigungsschutz, obwohl die Verordnungen immer von dem Grundsatz der Zumutbarkeit ausgingen und entsprechende Befreiungsmöglichkeiten enthielten. Die Arbeitgeber zeigten sich indes sehr zurück-

[77] HStASt E 361 Bü 370. *RGBl.*, 1919, S. 1500ff., 1936f.

[78] G. Mai, *Kriegswirtschaft*... [wie Anm. 15], S. 40f., nach den Angaben in: *A.a.O.*, S. 41 Anm. 16.

[79] Vgl. *RGBl.*, 1919, S. 310. *FZ*, 12. 2. 1919.

haltend. Sie verlangten die Aufhebung der Demobilmachungsvorschriften als politische Voraussetzung einer wirtschaftlichen Gesundung: Die erforderliche „Wirtschaftlichkeit" sei nur durch die Hebung der Produktivität und die „Entlastung ... von unproduktiven Löhnen", das heißt durch Personalabbau, zu erreichen.[80] Trotz ausdrücklicher Dementis des württembergischen Arbeitsministeriums und späterer gesetzlicher Regelungen stellten die Arbeitgeber keine neuen Kräfte ein, selbst wenn sie ausreichend mit Aufträgen ausgestattet waren, solange sie glaubten befürchten zu müssen, „sie könnten staatlicherseits gezwungen werden, die während des guten Geschäftsganges eingestellten Arbeiter zu behalten und zu bezahlen, auch wenn sie keine Beschäftigung mehr für sie haben". In ländlichen Gebieten weigerten sich die Unternehmer, Arbeitslose aus größeren Städten und Industriezentren einzustellen, um „Spartakisten und andere unruhige Elemente, die den alteingesessenen Arbeiterstamm ungünstig beeinflussen könnten, fernzuhalten".[81] Die Unternehmen nutzen daher, neben den zahlreichen Umgehungen der Demobilmachungsvorschriften, jede sich bietende Möglichkeit zu Entlassungen. Während des württembergischen Steuerstreiks vom September 1920 entließen Daimler, Bosch und die Maschinenfabrik Eßlingen auf Wunsch der Landesregierung (!) sämtliche 16000 Beschäftigten; aber Daimler stellte von 7776 Arbeitern und 1048 Angestellten nur 3270 Arbeiter und 558 Angestellte wieder ein. Zugleich wurde allgemein „von den Großindustriellen ... die augenblicklich vorhandene Gelegenheit dazu benutzt, die Betriebe von Kommunisten zu reinigen". Die Entlassungen führten zwar zu einem starken Anstieg der Arbeitslosigkeit (Tabelle 3); doch da ein großer Teil der Arbeiter aus der Landwirtschaft gekommen war, ging man davon aus, daß sie „zu ihrer ursprünglichen Beschäftigung zurückkehren können".[82]

Die Tätigkeit und Bedeutung der Demobilmachungsausschüsse begann offenbar bereits 1920 stark zurückzugehen. Neuerliche Reichs-

[80] Vgl. *Akten der Reichskanzlei. Weimarer Republik. Das Kabinett Cuno. 22. November 1922 bis 12. August 1923,* bearb. von Karl-Heinz Harbeck, Boppard 1968, S. 508ff.

[81] StAL E 170 Bü 1721. *RGBl.*, 1920, S. 222 (§ 12), 712 (§ 19). Gleichgerichtete Bedenken hatten auch die Landwirte, vgl. R. Hagmann, *Die produktive Erwerbslosenfürsorge...* [wie Anm. 29], S. 19f. Vgl. *FZ*, 4. 3. 1919.

[82] *Akten der Reichskanzlei. Weimarer Republik. Das Kabinett Fehrenbach. 25. Juni 1920 bis 4. Mai 1921,* bearb. von Peter Wulf, Boppard 1972, S. 181ff. Zum Verlauf des Steuerstreiks vgl. Manfred Scheck, *Zwischen Weltkrieg und Revolution. Zur Geschichte der Arbeiterbewegung in Württemberg 1914—1920,* Köln-Wien 1981, S. 287ff.

verordnungen vom 3. September 1919, 12. Februar und 25. April 1920 erweiterten zwar noch einmal die Möglichkeiten zur Unterbringung der Kriegsteilnehmer, sie sollten aber in erster Linie die befürchteten innenpolitischen Rückwirkungen der Heeresverminderung von 400 000 auf 100 000 Mann auffangen.[83] Insgesamt dürfte jedoch der Einschätzung Josef Müllers beizupflichten sein, daß die Durchführung der Verordnung über die Pflicht zur Wiedereinstellung von Kriegsteilnehmern „im allgemeinen als abgeschlossen betrachtet werden" konnte.[84] Wenn in denselben Verordnungen der Kündigungsschutz für alle Arbeiter und Angestellten abermals ausgeweitet wurde, so betraf dies weniger die Demobilmachungs- als die Schlichtungsausschüsse.

Die Demobilmachungsausschüsse akzeptierten, ja begrüßten offenbar die Einengung ihrer Tätigkeitsbereiche und Kompetenzen: Als das Reichsinnenministerium im August 1919 einen ersten Vorstoß zur „Rückkehr zur Rechtseinheit" unternahm, die die „Zurücknahme der Vollmachten" der Demobilmachungsausschüsse zum 1. April 1920 vorsah, gab es nur sehr vereinzelt Widerspruch. Lebhaft unterstützt von Unternehmern und Arbeitgeberverbänden, sprach sich im Regierungsbezirk Kassel die Mehrheit der Demobilmachungsausschüsse für eine solche Regelung aus, da — so am 29. Oktober 1919 der Hanauer, am 27. Februar 1920 fast wörtlich „einige Mitglieder" des Stuttgarter Ausschusses — „es schon in der letzten Zeit sehr selten notwendig geworden ist, daß der Demobilmachungsausschuß tätig wurde". Einhellig wurde jedoch der Vorbehalt gemacht, daß die (ausnahme)rechtlichen Grundlagen für das Arbeitsnachweiswesen unbedingt aufrechterhalten werden müßten.[85]

Auf der Grundlage dieser breiten Zustimmung wurden, wenngleich mit leichter Verzögerung, den Demobilmachungsausschüssen die ersten Funktionen entzogen: Zum 30. Juni 1920 wurde die württembergische Verfügung über den Ersatz weiblicher Arbeitskräfte durch männliche in Behörden, kaufmännischen Betrieben und in Ladengeschäften vom Januar 1919 aufgehoben. Die Freimachungsverordnun-

[83] *RGBl.*, 1919, S. 1500 ff. *RGBl.*, 1920, S. 218 ff., 708 ff. *Akten der Reichskanzlei. Weimarer Republik. Das Kabinett Bauer*... [wie Anm. 30], S. 141 f. Vgl. Hagen Schulze, *Freikorps und Republik 1918—1920*, Boppard 1969, S. 239 ff.

[84] J. Müller, *Die Regelung des Arbeitsmarktes*... [wie Anm. 1], S. 74.

[85] StAM 165/2863, Bd. 1, Bl. 510, 515. StAM 165/2867, Bl. 195 ff., 312 ff. Zu Stuttgart vgl. HStASt E 361 Bü 366. Der dortige Ausschuß tagte mindestens noch einmal am 2. Juli 1920. Vgl. Anm. 88.

gen vom März 1919 und April 1920 wurden zum 15. März 1921 auf die Großstädte mit mehr als 100 000 Einwohnern beschränkt, soweit die Zahl der unterstützten Erwerbslosen dort über 1,5 Prozent der Wohnbevölkerung hinaus stieg.[86] Verordnungen, die die Demobilmachungsausschüsse für ihren Bereich auf der Grundlage der weitreichenden Vollmachten in eigener Verantwortung erlassen hatten, waren von diesen zum Teil bereits aufgehoben worden beziehungsweise mußten nun, soweit sie noch Geltung hatten, als Ausnahmeregelung zentral genehmigt werden, wenn sie nicht durch reichsgesetzliche Bestimmungen ohnehin obsolet geworden waren.[87] Damit wurde noch einmal der Ausnahme- und Notstandscharakter des Demobilmachungsrechtes betont und zugleich der qualitative Funktionswandel von der Arbeitsplatzbeschaffungsmaßnahme zum erweiterten Kündigungsschutz dokumentiert.

Trotz der reduzierten Funktionen und Aktivitäten der Demobilmachungsausschüsse wehrte sich der Württembergische Arbeitsminister Schall (DDP) am 12. Februar 1921 gegen die bevorstehende Auflösung der Ausschüsse, da diese „noch wesentliche Aufgaben zu erfüllen" hätten.[88] Im Reichsrat wurden die Bedenken Württembergs zwar anerkannt, die überwiegende Mehrheit war jedoch der Auffassung, „daß man ... bei dem Abbau solcher kriegs- und übergangswirtschaftlicher Behörden eben einmal durchhauen und einige Schwierigkeiten mit in Kauf nehmen müsse". Durch Reichsverordnung vom 18. Februar 1921 wurden die Ausschüsse zum 31. März aufgelöst. In Württemberg ging ein Teil ihrer Funktionen an die Arbeitsämter beziehungsweise deren Beiräte über; der Rest verblieb beim Demobilmachungskommissar.[89] In Preußen gestaltete sich dagegen die Überleitung des während des Krieges nur zögernd und rudimentär im Rahmen des Hilfsdienstgesetzes

[86] HStASt E 361 Bü 347. *RGBl.*, 1921, S. 222.

[87] Vgl. die entsprechenden Übersichten in StAM 165/2867, Bl. 231 ff., 266 ff.

[88] Der Demobilmachungsausschuß Schmalkalden meldete am 11. 10. 1919 noch eine „recht umfangreiche und vielseitige" Tätigkeit; er hielt sein Weiterbestehen „noch für geraume Zeit für erforderlich". Seine Arbeitsbereiche umfaßten zu diesem Zeitpunkt die folgenden Komplexe: 1. Schlichtung, 2. Erwerbslosenfürsorge, 3. Unterbringung von Kriegsgefangenen, 4. Ausstellung von Dringlichkeits-Bescheinigungen für Vorzugslieferungen, 5. Prüfung und Bearbeitung der Anträge auf Baustoffe, 6. Freigabe der Baustoffe, 7. Überwachung der Arbeitszeit-Verordnung, der Tätigkeit der Arbeiter- und Angestellten-Ausschüsse. StAM 165/2867, Bl. 201.

[89] HStASt E 130a Bü 1250, Bl. 324, 328, 377. *RGBl.*, 1919, S. 189 ff. *StAnz*, 11. 3. 1921. Für Preußen vgl. StAM 150/860, Bl. 426.

aufgebauten Arbeitsnachweiswesens in gesetzlich abgesicherte ständige Einrichtungen schleppender, bis auch hier die zahlreich geäußerten Bedenken und Forderungen der Demobilmachungsorgane durch das entsprechende Reichsgesetz vom 22. Juli 1922 gegenstandslos wurden.[90]

Das Demobilmachungsrecht als ein Notstandsrecht, begründet auf die Verordnung vom 7. November 1918,[91] hatte nur partiell in die ordentliche Gesetzgebung überführt werden können, so daß die Geltungsdauer der Demobilmachungsverordnungen durch Gesetz mehrfach verlängert werden mußte.[92] Nicht zufällig waren es in erster Linie das Schlichtungswesen und die Arbeitszeitfrage,[93] die nach jahrelanger gezielter Verschleppung seitens der Unternehmer zum Zentrum der Auseinandersetzungen über die Aufhebung des Demobilmachungsrechtes werden sollten und die, da eine einvernehmliche Regelung im Zeichen verschärfter sozialer Spannungen ausblieb, bezeichnenderweise durch Ermächtigungsgesetz und Notverordnung ihre endgültige Regelung fanden.[94] Bislang ist weitgehend unbekannt, welchen Einfluß

[90] StAM 165/2866, Bd. 2, Bl. 282ff. StAM 165/2867, Bl. 312ff. *RGBl.*, 1922, I, S. 657ff. L. Preller, *Sozialpolitik*... [wie Anm. 5], S. 276ff.

[91] Vgl. Anm. 80. Die Verordnung vom 7. November 1918, die vom Rat der Volksbeauftragten ausdrücklich anerkannt worden war, beruhte auf dem Ermächtigungsgesetz vom 4. August 1914. Zu dem stufenweisen Abbau dieses Notverordnungsrechtes der regionalen Demobilmachungsorgane in Preußen vgl. StAM 165/2866, Bd. 2, Bl. 282ff. StAM 165/2867, Bl. 231ff., 303, 312ff.

[92] Vgl. *Stenographische Berichte der Verhandlungen des Deutschen Reichstages*, Bd. 372, S. 4081ff.; *a.a.O.*, Bd. 377, S. 6445f. Vgl. HStASt E 130a Bü 1250, Bl. 337, 362; Bü 1251, Bl. 430, 438ff., 493, 510, 512a. Vgl. StAM 150/859, Bl. 198. StAM 165/2867, Bl. 338. StAM 165/2868, Bl. 317ff.

[93] G. D. Feldman/I. Steinisch, *Die Weimarer Republik*... [wie Anm. 7], S. 387ff., besonders S. 400f. Hier war der sozialdemokratische Innenminister Württembergs, Hugo Lindemann, im Sommer 1919 vorangegangen, indem er in ländlichen Handwerksbetrieben für die Erntezeit 11 Stunden zuließ. Dies führte zu einer sehr heftigen Kontroverse mit dem DMV. HStASt E 130a Bü 356, Bl. 7ff. Vgl. allgemein *Jahrbuch des Allgemeinen Deutschen Gewerkschaftsbundes*, hrsg. vom Bundesvorstand, Jg. 1923, Berlin 1924, S. 63ff. *Akten der Reichskanzlei. Weimarer Republik. Die Kabinette Stresemann*, bearb. von Karl Dietrich Erdmann und Martin Vogt, Boppard 1978, besonders S. 160f., 853f., 1083ff.

[94] *RGBl.*, 1923, S. 1043ff. (Schlichtung), 1249ff. (Arbeitszeit). Zu den Schlichtungsausschüssen im Bezirk Kassel vgl. StAM 165/2792—2796. Zum Schlichtungsausschuß Kassel und zur Verbindlichkeitserklärung von Tarifverträgen durch den Demobilmachungskommissar Kassel (d. h. den Regierungspräsidenten) bis zum Frühjahr 1924 vgl. StAM 165/2913, Bd. 1—8, passim.

die Demobilmachungsmaßnahmen konkret durch die Aufblähung der Belegschaften in privaten wie in öffentlichen[95] Betrieben oder durch die Verbindlichkeitserklärung von Schiedssprüchen[96] der Schlichtungsausschüsse auf Lohnentwicklung,[97] Tarifwesen, Produktivität,[98] technische Innovation und Investitionsverhalten hatten.[99] Die personelle Demobilmachung war indes ohne jeden Zweifel mehr als eine bloß technisch-organisatorische Regulierung des Arbeitsmarktes in Form eines erweiterten Kündigungsschutzes. Obwohl Torso geblieben, bezeugt doch das aus dem Demobilmachungsrecht hervorgegangene Ge-

[95] *RGBl.*, 1923, S. 999ff., besonders S. 1006 (Art. 15). ADGB, *Jahrbuch 1923*, S. 61ff. Innerhalb von nur 5 Monaten wurden 396858 Beschäftigte der Reichsverwaltungen und Reichsbetriebe entlassen, d. h. ca. 25 % des bisherigen Personalbestandes. Bei den Reichsbahnen waren bis Ende 1921 ca. 50000 Personen „allmählich entfernt worden"; dennoch kamen weiterhin auf jeden Achskilometer 45 Personen statt 22 wie vor dem Krieg. *Akten der Reichskanzlei. Weimarer Republik. Die Kabinette Wirth*, bearb. von Ingrid Schulze-Bidlingmaier, Boppard 1973, S. 407f. In Württemberg sank der Personalbestand der Eisenbahnen von 1919 bis 1925 um 5600 Personen. Vgl. auch *Akten der Reichskanzlei. Weimarer Republik. Die Kabinette Stresemann*... [wie Anm. 93], S. 160f. (Anm. 29, 31), 1179.

[96] Dieses Recht zur Verbindlichkeitserklärung von Tarifverträgen war den Demobilmachungskommissaren (bzw. dem Reichsarbeitsminister) bereits am 4. Januar 1919 in der Verordnung über die Einstellung, Entlassung und Entlohnung der Arbeiter während der Demobilmachung übertragen worden, am 24. Januar 1919 bestätigt in der entsprechenden Verordnung für die Angestellten. *RGBl.*, 1919/I, S. 8ff. (§ 11), 100ff. (§ 16). 1920 wiesen die Demobilmachungskommissare von Württemberg und Hessen gegen Proteste aus Berlin übereinstimmend die Automobilfirmen Daimler und Opel an, die nicht mehr kostendeckenden Preise anzuheben. Selbst die Arbeiter drohten, für (!) die Preiserhöhungen zu streiken. HStASt E 130a Bü 1248, Bl. 192a, 192c. *FZ*, 24. 1. 1920.

[97] Vgl. Werner Abelshauser, *Verelendung der Handarbeiter? Zur sozialen Lage der deutschen Arbeiter in der großen Inflation der frühen zwanziger Jahre*, in: *Vom Elend der Handarbeit. Probleme historischer Unterschichtenforschung*, hrsg. von Hans Mommsen und Winfried Schulze, Stuttgart 1981, S. 445ff.

[98] Wenn die Produktivität zumindest in der unmittelbaren Nachkriegsphase sank, so hatte diese Entwicklung ihre Ursachen keineswegs nur in Streiks, Bürgerkrieg usw., sondern der Kohle- und Rohstoffmangel, die Transportschwierigkeiten, die Ernährungsprobleme vor allem in den Sommermonaten 1919 und 1920, die Umstellung auf die Friedensproduktion, umfangreiche Reparaturen und Wartung an den verbrauchten Maschinen waren nicht minder wirkende Faktoren.

[99] Vgl. Dieter Lindenlaub, *Maschinenbauunternehmen in der Inflation 1919—1923. Unternehmenshistorische Überlegungen zu einigen Theorien der Inflationswirkungen und Inflationserklärung*, in: *Die deutsche Inflation. Eine Zwischenbilanz*, hrsg. von Gerald D. Feldman, Carl-Ludwig Holtfrerich, Gerhard A. Ritter, Peter-Christian Witt, Berlin-New York 1982, S. 49ff.

setzgebungswerk recht eindringlich, welche sozialpolitischen Gestaltungschancen in den zahlreichen ergänzenden und stützenden Begleitmaßnahmen angelegt waren. Entwicklung und Praxis des Demobilmachungsrechtes können daher zugleich als ein Indikator für die (sozial)-politische Kräfteverteilung zwischen den maßgebenden sozialen Gruppen gelten.

Die Auswirkungen der (personellen) Demobilmachung waren entsprechend vielfältig und bedürfen daher einer differenzierten Bewertung. 1. Die (personelle) Demobilmachung hat entscheidend dazu beigetragen, daß die (nominelle)[100] Arbeitslosigkeit in den ersten Nachkriegsjahren in Deutschland sehr viel niedriger blieb als bei den westeuropäischen Siegernationen. Der Versuch einer weitgehenden Rekonstruktion des *Status quo ante* vom August 1914 war einerseits nach mehr als vier Jahren Krieg naiv, andererseits der technisch wohl einzig mögliche Weg zu einer sofortigen Unterbringung der Kriegsteilnehmer — freilich weitgehend zu Lasten der Frauen (und Jugendlichen). Als verzögerte Anpassung der staatsinterventionistischen Kriegswirtschaft an die privatkapitalistisch strukturierte Friedenswirtschaft hat die Demobilmachung die Stabilisierungskrise von 1923/24 zwar nicht verhindern können, diese aber doch verzögert und damit die innenpolitischen Risiken des Stabilisierungsschnittes entschärft. 2. Als rein administrative Maßnahme konnte die Gewährleistung eines hohen Beschäftigungsstandes durch Bewirtschaftung des Arbeitsmarktes auf die Dauer kein Ersatz für eine konjunkturelle Stabilisierung sein. Wenn sich die Erwartungen auf einen von der Nachfrageseite her induzierten Konjunkturaufschwung nicht erfüllten, so war dies (neben den außenwirtschaftlichen und außenpolitischen Rahmenbedingungen) unter anderem wohl auch eine Folge der Überbeschäftigung, die — obwohl unter den gegebenen politischen Umständen ohne erkennbare Alternative — die Rentabilitätserwartung, möglicherweise auch die Rentabilitätsentwicklung negativ beeinflußte. Dies, und mehr noch die begleitenden staatlichen Sozialleistungen (zum Beispiel in Form von Lohnsubventionen), trug unvermeidlich zu dem Inflationierungsprozeß bei, so daß die Demobilmachung als Sozialpolitik teilweise ihre eigenen innen-, finanz- und wirtschaftspolitischen Voraussetzungen unterminierte. 3. Durch den Maximalarbeitstag, durch Arbeitsstreckung (Kurzarbeit) und Notstandsarbeit sank — trotz der „politischen"

[100] Vgl. Anm. 48.

Löhne[101] — nicht nur das Niveau des individuellen Realeinkommens ab, sondern die „Doppelverdienerkampagne" blieb vermutlich nicht ohne Rückwirkung auf die Zahl der Einkommensbezieher pro Familie. Daß weder das Reallohnniveau (selbst in der Metallindustrie) noch das effektive Einkommen zu irgendeinem Zeitpunkt der Demobilmachungsphase den Vorkriegsstandard erreichten, hat zweifellos zu dem Unbehagen von Arbeiterschaft und organisierter Arbeiterbewegung gegenüber der staatlichen Zwangsschlichtung beigetragen.[102] 4. Das Spannungsverhältnis zwischen Einkommensentwicklung und immateriellen Arbeitsbedingungen (Arbeitszeitverkürzung ohne Lohnausgleich; Arbeitsrecht usw.) läßt angesichts der ökonomischen Not den Primat der materiellen Absicherung verständlich erscheinen. Es mag dies ein Grund dafür gewesen sein, daß SPD und Gewerkschaften versäumten, die Gestaltungsmargen auf arbeitsrechtlichem und sozialpolitischem Gebiet voll auszuschöpfen und rechtzeitig auf eine rasche Überleitung der Demobilmachungsregelungen in die ordentliche Gesetzgebung zu *ihren* Bedingungen zu drängen.[103] 5. Nachdem die SPD resigniert aus den Regierungen im Reich und in Württemberg ausgeschieden war, konnte sie nicht verhindern, daß im Zuge der Liquidation der Demobilmachung „die Sozialpolitik unter der Stichmarke der Entlastung der Wirtschaft von unproduktiven Kosten abgebaut" wurde.[104] Der umfassende Personalabbau in der Stabilisierungskrise 1923/24 diente keineswegs nur, vielleicht nicht einmal primär der Erhöhung der Produktivität; die Arbeitslosigkeit, bereits vorher zum Teil gezielt herbeigeführt, sollte der Hebel für den konzentrischen Angriff auf die Machtposition der Gewerkschaften, für die Restauration der vorrevo-

[101] Vgl. dazu Knut Borchardt, *Wachstum, Krisen, Handlungsspielräume der Wirtschaftspolitik. Studien zur Wirtschaftsgeschichte des 19. und 20. Jahrhunderts*, Göttingen 1982, S. 165ff., 183ff.

[102] Vgl. ADGB, *Jahrbuch 1923*, S. 70.

[103] Die Aktualität und Relevanz der Demobilmachung wurde innerhalb der Arbeiterbewegung weitgehend durch die Sozialisierungsdebatte überlagert, in der sie teilweise aber auch Alibi-Funktion einnahm. Vgl. Wilhelm Blos, *Von der Monarchie zum Volksstaat*, Stuttgart 1922, S. 76f. Die insgesamt ungünstige Entwicklung der Demobilmachung wurde von Politikern wie Blos und W. Keil nicht zuletzt den politischen Aktivitäten der Spartakisten und Kommunisten angelastet, *a.a.O.*, S. 67f. Vgl. jetzt auch Hans Gotthard Ehlert, *Die wirtschaftliche Zentralbehörde des Deutschen Reiches 1914—1919. Das Problem der ‚Gemeinwirtschaft' in Krieg und Frieden*, Wiesbaden 1982, S. 130—146.

[104] ADGB, *Jahrbuch 1923*, S. 61.

lutionären gesellschaftlichen Machtverteilung sein.[105] 6. Daß das formale Ende der Demobilmachung auf den Tag genau mit dem formalen Ende der Zentralarbeitsgemeinschaft zusammenfiel, nämlich auf den 31. März 1924, ist bezeichnend und mehr als nur eine zufällige historische Koinzidenz.

Summary

1. The practice of the demobilization contributed decisively to keeping the nominal rate of unemployment in Germany considerably lower than in the western European countries. The attempt to restitute the status quo of August 1914 was naive in the light of four years of war economy, but at the same time there was no reasonable alternative, if the veterans were to be reintegrated quickly. As a protracted transformation of a state interventionist war economy into a private capitalist peace-time economy, the demobilization could not prevent the crisis of 1923/24. But, by delaying this crisis, it diminished the political risks of the stabilization.

2. In the long run, the attempt to guarantee a high level of employment by purely administrative means could be no real substitute for a stable economic revival. If the anticipated revival by an increasing consumers' demand did not occur, this was — among other reasons, e. g. the limitations set by reparations, foreign trade etc. — a consequence of the excessively high level of employment. This, although without a realistic alternative, affected productivity and profitability adversely and, together with relatively high wages and expanding social security schemes, stimulated inevitably the inflationary process. Thus, the social policy of the demobilization period undermined its own financial and economic foundations as well as its own political justification.

3. The economic distress of the labouring classes made the priority of wage policy understandable. The SPD and the trade unions therefore missed the opportunity to enforce an early regulation of social policy and industrial law according to their intentions and requirements. The temporary regulations of the demobilization law were not transformed

[105] G. D. Feldman/I. Steinisch, *Die Weimarer Republik*... [wie Anm. 7], S. 402 f. Vgl. allgemein Gerald D. Feldman/Heidrun Homburg, *Industrie und Inflation. Studien und Dokumente zur Politik der deutschen Unternehmer 1916—1923*, Hamburg 1977.

into regular legislation. Once the SPD had resigned from the government in the Reich and most of the Laenders, the labour movement was no longer able to prevent the liquidation of the demobilization law and the reduction of social schemes. The argument of increasing the productivity served to justify mass dismissals and to start an attack on the positions of the trade unions, both aiming towards a restitution of pre-revolutionary social order and industrial relations.

Lebensweise und Familie in der Inflationszeit

MERITH NIEHUSS

Auf die Frage, wie repräsentativ die von ihm ausgewählten Arbeiterbudgets für die Lebenshaltung des Arbeiters seien, antwortete Fabrikinspektor Flesch 1890, daß das geringe Budget eines Arbeiters nicht sehr viel Spielraum für individuelle Abweichungen enthalten könne. „Wer also bezweifelt, daß das Budget typisch ist, müßte vorher die Frage beantworten, warum denn anzunehmen wäre, beziehungsweise wie es überhaupt möglich sein sollte, daß sich das vorliegende Budget wesentlich von dem irgendeines anderen Arbeiters des gleichen Einkommens und der gleichen Familienzusammensetzung unterscheide."[1]

In der neueren Sozialgeschichte wird in zunehmendem Maße auf die Vielfalt der Rahmenbedingungen für die Lebensweise und unter anderem auch auf die Haushaltsführung gerade der Unterschichten verwiesen. Das Einkommen schwankt nicht nur branchenspezifisch und regional, sondern auch im Verlauf der Lebensphasen eines Arbeiters. Die Zahl der Kinder nimmt im Durchschnitt gegen Ende des 19. Jahrhunderts konstant ab. Die Konsumgewohnheiten sind einem sich wandelnden Ernährungsbewußtsein und regionalen Gewohnheiten unterworfen. Die Wohnungssituation ist abhängig von der Größe der Stadt, dem Ausmaß des Werkswohnungsbaus und vielem mehr. — Die Aufzählung ließe sich fortsetzen. Betrachtet man aber Haushaltsführung in Krisenzeiten, etwa in der Zeit nach dem Ersten Weltkrieg, wird die ohnehin große Anzahl von Bedingungsfaktoren für die Lage der Arbeiter geradezu potenziert. Massenarbeitslosigkeit ist nun ein neu auftretender Faktor ebenso wie allgemeine Lebensmittelknappheit und die in

[1] Karl Flesch, *Frankfurter Arbeiterbudgets*, Frankfurt/Main 1890, S. 27f.

der Endphase der Inflation ins Unermeßliche steigenden Preise. Die Erstellung von Lebenshaltungs- und Reallohnindizes sollte Politikern in allen gesellschaftlichen Lagern ein Meßinstrument in die Hand geben, um den immer schnelleren Wandel im Lohn- und Preisgefüge greifbar zu machen. Doch ist die Zusammensetzung eines Warenkorbes als Basis für all solche Berechnungen zumal in Krisenzeiten problematisch, da die Güter des Warenkorbes zu kaum einem Zeitpunkt wirklich auf dem Markt erhältlich sind. Richtet sich der Warenkorb nach den Gegebenheiten des Marktes, lassen sich wiederum keine langen Reihen aufstellen, da die Zusammensetzung zu oft wechselt. Eine Gewichtung durch Löhne und Gehälter endlich fügt diesem Komplex noch weitere Probleme hinzu.[2] Die Diskussion über die Berechnung eines Existenzminimums als möglichst ‚fixer' Grundlage für die Berechnung der Fürsorgerichtsätze zog sich durch die gesamte Zeit der Weimarer Republik.[3]

Doch soll in diesem Aufsatz der Diskussion über die genannten Probleme kein weiterer Beitrag hinzugefügt werden. Auch wollen wir davon absehen, den Verlauf der Preis- und Lohnsteigerungen in seinen einzelnen Phasen darzustellen; unser Anliegen ist vielmehr, beispielhaft einige Faktoren aufzuzeigen, die im Großen wie im Kleinen die Lebensqualität vor allem der unteren Bevölkerungsschichten beeinflußt haben, und zwar in der unmittelbaren Nachkriegszeit bis 1923. Die Auswahl der Beispiele erhebt hier keinen Anspruch auf Repräsentativität oder gar Vollständigkeit, denn die Unvollständigkeit unserer möglichen Informationen über die Lebenshaltung der Unterschichten in diesem Zeitraum darzustellen, soll unter anderem Ziel dieses Beitrages sein. Hierbei erwies es sich als nötig, neben kurzfristigen teilweise auch langfristige Einflußfaktoren zu benennen.

[2] Vgl. zur methodischen Problematik der Reallohnberechnungen u. a. den Aufsatz von R. Scholz in diesem Band. Vgl. auch den interessanten und aufwendigen Versuch eines Schweizer Forschungsteams, für ‚normale' Zeiten die Zusammenstellung eines Warenkorbs sowie dessen preisliche Gewichtung zu errechnen: Bernhard Beck u. a., *Die Entwicklung der Reallöhne Schweizerischer Arbeiter 1890 bis 1920. Zielsetzung eines Forschungsprojektes,* in: Werner Conze/Ulrich Engelhardt (Hrsg.), *Arbeiterexistenz im 19. Jahrhundert. Lebensstandard und Lebensgestaltung deutscher Arbeiter und Handwerker,* Stuttgart 1981, S. 46—56.

[3] Vgl. hierzu ausführlich: Stephan Leibfried, *Existenzminimum und Fürsorgerichtsätze in der Weimarer Republik,* in: Christoph Sachße/Florian Tennstedt (Hrsg.), *Jahrbuch der Sozialarbeit,* 4, Reinbek 1981, S. 469—523.

I

Langfristige Entwicklungen: Der Reproduktionsbereich

Zweifellos bedeutete der Erste Weltkrieg einen tiefen Einschnitt in die langfristige Entwicklung der Bevölkerungsweise[4] des Deutschen Reichs. Die an sich schon durch die Folgen des Krieges so hohen Sterbeziffern wirkten sich durch den starken Geburtenrückgang in dieser Zeit relativ noch stärker aus.

Die sprunghaft steigende Zahl der Heiraten unmittelbar nach dem Krieg entsprach einem natürlichen Nachholbedürfnis in der Bevölkerung: Das Alter der unmittelbar nach dem Krieg Heiratenden lag signifikant über dem Durchschnittsalter der Heiratenden vor dem Krieg, bei allmählich sinkender Tendenz.[5]

Dieser stark ansteigenden Zahl Heiratender folgte mit nur kurzer zeitlicher Verzögerung ein Babyboom, der Anfang 1919 einsetzte:

TABELLE 1[6]

Zahl der Lebendgeborenen auf 1000 Einwohner

Reichsgebiet vor 1918		Reichsgebiet nach 1918	
1913	27,5	1913	26,9
1914	26,8	1919	19,7
1915	20,4	1920	25,8
1916	15,2	1921	25,1
1917	13,9	1922	23,0
1918	14,3	1923	21,1
		1924	20,5
		1925	20,7
		1926	19,5
		1927	18,4

[4] ‚Bevölkerungsweise' bezeichnet generative Verhaltensweisen, „die ihren meßbaren Ausdruck in den altersspezifischen Fruchtbarkeits- und Sterbeziffern haben". Adelheid Gräfin zu Castell, *Forschungsergebnisse zum gruppenspezifischen Wandel generativer Strukturen*, in: Werner Conze (Hrsg.), *Sozialgeschichte der Familie in der Neuzeit Europas. Neue Forschungen*, Stuttgart 1976, S. 161.

[5] Josef Filser, *Die Eheschließung in Bayern seit 1925* (= Beiträge zur Statistik Bayerns, H. 197), München 1955, S. 33.

[6] *Beiträge zum deutschen Bevölkerungsproblem. Der Geburtenrückgang im Deutschen Reich. Die allgemeine deutsche Sterbetafel für die Jahre 1924—1926*, Berlin 1929, S. 7.

Auch der starke Geburtenanstieg erreichte 1920/21 nicht die normalen Vorkriegsziffern. Der Trend der sinkenden Geburtlichkeit setzte sich, unterbrochen nur durch vier Kriegsjahre, im wesentlichen unverändert fort. Und im Verlauf der zwanziger Jahre tritt ein weiterer Entwicklungszug deutlich in den Vordergrund: kinderlose Ehen. Ihr Anteil stieg bei Ehen, die vor dem Krieg geschlossen wurden, bis zu Ehen, die Ende der Weimarer Republik geschlossen wurden, von 10 % auf 20 %.

TABELLE 2[7]

Prozentanteil der kinderlosen Ehen nach Eheschließungsjahren

Berufskategorien	Eheschließungsjahre					
	vor 1904	1905/09	1910/14	1915/19	1920/24	1925/29
Ehepaare insgesamt	7,2	8,9	10,7	13,9	16,7	19,0
Landwirtschaftliche Bevölkerung insgesamt	4,5	5,2	6,0	7,6	9,1	10,2
Nichtlandwirtschaftliche Bevölkerung insgesamt	7,7	9,7	11,7	14,9	18,2	20,6
Darunter:						
Selbständige	7,1	9,6	12,0	16,4	19,8	23,1
Beamte[8]	6,4	7,3	9,9	12,5	18,2	22,5
Angestellte	8,6	11,0	13,1	16,5	21,5	25,6
Darunter:						
Angestellte in Werkmeisterstellung	6,4	8,2	9,9	13,2	18,3	22,7
Arbeiter	6,7	7,4	8,5	11,1	14,0	16,5
Darunter:						
Eisen-, Metallarbeiter	6,9	7,8	9,0	11,6	15,3	18,4
Textilarbeiter	5,6	7,1	8,0	10,8	14,6	17,6
Bau-, Bauhilfsarbeiter	5,6	6,3	7,5	9,9	11,8	13,5
Großstädte[9]						
Nichtlandwirtschaftliche Bevölkerung insgesamt	9,9	12,9	15,9	20,5	26,8	30,5
Darunter:						
Selbständige	10,0	13,7	17,8	24,0	30,4	36,1
Beamte[8]	7,7	9,4	12,4	16,1	24,6	29,6
Angestellte	10,8	13,4	16,5	20,6	27,7	33,0
Arbeiter	6,7	10,3	12,5	16,7	22,3	25,9

[7] Errechnet aus: *Statistik des Deutschen Reichs*, Bd. 554 (Volks-, Berufs- und Betriebszählung vom 17. 5. 1939), Berlin 1943, S. 62—93. Erhoben wurde die Zahl der

Der Prozentanteil kinderloser Ehen nimmt in allen Berufsgruppen stetig zu, mit immer größer werdenden Prozentpunktdifferenzen zwischen den einzelnen Eheschließungsperioden. Insgesamt gesehen, dürften eine sinkende Säuglingssterblichkeit[10] zum Ende des 19. Jahrhunderts und — durch eine vermehrt mögliche eigene Altersvorsorge — die ebenfalls sinkende Bedeutung der Kinder in ihrer Funktion als ‚Altersversorgung' die schwerwiegendsten Gründe hierfür sein. Bestätigt wird diese Annahme durch die relativ niedrigen Anteile kinderloser Ehen in landwirtschaftlichen Familien und in verhältnismäßig sehr schlecht altersversorgten Arbeiterfamilien (hier besonders bei Hilfsarbeitern). Ein interessantes Ergebnis zur sozialen Schichtung sei hier am Rande vermerkt: Das Reproduktionsverhalten von Angestellten in Werkmeisterstellung liegt prozentual etwa in der Mitte zwischen dem von Arbeitern und dem von Angestellten mit einem deutlichen Trend zur Annäherung an das Angestelltenverhalten.[11]

Ohne die eben genannten Gründe in Frage stellen zu wollen, sei hier angemerkt, daß es sich zweifellos bei der allgemein sinkenden Kinderzahl und dem Trend zur Ein-Kind-Familie[12] um einen Wandel traditioneller Wertvorstellungen handelt, der die einzelnen sozialen Schichten der Bevölkerung unterschiedlich schnell erfaßte. Zwar zeigte sich dieser langfristige Wandel der Familiengröße, ein die Lebensqualität so entscheidend verändernder Faktor, unmittelbar und kurzfristig durch den Krieg beeinflußt; jedoch hinterließen in einer nachweisbaren Form weder Weltkrieg noch Inflation, noch offensichtlich die Krisenzeiten zum Ende der Weimarer Republik fühlbare Spuren.

verheirateten Frauen, das Jahr ihrer jetzigen Eheschließung, die Zahl aller ihrer Kinder. Man kann wohl davon ausgehen, daß auch die im Jahr 1929 geschlossenen Ehen, die noch im Jahr 1939 kinderlos waren, im größten Teil der Fälle auch kinderlos geblieben sind.

[8] Einschließlich der Berufssoldaten.

[9] Mit 200 000 und mehr Einwohnern. Berlin (!) ist nicht aufgeführt.

[10] Vgl. hierzu Reinhard Spree, *Die Entwicklung der differentiellen Säuglingssterblichkeit in Deutschland seit der Mitte des 19. Jahrhunderts. Ein Versuch zur Mentalitätsgeschichte*, in: Arthur E. Imhof (Hrsg.), *Mensch und Gesundheit in der Geschichte*, Husum 1980, S. 251—279.

[11] Vgl. hierzu die Ergebnisse einer Schichtenanalyse in: Merith Niehuss, *Arbeiterschaft in Krieg und Inflation. Soziale Schichtung und Lage der Arbeiter in Augsburg und Linz 1910—1925*, Berlin 1985.

[12] Reinhard Spree, *Angestellte als Modernisierungsagenten. Indikatoren und Thesen zum reproduktiven Verhalten von Angestellten im späten 19. und frühen 20. Jahrhundert*, in: Jürgen Kocka (Hrsg.), *Angestellte im europäischen Vergleich*, Göttingen 1981, S. 279—308, hier S. 291.

II

Unmittelbare Einflußfaktoren der Wirtschaftslage

Während traditionelle Wertvorstellungen sich nur sehr langsam änderten, waren die unmittelbaren Lebensumstände während und nach dem Krieg in äußerst hohem Maße von der wirtschaftlichen Notsituation beeinflußt. Der zweifellos wichtigste Einflußfaktor auf die Lebensweise nahezu aller sozialer Schichten war die Entwicklung der Real- und Nominallöhne, und entscheidend für die Einstellung zum neuen Staat nach 1918 wurde auch die Veränderung im Lohngefüge, die im folgenden etwas näher skizziert werden soll, ohne — wie erwähnt — auf die Lohnentwicklung einzelner Berufssparten einzugehen.[13]

Während des Krieges war für die Entwicklung der Löhne von entscheidender Bedeutung, welche Beziehung der betreffende Industriezweig zur Rüstungsindustrie hatte. Die Industriegruppen Metall, Maschinenbau, Elektrotechnik und Chemie wiesen die höchsten Lohnsteigerungen auf, die niedrigsten Lohnsteigerungen fanden sich in der Textil- und Lebensmittelindustrie. Zu dieser vor dem Krieg nicht vorhandenen Ausdifferenzierung der Löhne kam eine Nivellierung innerhalb einzelner Industriezweige. Dies geschah im wesentlichen durch lohnausgleichende Teuerungszulagen, die bei der bereits im Krieg spürbar eintretenden Inflation notwendig wurden. Hinzu kam, bedingt durch den zunehmenden Facharbeitermangel, daß immer mehr an- und ungelernte Kräfte den Arbeitsplatz von besser bezahlten, gelernten Arbeitern einnahmen und auch entsprechend entlohnt werden mußten. Diese Lohnnivellierung innerhalb der sozialen Stellung der Arbeiterschaft hielt auch nach dem Krieg noch an. Mitverantwortlich hierfür mag der zunehmende gewerkschaftliche Organisationsgrad gerade der ungelernten Arbeiter gewesen sein. Am Beispiel der Augsburger M.A.N. ließ sich zeigen, daß eine signifikante Entzerrung der Löhne erst im Jahr 1921 einsetzte.[14] Vor diesem Zeitpunkt war eine Differenzierung der so festgelegten Grundlöhne wesentlich nur im Bereich der Akkordentlohnung zu erreichen.

Der mit diesen Nominallöhnen gewogene Lebenshaltungskostenindex, der Reallohnindex, auf dessen methodische Implikationen hier

[13] Vgl. nähere Ausführungen z. B. bei Carl-Ludwig Holtfrerich, *Die deutsche Inflation 1914—1923. Ursachen und Folgen in internationaler Perspektive*, Berlin-New York 1980, passim.

[14] Vgl. hierzu M. Niehuss, *Arbeiterschaft...* [wie Anm. 11].

ebenfalls nicht näher eingegangen werden soll, spiegelt sowohl die genannten Differenzierungen als auch die Nivellierungstendenzen wider. Dennoch zeigt er, in Abhängigkeit vom Preisniveau der in die Berechnung eingegangenen Güter, im wesentlichen parallele Schwankungen für eine Vielzahl von Berufsgruppen:[15] Im Vergleich zum Basisjahr 1913 war ein absoluter Tiefstand der Reallöhne im Kriegsjahr 1917 erreicht. Nach einer langsamen Erholung folgte mit den Jahren 1920 und 1921 ein relativer Höchststand mit einem Niveau von 70 bis 100 % der Vorkriegsreallöhne. Reallohneinbrüche zu Beginn und Ende des Jahres 1922 leiteten schließlich die Phase extremer Schwankungen im Jahre 1923 ein. In manchen Monaten dieses Jahres der Hyperinflation erreichten die Realwochenlöhne Werte, die unter denen des Jahres 1917 lagen. Der Lebenshaltungskostenindex des Statistischen Reichsamtes[16] hatte nun für die verschiedenen sozialen Schichten unterschiedliche Bedeutung. Konzipiert war er, um die Teuerung der Lebensbedürfnisse einer fünfköpfigen minderbemittelten Arbeiterfamilie zu messen. Zu diesem Zweck wurden die Kosten für die Ernährung auf recht differenzierte Weise durch die Preise rationierter und nicht rationierter Lebensmittel ermittelt. Ferner gingen Heizkosten in den Index ein sowie Mietaufwand und Bekleidungskosten (ab 1922; der Index wurde dann zurückberechnet). Es fehlte der Bereich ‚Sonstige Ausgaben', was wiederum deutlich macht, daß der Warenkorb des Index einem absoluten Existenzminimum sehr nahe kam, obwohl die Verantwortlichen sich gegen eine solche Interpretation entschieden wehrten.[17]

Einige Arbeiterhaushaltsrechnungen über einen längeren Zeitraum innerhalb des hier behandelten Zeitabschnittes werden im Anhang zu dieser Arbeit ausführlich diskutiert. Da eine Verallgemeinerung dieser Ergebnisse sehr problematisch ist, sei im folgenden häufiger auf die Vielzahl einzelner Bedingungsfaktoren der Haushaltsführung hingewiesen. Zu Beginn dieser Erörterungen aber soll ein Vergleich mit einigen Beamtenhaushalten stehen, der schichtenspezifische Unterschiede im Ausgabeverhalten aufzeigen wird.

[15] Gerhard Bry, *Wages in Germany 1871—1945*, Princeton 1960. Die folgenden Ausführungen beziehen sich auf Wochenlöhne.

[16] Teuerungsstatistik und Reichsindexziffer, in: *Vierteljahreshefte zur Statistik des Deutschen Reichs*, 32. Jg. (1923), H. 1, S. 33 f., sowie: *Die Reform der Reichsindexziffer für die Lebenshaltungskosten*, in: *Wirtschaft und Statistik*, 5. Jg., S. 159.

[17] *Ebda.*

Tabelle 2

Vergleich von drei Budgets[18]

	Beamtenhaushalt (3 Pers.)		Beamtenhaushalt (5 Pers.)		Reichsindex (5 Pers.)
	Gesamt-ausgaben	davon Ernährung	Gesamt-ausgaben	davon Ernährung	Gesamt-ausgaben
1913/14	100	100	100	100	100
1915	120	139	111	138	
1916	136	181	120	143	
1917	153	244	141	185	
1918	157	219	164	194	
1919	213	386	240	264	
1920	450	857	378	505	1044
1921	707	1107	641	846	1339
1922					
I	1100	1950			2462
II	1630	2510			3795
III	3540	8040			8825
IV	16770	35540			45061
1923					
I	89000	156400			220600
II	332400	388900			480700
III	13,5 Mio.	46,3 Mio.			520 Mio.
IV	27600 Mrd.	56600 Mrd.			63600 Mrd.

Beide Beamtenhaushalte können als wohlhabend gelten. Beiden flossen zusätzlich zum Einkommen des Haushaltungsvorstandes Zinserträge aus Ersparnissen zu und in beiden wurden bis zum Ende des Berichtszeitraumes ein oder zwei Dienstmädchen beschäftigt. Der Grund für die zum Teil ganz erheblich geringeren Steigerungsraten der Gesamtausgaben im Vergleich zum Reichsindex ist in den folgenden Umständen zu suchen. Zum einen fielen die Mietkosten ständig (aufgrund des weiter unten noch zu erläuternden Eingreifens des Staates), was angesichts der oft großen und teuren Beamtenwohnungen erhebli-

[18] Quelle für den Drei-Personen-Beamtenhaushalt: Henriette Fürth, *Haushaltsrechnungen*, in: *Die Wirtschaftskurve*, 1. Jg. (1922), H. 2, S. 26 und passim, 2.—4. Jg. (1923—1925), passim. Das Haushaltsjahr dauerte bis 1921 jeweils bis zum 30. Sept. des genannten Jahres. Quelle für den Fünf-Personen-Haushalt: Erich Simon, *Der Haushalt eines höheren Beamten*, in: *Jahrbücher für Nationalökonomie und Statistik*, Bd. 119 (1922 II), S. 432. Quelle für den Reichsindex: Vgl. Anm. 17.

che Einsparungen bedeutete. Die Beschäftigung eines Dienstmädchens war im Vergleich zu seiner geringen Entlohnung ein Gewinn für den Haushalt, wenn es, wie im Haushalt der 5köpfigen Beamtenfamilie explizit erwähnt,[19] in der Lage war, die Kleidung der Kinder und zum großen Teil die Kleidung der Hausfrau zu nähen. Auch in der Endphase der Inflation, als die Haushaltsführung infolge von langen Warteschlangen vor den Lebensmittelläden zeitraubend wurde, war eine zusätzliche Kraft im Haushalt von hohem Wert. Ein weiterer Vorteil wohlhabender Haushalte waren ihre Vorräte. Verfügte man beispielsweise über Kleidervorräte, konnte man in Zeiten großer Teuerung mit dem Kauf warten, ebenso, wenn es auf dem freien Markt keine Kleidung oder kein Schuhwerk gab. So wurde in unserem fünfköpfigen Beamtenhaushalt gerade an Ausgaben für Kleidung extrem gespart und erst 1920 wurden wieder Anschaffungen gemacht, weil „alle Bestände abgenutzt waren und infolge der Verhältnisse die früher übliche periodische Ergänzung unterlassen worden war".[20] Eine weitere Sparmöglichkeit für wohlhabendere Haushalte bestand in den Ausgaben für Luxusgüter, wie etwa Reisen, Konzert- und Theaterbesuche, die man sich eben nicht mehr leistete, wenn die Realeinkommen bedrohlich sanken. Auch an Ausgaben für Ernährung kann gespart werden, im Gegensatz zu jenen, die nur das Existenzminimum an Geld zur Verfügung haben. Vorratskauf von Lebensmitteln beispielsweise, wenn die Preise gerade günstig sind, ist einem Arbeiterhaushalt schon zu normalen Zeiten schwergefallen.[21]

Allerdings hat auch ein wohlhabender Haushalt einen großen, unelastischen Bedarf an Lebensmitteln, wie Mehl, Brot, Gemüse, Fleisch usw., und war in dieser Beziehung wie jeder andere Haushalt auf die Marktpreise angewiesen. Gleiches gilt für rationierte Lebensmittel. So erklärt sich in TABELLE 2 die unterschiedliche Steigerungsrate der Gesamtausgaben im Vergleich zu der um etliche Prozentpunkte darüberliegenden für Lebensmittel, und gleichzeitig die Tatsache, daß beide beträchtlich unter dem Reichsindex liegen. Die Ausgaben für 1923 wurden hier nur der Vollständigkeit halber angefügt, da ein Vergleich der drei „Haushalte" zur Zeit der Hyperinflation nahezu sinnlos ist, weil mit Sicherheit die Auszahlungstage des (fiktiven) Gehalts sowie

[19] E. Simon, *Der Haushalt...* [wie Anm. 18], S. 425.

[20] *A.a.O.*, S. 427.

[21] Vgl. Heilwig Schomerus, *Lebenszyklus und Lebenshaltung in Arbeiterhaushaltungen des 19. Jahrhunderts*, in: Werner Conze/Ulrich Engelhard (Hrsg.), *Arbeiter im Industrialisierungsprozeß. Herkunft, Lage und Verhalten*, Stuttgart 1979, S. 195—200.

die Preise jeweils andere waren und durch das in dieser Zeit fast stündliche Steigen der Preise jede Basis für einen Vergleich fehlt.

Für Berlin wurde während der Zeit der Inflation das „Existenzminimum" einer Beamtenfamilie errechnet, das etwa das 1,8fache des Existenzminimums der Familie eines ungelernten Arbeiters betrug; hier soll auf die Berechnung etwas näher eingegangen werden, weil sie auch für die zeitgenössische Einschätzung bestimmter sozialer Schichten typisch ist.[22] Zugrundegelegt wurde (gehaltsmäßig) der Haushalt eines Berliner Oberlehrers der (von Beamten am meisten besetzten) Einkommensgruppe 10, mit zehn Dienstjahren und drei Kindern (aus Gründen der Vergleichbarkeit im selben Alter wie die Kinder der fiktiven minderbemittelten Arbeiterfamilie, die dem Reichsindex als Basis diente: zwölf, sieben und anderthalb Jahre). Weiter ging man von der Annahme aus, daß der „geistige Arbeiter" eiweißreichere und kalorienärmere Kost brauche als der „Handarbeiter", und bedachte seinen Warenkorb monatlich mit 6 kg Fleisch statt des einen Kilos der Arbeiterfamilie, zog ihm dafür jedoch 15 kg Kartoffeln und 10 kg Mohrrüben ab. Die Zwei-Zimmer-Wohnung des Arbeiters wurde für die Beamtenfamilie um zwei Zimmer erweitert (ein Arbeitszimmer und ein Zimmer zu Repräsentationszwecken). Auch der Aufwand an Kleidung sollte bei der Beamtenfamilie beim Doppelten der Arbeiterfamilie liegen. Ein 30prozentiger Aufschlag auf das Existenzminimum der Arbeiterfamilie (berechnet nach Angaben von R. R. Kuczynski[23]) sollte die Ausgaben für „Sonstiges" decken, denn dieser Posten war im Reichsindex nicht berücksichtigt. Dem Beamtenhaushalt wurde auch hier der doppelte Aufschlag, 60 % des bisher errechneten Existenzminimums, gewährt, teils wegen höherer Ausgaben im Bildungsbereich, teils, weil er einen höheren Prozentsatz Einkommensteuer bezahlen mußte, „weil ohne Rücksicht auf sein tatsächlich höheres Existenzminimum ihm nur der gleiche Satz steuerfrei bleibt wie sonst jemandem [...]".[24] Das so festgelegte Existenzminimum steigt, anders als die realen Beamtenhaushaltsausgaben aus Tabelle 2, ziemlich genau parallel zum Reichsindex, da für diesen fiktiven Warenkorb der wichtige Sparfaktor „Vorratskauf"

[22] Hans Guradze/Karl Freudenberg, *Das Existenzminimum des geistigen Arbeiters*, in: *Jahrbücher für Nationalökonomie und Statistik*, Bd. 120 (1923), S. 327—333.

[23] Vgl. Näheres über den Index von Kuczynski bei C.-L. Holtfrerich, *Die deutsche Inflation*... [wie Anm. 13].

[24] H. Guradze/K. Freudenberg, *Das Existenzminimum*... [wie Anm. 22], S. 330.

nicht mit einbezogen wurde. Arbeiter- und Beamtenhaushalt sind in diesem Vergleich also den gleichen Auswirkungen der Teuerung ausgeliefert.

TABELLE 3 zeigt die Relation des Oberlehrergehalts zu den Kosten des so errechneten Existenzminimums. Im Vergleich dazu steht die ebenso errechnete Relation des Lohns eines ungelernten Berliner Arbeiters zu seinem Existenzminimum (also die Angaben des Reichsindex' zuzüglich des 30prozentigen Aufschlags für „Sonstiges"). Allerdings wurde der Lohn des Arbeiters aus Stundenlöhnen eines achtstündigen Arbeitstages errechnet, stellte also kein reales Einkommen (zum Beispiel einen Durchschnittslohn), wie das des Beamten, dar.

TABELLE 3

Vergleich zweier fiktiver Existenzminima[25]

	Gehalt/Existenzminimum für die höhere Beamtenfamilie (5 Köpfe)	Lohn/Existenzminimum für die Familie des ungelernten Arbeiters (5 Köpfe)
1913/1914	1,338	0,650
April 1922	0,785	0,714
Juli 1922	0,950	0,823
Oktober 1922	0,891	0,701
Januar 1923	0,744	0,634
Februar 1923	0,709	0,590

Bereits die Angaben für wirtschaftlich normale Zeiten, 1913/14, zeigen, daß trotz angenommener voller Arbeitszeit (9 Stunden) der ungelernte Arbeiter das Existenzminimum nur zu knapp zwei Dritteln verdienen kann. Der Beamte dagegen lebt erwartungsgemäß über seinem Minimum, etwa um ein Drittel. Das Absinken auf bis zu 70 % dieses Existenzminimums ließe sich durch die genannten Einsparungsmöglichkeiten sicherlich, wie TABELLE 2 zeigt, auf ein besseres Niveau beschränken. Doch macht im Vergleich zu TABELLE 3 die vorhergehende Tabelle auch deutlich, wie sehr die Lebensqualität bei zweifellos stark sinkendem Realgehalt von individuellen Gegebenheiten abhängig war. Die Tatsache, daß, im Gegensatz zum Beamten, der

[25] Quelle: *A.a.O.*, S. 332.

ungelernte Arbeiter bis auf die ersten zwei Monate 1923, ständig über dem Satz lag, den das Verhältnis Lohn/Existenzminimum 1913/14 bildete, täuscht eine relative Besserstellung des Arbeiters vor, die in der Realität nur diejenigen erreichen konnten, die von Kurzarbeit oder gar Arbeitslosigkeit verschont blieben, da es sich hier, wie erwähnt, um hochgerechnete Stundenlöhne handelt. Insgesamt bleibt festzuhalten, daß ein Existenzminimum, auf welche der beiden sozialen Schichten es sich auch bezieht, sicherlich von denen nicht erreicht werden konnte, die lediglich „von der Hand in den Mund" lebten, denen keinerlei Ersparnisse oder Vorräte zugute kamen oder die, wie weiter unten noch zu zeigen sein wird, keinerlei sonstige Möglichkeiten hatten, den freien Markt zu umgehen.

Daß für die Familie eines (ungelernten) Arbeiters ein Einkommen in Höhe des errechneten Existenzminimums durchaus keine Selbstverständlichkeit war, wird bereits in Tabelle 3 deutlich. Wie bereits erwähnt, setzt diese Tabelle aber einen regelmäßigen Arbeitsverdienst eines achtstündigen Arbeitstages voraus. Wenn nun das Einkommen des Haupternährers einer Familie aufgrund von Arbeitslosigkeit oder Krankheit unregelmäßig war, so sank das Familieneinkommen trotz des ohnehin oft notwendigen Mitverdienstes von Frau und Kindern erheblich unter ein solches Existenzminimum.

Die folgenden Arbeiterhaushaltsrechnungen zeigen die verschiedenen Stadien der Armut, von denen Arbeiterfamilien infolge Verdienstausfalles betroffen sind. Die Budgets wurden in Berlin in den Monaten April bis Juni 1920 erhoben, ein Zeitpunkt also, in dem die Reallöhne der Inflationszeit einen relativen Höchststand erreicht hatten.

Ein unregelmäßiges, oder, wie im ersten Beispiel, niedriges Einkommen, reduzierte ein fiktives Existenzminimum, wie immer man ein solches berechnen würde, auf einige wenige Restfaktoren, auf die die Ausgaben verteilt wurden: Lebensmittel (rationierte und nicht rationierte — in diesem Zeitraum vorwiegend Gemüse), Feuerung (in diesen Monaten, April bis Juni, nur zum geringsten Teil Heizung), weiterhin Miete (die staatlicherseits niedrig gehalten wurde) und als letzter, aber durchaus nicht als niedrigster Posten: Seife und sonstige Waschmittel, ein Ausgabeposten, der in der Reichsstatistik explizit und implizit gar nicht vorkommt, da er unter „sonstige Ausgaben" fällt, die nicht berechnet wurden.

Das Anschreibenlassen und Schuldenmachen war, wie alle Beispiele zeigen, an der Tagesordnung und absolut unvermeidbar. Deutlich wird an diesen Beispielen nicht nur, wie wichtig die Festsetzung der Mieten

TABELLE 4

Drei Arbeiterhaushalte[26]

a) Familie eines Kriegsbeschädigten, der jetzt als Gasarbeiter vollbeschäftigt ist (5 Personen, die Frau ist nur beschränkt arbeitsfähig, 2 der 3 Töchter sind krank)

Einnahmen:		Ausgaben:	
Arbeitsverdienst	M 480.—	Rationierte Lebensmittel	M 475.—
Kriegsbeschädigtenrente	M 35.—	Nicht rationierte	
		Lebensmittel	M 225.—
		Rationierte Feuerung	M 40.—
		Seife	M 46.—
		Miete	M 30.—
Summe	M 515.—	Summe	M 816.—

b) Familie eines erwerbslosen Arbeiters, dessen Frau nur beschränkt arbeitsfähig ist, mit 8 Kindern

Einnahmen:		Ausgaben:	
Erwerbslosenunterstützung	M 442.—	Rationierte Lebensmittel	M 949.—
Hausreinemachen,		Nicht rationierte	
freie Wohnung	M 5.—	Lebensmittel	M 500.—
Verdienst der Tochter		Heizung	M 80.—
als Lehrling	M 100.—	Seife	M 92.—
Summe	M 547.—	Summe	M 1621.—

c) Familie eines erwerbslosen Arbeiters, der keine Erwerbslosenunterstützung mehr bezieht, mit Frau und Sohn

Einnahmen:		Ausgaben:	
Almosen	M 43.—	Rationierte Lebensmittel	M 380.—
Invalidenrente	M 46.—	Nicht rationierte	
		Lebensmittel	M 180.—
Verdienst des Sohnes		Feuerung	M 34.—
als Lehrling	M 130.—	Seife	M 37.—
Verdienst der Frau		Miete	M 29.—
durch Handarbeit	M 50.—		
Summe	M 269.—	Summe	M 660.—

[26] Quelle: S. Wronsky, *Gefährliche Armutserscheinungen*, in: *Soziale Praxis und Archiv für Volkswohlfahrt*, 29. Jg. (1920), Nr. 47, Sp. 1106f.

durch den Staat für diese Familien war, sondern auch, daß mit abnehmender staatlicher Zwangsbewirtschaftung von Lebensmitteln die Ernährungssituation für diese einkommensschwachen Familien unerträglich werden mußte, zumal die hier betrachteten Familien selbst von den rationierten Lebensmitteln oftmals nicht alle kaufen konnten.[27]

Einen solchen Anstieg der Lebensmittelpreise können wir kurz vor dem hier betrachteten Zeitraum, nämlich im März 1920, zur Zeit des auf den Kapp-Putsch folgenden Generalstreiks, in Berlin betrachten. „Die Stillegung des gesamten Eisenbahnverkehrs, die Einstellung des gesamten öffentlichen Verkehrs innerhalb der Reichshauptstadt (Straßenbahn, Hoch- und Untergrundbahn, Omnibus, Kraftwagen, Pferdedroschken usw.), die Unterbindung der bei früheren Verkehrsstreiks als Aushilfe auftretenden sogenannten wilden Fuhrwerke sowie der Fortfall aller dem Güterverkehr dienenden Gespanne und sonstigen Beförderungsmittel machte die Heranschaffung von Lebensmitteln zur gesetzmäßigen Versorgung der Bevölkerung unmöglich. Sie hinderte aber auch die Belieferung der Reichshauptstadt durch die gewerbsmäßigen Schleichhändler und unterband gleichzeitig die Selbstversorgung der zahllosen Hamsterer."[28]

Besonders Güter der unelastischen Nachfrage, wie vor allem Brot, erfuhren eine erhebliche Verteuerung trotz festgesetzter Höchstpreise. Bereits am ersten Tag des Putsches, am Samstag, dem 13. März 1920, kostete ein großes Brot (1900 g) statt der festgesetzten 2,65 M 10,— M.[29] Nach dem Wochenende setzte ein reger Handel mit Brotmarken und den länger gültigen Reisebrotkarten ein — eine Wochenbrotkarte stieg im Preis von 4,50 M auf 8,50 M im Schleichhandel — wobei immer weniger Brot verkauft wurde, zum Teil bedingt durch den Generalstreik in den großen Berliner Brotfabriken.

Nicht ganz in diesem Ausmaß, aber doch um erhebliche Beträge stiegen auch die Preise für andere Lebensmittel. „Nur besonders teure Erzeugnisse, wie Ölsardinen und Schokolade waren noch in den Auslagen zu sehen."[30] Sonst waren die Läden ostentativ leergefegt, Lebensmittel nur noch schwer zu bekommen. Als an diesem Montag von den

[27] *A.a.O.*, Sp. 1107.

[28] C. Falck, *Die Preisentwicklung der wichtigsten Bedarfsgegenstände in Berlin während des Kapp-Putsches*, in: *Jahrbücher für Nationalökonomie und Statistik*, Bd. 116 (1921 I), S. 172.

[29] *A.a.O.*, S. 173.

[30] *Ebda.*

städtischen Wasserwerken kein Wasser mehr geliefert wurde, mußten schließlich in manchen Gegenden Berlins für einen Eimer Trinkwasser bis zu 50 Pfennige bezahlt werden.[31] Ohnehin schwer erhältliche Lebensmittel, wie vor allem Butter, die bereits vor dem Putsch in Berlin mit 30,— Mark gehandelt wurde, erzielte eine Woche nach Beginn des Streiks allgemein zwischen 50,— und 60,— Mark je Pfund, in den besseren Wohngegenden bis zu 100,— Mark.[32] Auch für so notwendige Artikel wie Streichhölzer oder Seife mußte das Doppelte bis Dreifache bezahlt werden.

Das Beispiel des Berliner Generalstreiks zeigt deutlich die Versorgungsprobleme der Großstadtbevölkerung; die Landbevölkerung und hier natürlich vor allem die bäuerliche Bevölkerung war dieser Lebensmittelknappheit weit weniger beziehungsweise gar nicht ausgeliefert.[33] Aber auch für die Großstadtbevölkerung war es möglich, ungeachtet der Einkommensunterschiede, dieser Lebensmittelknappheit unter besonderen Umständen Herr zu werden. Schon während des Krieges und erneut in der Zeit der galoppierenden Inflation und Hyperinflation hatten größere Unternehmen vielfach ihren Arbeitern die Möglichkeit geboten, Lebensmittel oder Heizmaterialien zu günstigen Konditionen einzukaufen. Auch Werkskantinen oder ähnliche Einrichtungen hatten sich mancherorts eingebürgert, was mit zum Teil erheblichen Einsparungen für die Belegschaft verbunden war.

Eine besondere Bedeutung erlangten in diesen Nachkriegsjahren Gärten und Schrebergärten. Die Zahl der Schrebergärten stieg — gefördert durch die meisten Kommunen — gerade nach dem Krieg stark an, was sich zum Beispiel in der zunehmenden Zahl der in Vereinen organisierten Kleingärtner ausdrückt. 3000 Kleingärtner waren im Jahr 1900 im Deutschen Reich organisiert, 37000 waren es 1913, und 1919 wuchs ihre Zahl auf 91000.[34] Die wirkliche Zahl der Besitzer von Schrebergärten läßt sich jedoch hierdurch auch nicht annähernd ermitteln. Sie dürfte um ein Vielfaches höher gelegen haben. Welche Bedeutung die Bewirtschaftung von Schrebergärten für die Marktsituation haben konnte, zeigt exemplarisch eine Wiener Statistik:

[31] *A.a.O.*, S. 177.

[32] *Ebda.*

[33] Vgl. hierzu Robert Moeller, *Winners as Losers in the German Inflation. Peasant Protest over the Controlled Economy 1920—1923*, in: Gerald D. Feldman u. a. (Hrsg.), *Die deutsche Inflation. Eine Zwischenbilanz*, Berlin-New York 1982, S. 255—288.

[34] Josef Ehrler, *Der Kleingartenbau in deutschen Großstädten*, in: *Jahrbücher für Nationalökonomie und Statistik*, Bd. 115 (1920 II), S. 73.

TABELLE 5

Die Marktzufuhr von Eiern in Wien[35] *(Angabe in Mio. Stück)*

	1918	1919	1920	1921	1922
Eier aus normaler Produktion	13,7	6,4	3,7	7,0	9,5
Eier aus Schrebergärten	2,0	8,0	12,0	14,4	19,2

Ein ganz anderes Phänomen der Nachkriegszeit belastete die Stadtbevölkerung ebenfalls weit mehr als die ländliche Bevölkerung: die Wohnungszwangswirtschaft. Bereits während des Krieges waren Wohnungen wegen der eingestellten Bautätigkeit knapp geworden, und die Mieten drohten die einkommensschwachen Bevölkerungsschichten zu erdrücken. Der Staat griff mit Zwangsmaßnahmen ein, mit denen einerseits die Mieten im wesentlichen eingefroren wurden und nur ganz geringe Mietsteigerungen erlaubt waren — eine Maßnahme, die zu dem Zeitpunkt hauptsächlich als moralische Unterstützung der Hinterbliebenen der Kriegsteilnehmer gedacht war —, die andererseits aber, vor allem nach dem Krieg, als die Wohnungsnot akut wurde, auch eine Zwangsbewirtschaftung von Wohnraum vorsahen. Letztere Maßnahmen wurden in den Kommunen ganz verschieden gehandhabt und reichten teilweise bis zur faktischen Enteignung von Besitzern großer Wohnungen.[36] Wer aber nach dem Krieg über eine Wohnung verfügte, also keine zu suchen brauchte, der kam mit einem Minimum an Mietkosten aus; mit zunehmender Geldentwertung sank der Anteil der Mietkosten an den Haushaltsaufwendungen schließlich bis auf Prozentbruchteile. So etwa von 19,7 % im Durchschnitt ausgewählter Arbeiterfamilien 1907 auf 8 % 1917 und 7,3 % 1919 bis 0,3 % im November 1923.[37] Daß der Prozeß der Anpassung der Mieten an das Vorkriegsniveau auch nach 1923 nur langsam in Gang kam, zeigt die Notwendigkeit dieser staatlichen Zwangsmaßnahmen.

[35] Ilse Arlt, *Der Einzelhaushalt*, in: Julius Bunzel (Hrsg.), *Geldentwertung und Stabilisierung in ihren Einflüssen auf die soziale Entwicklung in Österreich*, München-Leipzig 1925, S. 169.

[36] Vgl. hierzu u. a. das Beispiel Augsburg, in: M. Niehuss, *Arbeiterschaft*... [wie Anm. 11], S. 156ff.

[37] *A.a.O.*, S. 143.

III

Soziale Folgeerscheinungen wirtschaftlicher Not

Es war nicht allein die Wohnungsknappheit, die sozial schwache Familien zum Zusammenrücken auf engsten Raum zwang — es war eine allgemeine Verarmung, die große Teile der Bevölkerung während und nach dem Krieg traf und die zu einer derartig schlechten Wohnungssituation in diesen Gruppen führte. Unter dem Titel „gefährliche Armutserscheinungen" machte die *Soziale Praxis* bereits 1920 auf die Folgen aufmerksam: „Eine Bestandsaufnahme des Besitztums in den Kreisen, die jenseits des gelernten Arbeiterstandes stehen (das sind Millionen der ungelernten Arbeiter, der Kriegsbeschädigten und Hinterbliebenen, der eheverlassenen Frauen und der Witwen, der ledigen Mütter und der Erwerbsbeschränkten), würde das Ergebnis bringen, daß dort von einem geordneten Hausstand und einem nennenswerten Kleider- und Wäschevorrat nirgends mehr die Rede sein kann."[38] In diesen Krisenzeiten fehlte bei solchen Familien meist das Geld für notwendige Neuanschaffungen (so wurde das teilweise „vollständige Fehlen von Bettwäsche" bemängelt[39]), aber auch oft die notwendige Arbeitskraft der Hausfrau, um die im Haushalt anfallenden Ausbesserungen vornehmen zu können, sei es, weil die Frauen während des Krieges zwangsweise an die Arbeitsplätze geholt wurden, oder sei es, weil nach dem Krieg die Frau oftmals für das notwendige Familieneinkommen mitarbeiten mußte. „Die Kücheneinrichtung, oft der einzig vorhandene Möbelbestand für Wohnzwecke, ist des öfteren im Winter nach und nach verheizt worden, und die trostlose Leere nimmt der Häuslichkeit den letzten Schein von Wohnlichkeit."[40]

Zeitgenössischen Sozialpolitikern machte diesbezüglich vor allem die geringe Zahl Betten pro Haushalt in diesen Schichten Sorgen. Dahinter stand einerseits die Angst vor der Verbreitung ansteckender Krankheiten, wie vor allem der Tuberkulose, zum anderen aber auch die Angst vor dem Verfall der Sitten in diesen Familien. Eine Düsseldorfer Untersuchung über die Wohnverhältnisse kinderreicher Familien ergab einen Durchschnitt von 3,7 Personen auf einen Schlafraum und 1,9 Personen auf ein Bett.[41] In Mannheim untersuchte man exem-

[38] S. Wronsky, *Gefährliche Armutserscheinungen*... [wie Anm. 26], Sp. 1106.

[39] *A.a.O.*, Sp. 1107.

[40] *Ebda.*

[41] Marie Baum, *Wohnung und Sittlichkeit*, in: *Soziale Praxis und Archiv für Volkswohlfahrt*, 32. Jg. (1923), Sp. 180.

plarisch einen Straßenzug, in dem allein 220 Familien wohnten, die unter der Aufsicht der Fürsorge lebten. In 96 von diesen 220 Familien „reichte die Zahl der Betten, wenn für 1 Erwachsenen 1 Bett und für 2 Kinder unter 14 Jahren zusammen 1 Bett gerechnet, wird, nicht aus, in vereinzelten Fällen konnten vorhandene Betten aus Platzmangel nicht aufgeschlagen werden. — Bei 43 dieser 220 Familien sind Familienmitglieder tuberkulös erkrankt oder es besteht Tuberkulosegefährdung, in 16 Fällen lag Trunksucht vor."[42] Diese enge Verbindung und Vermengung einzelner, sich zum Teil gegenseitig bedingender Faktoren erwies sich als ein *circulus vitiosus* für die betroffenen Schichten, der in vielen Fällen mit einem völligen Herausfallen aus dem gesamtgesellschaftlichen Schichtengefüge endete. Ursächliche Faktoren, die von Zeitgenossen immer wieder benannt wurden, sind: Verarmung meist durch Verdienstausfall oder -minderung des Haupternährers, familiäre Spannungen durch die beengenden Wohnverhältnisse, Krankheit und Alkoholismus.

Ein drastisches Exempel des Verfalls einer Familie schildert das folgende Beispiel, ausgewählt aus einer Vielfalt zeitgenössischer Darstellungen ähnlichen Inhalts: „Ehe seit Mai wegen Verschuldens des Ehemannes rechtskräftig geschieden. Wegen Sittlichkeitsverbrechen an der damals 12jährigen Stieftochter bekam der Mann 10 Monate Gefängnis. Nach seiner Gefängnisentlassung und Scheidung kehrte er zu seiner Familie zurück, angeblich, weil er keine Wohnung findet und bei seinen 3 kleinen Kindern sein will. Die Sorge für die Kinder hat die Mutter. Ein amtsgerichtliches Räumungsurteil gegen den Mann blieb wirkungslos. Die Frau, die noch für drei ersteheliche Kinder zu sorgen hat, brachte die 200,— Mk. für den Gerichtsvollzieher nicht zusammen. Eine Wohnung für den Mann fand sie nicht. Der Mann lebt ruhig weiter in der Familie, die eine 2-Zimmerwohnung mit Küche innehat.

Mann und Frau gehen in die Fabrik. Hat die Frau Tagschicht, sind die 3 Kinder, — 2 Buben von 7 und 8 Jahren und das 5jährige Mädchen — von 6 Uhr morgens an sich selbst überlassen. Die Schule läßt sie holen, meist ohne Frühstück und ungewaschen, das kleine kommt in die Kinderschule. Aufgaben werden keine gemacht. Obwohl die Hortunterbringung der Kinder jetzt beim Vater durchgesetzt wurde, ist die Schule der Ansicht, daß die Kinder, die gut veranlagt sind, an der Verwahrlosung des Elternhauses zugrunde gehen werden.

[42] *A.a.O.*, Sp. 181.

Das Zusammenleben der geschiedenen Eheleute in einer Wohnung scheint eine endlose gegenseitige Quälerei zu sein.

Augenblicklich ist noch die Stieftochter, an der s. Zt. das Sittlichkeitsverbrechen begangen wurde, für 10 Tage auf Urlaub bei der Mutter daheim. Das kleine Mädchen ist deshalb die ganze Nacht beim Vater.

Beide Eheleute machen keinen guten Eindruck. Der Mann war und wird wohl auch heute noch schwerer Trinker sein. Freiwillig räumt keines von beiden die Wohnung. Die Mutter, die eine Zeitlang gut für die Kinder sorgte, ist jetzt völlig gleichgültig geworden. Die Ehescheidung, das Räumungsurteil, nichts ändert etwas an dem tatsächlichen Zustand, und die dauernde Unterbringung der ihrer Verwahrlosung entgegensehenden Kinder in städtischen Heimen wird endgültig an deren Überfüllung scheitern."[43]

Die Fürsorge wurde in der Regel meist dann verständigt, wenn die Kinder sich in der Schule sozial auffällig verhielten: „Häufig angetroffene Verlausung und Verkrätzung und deren Folgen, geflissentliches Fernhalten des Kindes vom Schulbesuch seitens der Eltern, mit Schmutz und Dreck in die Erscheinung tretende Skrofulose, Tuberkulose, Rachitis und andere Konstitutionskrankheiten, geistige Minderwertigkeit und auffallende Verwahrlosung in Kleidung und Ernährung waren im wesentlichen die äußeren Umstände, welche uns zur Erhebung der Familienverhältnisse veranlaßten."[44] 421 auf solche Weise in eine Untersuchung einbezogene Karlsruher Familien hatten insgesamt 1794 Kinder, das sind 4,3 Kinder pro Familie, und lebten in außergewöhnlich schlechten und engen Wohnungen (zum Beispiel wohnten 27 dieser Familien mit zwischen vier und acht Personen in einer Einzimmerwohnung).

Es waren vor allem die Kinder, bei denen sich die Mangelerscheinungen der Kriegs- und ersten Nachkriegsjahre körperlich bemerkbar machten. Auch die relativ guten Jahre 1920/21 während der Inflationszeit konnten die Folgen dieser Notjahre nicht beseitigen.[45]

[43] Paull, *Sozialschadhafte Familien*, in: *Soziale Praxis und Archiv für Volkswohlfahrt*, 33. Jg. (1924), Sp. 15. Familien wie diese wurden von dem Fürsorgebeamten als „sozialschadhaft" bezeichnet — damit wurde die moralische „Verkommenheit" dieser Familien in den Vordergrund der Betrachtung gestellt, was bezeichnend für die Einstellung vieler zeitgenössischer Autoren war.

[44] *A.a.O.*, Sp. 15.

[45] „Schilderungen von Gesundheitsämtern, von Tuberkulosefürsorgestellen, von Krankenkassen, Gewerbeaufsicht und privaten Vereinen zeigen unverkennbar, daß die

Die Zeit der Hyperinflation und der folgenden Stabilisierungskrise verschlechterte, wie erwähnt, die Ernährungssituation erneut. Schwere Mangelkrankheiten waren während des gesamten Zeitraumes bis 1924 stark verbreitet. Der Rachitis kommt hierbei eine besondere Bedeutung zu, weil vorwiegend Säuglinge im zweiten oder dritten Lebensvierteljahr von ihr betroffen werden. Diese Krankheit ist eigentlich eine Stoffwechselstörung, bedingt durch Mangel an Vitamin D. Ungenügende Aktivierung des dazugehörenden Provitamins, meist durch mangelnde Sonneneinstrahlung, führt zu den bekannten schweren Krankheitsbildern. Nach dem *Jahrbuch der deutschen Krankenversicherung* (1921) waren 27,8 % der Säuglinge unter dem Alter von einem halben Jahr Rachitiker, 41,1 % der Kinder zwischen 1/2 und 1 Jahr, 40,2 % der Kinder von 1—1 1/2 Jahren, 32,4 % der Kinder von 1 1/2 bis 2 Jahren und 59 % (!) der Kinder über 2 Jahre.[46] Letztere Gruppe besteht aus Kindern, die während oder bis unmittelbar nach dem Krieg geboren wurden. Während man damals den Vitamin-D-Mangel noch nicht völlig erkannt hatte und behandeln konnte, war den Zeitgenossen der zweite ursächliche Faktor der Krankheit, das mangelnde Sonnenlicht in den finsteren Wohnungen, durchaus bekannt. Eine weitere Volksseuche, die vor allem den geschwächten Organismus schlecht ernährter und in ungesunder Umgebung aufwachsender Kinder betraf, war die Tuberkulose. Eine Lübecker Statistik zeigt die Unterschiede zur Vorkriegszeit deutlich: „Bei Säuglingen im ersten Vierteljahr hatte man vor dem Krieg keine Tuberkulose, nach dem Krieg 2,4 %. Bei 2jährigen Kindern vor dem Krieg 12 %, nach dem Krieg 23 %, bei 5 bis 6jährigen Kindern vor dem Krieg 33 %, nach dem Krieg 50 %."[47] Auch hier war die Steigerungsrate bei den unmittelbar nach dem Krieg geborenen Kindern, den 2jährigen, am höchsten.[48] Abgesehen von diesen bekannten Krankheiten traf diese Kinder noch eine Reihe weiterer

Folgen der langjährigen Unterernährung nur im Vergleich mit den vorangegangenen Jahren krassen Hungerns und körperlichen Verfalls eine Abschwächung aufweisen, daß sie aber an und für sich als fressender Schaden am Volkskörper weiterbestehen. Sollte die Teuerung und Ungunst der gesamten Wirtschaftsverhältnisse fortschreiten, so ist es gewiß, daß der schwache Wiedergewinn an physischen und damit natürlich auch an psychischen Kräften in weiten Schichten eingebüßt werden wird." Artikel: *Volksgesundheit*, in: *Soziale Praxis und Archiv für Volkswohlfahrt*, 31. Jg. (1922), Sp. 1068.

[46] *A.a.O.*, Sp. 1069.

[47] *Ebda.*

[48] Allerdings muß man bei der Interpretation der Ergebnisse vorsichtig sein. Die Sterblichkeit an Tbc war während des Krieges bei Kleinkindern unverhältnismäßig

Mangelkrankheiten; eine Stuttgarter Erhebung aus dem Jahre 1922 ergab beispielsweise, daß 40 % der Gewerbeschülerinnen einen Kropf hatten.[49] Eine von mehreren anderen möglichen Entstehungsursachen dieser Krankheit ist auch Jodmangel (in Nahrungsmitteln, Salz, Wasser, Luft).

Der schlechte Gesundheitszustand vieler Kinder wurde hier dargestellt als Folge der Verarmung weiter Bevölkerungsschichten sowie der allgemein schlechten Ernährungs- und Wohnsituation, von der wiederum die ärmsten Schichten am stärksten betroffen waren. Diese Kinder waren es, die schon frühzeitig mitverdienen mußten, was oft eine physische Mehrbelastung mit sich brachte, die durch den geringen Verdienst kaum gerechtfertigt erscheint. Hinzu kam, daß diese Kinder ihre schulischen Verpflichtungen oftmals nur ungenügend erfüllten und daß wiederum sie es waren, die mit der schlechtesten Ausbildung in die Arbeitswelt entlassen wurden. Eine Erhebung aus Halle vom September 1921 zeigt die schulischen Leistungen und den Gesundheitszustand der erwerbstätigen Kinder im Vergleich zu ihren nichtarbeitenden Klassenkameraden:

TABELLE 6

Leistungen erwerbstätiger und nicht erwerbstätiger Schüler in Halle[50]

Schüler	Davon blieben sitzen in %				Zusammen abs.
	1x	2x	3x	4x	
Nicht erwerbstätige Knaben	15,8	4,7	1,3	0,2	9.243
Erwerbstätige Knaben	21,0	8,8	2,9	0,6	785
Nicht erwerbstätige Mädchen	14,5	4,0	0,9	0,1	9.633
Erwerbstätige Mädchen	21,8	8,3	2,0	0,6	848

hoch, so daß diejenigen, die noch nach dem Krieg an Tbc erkrankten, sozusagen die „Überlebenden" dieser Altersgruppe darstellten und keine Auskunft geben über den Verlauf der Krankheit.

[49] *Volksgesundheit*... [wie Anm. 45], Sp. 1071.

[50] Adolf Vieth, *Die Kindererwerbsarbeit in Halle (Saale) auf Grund einer Erhebung vom September 1921*, in: *Soziale Praxis und Archiv für Volkswohlfahrt*, 32. Jg. (1923), Sp. 165.

TABELLE 7

Gesundheitszustand erwerbstätiger Kinder[51] *(in %)*

	Knaben	Mädchen
Dem Durchschnitt entsprechend	24,5	22,2
Besser als der Durchschnitt	11,6	17,0
Unter dem Durchschnitt	63,9	60,8
Davon schlecht oder sehr schlecht	(26,2)	(18,1)
insgesamt	100,0	100,0

Zweifellos waren es nicht nur, wie weiter oben bereits anklang, die Kreise „jenseits der gelernten Arbeiterschaft", die Familien der ungelernten Arbeiter, Witwen, Kriegsbeschädigten und Arbeitslosen, die in der Nachkriegszeit verarmten. Zum Teil überschneidet sich diese Aufzählung auch mit Kreisen des Mittelstandes, wenn beispielsweise nach dem Krieg der Hauptemährer durch Tod, Krankheit oder Arbeitslosigkeit ausfiel. Aber auch der untere und mittlere Mittelstand, also untere und mittlere Angestellte, Beamte oder Selbständige mußten zum Teil durch das Zurückbleiben ihrer Gehälter, zum Teil durch Vermögensverlust infolge von Inflation Gehaltseinbußen und Wohlstandseinbußen von teilweise erheblichem Ausmaß hinnehmen.

„Schwerer als bei Säuglingen und Kleinkindern treten die körperlichen und seelischen Folgeerscheinungen der allgemeinen Not der letzten Jahre bei den Schulkindern in Erscheinung, und zwar hauptsächlich bei dem Nachwuchs des sogenannten Mittelstandes, dessen großes Elend viel zu wenig bekannt ist. So wurde, um einige Städte zu nennen, anfangs 1921 aus Breslau berichtet, daß dort in höheren Schulen 81,9 %, in Mittelschulen 73,1 %, in den Volksschulen 62,1 %, aus Lübeck, daß in den Mittelschulen 79,49 und in den Volksschulen 50,8 %, aus Bitterfeld, daß in höheren Schulen 70 %, in Volksschulen 50 % der Kinder ausgesprochen oder hochgradig unterernährt seien. Besonders sind durch unzureichende Nahrung in den Städten die Kinder von Festbesoldeten und Witwen [...] geschädigt."[52]

Dieselbe Quellen zeigt aber auch, was eingangs bereits hervorgehoben wurde, die relative Besserstellung des Mittelstandes durch eine, wenn auch begrenzte Vorratshaltung:

[51] *Ebda.*

[52] *Volksgesundheit*... [wie Anm. 45], Sp. 1071 f.

TABELLE 8

Ausstattung Hamburger Schüler[53]

Von 100 Schülern hatten	Gymnasium	Oberrealschule	Volksschule
Brauchbares Schuhzeug	88	60	58
Ein zweites Paar Schuhe zum Wechseln	78	50	30
Ein brauchbares Hemd	93	80	69
Ein zweites zum Wechseln	86	57	44
Brauchbare Strümpfe	86	53	62
Ein Paar zum Wechseln	84	33	27
Ein Taschentuch	95	81	53
Ein Taschentuch zum Wechseln	95	74	38

Dem widerspricht nicht, daß die Ernährung der Gymnasiasten durchaus schlechter sein konnte als die der Volksschüler. Gerade den einkommensschwachen Teilen des Mittelstandes mußte es schwer fallen, den Kindern eine die soziale Stellung sichernde oder gar verbessernde Ausbildung zukommen zu lassen. Die Studenten beispielsweise lebten zu einem Großteil unter dem für sie berechneten Existenzminimum. Für den Mai 1920 wurde ein solches für Dresden berechnet und mit 450 bis 500 Mk. monatlich angesetzt. Eine Umfrage an der Technischen Universität Dresden, die von 92 % der Studenten beantwortet wurde, ergab folgendes monatliches Einkommen:

TABELLE 9

Höhe der Monatswechsel Dresdener Studenten[54]

Wechsel in Mk.	Anzahl		Wechsel in Mk.	Anzahl
100	9		450	51
150	12		500	80
200	72		600	36
250	114		700	22
300	206		800	15
350	118		mehr als 800	13
400	117		Zusammen	865

[53] *A.a.O.*, Sp. 1072.

[54] *Die wirtschaftliche Lage der Studenten und akademischen Assistenten*, in: *Soziale Praxis und Archiv für Volkswohlfahrt*, 30. Jg. (1921), Sp. 851.

205 Studenten allerdings bezogen neben dem elterlichen Wechsel noch Naturalzuschüsse. An der Universität Heidelberg, einer der teuersten Universitäten (500 bis 600 Mark Semestergeld für naturwissenschaftliche Fächer) erhielten Studierende der theologischen Fakultät monatlich einen durchschnittlichen Wechsel von 290 Mk., 370.— Mk. die Studierenden der philosophischen Fakultäten, 400.— Mk. die Medizinstudenten und 470.— Mk. die Jurastudenten.[55] Es gab in vielen Universitätsstädten auch Unterstützungsmaßnahmen für Studenten (Quäkerspeisung und ähnliches), die die Lebenshaltung etwas verbilligen konnten.[56] Die Feststellung, daß „80 % der Studierenden in der Lebenshaltung weit hinter den ungelernten Arbeitern von 19—21 Jahren stehen",[57] ist im Vergleich mit heutigen Verhältnissen wenig aufregend, zeugte aber für Zeitgenossen doch von einer deutlichen Minderung des Lebensstandards. Daß Studenten für ihren Lebensunterhalt selbst sorgen mußten, war nach dem Ersten Weltkrieg neu (Werkstudent), und mit Erstaunen auch nahm die Öffentlichkeit zur Kenntnis, daß die Berliner Volontärärzte in den Streik traten, um für ihre Arbeit endlich entlohnt zu werden.[58]

Diejenige Folgeerscheinung wirtschaftlicher Not aber, die im Gegensatz etwa zu „moralischem Verfall" oder Krankheit auf den ersten Blick in unmittelbarem Zusammenhang mit ihr steht, ist die Kriminalität. In der Tat zeigt die Kriminalstatistik einen steilen Anstieg der Verurteiltenziffern nach dem Ersten Weltkrieg bis 1923. Doch sind leider weder die globalen Zahlen noch meist Einzelergebnisse der Kriminalstatistik ohne weitere Einschränkungen interpretierbar.

Der wichtigste Einflußfaktor, der einen Vergleich mit der Vorkriegszeit nahezu unmöglich macht, ist die Veränderung der Strafbestimmungen. Während vor dem Krieg lediglich leichte Delikte der Körperverletzung der Privatklage unterstanden, mußte jemand, der nach dem Krieg einer leichten oder schweren Körperverletzung zum Opfer fiel, in jedem Fall die Sache selber vor Gericht bringen.[59] Da dies

[55] *A.a.O.*, Sp. 852.

[56] *Zur Notlage der Studenten*, in: *Soziale Praxis und Archiv für Volkswohlfahrt*, 30. Jg. (1921), Sp. 512.

[57] *Die wirtschaftliche Lage der Studenten*... [wie Anm. 54], Sp. 852.

[58] *A.a.O.*, Sp. 850.

[59] Günter Schmölders, *Kriminalität und Konjunktur. Die Lehren der Reichskriminalstatistik 1923—1925*, in: *Jahrbücher für Nationalökonomie und Statistik*, NF Bd. 73 (1928), S. 270.

mit erheblichen Kosten verbunden war, kann man davon ausgehen, daß gerade auch schwere Körperverletzungen, zumal in einer Zeit, in der jedermann mehr als sonst mit seinem Geld haushalten mußte, nur zu einem relativ geringen Teil auch zu einer Aburteilung und damit zu einem statistischen Niederschlag der Handlung führten.

Zweitens wurde das Strafmündigkeitsalter für Jugendliche 1923 von 12 auf 14 Jahre heraufgesetzt, so daß hier ein Vergleich mit der Zeit nach 1923 mit vermeintlich stark sinkenden Zahlen jugendlicher Verurteilter nicht mehr möglich ist.[60] Doch auch bereits vor diesem Zeitpunkt waren die Gerichte dazu übergegangen, jugendliche Straftäter, wenn möglich, dem Jugendrichter zu überweisen und die Strafe in Form von Erziehungsmaßnahmen zu gestalten, was diese Jugendlichen wiederum aus der Statistik der Verurteilten ausschloß.[61] Insgesamt hat die Kriminalitätsstatistik (die zwischen 1914 und 1928 die Delinquenten nicht nach dem Beruf ausweist)[62] durch diese stringenten Bestimmungen große Lücken bei der statistischen Erfassung der Straftäter aufzuweisen.

Trotz der genannten und etlicher weiterer Mängel lassen sich jedoch typische Verlaufsformen der Kriminalität in Abhängigkeit von den wirtschaftlichen Verhältnissen der Nachkriegszeit erkennen, die im folgenden kurz skizziert werden sollen. Zum einen zeigt die Nachkriegskriminalität bis 1923 signifikant weniger vorbestrafte Täter als vor dem Krieg. 46 % der Verurteilten waren vor dem Krieg vorbestraft, 23 % im Jahre 1923 — und während die absolute Zahl der Verurteilten 1923 40 % über der der Vorkriegszeit lag, lag die absolute Zahl der Vorbestraften 1923 ein Viertel unter der Zahl vorbestrafter Verurteilter vor dem Krieg.[63]

Eng hiermit verbunden ist die während des Krieges erheblich über dem Vorkriegsstand liegende Zahl der verurteilten Frauen (ein Anstieg von 62 % zwischen 1912 und 1918).[64] Bereits 1919 erreichte die weibliche Kriminalitätsziffer jedoch wieder den Vorkriegsstand, zu dem Zeitpunkt also, als die Frauen aus den Betrieben, in die man sie während des Krieges geholt hatte, wieder in die Familien zurückkehrten.

[60] Bruno Gleitze, *Die Konjunkturkriminalität in der Zeit der Weltwirtschaftskrise*, 2. Aufl., Köln 1966, S. 2.

[61] G. Schmölders, *Kriminalität*... [wie Anm. 59], S. 269.

[62] B. Gleitze, *Die Konkunkturkriminalität*... [wie Anm. 60], S. 27.

[63] Albert Amend, *Die Kriminalität Deutschlands 1919—1932*, Leipzig 1937, S. 12.

[64] *A.a.O.*, S. 13.

Zum Dritten häuften sich im Verlauf der Periode 1918 bis 1923/24 typische Deliktformen in Abhängigkeit vom Wert des Geldes. In Zeiten relativer Geldwertstabilisierung erhöhte sich die Zahl der Betrugsdelikte, in Zeiten inflationärer Wirtschaftsentwicklung zeigt auch die Kriminalitätsstatistik eine „Flucht in die Sachwerte" in Form steigender Diebstahlsdelikte.

Es entstanden während der Inflation auch einige vormals gänzlich unbekannte Vergehensarten: „Hamsterei und Schleichhandel, Preistreiberei, Überschreitung der Höchstpreise, Fleischgenuß an fleischlosen Tagen, falsche Angaben über Vorräte, Nichtablieferung ablieferungspflichtiger Artikel, [...], Fälschung von Lebensmittelkarten usw."[65]

Es ist in diesem Rahmen nicht möglich, ein Gesamturteil über den Verlauf der Kriminalität abzugeben angesichts der schwierigen und noch weithin unerforschten Quellenlage. Jedoch könnte in Übereinstimmung mit den meisten zeitgenössischen Autoren eine zentrale Aussage über „Inflationskriminalität" lauten, daß „in dieser Zeit Leute kriminell geworden [sind], die zuvor und wahrscheinlich auch hernach nie mehr mit dem Gesetz in Konflikt gekommen sind".[66] Ganz sicher reicht das vorhandene Material zur Kriminalität nicht aus, um weitreichende Veränderungen der gesamtgesellschaftlichen Kriminalitätsstruktur nach der Inflation zu konstatieren.

Was in diesem Zusammenhang zur Kriminalität gesagt wurde, gilt ähnlich auch für das Problem des Alkoholismus, das nicht nur nach dem Ersten Weltkrieg bestand und das seit jeher beliebtes Objekt der Klage über den Verfall der Gesellschaft gewesen ist.[67]

Doch bleibt am Ende zu fragen, was endlich — um es vereinfachend auszudrücken — hängengeblieben ist an einzelnen Gruppierungen der Gesellschaft aus der Zeit der Nachkriegswirtschaft und Inflation.

Es wurde nachdrücklich auf die Verarmung weiter Gesellschaftsschichten hingewiesen, aus der diese Gruppierungen in sehr unterschiedlicher Weise wieder herausfanden. Die Arbeiterschaft (und hier

[65] Robert Mateja, *Oberösterreich im Ersten Weltkrieg*, Diss. Innsbruck 1948, S. 215.

[66] A. Amend, *Die Kriminalität*... [wie Anm. 63], S. 11.

[67] Vgl. für die Zeit vor und nach dem Ersten Weltkrieg die durchaus gleichlautenden Artikel z. B. in der *Internationalen Monatsschrift zur Erforschung des Alkoholismus und Bekämpfung der Trinksitten*. Informativ darin ein Artikel über gesetzliche Maßnahmen während des Krieges: *Der Alkohol im Weltkrieg. III. Deutschland*, in: *A.a.O.*, 29. Jg. (1919), S. 71—85.

vor allem Ungelernte, teilweise oder ganz Arbeitslose, Kranke oder auch Familien, die den Hauptemährer eingebüßt hatten), die dem unmittelbaren Druck der wirtschaftlichen Not durch generell geringe Möglichkeiten der Vorratshaltung am stärksten ausgesetzt waren, konnte gerade damals Unterschiede im sozialen Höher oder Tiefer als äußerst krass empfinden: „Geht der Arbeiter mit hungrigem Magen, in abgerissener Kleidung, mit durchlöcherten Schuhen, ja, oft ohne Unterwäsche durch die Straßen, so sieht er in den Schaufenstern die schönsten Delikatessen, Kleidungsstücke, Wäsche in Hülle und Fülle zur Schau gestellt. Das wirkt stärker als jede Agitation ...

Im Kampf für den Sozialismus ist bei den Arbeitern viel Glaube mit vorhanden, viel gefühlsmäßiges Erfassen der Probleme. Leider bilden sich viele ein, der Sozialismus bringe ihnen sofort ein müheloses Dasein. Wissenschaftliches Eindringen in die Probleme der Volkswirtschaft behagt vielen Arbeitern nicht, am wenigsten solchen, die erst seit der Revolution ins politische Leben eingetreten sind."[68]

Zum anderen waren auch breite Kreise der mittleren Gesellschaftsschichten verarmt. Während sie und ihre Kinder in der Zeit der Inflation und Stabilisierungskrise in unterschiedlichem Maße, aber doch stärker als die Arbeiterschaft, von Vorräten an Kleidung, Wäsche, Hausrat, nicht zuletzt zu Beginn der Krise auch von Ersparnissen besser leben konnten, waren Teile dieser Mittelschicht nach der Stabilisierungskrise auf Dauer ihrer Existenzmöglichkeit, vielfach als Kapitalrentner, beraubt. Im Gegensatz zur Arbeiterschaft war dies für die mittleren Gesellschaftsschichten eine neue Erfahrung und eine neue Gefahr. „Verarmung durch Inflationsverluste" ist nach 1924 bezeichnenderweise nicht für die Arbeiterschaft, sehr wohl aber für untere Mittelschichtsangehörige, eine häufig gebrauchte Redewendung.[69]

[68] *Streiflichter auf die Sinnesart des Großstadtproletariers*, in: *Soziale Praxis und Archiv für Volkswohlfahrt*, 30. Jg. (1921), Sp. 512f.

[69] So beispielsweise in einer Erhebung, die 1928 unter erwerbstätigen Frauen durchgeführt wurde. Nicht in der Arbeiterschaft, aber z. B. ausgeprägt bei Volksschullehrerinnen wurde die Verarmung der Familie durch Inflationsverlust als Grund für die Erwerbstätigkeit angegeben. (Frieda Glaß/Dorothea Kische, *Die wirtschaftlichen und sozialen Verhältnisse berufstätiger Frauen. Erhebung 1928/29, durchgeführt von der Arbeitsgemeinschaft Deutscher Frauenberufsverbände*, Berlin 1930). Vgl. auch hierzu die Beispiele bei Richard Bessel, *„Eine nicht allzu große Beunruhigung des Arbeitsmarktes". Frauenarbeit und Demobilmachung in Deutschland nach dem Ersten Weltkrieg*, in: *Geschichte und Gesellschaft*, 9. Jg. (1983), S. 211—229, bes. S. 225. Hier werden Einzelfälle von Frauen aufgeführt, die im Rahmen der Demobilmachung und Entlassung von Frauen aus den

Die neuere Forschung hat den hier skizzierten Fragen bisher bei weitem zu wenig Beachtung geschenkt. Es ist nicht allein das Feld der Arbeiterkulturforschung, für das „bislang die Entwicklung nach dem Ersten Weltkrieg [am dürftigsten] erforscht [ist]“.[70] Auch neuere Abhandlungen, die sich mit der Thematik befassen, lassen in vieler Hinsicht zu wünschen übrig. Die Studie von Werner Abelshauser,[71] die die Lage der Arbeiter nach dem Ersten Weltkrieg durchaus in ein positives Licht zu rücken versucht, leidet an einer Reihe methodischer Schwächen, auf die einzugehen hier nicht der Raum ist.[72] Auch die Arbeit von Dirk Blasius[73] über den Revolutionsalltag bezieht den Alltag, wie er von der neueren Forschung thematisiert wird und als Forschungslücke für die Zeit des Weltkrieges und der Nachkriegszeit durchaus bekannt ist,[74] nicht oder nur am Rande mit ein.

Allgemeine Trends in der sozialen Lage der Bevölkerung nach dem Krieg lassen sich dennoch erkennen. Doch im Gegensatz zur Vorkriegszeit, für die dem Historiker eine Fülle von Haushaltsrechnungen aus nahezu allen Schichten der Bevölkerung zur Verfügung steht, ist diesbezüglich die Quellenlage für die Nachkriegszeit äußerst dürftig. Es fehlen systematisch erhobene Studien zum Ausgabeverhalten von Einzelhaushalten. Die hier und auch im Anhang wiedergegebenen Materialien erweisen sich in vielen Fällen durch ihren Augenblickscharakter eher als Impressionen zur wirklichen sozialen Lage der Familien. Zudem erscheinen viele der zitierten Quellen ihrem Erhebungszweck

Arbeitsplätzen 1918/19 von den Firmen ausdrücklich, meist aus dem genannten Grund, am Arbeitsplatz belassen wurden.

[70] Dieter Langewiesche/Klaus Schönhoven, *Zur Lebensweise von Arbeitern in Deutschland im Zeitalter der Industrialisierung*, in: Dies. (Hrsg.), *Arbeiter in Deutschland*, Paderborn 1981, S. 26.

[71] Werner Abelshauser, *Verelendung der Handarbeiter? Zur sozialen Lage der deutschen Arbeiter in der großen Inflation der frühen zwanziger Jahre*, in: Hans Mommsen/Winfried Schulze (Hrsg.), *Vom Elend der Handarbeit. Probleme historischer Unterschichtenforschung*, Stuttgart 1981, S. 445—476.

[72] Vgl. hierzu die Diskussion über die Reallöhne im Aufsatz von R. Scholz in diesem Band.

[73] Dirk Blasius, *Revolution und Revolutionsalltag 1918/19 in Deutschland*, in: *Aus Politik und Zeitgeschichte*, B 45/78, S. 25—36.

[74] Volker Ullrich, *Die deutsche Arbeiterbewegung im Ersten Weltkrieg und in der Revolution von 1918/19. Anmerkungen zu neueren Veröffentlichungen*, in: *Neue Politische Literatur*, 27 (1982), S. 461.

sehr verbunden und lassen dementsprechend eine ausgewogene Interpretation vermissen. In diesem Sinne kann die vorliegende Studie nur versuchen, eine Reihe von Einzelheiten einem noch weitgehend unerforschten Bild der Inflationszeit hinzuzufügen.

ANHANG

Haushaltsrechnungen aus der Inflationszeit. Materialien und Interpretationen

GERALD D. FELDMAN/MERITH NIEHUSS

Die im folgenden diskutierten Materialien bestehen aus einer Auswahl aus amtlichen und privaten, veröffentlichten und nicht veröffentlichten Aufzeichnungen, die hier nicht ihrer Quellengattung nach, sondern in chronologischer Reihenfolge dargestellt werden sollen.

Es zeigte sich, daß die für diesen Zeitraum ohnehin unzureichende Quellenlage in bezug auf Haushaltsrechnungen immer noch schlechter wird, je rasanter die Inflation fortschreitet. Von den vier hier dargestellten Ausgaberechnungen beziehen sich drei auf den Zeitraum vor der Hyperinflation und nur eine auf das Jahr 1922. Auch kann man — hiermit greifen wir den Ergebnissen vor — in vielen Fällen die Absicht, die hinter der Berichterstattung steht, mehr oder weniger deutlich erkennen, so daß teilweise der Eindruck erweckt wird, es handele sich um ausgewählte Materialien, die einem bestimmten Zweck dienen sollen.

Es läßt sich jedoch, gerade bei der Quellengattung ‚Haushaltsrechnungen', eine in verschiedener Hinsicht einseitige Darstellungsweise ohnehin kaum vermeiden. So stellt es bereits eine bestimmte Auswahl dar, einen Haushaltungsvorstand, besonders aus der Unterschicht, zu finden, der sich bereit erklärt, längere Zeit über seinen Haushalt Buch zu führen. Und wenn dies schon für wirtschaftlich normale Zeiten moniert wurde,[1] so fällt es in Perioden,

[1] Vgl. die Einleitung zum Nachdruck der *Erhebung von Wirtschaftsrechnungen minderbemittelter Familien im Deutschen Reich* (Berlin 1909), Berlin-Bonn 1981, hrsg. von Dieter Dowe mit einer Einleitung von Jens Flemming und Peter-Christian Witt.

wo das Rechnen mit Geldwerten immer komplizierter wird, allemal schwerer, eine Auswahl etwa ‚typischer' Haushalte zu finden. Ein weiterer Grund für die dünn gestreuten Quellen mag auch darin zu suchen sein, daß ein Haushalt nur ungern über ständig negative Bilanzen berichtet. So ist beispielsweise bei Zeitgenossen übereinstimmend nachzulesen, daß das Schuldenmachen und Anschreibenlassen zur Tagesordnung gehörte, und wo wir Haushaltsrechnungen der ärmeren Schichten finden, stoßen wir auf mehr Ausgaben im Monat, als diesen Einnahmen gegenüber stehen. Wo dieses Geld auf die Dauer herkommen sollte und wie das Anschreibenlassen bei fortschreitender Entwertung auch der Schulden in der Praxis, etwa vom Lebensmittelhändler an der Ecke, gehandhabt wurde, ist der Literatur nicht zu entnehmen.

Bei aller gebotenen Vorsicht aber, auf die mit dieser Vorbemerkung hingewiesen werden sollte, ist es auch mit Hilfe der wenigen Quellen, die uns zur Verfügung stehen, möglich, ein Bild der Lebensweise in der Inflationszeit mit angemessenen Interpretationen nachzuzeichnen.

1. Haushaltsrechnung einer Arbeiterfamilie[2]

TABELLE 1 zeigt Auszüge aus einer sehr umfangreichen und ausführlichen Budgetaufstellung für ein Jahr, die eine Altonaer Arbeiterfamilie durchgeführt hat. Ausgewählt für diese Tabelle wurden nur Mengenangaben für jene Lebens- und Genußmittel, die in fast jedem Monat des Jahres gekauft wurden. Für Lebensmittel, die eine einigermaßen gleichbleibende Qualität vermuten lassen, wurde jeweils der Kilo-Preis berechnet, um feststellen zu können, ob bei steigenden Preisen der Verbrauch dieser Lebensmittel vielleicht sinken würde, mit anderen Worten, ob und in welchem Umfang die Familie auf Ersatzlebensmittel ‚umgestiegen' ist.

Diese Relation ist in der letzten Spalte ‚r^2' wiedergegeben. r^2 ist ein Determinationskoeffizient, der angibt, um wieviel Prozent die Varianz einer Variablen — etwa die Menge der gekauften Lebensmittel — abhängig ist von einer zweiten Variablen (beziehungsweise durch sie erklärt werden kann) — in unserem Fall dem Preis pro kg.

[2] Zentrales Staatsarchiv Potsdam, Reichsarbeitsministerium 1, 106 (im folgenden ZSta I Potsdam, RAM zit.): Haushaltsrechnung eines Arbeiters bei der Firma H. J. Salomon, Kistenfabrik Altona für das Jahr 1920.

TABELLE 1

Haushaltsrechnung einer dreiköpfigen Arbeiterfamilie aus Altona im Jahr 1920 (Auszüge)
Mengen in Kilogramm (kg), Liter (l) und Stück (St.), Preise in Mark

	Jan.	Feb.	März	April	Mai	Juni	Juli	Aug.	Sept.	Okt.	Nov.	Dez.	Durchschnitt	r^2 [3]
Brot	34,0	26,0	25,0	20,0	21,0	26,0	23,0	25,0	26,0	23,0	30,0	25,0	24,7	0,03
Preis/kg	1,3	1,2	1,3	1,2	2,4	2,4	2,5	2,4	2,4	2,4	2,4	2,4	2,3	
Fleisch	1,7	1,0	1,1	1,8	1,8	0,7	2,5	1,4	3,0	1,6	2,3	3,7	1,9	
Fisch	—	0,5	7,2	1,6	—	6,6	1,0	2,0	3,8	2,0	0,5	2,0	2,3	
Käse, Wurst	4,0	0,8	2,0	2,0	1,3	2,1	2,0	2,8	3,0	1,1	1,0	2,7	2,1	
Butter	2,0	1,9	1,6	0,7	0,6	0,8	0,9	0,5	0,6	0,6	0,6	0,8	1,0	0,18
Preis/kg	19,6	23,4	32,2	26,9	28,9	28,0	28,0	28,0	28,0	28,0	25,1	36,7	26,7	
Margarine	0,3	0,3	0,9	1,7	1,9	2,8	2,4	3,5	3,5	4,2	2,8	3,5	2,3	0,03
Preis/kg	12,3	37,7	21,3	29,6	32,6	28,7	20,5	22,9	23,8	26,0	28,5	28,6	26,2	
Schmalz	0,3	0,6	—	1,4	0,2	0,9	0,3	—	1,0	1,3	0,3	0,9	0,7	0,27
Preis/kg	33,9	40,0	—	13,0	32,0	34,6	32,0	—	27,0	36,0	44,0	37,5	30,7	
Kartoffeln	25,5	15,0	47,0	12,0	47,0	43,0	20,0	32,5	65,0	50,0	47,5	62,5	38,9	0,06
Preis/kg	0,5	0,5	0,9	0,8	0,9	1,0	1,6	1,0	0,9	0,9	1,1	1,3	1,0	
Zucker	2,5	1,3	2,1	1,9	2,4	1,8	2,7	2,7	1,7	2,2	1,8	3,3	2,2	0,03
Preis/kg	3,0	2,9	2,9	2,9	3,8	4,0	4,0	1,0	4,2	4,0	7,8	7,7	5,0	

[3] Der Determinationskoeffizient r^2 gibt an, wieviel Prozent der Varianz einer Variablen durch die Varianz der zweiten Variablen ‚erklärt' wird.

TABELLE 1 (*Fortsetzung*)

Haushaltsrechnung einer dreiköpfigen Arbeiterfamilie aus Altona im Jahr 1920 (Auszüge)
Mengen in Kilogramm (kg), Liter (l) und Stück (St.), Preise in Mark

	Jan.	Feb.	März	April	Mai	Juni	Juli	Aug.	Sept.	Okt.	Nov.	Dez.	Durchschnitt	r^2 [3]
Milch	7,5	6,5	1,5	8,5	27,0	17,0	14,0	13,5	11,5	13,0	10,0	10,0	11,5	0,06
Preis/l	0,8	1,1	1,6	1,6	1,5	1,5	1,4	1,5	1,5	1,5	1,0	1,0	1,2	
Zigaretten	99,0	113,0	177,0	121,0	10,0	20,0	31,0	73,0	90,0	50,0	59,0	129,0	81,0	0,51
Preis/St.	0,3	0,3	0,2	0,3	0,6	0,4	0,6	0,4	0,2	0,2	0,3	0,2	0,3	
Nahrungsmittel absolut in M	323,7	328,3	450,8	439,7	509,1	535,2	464,8	531,9	524,4	580,5	485,2	881,6	505,0	
In % der Gesamtausgaben	29,8	40,3	59,8	66,6	64,2	67,5	50,7	69,5	72,8	70,9	68,0	56,6	59,7	
Gesamtausg. absolut in M	1088,7	813,3	752,2	661,1	793,8	794,0	916,8	765,8	720,6	818,6	713,8	1764,4	883,5	

Wie die unteren drei Zeilen zeigen, schwanken die Ausgaben für Nahrungsmittel zwischen 324,— M im Januar und 881,— M im Dezember 1920, wobei der Anstieg dieser Ausgaben keineswegs kontinuierlich ist, also nicht allein durch die ständig steigenden Preise bedingt sein kann. Entsprechend schwankte der Anteil, den die Nahrungsmittelausgaben an den Gesamtausgaben ausmachen, zwischen 29,8 % im Januar und fast 73 % im September 1920. Leider steht den ebenfalls stark variierenden Gesamtausgaben zwischen 661,— M und 1764,— M keine Angabe über die Einkünfte gegenüber. Zum Vergleich kann man die Einnahmen des Haushaltes der TABELLE 2 heranziehen, der über etwa 840,— M im Monat verfügte, allerdings mit Teuerungszulagen für drei Kinder und nicht nur für eines, wie in dem vorliegenden Haushalt, dem danach, allein nach den Durchschnittsausgaben zu schätzen, zweifellos höhere Einkünfte zur Verfügung gestanden haben müssen.

Insgesamt läßt die Haushaltsrechnung auf relativen ,Wohlstand' schließen. Im Januar kaufte die Familie Möbel und Gardinen für zusammen 550,— M, im Dezember Schuhe und Geschenke für zusammen 600,— M. Wöchentlich ging das Ehepaar nahezu regelmäßig einmal ins Kino oder Theater.

Setzt man die Durchschnittsausgaben von 883,— M mit dem (unbekannten) Einkommen gleich, so daß im Jahr 1920 alle Ausgaben gedeckt wären, ließe sich resümieren, daß die Familie zwar mehr verdiente als die Eisenbahnerfamilie (mit drei Kindern) der TABELLE 2, aber mit diesem dennoch knappen Einkommen wirklich meisterhaft haushielt. Dies war dann auch der Grund für die Veröffentlichung dieser Haushaltsrechnung, wie aus dem Vorwort hervorgeht: „Mein Zweck wäre mit dieser Aufstellung erreicht, wenn Frauen aller Stände mithelfen werden, richtig Haushaltung führen zu lernen: richtig Haushalten bringt Glück und Frieden."[4]

Die Verbrauchsangaben in TABELLE 1 für ausgewählte Lebensmittel zeigen einige auch für andere Haushalte typische Verhaltensweisen. Der Brotkonsum bleibt relativ konstant, der Brotpreis ist staatlich gestützt. Die Ausgaben für die teuren Artikel Fleisch, Fisch und Wurst schwanken stark, je nach der Marktlage. Da auch die Qualität stark schwankte, wurde hier darauf verzichtet, Preisangaben pro Kilogramm zu errechnen.

Bei den Fetten (Butter, Margarine, Schmalz) fällt auf, daß in den Monaten März/April 1920 der Butterverbrauch mengenmäßig durch den Margarineverbrauch ersetzt wird. Dieses Substitutionsverhalten ist allerdings nicht auf den Preis zurückzuführen, da im April beide Nahrungsmittel etwa das gleiche kosteten, sondern auf die Rationierungspolitik. Mehr als bei den beiden anderen Fetten, ist der Verbrauch von Schmalz vom Preis abhängig, wie der Determinationskoeffizient zeigt, der ausweist, daß etwa ein Viertel der Ver-

[4] ZSta I, Potsdam, RAM, Haushaltsrechnung ... S. 30.

brauchsschwankungen dieses Nahrungsmittels durch den Preis ‚erklärt' sind. Dies gilt noch in erheblich stärkerem Maße für den Zigarettenkonsum, der drastisch eingeschränkt wurde, als der Preis für eine Zigarette um das Doppelte anstieg (vgl. April/Mai 1920).

Obwohl die Tabelle zeigt, daß die Preise für alle Lebensmittel zwischen Januar und Dezember 1920 zum Teil ganz erheblich anstiegen, waren diese Preissteigerungen für einen Haushalt zu diesem Zeitpunkt noch berechenbar, und es war durchaus nicht unmöglich, wie dieser Haushalt zeigt, nominell wie relativ im November 1920 fast die gleichen Ausgaben für Nahrungsmittel zu verzeichnen wie im April. Allerdings — und das läßt sich aus den Zahlen nicht ablesen — sank die Qualität der Nahrungsmittel. Nachweisen läßt sich das für diesen Haushalt bei Fleisch, Wurst usw., aber auch bei Milch, die im Laufe des Jahres in zunehmendem Ausmaß durch Magermilch oder Trockenmilch (nicht in die Tabelle aufgenommen) ersetzt wurde, ebenso wie bei Mehl, das bekanntlich immer mehr durch Zusätze gestreckt wurde.

2. *Zwei Haushaltsrechnungen des Allgemeinen Eisenbahnerverbandes*

Eine an den Reichskanzler gerichtete Denkschrift des Allgemeinen Eisenbahnerverbandes vom 17. September 1920 und die auf dieser Denkschrift basierenden Überlegungen des Statistischen Reichsamts zur Lage der Bevölkerung sind die Grundlage der folgenden Haushaltsrechnungen.

Tabelle 2

Zwei Haushaltsrechnungen aus dem Sommer 1920 (Angaben in Mark)[5]

	Arbeiterfamilie mit 3 Kindern, mittlere Ortsklasse C Ausgaben		Beamtenfamilie Bes. kl. III mit 3 Kindern, mittlere Ortsklasse C monatliche Ausgaben
	wöchentl.	(monatl.)[6]	
Wohnung	15,00	60,00	90,00
Fett	15,25	61,00	62,00
Fleisch	24,00	96,00	108,00

[5] ZSta I, Potsdam, Reichswirtschaftsministerium (im folgenden RWM zit.), 12116: Denkschrift über die wirtschaftlichen Verhältnisse der deutschen Reichseisenbahnbeamten und Reichseisenbahnarbeiter vor Eintritt in den Winter 1920/21, dargestellt vom Allgemeinen Eisenbahner Verband.

[6] Die wöchentlichen Ausgaben wurden, um einen besseren Vergleich zu ermöglichen, von uns einfach mit 4 multipliziert, um monatliche Angaben zu erhalten. Dies kann zu geringfügigen Abweichungen von den realen monatlichen Ausgaben führen.

TABELLE 2 *(Fortsetzung)*

Zwei Haushaltsrechnungen aus dem Sommer 1920 (Angaben in Mark)[5]

	Arbeiterfamilie mit 3 Kindern, mittlere Ortsklasse C Ausgaben wöchentl.	(monatl.)[6]	Beamtenfamilie Bes. kl. III mit 3 Kindern, mittlere Ortsklasse C monatliche Ausgaben
Fisch	—	—	25,00
Milch	14,00	56,00	60,00
Brot	22,50	90,00	99,00
Gemüse	25,00	100,00	100,00
Zucker	3,75	15,00	15,00
Marmelade, Kunsthonig	5,50	22,00	30,00
Käse, Zubrot	15,00	60,00	45,00
Hülsenfrüchte, Reis	8,00	32,00	35,00
Ersatzkaffee	1,50	6,00	10,00
Heizung, Licht	18,00	72,00	75,00
Schulgeld, Bücher	3,00	12,00	80,00
Schuhreparaturen	20,00	80,00	80,00
Kleiderrep.	10,00	40,00	50,00
Zeitung u.a.m.	3,50	14,00	12,00
Seife, Wäsche usw.	6,00	24,00	50,00
Steuerabzug, Pflichtversicherg.	30,00	120,00	92,00
Summe Ausgaben	240,00	960,00	1118,00
Einkommen[7]	210,00	840,00	1210,00

Obwohl aus der Denkschrift nicht hervorgeht, auf welcher Datenbasis diese Haushaltsrechnungen erstellt wurden, kann man davon ausgehen, daß es sich um eine Annäherung an das Existenzminimum handelt,[8] was vom Statistischen Reichsamt in einer Antwort auf die Denkschrift bestätigt wird.[9] Diese Annahme wird erhärtet durch die Tatsache, daß der Allgemeine Eisenbahnerverband diese Haushaltsrechnungen nicht mit den notwendigen Vorratskäufen

[7] Mit allen Teuerungszulagen (für drei Kinder) und Ortszuschlag.

[8] So heißt es in der Denkschrift: „Davon [von diesem Einkommen] sind allermindestens zu bestreiten..."

[9] ZSta I, Potsdam, RWM, 12116, Brief des Präsidenten des Statistischen Reichsamts an den Reichswirtschaftsminister.

von Heizmaterialien und Kartoffeln versah. Wie bereits die Haushaltsrechnung in Tabelle 1 zeigt, war der Vorratskauf von Kartoffeln auch einer so gut wirtschaftenden Familie wie dieser nicht möglich.

Wenn auch ein unmittelbarer Vergleich zwischen dem hier vorgestellten Arbeiter- und dem Beamtenhaushalt nicht ohne Einschränkungen möglich ist (vgl. Anm. 6), lassen sich doch einige bezeichnende Unterschiede feststellen. Auf jeden Fall signifikante Abweichungen von den Verbrauchsmustern des Beamtenhaushalts ergeben sich bei den Ausgaben für Miete, Fleisch (inklusive Fisch), Marmelade, Kaffee-Ersatz, Kleiderreparaturen und — auffallend hoch bei Seife und Wäsche sowie beim Schulgeld. Der Allgemeine Eisenbahnerverband geht — wie auch immer diese Werte ermittelt worden sind — von einem schichtenspezifischen Ausgabeverhalten aus, denn die Familiengröße ist bei beiden Haushalten dieselbe.

Trotz dieser angenommenen Unterschiede im Ausgabeverhalten ergibt sich, daß die Arbeiterfamilie mit einem wöchentlichen Einkommen von 240,— M bereits für diese Mindestausgaben Schulden machen mußte, der Beamtenfamilie bei höheren Ausgaben insgesamt indes auch nur wenig übrigblieb; nicht genug, wie in der Denkschrift vermerkt wurde, um die notwendigen Vorratskäufe zu tätigen. Dabei lag das wöchentliche Einkommen dieser Arbeiterfamilie, bei dem es sich wohlgemerkt nicht um fiktive Angaben, sondern um ein ganz reales Einkommen handelt, noch erheblich unter dem von R. Kuczynski errechneten Mindestbedarf für Berlin-Schöneberg von 370,— für Mai und 303,— M für August 1920.[10]

Das Statistische Reichsamt überprüfte diese Angaben der Denkschrift des Allgemeinen Eisenbahnerverbandes und kam zu dem Ergebnis, daß sie bis auf wenige Positionen nachprüfbar und deshalb für realistisch zu halten seien.[11] Im Statistischen Reichsamt rechnete man minutiös nach, in welchen Städten verschiedener Ortsklassen im Reich man welche Mengen Lebensmitteln mit den für die einzelnen Positionen angegebenen Geldbeträgen zu ortsüblichen Preisen kaufen konnte und wieviel Kalorien der Familie mit den so (fiktiv) erstandenen Lebensmitteln zur Verfügung stehen würden. Konkret hieß das: Welche Menge Brot kann man für die in Tabelle 2 angegebenen 22,50 M (für eine Woche) beispielsweise in Berlin (Ortsklasse A) kaufen und wieviel Kalorien hat diese Menge? Tabelle 3 zeigt die Ergebnisse.

[10] *Ebda.*
[11] *Ebda.*

TABELLE 3[12]

Gemeinde	Zahl der Einwohner	Orts-klasse	Arbeiterhaushalt Sollmenge = 71 400 Kal. wöchentlich — Ist-Menge	Beamtenhaushalt Sollmenge = 306 000 Kal. monatlich — Ist-Menge
Berlin	1 889 065	A	59 662	255 424
Hannover	387 541	B	62 539	268 076
Arnsberg	11 152	C	58 690	252 124
Uelzen	11 554	D	66 448	285 404
Salzwedel	14 016	E	71 316	306 594

Sowohl die Arbeiter- wie die Beamtenfamilie konnten mit den ihnen zustehenden Teuerungszulagen für Ortsklasse C lediglich in Orten der Ortsklasse E die Kalorienmenge kaufen, die dem Sollwert entsprach. Allerdings hat der Vergleich der verschiedenen Ortsklassen in dieser Tabelle einen wesentlichen Mangel, der den Mitarbeitern des Statistischen Amtes wohl entgangen ist: Die Verfasser der Denkschrift gingen davon aus, daß ein Hauptnahrungsmittel dieser Zeit — Kartoffeln — bereits durch Vorratskäufe in ausreichender Menge vorhanden war oder noch anzuschaffen war, wenn sie auch feststellten, daß das Geld nach ihren Berechnungen hierfür eigentlich nicht ausreichte. Der Kalorienwert der Kartoffeln fehlt in TABELLE 3.

Im Vergleich zu der Erhebung über minderbemittelte Familien im Deutschen Reich von 1907/08 ergaben sich für die Angaben aus der Denkschrift folgende Prozentwerte:

TABELLE 4[13]

Prozentuale Verteilung der Ausgabeposten

Ausgabegruppe	Arbeiterhaushalt (5 Pers.)		Beamtenhaushalt (5 Pers.)	
	aus der Denkschrift 1920	aus der Erhebung 1907	aus der Denkschrift 1920	aus der Erhebung 1907
Ernährung	64,1	52,9	52,7	38,8
Wohnung	7,1	16,4	8,0	18,8
Heizung, Beleuchtung	8,6	4,1	6,7	3,9
Bekleidung, Wäsche	17,1	11,3	16,1	14,2
Sonstiges (Steuern)	5,1⁺	15,3⁺	16,5	24,3

⁺ Ohne Steuerabzug.

[12] Zusammengestellt aus: *Ebda.*, Anhang.

[13] Zusammengestellt aus: *Ebda.*, Anhang.

Zum Vergleich sei angemerkt, daß der Haushalt aus TABELLE 1 im Durchschnitt 59,7 % seiner Ausgaben für Nahrungsmittel aufwandte; läßt man den durch die Möbelkäufe aus dem Rahmen fallenden Januar aus, sind es 62,4 % als Durchschnitt für elf Monate.

3. Bericht über eine Chauffeursfamilie

Die folgende Haushaltsrechnung ist zusammengestellt aus einer Folge von Berichten von W. Seeds aus dem britischen Generalkonsulat in München an das Außenministerium in London. Das Budget ist das des Chauffeurs von Seeds und diente diesem in erster Linie dazu, das Ausmaß der Preissteigerungen zu schildern.

Leider läßt die Quelle, in der die nachstehende Tabelle mitgeteilt wird, die Frage offen, ob für die Darstellung der Ausgaben der Chauffeursfamilie in München zu Beginn der Erhebung ein bestimmter Warenkorb festgelegt und für diesen in den Abständen der Berichterstattung Preise erhoben wurden oder, was eine Durchsicht der Quelle wahrscheinlicher macht, ob es sich um wöchentliche Verbrauchsmengen handelt, die der Realität jedenfalls zumindest annähernd entsprachen.[14] Bis zum letzten vorliegenden Bericht aus der ersten Novemberwoche 1922 wäre es von der Marktsituation her bei der überwiegenden Zahl der Nahrungsmittel durchaus möglich gewesen, sie zu den hier beschriebenen Mengen zu beschaffen. Butter allerdings wurde schon relativ früh durch Margarine ersetzt, und es spräche für relativ großen Luxus, wenn diese auch noch im November 1922 wöchentlich gekauft würde.

Den relativen Wohlstand der Chauffeursfamilie belegt auch ein Kommentar W. Seeds zur letzten Haushaltsrechnung vom November 1922, wenn er meint: „It is of course a truism that the pre-war standard of living has long been beyond the reach of the great mass of the population and such comparisons are in my opinion of no practical use. What is of importance at the present moment is the fact that the wages now generally paid here (for instance the transport-workers tariff of 5.600,00 to 5.850,00 marks weekly) could not meet even the modest food requirements of my chauffeur's small family, let alone such items as rent, clothes, heating and taxes. To arrive at some sort of balance it would be necessary to deduct from the accompanying table not only butter, which must be taken as an unjustifiable luxury in present conditions, but also all expenditure whatsoever on meat and sausages while considerably reducing some of the remaining necessaries."[15]

[14] So taucht in einem Bericht die Feststellung auf, daß der Chauffeur im Vergleich zu den Preisen aus der Tageszeitung Butter, Kartoffeln und Käse teurer eingekauft habe, dafür Eier und Reis billiger. *Ebda.* Despatch No. 234 vom 20. Dez. 1921.

[15] *Ebda.* Despatch No. 177 vom 15. Nov. 1922.

TABELLE 5[16]

Haushaltsrechnung einer Chauffeursfamilie mit einem Kind
München 1922 (wöchentlicher Verbrauch), Angaben in Mark

Lebensmittel/Woche	Dez. 1921	März 1922	April 1922	August 1922	Sept. 1922	Okt. 1922	Nov. 1922
9 l Milch	39,60	54,00	63,00	140,40	234,00	450,00	702,00
1 Pfd. Butter	42,00	46,00	50,00	105,00	300,00	480,00	800,00
1 Pfd. Schmalz	42,00	36,00	46,00	125,00	280,00	350,00	780,00
2 Pfd. Zucker	10,00	15,80	20,00	70,00	95,00	54,00	180,00
14 Pfd. Brot	28,00	47,60	47,60	56,00	114,80	154,00	378,00
3 Pfd. Mehl	19,50	22,50	36,00	54,00	156,00	204,00	690,00
7 l Bier	21,00	28,00	39,20	126,00	210,00	210,00	546,00
10 Pfd. Kartoffeln	15,00	15,00	30,00	65,00	55,00	65,00	70,00
7 Eier	16,50	23,80	25,20	51,10	63,00	98,00	154,00
1,5 Pfd. Grütze	9,75	15,00	18,00	33,00	90,00	120,00	360,00
1 Pfd. Reis	7,00	12,00	14,00	25,00	100,00	100,00	150,00
2 Pfd. Obst	8,40	14,00	20,00	28,00	12,00	28,00	40,00
3 Pfd. Fleisch	50,00	86,00	126,00	246,00	360,00	590,00	1080,00
1,5 Pfd. Wurst	30,00	60,00	75,00	172,00	300,00	495,00	540,00
0,75 Pfd. Käse	16,50	21,00	24,00	75,00	150,00	225,00	337,50
1 Pfd. Nudeln	12,00	15,00	16,00	24,00	59,50	70,00	160,00
0,5 Pfd. Malzkaffee	2,70	3,75	5,50	9,00	35,00	37,50	45,00
Gesamtausgaben	369,95	515,45	655,50	1404,50	2615,30	3730,50	7012,50

[16] Public Record Office, Foreign Office, London, No. 371/7516.

Bis zu diesem Zeitpunkt allerdings sieht der Attaché die Lage der Arbeiterschaft im Lichte der Haushaltsrechnung seines Chauffeurs durchweg positiv. Sein Chauffeur, der auch nicht mehr verdiene als andere, vergleichbare Arbeiter, müßte bis zum August 1922 zwar fünfeinhalbmal soviel ausgeben wie im September 1921, verdiene aber inzwischen fast sechsmal soviel wie damals.[17] Daß die Lohnerhöhungen die Erhöhungen der Preise 1922 überrundet hätten, ist allerdings keiner amtlichen Statistik zu entnehmen. Bezeichnend auch für diesen Bericht ist angesichts der positiven Lage seines Chauffeurs die Stellungnahme, „that the working classes do not suffer to the extent which certain foreign observers are inclined to believe. Were is not so, they would not be in a position to devote to comparatively expensive amusements the portion of their wages which they do at present. The consumption of food has certainly decreased, but some German physicians admit that a reduction in the quantities consumed in pre-war days is rather salutary than otherwise."[18]

Jede der hier aufgeführten Haushaltsrechnungen, so muß man zusammenfassen, erfüllt den Zweck, für den sie erstellt ist. Die erste zeigt, daß es möglich ist, auch mit geringem Lohn so zu wirtschaften, daß Erspartes übrigbleibt für die Anschaffung von Möbeln, für Vergnügungen. Die zweite zeigt zusammen mit den amtlichen Prüfrechnungen die Unmöglichkeit eines Auskommens mit einem geringfügig niedrigeren Lohn und eine erhebliche Minderung der Lebensqualität und die dritte zeigt zwar eine enorme Preissteigerung in der Zeit der galoppierenden Inflation, aber keinerlei gleichzeitige Einbußen an Qualität der Ernährung: Die konsumierten Waren und Mengen sind das ganze Jahr über konstant.

Daß der letzte Berichterstatter über seine glücklich situierte Chauffeursfamilie nicht hinausgesehen hat, liegt auf der Hand, doch bleibt zu fragen, wo zwischen diesen drei ‚Eckpfeilern' der ‚typische' Haushalt liegt. Klammert man die Chauffeursfamilie einmal aus, weil sie so offensichtlich aus der Masse der Arbeiterhaushalte herausragt, bieten die beiden anderen Haushaltsrechnungen eher eine Interpretationsmöglichkeit. Diese liegt zweifellos darin, daß ein Haushalt gut oder schlecht organisiert werden kann. Doch wenn auch eine große Anzahl von Arbeiterhaushalten zu Beginn der Inflation noch mit ihrem Lohn ausgekommen sein mag, schwand doch deren Zahl mit dem Fortschreiten der Inflation ohne Zweifel ganz beträchtlich. Letztendlich muß wiederum eine Vielzahl bedeutender und weniger bedeutender Einflußfaktoren herangezogen werden, um ein Bild der Lage der Arbeiter während der Inflation zu ermöglichen. Und so bleibt auch nach der Interpretation einiger vollständiger Arbeiterhaushaltsrechnungen nur der Verweis auf die vielen möglichen individuellen Gegebenheiten, die das Bild des ‚typischen' Haushalts so stark variieren lassen.

[17] *Ebda.* Despatch No. 123 vom 15. Aug. 1922.

[18] *Ebda.*

Summary

The main issue of the paper is a description of the social situation of different social groups during the period of inflation 1919—1923. For this purpose factors are evaluated which had a decisive long term influence on the social situation of the population. Such factors were: changes in marriage behavior and an increase in the number of childless matrimonies during the Weimar Republic.

Direct economic influences on the social situation of families are described in the second part. It includes especially household management. This topic is discussed by way of examining household expenses of workers and state employees as well as of minimum subsistence levels.

In the third chapter it is shown that typical housing conditions, diseases and crime rate are consequences of economic need. The emphasis of this chapter is directed towards the situation of children and adolescents and on the degree of impoverishment of the middle and lower social classes.

Problems of the availability of sources on household expenses during the period of inflation made it necessary to add an appendix. Typical household expenses from the period between 1919—1923 are discussed and methodological problems are analyzed.

Lohn und Beschäftigung als Indikatoren für die soziale Lage der Arbeiterschaft in der Inflation*

ROBERT SCHOLZ

Im Mittelpunkt dieses Beitrages steht das Problem, wie auf der Grundlage der zeitgenössischen Statistik Aussagen über die soziale Lage der Arbeiterschaft in der Inflation getroffen werden können. Obwohl eine ganze Reihe von Indikatoren, die aus der Wohnungs-, Verbrauchs-, Gesundheitsstatistik usw. gewonnen werden können, durchaus in diesen Zusammenhang gehören, soll die Fragestellung auf die beiden Indikatoren Lohn und Beschäftigung beschränkt bleiben. Dies geschieht nicht nur wegen ihrer zentralen Bedeutung für Untersuchungen der Lage der Arbeiter, sondern ist auch auf den Gang der bisherigen Diskussion über die sozialen und politischen Folgen der Inflation zurückzuführen.

Franz Eulenburg und Costantino Bresciani-Turroni, die als Zeitgenossen noch einen unmittelbaren Eindruck von dem Geschehen hatten, wiesen darauf hin, „daß die alte gesellschaftliche Schichtung aus den Fugen geraten“[1] war. Sie vermittelten den Eindruck, daß die Arbeiterschaft nicht zu den Gewinnern jener Umverteilung gehörte, die der Inflation zugeschrieben wurde, jedoch hielten sie eine Differenzierung in deren zeitlichen Verlauf für nötig. Der deutsche Nationalökonom

* Dieser Beitrag ist die überarbeitete Fassung meines Referates für den „Workshop on Inflation and Reconstruction in Germany and Europe, 1914—1924“ in Berkeley. Für die finanzielle Unterstützung meiner Forschungsarbeiten, aus denen dieser Beitrag hervorging, sei an dieser Stelle der Stiftung Volkswagenwerk gedankt.

[1] Franz Eulenburg, *Die sozialen Wirkungen der Währungsverhältnisse*, in: *Jahrbücher für Nationalökonomie und Statistik*, 122 (1924), S. 790; ähnlich auch: Costantino Bresciani-Turroni, *The Economics of Inflation. A Study of Currency Depreciation in Post-War Germany*, 3. ed., London 1968, S. 286f.

sah die Lage der Arbeiter durch eine geringe Arbeitslosigkeit und die „Unsicherheit des Geldlohnes" gekennzeichnet. Er sprach davon, daß die Arbeiterschaft „zunächst von der Inflation Vorteile gehabt", die Geldentwertung in ihrer dauernden Wirkung jedoch eine „soziale Krise der Arbeiter" gebracht hätte.[2] Bresciani-Turroni widmete sich besonders den gegensätzlichen Entwicklungsrichtungen der Reallöhne und der Beschäftigungssituation unter dem Einfluß des Markverfalls. Für die Zeit bis zum Sommer 1922 konstatierte er, daß der Preisanstieg durch die Lohnerhöhungen nicht ausgeglichen werden konnte, während gleichzeitig nur eine geringe Arbeitslosigkeit herrschte. Schon eine kurze Periode steigender Markkurse ließ die Arbeitslosigkeit anwachsen und die Reallöhne ihrem Vorkriegsstand entgegenstreben. Die Hyperinflation 1922/23 brachte eine wachsende Arbeitslosigkeit bei stark schwankenden Reallöhnen.[3] Beide Autoren sahen bis zu einem Einschnitt im Sommer 1922 beziehungsweise bis zum Beginn der Ruhrbesetzung (Eulenburg) eine Tendenz der Zunahme der Reallöhne bei guter Beschäftigung, während der rapide Verfall der Mark die Kaufkraft der Löhne verminderte und die Arbeitslosigkeit vergrößerte.

Zu einem eindeutigeren Urteil kam der marxistische Wirtschaftshistoriker Jürgen Kuczynski, indem er die Entwicklungstendenzen von Lohn und Beschäftigung enger miteinander verknüpfte. Nach seiner Auffassung lag die Ursache der relativ geringen Arbeitslosigkeit „in der gewaltigen Senkung der Reallöhne, die so weit ging, daß ... es in einer Reihe von Betrieben sogar billiger wurde, Maschinen durch Handarbeit zu ersetzen".[4] Für ihn endete mit dem Jahr 1923 eine Phase, „in der sich zehn Jahre lang die Lage der Arbeiter, ihre Lebens- und Arbeitsverhältnisse, fortlaufend, von Jahr zu Jahr, absolut verschlechterten".[5] Die Diskussion hätte nun ihre Fortsetzung darin finden können, daß die Behauptung vom permanenten Abstieg der Arbeiterschaft in das Elend anhand der Löhne, des Arbeitsmarkts und anderer Indikatoren überprüft worden wäre. Statt dessen aber rückte die relative Verteilungsposition der Arbeitnehmer in den Mittelpunkt des Interesses, allerdings verknüpft mit Aussagen zur sozialen Lage.

[2] F. Eulenburg, *Die sozialen Wirkungen*... [wie Anm. 1], S. 781, 790.

[3] Vgl. C. Bresciani-Turroni, *The Economics*... [wie Anm. 1], S. 305—310.

[4] Jürgen Kuczynski, *Darstellung der Lage der Arbeiter in Deutschland 1917/18 bis 1932/33* (= Geschichte der Lage der Arbeiter unter dem Kapitalismus, Bd. 5), Berlin (Ost) 1966, S. 156.

[5] *A.a.O.*, S. 195.

Dieser Gang der Debatte war zu einem guten Teil die Folge der lückenhaften Datenlage für die Jahre 1914 bis 1923, die für eine Sozialgeschichte der Inflation keine wichtigen neuen Erkenntnisse erhoffen ließ. So blieb die Inflationsforschung eine Domäne der Wirtschaftswissenschaftler, die — ähnlich wie schon John Maynard Keynes — behaupteten, „daß die Arbeiter von der Inflation an sich weder gewinnen noch verlieren können".[6] Sie mußten aber auf das lange vernachlässigte Problem der sozialen Kosten der Geldentwertung aufmerksam werden, als Wirtschaftshistoriker marxistischer Prägung die schon von Eugen Varga aufgestellte These, die Verarmung der Mittelschichten und des Proletariats seien die Grundlagen einer Umverteilung zugunsten der Großbourgeoisie gewesen, weiter zuspitzten: „Der zeitweilige Erfolg der Inflationskonjunktur 1921/22 beruhte insbesondere auf der monopolistischen sogenannten ursprünglichen Akkumulation; einer ‚ursprünglichen' Akkumulation zugunsten des Monopolkapitals, das nach Schätzungen etwa 40 bis 50 Milliarden Mark durch die Reallohnsenkung aus der Arbeiterschaft herauspreßte, die zur Unterschreitung ihres Existenzminimums führte."[7]

Die in dieser These enthaltene Verknüpfung der Verelendung der Arbeiter mit der Umverteilung zugunsten der Großunternehmer erlaubte es „bürgerlichen" Wirtschaftshistorikern, im weiteren auf einem traditionellen Feld der Wirtschaftswissenschaften zu operieren: der Frage nach der Einkommensverteilung. Carl-Ludwig Holtfrerich formulierte die Gegenposition, zu deren Begründung er das bekannte, aber auch bisher unbeachtet gebliebenes zeitgenössisches statistisches Material zur Entwicklung der Reallöhne heranzog: „Vergleicht man das wöchentliche oder monatliche reale Lohn-oder Gehaltsniveau in den Jahren 1919—1922 mit dem Niveau des realen Volkseinkommens jeweils gegenüber dem Vorkriegsstand..., so muß man angesichts der guten Beschäftigungssituation während der ersten Nachkriegsjahre zu

[6] Jørgen Pedersen, *Einige Bemerkungen zur deutschen Inflation von 1919—1923*, in: *Zeitschrift für die gesamte Staatswissenschaft*, 122 (1966), S. 428. Eine entsprechende Bemerkung findet sich bei John Maynard Keynes, *Ein Traktat über Währungsreform*, München-Leipzig 1924, S. 30, „daß Inflation das Vermögen in einer Weise neu verteilt, die sehr schädlich ist für den Rentner, sehr vorteilhaft für den Unternehmer, und wahrscheinlich, unter normalen industriellen Bedingungen im ganzen genommen, vorteilhaft für den Lohnempfänger".

[7] Hans Mottek/Walter Becker/Alfred Schröter, *Wirtschaftsgeschichte Deutschlands. Ein Grundriß*, Bd. 3: *Von der Zeit der Bismarckschen Reichsgründung 1871 bis zur Niederlage des faschistischen deutschen Imperialismus 1945*, Berlin (Ost) 1974, S. 246.

der Erkenntnis kommen, daß der Anteil der Arbeitnehmereinkommen am Volkseinkommen mindestens ebenso hoch war wie in den Vorkriegsjahren, wahrscheinlich aber wesentlich höher, auf jeden Fall der der Arbeitnehmereinkommen unterer Einkommensschichten. Dieses Ergebnis entzieht der ... These, die Nachkriegsinflation habe sich zum Nachteil der Arbeitnehmer ausgewirkt, jedenfalls bis zum Beginn der Hyperinflation im Sommer 1922 den Boden.

Ab der zweiten Jahreshälfte 1922 jedoch sind die realen Lohn- und Gehaltseinbußen gegenüber der Vorkriegszeit tendenziell wesentlich größer als in der Periode zuvor. Dies ist das reale Fundament, auf dem die Schreckensbilder der Hyperinflation basieren."[8] Noch deutlicher kommt die Verknüpfung von Aussagen über die soziale Lage und über die Umverteilung in der These Werner Abelshausers zum Ausdruck, „das vorherrschende düstere Bild der Lebensverhältnisse der Arbeiter (lasse) sich mit dem empirischen Befund der Einkommensverteilung ... nicht vereinbaren".[9]

Der hier nur knapp skizzierte Gang der Diskussion über die soziale Lage der Arbeiterschaft in der Inflation zeigt, daß die Indikatoren „Lohn" und „Beschäftigung" zum einen eine zentrale Bedeutung in den Begründungszusammenhängen haben, zum anderen aber in den jeweiligen Argumentationen verschieden verwandt werden. So können sie offenbar sowohl für die Untersuchung der sozialen Lage verwandt werden, als auch für die Errechnung der Verteilungsposition der Arbeitnehmer, wobei die Entwicklung der Löhne und Gehälter im Verhältnis zu der des Volkseinkommens geschätzt wird.

Aus der Sicht des Sozialhistorikers bedarf es jedoch der Prüfung, ob Verteilungsrechnungen wirklich geeignet sind, die These zu belegen, daß der Verelendungsprozeß, dem die Arbeiterschaft im Verlauf des Krieges ausgesetzt war, sich in der Nachkriegszeit nicht fortgesetzt habe.[10] Sollte sich nämlich der Eindruck bestätigen, „daß es doch gar nicht so schlimm gewesen sein könne mit der Inflation",[11] so hätten die

[8] Carl-Ludwig Holtfrerich, *Die deutsche Inflation 1914—1923. Ursachen und Folgen in internationaler Perspektive,* Berlin-New York 1980, S. 244.

[9] Werner Abelshauser, *Verelendung der Handarbeit? Zur sozialen Lage der deutschen Arbeiter in der großen Inflation der frühen zwanziger Jahre,* in: *Vom Elend der Handarbeit. Probleme historischer Unterschichtenforschung,* hrsg. von Hans Mommsen u. Winfried Schulze (= Geschichte und Gesellschaft. Bochumer Historische Studien, Bd. 24), Stuttgart 1981, S. 447.

[10] Vgl. *a.a.O.,* S. 475.

[11] Diskussionsbeitrag von Otto Pfleiderer, in: *Historische Prozesse der deutschen*

Sozialhistoriker neue Wege zu beschreiten, um Erklärungen für die „große Verbitterung in der deutschen Gesellschaft" und die „Vergiftung des sozialen und politischen Lebens"[12] als Folge der Inflation zu finden. So wären denn auch die Gründe für die Radikalisierung eines Teiles der Arbeiterschaft in den frühen Jahren der Weimarer Republik eher in ihrem subjektiven Empfinden der Situation zu suchen, etwa in der Enttäuschung übertriebener Erwartungen, als in einer von ihnen erfahrenen Verschlechterung ihrer Lebensverhältnisse. Aus solchen, den Wirtschaftshistorikern eher fernliegenden Problemstellungen leiten sich die Hauptfragen des ersten Abschnitts dieses Beitrages nach der Zulässigkeit und der Aussagekraft der Ergebnisse von Verteilungsrechnungen für Thesen über die soziale Lage der Arbeiter in der Inflation ab.

Ein eng damit verknüpftes methodisches Problem ergibt sich aus der Warnung davor, „die veröffentlichten Statistiken ungeprüft zu benutzen ...".[13] So muß einerseits für Reallohnberechnungen von der Tariflohnstatistik ausgegangen werden, ohne daß ausreichende Angaben über das Verhältnis der Tariflöhne zu den Effektivlöhnen vorliegen. Der Lebenshaltungsindex des Statistischen Reichsamts andererseits muß schon wegen der mehrmaligen Korrekturen seiner Berechnungsgrundlage mit Skepsis betrachtet werden. Für die Entwicklung der Arbeitslosigkeit stehen zudem allein die Erhebungen der Gewerkschaften zur Verfügung, die nur für ihre Mitglieder aussagekräftig sind. Als ein besonders schwerwiegendes Manko muß es angesehen werden, daß über die Motive, die die staatlichen Stellen mit dem Aufbau der Lohn- und Lebenshaltungsstatistik verbanden, bisher wenig bekannt ist. Hieraus vor allem resultiert ein gewisser Zweifel an der Genauigkeit der Reallohnentwicklung, die aus den Lohnreihen und Teuerungsziffern

Inflation 1914 bis 1924. Ein Tagungsbericht, bearb. und hrsg. von Otto Büsch und Gerald D. Feldman unter Mitarbeit von Monika Wölk und Wolfgang Wölk (= Einzelveröffentlichungen der Historischen Kommission zu Berlin, Bd. 21), Berlin 1978, S. 377.

[12] Diskussionsbeitrag von Gerald D. Feldman, in: *A.a.O.*, S. 284.

[13] Jens Flemming/Claus-Dieter Krohn/Peter-Christian Witt, *Sozialverhalten und politische Reaktionen von Gruppen und Institutionen im Inflationsprozeß. Anmerkungen zum Forschungsstand,* in: *A.a.O.*, S. 243. Dem sich anschließenden Hinweis auf die fast vollständig erhaltenen Akten des Statistischen Reichsamts im ZStA Potsdam wurde nachgegangen — leider mit negativem Ergebnis für die Lohn- und Lebenshaltungsstatistik. Dieser Beitrag stützt sich deshalb auf die Aktenreihen *Lebenshaltungsstatistik,* Bd. 1—7, und *Lohnstatistik,* Bd. 3—11, ZStA I, RArbM, Nr. 10658—10664 und 10668—10676.

des Statistischen Reichsamts errechnet wird, darf doch mit Recht vermutet werden, daß beim Ausbau dieses Teils der Sozialstatistik die Ziele der staatlichen Lohnpolitik nicht unberücksichtigt geblieben sind. Der Verlauf der internen Diskussion, die vor allem zwischen dem Reichsarbeits- und dem Reichswirtschaftsministerium geführt wurde, ist deshalb Gegenstand des zweiten Teils. Damit soll versucht werden zu klären, in welcher Weise Reallohnberechnungen im Rahmen von Untersuchungen über die soziale Lage der Arbeiter in der Inflation vorgenommen werden müssen und wie aussagekräftig sie sein können.

Diese methoden- und quellenkritische Aufgabenstellung verlangt eine Beschränkung des Untersuchungszeitraumes auf die Jahre 1920 bis 1924. Während über den Verelendungsprozeß der Arbeiter im Verlauf des Krieges kein Dissens besteht, muß die Entwicklung im Jahre 1919 ausgespart werden, obwohl die Auffassung vom Autor nicht geteilt wird, „daß die Löhne bald nach dem Krieg ihren Höchststand erreichten".[14] Da die Lebenshaltungs- und Lohnstatistik des Statistischen Reichsamts erst für den Dezember 1919 beziehungsweise den Februar 1920 zahlenmäßige Ergebnisse erbrachte, bedarf die Begründung der gegenteiligen Auffassung einer eigenen Untersuchung, die andere methodische Probleme zu bewältigen hätte, wie sie im hier gewählten Aufgabenfeld diskutiert werden. Dagegen muß schon wegen seiner verbesserten Datenlage das Jahr 1924 mit einbezogen werden, um Aussagen über das Reallohniveau am Ende der Hyperinflation besser abzusichern. Zudem konnten Holtfrerich und Abelshauser nicht darauf verzichten, das erstmals nach dem Kriege errechnete Volkseinkommen des Jahres 1925 für ihre Argumentation zu nutzen. Es muß deshalb geprüft werden, wie die Entwicklung im ersten Jahr mit stabiler Währung verlief.

Die Eigenart der Volkseinkommensberechnung, „Lohn" und „Gehalt" als Einkommensquellen nicht getrennt darzustellen, war sicherlich einer der Gründe dafür, daß Holtfrerich seine Ergebnisse für die Arbeitnehmerschaft insgesamt formulierte. Seine Behauptung aber, die „Arbeitnehmereinkommen unterer Einkommensschichten" hätten im Vergleich zu den übrigen besser abgeschnitten, kann nur bedeuten, daß seine Aussagen auf die Arbeiterschaft in besonders hohem Maße zutreffen. Abelshauser dagegen meinte, daß die Kategorie des „Arbeitnehmers" als ein untaugliches Mittel für die Bestimmung der sozialen Lage

[14] W. Abelshauser, *Verelendung*... [wie Anm. 9], S. 451; vgl. auch C.-L. Holtfrerich, *Die deutsche Inflation*... [wie Anm. 8], S. 229.

der Arbeiterschaft anzusehen sei, verschleiere sie doch nur die Positionsgewinne der Arbeiterschaft auf Kosten anderer sozialer Gruppen.[15] Diese methodische Anregung wird hier aufgenommen. Der Beitrag konzentriert sich im folgenden auf die Probleme der Untersuchung der Lage der Arbeiterschaft und verzichtet auf eine Berücksichtigung der Angestellten und Beamten.[16]

I

Der Anteil am Volkseinkommen als Ausdruck der sozialen Lage der Arbeiterschaft

Alle Verteilungsrechnungen für die Jahre der Inflation sind durch das Fehlen von Daten zur funktionellen Einkommensverteilung behindert. Deshalb bietet es sich an, einerseits die Entwicklung des Volkseinkommens zu schätzen und andererseits durch Bestimmung der Reallohnniveaus eine Aussage über die Einkommensquelle „Lohn" zu treffen. Als Vergleichsjahr wird in der Regel das Jahr 1913 gewählt. Die beiden bisher vorhandenen Schätzungen des Volkseinkommens für die Jahre 1920 bis 1924, die die Veränderungen des Reichsgebietes gegenüber der Vorkriegszeit eliminieren, weil sie die veränderte Bevölkerungszahl berücksichtigen, finden sich in Tabelle 1.

Zweifellos sind Schätzungen des Volkseinkommens für die Jahre der Inflation nur mit Vorbehalten aufzunehmen,[17] und deshalb kann aus den Zahlen von Henning und Witt eigentlich nur abgelesen werden, daß das deutsche Volkseinkommen den Stand des letzten Friedensjah-

[15] Vgl. W. Abelshauser, *Verelendung*... [wie Anm. 9], S. 476.

[16] Für einen Vergleich zwischen den Arbeitnehmergruppen vgl. Andreas Kunz, *Verteilungskampf oder Interessenkonsensus? Einkommensentwicklung und Sozialverhalten von Arbeitnehmergruppen in der Inflationszeit 1914 bis 1924*, in: *Die deutsche Inflation. Eine Zwischenbilanz/The German Inflation. A Preliminary Balance*, hrsg. von Gerald D. Feldman, Carl-Ludwig Holtfrerich, Gerhard A. Ritter u. Peter-Christian Witt (= Veröffentlichungen der Historischen Kommission zu Berlin, Bd. 54), Berlin-New York 1982, S. 347—384.

[17] Knut Borchardt, *Wirtschaftliche Ursachen des Scheiterns der Weimarer Republik*, in: *Weimar. Selbstpreisgabe einer Demokratie. Eine Bilanz heute*, hrsg. von Karl Dietrich Erdmann und Hagen Schulze, Düsseldorf 1980, S. 224, Anm. 18, hielt „die Versuche, für den Weltkrieg und die Inflation das Sozialprodukt zu schätzen, für methodisch unzulässig". Auch C.-L. Holtferich, *Die deutsche Inflation*... [wie Anm. 8], S. 222—224, diskutierte die Schätzung des Volkseinkommens kritisch. Warum er jedoch nicht das hier in Tabelle 1 aufgenommene Pro-Kopf-Volkseinkommen von Witt berücksichtigt, sondern dessen Schätzung des Volkseinkommens insgesamt, begründet er nicht.

TABELLE 1

Die Entwicklung des realen Volkseinkommens in Deutschland 1920 bis 1924 (1913 = 100), berechnet pro Kopf der Bevölkerung

Jahr	Henning	Witt
1920	74	80,2
1921	80	86,5
1922	83	89,4
1923	72	80,0
1924	82	93,3

Quellen: Friedrich-Wilhelm Henning, *Das industrialisierte Deutschland 1914 bis 1976*, 4. Aufl., Paderborn 1978, S. 49, zit. nach: Carl-Ludwig Holtfrerich, *Die deutsche Inflation 1914—1923. Ursachen und Folgen in internationaler Perspektive*, Berlin-New York 1980, S. 221, Tab. 40. Peter-Christian Witt, *Finanzpolitik und sozialer Wandel in Krieg und Inflation 1918—1924*, in: Hans Mommsen/Dietmar Petzina/Bernd Weisbrod (Hrsg.), *Industrielles System und politische Entwicklung in der Weimarer Republik*, Düsseldorf 1974, S. 424, Tab. 2 (letzte Spalte).

res in der Inflation nicht erreichte. Darüber hinaus stimmen beide Berechnungen in den Entwicklungstendenzen, nicht aber im Entwicklungsniveau überein. So verzeichnete das Volkseinkommen in den Jahren 1920 bis 1922 einen Anstieg, dem ein tiefer Einbruch im Jahr 1923 und ein abermaliger rascherer Anstieg 1924 folgte.

Um einen Eindruck von der Reallohnentwicklung in den Jahren 1920 bis 1923 zu gewinnen, können die durchschnittlichen Realwochenlöhne herangezogen werden, die das Statistische Reichsamt für vier Arbeitergruppen errechnet hat. In TABELLE 2 sind die Jahresdurchschnittswerte ihrer Niveaus und die höchsten und niedrigsten Daten, die für das jeweilige Jahr angegeben sind, zusammengestellt.

Die Zahlen spiegeln die gleichen Tendenzen wider, die auch in anderen Reallohnberechnungen, auf die weiter unten noch eingegangen wird, zu finden sind. Neben dem Absinken des realen Lohnniveaus vor allem der gelernten Arbeiter im Vergleich zur Vorkriegszeit werden auch die großen Schwankungen im Verlauf eines Jahres deutlich. Sie resultierten aus der Nähe beziehungsweise Ferne des jeweiligen Monats zum letzten Tarifabschluß und wurden heftiger, je schneller das Tempo der Geldentwertung voranschritt.

TABELLE 2

Indizes der durchschnittlichen Realwochenlöhne (Tariflöhne) der Eisenbahnarbeiter, Buchdrucker und Ruhrbergarbeiter 1920 bis 1923 (1913 = 100) für den Jahresdurchschnitt und den höchsten und niedrigsten Stand innerhalb des Jahres

Jahr (bzw. niedrigster/ höchster Monat)	Eisenbahnarbeiter Gelernte	Eisenbahnarbeiter Ungelernte	Buchdrucker	Hauer und Schlepper im Ruhrgebiet
1920	66,7	89,1	60,8	77,6
	(52,3/75,3)	(69,9/99,8)	(43,5/69,9)	(62,7/91,6)
1921	74,5	100,0	68,9	89,1
	(67,3/90,3)	(90,1/121,1)	(63,1/76,6)	(81,9/97,5)
1922	64,2	87,6	60,9	69,9
	(53,3/78,4)	(73,5/114,4)	(44,4/74,1)	(51,6/83,1)
1923	50,9	69,1	54,2	70,1
	(42,9/59,6)	(60,8/82,4)	(35,7/74,6)	(47,6/86,2)

Quellen: Zahlen zur Geldentwertung in Deutschland 1914 bis 1923, hrsg. vom Statistischen Reichsamt, Berlin 1925, S. 41, vgl. auch: Jürgen Kuczynski, *Darstellung der Lage der Arbeiter in Deutschland von 1917/18 bis 1932/33,* Berlin 1966, S. 166.

Holtfrerich meinte, ein zutreffendes Bild des Anteils der Arbeitnehmer am Volkseinkommen nur dann geben zu können, wenn er neben der guten Arbeitsmarktlage die Arbeitszeitverkürzungen durch eine Heraufsetzung des Reallohnniveaus berücksichtigte. Gegen dieses Vorgehen sind drei Einwände vorzubringen.

Der erste Einwand richtet sich gegen den unkritischen Gebrauch des Lebenshaltungskostenindex des Statistischen Reichsamts, mit dem die Nominallöhne deflationiert werden, um den Vergleich mit dem Jahr 1913 zu ermöglichen. Holtfrerich bemerkte selber, daß der zugrunde liegende Warenkorb „den Verbrauchsgewohnheiten der Nachkriegszeit angepaßt“[18] war, und gab die folgende zutreffende Einschätzung ab: „Eine Erweiterung des Warenkorbs auf ein Konsumniveau deutlich über dem absoluten Existenzminimum — ein Standard, der eher die

[18] *A.a.O.*, S. 28.

Ausgabengewohnheiten der Vorkriegszeit widerspiegeln würde — würde sich daher im Index für die Lebenshaltung auf jeden Fall in höheren Teuerungsziffern niederschlagen."[19]

Eine Berechnung der Reallöhne aufgrund des amtlichen Lebenshaltungskostenindex muß also zu einer Unterschätzung des wahren Ausmaßes des Kaufkraftverlustes führen, mithin auch das Reallohnniveau im Vergleich zum Volkseinkommen zu hoch ansetzen. Es steht jedoch kein anderer Index zur Verfügung, der für das ganze Deutsche Reich erstellt wurde. Deshalb soll hier der Prozentsatz geschätzt werden, um den das Reallohnniveau über diejenige Senkung hinaus, die schon die offiziellen Zahlen anzeigen, niedriger lag als im Jahr 1913.

Einen Anhaltspunkt für diese Schätzung geben die Rückberechnungen des Lebenshaltungskostenindex auf erweiterter Grundlage, die im Frühjahr 1925 und zuletzt in den dreißiger Jahren vorgenommen wurden. Mit der Absicht, „die Löhne denen der Vorkriegszeit in ihrer Kaufkraft (‚Reallöhne') gegenüberstellen zu können",[20] wurde die Struktur des „Warenkorbs" derart verändert, daß er weitgehend dem der Budgets von „minderbemittelten" Familien in der Erhebung von 1907 beziehungsweise den Wirtschaftsrechnungen von Arbeiterhaushalten im Jahre 1928 entsprach. Eine Rückberechnung wurde jedoch bis zum Dezember 1923 vorgenommen. Für diesen Monat ergab die alte Berechnungsart einen Wert von 124,7, die späteren Neuberechnungen dagegen 142,2 beziehungsweise 147,6.[21] Die Unterschiede betragen 14 beziehungsweise 18,4 %. Zu einem etwas anderen Ergebnis gelangt man, wenn — wie Flemming und Witt es taten — eine Neuberechnung derart vorgenommen wird, daß die Gewichtung der Großgruppen des

[19] *A.a.O.*, S. 36.

[20] *Die Reform der Reichsindexziffer für die Lebenshaltungskosten*, in: *Wirtschaft und Statistik*, 5 (1926), S. 160. Da der Vergleich mit der Vorkriegszeit offenbar auch noch Anfang der dreißiger Jahre eine wichtige Rolle spielte, wurde die Indexziffer auf der Basis der Wirtschaftsrechnungen von 1927/28 an die alte Indexziffer kettenmäßig angeschlossen; vgl. dazu: Statistisches Reichsamt. Nachprüfung der Grundlagen der Reichsindexziffer für die Lebenshaltungskosten (ca. 1931), ZStA II, Rep. 120 BB VI Nr. 216, Bd. 2, Bl. 176.

[21] Der Wert 124,7 ergibt sich aus C.-L. Holtfrerich, *Die deutsche Inflation*... [wie Anm. 8], S. 31, Tabelle 4, umgerechnet auf Rentenmark mit Basis 1913/14 = 100. Die beiden anderen finden sich in: *Die Reichsindexziffer für die Lebenshaltungskosten auf der neuen (erweiterten) Berechnungsgrundlage vom Dezember 1923 ab*, in: *Wirtschaft und Statistik*, 6 (1926), S. 585, bzw. *Statistisches Jahrbuch für das Deutsche Reich*, 55. Jg. (1936), hrsg. vom Statistischen Reichsamt, Berlin 1936, S. 294.

„Warenkorbs" (Ernährung, Heizung und Beleuchtung, Bekleidung, Wohnung) untereinander entsprechend den Haushaltsrechnungen von 1907 verändert und die Berechnungsgrundlage um „Sonstige Ausgaben" erweitert, jedoch die Binnengewichtung der Einzelindizes vom Statistischen Reichsamt übernommen wird.[22] Die Differenz zu den offiziellen Teuerungsziffern beträgt dann etwa 13 bis 15 % und schwankt deshalb, weil die neu hinzugenommene Ausgabengruppe die Preissteigerung einmal schneller, einmal langsamer mitvollzog.

Die vorgetragenen Überlegungen legen es nahe, die Realwochenlöhne in der Tabelle 2 15 % niedriger anzusetzen, um den Verlust an Kaufkraft gegenüber dem Basisjahr zutreffend festzustellen. Dies kann aber nur ein grober Schätzwert sein, und es muß dringend davor gewarnt werden, mit seiner Hilfe neue Reallohnreihen zu errechnen, die den Anspruch erheben, exakt über die Einschränkung der Lebenshaltung in den Nachkriegsjahren Auskunft zu geben. Für den Indikator „Reallohn" gilt, daß er in einem intertemporalen Vergleich für dieses von Krieg, Revolution und Inflation gezeichnete Jahrzehnt mehr als für ruhigere Dekaden eigentlich Unvergleichbares miteinander vergleicht. So ist auch ein Index, der die Lebenshaltungskosten vor dem Kriege umfassend wiedergibt, für die Berechnung derselben in der Inflationszeit ähnlich „wirklichkeitsfremd" wie der Index des Statistischen Reichsamts. Eine durchgängige Berechnung des ersteren würde daran scheitern, daß eine Reihe von Gütern für die Menschen überhaupt nicht zu bekommen waren oder ihr hoher Preis sie zwang, nach erschwinglicheren Substituten zu greifen. Der letztere jedoch gibt vom Reallohnniveau ein eindeutig zu positives Bild. Das ist der erste Einwand, der gegen Holtfrerichs Verteilungsrechnung vorzubringen ist.

Der zweite Einwand richtet sich gegen die Behauptung von der „guten Beschäftigungssituation während der ersten Nachkriegsjahre". Es besteht Einigkeit darüber, daß die deutsche Arbeitsmarktlage im internationalen Vergleich außerordentlich günstig war. Anders dagegen ist die Entwicklung der Erwerbslosigkeit im Vergleich zur Vorkriegszeit zu bewerten, auch wenn die mit vielen Mängeln behaftete Datenlage ein abschließendes Urteil nur mit Vorbehalten erlaubt. Die

[22] Vgl. Jens Flemming/Peter-Christian Witt, *Einkommen und Auskommen „minderbemittelter Familien" vor dem 1. Weltkrieg. Probleme der Sozialstatistik im Deutschen Kaiserreich*, in: *Erhebung von Wirtschaftsrechnungen minderbemittelter Familien im Deutschen Reiche. Haushaltsrechnungen von Metallarbeitern*, hrsg. von Dieter Dowe, Berlin-Bonn 1981, S. XLIII f.; zum folgenden die Tabelle, *a.a.O.*, S. XLV.

einzige statistische Reihe, die für den Vergleich zur Verfügung steht, hat nur für die Arbeitslosigkeit unter den Mitgliedern der freien Gewerkschaften Aussagekraft. TABELLE 3 zeigt für die Jahre 1919 bis 1924 eine im ganzen höhere Arbeitslosigkeit der Gewerkschaftsmitglieder als im Durchschnitt der Jahre 1907 bis 1913. Nur in dem Zeitraum vom August 1921 bis Ende 1922 hatte sie ein geringeres Niveau als in den Jahren vor dem Krieg, die andererseits eine so geringe Arbeitslosigkeit wie im Sommer 1922 nicht aufzuweisen haben.

Für die Jahre 1919 bis 1921 muß mit in Rechnung gestellt werden, daß in diesem Zeitraum die durchschnittliche Dauer eines Falles von

TABELLE 3

Arbeitslosigkeit unter den Gewerkschaftsmitglieder im Durchschnitt der Jahre 1907 bis 1913 und für 1919 bis 1924 (in %)

Monatsende	Durchschnitt 1907—1913[a]	1919[b]	1920[b]	1921[b]	1922[b]	1923[b]	1924[b]
Januar	2,9	6,6	3,4	4,5	3,3	4,2	26,5
Februar	2,6	6,0	2,9	4,7	2,7	5,2	25,1
März	2,1	3,9	1,9	3,7	1,1	5,6	16,6
April	2,1	5,2	1,9	3,9	0,9	7,0	10,4
Mai	2,1	3,8	2,7	3,7	0,7	6,2	8,6
Juni	2,2	2,5	4,0	3,0	0,6	4,1	10,5
Juli	2,1	3,1	6,0	2,6	0,6	3,5	12,5
August	2,1	3,1	5,9	2,2	0,7	6,3	12,4
September	2,0	2,2	4,5	1,4	0,8	9,9	10,5
Oktober	2,0	2,6	4,2	1,2	1,4	19,1	8,4
November	2,2	2,9	3,9	1,4	2,0	23,4	7,3
Dezember	3,1	2,9	4,1	1,6	2,8	28,2	8,1
Jahresdurchschnitt	2,3[c]	3,7[c]	3,8[c]	2,8[c]	1,5[c]	9,6[c]	13,5[c]

Quellen:

[a] *Statistisches Jahrbuch für das Deutsche Reich*, hrsg. vom Statistischen Reichsamt, 40. Jg. (1919), Berlin 1919, S. 325.

[b] *A.a.O.*, 44. Jg. (1924/25), Berlin 1925, S. 296.

[c] Dietmar Petzina/Werner Abelshauser/Anselm Faust, *Sozialgeschichtliches Arbeitsbuch*, Bd. 3: *Materialien zur Statistik des Deutschen Reichs 1914—1945*, München 1978, S. 119.

Arbeitslosigkeit etwa um die Hälfte länger war als vor dem Krieg.[23] So scheint mehr darauf hinzudeuten, daß die Wachstumsimpulse, die der Inflation zugeschrieben werden, die Erwerbslosigkeit nicht unter das Niveau der Vorkriegszeit drücken konnten.

Es muß jedoch darauf hingewiesen werden, daß das verwendete Zahlenmaterial für einen Vergleich mit der Vorkriegszeit keine methodisch einwandfreien Schlüsse zuläßt. Ein großer Unsicherheitsfaktor liegt in dem Wandel begründet, den die Gewerkschaften nach Zahl und Struktur ihrer Mitglieder durchmachten. Frauen und Ungelernte, die nach dem Kriege vermehrt in die Organisationen eintraten, könnten als Arbeiterkategorien mit höherem Beschäftigungsrisiko eine Erhöhung des Anteils der arbeitslosen Mitglieder verursacht haben.[24] Andererseits entzieht es sich unserer Kenntnis, welchen Effekt die Notstandsarbeiten und die Maßnahmen der sogenannten produktiven Erwerbslosenfürsorge hatten. Aus diesen Vorkehrungen, die darauf abzielten, die Unruhe unter den Arbeitslosen in den industriellen Ballungszentren, zum Beispiel in Berlin, zu dämpfen, läßt sich aber auch nicht die Behauptung ableiten, in Deutschland wäre „die wirtschaftspolitische Priorität auf die Sicherung der Vollbeschäftigung und nicht — wie z. B. in den angelsächsischen Ländern — auf die Stabilisierung des Geldwertes gesetzt worden".[25] Vom Reichsarbeitsminister wurden Mittel zur Finanzierung der Arbeitsbeschaffungsmaßnahmen mit der Begründung gefordert, daß es gelte, Gefahren für die öffentliche Sicherheit und Ordnung abzuwenden.[26]

Wenn sich aber die Behauptung, die Arbeitslosigkeit sei in der Nachkriegszeit geringer gewesen als in den Jahren vor dem Kriege, nicht belegen läßt, so ist es abzulehnen, daß in einer Verteilungsrechnung der Faktor Arbeitszeitverkürzung Berücksichtigung findet. Dies ist der

[23] *Zur Beitragsrechnung in der Arbeitslosenversicherung*, in: *Reichsarbeitsblatt*, N. F., 2 (1922), S. 478.

[24] Vgl. Hans-Joachim Bieber, *Gewerkschaften in Krieg und Revolution. Arbeiterbewegung, Industrie, Staat und Militär in Deutschland 1914—1920*, T. 2, Hamburg 1981, S. 780, und Heinrich Potthoff, *Gewerkschaften und Politik zwischen Revolution und Inflation*, Düsseldorf 1979, S. 40—52. Zudem führte der Bauarbeiterverband erst mit Beginn des Jahres 1914 die Zählung seiner arbeitslosen Mitglieder ein; vgl. *Aus den deutschen Gewerkschaften*, in: *Correspondenzblatt der Generalkommission der Gewerkschaften Deutschlands*, 24 (1914), S. 8.

[25] C.-L. Holtfrerich, *Die deutsche Inflation*... [wie Anm. 8], S. 206.

[26] So in zwei Briefen an den preußischen Ministerpräsidenten vom 10. 2. und 2. 4. 1921, GStA Dahlem, Rep. 90, Nr. 1149, Bl. 199 und 221.

dritte Einwand, der gegen die Argumentation Holtfrerichs vorgebracht werden soll. Er wollte wegen der Einführung des Achtstundentages die Reallöhne der Facharbeiter um ca. 14 % und die der Ungelernten um ca. 25 % nach oben korrigiert wissen.[27] Nun hat aber die Verkürzung der Arbeitszeit als „eine Maßnahme der Arbeitsstreckung aus arbeitsmarktpolitischen Gründen"[28] gewirkt, und dies war auch mit der entsprechenden Demobilmachungsverordnung beabsichtigt. Als Alternative zu ihr kann unter den Bedingungen der „Valutablockade" als Folge der Inflation und der restriktiven Außenhandelsbestimmungen des Versailler Vertrages nur eine höhere Arbeitslosigkeit gesehen werden. Die Arbeitszeitverkürzung kann deshalb in einer Verteilungsrechnung, die den Vergleich der Vor- mit der Nachkriegszeit zum Ziel hat, keine Berücksichtigung finden, da sonst mit der durch sie verringerten Arbeitslosigkeit und der vermehrten Freizeit zwei Faktoren zugunsten der Arbeitnehmer eingerechnet werden, die in Wirklichkeit nur zwei Seiten ein und derselben Sache darstellten. Um diesen Einwand zu entkräften, müßte der Nachweis gelingen, die Arbeitszeitreduzierung hätte wachstumshemmende Effekte gehabt, die ein Mehrangebot an Arbeitsplätzen verhinderten. Bei den Eigenarten der inflationsbedingten Konjunktur und dem hohen Sockel von Arbeitslosen, der auch nach der Stabilisierung — unter anderem als Folge des volks- und weltwirtschaftlichen Nachfragedefizits[29] — bestand, ist ein entsprechender Versuch jedoch wenig aussichtsreich.

Insgesamt gesehen kann eine Bestimmung des Anteils der Arbeitnehmereinkommen am Volkseinkommen vor allem wegen des Mangels

[27] Vgl. C.-L. Holtfrerich, *Die deutsche Inflation...* [wie Anm. 8], S. 242.

[28] Ludwig Preller, *Sozialpolitik in der Weimarer Republik*, Kronberg/Ts.-Düsseldorf 1978, S. 232.

[29] Vgl. zur These der „relativen Stagnation": Gerd Hardach, *Deutschland in der Weltwirtschaft 1870—1970. Eine Einführung in die Sozial- und Wirtschaftsgeschichte*, Frankfurt/Main-New York 1977, S. 44ff., und zur These von der „unvollendeten Rekonstruktion": Werner Abelshauser/Dietmar Petzina, *Krise und Rekonstruktion. Zur Interpretation der gesamtwirtschaftlichen Entwicklung Deutschlands im 20. Jahrhundert*, in: *Historische Konjunkturforschung*, hrsg. von Wilhelm H. Schröder und Reinhard Spree (= Historisch-Sozialwissenschaftliche Forschungen, Bd. 11), Stuttgart 1981, S. 83ff. In beiden Fällen wird auf die weltwirtschaftlichen Strukturveränderungen hingewiesen, die die Exportchancen Deutschlands erheblich beeinträchtigten. Für die Situation in den Jahren 1921 und 1922 vgl. auch, wie der Reichsbankpräsident den Begriff der „Scheinkonjunktur" definierte: *Die Kabinette Wirth I und II*, bearb. von Ingrid Schulze-Bidlingmaier, Bd. 2 (= Akten der Reichskanzlei. Weimarer Republik), Boppard a. Rh. 1973, S. 1104f., Anm. 2.

an zuverlässigen Daten nur unter Hinnahme großer Unwägbarkeiten vorgenommen werden. Die Berechnung des Volkseinkommens für 1925 und die Jahre danach könnte allerdings eine gesichertere Grundlage für Verteilungsrechnungen abgeben, denn die Unsicherheiten, die aus dem heftig schwankenden Geldwert resultieren, sind nun nicht mehr vorhanden. Abelshauser unternahm zu Recht nicht den Versuch, die Lücke zwischen 1913 und 1925 zu schließen, als er die Kurve der „kumulierten Reallohnposition" errechnete. Schon einmal ist eine solche „Anwendung einer modernen Methode der Verteilungsanalyse auf den historischen Fall"[30] unternommen worden, und wir verdanken ihr die These von der „Überlastung" der deutschen Wirtschaft als eine der Ursachen des Scheiterns der Weimarer Republik. Die Kurve der „kumulierten Reallohnposition" zeigt nämlich eine Steigerung der realen Lohn- und Gehaltssumme in den Jahren 1925 bis 1929 an, die über der der Produktivität lag, also nicht „verteilungsneutral" war. „Vereinfacht ausgedrückt: Die Arbeitskraft war in der Weimarer Zeit im Durchschnitt so teuer, daß dies auf Kosten der Einkommen aus Unternehmertätigkeit und Vermögen gehen mußte."[31] Die gewählte Aufgabenstellung verbietet die Methodenkritik eines Verfahrens, für das „bei einem langfristigen Vergleich ... wegen vielfältiger methodischer Probleme große Vorsicht geboten"[32] ist. Im folgenden geht es um die Frage, wie die Verteilungsposition am Ende der Inflation beziehungsweise der Anteil der Arbeiter am Volkseinkommen in den Jahren der Inflation charakterisiert werden muß, wenn vom Volkseinkommen des Jahres 1925 ausgegangen wird.

Abelshauser, der für 1925 eine Reallohnposition der Industriearbeiter weit über der Produktivitätsentwicklung errechnete, stellte folgende Überlegung an: „Es ist ... zu vermuten, daß die Verteilungsposition der Arbeiter vor 1925 keineswegs schlechter, sondern eher noch besser eingeschätzt werden muß als im Stabilisierungsjahr (1925, R. S.). Wäre die Verteilungsposition der Arbeiter tatsächlich so schlecht gewesen, wie dies gewöhnlich — und nicht zuletzt als Folge der Inflation

[30] W. Abelshauser, *Verelendung*... [wie Anm. 9], S. 447.

[31] Knut Borchardt, *Zwangslagen und Handlungsspielräume in der großen Wirtschaftskrise der frühen dreißiger Jahre. Zur Revision des überlieferten Geschichtsbildes*, in: *Internationale Beziehungen in der Weltwirtschaftskrise 1929—1933*, hrsg. von Josef Becker und Klaus Hildebrand, München 1980, S. 317.

[32] *Unter Anpassungszwang* (= Sachverständigenrat zur Begutachtung der gesamtwirtschaftlichen Entwicklung. Jahresgutachten Nr. 17), Stuttgart-Mainz 1980, S. 217.

— unterstellt wird, so hätten die Gewerkschaften während der Stabilisierung der Währung einen bemerkenswerten Erfolg im Verteilungskampf erzielt — zu einem Zeitpunkt also, zu dem die Arbeiterorganisationen finanziell und politisch außerordentlich schwach waren."[33]

Die Entwicklung der Löhne und der Lebenshaltungskosten, wie sie in TABELLE 4 dargestellt ist, bestätigt Abelshausers Vermutung nicht. Zwar ist der Kaufkraftverlust gegenüber 1913 im Verlauf des Jahres 1924 nicht wettgemacht worden. Die Lücke ist aber kleiner geworden, denn die Löhne sind schneller gestiegen als die Preise. Während der Lebenshaltungskostenindex eine Teuerung von nicht einmal 6 % vom ersten bis zum letzten Monat des Jahres anzeigt, hatten die Löhne im selben Zeitraum Zuwachsraten zwischen 20 und 40 % aufzuweisen.

Die in TABELLE 1 wiedergegebenen Schätzungen des realen Volkseinkommens pro Kopf der Bevölkerung zeigen einen Zuwachs für 1924 gegenüber 1923 von ca. 13 % (Henning) beziehungsweise von annähernd 17 % (Witt) an. Ohne einige methodische Vorbehalte in Rechnung zu stellen, wie den nicht einheitlichen Basiszeitraum und die fehlende Berücksichtigung der Steuern und sozialen Abgaben im Lebenshaltungskostenindex, kann aus der TABELLE 4 ein Anstieg der Realwochenlöhne verlängerter Arbeitszeit von mehr als 40 % für die gelernten Arbeiter und etwa 36 % für die Ungelernten vom Dezember 1923 bis zum Dezember 1924 errechnet werden. Rein von den Zahlen der TABELLE 4 abgeleitet, waren die vorübergehend fallenden Lebenshaltungskosten und die vermehrte Arbeitszeit verantwortlich für diesen „bemerkenswerten Erfolg im Verteilungskampf". Es fällt jedoch auf, daß die Lohnsenkung vom Dezember 1923 zum Januar 1924 den Spielraum, der durch die Preissenkung gegeben war, nicht voll ausschöpfte.[34] Auch setzte sich die Senkung der Stundenlöhne nur für die ungelernten Arbeiter fort, während die Löhne der Facharbeiter in den ersten drei Monaten gleich blieben, obwohl die verlängerte Arbeitszeit die Möglichkeit geboten hätte, eine Anhebung der Kaufkraft ohne eine weitere Erhöhung der Produktionskosten zu erreichen.

Die Schwäche der Gewerkschaften verbietet es in der Tat, den Anstieg der Reallöhne als Erfolg ihrer Lohnpolitik anzusehen. Vielmehr herrschte zwischen dem Reichsarbeitsministerium und zumindest ei-

[33] W. Abelshauser, *Verelendung*... [wie Anm. 9], S. 449.

[34] Die Lohnsenkungen von Dezember 1923 auf Januar 1924 werden bestätigt durch den Bericht des Statistischen Reichsamts vom 17. Januar 1924 betreffend Reallöhne in Deutschland, ZStA I, RArbM, Nr. 10675, Bl. 250.

TABELLE 4

Tarifmäßige Stunden- und Wochenlöhne[a] *gelernter und ungelernter Arbeiter*[b] *vom Dezember 1923 bis Dezember 1924 im Vergleich zum Jahr 1913 (nominal und Index mit 1913 = 100). Index der Lebenshaltungskosten*

Jahr/Monat	Stundenlöhne				Wochenlöhne bei regelmäßiger Arbeitszeit				Wochenlöhne bei verlängerter Arbeitszeit				Lebenshaltungskostenindex
	gel. Arbeiter		ungel. Arbeiter		gel. Arbeiter		ungel. Arbeiter		gel. Arbeiter		ungel. Arbeiter		
	Mark	Index	Mark	Index	Mark	Index	Mark	Index	Mark	Index	Mark	Index	(1913/1914 = 100)
(1)	(2)	(3)	(4)	(5)	(6)	(7)	(8)	(9)	(10)	(11)	(12)	(13)	(14)
1913	0,65	100	0,41	100	34,35	100	24,00	100	34,35	100	24,00	100	·
1923 Dezember	·	·	·	·	28,98	84,4	24,48	102	28,98	84,4	24,48	102	147,6
1924 Januar	0,57	87,7	0,44	107,3	27,45	79,9	22,74	94,8	27,45	79,9	22,74	94,8	130,4
Februar	0,57	87,7	0,43	104,9	27,44	79,9	22,33	93,0	28,25	82,2	22,95	95,6	124,1
März	0,57	87,7	0,42	102,4	27,93	81,3	21,84	91,0	29,26	85,2	22,88	95,3	125,8
April	0,62	95,4	0,44	107,3	30,01	87,4	23,01	95,9	31,68	92,2	24,10	100,4	128,9
Mai	0,66	101,5	0,47	114,6	32,37	94,2	24,68	102,8	33,91	98,7	25,78	107,4	130,5
Juni	0,69	106,2	0,49	119,5	34,01	99,0	25,53	106,4	35,70	103,9	26,81	111,4	127,0
Juli	0,70	107,7	0,49	119,5	34,10	99,3	25,60	106,7	35,81	104,3	26,89	112,0	129,1
August	0,70	107,7	0,50	122,5	34,20	99,7	25,72	107,2	35,94	104,6	27,00	112,5	129,3
September	0,70	107,7	0,50	122,5	34,31	99,9	25,75	107,2	36,01	104,8	27,03	112,6	131,9
Oktober	0,71	109,2	0,51	124,4	34,70	101,0	26,23	109,3	36,48	106,2	27,48	114,5	137,3
November	0,72	110,8	0,52	125,6	35,58	103,0	26,82	111,8	37,17	108,2	28,13	117,2	137,8
Dezember	0,75	114,4	0,53	129,3	36,32	106,3	27,69	115,4	38,45	111,9	28,97	129,7	137,9

[a] Gewogener Durchschnitt aus den im Berichtsmonat gültigen Tariflohnsätzen für Vollarbeiter der höchsten tarifmäßigen Altersstufe in den Hauptsitzen der einzelnen Gewerbegruppen (gilt nicht für Dezember 1923).

[b] Alle Arbeitergruppen, darunter: Bergarbeiter, Bauarbeiter, Holzarbeiter, Metallarbeiter, Textilarbeiter (männlich, weiblich), Fabrikarbeiter (chemische Industrie, papiererzeugende Industrie), Buchdrucker (verh.), Reichsbetriebs-(Eisenbahn-)arbeiter (gilt nicht für Dezember 1923).

Quellen: Spalten (2)—(13): Berechnet vom Statistischen Reichsamt, Lohnstatistik, Bd. 10, ZStA Potsdam, Reichsarbeitsministerium, Nr. 10675, Bl. 360—367; außer Dezember 1923, *a.a.O.*, Bl. 300.

Spalte (14): *Statistisches Jahrbuch für das Deutsche Reich*, hrsg. vom Statistischen Reichsamt, 55. Jg. (1936), Berlin 1936, S. 294.

nem Teil der Unternehmer am Ende des Jahres 1923 Übereinstimmung darüber, daß die tiefe Verelendung der Arbeiterschaft Gefahren für die öffentliche Ruhe und Ordnung heraufbeschwor, die vermieden werden sollten.[35] Ob die Arbeitgeber auch den Wunsch teilten, den Lohnanstieg im weiteren Verlauf nicht generell zu begrenzen, weil sie sich von einer Steigerung der Kaufkraft eine Belebung der Wirtschaft versprachen,[36] ist aus den Quellen nicht erkennbar. Sicher aber entsprach die vergrößerte Spanne zwischen den Löhnen der gelernten und der ungelernten Arbeiter ihrem Interesse, die Situation zu nutzen, „um eine vernünftige Entlohnungsskala zu erreichen".[37]

Für unseren Zusammenhang bedeutet jedoch der Ausgangspunkt der staatlichen Lohnpolitik, die tiefe Verelendung der Arbeiterschaft am Ende der Hyperinflation, ein Argument gegen das Verfahren, von der Reallohnposition des Jahres 1925 auf diejenige am Ende der Inflation zurückzuschließen. Zudem findet ein anderer Indikator für die soziale Lage der Arbeiterschaft in der Kurve der „kumulierten Reallohnposition" keinen Ausdruck — die Arbeitslosigkeit. „Ein und dieselbe Reallohnposition, ein und dieselbe Erlös-Kosten-Relation kann auf längere Sicht sowohl mit einem hohen wie mit einem weniger hohen Beschäftigungsstand verbunden sein."[38]

[35] Befürchtungen über einen wachsenden Einfluß des „auf den Umsturz hinarbeitenden Kommunismus" äußerte der preußische Minister des Innern Anfang Oktober 1923. Sie wurden vom Reichsarbeitsminister und vom preußischen Ministerpräsidenten geteilt; vgl. ZStA II, Rep. 120 BB VI, Nr. 229, Bd. 1, Bl. 1—3, 10. Ein daraufhin ergangener Runderlaß des Ministers für Handel und Gewerbe vom 7. 11. 1923 machte es zur Sache sämtlicher Staatsbehörden, den Einfluß der Gewerkschaften zu stärken, insbesondere indem auf die Arbeitgeber eingewirkt würde, „daß sie, soweit irgend möglich, den Gewerkschaften entgegenkommen und nicht die derzeitige durch die Wirtschaftskrisis und die Geldentwertung bedingte Schwächung der Gewerkschaften in einer letzten Endes dem Staatsganzen und somit den Arbeitgebern selbst verhängnisvolle Weise ausnutzen..." (StA Potsdam, Rep. 2A, I Pol. Nr. 1416, Bl. 43). Schon am 27. 10. 1923 warnte der Industrielle C. F. v. Siemens, daß die Kommunisten die Aushöhlung der Tarifverträge durch den Markverfall für ihre Agitation gegen die Gewerkschaftsführer nutzen würden; vgl. *Die Republik von Weimar*, Bd. 2: *Das sozialökonomische System*, hrsg. von Jens Flemming, Claus-Dieter Krohn, Dirk Stegmann u. Peter-Christian Witt, Königstein/Ts.-Düsseldorf 1979, S. 261.

[36] Vgl. Brauns an RFM Luther, 20. 1. 1924, ZStA II, Rep. 120 BB VI, Nr. 218, Bd. 1, Bl. 328.

[37] *Die Republik von Weimar*... [wie Anm. 35], S. 261.

[38] *Unter Anpassungszwang*... [wie Anm. 32], S. 81.

Betrachten wir die Definition der Reallohnposition weiter, so ist es das Ziel des Verfahrens, das Verhältnis der Bruttolohn- und -gehaltssumme zuzüglich der Arbeitgeberbeiträge zur Sozialversicherung pro Kopf der abhängig Beschäftigten zum Volkseinkommen pro Erwerbstätigen unter Berücksichtigung des realen Austauschverhältnisses mit dem Ausland durch eine Zahl darzustellen.[39] Sie beschreibt die Kosten-Erlös-Relation des privaten Sektors der Volkswirtschaft insgesamt, ohne daß daraus Konkretes für die Gewinnsituation des einzelnen Unternehmens oder einer irgendwie ausgegrenzten Gruppe von Unternehmen ausgesagt werden kann. Dasselbe gilt für die Kaufkraft des einzelnen Arbeitnehmers oder eines Teiles der abhängig Beschäftigten, etwa der Arbeiter. Pointiert gesagt, ist ein düsteres Bild der Lebensverhältnisse der Arbeiter mit dem Befund einer „überlasteten" Wirtschaft sehr wohl vereinbar.

Aus der oben gegebenen Definition geht hervor, daß die Kurve der „kumulierten Reallohnposition" im wesentlichen von zwei Größen bestimmt wird — der Entwicklung des Volkseinkommens insgesamt und der Einkommensquelle „Lohn und Gehalt". Die Daten der funktionellen Einkommensverteilung des Volkseinkommens von 1925 sind die Grundlage für die Behauptung Holtfrerichs, die Arbeitnehmer hätten die größten Vorteile von einem Umverteilungsprozeß gehabt, den er der Inflation zuschrieb. Auf den ersten Blick scheinen die Zahlen keine andere Deutung zuzulassen. Das Volkseinkommen sank, auch wenn die Verringerung durch die Gebietsabtretungen berücksichtigt wird, im Vergleich von 1913 zu 1925 um ca. 6 %, während sich der Anteil der Einkommen aus Lohn und Gehalt gleichzeitig von 45,3 % auf 56,3 % erhöhte.[40] „Da sich der Anteil der Arbeitnehmer an den Erwerbspersonen insgesamt 1925 im Vergleich zur Vorkriegszeit (1907) kaum verändert hatte, spiegelt der höhere Anteil der Einkommen aus unselbständiger Tätigkeit in den Nachkriegsjahren auch einen verbesserten Anteil des einzelnen Arbeitnehmers am Volkseinkommen, d. h. auch die ‚bereinigte Lohnquote' ist deutlich angestiegen. Die Lohn- und Gehaltsbezieher können aus dieser Sicht als die Gruppe

[39] Vgl. die Berechnungsformel: *Herausforderung von außen* (= Sachverständigenrat zur Begutachtung der gesamtwirtschaftlichen Entwicklung. Jahresgutachten Nr. 16), Stuttgart-Mainz 1979, S. 215.

[40] Berechnet nach: *Das deutsche Volkseinkommen vor und nach dem Kriege*, bearb. im Statistischen Reichsamt (= Einzelschriften zur Statistik des Deutschen Reichs, Nr. 34), Berlin 1932, S. 84, Übersicht 19 und 20.

angesehen werden, die aus dem Umverteilungsprozeß auch dauerhaft den größten Nutzen gezogen hat..."[41]

Das Volkseinkommen pro Kopf der Bevölkerung betrug 1925 90,6 % beziehungsweise 88,5 % desjenigen von 1913 (altes beziehungsweise neues Reichsgebiet). Die Durchschnittseinkünfte je vollbeschäftigten Arbeitnehmer waren dagegen preisbereinigt um ca. 0,7 % leicht gestiegen. Diesem Ergebnis, das Holtfrerichs Behauptung bestätigt und dem ein nominales Durchschnittseinkommen von 1637 RM für 1925 zugrundeliegt, können die Reallohnberechnungen der Tabelle 5 gegenübergestellt werden (vgl. S. 298 f.). Die nominellen Jahreseinkommen von ca. 2500 RM für gelernte und ca. 1545 RM für ungelernte Arbeiter bei voller Beschäftigung widersprechen dem nominellen Durchschnittseinkommen nicht, denn für einzelne Arbeitergruppen wurden bei der Berechnung der Einkommensquelle „Lohn und Gehalt" weit niedrigere Einkünfte zugrunde gelegt; so sollen Hausangestellte und Landarbeiter 1926 durchschnittlich 900 RM verdient haben, Heimarbeiter und Lehrlinge 1928 700 beziehungsweise 450 RM.[42]

Auch wenn nach Ansicht des Bearbeiters im Statistischen Reichsamt die angegebenen Prozentsätze „nur das Mindestmaß der derzeitigen Entlohnung" darstellen,[43] kann anhand der Tabelle 5 gezeigt werden, daß die Verteuerung seit der Vorkriegszeit durch die Löhne nicht voll ausgeglichen wurde. Die verringerte Kaufkraft resultierte zu einem gewissen Teil aus den erhöhten Abzügen vom Bruttolohn. Während die Arbeitgeberbeiträge zur Sozialversicherung bei der Berechnung der „kumulierten Reallohnposition" der Bruttolohn- und -gehaltssumme hinzuaddiert werden, müssen sie für einen Vergleich der Kaufkraft der Durchschnittseinkommen abgezogen werden. Es ist deshalb nicht auszuschließen, daß bei einem sinkenden Anteil der Nettolohn- und -gehaltssumme an der entsprechenden Bruttogröße die Entwicklung der ersteren durchaus „verteilungsneutral" gewesen sein kann.[44]

[41] C.-L. Holtfrerich, *Die deutsche Inflation*... [wie Anm. 8], S. 268.

[42] Das Volkseinkommen pro Kopf wurde berechnet nach: *Das deutsche Volkseinkommen*... [wie Anm. 40], S. 83, Übersicht 18, in Kaufkraft von 1928 und S. 174, Anlage 30 a (mittlere Reichsbevölkerung). Das nominale Durchschnittseinkommen ergibt sich aus *ebda.* und S. 83, Übersicht 18, in jeweiliger Kaufkraft. Die durchschnittlichen Jahreseinkommen der Hausangestellten, Landarbeiter, Lehrlinge und Heimarbeiter finden sich auf S. 47.

[43] ZStA I, RArbM, Nr. 10676, Bl. 275.

[44] Vgl. Hans H. Glismann/Horst Rodemer/Frank Wolter, *Zur Natur der Wachstumsschwäche in der Bundesrepublik Deutschland. Eine Analyse langer Zyklen wirtschaftlicher Entwicklung* (= Kieler Diskussionsbeiträge, Nr. 55), Kiel 1978, S. 10, Anm. 4.

TABELLE 5

Vorkriegsbrutto- und Nettowochenlöhne und tarifmäßige Nominal- und Wochenlöhne gelernter und ungelernter Arbeiter[a] *1913 und im März 1925 (M bzw. RM)*

a) Vorkriegsverdienst:

	Gelernte Arbeiter			Ungelernte Arbeiter		
Bruttowochenlohn			34,46			23,20
Abzüge:						
Einkommensteuer	2,9 %	0,99		1,4 %	0,33	
Beiträge zur Krankenkasse	2,7 %	0,92		2,7 %	0,62	
Beiträge zur Invalidenversicherung	0,7 %	0,24		0,9 %	0,20	
zusammen:	6,2 %		2,15	5,0 %		1,15
Nettowochenlohn			32,31			22,05

[a] Vollarbeiter der höchsten tarifmäßigen Altersstufe im gewogenen Durchschnitt für die Hauptsitze der einzelnen Gewerbegruppen. Alle Arbeitergruppen.

b) Tarifmäßiger Wochenlohn bei regelmäßiger Arbeitszeit im März 1925:

	Gelernte Arbeiter			Ungelernte Arbeiter		
Bruttowochenlohn			39,79			29,98
Abzüge:						
Lohnsteuer	4,3 %	1,70		3,3 %	1,00	
Beitrag zur Krankenkasse	4,0 %	1,59		4,0 %	1,20	
Beitrag zur Invalidenversicherung	1,3 %	0,50		1,7 %	0,50	
Beitrag zur Erwerbslosenunterstützung	0,75 %	0,30		0,75 %	0,22	
zusammen:	10,3 %		4,09	9,7 %		2,92
Nettowochenlohn			35,70			27,06
Realwochenlohn[b)]			26,25			19,90
in % des Vorkriegslohnes			81,2 %			90,2 %

[b)] Berechnet auf Grund der erweiterten Reichsindexziffern für die Lebenshaltungskosten im Monatsdurchschnitt.

Quelle: Berechnet vom Statistischen Reichsamt, Lohnstatistik, Bd. 11, ZStA Potsdam, Reichsarbeitsministerium, Nr. 10676, Bl. 275f.

Für einen Vergleich der funktionellen Einkommensverteilung in den Jahren 1913 und 1925 muß außerdem berücksichtigt werden, daß zwischen beiden Jahren ein erheblicher Zeitraum lag, in dem sich ein Wandel in der Struktur der Arbeitnehmerschaft vollzog. Nur für das Jahr 1928 hat das Statistische Reichsamt den Versuch unternommen, eine dieser Veränderungen auszuschalten. Es zog die Anzahl und die Gehaltssumme der „leitenden Angestellten, Direktoren usw." mit mehr als 8000 RM Jahreseinkommen von der Lohn- und Gehaltssumme ab. Der Kaufkraftzuwachs je vollbeschäftigten Arbeitnehmer betrug dann 7,2 % — eine Zunahme, die nur wenig über derjenigen des Pro-Kopf-Volkseinkommen für 1928 gegenüber 1913 lag (4,4 beziehungsweise 2 % in den alten beziehungsweise neuen Grenzen). „Allerdings ist damit noch nichts über die Entwicklung der einzelnen Arbeitnehmerkategorien gesagt, da im Gesamtergebnis entgegengesetzte Einzelbewegungen sich vielfach ausgleichen. So wirkt z. B. die wachsende relative Bedeutung der Angestellten auf eine Steigerung des Gesamtdurchschnitts hin, der in Anbetracht des obigen Resultats eine ungünstigere Entwicklung bei anderen Schichten gegenüberstehen muß."[45]

Da die Zunahme der Tariflöhne in den Jahren von 1925 bis 1928 nur wenig langsamer vonstatten ging als diejenige des Pro-Kopf-Volkseinkommens, kann der vorsichtige Schluß gezogen werden, daß die Arbeiter als die weniger verdienenden Arbeitnehmer 1925 ungefähr den gleichen Anteil am Volkseinkommen hatten wie 1913. Dazu beigetragen hat auch die mehr als doppelt so hohe Arbeitslosigkeit im Nachkriegsjahr.[46] Der durchschnittliche Kaufkraftverlust der Arbeiter entsprach der allgemeinen „Verarmung", wie sie sich im gesunkenen Pro-Kopf-Volkseinkommen darstellt. Die Reallohnberechnungen der Tabelle 5 erscheinen daher als durchaus zutreffend, der Anstieg der „bereinigten Lohnquote" dagegen als eine Folge der veränderten Struktur der „steuerlich als Arbeitnehmer geltenden Einkommensbezieher" — so die korrekte Bezeichnung.

In diesem Abschnitt wurde versucht, die Aussagekraft von Verteilungsrechnungen für die Bestimmung der sozialen Lage der Arbeiter zu

[45] *Das deutsche Volkseinkommen*... [wie Anm. 40], S. 88; auch für das Vorhergehende und das Folgende.

[46] Vgl. *a.a.O.*, S. 87, die Arbeitslosenzahlen in der Tabelle über die Zahl der Arbeitnehmer. Das Pro-Kopf-Volkseinkommen im folgenden wurde für 1925 bis 1928 berechnet, wie in Anm. 42 dargestellt.

prüfen. Sie kann als gering veranschlagt werden, besonders dann, wenn Daten zur funktionellen Einkommensverteilung, wie in den ersten Nachkriegsjahren, nicht vorliegen. Unter solchen Bedingungen sind auch die Tendenzen der Reallohnentwicklung im Vergleich zu denen des Volkseinkommens und zu denen anderer Arbeitnehmergruppen im Eindruck, den sie von den Verhältnissen zu geben vermögen, irreführend. Der Sozialdemokrat Richard Lohmann räumte 1923 ein, daß man „aus der allgemeinen Verarmung der Wirtschaft und der sich daraus ergebenden Verarmung des Staates ... wohl die Herabdrückung des Lebensniveaus von bisher bevorzugten Schichten und damit eine gewisse Umschichtung erklären" kann, bestand aber darauf, daß die Reallohnsenkungen der ungelernten Arbeiter und der unteren Beamten trotz ihrer geringeren Raten sehr ernst genommen werden müssen. „Denn hier handelt es sich um Bewegungen *unterhalb des Existenzminimums*, die von unmittelbarer sozialer und darum auch von unmittelbarer politischer Auswirkung begleitet sein müssen."[47]

So bleibt aus der Sicht des Sozialhistorikers für die Untersuchung der sozialen Lage der Arbeiter die Bestimmung der Lebenshaltung mit Hilfe des Reallohnniveaus und des Beschäftigungsgrades die gegebene Methode, auf deren Probleme im nächsten Abschnitt eingegangen wird.

II

Zur Entwicklung der amtlichen Lohn- und Lebenshaltungsstatistik 1920 bis 1923

In einer Besprechung im Herbst 1924 machte die Vertreterin des Reichsarbeitsministeriums einen nur zum Teil beachteten Vorschlag, wie in Zukunft verfahren werden könnte, um auf dem gegebenen Stand der Sozialstatistik den Anforderungen der Wirtschafts- und der Sozialpolitik zugleich gerecht zu werden. „Im Anschluß an die Erörterung über wiederholte Angriffe auf die Tariflohnstatistik des Reichsamts wies ich darauf hin, daß m. E. schon mancherlei Mißverständnisse in der Öffentlichkeit ausgeräumt sein würden, wenn man die Tariflöhne in doppelter Weise verwerte, einmal unter dem Gesichtspunkt des Arbeitnehmers und zweitens unter dem Gesichtspunkt des Arbeit-

[47] Richard Lohmann, *Großstadtnot und Großstadtfinanzen*, in: *Die Neue Zeit*, 41 (1923), Bd. 2, S. 130.

gebers. Im ersteren Falle müsse man Reallohnberechnungen in der Weise vornehmen, daß man den Nettolohn (also ausschließlich Steuern, Versicherungsbeiträgen usw.) in ein Verhältnis zum Lebenshaltungsindex setze. Im zweiten Falle müsse man vom Bruttolohn (also einschließlich Steuern, Versicherungsbeiträgen usw.) ausgehen und — wenn möglich — diesen noch in ein Verhältnis zum Preis des erzeugten Produkts bringen. Ferner müsse sich die ‚Arbeitnehmerlohnstatistik' auf Wochenlöhne, die ‚Arbeitgeberlohnstatistik' auf Stundenlöhne aufbauen. Die Verschiedenheit der Gesichtspunkte ergäbe sich daraus, daß es dem Arbeitnehmer ausschließlich auf die Kaufkraft seines empfangenen Lohnes, dem Arbeitgeber auf den Anteil seines verausgabten Lohnes am Preis seiner Produkte ankäme."[48]

Mit den Reallohnerhebungen, die in Tabelle 5 wiedergegeben sind, wurde vom Statistischen Reichsamt dieser Anregung nach einer Seite hin entsprochen. Sie stellen damit gewissermaßen den Abschluß einer ersten Phase im Aufbau der amtlichen Lohn- und Lebenshaltungsstatistik nach dem Weltkrieg dar. Mit den Erhebungen von Effektivlöhnen 1927/28 und von Haushaltsrechnungen 1928 wurde eine Reihe von Kompromissen zwischen dem Wünschenswerten und dem Machbaren zwar nicht gänzlich hinfällig, trotzdem wurde die Lohn- und Lebenshaltungsstatistik auf eine neue Grundlage gestellt. Die erwähnten Kompromisse sind im folgenden Gegenstand der Darstellung. Sie soll uns Auskunft darüber geben, in welcher Weise die amtlichen Zahlen im Rahmen einer Untersuchung der sozialen Lage der Arbeiter in der Inflation genutzt werden können.

Der Aufbau der Lohn- und Preisstatistik gehört in den Rahmen der Bemühungen um die Grundlegung eines staatlichen Instrumentariums der Konjunkturbeobachtung und Konjunktursteuerung, die Teil der Wirtschafts-, Finanz- und Sozialpolitik war, welche die Existenz der jungen Demokratie durch den Aufbau eines Wohlfahrtsstaates sichern wollte.[49] Die Notwendigkeit einer solchen Konjunktursteuerung wurde den politisch Verantwortlichen im Verlauf des Jahres 1919 bewußt. Glaubte man noch im März 1919 mit dem Schlichtungswesen

[48] Ergebnisse der Besprechung im Statistischen Reichsamt am 26. September 1924, ZStA I, RArbM, Nr. 10664, Bl. 21 f.

[49] Vgl. Peter-Christian Witt, *Bemerkungen zur Wirtschaftspolitik in der „Übergangswirtschaft" 1918/19. Zur Entwicklung von Konjunkturbeobachtung und Konjunktursteuerung in Deutschland*, in: *Industrielle Gesellschaft und politisches System. Beiträge zur politischen Sozialgeschichte. Festschrift für Fritz Fischer zum siebzigsten Geburtstag*, hrsg.

„eine Handhabe zur Eindämmung übertriebener Lohnforderungen"[50] zu besitzen, verkündete der Unterstaatssekretär im Reichswirtschaftsministerium Hirsch im September 1919 vor Vertretern der Eisenindustrie, daß „die Frage der Lohnsteigerung zentralisiert" und beim Reichsarbeitsministerium „zu diesem Zwecke eine Art Reichslohnamt eingerichtet werden" sollte.[51]

Wie von den Überlegungen zur Einführung einer gleitenden Lohnskala blieb von denjenigen über ein Reichslohn- oder -tarifamt nur der Anstoß zum Aufbau der amtlichen Lohn- und Lebenshaltungsstatistik übrig. „Um eine Stetigkeit der Arbeitsverhältnisse zur Gesundung unseres Wirtschaftslebens herbeizuführen, müssen nicht nur bestehende Arbeitsstreitigkeiten so schnell als möglich geschlichtet, sondern auch der Ausbruch neuer Streiks tunlichst durch vorbeugende Maßnahmen verhindert werden. Für eine derartige Tätigkeit bedarf das Reichsarbeitsministerium zuverlässiger statistischer Unterlagen, die es ihm ermöglichen

1. bei den Lohnkämpfen und Tarifbewegungen durch Vergleich oder Schiedsspruch wirklich sachgemäße Lohnvereinbarungen zustande zu bringen;

2. vermittels dezentralisierter Organe innerhalb der verschiedenen Wirtschaftsgebiete bei dem Ausgleich der Lohnverhältnisse die Initiative zu ergreifen, um auf diese Weise dem Ausbruch von Lohnstreiks vorzubeugen."[52]

Die Schaffung einer Lohn- und Lebenshaltungsstatistik wurde zur wichtigsten Aufgabe der gesamten Statistik erklärt[53] und verlangt, „durch möglichste Schnelligkeit ein Material zusammenzustellen, das auf Vertrauenswürdigkeit und praktische Brauchbarkeit begründet

von Dirk Stegmann, Bernd-Jürgen Wendt und Peter-Christian Witt, Bonn 1978, S. 79—96, zur Entwicklung der Lohn- und Preisstatistik speziell S. 90—92. Vgl. auch seine allgemeineren Überlegungen: Ders., *Staatliche Wirtschaftspolitik in Deutschland 1918 bis 1923: Entwicklung und Zerstörung einer modernen wirtschaftspolitischen Strategie*, in: *Die deutsche Inflation*... [wie Anm. 16], S. 168—174.

[50] RMDemob an RMdI, 22. 3. 1919, ZStA I, RMdI, Nr. 12484, Bl. 24.

[51] Zit. nach: Gerald D. Feldman/Heidrun Homburg, *Industrie und Inflation. Studien und Dokumente zur Politik der deutschen Unternehmer 1916—1923* (= Historische Perspektiven, 5), Hamburg 1977, S. 231.

[52] Statistische Grundlagen zur Regelung des Lohnwesens in Deutschland, ZStA I, RArbM, Nr. 10668, Bl. 83; vgl. auch: *Die Notwendigkeit einer amtlichen Lohnstatistik*, in: *Deutsche Allgemeine Zeitung*, Nr. 349 vom 23. 7. 1919.

[53] Vgl. Tarifamt und Lohn-(Preis-)Statistik, ZStA I, RMdI, Nr. 12484, Bl. 4.

ist".[54] Wegen der Eilbedürftigkeit wurde die Feststellung eines Existenzminimums verworfen, da dafür eine Erhebung auf der Grundlage von Haushaltsbüchern notwendig gewesen wäre, die ein volles Jahr in Anspruch genommen hätte, zudem aber auch für „indirekt aufreizend" gehalten wurde, weil es die gesunkene Leistungsfähigkeit der deutschen Volkswirtschaft gegenüber der Vorkriegszeit nicht berücksichtigt hätte.[55]

Es wurde ein eingeschränkter Warenkorb konstruiert, mit dem die Ausgaben einer fünfköpfigen Familie (zwei Erwachsene und drei Kinder im Alter von 14, 7 und 1 1/2 Jahren) für Ernährung, Wohnung, Heizung und Beleuchtung erhoben werden sollten. Die Beschränkung kam „nach eingehenden Beratungen mit Vertretern der amtlichen Statistik und des praktischen Wirtschaftslebens"[56] zustande. Gegenüber dem Ausland jedoch sahen sich die staatlichen Stellen immer wieder genötigt, auf die beschränkte Aussagekraft der Reichsindexziffer hinzuweisen. Wenn das Lebensniveau der deutschen Bevölkerung dargestellt werden sollte, etwa als Material für die Delegierten zur Londoner Konferenz, verwandte man die Berechnungen eines Existenzminimums von Robert René Kuczynski für Berlin, da die Indexzahlen des Statistischen Reichsamts ein zu positives Bild ergeben hätten.[57] Auch für den heutigen Benutzer liegt der Wert der offiziellen Teuerungsziffer allein darin, „daß sie Auskunft gibt über die *Bewegung* der Teuerungsverhältnisse. Die Verwendung der Teuerungszahlen als Maßstab für die absolute Höhe der Lebenshaltungskosten ist nur unter großen Vorbehalten möglich".[58]

[54] Niederschrift der Sitzung vom 4. Oktober 1919 betreffend Lohnstatistik, *a.a.O.*, Bl. 45.

[55] Vgl. Niederschrift der Besprechung über Lebenshaltungs- und Lohnstatistik vom 4. November 1919, *a.a.O.*, Bl. 121, und die Stellungnahme des Württembergischen Statistischen Landesamtes an das Statistische Reichsamt, 14. 4. 1920, *a.a.O.*, Nr. 10658, Bl. 11.

[56] *Die Reform*... [wie Anm. 20], S. 159.

[57] Vgl. Niederschrift über die Sitzung im Auswärtigen Amt vom 12. 11. 1920 über die gegenwärtigen Einkommens- und Lohnverhältnisse in Deutschland, ZStA I, RArbM, Nr. 10672, Bl. 46f. und Bl. 103ff.: Lebensbedürfnisse und Einkommen der deutschen Bevölkerung. Zum Existenzminimum von R. R. Kuczynski kritisch: C.-L. Holtfrerich, *Die deutsche Inflation*... [wie Anm. 8], S. 38—40, sowie: Jürgen Kuczynski, *Geschichte des Alltags des deutschen Volkes,* Studien 5: *1918—1945*, Köln 1982, S. 358.

[58] *Die Teuerungsstatistik im Reich,* in: *Vierteljahreshefte zur Statistik des Deutschen Reichs,* 29 (1920), S. 65 (Hervorhebung im Original).

Aber auch der Stand der Lohnstatistik war derart unbefriedigend, daß im Februar 1920 eine Lohn- und Gehaltserhebung durchgeführt werden mußte, um einen Einblick in den Stand der Effektivverdienste zu bekommen, denn die Möglichkeit, gleiches mit Hilfe der Tarifverträge zu erreichen, wurde trotz deren wachsender Bedeutung als gering angesehen.[59] Die Erhebung bildet einen brauchbaren Ausgangspunkt für eine Untersuchung der Lohnentwicklung auch der folgenden Jahre, und sicher wären unsere Probleme damit geringer, wenn es weitere derartige Erhebungen gegeben hätte. Die Bemühungen um einen Ausbau der amtlichen Lohnstatistik, in deren ursprünglich geplanter Form neben den regelmäßigen Erhebungen ein „Eillohndienst" vorgesehen war, scheiterten letztlich am Widerstand der Arbeitgeber, die sich davon offenbar keine brauchbaren Ergebnisse versprachen.[60]

Bei der Auswertung der Ergebnisse vom Februar 1920 müssen gravierende methodische Mängel der Erhebung berücksichtigt werden, die nicht nur als Folge der fehlenden Bereitschaft einiger Unternehmer zur Mitarbeit anzusehen sind. So wurde bei der Bearbeitung nicht nach einheitlich gehandhabten Kriterien verfahren. Ursprünglich sollte der Effektivverdienst (also die Aufschläge für Überstunden-, Nacht- und Sonntagsarbeit eingerechnet) nur derjenigen Arbeiter ermittelt wer-

[59] Vgl. *Lohn- und Gehaltserhebung vom Februar 1920* (= Statistik des Deutschen Reichs, Bd. 293), Berlin 1921, S. 18* f.; zur Aussagekraft der Tarifsätze besonders S. 19*: „Die Tarifverträge enthalten nur Mindestlohnsätze, nicht tatsächliche Arbeitsverdienste ... sie sagen ... nicht, wieviel Überstunden während der Gültigkeit des Vertrages oder in einem kürzeren Zeitraum die einzelnen Berufe im Durchschnitt tatsächlich geleistet haben und wieviel davon auf Überstunden-, Nacht- und Sonntagsarbeit entfällt ... Auf Grund der Tarifverträge läßt sich bestenfalls errechnen, wieviel ein Arbeiter in einer bestimmten Gewerbe- und Berufsart an einem gegebenen Ort verdienen *kann*, wenn er die übliche Zahl von Arbeitsstunden leistet, so und so alt ist, so und soviele Kinder zu versorgen hat usw. ... Niemals wird man aber, besonders bei der zur Zeit stark verbreiteten Kurzarbeit, sagen können, wieviel die betreffende Berufsart an einem gegebenen Orte in einem bestimmten Zeitraum wirklich verdient hat."

[60] Vgl. *Lohn- und Lebenshaltungsstatistik*, in: *Rheinisch-Westfälische Zeitung*, Nr. 179 vom 12. 3. 1920. Die langen Listen der säumigen Betriebe der Februar-Erhebung befinden sich in ZStA I, RArbM, Nr. 10669, Bl. 215 ff., und Nr. 10670, Bl. 124 ff. Der zähe und hinhaltende Widerstand gegen neuerliche Lohnerhebungen, deren erste schon für den November 1920 geplant war, findet sich in den Verhandlungen, die in den Akten-Nrn. 10670—10673 überliefert sind. Die ablehnende Haltung der Unternehmer wird sehr deutlich in der gutachtlichen Äußerung des Gewerbeaufsichtsamtes Berlin-Mitte zum Entwurf eines Gesetzes über Lohnstatistik, ZStA II, Rep. 120 BB VI, Nr. 210, Bl. 101 f.

den, die während des gesamten Erhebungszeitraumes von vier Wochen im jeweiligen Betrieb gearbeitet hatten. „Diese Voraussetzung galt als erfüllt, wenn der in Frage kommende Arbeiter in jeder der vier Erhebungswochen im Zeit- und Stücklohn eine, wenn auch beschränkte Zahl von Arbeitsstunden geleistet hatte und wenn er insgesamt während der ganzen Erhebungszeit im Zeit- und Stücklohn zusammengenommen mindestens eine Gesamtleistung von 150 Arbeitsstunden aufwies."[61]

In einer nicht mehr feststellbaren Zahl von Fällen jedoch wurden auch die Fragekarten mit in die Bearbeitung aufgenommen, die weniger als 150 Arbeitsstunden aufzuweisen hatten, dagegen Karten von Arbeitern der Berufsarten, die nicht als „typisch" galten, ausgeschlossen, obwohl sie das zuerst genannte Kriterium erfüllten.[62] So lassen sich die Ergebnisse nicht zu der Arbeitsmarktlage in den jeweiligen Industriezweigen in Beziehung setzen.

Weiterhin ist nicht eindeutig zu erkennen, ob das Statistische Reichsamt auf die Repräsentativität der Erhebung achtete. Wenn es eine solche Absicht hatte, so wäre sie sicherlich am branchenmäßig unterschiedlichen Widerstand der Unternehmer gescheitert. Die Aufbereitung der Ergebnisse läßt denn auch nur Aussagen für den jeweiligen Gewerbezweig zu, für Vergleiche untereinander müssen große methodische Vorbehalte gelten. In diesen Zusammenhang gehört auch, daß die durchschnittliche Arbeiterzahl pro Betrieb in der Erhebung gegenüber den Zahlen der Gewerbeaufsicht und der Berufsgenossenschaften anzeigt, daß Großbetriebe deutlich stärker vertreten sind.[63]

Für eine Untersuchung der sozialen Lage wird die Neuberechnung der Effektivlöhne nach Berufen in der jeweiligen Region nötig sein, denn nur so läßt sich die Zahl derjenigen Berufsarten erhöhen, für die ein Vergleich der *Wochen*verdienste für 1913/14 und zum Zeitpunkt der Erhebung im Februar 1920 möglich ist. Aufgrund der Bearbeitung der Ergebnisse durch das Statistische Reichsamt ist dies bisher nur für zwei Arbeitergruppen möglich. Legt man den offiziellen Index zugrunde, so betrug der Verlust an realer Kaufkraft für Weberinnen ca. 16 % und für Musikinstrumentenmacher ca. 40 %. Ein Vergleich mit

[61] *Lohn- und Gehaltserhebung*... [wie Anm. 59], S. 19*.

[62] Vgl. *a.a.O.*, S. 20*. Eigene Berechnungen auf der Basis der Zahlen für Thüringen (S. 19*) haben ergeben, daß ca. 30 % der Fragekarten nicht hätten berücksichtigt werden können, wenn das Kriterium 150 Stunden strikt angewandt worden wäre.

[63] Berechnet nach den Angaben: *A.a.O.*, S. 20* und passim.

der amtlichen Teuerungszahl bedeutet aber, wie wir wissen, die Nichtberücksichtigung von Qualitätsverschlechterungen sowie sonstiger Ausgaben für Steuern, Versicherungen, Kulturbedürfnisse, Verkehr usw. Versucht man diesen Mangel mit einem Aufschlag von 15 % auszugleichen, so beträgt der Kaufkraftverlust bei den Weberinnen 25 % und bei den Musikinstrumentenmachern 47 %; gleichzeitig verdienten die letzteren absolut immer noch 60 % mehr als die ersteren.[64]

Wie hoch der Kaufkraftverlust für den Februar 1920 gegenüber 1913/14 geschätzt wird, ist bedeutungsvoll für die Frage, ob es den Arbeitern speziell in den Monaten der Jahre 1921 und 1922, in denen die Arbeitslosigkeit am niedrigsten lag, gelang, den Vorkriegsstand wieder zu erreichen, ja sogar zu übertreffen, wie Holtfrerich und Abelshauser behaupteten.[65] Zur Begründung ihrer Auffassung arbeiteten sie mit Lohnreihen verschiedener Berufe von regionaler Bedeutung. Nicht nur wegen der Datenlage ist dieses Vorgehen als angemessen zu betrachten, sondern auch wegen der zum Teil großen Teuerungsunterschiede innerhalb des Deutschen Reiches.[66] Allerdings gibt es für die Zeit bis zum Februar 1922 keine regionalen Indizes, die die Bekleidungskosten mit einschließen und auch danach nur für einige wenige Städte. Der Grund dafür ist in einem jener Kompromisse zu suchen, die bei der Entwicklung der Lebenshaltungsstatistik geschlossen werden mußten. Erst nachdem das vorrangig wichtige Problem, die schnelle Veröffentlichung der ermittelten Ziffern,[67] durch die Erhebung einer vorläufigen Teuerungszahl für sogenannte „Eildienstgemeinden" gelöst war, rückte die Einbeziehung der Bekleidungskosten in den Mittelpunkt der

[64] Berechnet nach Angaben: *A.a.O.*, S. 26* und 32*. Die anderen Lohnangaben, die auch C.-L. Holtfrerich, *Die deutsche Inflation*... [wie Anm. 8], S. 235, Tabelle 44, zusammengestellt hatte, basieren auf Stundenlöhnen und haben z. T. andere Basisjahre als 1913. Der gleiche Einwand ist gegen die Angaben *Lohnsteigerung 1913 bis 1920*, in: *Wirtschaft und Statistik*, 1 (1921), S. 81—84, vorzubringen.

[65] Vgl. C.-L. Holtfrerich, *Die deutsche Inflation*... [wie Anm. 8], S. 239 f., und W. Abelshauser, *Verelendung*... [wie Anm. 9], S. 453 f.

[66] Vgl. dazu: *Teuerungsstatistik und Reichsindexziffer*, in: *Vierteljahreshefte zur Statistik des Deutschen Reichs*, 33 (1924), S. 64 f. Zusammenfassend über den Verlauf von Teuerungswellen: Hans-Ulrich Ludewig, *Arbeiterbewegung und Aufstand. Eine Untersuchung zum Verhalten der Arbeiterparteien in den Aufstandsbewegungen der frühen Weimarer Republik 1920—1923*, Husum 1978, S. 51—55.

[67] Das Reichsarbeitsministerium betonte gegenüber dem Statistischen Reichsamt am 26. 8. 1920, daß „der Wert der ganzen Arbeit ... im wesentlichen davon [abhängt], daß die Ergebnisse möglichst schnell der Öffentlichkeit zugänglich gemacht werden". ZStA I, RArbM, Nr. 10658, Bl. 101.

Bemühungen der amtlichen Statistiker, weil ihr Fehlen die Glaubwürdigkeit des Lebenshaltungskostenindex desto mehr beeinträchtigte, je rascher die Inflation voranschritt. Die notwendige Erweiterung des „Warenkorbs" aber wurde — nach den Darlegungen des Reichswirtschaftsministeriums — von den Fachverbänden der Bekleidungsbranche verzögert, die man für die Erhebung zu benötigen glaubte. Diese aber fürchteten, daß ihre Mitglieder geschädigt werden könnten, wenn durch die Veröffentlichung der Zahlen billige Regionen gegen teurere ausgespielt würden. Das Reichswirtschaftsministerium schlug deshalb vor, die Bekleidungskosten nur in der Reichsindexziffer zu berücksichtigen, die Zahlen für die Erhebungsgemeinden aber weiterhin in der herkömmlichen Weise zu veröffentlichen.[68] Das Reichsarbeitsministerium, daß behauptet hatte, ihm würde bereits eine „*absichtliche* Verhinderung der Einbeziehung der Ausgaben für Kleidung und sonstiger Ausgaben zwecks Erlangung einer möglichst niedrigen Teuerungszahl vorgeworfen",[69] stimmte diesem Kompromiß zu.

Bei der Benutzung regionaler Teuerungszahlen muß also darauf geachtet werden, welchen „Warenkorb" sie umfassen, will man, von ihnen ausgehend, die Reallöhne im Reich schätzen. Auch der Hamburger Lebenshaltungskostenindex enthält erst seit Februar 1922 die Bekleidungskosten, und die errechneten Reallöhne zeigen im Übergang vom Januar zum Februar einen tiefen Einbruch, der sich im wesentlichen aus diesem Umstand erklärt.[70] Für die Berechnung der Reallöhne muß bis zu diesem Zeitpunkt bedacht werden, daß 1920 und 1921 die Reichsindexziffer mit Bekleidung eine um ca. 10 % höhere Teuerung anzeigt, als diejenige ohne Einrechnung der Bekleidungskosten.[71]

Für Aussagen über die Bewegung der Reallöhne kann dieser Fehler vernachlässigt werden, wenn sie nur die Entwicklungstendenzen beschreiben wollen. Dann ergibt sich anhand der Hamburger Zahlen für die ersten Monate des Jahres 1921 ein Ansteigen der Reallöhne, wäh-

[68] Vgl. RWM an RArbM, 11. 10. 1921, *a.a.O.*, Nr. 10659, Bl. 185.

[69] RArbM an RWM, 24. 10. 1921, *a.a.O.*, Bl. 153. Vgl. auch den Brief des Gewerkschaftsbundes der Angestellten an RArbM, 10. 9. 1921, mit detaillierten Vorschlägen zur Verbesserung der Reichsindexziffer und der Warnung, daß ein Ausbau der Grundlage dringend notwendig wäre; *a.a.O.*, Bl. 162—167.

[70] Vgl. *Die Wirkung der Geldentwertung auf die Löhne einiger typischer Arbeiterberufe, 1921 bis 1923*, in: *Hamburger Statistische Monatsberichte*, hrsg. vom Statistischen Landesamt, Jg. 1924, Mai, S. 100, und C.-L. Holtfrerich, *Die deutsche Inflation*... [wie Anm. 8], S. 237, Schaubild 7, das auf den Hamburger Zahlen basiert.

[71] Berechnet nach: *A.a.O.*, S. 31, Tabelle 4.

rend ab August desselben Jahres bis zum Beginn der Hyperinflation im Herbst 1922 heftige Schwankungen das Bild beherrschen.[72] Ob jedoch — außer für kurze Zeiträume unmittelbar nach Lohnerhöhungen — das Vorkriegsniveau der Lebenshaltung erreicht oder gar überschritten wurde, ist aus den vom Hamburgischen Statistischen Landesamt errechneten Löhnen nicht ablesbar. Vorausgesetzt, sie sind in ihrem Entwicklungsniveau in etwa repräsentativ für die Entwicklung im Deutschen Reich, vermögen uns nur die Reihen, die auf Wochenlöhnen beruhen, eine zutreffende Einschätzung zu geben. Die Reallöhne der Hamburger Buchdrucker, Bäcker und Kutscher, die allein diese Bedingung erfüllen, erreichen bis zum Juli 1922 nicht ein einziges Mal das Vorkriegsniveau (vgl. TABELLE 6). Wiederum muß darauf hingewiesen werden, daß dieses Vorkriegsniveau die Lebenshaltung der Arbeiter nur sehr unvollständig widerspiegelt, auch wenn die Bekleidungskosten in den Lebenshaltungsindex einbezogen worden sind.

Wir wissen bereits von dem anderen Faktor der Reallohnberechnungen, den Nominallöhnen, daß sie nach Ansicht des Statistischen Reichsamts nicht die wirkliche Höhe der Löhne wiedergeben. Diese Annahme war der Ausgangspunkt der Lohnerhebung im Februar 1920. Aber auch danach hatten verschiedene andere Stellen ein dringendes Interesse an Reallohnberechnungen, so die deutsche Botschaft in Washington.[73] Trotz seiner Bedenken benutzte das Lohnreferat dafür die Tariflohnsätze ausgewählter Arbeitergruppen, die dem Tarifarchiv des Reichsamts für Arbeitsvermittlung entnommen werden konnten.

Auch für die nachträglichen Untersuchungen der sozialen Lage der Arbeiter in der Inflation werden wir uns damit behelfen müssen, aus den im *Reichsarbeitsblatt* veröffentlichten Tarifvertragsbedingungen Wochenlöhne zu berechnen — auf der Grundlage des Achtstundentages und unter Berücksichtigung der Tatsache, daß die verschiedenen Lebenshaltungsindizes, die uns zur Verfügung stehen, für unterschied-

[72] Vgl. das Schaubild 7, *a.a.O.*, S. 237, das allerdings nur die Stundenlöhne berücksichtigt. Auf die Frankfurter Zahlen, die Holtfrerich, *a.a.O.*, S. 240, Tabelle 46, zusammengestellt hat, wird hier nicht weiter eingegangen, da dort die Nominallöhne mit der Reichsindexziffer deflationiert sind, während Frankfurt, für das eine regionale Teuerungszahl existiert, eine der teuersten Städte Deutschlands war. Das errechnete Reallohnniveau ist auf jeden Fall zu hoch.

[73] Vgl. ZStA I, RArbM, Nr. 10674, Bl. 235 ff.: Vorschläge für eine telegrafische Berichterstattung über Löhne und Preise in Deutschland an die Botschaft in Washington.

TABELLE 6

Realwochenlöhne Hamburger Buchdrucker, Bäcker und Kutscher in der Spedition in den Jahren 1921 bis 1923, berechnet vom Hamburger Statistischen Landesamt mit dem Hamburger Lebenshaltungsindex[a] (in Mark)

Berufe Lohn im Juli 1914	Jahre	Jan.	Febr.	März	Apr.	Mai	Juni	Juli	Aug.	Sept.	Okt.	Nov.	Dez.
(1)	(2)	(3)	(4)	(5)	(6)	(7)	(8)	(9)	(10)	(11)	(12)	(13)	(14)
Buchdrucker	1921	24,90	28,79	27,33	28,43	30,74	29,86	28,36	26,31	28,29	29,82	24,85	29,22
Wochenlohn 34,38 M	1922	28,39	26,18	28,91	21,95	23,51	24,81	26,61	19,18	16,71	18,84	15,99	17,89
	1923	20,91	17,28	27,23	26,85	23,58	25,77	23,47	50,38	30,95	52,38	25,29	24,11
Bäcker	1921	28,80	31,44	29,85	31,05	33,57	32,61	29,10	26,07	25,86	27,69	21,21	23,69
Wochenlohn 36 M	1922	32,61	25,41	25,81	23,86	26,46	27,24	26,36	22,57	26,98	18,97	15,99	25,06
	1923	20,51	23,25	32,40	31,12	24,00	27,68	28,52	33,83	50,70	31,59	30,62	26,79
Kutscher in der Spedition	1921	26,88	29,34	30,85	32,08	34,69	33,70	30,07	26,94	33,19	30,45	24,54	33,84
Wochenlohn 35 M	1922	32,88	26,47	26,33	24,42	26,96	27,69	26,70	23,10	28,83	20,07	19,51	26,78
	1923	20,61	24,49	34,30	32,94	25,51	29,46	33,50	34,15	37,28	30,66	29,10	26,79

[a] Seit Februar 1922 Berechnungsart mit Bekleidung.

Quelle: Die Wirkung der Geldentwertung auf die Löhne einiger typischer Arbeiterberufe, 1921 bis 1923, in: *Hamburger statistische Monatsberichte,* hrsg. vom Statistischen Landesamt, Jg. 1924, Mai, S. 98, Übersicht I.

liche Familiengrößen ermittelt wurden. Die Bedenken gehen dahin, daß bei diesem Verfahren die Gefahr sowohl der Über- als auch der Unterschätzung der Effektivverdienste besteht. Denn einerseits können wir dieser Quelle nur wenig über Akkord- und Überstundenzuschläge entnehmen, die während der inflationären „Scheinkonjunktur" in den Jahren 1921 und 1922 eine wichtige Rolle gespielt haben müssen. Andererseits ist bei nachlassender Konjunktur der Verdienstausfall durch Kurzarbeit oder Produktionsstörungen infolge von Rohstoffmangel usw. nicht feststellbar. Zudem wurden trotz deren wachsender Bedeutung von den Tarifverträgen die Arbeits- und Lohnverhältnisse eines erheblichen Teiles der Arbeiterschaft nicht geregelt. Sie dürften schlechter gewesen sein als die der Arbeiter, für die Tarife bestanden.

Die Konjunkturen in den einzelnen Industriezweigen waren bis zum Beginn der Hyperinflation wechselhaft und nicht einheitlich,[74] so daß ohne die Einbeziehung der Beschäftigung nach Branchen ein abschließendes Urteil nicht gefällt werden kann. Bisher aber wissen wir noch wenig über das Ausmaß der Arbeitslosigkeit zum Beispiel für die Zeit, in der die geringe Arbeitslosigkeit unter Gewerkschaftsmitgliedern auf eine insgesamt niedrige Arbeitslosigkeit schließen läßt. Den gleichen Eindruck legt die geringe Zahl der Empfänger von Erwerbslosenunterstützung nahe, selbst wenn die Verkürzung der Unterstützungszeit ab September 1921 berücksichtigt wird.[75]

Ab Januar 1922 bis Mitte November 1923 stehen uns mit den Ergebnissen der „Stichtagszählungen bei den wichtigeren Arbeitsnachweisen" Daten zur Verfügung, die eine Schätzung des wirklichen Ausmaßes der Arbeitslosigkeit ermöglichen. Bei diesen Zählungen wurden als Arbeitslose jene Arbeitssuchenden gezählt, „die am jeweiligen Stichtage bei den berichtenden Arbeitsnachweisen als arbeits- oder stellungslos gemeldet sind, während als ‚unterstützte Vollerwerbslose' lediglich die auf Grund der Reichsverordnung über Erwerbslosenfürsorge unterstützten Vollerwerbslosen und diejenigen zu verstehen sind, denen die Unterstützung am Stichtage bereits bewilligt war. Nicht in diesen Zahlen enthalten sind dagegen die zahlreichen Kurzarbeiter und die bei

[74] Vgl. dazu zusammenfassend: Robert Scholz, *Probleme der Wirtschafts- und Sozialgeschichte der deutschen Inflation 1914—1924* (MS), Magisterarbeit, FU Berlin 1979, S. 32—40 und 60—90.

[75] Vgl. Klaus Dettmer, *Arbeitslose in Berlin. Zur politischen Geschichte der Arbeitslosenbewegung zwischen 1918 und 1923*, Phil. Diss., FU Berlin, Berlin 1977, S. 212 und 265, Anm. 1.

Notstandsarbeiten vorübergehend untergekommenen Erwerbslosen."[76]

Wenn wir davon ausgehen, daß die Daten der Stichtagszählungen repräsentativ auch für die Arbeitsnachweise waren, die nicht mit einbezogen wurden, so ist es möglich, ausgehend von der Zahl der Arbeitsuchenden, die Zahl der Arbeitslosen, definiert wie oben, zu schätzen. Eigene Berechnungen haben ergeben, daß bei den berichtenden Nachweisen der Anteil der Arbeitslosen an den Arbeitsuchenden nie weniger als 80 % betrug. Die niedrigsten Raten fallen in die Monate mit der geringsten Arbeitslosigkeit und umgekehrt.[77] Der Zusammenhang erscheint plausibel. Für denjenigen, der eine Arbeit hatte, versprach der Weg zum Arbeitsnachweis bei verhältnismäßig hoher Arbeitslosigkeit wenig Erfolg bei der Suche nach einer neuen, besseren Anstellung, während bei „Arbeitermangel" der Versuch der Mühe wert erschien.

Schätzen wir also gemäß den Verhältnissen der Stichtagserhebungen die absolute Zahl der Arbeitslosen im Reich auf 80 bis 85 % der Arbeitsuchenden, die bei den Arbeitsnachweisen für gemischt-berufliche Vermittlung gemeldet waren, so erhalten wir für die Monate mit der geringsten Arbeitslosigkeit im Jahre 1922 folgende Zahlen:[78]

Mai 1922	ca. 655.000 bis 696.000
Juni 1922	ca. 600.000 bis 637.500
Juli 1922	ca. 586.000 bis 622.000
August 1922	ca. 613.000 bis 651.000
September 1922	ca. 594.000 bis 631.000
Oktober 1922	ca. 629.000 bis 668.000

[76] *Ergebnisse der Stichtagszählung bei den wichtigeren Arbeitsnachweisen am 4. Januar 1922*, in: *Reichsarbeitsblatt*, N.F. 2 (1922), S. 11*.

[77] Die Ergebnisse sind für die Zeit von Anfang Januar bis Mitte November 1922 veröffentlicht, *a.a.O.*, S. 13*, 41*, 121*, 155*, 183*, 215*, 247*, 273*, 303*, 339*, 359*, 397*, 407*, 445*, 463*, 501*, 527*, 567*, 599*, 635*, 691*. Für die Zeit von Mitte Dezember 1922 bis Mitte November 1923 in der *Statistischen Beilage zum Reichsarbeitsblatt 1923*, Nrn. 1, 3, 5, 7, 9, 11, 13, 15, 17, 19, 21, 22/23.

[78] Die Zahl der Arbeitsuchenden im Reich: K. Dettmer, *Arbeitslose*... [wie Anm. 75], S. 307.

Zum Vergleich sei auf die Zahl der Arbeitslosen hingewiesen, die bei der Berechnung des Volkseinkommens vom Statistischen Reichsamt angesetzt wurde:[79]

1913	300.000
1925	683.000

Die Schätzung der absoluten Arbeitslosenzahlen vermag die oben geäußerte Vermutung zu bestätigen, daß die Inflation gleichzeitig mit vermehrter Arbeitsgelegenheit für eine wachsende Zahl von Menschen die Notwendigkeit schuf, sich Arbeit zu suchen. Der erste Effekt konnte den zweiten nicht gänzlich aufheben. Die Ergebnisse der Stichtagszählungen zeigen auch, daß der Anteil der unterstützten Vollerwerbslosen an den Arbeitslosen abnahm, wenn die Arbeitslosigkeit sinkende Tendenz hatte, und dieser Trend sich umkehrte, sobald die Beschäftigungssituation sich verschlechterte. Neben der Verkürzung des Unterstützungszeitraumes war eine rigide Auskämmung der Unterstützungsempfänger in Groß-Berlin Ende 1921 und Anfang 1922[80] der Grund dafür, daß die Zahl der Unterstützungsempfänger eine abweichende Entwicklung zeigte.

Es gab also einen Sockel von Arbeitslosen, die keine Unterstützung erhielten. Ausgehend von der Schätzung der absoluten Arbeitslosigkeit dürfte ihre Zahl ca. 500 000 betragen haben, denn in den Monaten Mai bis Oktober 1922 erhielten weit weniger als 100 000 Arbeitslose Unterstützung, in den Monaten Juli bis Oktober sogar weniger als 20 000.[81] Wer diese Menschen waren, die wohl nur mit Hilfe der Wohlfahrt ihr Leben fristen konnten, läßt sich vermutlich an der Zusammensetzung der „langfristig Erwerbslosen" ablesen. „Die langfristig Erwerbslosen gehören ... nicht so sehr den wenigen Berufsgruppen an, deren Arbeitsmarktlage sich auch jetzt (Mai 1922 — R.S.) noch nicht gebessert hat, sondern es sind hauptsächlich Erwerbsbeschränkte, Personen von hohem Lebensalter, deren Arbeitsvermittlung stets mit großen Schwierigkeiten verbunden ist, so wie Arbeitsunwillige und Arbeitsun-

[79] *Das deutsche Volkseinkommen*... [wie Anm. 40], S. 87.

[80] Die Berichte darüber finden sich in: ZStA II, Rep. 77, Tit. 227A, Nr. 95, Bl. 56 ff., 167 ff., 197 ff.

[81] Angaben nach: K. Dettmer, *Arbeitslose*... [wie Anm. 75], S. 305.

fähige, welche nach den gesetzlichen Bestimmungen keinen Anspruch auf Unterstützung haben..."[82]

Neben der Diktion, die Menschen als „arbeitsscheu" klassifiziert, welche durch Krieg, Revolution und Inflation aus ihren Lebenszusammenhängen gerissen wurden, ist an dieser Beschreibung zu kritisieren, daß in ihr die Frauen nicht gesondert erwähnt sind. Ihr Anteil an den Arbeitsuchenden und Arbeitslosen lag stets deutlich höher als derjenige an den unterstützten Vollerwerbslosen. Vermutlich waren immer mehr Arbeiterfrauen gezwungen, sich Arbeit zu suchen, um das Familieneinkommen den rasch steigenden Lebenshaltungskosten anzupassen. Denn hinter den Schwankungen der Reallohnentwicklung ab Herbst 1921 und erst recht nach dem Beginn der hyperinflationären Phase muß ein im ganzen fallender Trend des Reallohnniveaus verborgen gewesen sein — ganz abgesehen von der Unsicherheit der Lebenssituation, die sich in ihnen ausdrückt.

Mit dem immer rascheren Steigen der Preise wirkte sich nämlich ein weiterer Mangel der Indexziffer aus. Seit Herbst 1922 wurde im Reichswirtschaftsministerium und -arbeitsministerium über eine zweimalige Herausgabe der Teuerungszahlen pro Monat diskutiert. Die lohnpolitische Abteilung des Reichsarbeitsministeriums erhob hiergegen jedoch Bedenken, weil „die mehrmalige Veröffentlichung von Teuerungszahlen zu einer Verkürzung der Lohnperiode beitragen würde".[83] Noch im März 1923 beschloß das Kabinett die Veröffentlichung vorerst bei einem Mal pro Monat zu belassen.[84] Zur gleichen Zeit drängte das Reichsarbeitsministerium darauf, zur Unterstützung seiner „Bemühungen um die Festigung der Lohnverhältnisse",[85] die Indexzahlen vor ihrer Veröffentlichung prüfen zu dürfen, denn für den März 1923 hätte man es lieber gesehen, wenn abweichend von der bisherigen Praxis für die Veröffentlichung nicht der Monatsdurchschnitt, sondern die niedrigere Teuerungszahl, die sich für den zweiten Erhebungszeitpunkt in diesem Monat ergab, verwandt worden wäre. In der Reaktion des Reichswirtschaftsministeriums auf dieses Ansinnen

[82] *Der Stand der langfristigen Erwerbslosigkeit am 1. Mai 1922*, in: *Reichsarbeitsblatt*, N.F., 2 (1922), S. 451*.

[83] Vermerk über eine Besprechung im Reichswirtschaftsministerium am 20. 10. 1922, ZStA I, RArbM, Nr. 10661, Bl. 40.

[84] Vgl. *a.a.O.*, Bl. 117, und: *Das Kabinett Cuno*, bearb. von Karl-Heinz Harbeck (= Akten der Reichskanzlei. Weimarer Republik), Boppard a. Rh. 1968, S. 307.

[85] RArbM an RWM, 17. 4. 1923, ZStA I, *a.a.O.*, Bl. 166.

wird noch einmal deutlich, für wie wichtig die Vertrauenswürdigkeit der Lebenshaltungskostenindexziffern gehalten wurde.

„Der Wert und die Bedeutung der Indexziffern ist begründet auf das Vertrauen derjenigen, die sie benutzen sollen. Dieses Vertrauen zu erhalten, muß oberster Grundsatz sein. Das erfordert aber weitestgehende Objektivität der Veröffentlichungen, die nur zu wahren und in der Öffentlichkeit zu vertreten ist, wenn das Statistische Reichsamt als vollkommen neutrale Behörde nicht durch politische Stellen unmittelbar beeinflußt wird. Eine Vorprüfung der Veröffentlichung des Reichsamts durch ein Ministerium auf diesem Gebiete würde letzten Endes den Einfluß der Indexziffern illusorisch machen und so wiederum die Politik mehr schädigen als eine objektive Darstellung der tatsächlichen Verhältnisse. Ich konnte mich dieser Beweisführung um so weniger verschließen, als das Statistische Reichsamt bei seinen Veröffentlichungen der Indexziffer in den letzten Monaten bereits weitgehendes Verständnis für die Wirtschaftspolitik bewiesen hat, und zu der Annahme, daß hierin eine Änderung eintreten könnte, kein Grund vorliegt."[86]

Im rasenden Verfall der Mark ging jedoch die so sorgsam gehütete Vertrauenswürdigkeit der amtlichen Reichsindexziffer immer mehr verloren. Der christliche Deutsche Gewerkschaftsbund schrieb Anfang Juni 1923 an das Statistische Reichsamt, auch von seiten der Arbeitgeber würde zuzugeben, „daß diese Zahlen mit der wirklichen Preisgestaltung keineswegs Schritt halten".[87] In einer Besprechung Mitte Juni gab es auch vom Reichsarbeitsministerium keinen Widerstand mehr gegen die Verkürzung des Veröffentlichungszeitraumes,[88] es wurde sogar vorgeschlagen, möglichst zur wöchentlichen Bekanntmachung überzugehen. „Man würde damit der Gefahr begegnen, daß etwaigen wöchentlichen Lohnberechnungen ein anderer und für den vorliegenden Zweck weniger geeigneter Maßstab zugrundegelegt wird."[89]

Für heutige Versuche, die soziale Lage der Arbeiter in der Hyperinflation zu bestimmen, muß deshalb gelten, daß nicht mit den monatlichen Indexziffern gearbeitet werden kann. Dies nicht zu beachten, führt zu irrigen Aussagen, denn keinesfalls kann davon gesprochen

[86] RWM an RArbM, 4. 5. 1923, *a.a.O.*, Bl. 209.

[87] *A.a.O.*, Bl. 275.

[88] Ergebnis der Besprechung über die Verbesserung des Reichsindex für die Lebenshaltung im Reichsarbeitsministerium am 16. 6. 1923, *a.a.O.*, Bl. 277f.

[89] RArbM an RWM, Ende Juni 1923, *a.a.O.*, Bl. 280.

werden, daß in der letzten Phase der Inflation das Reallohnniveau deutlich über dem der Vorkriegszeit gelegen hat.[90] Ein gegenteiliges Ergebnis zeigen Berechnungen, die die Besonderheiten der durch die rasche Geldentwertung geprägten Situation berücksichtigen.[91]

In der Auseinandersetzung mit einer Zusammenstellung der Vereinigung der Arbeitgeberverbände (V.D.A.) über Friedenseffektivlöhne und Effektivreallöhne im August 1923 hat der Referent für Lohnstatistik im Statistischen Reichsamt, Aghte, ein Beispiel dafür gegeben, wie man angemessen vorgeht. Er ging davon aus, daß ein großer Teil der Arbeiterschaft — in der Berliner Metallindustrie betrug er ein Drittel — nicht im Akkordlohn, sondern im Zeitlohn arbeitete. Deshalb könnten die Tarifsätze nicht als Mindestlöhne betrachtet werden, wenn der Maximalstundenlohn der höchsten tarifmäßigen Lohn- und Altersklasse angesetzt würde. „Weiterhin wird der Vergleich (in der Zusammenstellung des V.D.A. — R.S.) mit der Vorkriegszeit auf Grund der Stundenlöhne durchgeführt. Ein solcher Vergleich erscheint jedoch mehr angezeigt, wenn es sich um die Feststellung der Produktionskosten für den Arbeitgeber handelt, als um die Feststellung der dem Arbeitnehmer für seine Lebenshaltung zur Verfügung stehenden Beträge des Reallohneinkommens, zu dessen Berechnung die erzielten Wochenlöhne herangezogen werden müssen."[92]

Aghte führte nun in einem ersten Schritt eine Berechnung des Nominalwochenlohnes der gelernten Metallarbeiter in Berlin — eine Arbeiterkategorie, die er bei anderer Gelegenheit als „Repräsentant des mittleren Arbeitseinkommens"[93] bezeichnete — für eine bestimmte *Lohnwoche* im August 1923 durch. Dabei berücksichtigte er einerseits

[90] Vgl. die Daten der TABELLE 6 und die Tabelle 1 bei W. Abelshauser, *Verelendung...* [wie Anm. 9], S. 454, sowie seine Interpretation S. 452ff.

[91] Vgl. Rudolf Meerwarth, *Zur neuesten Entwicklung der Löhne*, in: *Zeitschrift des Preußischen Statistischen Landesamts*, 62 (1922), S. 340, und: Margarete Soecknick, *Die Entwicklung der Reallöhne in der Nachkriegszeit dargestellt an typischen Thüringer Industrien*, Jena 1927; sowie: Gerhard Bry, *Wages in Germany 1871—1945*, Princeton 1960, S. 234.

[92] Präsident des Statistischen Reichsamts an RArbM, 27. 9. 1923, ZStA I, RArbM, Nr. 10675, Bl. 157.

[93] Präsident des Statistischen Reichsamts an RWM, *a.a.O.*, Nr. 10674, Bl. 193; hier ging es um die Verteidigung gegen Angriffe der V.D.A. (vgl. Bl. 186ff.), der eine Gegenüberstellung der Entwicklung des Nominalwochenlohnes und der Ernährungskosten in dem Artikel *Inflation oder Deflation?*, in: *Wirtschaft und Statistik*, 2 (1922), S. 333f., nicht gefallen hatte.

den Akkordverdienst, den er um 20 % über dem Zeitlohn ansetzte, und andererseits die sozialen Zulagen für ein Ehepaar mit zwei Kindern. Aber auch der Modus der Lohnauszahlung mußte mit einbezogen werden. „Nach den Vereinbarungen vom 9. Juli 1923 wird nach Ablauf der in der Berliner Metallindustrie von Montag bis Sonnabend laufenden Lohnwoche zunächst am folgenden Montag eine Abschlagszahlung geleistet, die rund die Hälfte des Wochenlohnes ausmacht; am folgenden Donnerstag oder Freitag, wenn die Abrechnungen über Stücklohnarbeit usw. vorliegen, wird dann der Rest des Wochenlohnes gezahlt."[94]

Der Arbeiter mußte also in der *Verbrauchswoche* mit der ersten Zahlung vier Tage leben und mit der zweiten drei Tage. „Um die Kaufkraft der während dieser Verbrauchszeit dem Arbeiter zur Verfügung stehenden Papiermarkeinkommen zu ermitteln, erscheint es zweckmäßig, für jeden Tag eine Reichsindexziffer der Lebenshaltungskosten zu errechnen."[95] Als Ergebnis erhielt Aghte ein Reallohnniveau von ca. 43 % des Friedenswochenlohnes.

Sicherlich muß die Annahme Aghtes als unrealistisch angesehen werden, die Arbeiter hätten ihre Ausgaben gleichmäßig auf die Tage der Verbrauchswoche verteilt.[96] Zeitgenössische Berichte vermitteln ein anderes Bild: „An den Lohn- und Gehaltstagen ging die Jagd nach der Ware los, denn in ein paar Stunden konnten Brot, Margarine und Milch wieder um einige Millionen teurer geworden sein."[97] Andererseits haben wir schon oben gesehen, welche Besorgnisse um die öffentliche Ruhe und Ordnung das geringe Reallohnniveau bei den staatlichen Stellen auslöste. Die Berechnung von Reallöhnen selbst verliert in den

[94] *A.a.O.*, Nr. 10675, Bl. 157 R.

[95] *A.a.O.*, Bl. 158. Eine solche Interpolation nahm auch M. Soecknick, *Die Entwicklung der Reallöhne*... [wie Anm. 91], S. 9 ff., vor, um die Lebenshaltungsindexziffer für ihre Reallohnberechnungen in der Phase der Hyperinflation nutzen zu können.

[96] Auch Aghte hielt die Lösung nicht für methodisch einwandfrei; vgl. ZStA I, *a.a.O.*, Bl. 158 R: „Dagegen könnte eingewendet werden, daß der Arbeiter gleich nach dem Empfang des Lohnes einen größeren Teil in Waren anlegt, gerade um der Geldentwertung zu entgehen, daß also auf die ersten Tage mit niedrigerer Indexziffer ein höherer Verbrauch entfällt als auf die späteren. Doch ist von einer Berücksichtigung dieses Umstandes bei der Berechnung wegen der Unsicherheit der Unterlagen zunächst abgesehen worden..."

[97] Jürgen Wetzel, *Inflation in Berlin 1923*, in: *Mitteilungen des Vereins für die Geschichte Berlins*, 69 (1973), S. 341. Vgl. jetzt auch: Robert Scholz, *Ein unruhiges Jahrzehnt: Lebensmittelunruhen, Massenstreiks und Arbeitslosenkrawalle in Berlin 1914—1923*, in: *Pöbelexzesse und Volkstumulte in Berlin. Zur Sozialgeschichte der Straße (1830—1980)*, hrsg. von Manfred Gailus, Berlin 1984, S. 109 ff.

letzten Monaten der Inflation immer mehr an Aussagekraft für die soziale Lage der Arbeiter. So berichtete Aghte an das Reichsarbeitsministerium über die Entwicklung Ende Oktober, „das Reallohnniveau [wäre] auch durch eine verbesserte Zahlungsweise gehoben worden. So wurde z. B. in der Berliner Metallindustrie den verheirateten Arbeitern (mit Kindern) von Freitag den 26. Oktober bis Sonnabend den 3. November täglich der Betrag von 3 Broten ausgezahlt."[98] Gleichzeitig stieg die Zahl der unterstützten Vollerwerbslosen auf über eine Million, die Zahl der Kurzarbeiter betrug ca. 1,7 Millionen. Sie erhielten Unterstützungen, die wahrscheinlich nicht einmal die Ernährungskosten decken konnten, auf jeden Fall aber weit unterhalb des Existenzminimums lagen.[99] Das Elend hatte ein Ausmaß angenommen, das Erbitterung und Resignation zugleich erzeugte. Ende Oktober mahnte darum Carl Friedrich von Siemens seinen Unternehmerkollegen Ernst von Borsig, die Arbeitgeber sollten den Bogen nicht überspannen: „Die Massen sind mürbe, sie wollen keinen Aufstand, sie werden jetzt mit verhältnismäßig wenig zufriedenzustellen sein, aber falls sie kein Entgegenkommen, keine Besserung sehen, dann werden sie revoltieren, denn sie können so nicht weiterleben."[100]

*

Wir gingen aus von der Frage, welche Methoden sich für die Untersuchung der sozialen Lage der Arbeiter in der Inflation eignen. Als zentral mußten dabei die methodischen Probleme der veröffentlichten Statistiken zur Lohn-, Lebenshaltungs- und Beschäftigungsentwicklung angesehen werden. Peter-Christian Witt hat die Historiker aufgefordert, zu deren Bewältigung ihren Beitrag zu leisten. „Eine ganze Reihe von statistischen Daten läßt sich jedoch selbst für die Inflationsepoche mit Hilfe der archivalischen Überlieferung entweder weitgehend korrigieren oder doch zumindest hinsichtlich ihrer methodischen Probleme so genau beschreiben, daß begründete Einwände gegen die veröffentlichten Statistiken vorgebracht werden können und korrigie-

[98] Präsident des Statistischen Reichsamts an RArbM, 13. 11. 1923, ZStA I, RArbM, Nr. 10675, Bl. 199.

[99] Vgl. dazu die Angaben bei: K. Dettmer, *Arbeitslose...*, [wie Anm. 75], S. 312ff., und J. Kuczynski, *Darstellung der Lage...* [wie Anm. 4], S. 157—160.

[100] Der Brief ist teilweise abgedruckt in: *Die Republik von Weimar...* [wie Anm. 35], Bd. 2, S. 261.

rende Schätzungen nicht mehr außerhalb der Möglichkeiten liegen würden."[101]

Dieser Weg hat darüber hinaus zwei ganz unterschiedliche Arten von Ergebnissen erbracht. Zum einen konnten, ausgehend von der Kritik der zeitgenössischen Statistik, Methoden wie die „kumulierte Reallohnposition" auf ihre Aussagekraft hinsichtlich der Lage der Arbeiter überprüft werden. Zum anderen zeigte es sich jedoch, daß der Wandel der Lebensweise unter den sich oft rasch ändernden Bedingungen des Geldwertverfalls mit Bestimmungen des Reallohnniveaus und des Beschäftigungsstandes nicht adäquat beschrieben werden konnte.

Die Diskussion der Verteilungsrechnungen zeigte, daß es mit ihrer Hilfe nicht möglich ist, derart differenzierte Aussagen zu begründen, um die Thesen der bisherigen Forschungsdiskussion zu überprüfen. Die Kategorie des „Arbeitnehmers" vermag nicht die Arbeiterschaft in ihrer Lage zu repräsentieren; die Einkommen aus selbständiger Tätigkeit in Handel und Gewerbe nicht die der Großunternehmen. Eine These wie die von Eugen Varga, daß die Großkapitalisten sich durch die Inflation auf Kosten aller nichtkapitalistischen Schichten bereichert hätten,[102] läßt sich auf diesem Wege nicht falsifizieren. Dazu wären genauere Kenntnisse der ökonomischen Folgen weniger in Hinsicht auf ihre quantitative Seite notwendig. Vielmehr sollte ihre qualitative Seite im Mittelpunkt des Interesses der Wirtschaftshistoriker stehen. Die Inflation führte nämlich nicht zur Anhäufung großer Geldvermögen, sondern zu einer Ausweitung des Produktionsapparates, oft in der Form der „Flucht in die Sachwerte".

Verteilungsrechnungen sind ebenfalls nicht geeignet zu untersuchen, welche sozialen Kosten aus der Inflation erwuchsen. In ihrem Kern stellen sie eine indirekte „Arbeitgeberlohnstatistik" dar. Mit ihrer Hilfe läßt sich eine Kosten-Erlös-Relation für die gesamte Volkswirtschaft kalkulieren, jedoch auf diesem Wege Aussagen über die soziale Lage der Arbeiter zu begründen, führt dazu, das Verfahren zu überfordern.

Als angemessene Methode bleibt die „Arbeitnehmerlohnstatistik". Die Mahnung, „daß bei allen Reallohnberechnungen die Schwierigkei-

[101] P.-Chr. Witt, *Staatliche Wirtschaftspolitik...*, [wie Anm. 35], S. 154, Anm. 9.

[102] Vgl. Eugen Varga, *Aufstieg oder Niedergang des Kapitalismus*, Hamburg 1924, S. 41, und seine Ausführungen über die historische Funktion der Inflation: Ders., *Die Krise des Kapitalismus und ihre politischen Folgen*, hrsg. von Elmar Altvater, 2. Aufl., Frankfurt 1974, S. 71 f.

ten der Teuerungs- und Lohnstatistik kumulativ auftreten und alle derartigen Zahlen mit besonderer Sorgfalt zu errechnen und stets mit besonderer Vorsicht aufzunehmen sind",[103] muß für die Inflationsepoche verstärkte Beachtung finden. Die Entwicklung der Kaufkraft kann nur über Wochenlöhne und unter Berücksichtigung der Warenkörbe der verwendeten Lebenshaltungskostenindizes berechnet werden. In der Phase der Hyperinflation muß dies für die Verbrauchswoche geschehen. Allerdings scheint das Verfahren allein für Regionalstudien aussichtsreich, denn nur hier kann es gelingen, mehr über den Verlauf der Sozialgeschichte der Inflation zu erfahren. Für das Deutsche Reich insgesamt hat das karge Ergebnis Bresciani-Turronis, „that the income of workers, which increased from 1920 to 1921, decreased in the course of 1922 and 1923",[104] weiterhin Bestand, solange wir nicht über spezifischere Verläufe in den Städten und Regionen unterrichtet sind. Mehr als die Bewegung zu beschreiben, vermag der Indikator „Lohn" für die ersten Nachkriegsjahre nicht zu leisten; vor allem nicht den Vergleich mit der Vorkriegszeit, obwohl dieser im Denken der Zeitgenossen eine beherrschende Rolle spielte.

Für den Indikator „Beschäftigung" haben wir gefunden, daß in Deutschland nur im internationalen Vergleich eine relativ niedrige Arbeitslosigkeit bestand. Gleichzeitig aber gab es Hinweise darauf, daß in den Jahren der Inflation eine Massenarbeitslosigkeit herrschte, die den Zeitgenossen aus den letzten Jahren vor dem Kriege nicht bekannt war. Selbst für den Sommer 1922, in der vollen Blüte der inflationsbedingten „Scheinkonjunktur", kann von einer immer noch erheblichen Zahl von Arbeitslosen gesprochen werden. Ihre Zusammensetzung, soweit wir sie erfassen konnten, vermag die eingangs zitierte Behauptung Eulenburgs zu illustrieren, „daß die alte gesellschaftliche Schichtung aus den Fugen geraten war".

Im Überblick gesehen, hat der Versuch, die Aussagekraft von „Lohn" und „Beschäftigung" als Indikatoren für die soziale Lage der Arbeiterschaft in der Inflation zu untersuchen, wenig Ermutigendes für die Lösung der Probleme einer Sozialgeschichte der frühen Jahre der Weimarer Republik gebracht. Die Ergebnisse müssen eher vage und vorsichtig formuliert werden. Es besteht jedoch die Hoffnung, mit

[103] Johannes Müller, *Wirtschaftsstatistik* (1925), zit. nach M. Soecknick, *Die Entwicklung der Reallöhne*... [wie Anm. 91], S. 19.

[104] C. Bresciani-Turroni, *The Economics*... [wie Anm. 1], S. 313.

Hilfe anderer Indikatoren, wie „Ernährung", „Wohnung", „Gesundheit", durch die Analyse des kommunalen Sozial- und Wohlfahrtswesens, der Ursachen von Streiks und anderer Formen des sozialen Protestes das Bild soweit zu vervollständigen, daß die Frage, ob sich der Verelendungsprozeß nach 1918 fortgesetzt hat, beantwortet werden kann.

Holtfrerich und Abelshauser haben verschiedene dieser Indikatoren mit dem Ziel herangezogen, ihre Verteilungsrechnungen durch sie bestätigen zu lassen. Dieses eingleisige Vorgehen verbietet sich gerade für die Darstellung der Lebensweise in der Inflation. Jürgen Kuczynski beschrieb aus eigener Anschauung die deutschen Arbeiter der Inflationsjahre als „Wesen eigener Art, die weder in den Nahrungs- noch in den Lohnverhältnissen, noch in mannigfacher anderer Beziehung viel mit den englischen und amerikanischen Arbeitern gemeinsam hatten".[105] Die extremste Inflation, die bisher eine fortgeschrittene Industriegesellschaft durchlitten hat, veränderte nämlich den Alltag der Menschen in vielerlei Hinsicht. Was dem Sozialhistoriker gelingen muß, ist die Bewältigung der Aufgabe, die neuen und ganz eigenartigen Verknüpfungen und Beziehungen der Elemente der Lebensweise, die durch den Verfall des Geldwerts bedingte Systematik, zu finden und zu beschreiben. Die Indikatoren für die einzelnen Elemente der Lebensweise nur aus einem Blickwinkel zu untersuchen, wird den spezifischen Verhältnissen der Inflationsjahre nicht gerecht.

Summary

The central problem considered in this essay is how statements about the economic situation of workers during the German inflation can be arrived at using contemporary statistics as the basis. The indicators „wage" and „occupation" can, as the debate thus far has shown, be used within the framework of divergent ways of argumentation. They can be utilized in the investigation of standard of living as well as to estimate the development of real wages in comparison with that of the national income as a whole (Verteilungsrechnungen).

In the first part, this essay examines, from a social-historical point of view, whether the methods to arrive at the latter comparison are

[105] J. Kuczynski, *Darstellung der Lage...* [wie Anm. 4], S. 180.

suitable as a basis for making statements about the social costs of the inflation for the German workers. The result is that the use of such methods as instruments for analyzing the standard of living of the employed is rejected, because these calculations represent an indirect measure of labor costs from the employer's point of view („Arbeitgeberlohnstatistik"). In addition, these methods fail to substantiate such differentiated results, so that the assertions of the research thus far, especially that German monopoly capital drew the main profit from the Great Inflation, can neither be verified nor revised.

The second part discusses the methodical problems when using contemporary official statistics for wages, cost of living, and occupation. Using this way of critically analyzing the internal discussions in developing these statistics, it is possible to work out a more adequate reflection of worker buying power („Arbeitnehmerlohnstatistik") under the condition of the depreciation of the German Mark. However, this can be attained only on the basis of weekly wages (Wochenlöhne), and by taking into consideration the composition of the shopping cart which underlies the published official and non-official cost of living index figures. The real wages, which are calculated in this manner are, however, to be used with great caution. Given the current stance of research, this method can be used only for regional studies. For the German Reich as a whole, the scanty conclusion formulated by Bresciani-Turroni, „that the income of workers, which increased from 1920 to 1921, decreased in the course of 1922 and 1923", is still the most we can say.

Real insight into the origin of the „poisoning of the social and political life" (Feldman) which is attributed to being a result of German inflation, can only be achieved by describing its effects on the everyday life of the people.

Variants of Social Protest in the German Inflation: The Mobilization of Civil Servants in City and Countryside, 1920 to 1924*

ANDREAS KUNZ

I

The Problem and the Setting

The dualism between city and countryside, between *Stadt* and *Land*, and the resulting tensions between the urban and the rural segments of German society has been identified as one of the main areas of social conflict reinforced and intensified by the German inflation.[1] Consequently, any study that deals with the fate of social groups during the inflation process needs to take notice of possible regionally-based differences in the experience of the group or groups under consideration.[2] This can be done in strictly economic or statistical terms, as a

* The research and writing of this essay was greatly facilitated by a grant from the Volkswagen Foundation in 1982—1983 and by an appointment to a Jean Monnet Research Fellowship at the European University Institute, Florence, in 1983—1984. I am extremely grateful to both institutions for their support of my work. I would also like to thank the members of Section 4 of the Berkeley „inflation workshop" for comments and suggestions made on an earlier draft of this paper.

[1] See Gerald D. Feldman/Carl-Ludwig Holtfrerich/Gerhard A. Ritter/Peter-Christian Witt, *Inflation und Wiederaufbau in Deutschland und Europa 1914—1924. Ein Forschungsbericht*, in: Idem (eds.), *Die deutsche Inflation. Eine Zwischenbilanz/The German Inflation Reconsidered. A Preliminary Balance* (= Veröffentlichungen der Historischen Kommission zu Berlin, vol. 54: Beiträge zu Inflation und Wiederaufbau in Deutschland und Europa 1914—1924, vol. 1), Berlin-New York 1982, pp. 1—21, esp. pp. 20—21. The authors write: „... einerseits förderten die ökonomischen Bedingungen der Jahre 1914 bis 1924 den Lokalpatriotismus und Separatismus, die Spannungen zwischen Stadt und Land, und ließen so Kontrastsituationen entstehen, die die Zurechnung bestimmter Ereignisse zu bestimmten Ursachen ermöglichen" (p. 20).

[2] This has been pointed out by Jens Flemming/Claus-Dieter Krohn/Peter-Christian

number of recent studies have attempted to do.[3] Yet the social tensions, organizational conflicts, and political repercussions which arose on the basis of these economic circumstances need to be examined as well. It stands to reason that historians interested in the experience of rural people in the inflation years have been particularly sensitive to the problem of social conflict arising from rural-urban interrelations, as have been those authors whose principal focus has been on the city itself. Recent studies undertaken by both groups of writers suggest that indeed a most conflict-laden potential governed the relations between city and countryside during the inflation years.[4] Invariably, though, these studies have been concerned with analyzing either urban *or* rural society. In the latter case, moreover, they have been restricted even further to the study of agricultural producers (farmers, peasants, rural

Witt, *Sozialverhalten und politische Reaktionen von Gruppen und Institutionen im Inflationsprozeß. Anmerkungen zum Forschungsstand*, in: Otto Büsch/Gerald D. Feldman (eds.), *Historische Prozesse der deutschen Inflation 1914 bis 1924. Ein Tagungsbericht* (= Einzelveröffentlichungen der Historischen Kommission zu Berlin, vol. 21), Berlin 1978, pp. 239—263, p. 248.

[3] Cf. Carl-Ludwig Holtfrerich, *Die deutsche Inflation 1914—1923. Ursachen und Folgen in internationaler Perspektive*, Berlin-New York 1980, esp. pp. 218—276; Werner Abelshauser, *Verelendung der Handarbeiter? Zur sozialen Lage der deutschen Arbeiter in der Großen Inflation der frühen zwanziger Jahre*, in: Hans Mommsen/Winfried Schulze (eds.), *Vom Elend der Handarbeit. Probleme historischer Unterschichtenforschung* (= Geschichte und Gesellschaft. Bochumer Historische Studien, vol. 24), Stuttgart 1981, pp. 445—476. For a critical appraisal of both works, see the contribution by Robert Scholz to this volume. See also my contribution to an earlier volume of this series, *Verteilungskampf oder Interessenkonsensus? Einkommensentwicklung und Sozialverhalten von Arbeitnehmergruppen in der Inflationszeit 1914 bis 1924*, in: G. D. Feldman et al. (eds.), *Die deutsche Inflation*... [see note 1], pp. 347—384, and my recent monograph *Civil Servants and the Politics of Inflation in Germany, 1914—1924*, Berlin-New York 1986, chapter 1, which presents a social-statistical analysis of German civil servants in the inflation years.

[4] On rural society in the inflation, see especially the works of Robert G. Moeller, *Winners as Losers in the German Inflation: Peasant Protest over the Controlled Economy 1920—1923*, in: G. D. Feldman et al. (eds.), *Die deutsche Inflation*... [see note 1], pp. 255—287, *Dimensions of Social Conflict in the Great War: The View from the German Countryside*, in: *Central European History*, 14 (1981), pp. 142—168, and his full-length study *German Peasants and Agrarian Politics, 1914—1924: The Rhineland and Westphalia*, Chapel Hill 1986. For the urban perspective, see Merith Niehuss, *Arbeiterschaft in Krieg und Inflation. Soziale Lage und Schichtung der Arbeiter in Augsburg und Linz 1910—1925*, Berlin-New York 1984, and, by the same author, *Arbeitslosigkeit in Augsburg und Linz a. D. 1914—1924*, in: *Archiv für Sozialgeschichte*, 22 (1982), pp. 133—158.

workers) while the sizeable middle-class segment of rural society (e. g. rural artisans, teachers, and civil servants) have remained less visible, so to speak.[5] This research gap becomes even more regrettable if one seeks to test the often stated hypothesis that it was precisely the middle-class segment of rural society which was particularly susceptible to right-wing agitation in the early years of the Weimar Republic.[6] A similar point could be made about the argument that in the urban setting the same groups tended to gravitate to the left wing of the political spectrum.[7] An examination of *one* social group under the guiding question of rural-urbal tensions in the inflation years seems to this writer a particularly useful way to test some of the existing hypotheses about the political behavior of middle class groups in the early Weimar Republic. Furthermore, such an investigation will throw some new light on rural-urban conflicts as a catalyst for social mobilization, social protest, and intra-group conflict.[8] One may well assume that the latent urban-rural conflict would, under certain conditions, become an obstacle to overall group-solidarity and could trigger fierce intra-group conflicts within any given social group, provided that portions of such groups could identify with the specific interests of either the urban dwellers or the rural population.

[5] J. Flemming/C.-D. Krohn/P.-Ch. Witt, *Sozialverhalten*... [see note 2], p. 252, mention the differing experience of rural and urban artisans in the inflation years.

[6] *Ibid.* See also Jens Flemming, *Landwirtschaftliche Interessen und Demokratie. Ländliche Gesellschaft, Agrarverbände und Staat 1890—1925*, Bonn 1978, who maintains that rural middle class groups were effectively integrated into rural society and politically mobilized by conservative agrarian interest organizations as well as by conservative political parties.

[7] On the propensity of urban middle class groups toward left-wing radicalism, see Jürgen Kocka, *The First World War and the ‚Mittelstand': German Artisans and White Collar Workers*, in: *Journal of Contemporary History*, 8 (1973), pp. 101—123, and, by the same author, *Zur Problematik der deutschen Angestellten 1914—1933*, in: Hans Mommsen/Dietmar Petzina/Bernd Weisbrod (eds.), *Industrielles System und politische Entwicklung in der Weimarer Republik*, Düsseldorf 1974, pp. 792—810. For an analysis of the much more persistently conservative tendencies of members of the so-called old Mittelstand, see Heinrich August Winkler, *Mittelstand, Demokratie und Nationalsozialismus. Die politische Entwicklung von Handwerk und Kleinhandel in der Weimarer Republik*, Köln 1972, and, by the same author, *From Social Protectionism to National Socialism: The German Small Business Movement in Comparative Perspective*, in: *Journal of Modern History*, 48 (1976), pp. 1—18.

[8] In the present discussion social mobilization is to imply „the process of forming crowds, groups, associations, and organizations for the pursuit of collective goals." Definition given by Anthony Oberschall, *Social Conflict and Social Movements*, Englewood Cliffs 1973, p. 102.

While potentially most — if not all — social groups could be studied under the guiding question of the city — country conflict, an examination of German civil servants, the *Beamtenschaft*, within such a framework of reference seems to be particularly useful and pressing. By tradition, large portions of this group had always viewed themselves as either city dwellers *(Großstadtbeamte)* or as belonging to the extended rural population, either as small-town inhabitants *(Kleinstadtbeamte)*, or as villagers *(Landbeamte)*.[9] While to some degree these divisions were purely incidental — a civil servant could be transferred at will from a city to a small town or village or vice versa — civil service salary policy had been instrumental in creating more rigidly defined interest groups *within* the *Beamtenschaft* around the rural-urban issue by providing for differentiated pay according to a civil servant's place of duty and residence. The rationale behind this aspect of governmental pay policy was, of course, to establish some measure of flexibility for the higher cost of living in cities — especially for the high cost of rent — within an otherwise rather inflexible national pay scale used for all public servants.

Regional differentiation of pay had been introduced as early as 1873 to account for the differences in the cost of living between city and countryside.[10] The principle of provincial differentiation of parts of the civil servant's pay, especially of the so-called „rental allowance" *(Wohnungsgeld)*, was a controversial issue even before 1914, because it had tended to intensify the pay differential *(Besoldungsgefälle)* and hence had increased the income differential *(Einkommensgefälle)* between civil servants residing in cities and those living in rural areas or smaller towns. Understandably, the latter groups had always opposed the wisdom of these pay differentials, and they disputed the allegation that living in a city was more expensive, especially with regard to expenditures for rent, food, and clothing, than the keeping of an equally-ranked household in the countryside.[11]

[9] For the purpose of the present study the term *Landbeamte* (rural civil servants), which is not to be confused with *Landesbeamte* (state officials), is meant to include civil servants living in small towns as well (so-called *Kleinstadtbeamte*).

[10] On the concept of provincial or regional differentiation in pay, see Hans Völter, *Die deutsche Beamtenbesoldung*, in: Wilhelm Gerloff (ed.), *Die Beamtenbesoldung im modernen Staat*, T. 1 (= Schriften des Vereins für Sozialpolitik, vol. 184/1), München-Leipzig 1932, pp. 34—35. For a discussion of a similar method employed in Great Britain, see Herman Finer, *The Principles and Practice of Remuneration in the British Civil Service*, in: *Ibid.*, pp. 116—117.

[11] For a contemporaneous discussion of the rental allowance paid to civil servants prior and during the war, see *Wohnungsgeld und Ortszulage*, Berlin 1918.

World War I, wartime inflation, and the postwar inflationary upsurge of 1919—20 intensified the tensions between the two groups of the *Beamtenschaft* as the concept of a differentiated „rental allowance" was changed into a more broadly-conceived „location supplement" *(Ortszuschlag)* by the Salary Reform Act of April 1920. The new supplement was specifically designed to compensate for the regional variations in the cost-of-living increases that had occured since 1914.[12] The efforts of the German Reich Statistical Office to come up with a more reliable cost-of-living index, an index which would not only be more exact, but also regionally based, can be brought into connection with the problem of pay differentiation of the basis of location, since these efforts, too, began in February 1920 when the principle of regional differentiation was first adopted.[13]

The relatively stable economic conditions that prevailed in 1920 and early 1921 took some of the urgency from the matter, however. Coupled with the usual bureaucratic and parliamentary delays, this temporary lack of interest led to a situation where no reliable listing of the various „location classes" *(Ortsklassen)* was indeed drawn up, which in turn meant that those portions of civil servants' salaries that were based on location continued to be paid out on the basis of prewar classifications.

By spring of 1921 the renewed accelerating pace of inflation, coupled with the still unresolved problem of reclassifying cities and towns in a new schedule of ‚location classes', greatly intensified social unrest among civil servants in general, and, in addition, hightened the tensions and the conflicting interests between urban and rural dwellers within the *Beamtenschaft.* These conflicts became crystallized in two large-scale salary offensives conducted by the central civil servants' associations at the national level in the summer and fall of 1921.

From the vantage point of the higher organizational and governmental levels, the story of the salary struggles of 1921 has been told elsewhere.[14] The purpose of the following study is to provide a more

[12] The political strife connected with the passage of the Salary Law of 1920 is discussed in A. Kunz, *Civil Servants...* [see note 3], chapter 3.

[13] For further details, see Ernst Remmers/Paul Lockenvitz, *Die Verhandlungen über die Ortsklasseneinteilung nebst vollständigem Ortsklassenverzeichnis* (= Flugschriften des Deutschen Beamtenbundes, 6), Berlin 1921, pp. 8—9. There is some inter-ministerial correspondence on the statistical dimension of the *Ortsklassenfrage* im Bundesarchiv Koblenz, R 43 I/2562.

[14] Cf. A. Kunz, *Civil Servants...* [see note 3], chapter 5.

thorough examination of these wage movements and their social-political implications from the perspective of a single city, Hamburg, and that of a predominantly rural region, Central Germany and the Eastern Provinces of Prussia. In contrasting developments in an urban area and in rural regions under the catalyst of salary policy, we are proposing also to throw some light on another major problem of the history of the German inflation, namely the regional variations in the intensity of the inflation process. One aim of the following study is to show how variations in the intensity of an economic process — inflation — led to variations in the behavior of social groups, in this case urban and rural dwellers. In using civil servants as a test case it will be shown that forms, or variants of social protest and their concomitant phenomena such as social and political mobilization differed markedly in the urban and in the rural setting.

We shall proceed in two steps. First, the experience of civil servants in Hamburg during the salary struggles of 1921 will come into focus. By making use of a unique and rather complete set of documents relating to collective action of civil servants in Hamburg,[15] the urban variant of civil servant protest in the inflation will be examined. In a second step the living conditions and the propensity for social and political mobilization of rural civil servants in the eastern provinces of Prussia and in parts of Saxony will be scrutinized for the years 1920—24 in an attempt to gauge the rural variant of civil servant protest in the German inflation.[16]

II

The Urban Variant: Civil Servant Protest and Left-Wing Radicalism in Hamburg

The rise in consumer prices which began in early 1921 was immediately felt in a large and expensive city like Hamburg. In the course of only three months, from May to July 1921, the salaries of state officials

[15] They are the records of the Civil Service Council *(Beamtenrat)* in Hamburg, which are now kept in the Staatsarchiv Hamburg (StAH). For further details on the *Beamtenrat* see note 18 below.

[16] Source materials for the rural side will be drawn from the general organizational press and from a number of special publications issued by rural civil servants themselves.

in Hamburg lost nearly thirteen percent of their real purchasing power if calculated over the local cost-of-living index.[17]

Such a considerable decline of real purchasing power in a matter of weeks was accompanied by a sharp upturn of social unrest within Hamburg's *Beamtenschaft*. Beginning in May 1921 the Civil Service Council *(Beamtenrat)*, the central representative body of civil servants *(Beamte)* and public contractual employees *(öffentliche Angestellte)* in the Hanseatic city, was flooded with petitions from local civil service committees *(Beamtenausschüsse)*, in which complaints about the worsening economic situation in the face of mounting inflation were articulated.[18] To give but one example: In a letter to the Council one committee demanded that a special allowance *(Entschuldungssumme)* of at least 2000 marks should be paid to civil servants residing in Hamburg or in other „expensive cities". This sum, the committee claimed, would barely be sufficient to cover the indebtedness incurred by civil servants as a result of the recent price increases, and only in this way, it was argued, could the „menace of economic decline" be taken from the *Beamtenschaft*. The committee emphasized that such a measure had to be enacted immediately and called on the Council to begin preparations

[17] If measured in real terms, a higher official's salary fell from 302 marks in May 1921 to 262 marks in July, the pay of a middle-level official was decreased from 194 marks to 168 marks, that of a lower-grade civil servant from 194 marks to 126 marks. The salary of a public contractual employee dropped from 146 marks to 126 over the same time period. All figures have been taken from A. Kunz, *Verteilungskampf*... [see note 3], Table 2, pp. 374—375.

[18] As its name might suggest, the Hamburg Beamtenrat was a creation of the German revolution of 1918/19. The Council continued to exist until 1933, when it dissolved itself once the National Socialists had taken control of the city government in Hamburg. Throughout the years of the republic, the *Beamtenrat* functioned as the main negotiation and arbitration body between public servants, *Beamte* as well as *Angestellte*, and the city/state government of the Hanseatic city. The peculiar constitutional and institutional position of the *Beamtenrat*, as well as the political profile of its members cannot be discussed at greater length here. Suffice it to say that the members of the Council were elected directly by Hamburg's *Beamtenschaft* on the basis of slates representing certain groups of the civil service hierarchy. These slates were *not* identical with union slates, although a good number of the Council's leading members were organizational leaders as well. For example, the chairman of the *Beamtenrat* was at the same time chairman of the Verband der Hamburgischen Beamtenvereine. The *Beamtenausschüsse* (civil service committees) were representative bodies at the various departments of the municipal/state administration in Hamburg. Note on usage: Henceforth the *Beamtenrat* will be referred to as „Council", the *Ausschüsse* as „branch committees." In reference citations the original German words will be used in unitalicized form.

for an „imposing mass rally" in an effort to buttress civil servant demands through collective action in the streets.[19]

Pressured increasingly in this way by some of its more radical and militant branch committees, the Hamburg Civil Service Council took the grievances of the city dwellers to the central civil service association in Berlin, the Deutscher Beamtenbund (DBB). In a letter to DBB chairman Flügel, the chairman of the Council, Raue, pointed out that salaries of civil servants in Hamburg were just barely high enough to cover the ever rising costs for the essentials of life like food and rent, while very little or no money was left for other necessities, most importantly for clothing, an item of great importance to the social self-esteem of civil servants. Raue informed Flügel that the Council had asked the Hamburg city government for a special lump-sum cost-of-living allowance of 2000 marks, and he suggested that the organizational leadership in Berlin should follow suit and press for a similar payment in the forthcoming salary negotiations with the Reich government.[20]

With this initiative on the part of the Civil Service Council in Hamburg the idea of a special pay supplement for city dwellers among civil servants had entered salary policy. The special „city supplement" was to be fixed similar to a wage supplement already paid to workers in private industry, so-called *Überteuerungszuschüsse,* and it was to remain a most controversial issue throughout the entire inflation period. Controversy centered on two issues. For one, civil service salaries would be linked to workers' wages, and second, the special „city supplement" would further enlarge the pay differential between civil servants in cities, small towns, and in rural areas.

Since these policies were still much in the planning stage during the summer of 1921, however, they did not diminish the propensity for civil servant protest in Hamburg. While in Berlin preparations for a new salary offensive were being made, the Civil Service Council in Hamburg came under increasing pressure from its more militant branch committees, as well as from the exponents of these forces within its own ranks. As a consequence, the Council itself was more and more split into a moderate and a radical faction.[21] Two issues were of particular impor-

[19] Ausschuss der Behörde für das Versicherungswesen to Beamtenrat, July 18, 1921, Staatsarchiv Hamburg (StAH), 122-4-100.

[20] Beamtenrat to Deutscher Beamtenbund, May 31, 1921, *ibid.*

[21] „Moderate" and „radical" factions cannot be correlated with political orientation of the respective groups. Militancy as used in this context cut across established political

tance in the ensuing struggle between the two factions. First, whether or not the forthcoming negotiations between the organizations and the governments in Hamburg and Berlin should be augmented by a massive show of force of Hamburg's civil servants, and secondly, whether or not the DBB leadership in Berlin was representing the specific interests of the city dwellers adequately and forcefully enough.

A closer examination of the minutes of the Council meetings between June and August of 1921 shows that indeed a tendency toward social and political polarization developed within Hamburg's civil service constituency. In late June 1921 the Council's radical wing began pressuring the more moderate leadership to unite with militant civil service unions in a call for a mass meeting of civil servants and other public employees in Hamburg. The Council's moderates were, however, opposed to such a step, arguing that a mass rally would merely fuel discontent within the *Beamtenschaft* and would complicate matters in the salary negotiations that were already underway in Hamburg and Berlin. The militants regarded these arguments as a sign of weakness on the part of the leadership. „The rank and file expects,“ they insisted, „that the organizations should gain by means of force what the civil servants need.“[22]

If at first the moderates were able to survive these attacks in the usual way, namely by appointing a sub-committee to look into the matter, this „success“ proved to be only temporary. When the sub-committee voted down the idea of a mass rally — apparently after the majority of the associations of civil servants had done so as well — several of the militant branch committees demanded in ultimatum-style petitions the immediate gathering of a mass rally. The Council's moderate leadership was increasingly pushed into a more defensive posture; there were fears that things might get out of control and a wildcat protest meeting would be called by some of the branch committees.[23]

When the first reports from the Berlin negotiations reached the Council by mid-July, the smoldering conflict between its moderate and radical factions reached a new, more dramatic stage. In a meeting on

lines. Trade union affiliation is perhaps a better approach here, because it appears as if most militant members of the Council were members of unions representing white-collar employees, while moderates came from the traditional civil service associations (*Beamtenvereine*).

[22] Meeting of Beamtenrat, June 23, 1921, StAH, 122-4-17, vol. 3.

[23] Meeting of Beamtenrat, June 30, 1921, *ibid.*

July 14, the Council debated the DBB's general targets in the forthcoming salary offensive. The general reaction of nearly all members present was a negative one. It was felt that the specific demands of the urban dwellers had not been taken into consideration by the central organization in Berlin. In view of this situation, one council member suggested, civil servants in the cities should band together in a separate organization and start defending their specific interests more forcefully and more effectively against their foes within the DBB, i. e. the organizations of rural civil servants. Already there were strong inclinations toward the formation of a special „city lobby" within the DBB. As reported by the Council's chairman, members of the Berlin Chamber of Civil Servants *(Beamtenkammer)* had recently visited Hamburg to gain an impression of the economic situation of civil servants. They too, Raue said, had proposed a tighter organizational front of all *Großstadtbeamte.*[24]

The Council's militant wing was unimpressed with these rather uncertain organizational schemes advocated by the moderate leadership. To them this was merely another attempt by the moderates to prevent a more radical stance of Hamburg's civil servants in response to the DBB's unwillingness to support the justified interests of city dwellers. Not even a special city lobby within the central organization, they argued, would make a difference in the current situation, particularly not in the ongoing salary struggle. To rely on the central organization in these matters, one radical spokesman claimed, meant „being left out in the cold." Instead, Hamburg's civil servants should rely on their own strength: the time was ripe for a massive show of force. The counterargument put forth by the moderates that only a *combined* action of all German civil servants under the guidance of the central organizations in Berlin would make sense, did not convince the majority of the Council at this point. A committee was installed to begin preparations for a mass rally. The only concession made to the moderates was that the protest rally would take place only after a Council delegation, which was taking part in the negotiations in Berlin, had returned from there.[25]

The embattled protest rally finally took place on August 2, 1921.[26] By all standards it was an impressive show of force. About 15 000 persons

[24] Meeting of Beamtenrat, July 14, 1921, *ibid.*

[25] *Ibid.*

[26] Flier announcing the meeting in StAH, 122-4-3.

gathered at the Moorweide, the famous Hamburg meeting-grounds of the revolutionary days, to listen to a rousing speech on the „imminent economic collapse of the *Beamtenschaft.*" The mood of the gathering soon turned pugnacious, as a left-wing paper later reported.[27] The assembly drafted and adopted a resolution which stressed that Hamburg's civil servants, embittered by the hopeless struggle to attain a decent standard of living, and outraged by the careless attitude toward its vital interests displayed by the central organizations and the central government in Berlin, felt compelled to take their demands to the public. An immediate „emergency payment" *(Nothilfe)* was needed to insure the economic survival of the *Beamtenschaft* in the current economic crisis, the resolution declared. Moreover, a special salary supplement should be paid to all civil servants residing in large cities and industrial regions. Hamburg's civil servants called on their colleagues in other cities to take up these demands and to introduce and defend them in their representative organizations as well as vis-à-vis the Reich government and the Reichstag in Berlin. For this purpose *„all means available"* should be used — a definite, if indirect, reference to the possibility of strike actions.[28]

That enforcing such demands on the government and on the organizational leadership in Berlin was no easy task in spite of the powers of collective action, emerges from an interim report which the Council's delegate to the Berlin negotiations, Grevsmühl, gave to a joint meeting of the Council and of organizational leaders of Hamburg's civil service associations and public employees' unions on August 9, 1921.[29] Grevsmühl told his colleagues that thus far the DBB had rejected the idea of a special cost-of living allowance for city dwellers, having pressed for a general raise of base pay instead. In the forthcoming negotiations with the other leading organizations of labor the DBB would have to be

[27] *Der Freie Beamte,* August 20, 1921. The paper wrote: „Eine in der Beamtenschaft nie dagewesene Kampfstimmung beherrschte die Massen."

[28] Text of the resolution in StAH, 122-4-100, italics in the original. The resolution begins with the following words: „Gezwungen durch Not und Verschuldung, zermürbt durch den täglichen Kampf um das wirtschaftliche Gleichgewicht und erbittert durch die sorglose Behandlung ihrer Lebensfragen in Berlin tritt die hamburgische Beamtenschaft vor die Öffentlichkeit..."

[29] Protocol of a joint meeting between delegates of the Beamtenrat, the Gewerkschaftsbund der Angestellten, the Bürobeamtengewerkschaft, the Gesamtverband Deutscher Angestelltengewerkschaften, and the Zentralverband der Angestellten, August 9, 1921, StAH 122-4-17, vol. 3.

forced to adhere to the demands of the *Großstadt* lobby, Grevsmühl said, although he failed to elaborate on just how such force was to be applied. While criticizing the civil servants' own central organization, Grevsmühl was full of praise for a delegation of the Hamburg Senate, which had negotiated simultaneously with the Reich government in Berlin. During a personal meeting with Chancellor Wirth the Senate delegation had demanded a salary increase of seven or eight thousand marks as an absolute necessity if civil servant salaries in Hamburg were to catch up with rising prices and increasing wages paid to workers in private industry.[30] Such a demand, Grevsmühl argued, was more in tune with the reality of the city dwellers' plight than the policies pursued by the civil servants' own interest organization in Berlin!

This line of reasoning shows that regional peculiarities led to peculiar alliances as well. Local civil servant organizations and the Hamburg city government, nominally adversaries in the bargaining process, had joined forces in the attempt at reaching special economic support for civil servants in urban areas. This „urban alliance" had been forged against a similar, if undeclared, alliance of the central organizations and the central government in Berlin, who tried to prevent or at least minimize *special* payments on a regional basis beyond the framework already provided by the Salary Law of 1920.

Two other items were stressed at the Council meeting of August 9. First, a desire to mobilize other city dwellers in a joint effort to turn around established policies in Berlin. Initial successes in this direction were reported by Grevsmühl, who had established contacts with the Chamber of Civil Servants of Berlin in an effort to bring together an organizational alliance of *Großstadtbeamte.* Secondly, the delegates were adamant in their determination to continue cooperating closely with contractual public employees and other public workers in the salary question. One may well assume that the outspokenness on the latter issue was an attempt to create the impression that a „united front" of all public employees would continue to function on the local level in Hamburg, even if an already apparent discord between the central organizations of labor and the DBB in Berlin was about to lead to a rupture of this alliance on the national level.[31]

[30] No official transcript of this meeting could be found in the chancellery files. However, an official statement concerning these talks was released through the press.

[31] Since 1919 talks about a possible cooperation agreement had been conducted between the DBB and the Socialist peak associations of labor. Revived in early 1921,

The difficulties that had arisen in Berlin in the course of the negotiations for an alliance of all dependent employees *(Arbeitnehmer)* in the upcoming public-sector wage offensive produced an impact on the relationship between civil servants and labor movement at the local level in Hamburg as well. It is not surprising that the controversy over the alliance of the *Arbeitnehmer*, and the ultimate failure to achieve this alliance through an organizational agreement between the Socialist „Free" Trade Unions and the DBB,[32] took on a decidedly political coloring in Hamburg. After all, Hamburg was one of the strongholds of the German Communist Party (KPD), whose own designs for a *political* alliance of the proletariat under inclusion of the „progressive elements" of the lower middle class had become an integral part of KPD tactics since mid-1920.[33] It was almost to be expected, therefore, that the KPD would fish in troubled waters once the negotiations in Berlin had failed and would seek to gather momentum for its own ideas of a united front at the local level.

On August 18, 1921, only two days after the attempts to reach an agreement between the peak associations of the Socialist unions, ADGB and Afa-Bund, and the DBB had failed in Berlin, the KPD organization of greater Hamburg contacted the local cartels of the ADGB and Afa, forwarding the letter in duplicate form to the Civil Service Council and to several other political and social organizations as well, among them SPD und USPD.[34] Emphasizing the adverse effects of the current price increases for all dependent employees, and insinuating that public and private employers were broaching a general reduction of salaries and wages rather than an adjustment of wages to the

these negotiations had arrived at an impasse as a result of serious differences between labor and civil servant organizations on the aims of civil service salary policy. For further details, see A. Kunz, *Civil Servants*... [see note 3], pp. 239—256.

[32] With the failure of the wage movement of August 1921, the proposed organizational agreement between the DBB and the Free Trade Unions failed to be ratified by the DBB's central council. For an assessment of these organizational developments from the DBB's perspective, see *Die Besoldungsbewegung des Deutschen Beamtenbundes* (= Flugschriften des Deutschen Beamtenbundes, 4), Berlin 1921.

[33] On KPD strategy in this period, see Werner T. Angress, *Stillborn Revolution: The Communist Bid for Power in Germany, 1921—1923*, New York 1973. The situation in Hamburg is the subject of R. A. Comfort, *Revolutionary Hamburg: Labor Politics in the Early Weimar Republic*, Stanford 1966.

[34] Vereinigte Kommunistische Partei Deutschlands (VKPD) Hamburg to Beamtenrat, August 19, 1921, StAH, 122-4-100, and VKPD to locals of ADGB and Afa, August 18, 1921, *ibid.*

rising cost of living, the KPD called on the local ADGB and Afa organizations (and, indirectly, on the Civil Service Council as well) to combine the existing, and partially conflicting, wage and salary initiatives underway in Hamburg „in order to conduct them with greater force and thus with a greater expectation of ultimate success." The KPD further suggested that the local cartels of Afa and ADGB should increase their pressures on the central leadership of their respective organizations in Berlin in order to create a „united front well prepared for the battle to obtain a uniform, across-the-board increase of all salaries, wages, and welfare payments." Lastly, the KPD suggested calling for a joint demonstration of all political parties of the working class and of the „economic battle organizations" of wage earners, salaried employees, civil servants, the unemployed, and the war victims „against usury and inflation." To organize such a mass rally, the KPD proposed to hold a joint meeting of all organizations in late August as a first step toward a „united front ready for battle" in the city of Hamburg.

Given the political make-up of the Civil Service Council, its reply was predictable. Pointing out in its brief response to the KPD's invitation that it was politically non-affiliated, the Council declined to take part in „any actions conducted by a single political party."[35] The formalism (if not „sterility") of the Council's reply should not becloud the fact, however, that the exchange of letters just described could only happen in a situation where such a step on the part of the radical left would meet with some measure of success among the rank and file of the organizations involved. The Civil Service Council was no exeption: the high priority given to the answering of the KPD's request suggest that the Council's moderate leadership was worried indeed about pressures from within its own constituency to forge an alliance of the type envisaged by the KPD.[36]

In the subsequent weeks such pressure from the radical political left was to increase even further, fueled by an ever increasing level of discontent among Hamburg's civil servants. The meagre results of the salary agreements negotiated in Berlin in late August finally elevated discontent and protest to crisis proportions. An outcry of anger went through Hamburg's *Beamtenschaft* once the contours of the Berlin

[35] Beamtenrat to VKPD, undated letter (August 21 or 22, 1921), *ibid.*

[36] Marginal comments on the cover letter cited in note 34 above indicate that the content was discussed in a meeting of the Beamtenrat on August 20.

settlement had become known.[37] The quantity of angry petitions alone which were sent to the Council documents this point. A sample taken from these files may suffice to illustrate the content of civil servant protest in Hamburg at this juncture. One committee pointed out that a twenty-three percent increase of the cost-of-living allowance was a „pitiful outcome" of the much publicized salary campaign. The committee criticized that the lump-sum special allowance had not been awarded to city dwellers, and neither had the raise of base pay been achieved. Altogether the meagre raise that had been granted did not even cover the most recent price increases, let alone the rise in the cost of living since 1914. While other social groups, particularly workers, had seen their wages increased tenfold since 1914 and could therefore live in modest comfort, civil servants would remain in desolate misery even after this latest „raise." In an outburst of protest and defiance, the committee called on the Council to take up once again the demand for a lump-sum special allowance for city dwellers and to pursue this demand „with all means at its disposal."[38]

Under the existing circumstances the „means available" to civil servants included first of all the gathering of another protest rally, but also, albeit not directly articulated as of yet, the possibility of a civil servant strike. In an atmosphere of urgency these options were discussed by the Council in several sessions during late August and early September 1921. On August 27, the Council members met in joint session with organizational leaders.[39] The disappointing results of the Berlin negotiations had just become known in detail. Consequently, the mood of the delegates was one of intense irritation and dismay. As one member pointed out, the civil servant movement had reached a dead end. Civil servants, he said, should not allow such treatment on the part of the government and the central organizations to continue. Senti-

[37] The cost-of-living supplements to base pay and location allowances were increased at a rate depending on the place of residence. Thus increases varied between 13 percent (for rural dwellers) and 20 percent (for urban dwellers), and they fell short in matching the rise in the cost of living of nearly 30 percent. Further details on this pay award in *Wirtschaft und Statistik*, 1 (1921), pp. 426—429. Cf. also Wilhelm Schröder/Paul Lokkenvitz, *Der soziale Niedergang der Beamtenschaft* (= Flugschriften des Deutschen Beamtenbundes, 5), Berlin 1921, which is a statistical treatise written to justify the DBB's pay demands in the August salary offensive.

[38] Beamten- und Angestelltenausschuß der allgemeinen Armenanstalt to Beamtenrat, August 29, 1921, StAH, 122-4-100.

[39] Meeting of the Beamtenrat, August 27, 1921, StAH, 122-4-17, vol. 3.

ments against the central organization in Berlin, the DBB, were running especially high, a fact exploited by several delegates from labor organizations present at the meeting. DBB supporters, on the other hand, maintained that the differences between the DBB and organized labor had been caused by the latter's refusal to endorse civil servant demands.

As the meeting went on, the idea of holding another mass rally picked up support. Once again this way of taking civil servant discontent to a wider audience was pushed by the militant faction of the Council. At this juncture, however, moderates were able to rebuke these efforts. They pointed out that a second „Moorweide rally" would be ineffective and, above all, could easily acquire a radical political tinge since similar efforts were being broached in left-wing circles — an obvious reference to the KPD's efforts mentioned above. The moderates claimed, moreover, that an isolated action in Hamburg would not help matters much at all. Large-scale collective protest by the entire German *Beamtenschaft* was the order of the day, they maintained, and this type of collective action could only be organized by the central organization in Berlin.

This time the moderates won out. The content of a telegram that was formulated at the meeting to be sent to the DBB later on clearly showed their handwriting. The Council simply wanted to know which position the DBB held with regard to the latest offer by the government in the salary conflict (a rather obvious question), whether protest meetings would be organized by the DBB, and whether or not there was still time to renegotiate and change the terms of the salary settlement. For the time being, the Hamburg Civil Service Council had left the momentum to Berlin. The hour for massive protest and collective action at the local level passed unused.

If the outcome of the August salary offensive had already sparked social discontent and protest movements among Hamburg's civil servants, the renewed defeat two months later in the wake of another wage offensive seemed, for a while at least, to be able to produce a major labor struggle in the public service sector of the Hanseatic city. It was to be a labor dispute, moreover, in which civil servants would play a leading role. When in October 1921 a new round of salary negotiations in Berlin had reached a critical stage, a movement to call a strike vote gained momentum in some segments of Hamburg's *Beamtenschaft*. As had been the case before, the branch committees were the driving force behind a more radical course. They were eager to insure that this time civil servant demands would be met by government negotiators in Hamburg and Berlin.

On October 28, 1921, the Civil Service Council met to discuss a motion for a strike vote put before the Council by one of the committees.[40] There was a general consensus among those present at the meeting, however, that a civil servant strike was unnecessary and potentially counterproductive, since a show of force of this kind would only disturb the ongoing negotiations in Berlin. Moreover, public opinion would be turned against the civil servants' legitimate economic claims, since the legality of public service strikes, especially of civil servant strikes, was a controversial issue at best. While civil servants definitely had the right to strike, one delegate pointed out, it was an open question how the public and the government would respond to such a strike. If, moreover, the strike was lost, civil servants would from then on be obliged to accept „any meagre award given to them by the government." The unhappy fact that a civil servant strike was a double-edged sword was echoed by other members of the Council as well. As one delegate pointed out, it would merely take ten percent of all public personnel to keep the state machinery running and hence a strike could never be won. Political motives, too, surfaced as arguments against a strike. It should be taken into consideration, the delegate representing police officers said, that a strike would only play into the hands of the Communists. The meeting adjourned once it had been decided that the strike question was a matter to be discussed by civil service organizations rather than by the Council. There was, moreover, a general feeling that the committees had become too militant and had been able to acquire too much rank-and-file support which the Council itself should try to recapture.

But for the time being the committees seemed to be able to keep up the momentum. Immediately following the Council's decision, the committee representing officials in the administration of justice passed a resolution which called for a vote of non-confidence against the Council because of the latter's refusal to call a strike vote.[41] In an attempt to iron out these differences, a joint meeting of the Council, the branch committees, and organizational leaders was arranged to take place two days later, on October 31. A representative of the Hamburg Senate was present as well; altogether some two hundred persons attended the meeting. After the resolution of the committee of justice

[40] Meeting of the Beamtenrat, October 28, 1921, *ibid.*

[41] Mentioned in a Beamtenrat meeting on October 29, 1921, *ibid.*

officials had been re-read to the assembled delegates, a heated debate ensued. A representative of the justice officials pleaded to adopt the resolution „to insure that the ultimate trade union weapon is not wrested out of our hands." The Senate delegate responded by saying that the supporters of the civil servants in the Senate were not fearful of a possible civil servant strike. Civil servants should be well aware of the fact, though, that coveted „well-earned rights" might be lost as a result of a strike — an only vaguely disguised threat to take disciplinary action against striking civil servants. This „threat" prompted another delegate to utter the warning that „if we sink, the present government will disappear as well."[42]

Common opposition to government policy did not prevent the recurrence of internal discord on the organizational side, however. A leading member of the Civil Service Council complained that the government had consulted with labor organizations on civil service matters. This prompted a radical delegate to proclaim that if civil servants were seriously entertaining the idea of calling a strike, they could take such a step only with the cooperation and support, and not in confrontation with organized labor. Additional conflicts arose between representatives of higher and lower pay groups, the latter demanding special economic support for the lower grades, the former emphasizing that the dire economic situation of the higher officials justified the special treatment given to them in the last salary settlement. The entire meeting seemed to explode in dissonance and factional strife, and only the suggestion and subsequent decision to hold another protest rally calmed down the heated debate. The new protest meeting was to take place only if the Hamburg state government turned down a request for special cost-of-living allowances. A definite strike vote was postponed for the time being and left to the protest meeting, should it indeed have to be called.

When a few days later the Hamburg city parliament, the *Bürgerschaft*, voted down the desired special allowance for city employees, the Civil Service Council at first decided to go ahead with the protest meeting as planned.[43] However, the entire matter soon became a hot iron, not only because the possibility of a strike vote to be taken at the protest

[42] Joint meeting of the Beamtenrat with delegates from the Beamtenausschüsse, October 31, 1921, *ibid.*

[43] Press release, dated November 5, 1921, in StAH, 122-4-3. The meeting was to take place on November 10.

meeting did not intrigue the moderates in the Council, but also because several members of the Council itself had, in their function as *Bürgerschaft* delegates, adhered to party discipline and had voted against the allowance in the first place.[44] It stands to reason that these council members were hardly inclined to explain their actions to an angry rank and file, and they did all they could to have the protest meeting cancelled. The strike issue was used to make headway in this direction. In a definite reversal of the decisions taken only a few days earlier, the moderate leaders of the Council now proposed to call a protest meeting only if no strike vote would be taken there. This in turn met the fierce resistance of the more radically inclined members of the Council, especially of those delegates representing contractual public employees *(Angestellte)*. When the Council convened on November 9, ostensibly to prepare the mass rally which was to take place only one day later, the differences in opinion regarding the very purpose of the protest meeting led to the abrupt cancelling of the meeting altogether. Delegates representing contractual employees were unwilling to endorse the holding of a mass rally for demonstration purposes only. They accused the civil servant leaders of lacking the courage to fight out the salary issue: „We oppose the meeting," the spokesman of the *Angestellte* said, „because the civil servant organizations are unwilling and incapable of making use of the ultimate trade-union weapon."[45]

It is interesting to note that the split over the strike issue developed along social lines. A wedge seemed to have been driven between the „civil servant" and the „employee" faction of the Council. This indicates that at this juncture the solidarity between different *Arbeitnehmer* groups in the public service had obviously lessened at the local level as well. In this sense the events in Hamburg reflect similar developments which had occured at the national level somewhat earlier, i. e., the breakdown of a negotiating cartel between the various peak associations of labor in Berlin.[46] On the other hand, a marked difference between the two levels of observation may have become clear as well: the propensity for social protest was very visible at the local level, and it tended to take on a radical social and political tinge much more easily

[44] Meeting of the Beamtenrat, November 9, 1921, StAH, 122-4-17, vol. 3, where these matters were discussed.

[45] Meeting of the Beamtenrat with organizational leaders, November 9, 1921, *ibid.*

[46] See note 32 above.

than at the level of „high politics" in Berlin.[47] On the whole, the high level of social protest that surfaced within Hamburg's *Beamtenschaft* influenced the decisions taken by local civil servant leaders to a much greater degree than those taken by the top leadership in Berlin. In a sense, organizational leaders in Hamburg had to bear the brunt of civil servant protest, protest which was partially directed against the alleged incompetence of the central civil servant leadership in Berlin. Although the leaders of Hamburg's civil servants tried to steer a course independent of Berlin politics, the close connection between Hamburg's Civil Service Council, local DBB organization, and the DBB leadership in Berlin increasingly pushed the Council's moderate leaders into the awkward position of having to explain failures for which they had not — primarily at least — been responsible.

The causes of social unrest among *Großstadtbeamte* in Hamburg can therefore be found in the generally difficult economic situation faced by city dwellers during accelerated inflation, but also in the increasing disenchantment with the policies conducted by their own interest organizations at the local as well as on the national level. The estrangement of the rank and file from the organizational leadership provided a point of attack for radical social and political solutions. On the one hand, the spectre of a civil servant strike continued to haunt civil service politics in Hamburg throughout the fall of 1921. It would materialize, at the national level, a few months later in the well-known civil servant strike of February 1922. Continued social unrest among civil servants in urban centers like Hamburg did much to promote this first civil service strike in Germany history.[48] Political radicalism, on the other hand, remained intrinsicly connected to the social radicalism of protest rallies, mass demonstrations, and strike votes, and it tended to be *left-wing* radicalism in the urban setting, as the case of Hamburg has shown. In turning now to the experience of civil servants living in rural and small-town environments, we shall try to ascertain which patterns of social and political radicalism became dominant in the rural setting.

[47] It may be noted that at no time during the wage movements of August and October 1912 did the central oganizations in Berlin seriously consider a general strike call.

[48] On the history of this strike, see A. Kunz, *Civil Servants*... [see note 3], chapter 6.

III

The Rural Variant:
The ‚Rural Civil Servant Movement'
in Central and Eastern Germany

The rise in the cost of living during summer and fall of 1921 was being felt in rural areas as well. Responding to the increased economic pressures of accelerating inflation, rural civil servants restated their claim, originally voiced during the struggle over the Salary Reform Act of 1920, that the system of provincial differentiation of civil servant pay was fundamentally unjustified and unjust. Writing in the pages of the DBB's *Gemeinschaft*, a civil servant from Grimma, a small town in Saxony not far from Leipzig, pointed out that prices in his town were often even higher than in the nearby city of Leipzig, not least because the closeness of a large city created artificial shortages in the smaller town. In view of this situation, the writer argued, the official policy of differentiating cost-of-living increases according to „location classes" *(Ortsklassen)* should be discontinued, since it was based on the (allegedly false) assumption that the cost of living was lower in small towns and rural areas than in large cities. Besides attacking the wisdom of governmental pay policy, the civil servant from Grimma severely criticized the attempts of his own colleagues in the urban centers to garner a special ‚city allowance' in the forthcoming wage movement. As he wrote: „We are delighted about the advantages which our colleagues in the cities possess. But we demand that the unfavorable living conditions of civil servants in the countryside are acknowledged as well; one should not assign advantages and privileges in living conditions to (rural civil servants) which they do not possess."[49]

The „advantages and privileges" of the rural civil servants alluded to (and refuted at the same time) by the writer from Grimma need to be spelled out in some more detail. For one, rural civil servants questioned the validity of the assumption that the consumer price index, officially

[49] *Teuerungszulagen und die Beamten auf dem flachen Land*, in: *Die Gemeinschaft* (hereafter: *DG*), June 9, 1921. Differentiation of pay on the basis of location had been stepped up by the German government in late 1920, when for the first time the cost-of-living supplement had been paid out according to „local classes" *(Ortsklassen)* with rural civil servants, who were usually grouped in the lowest class E, receiving some three thousand marks less in pay than urban dwellers, who usually belonged to the highest *Ortsklasse* A.

compiled by the Reich Statistical Office, was generally lower in rural areas and small towns than in larger cities and industrial regions. Since the index figures were indeed collected on a regional basis by the Reich Statistical Office in cooperation with state, regional and municipal statistical bureaus as well as with the assistance of interest organizations, including the DBB, the regional variation in the rate of inflation was an almost dogmatic belief shared by most societal groups except, of course, rural dwellers. From the perspective of the city, the non-agricultural rural population (including rural civil servants) was viewed as a privileged group for having better access to agricultural products through direct contacts with agricultural producers, or for having a plot of land or at least a garden at their disposal. During salary negotiations these and similar facts were consistantly used by high government officials and by the urban civil servant lobby to rationalize the lower cost-of-living increases awarded to rural civil servants.[50]

Rural civil servants responded to these arguments by claiming that they were either basically false and conjured up by malicious forces in far-away Berlin, or, in a somewhat more sophisticated fashion, by trying to demonstrate that certain expenditures were not adequately covered by the official cost-of-living index. The high cost of specialized medical treatment, which was usually obtainable only by journeying to larger cities, was often cited in this context, as was the higher costs of secondary education for the generally more numerous children of the *Landbeamte.* Additional costs for commuting or boarding had to be paid, since children were often sent to institutions of secondary education available only in larger towns or cities. The aim of the latter line of reasoning was to question the established government policy of differentiating the children's allowance paid to civil servants on the basis of a regional cost-of-living index.[51]

The special grievances of rural civil servants can indeed be summarized under the heading „struggle against the principle of regional differ-

[50] Tietz, Itzehoe, *Die Land- und Kleinstadtbewegung,* in: *DG,* May 26, 1921. The writer disputes most of these arguments.

[51] *Die Not der Kinderreichen,* letter to the editor by a teacher from Annaburg in Saxony, in: *DG,* May 26, 1921. The writer gives an example: one of his colleagues, who has three school-aged children, must pay nearly four thousand marks annually for their education, which includes tuition and room and board for them in the next larger town with institutions of secondary education. This was an amount well above the children's bonus received by the civil servant as part of his pay.

entiation of portions of civil servant pay," the „*Ortsklassenunrecht*", as it was appropriately called. It stands to reason that at times when due to rapidly increasing inflation supplements to civil service pay, like the cost-of-living allowance, exceeded the value of base pay, tensions and antagonisms concerning the fixing of these supplementary payments would become more pronounced than in „normal times." It is for this reason that the problem of regional variations in the cost-of-living index assumed such a high level of importance among rural civil servants in 1920 and 1921, and even gave the initiative to the formation of a special movement, the so-called rural civil servant movement *(Landbeamtenbewegung)*. The brief but turbulent history of this movement, a goal-directed protest movement *par excellence*, provides a useful framework for the study of the living conditions of rural civil servants during the entire inflation period. Its history will therefore be the subject of the remaining portion of this study.[52]

The rural civil servant movement must be viewed as a movement directed above all against the principle of regional differentiation of civil servant pay. It is therefore not surprising that the origins of this movement date back to the time period when the „principle of location" first became an integral part of the civil servant pay structure, i. e. in the weeks and months when civil servant interest groups and the government prepared, negotiated, and pushed through the Salary Reform Act of April 1920. During a critical stage in these negotiations, in January of 1920, the DBB's regional association *(Provinzialverband)* of Pomerania circulated a pamphlet, in which for the first time massive protest was voiced against the proposed system of pay supplements based on location and a uniform remuneration of all civil servants, be they city dwellers or residents in rural areas, was advocated instead. Citing the bad experience with the introduction of this system upon group solidarity when a similar measure was implemented into the salary law for teachers in 1897, the pamphlet warned that civil servants would become „politicized" and organizational strife would ensue if the system of provincial differentiation became a part of the general civil service pay structure.[53]

[52] On the history of the *Landbeamtenbewegung*, see the article by Tietz cited in note 50 above and Martin Schellenberg, *Die sächsische Landbeamtenbewegung*, in: *DG*, April 21, 1921, as well as Heinrich Krüger, *Grundsätzliches zur Landbeamtenbewegung*, in: *DG*, May 19, 1921.

[53] Reported in: E. Remmers/P. Lockenvitz, *Die Verhandlungen über die Ortsklasseneinteilung*... [see note 13], p. 7.

When the principle of location was indeed adopted as one of the innovations of the Salary Law of 1920, it became clear to rural civil servants that government policy had favored the interests of their better organized and more militant colleagues in the city. In addition, rural civil servants suspected that the leaders of their own central organization, the DBB, lacked the necessary compassion and understanding for the plight of the rural dwellers, not least since most DBB leaders had an „urban background" and were thus unaware of the special problems existing in the countryside.[54] It was only natural, therefore, that a separate organization was viewed as the only way possible for a more effective representation of rural interests. Accordingly, in the fall of 1920 an organization calling itself the Rural Civil Servant League (*Landbeamtenbund* or LBB) was founded at a gathering in Berlin. Rural teachers *(Landlehrer)* were the driving force behind the new organization, which claimed to represent some 26 000 rural civil servants in all parts of Germany.[55] According to the preliminary statutes adopted at the founding meeting, the LBB was to be (or rather: to become) an association of *all* civil servants belonging to the lower „location classes". Its principle goal was to achieve the equilization of pay levels in city and countryside.[56]

At closer examination, however, the new organization reveals a rather peculiar social, regional and political structure. For one, the LBB was mainly an organization of middle-grade civil servants and teachers; neither lower-grade *Unterbeamte* nor higher civil servants played a major role in it. In many respects, therefore, the LBB was (and was to remain) a true middle-class movement. The social profile of the LBB leadership underscores this point: Of the seven-member executive committee appointed at the founding meeting only one was a lower-grade civil servant, one (the chairman) was a middle-level postal offi-

[54] Tietz, *Die Land- und Kleinstadtbeamtenbewegung*... [see note 50], mentions this fact. A noticeable exception was Paul Lockenvitz, a member of the DBB's inner leadership circle, who came from Stettin and later emerged as a kind of spokesman for the interests of rural civil servants within the DBB.

[55] Leading members of an „Interessengemeinschaft für Land- und Kleinstadtbeamte" had called the meeting. Report of the founding meeting in: *Beamtenwacht für Land- und Kleinstadt. Monatsschrift des LBB*, January 16, 1921 (hereafter cited as *LBB Gründungsbericht*). The *Beamtenwacht* was the LBB's official gazette; it was edited by a rural school teacher from Saabor in Silesia.

[56] *LBB Gründungsbericht*... [see note 55].

cial, all others were teachers.[57] The latter fact shows again the predominance of rural teachers in the social structure of the LBB.

The regional background of the committee's members is of interest as well. It shows a certain predominance of the eastern and central provinces of Germany, i. e. Brandenburg, Silesia, Saxony, and Pomerania. With the exception of Saxony, these were predominantly rural areas where the problem of low-ranked „location classes" was particularly pressing. The DBB's regional association in Pomerania later emerged as one of the driving forces and main supporters of the LBB, and it is in this context that political connections between the rural civil servant movement and the political forces of the right came into play. The *Provinzialverband Pommern* stood at the far right of the DBB's political spectrum. Furthermore, Pomerania was one of the centers of DNVP activity, and it is not a coincidence that already in early 1920 a local organization of DNVP civil servants had been founded in Stettin „with great resonance," as a left-leaning paper noted.[58] Thus the creation of the LBB can be interpreted also as one more attempt by the DNVP and its supporters among the extreme right-wing agrarian interest groups, most notably the notorious Reichslandbund, to mobilize the rural middle classes around the nationalist cause.[59]

The LBB's inner structure and organizational jargon shows parallels to the DNVP and other right-wing organizations as well. It was based on the leadership principle: district leaders *(Kreisführer)* and local group leaders *(Ortsgruppenführer)* were to lead the LBB's regional and local organizations.[60] But above all, the programmatic aims and the ideology propounded by the LBB reflect DNVP and other nationalist credo. This was true for general policy, as well as in the more specific matters relating to civil service policy in the Weimar Republic. The LBB's somewhat overly ambitious (if murky) objective, announced in the first issue of the organization's new gazette, the *Beamtenwacht*, was „to create positive values, to participate actively in the reconstruction of

[57] *Ibid.*

[58] *Der Freie Beamte*, June 5, 1920. It may be noted that the DNVP's expert on civil service matters, Otto Schuldt (Stettin) held a Reichstag mandate for Pomerania from 1920 to 1930.

[59] On this, see J. Flemming, *Landwirtschaftliche Interessen*... [see note 6], pp. 277—297. Flemming's principle focus is on the mobilization of rural workers in Pomerania, but he makes some references to middle class groups as well.

[60] Reported in the *Beamtenwacht*, January 16, 1921.

the state *(Staatsgebäude)* upon its proper pillars and foundations, and to integrate the *Beamtenschaft* into the new organism (of the state)."[61] The LBB's decidedly anti-union and anti-labor attitude emerges from another section of its program. Here rural civil servants are warned of the dangerous consequences of being regarded as mere employees *(Arbeitnehmer)* like blue-collar workers. Their enemies, rural dwellers are told, were employing the guiding principles of trade-union wage policy to defend the detested system of provincial differentiation in civil service pay. In response, rural civil servants are called to rally to the defense of the traditional concept of the civil servant as a member of a special *Stand* apart from other employee groups.

It is interesting to note that legitimate economic grievances are used (or rather misused) here to rationalize the inner logic of the traditional separation of civil servants from the working class. Again, parallels can be drawn to the DNVP's declared mission of rescuing the traditional concept of the *Berufsbeamtentum* from the ‚sinister designs' of left-wing *Arbeitnehmer* ideologues, who according to DNVP spokesmen, had a base not only within the political parties of the left, but also within the allegedly left-leaning leadership of the DBB.[62]

This political dimension should be kept in mind, when, in the remaining part of this discussion, the relationship between LBB and DBB moves into focus. While on the surface primarily organizational conflicts and rivalries seemed at stake, the decidly right-wing orientation of the LBB undoubtedly presented a challenge to the DBB's precarious inner political balance as well. It seems clear that the DBB's attempts at channeling the rural civil servant movement must have been motivated by political considerations as much as by the more openly discussed question of organizational unity.

Nominally the LBB viewed itself as an organization *within* the DBB. From the very beginning, however, both sides regarded this as lip service to a non-existing unity. At the LBB's founding meeting a

[61] *Was wir wollen*, in: *Beamtenwacht*, January 16, 1921. This article was the major programmatic statement issued by the LBB.

[62] For a DNVP policy statement on this subject, see Emil Ebersbach, *Der Kampf um das Berufsbeamtentum* (= Flugschriften der Deutschnationalen Volkspartei, 196), Berlin 1924. Ebersbach contends that the SPD's influence on civil service policy in the early years of the republic had led to the erosion of the principle of the civil servant as an exponent of state power *(„Träger der Staatsgewalt")*, which in turn had degraded the civil servant to the position of a mere state employee *(Arbeitnehmer)* who had become more and more effected by „proletarianization" (p. 13).

leading member of the DBB was present who — unsuccessfully — pleaded with the assembled rural secessionists to refrain from creating yet another potentially fragmenting organization within the still fragile organizational structure of the DBB.[63] Clearly overtaken by these events, the DBB leadership in October 1920 called a meeting of its provincial and state associations to Berlin. A resolution was passed which took up some of the grievances and demands that had been voiced by rural civil servants. The main source of protest, however, was to remain, because DBB leaders, mindful of the urban lobby, were not prepared to call for the complete abolition of the system of provincial differentiation of pay, advocating instead a reduction of „location classes" from five to three and a narrowing of the pay differentials between the remaining three.[64] Designed as a compromise solution between the conflicting interest of rural and city dwellers, with the latter maintaining that the *Ortsklassen* system should be extended rather than abolished, the DBB's action failed to calm down emotions in the unruly ranks of its rural-based members, or to take the steam out of the organizational efforts underway to create a separate organization of rural civil servants.

Tensions between the two organizations began to mount in the wake of the wage offensive conducted by the DBB in the winter of 1920—21. Commenting on the „catastrophic outcome" of this wage struggle for rural civil servants, which had extended the principle of provincial differentiation of pay to apply to the children's bonus and to the cost-of-living allowance rather than abolish it, the LBB's *Beamtenwacht* noted: „Rural civil servants and small-town dwellers have lost the battle; they must pay for the costs of the war... The largest fruit that have grown on the tree of the federation (the DBB) have fallen into the lap of the urban dwellers."[65]

In a renewed effort to iron out existing differences, the DBB called delegates from its provincial associations to Berlin. Leading members of the LBB had been invited as well and attended the meeting. Somewhat

[63] *LBB Gründungsbericht*... [see note 55]. For an informed discussion of the relationship between the two organizations from the perspective of the LBB, see H. Jakobs, *Die Land- und Kleinstadtbewegung in ihrem Verhältnis zum Deutschen Beamtenbund*, in: *Freie Beamtenwacht*, February 15, 1922.

[64] E. Remmers/P. Lockenvitz, *Die Verhandlungen über die Ortsklasseneinteilung*... [see note 13], pp. 9—10.

[65] *Beamtenwacht*, January 16, 1921 (beginning of „*Was wir wollen*").

surprisingly, reconciliation was indeed achieved in the course of this meeting. The LBB received a voting membership in an advisory committee set up by the DBB as its principle agent in the scheduled negotiations with several government agencies, especially with the Reich Statistical Office, regarding the reclassification of cities and towns in a new schedule of „location classes".[66] The policy of achieving integration through participation was stepped up by the DBB in the subsequent weeks and months, when members of the LBB's inner leadership circle were placed into other key DBB committees. In addition, a special committee for rural civil servant matters was established and staffed with LBB representatives and with delegates from the DBB's provincial associations. In exchange, LBB officials agreed to fully integrate their organization within the DBB, particularly to turn over their gazette to the editorial supervision of DBB's central press organization.[67]

The deeper reasons for the rather sudden and nearly complete capitulation of LBB leaders in their confrontation with the DBB were threefold. First, the defeat suffered in the salary negotiations of winter 1920—21 seemed to indicate that the realization of rural demands could, if at all, be achieved only *within* the central organization, but not against the DBB in open confrontation. Secondly, the organizational mobilization of rural civil servants had been something of a disappointment. Although exact membership figures were never revealed, the LBB consisted of only one branch association *(Fachverband)*, the Neue Preußische Lehrerverein, an organization which had been instrumental in the LBB's founding and was itself closely connected to the DNVP and to agrarian interests. In other words, the LBB had essentially remained an overambitious organization of rural teachers, while most other rural civil servants had remained connected to their central associations within the DBB.[68] Third, and perhaps most importantly, factional strife along political lines had polarized and weakened the LBB's inner leadership circle. A moderate group around the LBB's

[66] LBB chairman Ziegenmeyer was called into the committee. — On the exceedingly difficult negotiations between the DBB committee and the representatives of the Reich Statistical Office, see E. Remmers/P. Lockenvitz, *Die Verhandlungen über die Ortsklasseneinteilung*... [see note 13], pp. 12—24, where some of the correspondence between interest group and the government agency is reprinted.

[67] Reports of these meetings in *Freie Beamtenwacht*, February 15, 1922.

[68] This admission was made by a leading member of the LBB in the *Deutsches Lehrerblatt.* Quoted by H. Krüger, *Grundsätzliches*... [see note 52].

chairman was increasingly put under pressure by a radical right-wing faction comprised chiefly of representatives of the Neue Preußische Lehrerverein. This faction regarded the negotiations with the DBB and the compromise reached as a sell out. In a general meeting, called and orchestrated by the right-wing faction in May 1921, the agreement with the DBB was rejected by the delegates, who nearly all came from Pomerania. A new executive board was elected, which now was comprised almost entirely of members of the Neue Preußische Lehrerverein. It comes as no surprise that as the grand finale of what appeared to have been a rather chaotic meeting a teacher and DNVP delegate to the Prussian Diet, Louis Herrmann, enlightened the assembly on the fundamental importance of rural schools *(Landschulen)* to the nation's well being.[69]

By all standards the „new" LBB had degenerated into a subsidiary and a tool of the ultra-conservative political and social forces of East Elbia. The rural civil servant movement all but broke apart as a result of this development. A number of splits, secessions, and remergers occurred in the subsequent months, making it nearly impossible to trace the history of the movement during this period. In the wake of the salary movement, of August 1921, for example, one faction of the LBB began negotiating with the Christian Trade Unions about a possible merger.[70] In October of the same year, however, a majority of the *Landbeamte* finally decided to throw in their lot with the DBB.[71] As a separate movement, the *Landbeamtenbewegung* had all but ceased to exist. A preliminary solution of the *Ortsklassen* problem was finally achieved in December of 1921, when a revised „location schedule" *(Ortsklassenverzeichnis)* was finally adopted by the Reichstag.[72]

While the rural civil servant movement in its organizational dimension had run its course by late 1921, the underlying causes of civil servant protest in rural regions continued to provide a source for intra-group conflicts within the *Beamtenschaft* during the remaining years of the inflation. City dwellers and rural dwellers hardly became social allies after the disintegration of the rural civil servant movement,

[69] *Die Versammlung der Land- und Kleinstadtbeamten vom 29. Mai 1921* in: *DG*, June 9, 1921.

[70] *DG*, September 6, 1921.

[71] *Freie Beamtenwacht*, February 15, 1922.

[72] For a more detailed account, see E. Remmers/P. Lockenvitz, *Die Verhandlungen über die Ortsklasseneinteilung*... [see note 13], pp. 20—30.

although in a sense their conflicts became „institutionalized“ within the organizational framework provided by the DBB. As a consequence, these conflicts also became more manageable and, alas, somewhat less visible in the sources.

As a social movement in its own right the rural civil servant movement ceased playing a major role by 1922.[73] As a vehicle of political mobilization, however, latent protest among rural civil servants continued to play a significant role in the East Elbian provinces. The political mobilization of rural civil servants may well have contributed to the electoral successes scored by the DNVP and other right-wing parties in the „inflation elections“ of 1924. It is noticeable that in its election campaigns the DNVP singled out rural civil servants and rural teachers as special target groups and tried, quite successfully as it turned out, to capitalize on issues such as the injustice of provincial differentiation of pay, or the closing of rural schools and the overall decline of a „Christian and nationalist education.“[74] In its political dimension, therefore, the rural civil servant movement provides one further illustration for the right-wing mobilization of German middle-class groups during the inflation and thus, in a larger context, helps to explain not only why, but also how, the political fabric of German society changed as a consequence of inflation and stabilization in the early Weimar Republic.

[73] In the wake of the stabilization of 1924 still another attempt was made to found a separate peak association for rural civil servants. The new *Spitzenverband* had its seat in Oberstaufen in the Bavarian Allgäu region; its chief representative *(bevollmächtigter Vertreter)* was the aforementioned DNVP delegate to the Prussian Diet, Louis Hermann. Deutscher Land- und Kleinstadt-Beamten-Bund to Reich Chancellery, February 25, 1924, ZStA I, RMdI, 2739, Bl. 393, where this organization announces its founding with the request to be considered as the sole representative of rural civil servants. The further development of what apparently was a last effort for an independent rural civil servant association does not appear from the files.

[74] DNVP campaign flier in Geheimes Staatsarchiv Berlin, XII. HA, IV, 188. The election results for Pomerania show the success of the DNVP in rural areas: the Nationalist Party's share of the vote rose from 19.4 percent in 1919 to 35.5 percent in 1920, only to peak at nearly 50 percent in the so-called inflation elections of 1924. Figures given in J. Flemming, *Landwirtschaftliche Interessen*... [see note 6], p. 278. For a more comprehensive analysis of the behavior of middle class groups in the „inflation elections“ of 1924, see Thomas Childers, *The Nazi Voter. The Social Foundations of Fascism in Germany, 1919—1933,* Chapel Hill-London 1983, pp. 87—102.

IV

Conclusions

This essay has examined the experience of members of a single social group — the German *Beamtenschaft* — during a critical phase in the inflation years, i. e. in 1921—22, when after a temporary lull inflation once again became an overriding problem to German society. It has been shown that forms of intra-group conflict along rural-urban lines developed within the *Beamtenschaft* during these years, owing to the diverse living conditions prevailing in city and countryside as much as to the differing evaluation of existing economic conditions in the subjective perception of urban and rural dwellers. In response to their — in part subjectively — perceived economic plight, protest movements occurred. Forms of protest tended to vary in the rural and urban setting. While in the city a latent propensity for radical forms of mass protest, such as mass gatherings, demonstrations, and strike actions, erupted periodically and became increasingly difficult to control by the established civil servant organizations, rural civil servants responded by creating new organizational forms in a direct challenge to an allegedly urban-based central organization in Berlin. The short-lived history of the *Landbeamtenbewegung* shows, however, that the central organization, the DBB, retained a remarkable capacity for re-integrating secessionist factions within the civil servant movement.

The political configurations of social protest varied as well: urban protest among civil servants tended to be left-wing oriented, while rural protest movements gravitated to the extreme right of Weimar's political spectrum. This political division, observed here within one social group, was a reflection of a growing polarization of German society in the latter part of the inflation period. It was to become more apparent in the wake of the so-called inflation elections of 1924, when the extremist parties of both right and left increased their popular vote considerably. Intra-group conflicts sparked and fueled by the inflation, especially the increased antagonism between urban and rural dwellers, must be regarded as a contributing factor to a more general political and social crisis of the early Weimar Republic, a crisis whose reverberations would continue to plague the republic until its final demise in 1933.

Summary

This paper explores forms of social protest among civil servants in the postwar phase of the German inflation. It is shown that distinct forms — or variants — of protest developed within the *Beamtenschaft* along the rural-urban divide. While civil servants residing in large cities — the example of Hamburg is used in this study — tended to employ radical forms of mass protest, such as mass gatherings, demonstrations, and strikes, civil servants living in rural areas and small towns responded to the specific impact which inflation produced in the countryside by creating special interest organizations for „rural civil servants". This *Landbeamtenbewegung* emerged as a challenge to the leadership of largely urban-based civil servant peak associations, and thus as a challenge to the unity of the civil servant movement as a whole.

The paper also points to the political implications of these developments. While urban protest among civil servants in Hamburg tended to be left-wing oriented, rural protest movements of civil servants in Central and Eastern Germany gravitated to the right of Weimar Germany's political spectrum. It may be argued that these tendencies, observed here within one social group, were but a reflection of a much more widespread social-political polarization of Weimar society during the final stages of the inflation period.

DRITTER TEIL

PART THREE

Investitionsverhalten öffentlicher Unternehmen in Anpassung an die Inflation

Capital Investment of Public Enterprises and Adaptation to Inflation

Öffentliche Unternehmen in der Inflation 1918 bis 1923

Der Konflikt zwischen der betrieblichen Finanzwirtschaft der städtischen Werke und den fiskalpolitischen Ansprüchen der Kommunen

GEROLD AMBROSIUS

I

Vorbemerkung

Drei grundsätzliche Probleme kennzeichneten die öffentliche Unternehmenspolitik in der ersten Hälfte des 20. Jahrhunderts. Erstens sollten öffentliche Unternehmen im betriebswirtschaftlichen Bereich möglichst rationell, wirtschaftlich oder produktiv arbeiten. Zweitens sollten öffentlichen Unternehmen Gewinne erzielen und damit einen Beitrag zur öffentlichen Finanzwirtschaft leisten. Drittens sollten öffentliche Unternehmen in den Dienst der Politik gestellt werden und strukturpolitische, konjunkturpolitische, sozialpolitische, wettbewerbspolitische, wirtschaftsordnungspolitische und andere Funktionen erfüllen. Die öffentlichen Träger stellten in dieser Hinsicht nach dem Ersten Weltkrieg sehr viel höhere Ansprüche als zuvor. Das lag unter anderem daran, daß sie trotz oder gerade wegen der ausgedehnten Staatswirtschaft im Krieg und der anschließenden Sozialisierungsdebatte glaubten beweisen zu müssen, daß sie als Eigentümer von Produktionsmitteln in der Lage waren, genauso effizient zu wirtschaften wie Private. Das lag auch daran, daß mit der neuen Zusammensetzung der politischen Körperschaften diejenigen Kräfte an Einfluß gewannen, die die öffentliche Wirtschaft verstärkt in den Dienst politischer und wirtschaftspolitischer Ziele stellen wollten. Ein wesentlicher Grund bestand aber auch in der schwierigen finanzwirtschaftlichen Situation der öffentlichen Haushalte. Zumindest für einen großen Teil der Gemeinden kann die Goldschein-Schumpetersche These von der Krise des Steuerstaates und den damit verbundenen Überlegungen zum sich selbst finanzierenden Unternehmerstaat aufgegriffen werden.[1] Die Kommunen waren nach dem Ersten Weltkrieg aufgrund des veränderten Finanz- und Steuersystems nicht mehr in der Lage, ihren Finanzbedarf über eigene Steuern, Gebühren und Beiträge zu decken. Sie mußten sich anderer Finanzierungsinstrumente bedienen und waren in verstärktem Maße gezwungen, ihren Zuschußbedarf auch über die Einkünfte aus dem Erwerbs- und Betriebsvermögen zu finanzieren.

Hier soll auf folgende Fragen näher eingegangen werden: Wie entwickelten sich die Überschüsse der öffentlichen Unternehmen? Auf welche Art und Weise versuchte man, die Überschüsse zu beeinflussen? Welche Konsequenzen hatte das für die betriebliche Finanzwirtschaft? Wie verhielt sich diese fiskalpolitische Instrumentalisierung zum Ziel der Rationalisierung beziehungsweise Entbürokratisierung und zu anderen wirtschaftspolitischen Zielsetzungen?

Als systematischer Leitfaden sollen die verschiedenen Finanzierungsformen dienen, die einem Unternehmen zur Verfügung stehen:[2] im Rahmen der Innenfinanzierung 1. die Selbstfinanzierung, das heißt, die Regulierung der Einnahmen über den Preis, die Bildung und Auflösung von offenen Rücklagen und Rückstellungen und die Bildung und Auflösung von stillen Reserven, 2. die Zuschußfinanzierung, 3. die Kapitalfreisetzung durch Rationalisierungsmaßnahmen; im Rahmen der Außenfinanzierung 1. die Beteiligungsfinanzierung über die Aufnahme von öffentlichem und privatem Beteiligungskapital, 2. die Kreditfinanzierung. Obwohl öffentliche Unternehmen hier als parafiskalische Institutionen aufgefaßt werden, soll die Übernahme der betrieblichen Finanzierungsformen als Gliederung nicht nur zeigen, daß es sich um Unternehmen mit einer eigenen betrieblichen Finanzwirtschaft handelte, sondern auch das Spannungsverhältnis zwischen betriebli-

[1] Vgl. Rudolf Goldscheid, *Staatssozialismus oder Staatskapitalismus;* ders., *Staat, öffentlicher Haushalt und Gesellschaft;* Joseph Schumpeter, *Die Krise des Steuerstaates,* alles wieder abgedruckt in: Rudolf Goldscheid/Joseph Schumpeter, *Die Finanzkrise des Steuerstaats. Beiträge zur politischen Ökonomie der Staatsfinanzen,* hrsg. von Rudolf Hickel, Frankfurt/M. 1976.

[2] Zur Finanzierung öffentlicher Unternehmen aus neuerer Sicht vgl. Peter Eichhorn/Theo Thiemeyer, *Finanzierung öffentlicher Unternehmen. Festschrift für Dr. Paul Münch,* Baden-Baden 1979.

cher und öffentlicher Finanzwirtschaft zum Ausdruck bringen. Insofern können sich — trotz der spezifischen Aufgaben öffentlicher Unternehmen und ihrer Stellung im Willensbildungs- und Entscheidungsprozeß politischer Körperschaften — durchaus Parallelen zu privaten Unternehmen ergeben.

Was nun die Eingrenzung anbelangt, so werden kommunale Unternehmen in der Organisationsform des verselbständigten Regiebetriebs untersucht. Daher bleibt auch die Form der Einlagenfinanzierung über eine Veränderung des Stamm- oder Grundkapitals unberücksichtigt. Regiebetriebe verfügen — im Gegensatz zum Eigenbetrieb — weder über Stamm- noch über Grundkapital. In erster Linie werden Gas-, Wasser-, Elektrizitätswerke und Straßenbahnen berücksichtigt; auf eine genauere Definition des Begriffs der öffentlichen Unternehmung soll verzichtet werden. Einige spezifische Erscheinungen rechtlich selbständiger Unternehmen in der Form der AG oder GmbH werden dennoch berührt, da sie für die öffentliche Unternehmenspolitik gerade in der Inflation charakteristisch sind. Hinsichtlich der Gemeindegröße wird der Untersuchungsbereich insofern eingeschränkt, als vor allem die Betriebe von Gemeinden mit mehr als 50000 Einwohnern berücksichtigt werden. So wie auf der einen Seite Unterschiede zwischen der Unternehmenspolitik von Kleingemeinden und Großstädten bestanden, so ergaben sich auf der anderen Seite Parallelen zwischen kommunalen und Landes- oder auch Reichsunternehmen. Insgesamt wird im folgenden eine Reihe von Problemen angesprochen, die in gleicher oder ähnlicher Form alle öffentlichen Unternehmen berührten.

Das unveröffentlichte Quellenmaterial bilden die Betriebsunterlagen von zwölf Städten mit insgesamt 25 Betrieben.[3] Für elf Unternehmen konnten Bilanzen beziehungsweise Gewinn- und Verlustrechnungen getrennt ermittelt werden. Auf einige der besonderen Probleme des Rechnungswesens öffentlicher Unternehmen wird später eingegangen

[3] Bremerhaven, Bremen, Hannover, Mannheim, Ludwigshafen, München, Darmstadt, Bochum, Wiesbaden, Mainz, Frankfurt, Lehe. Die Betriebsabrechnungen lagen teilweise in gedruckter Form, ab 1921/22 meist in ungedruckter Form vor. Daten zum betrieblichen Rechnungswesen fanden sich in den jeweiligen Stadtarchiven: StdA Bremerhaven 810/74/Bd. 1ff., Fach 26/29/2ff.; StA Bremen Verhandlungen der Bürgerschaft und Archiv der Stadtwerke Bremen A.G.; StdA Hannover Hauptregistratur X.A.O.4.; StdA Bochum, Best. Erleuchtungs- und Wasserwerke; StdA Wiesbaden H I; StdA Frankfurt a.M. Mag. Akt T 2013ff.; StdA Mannheim Bestand Stadtwerke — GWE-/1964; StdA Mainz XV 2c und 5f.

werden. Mindestens ebenso wichtig sind die zahlreichen statistischen Erhebungen, die der Deutsche Städtetag nach dem Krieg durchführte. So beruhen manche der folgenden Aussagen ausschließlich auf der Analyse der Betriebsunterlagen der genauer untersuchten Städte, während andere Aussagen sich auf das statistische Material des Deutschen Städtetages stützen, der mit seinen Rundfragen bis zu 200 Städte erfaßte. An veröffentlichtem Material konnte eine Reihe von Dissertationen verwendet werden, die nach 1923 entstanden und sich mit der Entwicklung städtischer Werke auch in der Inflation beschäftigten.[4] Informativ waren darüber hinaus Aufsätze in Fachzeitschriften, in denen Probleme der praktischen Betriebsführung kommunaler Unternehmen behandelt wurden und die meist von Fachleuten — Betriebsleitern, Dezernenten, Gutachtern usw. — geschrieben worden waren.[5]

II

Die Bedeutung der Überschüsse aus dem Betriebsvermögen für die kommunalen Haushalte

Wie entwickelten sich nun die Überschüsse aus dem Betriebsvermögen? Auffallend sind die stark voneinander abweichenden Werte, die für die Inflationsjahre angegeben wurden. Danach deckte Berlin 17 % des haushaltsmäßigen Finanzbedarfs mit den Betriebsüberschüssen;[6] zusammen mit den Verwaltungseinnahmen betrug ihr Anteil in Duisburg, Frankfurt/Oder und Magdeburg sogar 42 %, 55 % und 74,6 %.[7] Mitt-

[4] Z. B. Ernst Bollerer, *Gemeindebetriebe Heidelberg — die städtischen Werke — mit besonderer Berücksichtigung der letzten Jahre*, Diss. Würzburg 1923; Helmut Frey, *Die Entwicklung der kommunalen Unternehmungen der Stadt Dresden, ihre Rentabilität und Bedeutung für den Gemeindehaushalt seit 1900*, Diss. Leipzig 1932; Harry Hansen, *Die Finanzwirtschaft der Stadt Greifswald 1914—1924*, Diss. Greifswald 1925; Fritz Hauenstein, *Die Entwicklung der städtischen gewerblichen Betriebe, besonders in München seit Kriegsende*, Diss. München 1923; Hans Hubertus, *Die gewerblichen Betriebe der Stadt Darmstadt und ihre Bedeutung für die städtischen Finanzen*, Diss. Gießen 1930; K. Wirsing, *Die Städtischen Licht- und Wasserwerke der Stadt Greifswald*, Diss. Greifswald 1925.

[5] Z. B. *Zeitschrift für Kommunalwirtschaft, Mitteilungen des Deutschen Städtetages, Elektrizitätswirtschaft, Das Gas- und Wasserfach.*

[6] Otto Büsch, *Geschichte der Berliner Kommunalwirtschaft in der Weimarer Epoche*, Berlin 1960, S. 8.

[7] Karl-Heinrich Hansmeyer (Hrsg.), *Kommunale Finanzpolitik in der Weimarer Republik*, Stuttgart usw. 1973, S. 91.

lere Städte gaben Werte an, die zwischen 5 % und 56 % schwankten.[8] Rudolf Keller kommt in seiner Studie über die Staats- und Gemeindefinanzen in Württemberg zu dem Ergebnis, daß im Durchschnitt aller Gemeinden bis 1922 durch die kommunalen Unternehmen Verluste in Höhe etwa eines Prozents der Einnahmen erwirtschaftet wurden und 1923 der Netto- oder Reinüberschuß 0,5 % ausmachte.[9] Trotz dieser stark voneinander abweichenden Werte, die kaum eine quantitative Generalisierung zulassen, kann festgehalten werden, daß erstens der Anteil der Reinüberschüsse am Finanzbedarf der Gemeinden mit zunehmender Gemeindegrößenklasse anstieg und daß es zweitens innerhalb der verschiedenen Gemeindegrößenklassen erhebliche Unterschiede gab.[10]

Bei den hier genauer untersuchten Gemeinden — mit zwei Ausnahmen besaßen sie über 50 000 Einwohner — schwankte der Anteil am Zuschußbedarf zwischen 12 und 27 %. Als Durchschnittswerte ergaben sich für 1918 17 %, 1919 21 %, 1920 24 %, 1921 26 %, 1922 18 %. Für 1923 konnten die genauen Anteile nicht ermittelt werden; sie scheinen aber stark gesunken zu sein. Diese Städte deckten in den Jahren 1920 und 1921 also ein Viertel ihres Zuschußbedarfs durch die Einnahmen aus dem Betriebsvermögen. Vergleicht man diese Durchschnittswerte mit denen für die Jahre zwischen 1925 und 1933, so kommt die fiskalpolitische Bedeutung der Betriebe bei den großen Städten in der Inflation noch stärker zum Ausdruck. Für die Städte mit über 100 000 Einwohnern machte der Anteil 13 % aus, mit einem Spitzenwert von 15 % im

[8] Archiv des Vereins für Kommunalwissenschaften (AVfK) im Landesarchiv Berlin, B (DST = Deutscher Städtetag) 4243.

[9] Rudolf Keller, *Staats- und Gemeindefinanzen in Württemberg in der großen Inflation*, Diss. Köln 1970, S. 170ff.

[10] Zur fiskalpolitischen Bedeutung des Erwerbsvermögens allgemein vgl. Herbert Bohmann, *Die Bedeutung der Gemeindebetriebe für die Gemeindefinanzen*, Diss. Gießen 1927; Walter Müller, *Die gewerblichen Betriebe der deutschen Großstädte in der Nachkriegszeit (Eine finanzwirtschaftliche Untersuchung)*, Diss. Halle 1930; Max Blume, *Die kommunalen Unternehmungen in ihrer Bedeutung für den städtischen Haushalt der Nachkriegszeit*, Diss. Rostock 1931; Fritz Elsas, *Die Entwicklung der kommunalen Finanzen seit dem Kriegsende*, in: *Archiv für Sozialwissenschaft und Sozialpolitik*, Bd. 61 (1929), S. 389ff.; Karl Jarres, *Die Bedeutung der gemeindlichen Unternehmen im Rahmen der deutschen Volkswirtschaft*, Berlin 1929; Kurt Jeserich, *Die Bedeutung der Betriebsüberschüsse für den kommunalen Haushalt*, in: *Beiträge zur kommunalen Finanzwirtschaft*, Berlin 1930, S. 204ff.; Wilhelm Majerczik, *Kommunale gewerbliche Unternehmungen als Kampfmittel gegen die finanzielle Notlage der deutschen Städte*, Berlin 1919.

Jahre 1930; bei den Städten zwischen 50 000 und 100 000 Einwohnern betrug er 14 %, mit einem Spitzenwert von 17 % im Jahre 1932.[11]

Eine Umfrage des Deutschen Städtetages ergab für 30 Gemeinden unterschiedlicher Größe, daß die Einnahmen aus dem Betriebsvermögen in der Inflation zwar nicht mit den Einnahmen aus der Gewerbe- und Umsatzsteuer mithalten konnten, daß sie aber im Vergleich zu denen aus Einkommens-, Grund- und Gebäudesteuern stärker zunahmen.

Es soll betont werden, daß die Überschüsse aus dem Betriebsvermögen nicht mit Rentabilität oder Gewinnerzielung im privatwirtschaftlichen Sinn verglichen werden können.

Tabelle 1

Entwicklung der städtischen Einnahmen 1919—1923 (1913 = 100)

	1919	1920	1921	1922 (Schätzung)
I. Einkommens-, einschließlich Körperschaftssteuer	239	633	679	1186
Gewerbe- und Betriebssteuern	172	689	2227	7538
Grund- und Gebäudesteuern	115	254	420	797
Sonstige Steuern	252	486	1047	5544
II. Überschüsse werbender Betriebe	186	648	1143	6395
III. Reichsindex der Lebenshaltungskosten	440	1044	1337	15036

Quelle: Wirtschaft und Statistik, 3 (1923), S. 60; Fischer, *Der Steuer- und Lastenausgleich zwischen Reich und Ländern und den Gemeinden*, in: *Zeitschrift für Kommunalwirtschaft*, 12 (1922), Sp. 454; AVfK, B(DST) 1529.

[11] Vgl. Gerold Ambrosius, *Aspekte kommunaler Unternehmenspolitik in der Weimarer Republik*, in: *Archiv für Kommunalwissenschaften*, 19 (1980 II), S. 251 ff.

III

Die Beeinflussung der Überschüsse im Rahmen der Innenfinanzierung

1. Selbstfinanzierung

Hier wird der sogenannte erweiterte oder moderne Finanzierungsbegriff verwendet, der nicht nur die Beschaffung von langfristigem und kurzfristigem Kapital umfaßt, sondern bei dem auch alle Aktivtauschvorgänge, die monetäre Veränderungen bewirken und nicht oder nur teilweise die Kapitalseite der Bilanz berühren, einbezogen werden. Für die Untersuchung der Finanzwirtschaft öffentlicher Unternehmen ist das insofern sinnvoll, als damit die Preisbildungsprozesse umfassender miteinbezogen werden.[12] Die Preise öffentlicher Unternehmen sind politisch administrierte Preise, das heißt, sie sind kostenorientiert, wobei aufgrund politischer Kriterien darüber entschieden wird, ob sie nach dem Vollkostenprinzip mit Gewinnaufschlag oder nach dem Teilkostenprinzip kalkuliert werden sollen.[13] Die Frage, welche Kostenbestandteile in welchem Umfang in die Preise einflossen, kann hier unter anderem wegen des ausgesprochen komplizierten Tarifierungsverfahrens nur sehr allgemein beantwortet werden. Eine grobe Kostenaufgliederung bei den Elektrizitätsversorgungsunternehmen zeigt allerdings, daß sich der Anteil der Löhne, Gehälter und Sozialabgaben an den Gesamtkosten von 16 % im Jahre 1918 auf 29 % im Jahre 1921 erhöhte und 1922 wieder leicht zurückging. Der Anteil des Kapitaldienstes — Verzinsung und Tilgung des Kapitals und Abschreibungen — erreichte bereits 1919 mit 27 % einen Höchstwert und fiel dann bis 1922 auf 18 %. Von besonderer Bedeutung waren die Materialkosten in Form von Kohle, deren Anteil — sieht man einmal vom Jahre 1918 ab — 1922 mit 34 % am größten war.

Die Realwertentwicklung kann wegen der Schwierigkeiten bei der Deflationierung nur bedingt aufgezeigt werden. Deflationiert man zum Beispiel den Posten der Löhne, Gehälter und Sozialabgaben mit dem Index der Löhne und Gehälter der ungelernten Reichsbetriebsarbeiter, so lag ihr Realwert 1920/21 ganz knapp über dem der Jahre 1913/14, sank dann aber im Laufe des Jahres 1922 und betrug im Dezember 1922

[12] Vgl. Theo Thiemeyer, *Wirtschaftslehre öffentlicher Betriebe*, Reinbek bei Hamburg 1975, S. 115.

[13] Zur Preispolitik öffentlicher Unternehmen, *a.a.O.*, S. 163 ff.

Tabelle 2

Zusammenstellung der Kostenaufgliederung bei Elektrizitätsversorgungsunternehmen, 1918—1930 (in %, ohne Reingewinn)

	1918	1919	1920	1921	1922	1925	1930
Löhne, Gehälter, Sozialabgaben	16	19	26	29	28	—[a]	17
Verwaltung	4	9	6	5	5	12 }	}
Kohle und Strombezug	47	30	28	30	34	20 }	}
Kraftwerksbetriebskosten	3	4	5	4	4	6 }	} 32
Netzunterhaltungskosten	3	4	5	7	6	7 }	}
Kapitaldienst für Kraftwerke	} 20	11	10	8	8	15 }	} 25
Kapitaldienst für das Netz	}	16	15	10	10	30 }	}
Sonstige Aufwendungen	5	4	3	5	4	—	5
Rücklagen	2	3	4	2	1	—[a]	—[a]
Steuern und Abgaben	—	—	—	—	—	10	22
	100	100	100	100	100	100	100

[a] In den anderen Posten enthalten.

Quelle: Für 1918 bis 1922 aufgrund von archivalischem Material für 7 Werke ergänzt durch die *Statistik der Vereinigung der Elektrizitätswerke* 1918 ff.; für 1925 *Enquetebericht über die Deutsche Elektrizitätswirtschaft,* Berlin 1930, S. 304; für 1930 *Einzelschrift zur Statistik des Deutschen Reichs,* Nr. 31, S. 81. Quellen siehe Anm. 3.

nur noch 87 %. Die Entwicklung der Realwerte entsprach damit in etwa der der Anteilswerte an den Kosten.

Der im Vergleich zur Vorkriegszeit hohe Kostenanteil der *Sozialabgaben, Löhne* und *Gehälter* läßt sich auf folgende Ursachen zurückführen: Erstens waren die Löhne und Gehälter neben den Roh-, Hilfs- und Betriebsstoffen die Kostenbestandteile, die noch am besten mit der allgemeinen Geldentwertung zumindest bis 1922 mithielten. Zweitens führte die Einführung des Acht-Stunden-Tages grundsätzlich zu einer erhöhten Lohnsumme, nicht zuletzt durch die damit verbundenen erhöhten Sozialabgaben. Es war ein besonderes Ziel des Verbandes der Gemeinde- und Staatsarbeiter, nicht nur die Lohntarife, sondern auch die Sozialleistungen zu verbessern. Drittens trugen die kommunalen Unternehmen ihrem sozialpolitischen Anspruch als öffentliche Betriebe insofern Rechnung, als sie eine möglichst hohe Zahl an Arbeitskräften nach dem Krieg einstellten und diese auch zu halten versuchten. Die Arbeitslosenquote des Verbandes der Gemeinde- und Staatsarbeiter lag mit wenigen Ausnahmen während des gesamten hier untersuchten Zeitraumes deutlich unter der der Gewerkschaften und Facharbeiterverbände insgesamt.[14] Viertens führte die Inflation dazu, daß die Zähler in immer kürzeren Abständen abgelesen werden mußten, was wiederum eine Vermehrung des Ablesungspersonals und damit der Lohnsumme zur Folge hatte.

Ein besonderes Problem im Rahmen der Kostenrechnung, der kostenorientierten Preisbildung und damit der Selbstfinanzierung, aber auch der Bilanzierung bildeten die *Abschreibungen* und *Rücklagen.* In den Gemeindeverfassungsgesetzen und Ortsstatuten wurde zwar das Problem einer realen oder funktionalen Kapitalerhaltung angesprochen, grundsätzlich herrschte aber ein ziemliches Durcheinander nicht nur in bezug auf die Begrifflichkeit, sondern in bezug auf den Sinn und Zweck und in bezug auf die buchtechnische Erfassung von Abschreibungen ganz allgemein.[15] Die Frage, inwieweit Abschreibungen als Aufwand in die Preisbildung miteinfließen sollten, war durchaus umstritten. Es wurde sogar noch die Auffassung vertreten, daß der gesamte Kapitaldienst nicht zu den Selbstkosten gehöre.[16] Ein spezifisches Problem der öffentlichen Unternehmen bestand darin, daß die Abschreibungssurrogate der Verwaltungskameralistik — Tilgungsausgaben als sogenannte Nachdeckung, aktivische Rücklagenbildung als sogenannte Vordeckung und unmittelbare Finanzierung von Ersatz- und Erneuerungsinvestitionen aus dem laufenden Haushaltsaufkommen als sogenannte Zugleichdeckung — in das kaufmännische Rech-

[14] Siehe *Jahresberichte des Verbandes der Gemeinde- und Staatsarbeiter 1918* ff., Berlin 1919 ff. Zu den verschiedenen Versuchen, Arbeitskräfte möglichst zu halten, siehe z. B. StdA Mainz XV 3 a.

[15] Z. B. Städte- und Gemeindeordnung/Verfassung von Bremen 1920, Hamburg 1921, Oldenburg 1921, Sachsen 1923, Bayern 1919, Braunschweig 1924. Vgl. Walter Berndorff, *Die Grenzen der öffentlichen Unternehmen, untersucht an Hand der Städteverordnungen und des sonstigen einschlägigen Rechtes,* Diss. Köln 1928.

[16] Vgl. Paul Ziekursch/R. Kauffmann, *Die Verordnung über die schiedsgerichtliche Erhöhung von Preisen bei der Lieferung von elektrischer Arbeit, Gas und Leitungswasser vom 1. Februar 1919/9. Juni 1922 nebst den zugehörigen weiteren Bestimmungen,* Berlin 1922, S. 61.

nungswesen übertragen wurden, ohne dessen besonderen Charakter zu berücksichtigen.[17] Am häufigsten traten Unklarheiten dadurch auf, daß Abschreibungen im sogenannten Erneuerungs*fonds* passiviert wurden, ohne den fiktiven Charakter von Rücklagen beziehungsweise Rückstellungen zu erkennen, und daß Abschreibung und Tilgung/Amortisation der Schulden miteinander verwechselt wurden. Immerhin fällt auf, daß das Problembewußtsein in dieser Frage in der Kriegs- und Nachkriegszeit geschärft worden war. Indikatoren hierfür waren die wachsende Zahl der Veröffentlichungen zu diesem Thema,[18] vor allem aber die Ergebnisse der Rundfragen des Deutschen Städtetages.[19] Während vor dem Krieg weniger als die Hälfte der befragten Großstädte Abschreibungen vornahmen und Rücklagen bildeten, war dies nach dem Krieg bereits bei mehr als drei Viertel der Städte üblich. Der Reichskommissar für die Kohlenverteilung sah sich allerdings veranlaßt, in seinen Richtlinien zur Verordnung über die schiedsgerichtliche Erhöhung von Elektrizitäts-, Gas- und Wasserpreisen Mitte 1922 noch einmal ausdrücklich auf dieses Problem hinzuweisen:[20] „Die Lebensfähigkeit des Unternehmens kann dauernd nur gesichert bleiben, wenn durch ausreichende Abschreibungen oder Rückstellungen für den rechtzeitigen Ersatz der zu erneuernden Anlageteile Sorge getragen wird. Angesichts der außerordentlichen Preissteigerungen ist in der Regel anzunehmen, daß die bis zum 1. Februar 1919 für Abschreibungen oder Rückstellungen ausgeworfenen Beträge unzureichend geworden sind." Verfolgt man die internen Diskussionen und die öffentlichen Debatten über die Betriebspolitik allgemein und besonders über Tariferhöhungen, so zeigt sich, daß diese von der Kostenseite her nicht mehr durch einen naiven Kameralismus begründet wurden, sondern daß das Problem der Rücklagen und Abschreibungen immer mehr Beachtung fand. Dies war nicht zuletzt eine Folge des inflationären Prozesses und der damit

[17] Th. Thiemeyer, *Wirtschaftslehre öffentlicher Betriebe...* [wie Anm. 12], S. 129. Klaus v. Wysocki, *Kameralistisches Rechnungswesen,* Stuttgart 1965.

[18] Karl Klein, *Kommunale Elektrizitätswirtschaft,* in: *Zeitschrift für Kommunalwirtschaft,* 13 (1923), Sp. 365 ff.; Henke, *Umorganisation kommunaler Betriebswerke,* in: *A.a.O.,* Sp. 24 ff.; Thiemann, *Die Abschreibungen bei wirtschaftlichen Betriebsunternehmungen,* in: *Das Gas- und Wasserfach,* 9 (1919), Sp. 223 ff.; G. Siegel, *Die gemischtwirtschaftliche Unternehmung — die zeitgemäße Form kommunaler Elektrizitätsversorgung,* in: *Zeitschrift für Kommunalwirtschaft,* 13 (1923), Sp. 332 ff.

[19] AVfK, B (DST) 4255, 128—130, 4248.

[20] Abgedruckt in P. Ziekursch/R. Kauffmann, *Die Verordnung...* [wie Anm. 16], S. 11 ff.

verbundenen Schwierigkeiten für eine geordnete Betriebsführung. Das ändert allerdings nichts an der Tatsache, daß auch in der Nachkriegszeit die meisten Stadtverordneten noch gar nicht wußten, was Abschreibungen eigentlich waren. Durch die Geldentwertung wurde der Übergang vom kameralistischen zum kaufmännischen Rechnungswesen zusätzlich belastet.[21] Bis 1915 waren die Kapitalien in Goldmark bilanziert worden. In den folgenden Jahren wurden Investitionen und Abschreibungen in der immer schlechter werdenden Papiermark beziffert, so daß in den Bilanzen der Nachkriegszeit Mischwerte vorhanden waren, wobei nicht nur zwischen Gold- und Papiermarkwerten unterschieden werden müßte, sondern auch zwischen verschiedenen Papiermarkwerten, je nach dem Zeitpunkt der Bilanzierung. Angesichts dieser undurchsichtigen Verhältnisse ist es schwierig, Aussagen über die Höhe der Abschreibungen und Rücklagen zu machen, über die Abschreibungsquoten erst recht. Außerdem wichen das Abschreibungsverfahren und die Rücklagenbildung in den einzelnen Städten erheblich voneinander ab.

Nimmt man dennoch die Normalabschreibungen der Vorkriegszeit als Vergleichsmaßstab, so läßt sich für sieben der hier untersuchten Betriebe folgendes feststellen: Die realen Abschreibungen betrugen 1918 bis 1921 zwischen 80 und 90 % der Vorkriegsabschreibungen, wobei 1920 die höchsten Werte erzielt wurden. 1922 sanken sie auf unter 40 %, und 1923 wurde der Abschreibungsbetrag völlig bedeutungslos. Selbst wenn man davon ausgeht, daß mit den Abschreibungen der Vorkriegszeit stille Reserven gebildet wurden und daß in den Kriegsjahren weder ein Wertzuwachs noch ein Wertverlust eintrat — eine völlig unrealistische Annahme —, so drückten die Inflationsabschreibungen den Wertverlust nicht aus. Dabei muß allerdings berücksichtigt werden, daß in der Mehrzahl der Städte Abschreibungen auch nach dem Krieg noch mit Anleihetilgung gleichgesetzt wurden und entsprechend niedrig ausfielen. Die Rücklagenkonten wurden bis 1921 zwar aufgestockt, auch sie erreichten real aber nicht die Höhe der Vorkriegszeit und verloren 1922 mit fortschreitender Inflation schnell an Wert.

Trotz der geringen Zahl der untersuchten Unternehmen dürfte zumindest der Trend für die kommunalen Betriebe repräsentativ sein.

[21] Vgl. Richard Passow, *Die Bilanzen der privaten und öffentlichen Unternehmungen*, Bd. 2, Leipzig-Berlin 1923, S. 248 ff.

Betroffene — Werksleiter, Fachleute, Betriebsdezernenten und die für die Werke verantwortlichen Parlamentarier — warnten spätestens ab 1921 vor dieser ungenügenden Abschreibungs- und Rücklagenpolitik und forderten nicht nur eine nominale, sondern reale oder sogar funktionale Kapitalerhaltung. Daß dies nicht nur eine taktische Variante war, mit der die betrieblichen gegenüber den fiskalischen Interessen der Finanzverwaltungen verteidigt werden sollten, zeigen die internen Besprechungen der Betriebsleiter und die Prüfungsberichte neutraler Gutachter.[22]

Abgeschrieben wurde in der Weise, daß die in der Vorkriegszeit üblichen Abschreibungssätze für die verschiedenen Positionen des Vermögens auch nach dem Krieg angewandt wurden — in gleicher Höhe auf die zuletzt angeschafften Papiermarkwerte und etwa ab 1920/21 einem der jeweiligen Teuerung entsprechenden Zuschlag für ältere Papier- und reine Goldmarkwerte. Um eine automatische Anpassung an die Geldentwertung zu erreichen, wurde zum Beispiel bei den Elektrizitätswerken nicht selten so verfahren, daß man für Abschreibungen und Rücklagen auf der Basis des jeweiligen Standes der Geldentwertung eine Jahresgebühr auf das Kilowatt berechnete und diese Gebühr im Verhältnis zur Änderung der Kohlenpreise oder gewisser Standardzahlen gleitend machte. Häufig benutzte man einfach auch nur eine Kohlenklausel. Es wurden sogenannte außerordentliche Abschreibungen vorgenommen; Überteuerungsabschreibungen scheinen dagegen seltener vorgekommen zu sein.[23] Nur wenige Städte stellten aber — wie zum Beispiel Dresden — sämtliche Anlagewerte konse-

[22] Z. B. Sitzung des Fachausschusses für die technischen Betriebe und Ämter der badischen Städte vom 15. 11. 1922, StdA Mannheim, Bestand Stadtwerke-/1964, Nr. 152, 190; Versammlung der Gaswerkleiter Gruppe Nordwestdeutschland vom 5. 4. 1923, StdA Bremerhaven 810/77/4; Bericht über die Prüfung der Geschäftsbücher und des Bilanzabschlusses für 31. 3. 1920 für das Städtische Elektrizitätswerk Geestemünde, StdA Bremerhaven 810/77/2; Brief der Städtischen Beleuchungs- und Wasserwerke an Magistrat vom 25. 8. 1922, StdA Bochum, Best. Beleuchtungs- und Wasserwerke 18; Sitzung des Finanzausschusses vom 19. 9. 1922, StdA Essen A I 101; Besprechung zwischen Betriebsleiter und Bürgermeister vom 9. 8. 1923, StdA Mannheim, Bestand Stadtwerke-/1964, Nr. 152; Diskussion im Bremer Senat im Frühjahr 1923, StA Bremen, Best. 3-6.10. Nr. 209; H. Hubertus, *Die gewerblichen Betriebe*... [wie Anm. 4], S. 21. Auch in den Sitzungen der Stadtverordnetenversammlungen und Magistrate wurde immer häufiger auf das Problem der ungenügenden Abschreibungen und Rücklagen hingewiesen; z. B. Bremer Bürgerschaft 20. Sitzung vom 29. 6. 1922, S. 555; Münchener Stadtrat, Sitzung vom 3. 8. 1922, Ludwigshafener Stadtrat, Sitzung vom 12. 6. 1923.

[23] P. Ziekursch/R. Kauffmann, *Die Verordnung*... [wie Anm. 16], S. 60ff.

quent auf Goldmark um. Hier wurden Indexziffern entwickelt, die auf der Basis der Großhandelspreise für Kohle, Eisen, Kupfer und der Löhne nach ganz bestimmten, für das Gas-, Wasser- und Elektrizitätswerk unterschiedlichen Verhältnissen zusammengesetzt und fortlaufend jeden Monat neu festgesetzt wurden. Die auf der Basis dieser Indexziffern errechneten und abgeschriebenen Beträge wurden, um sie nicht der Entwertung auszusetzen, sofort wieder investiert. Mitte 1923 glaubte der Stadtbaurat von Dresden feststellen zu können, daß im Geschäftsjahr 1922/23 die Werke in ihrer Substanz erhalten geblieben seien.[24]

Diese Multiplikatoren, mit denen die Abschreibungen festgelegt wurden, variierten sehr stark. So stellte sich auf einer Konferenz der Betriebsleiter der Gaswerke in Nordwestdeutschland heraus, daß im April 1923 Indexziffern zwischen 1800 und 4300 verwendet wurden.[25] Der Index für die Großhandelspreise lag in diesem Monat bei 5212.

Die Verschiedenheit in der Abschreibungs- und Rücklagenpolitik und hinsichtlich der Höhe der Ablieferungen der Einnahmen an die Stadtkassen waren wohl die Hauptgründe für die unterschiedliche Höhe der öffentlichten Preise. Andere preisbestimmende Faktoren wie Kohlenpreise, Frachten, Löhne und Gehälter, Preise für andere Roh-, Hilfs- und Betriebsstoffe wichen zwar auch voneinander ab, stimmten im großen und ganzen aber überein.

Trotz dieser Unterschiede können die generell ungenügenden Abschreibungen und Rücklagen aber *auch* auf das fiskalpolitische Interesse der Finanzverwaltungen zurückgeführt werden. Sie wollten, daß ein möglichst hoher Anteil der Einnahmen als Überschüsse den öffentlichen Haushalten zur Verfügung gestellt wurde, ganz gleich, ob es sich um echte oder um Buchgewinne handelte. Die Auseinandersetzungen zwischen Werksleitung und Gemeindeverwaltung über die Höhe der Abschreibungen und Rücklagen zeigen dies.[26] Ein Substanzverlust der Werke wurde bewußt in Kauf genommen.

Es war zumindest bis 1921 üblich, die Einnahmen aus dem Betriebsvermögen als festen Etatposten in den Haushaltsplan einzustellen, um

[24] L. Wahl, Vortrag über die Tarif- und Abschreibungspolitik sowie die Bauten der Gas-, Wasser- und Elektrizitätswerke vom 2. 5. 1923, StdA Bremerhaven 810/78/3.

[25] StdA Bremerhaven 810/77/4. Ähnlich auf der Sitzung des Fachausschusses für die technischen Betriebe und Ämter der badischen Städte vom 15. 11. 1922, StdA Mannheim, Best. Stadtwerke-/1964, Nr. 190.

[26] Siehe Anm. 22.

TABELLE 3

Einige Indikatoren zur Entwicklung der Gaswerke Dresden
Januar 1922 bis Juni 1923

	Preise (in M)			Kostenanteile (in %)		
	Gaskohle (eine t)	Löhne (pro Stunde)	Gas (in cbm)	Erzeugung	Kapitaldienst	Überschuß
1914	20,85	0,52	0,14	58	11	31
1922						
Jan.	348	10,15	2,95			
Feb.	746	10,90	3,25			
März	938	12,00	3,48			
April	1.361	14,90	3,70	83	9	8
Mai	1.582	18,60	5,20	84	9	7
Juni	1.765	20,50	5,40	85	10	5
Juli	3.385	25,50	6,50	86	10	4
Aug.	4.223	40,90	9	87	10	3
Sept.	6.100	62,00	22	88	10	2
Okt.	9.000	79,80	26	89	10	1
Nov.	17.500	160	50	86	11	3
Dez.	39.000	273	120	79	7	14
1923						
Jan.	63.000	460	200	83	13	4
Feb.	202.000	1.262	600	84	12	4
März	202.000	1.282	600	84	12	4
April	181.000	1.282	650	89	8	3
Mai	210.000	1.736	780	88	7	5
Juni	440.000	2.890	1.430	90	6	4

Quelle: L. Wahl, Vortrag über die Tarif- und Abschreibungspolitik sowie die Bauten der Gas-, Wasser- und Elektrizitätswerke, in: Std.A. Bremerhaven 810/78/3.

dann bei der Endabrechnung die Differenz zwischen Bruttoeinnahmen und Überweisungen den Betrieben zu überlassen. Insofern erschwerte nicht nur die Inflation als solche, sondern auch die schwierige Finanzsituation der Kommunen den Versuch der öffentlichen Unternehmen, die Voraussetzungen der Selbstfinanzierung zu verbessern. Allerdings dürften die niedrigen Abschreibungen wie überhaupt der relativ geringe Anteil des Kapitaldienstes an den Gesamtkosten auch ein Grund für die im Vergleich zu den Lebenshaltungskosten niedrigen öffentlichen Tarife gewesen sein.

Wie wurden die Preise den Kosten angepaßt? Das Problem der Lagerhaltung, das heißt, die Differenz zwischen dem aufgrund der Herstellungskosten kalkulierten Preis und dem Verkaufspreis war zwar nicht so ausgeprägt wie bei gewerblichen Betrieben — Elektrizität zum Beispiel kann überhaupt nicht gelagert werden — trotzdem gab es aber einen zeitlichen Unterschied zwischen dem Verbrauch und der Bezahlung, der bei fortschreitender Inflation dazu führen konnte, daß noch nicht einmal die Herstellungskosten gedeckt wurden. Es ging also nicht nur um eine genauere kostenmäßige Bestimmung der Preise, sondern auch darum, den Preisbildungsvorgang zu verkürzen: Angesichts der komplizierten Willensbildungs- und Entscheidungsstruktur hätten die Regiebetriebe allein wegen der institutionellen Friktionen spätestens ab 1922 ihre Preise nicht mehr rechtzeitig erhöhen können. Ab 1920 wurde daher die Preisbildung mit Hilfe von sogenannten Preiswandlern in zunehmendem Maße mechanisiert.[27] Bei Strom und Gas lagen diesen Preisgleitklauseln meist die Kohlenpreise zugrunde, bei Wasser wurde eine kombinierte Lohn- und Kohlenklausel benutzt. Seit Ende 1922/Anfang 1923 traten insofern Veränderungen ein, als bei der Tarifberechnung nicht mehr die Kohlenvorräte mitberücksichtigt wurden, sondern nur noch der aktuelle Kohlenpreis oder der höchste Kohlenpreis des entsprechenden Monats in den Preiswandler einging. Um mehr Verständnis für die Tariferhöhungen bei der Bevölkerung zu wecken, benutzten einige Städte den Reichsindex der Lebenshaltungskosten als Gleitklausel. Ab Mitte 1923 fand die Umrechnung auch nach dem Dollarkurs statt. Das besonders für die Versorgungswirtschaft geltende Problem der langfristigen Lieferverträge zu Festpreisen war bereits Anfang 1919 durch die „Verordnung über die schiedsgerichtli-

[27] Vgl. P. Ziekursch/R. Kauffmann, *Die Verordnung*... [wie Anm. 16], S. 68 ff.; Wilhelm Supf, *Tarifnot und Tariferhöhung in den Gemeindebetrieben und den privaten Straßenbahn-, Gas-, Wasser- und Elektrizitäts-Unternehmen*, Berlin o. J. (1918); ders., *Die Tarifnot der Elektrizitäts-, Gas- und Wasserwerke und die Verordnung vom 1. Februar 1919 über die schiedsgerichtliche Erhöhung von Preisen*, in: *Zeitschrift für Kommunalwirtschaft und Kommunalpolitik*, 9 (1919), S. 155 ff.; G. Siegel, *Betrachtungen über zeitgemäße Strompreispolitik*, in: *Elektrotechnische Zeitschrift*, (1921), S. 1921; *Mitteilungen der Vereinigung der Elektrizitätswerke*, (1921), S. 333. Zu den Preiswandlern in den einzelnen Städten siehe *Mitteilungen des Deutschen Städtetages*, 9 (1922), S. 404, 10 (1923), S. 8, 40, 116, 162, 220.

che Erhöhung von Preisen bei der Lieferung von elektrischer Arbeit, Gas und Leitungswasser" gelöst worden.[28] Danach konnten die Tarife erhöht werden, wenn die Selbstkosten gestiegen waren. Generell kann festgehalten werden, daß die kostenspezifischen Indizes bis Mitte 1923 beibehalten und erst von da ab generellere Indizes verwendet wurden. Man versuchte, die Differenz zwischen Herstellungs- und Lieferpreis und dem Preis am Zahltag außerdem dadurch zu verkleinern, daß in immer kürzeren Abständen abkassiert wurde. Das Ablesen der Zähler, die Rechnungszustellung beziehungsweise das Abkassieren erfolgte bis Anfang 1921 vierteljährlich, von da ab bis Ende 1922 monatlich und dann vierzehntägig und wöchentlich.

Die öffentlichen Preise waren, was den Ansatz der Preisbildung anbelangt, ausgesprochen kostenreagibel. Der Zwang der Werksleitung, Tariferhöhungen vor den Ausschüssen beziehungsweise der Gemeindevertretung rechtfertigen und meist gegen Widerstand durchsetzen zu müssen, hatte zur Folge, daß diese von der Kostenseite her differenziert begründet wurden.[29] Im Bewußtsein des komplizierten und im Vergleich zum Privatunternehmen recht langwierigen Preisbildungsvorgangs reagierte die Werksleitung auch auf geringe Kostensteigerungen sehr sensibel. Daß die öffentlichen Preise im Endeffekt dann doch die verschiedenen Schwankungen des Inflationsprozesses nicht oder nur abgeschwächt mitmachten, lag an diesen Besonderheiten der öffentlichen Preisbildung.

Preissteigerungen wurden selten antizipiert. Man schob allerdings Tariferhöhungen hinaus, wenn eine Beschleunigung des Inflationsprozesses erwartet wurde. Ab 1920/21, in verstärktem Umfang ab 1922 wurden Tariferhöhungen rückdatiert, was zu einem Dauerkonflikt mit der Bevölkerung führte und zahlreiche Prozesse zur Folge hatte.[30]

Reagierten politisch administrierte Preise insofern auf Marktveränderungen, als sie bei nachlassender Nachfrage sanken oder weniger stark stiegen, oder wurden sie ausschließlich nach Kostengesichtspunkten und nach fiskal-, sozial-, struktur- und anderen politischen Kriterien gebildet? Bei Beantwortung dieser Frage muß berücksichtigt werden, daß es sich bei der öffentlichen Versorgungswirtschaft in den

[28] *RGBl* 1919, S. 135.

[29] Vgl. dazu die meist in gedruckter Form vorliegenden Anträge zu Tariferhöhungen im Rahmen der Protokolle der Stadtverordnetenversammlungen etc.

[30] Material dazu u. a. im StdA Bremerhaven 810/77/3, StA Bremen, Best. 3 - G.10. Nr. 209.

meisten Fällen um monopolistisch strukturierte Anbietermärkte handelt. Strom- und Gaspreise reagierten grundsätzlich nicht auf Nachfrageschwankungen. In Zeiten nachlassenden Strom- und Gasabsatzes wurde die Nichterhöhung oder sogar Senkung der Preise diskutiert, durchgeführt wurden sie aber nur selten. Das galt für Kleinabnehmer. Bei Großabnehmern reagierte man dagegen ausgesprochen flexibel. Drohten sie mit der Errichtung eines eigenen Kraftwerkes, so war man sehr schnell bereit, Sondertarife zu gewähren.[31] Wasserpreise waren bei Nachfrageschwankungen reagibler, allerdings fast ausschließlich aus sozialhygienischen Gründen. Allein bei Straßenbahntarifen wurde aus betriebswirtschaftlichen Gründen eine flexible Preispolitik betrieben, um die nachlassende Benutzerzahl über Tarifsenkungen aufzufangen.

Der Preisautomatismus stieß bei den politischen Gremien teilweise auf erhebliche Kritik. Man war nicht bereit, sich diese wichtigen Entscheidungen aus der Hand nehmen zu lassen, zum einen aus sozial- und wirtschaftspolitischen Gründen, zum anderen aus fiskalpolitischen Gründen. Besonders die KPD, aber auch die SPD und das Zentrum verlangten entweder eine generelle Herabsetzung der Tarife, wenigstens aber eine soziale Staffelung der Preise.[32] Demgegenüber betonten die Gemeindeverwaltungen die fiskalpolitische Bedeutung der Erwerbseinnahmen. Eine Umfrage des Deutschen Städtetages aus dem Jahr 1922 ergab, daß es nur in ganz wenigen Städten zu einer solchen sozialen Staffelung der Gas- und Strompreise kam.[33] Allerdings wurden — auch wenn es keine offizielle Staffelung gab — Preisnachlässe aufgrund sozialer Kriterien gewährt. Außerdem gab es eine ganze Reihe anderer Maßnahmen, die die einkommensschwachen Bevölkerungsgruppen entlasteten. Je schwieriger die finanzielle Situation der Gemeinden wurde, um so mehr setzten sich die fiskalpolitischen Interessen durch. Daß es sich dabei um eine indirekte und damit um eine der unsozialsten Formen der Besteuerung handelte, war allen Beteiligten klar.[34] Trotzdem waren es nicht nur die Werksleiter und Finanzdezer-

[31] Z. B. StdA Frankfurt Mag. Akt T 2005.

[32] Diese Forderungen wurden meist im Rahmen der jährlich stattfindenden Etatberatungen erhoben. Z. B. Bremer Bürgerschaft 12. Sitzung vom 23. 3. 1923, S. 130; Auseinandersetzungen im Senat im Herbst 1922, StA Bremen, Best. 3 - G.10. Nr. 209.

[33] *Mitteilungen des Deutschen Städtetages*, 9 (1922), Sp. 382.

[34] Bucerius, *Die Finanzlage der Städte*, in: *Zeitschrift für Kommunalwirtschaft und Kommunalpolitik*, 11 (1921), S. 535; H. Bohmann, *Die Bedeutung der Gemeindebetriebe* ... [wie Anm. 10], S. 45 ff.; W. Majerczik, *Kommunale gewerbliche Unternehmungen*

nenten,[35] die sich für eine Erhöhung der Tarife stark machten: Der preußische Innenminister forderte die Kommunen mehr als einmal offiziell auf, die Tarife schneller als bisher der allgemeinen Preisentwicklung anzupassen.[36] Die Proteste der Bevölkerung wurden besonders 1923 so massiv, daß Gemeindevertretungen und Gemeindeverwaltungen vor weiteren Preiserhöhungen immer mehr zurückschreckten.[37]

Einen Kompromiß zwischen dem betriebswirtschaftlich motivierten Anspruch der Werksleitung, mit Hilfe von Preisgleitklauseln selbständig über die Höhe der Tarife entscheiden zu können, und dem politischen Anspruch der Gemeindevertretungen fand man insofern, als sich die politischen Gremien die endgültige Entscheidung über die Preiserhöhungen zwar weiter vorbehielten, die Aussprache beziehungsweise Koordination zwischen Unternehmensleitung und Träger aber in die Ausschüsse verlagert und im Plenum ohne Aussprache abgestimmt wurde.

Wie entwickelten sich nun die Preise für Gas, Wasser und Elektrizität vor diesem Hintergrund? Sie blieben bis 1916/17 fast konstant und zeigten eigentlich erst ab 1919 einen kräftigen Aufwärtstrend. Auch wenn sie 1919/20 wesentlich schneller stiegen, so lagen ihre Steigerungsraten doch erheblich unter denen des Lebenshaltungsindex. Dies änderte sich ab 1921. 1921 und 1922 konnten die öffentlichen Unternehmen der allgemeinen Preisentwicklung in etwa folgen. Das galt vor allem für die Gas- und Elektrizitätspreise und weniger für die Wasser- und Straßenbahntarife. Verschiedene Städte lagen mit ihren Preisen zeitweilig sogar über dem Preisniveau des Lebenshaltungsindex. Ab

... [wie Anm. 10], S. 67. In der Lokalpresse fast aller großen Städte wurde gegen diese Form der Besteuerung protestiert; z. B. *Mannheimer Generalanzeiger*, Nr. 114 vom 8. 3. 1922: Sind Gas, Wasser und Strom städtische Steuerquellen? Als 1921 im Reichswirtschaftsrat gefordert wurde, daß die Steuerbefreiung der öffentlichen Unternehmen beseitigt werden müsse, wurde dem entgegengehalten, „daß an eine grundsätzliche und allgemeine Neuregelung der Dinge ... nur herangetreten werden kann, wenn gleichzeitig die durch die neue Steuergesetzgebung gänzlich aus den Fugen geratene Finanzwirtschaft der deutschen Gemeinden wieder eine sichere Grundlage erhält." Drucksache Nr. 207 des Vorläufigen Reichswirtschaftsrates 1920/21.

[35] Siehe z. B. *Richtlinien zur Aufstellung des Haushaltsplans für 1922, beschlossen vom Vorstand der Vereinigung der Finanzderzernenten am 3. 3. 1922*, in: *Mitteilungen des Deutschen Städtetages*, 9 (1922), Sp. 150.

[36] Erlaß des preußischen Ministers des Innern — IV St. 1850 vom 22. 12. 1922, Ministererlaß vom 25. 7. 1921, in: *Ministerialblatt der Preußischen Verwaltung* (1921), S. 253.

[37] StA Bremen, Best. 3 - G.10. Nr. 267.

TABELLE 4

Indexziffern zur Preisentwicklung 1913—1922

	1913	1914	1915	1916	1917	1918	1919	1920	1921	1922
Calwers Index	1,0	1,0	1,4	2,0	2,1	2,3	3,2	9,5	15,3	
Statistisches Reichsamt auf der Basis des Calwerschen Index	1,0	1,0	1,3	1,8	2,5	3,2	4,4			
Reichsindex der Lebenshaltungskosten	1,0							10,4	13,4	150,4
Fernbrief, 20 gr., Inland	1,0	1,0	1,0	1,3	1,5	1,5	1,6	3,3	5,5	45,4
Berliner Straßenbahn	1,0	1,0	1,0	1,0	1,0	1,3	2,0	5,8	10,1	105,4
Eisenbahnpersonenfahrkarte (3. Klasse je km)	1,0	1,0	1,0	1,0	1,0	1,2	1,7	4,5	5,9	91,3
Elektrizität (eine Kwh)*	1,0	1,0	1,0	1,0	1,1	1,2	2,1	6,5	11,3	115,3
Gas (ein cbm)*	1,0	1,0	1,0	1,1	1,2	1,4	2,0	7,0	13,3	130,1
Eisenbahnfrachtsätze (Stückgutklasse 100 kg auf 150 km)	1,0	1,0	1,0	1,0	1,0	1,3	2,2	7,2	13,6	298,0

Quelle: Zahlen zur Geldentwertung in Deutschland 1914—1923, bearb. vom Statistischen Reichsamt, Berlin 1925, S. 5, 41; Carl-Ludwig Holtfrerich, *Die deutsche Inflation 1914—1923*, Berlin-New York 1980, S. 42.

* Durchschnitt von 28 Städten nach eigenen Berechnungen, Haushaltsstrom, Leucht- oder Kochgas.

Ende 1922 blieben die öffentlichen Preise dann immer mehr hinter der allgemeinen Preisentwicklung zurück, wobei berücksichtigt werden muß, daß die Preise der verschiedenen Gemeinden 1923 noch stärker als in den Jahren zuvor voneinander abwichen.

2. *Zuschußfinanzierung*

Zuschüsse wurden den öffentlichen Unternehmen in den Jahren bis etwa 1921 nicht für laufende Ausgaben, sondern ausschließlich für außergewöhnliche Aufwendungen, das heißt, zu Investitionszwecken zugeführt. Auf der Basis von neun der hier genauer untersuchten Städte entwickelte sich ihr Anteil am gesamten Finanzbedarf wie folgt: 1918 2,2 %, 1919 3,2 %, 1920 4,8 %, 1921 4,8 % und 1922 2,5 %. Diese Zahlen spiegeln in etwa den Grad der Bereitschaft der Gemeinden wider, sich an den Investitionskosten zu beteiligen. Während in den Jahren 1919 bis 1921 die Investitionsvorhaben der Werksleitungen in den Ausschüssen und Stadtverordnetenversammlungen auf wenig Widerstand stießen, wurden sie im Laufe des Jahres 1922 wenn nicht abgelehnt, so doch Bauzuschüsse mit Hinweis auf die schwierige Finanzsituation verweigert.[38] Vergleicht man die Anteilswerte bis 1922 mit denen von 1925 bis 1933, so zeigt sich, daß der Anteil der Zuschüsse in den Inflationsjahren mit einem durchschnittlichen Wert von 3,5 % wesentlich höher lag als der in den nachfolgenden Jahren mit durchschnittlich 1,9 %.[39]

Bauzuschüsse wurden in erster Linie den weniger rentablen Wasserwerken gegeben, nur selten Elektrizitätswerken. Sie erfolgten meist als sogenannte Überteuerungszuschüsse. Gemeint war damit zweierlei: Zum einen wurden sie gewährt, weil sich die Herstellungs- oder Anschaffungskosten stark erhöht hatten, zum anderen, weil durch die Beschäftigung Arbeitsloser oder infolge besonderen Zeitdrucks die Kosten gegenüber vergleichbaren Anlagen besonders hoch waren.

Zuschüsse, bei denen grundsätzlich keine Rückzahlungspflicht besteht, können allerdings nicht genau bestimmt werden, daß heißt, sie lassen sich weder in den Bilanzen und den Gewinn- und Verlustrechnungen noch in den Haushaltsplänen eindeutig von Darlehen der Ge-

[38] Z. B. Sitzungen der Vereinigten Ausschüsse und des Finanzausschusses in Bochum, StdA Bochum, Best. B 3; StdA Mainz XV 2c, Niederschriften über die Sitzungen der Deputation für das Gas- und Elektrizitätswerk.

[39] *Einzelschriften zur Statistik des Deutschen Reichs*, Nr. 37, Berlin 1938, S. 38.

TABELLE 5

Indexziffern zur Preisbewegung 1920/23 vierteljährlich (1913/14 = 1)

	Reichsindex der Lebenshaltungskosten	Eisenbahnpersonenfahrt 3. Klasse je km	Berliner Straßenbahn	Fernbrief 20 gr. Inland	Eisenbahnfracht (100 kg auf 150 km)	Elektrizität* (eine Kwh)	Gas* (ein cbm Koch- u. Leuchtgas)	Elektrizität**		Gas**	Wasser**	Straßenbahn**
								Licht	Kraft			
1920												
Jan.	8,5	2,4	3,0	2,0	3,1	5,3	4,0					
April	10,4	4,8	5,0	2,0	6,3	5,4	5,0					
Juli	10,7	4,8	7,0	4,0	6,3	5,4	6,3					
Okt.	10,7	4,8	7,0	4,0	6,3	6,5	7,4					
1921												
Jan.	11,8	4,8	8,0	4,0	7,4	6,4	8,7					
April	11,3	4,8	10,0	6,0	13,7	7,3	8,9					
Juli	12,5	6,5	10,0	6,0	13,7	7,6	9,6					
Okt.	15,0	6,5	10,0	6,0	17,9	11,9	11,3					

TABELLE 5 *(Fortsetzung)*

Indexziffern zur Preisbewegung 1920/23 vierteljährlich (1913/14 = 1)

	Reichsindex der Lebenshaltungskosten	Eisenbahnpersonenfahrt 3. Klasse je km	Berliner Straßenbahn	Fernbrief 20 gr. Inland	Eisenbahnfracht (100 kg auf 150 km)	Elektrizität* (eine Kwh)	Gas* (ein cbm Koch- u. Leuchtgas)	Elektrizität**		Gas**	Wasser**	Straßenbahn**
								Licht	Kraft			
1922												
Jan.	20,4	8,5	15,0	20,0	17,9	12,1	16,6					
April	34,4	14,8	20,0	20,0	60,0	16,2	22,9					
Juli	53,9	14,8	40,0	30,0	112,6	29,4	38,6					
Okt.	220,7	22,5	150,0	60,0	410,0	142,9	200,0	245	350	326	122	200
1923												
Jan.	1.120,0	200,0	800,0	375,0	2.689,1	648,8	953,3	862	1.175	1.429	417	700
April	2.954,0	800,0	3.000,0	1.000,0	5.378,3	2.959,5	4.502,1	2.667	4.200	4.786	2.017	2.500
Juli	37.651,0	5.000,0	29.440,0	3.000,0	24.202,3	21.705,9	5.333,3	6.667	11.000	12.143	4.561	10.000

Quelle: Zahlen zur Geldentwertung in Deutschland 1914—1923, bearb. vom Statistischen Reichsamt, Berlin 1925, S. 5, 36 f.

* Durchschnitt von 16 Städten nach *Wirtschaft und Statistik*, 1 (1921) ff. und *Statistisches Jahrbuch des Deutschen Reiches*, 42 (1921/22) f. Für 1920 und April und Oktober 1921 durch eigene Berechnung ergänzt.

** Durchschnitt von 40—50 Städten ermittelt vom Deutschen Städtestatistikerverband in den *Mitteilungen des Deutschen Städtetages*, 9 (1922) ff. Die Zahl für 1922 bezieht sich auf den November.

meinden trennen. Daher sind in den Anteilswerten auch Kredite enthalten, die verzinst und zurückgezahlt werden mußten. An der Vergleichbarkeit mit den Anteilswerten nach 1924 ändert das allerdings nichts, denn auch die Reichsstatistik, auf deren Grundlage die Prozentzahlen errechnet worden sind, erfaßte Zuschüsse und Darlehen (und Beteiligungen) gemeinsam.

Die interne Subventionierung der öffentlichen Betriebe untereinander ist nur schwer zu erfassen. Festgehalten werden kann aber, daß die Zusammenfassung von Versorgungsbetrieben unter einer kaufmännischen Leitung in den Jahren der Inflation ganz allgemein unter Rationalisierungsgesichtspunkten erfolgte, daß dadurch aber auch die weniger rentablen Betriebe entlastet werden sollten — unter anderem dadurch, daß ihr Anteil an der gemeinsamen Verwaltung unterproportional bemessen wurde, daß Arbeitskräfte problemloser umgeschichtet werden konnten, daß bestimmte Arbeiten durch einen anderen Betriebszweig kostenlos durchgeführt wurden etc. Eine andere Form der internen Subventionierung war zum Beispiel die verbilligte Stromlieferung der Elektrizitätswerke an die Straßenbahnen.

3. Kapitalfreisetzung durch Rationalisierung

Das Ziel, öffentliche Unternehmen zu rationalisieren beziehungsweise zu entbürokratisieren, war zwar so alt wie die Unternehmen selbst, man kann aber sagen, daß dieser Rationalisierungsprozeß durch die Inflation ganz entscheidend beschleunigt wurde.[40] Zwei Aspekte waren dabei ausschlaggebend: Zum einen sollten die Betriebe überhaupt in die Lage versetzt werden, sich den rasch verändernden Verhältnissen anzupassen. Das betraf die Preisbildung ebenso wie die Lohn- und Gehaltspolitik, die Kapitalbeschaffung oder die Investi-

[40] Von den zahlreichen Veröffentlichungen zu diesem Thema seien hier nur einige Aufsätze genannt: Fr. Schmidt, *Gemeinsame Verwaltung städtischer Gas- und Elektrizitätswerke*, in: *Zeitschrift für Kommunalwirtschaft und Kommunalpolitik*, 10 (1920), Sp. 641 ff.; Salomon, *Zur Organisationsform der Gemeindebetriebe*, in: *A.a.O.*, 14 (1924), Sp. 331; Heymann, *Kaufmännische Verwaltungsreform eines städtischen Elektrizitätswerkes*, in: *A.a.O.*, 10 (1920), S. 426; K. Fleischmann, *Die Rentabilitätsnotwendigkeit für die städtischen Unternehmen*, in: *A.a.O.*, S. 539 f.; H. Koop, *Zur Organisationsform der Gemeindebetriebe*, in: *A.a.O.*, 14 (1924), Sp. 270 ff.; L. Wahl, *Die wirtschaftliche Gestaltung der werbenden kommunalen Betriebe*, in: *A.a.O.*, Sp. 109 ff.; Zilian, *Die Verselbständigung städtischer Betriebe*, in: *Das Gas- und Wasserfach*, H. 24 und 25 vom Juni 1922.

tionspolitik. Zum anderen standen dahinter fiskalpolitische Interessen. Durch eine kaufmännische Betriebsführung sollten höhere Gewinne erzielt werden.

Der Wille, die öffentlichen Unternehmen von den Verwaltungen unabhängiger zu machen, wurde in einer Reihe von Städte- und Gemeindeordnungen, die in den Jahren der Inflation verabschiedet wurden, zur gemeindeverfassungsrechtlichen Norm erhoben.[41] Aber selbst in den Ländern, in denen keine neuen Gemeindeverfassungsgesetze erlassen wurden, kam es durch ortsstatutarische Veränderungen zu einem grundsätzlichen Wandel. Im Deutschen Städtetag, der nach dem Krieg mit Anfragen von Städten bezüglich einer flexibleren Unternehmensführung überflutet wurde, vertrat man Anfang 1924 mit Rückblick auf die Inflationsjahre die Auffassung, daß man „in fast allen deutschen Städten Mittel und Wege gesucht [habe], die werbenden Betriebe auf eine rein kaufmännische Geschäftsführung umzustellen".[42]

Dies konnte durch eine Veränderung der betrieblichen Organisations- und Rechtsformen geschehen, wobei es zwei Möglichkeiten gab: Der unselbständige Regiebetrieb wurde in eine privatrechtliche Gesellschaft mit eigener Rechtspersönlichkeit — meist GmbH oder AG — umgewandelt. Genaues Zahlenmaterial gibt es leider nicht; immerhin stieg aber zum Beispiel im Bereich der Elektrizitätserzeugung und des Klein- und Straßenbahnverkehrs die Zahl der jährlichen Neugründungen von Aktiengesellschaften und Gesellschaften mbH von sechs im Jahre 1917 auf 96 im Jahre 1923.[43] In den meisten Fällen dürfte es sich nicht um Neugründungen, sondern um Umwandlungen gehandelt ha-

[41] Z. B. § 65 der Bremer Verfassung von 1920, *Bremisches Gesetzesblatt* (1920), S. 195.

[42] AVfK, A (DST) 725 II. 1920 legte der Technische Ausschuß des Deutschen Städtetages Leitsätze für die Stellungnahme zum Entwurf einer preußischen Städteordnung vor, in denen es u. a. hieß: „Den städtischen Ämtern und wirtschaftlichen Betrieben ist eine möglichst große Selbständigkeit und Bewegungsfreiheit zu geben, die ihnen wirtschaftliche Höchstleistungen ermöglichen. Hierzu ist es nötig, für die Leiter der technischen Ämter ein weitgehendes Selbstentscheidungsrecht in allen wirtschaftlichen Fragen und Stimmrecht in den Fachausschüssen zu schaffen, für die städtischen Betriebe eine den Privatbetrieben (Aktiengesellschaften) ähnliche Organisation ... Die Städteordnung muß die verfassungsmäßige Grundlage für die Gründung von technisch-wirtschaftlichen Unternehmungen und eine umfangreiche Beteiligung an gemischtwirtschaftlichen Betrieben zur Erschließung neuer Einnahmequellen für die Städte schaffen ..."

[43] *Statistisches Jahrbuch für das Deutsche Reich 1920* ff.

ben. Denjenigen Gemeinden, denen dieser Schritt zu radikal war, stand mit dem sogenannten verbesserten oder verselbständigten Regiebetrieb als zweite Möglichkeit eine Vielzahl von Abstufungen hinsichtlich Verselbständigung und Entbürokratisierung offen, wobei das Unternehmen eben keine eigene Rechtspersönlichkeit erhielt, sondern meist als Sondervermögen aus der allgemeinen Verwaltung ausgegliedert wurde.[44]

Aus den zahlreichen Umfragen, die der Deutsche Städtetag in diesen Jahren durchführte, lassen sich folgende praktische Veränderungen in der Unternehmensführung bei einer größeren Zahl von Städten erkennen:[45] Übergang von der kameralistischen zur kaufmännischen Rechnungsführung beziehungsweise zu Mischformen und damit Übertragung der Kassen- und Rechnungsführung auf den Betrieb, Abbau der Zahl der Beamten und Zunahme der Zahl der Angestellten, Einstellung eines besonderen kaufmännischen Direktors, mehr Kompetenzen für Werksleitung und Deputation beziehungsweise Ausschuß, bessere Koordination der Werke untereinander. Dabei brauchten dieser Kompetenzausweitung der Ausschüsse und Werksleitungen durchaus keine offiziellen Beschlüsse der Magistrate oder Stadtverordnetenversammlungen zugrunde zu liegen. Häufig scheint sich eine neue Arbeitsteilung zwischen Werksleitung, Ausschuß und Gemeindevertretung während der Inflationsjahre durch informelle Absprachen herausgebildet zu haben. Inwieweit diese Maßnahmen zu einer Verringerung der Kosten geführt haben, ist kaum meßbar.

Diese Rationalisierungsmaßnahmen stießen vor allem bei KPD, SPD und Zentrum auf Widerstand, die zwar auch für eine Entbürokratisierung der Regiebetriebe eintraten, zugleich aber mit den öffentlichen Unternehmen bestimmte wirtschafts- und sozialpolitische Vorstellungen verbanden, die dadurch nicht gefährdet werden sollten.[46] „Entbürokratisierung aber nicht Entkommunalisierung" war das Schlagwort; dahinter standen die Befürchtungen, daß durch eine zu weitgehende Verselbständigung der Regiebetriebe der politische Einfluß verloren

[44] Vgl. G. Ambrosius, *Aspekte kommunaler Unternehmenspolitik*... [wie Anm. 11], S. 241 ff.

[45] AVfK, B (DST) 128—130, 1529, 4596, 4245, 4246.

[46] Vgl. *Protokoll über die Verhandlungen des 10. Verbandstages des Verbandes der Gemeinde- und Staatsarbeiter vom 3. bis 8. 8. 1925 in Frankfurt a. M.*, Berlin 1925; zu den internen Auseinandersetzungen über die Frage der Verselbständigung in Bremen StA Bremen, Best. 3 - G.10. Nr. 209; Protokolle der Finanzdeputation vom 9. 1. 1920, StdA Hannover.

gehen konnte. Daß diese Befürchtungen nicht ganz unberechtigt waren, sollte sich sehr bald zeigen. Gerade in den Jahren der Inflation wurde ein grundsätzlicher Zielkonflikt deutlich: Sollten sich öffentliche Unternehmen in ihrer betriebswirtschaftlichen Struktur privaten Unternehmen annähern und sich dem Einfluß ihrer politischen Träger möglichst entziehen oder sollten sie bewußt als Instrumente öffentlicher Politik verstanden und eingesetzt und sollte damit eventuell auf die Erfüllung bestimmter privatwirtschaftlicher Effizienzkriterien verzichtet werden?

IV

Die Beeinflussung der Überschüsse im Rahmen der Außenfinanzierung

1. Beteiligungsfinanzierung

Auch wenn es den Bereich der kommunalen Regiebetriebe sprengt, soll ganz kurz auf die Beteiligungsfinanzierung durch Aufnahme von öffentlichem Kapital eingegangen werden. Bei Regiebetrieben — sieht man einmal vom kommunalen Zweckverband ab — ist eine Beteiligung nicht möglich. Erst durch den Übergang in eine privatrechtliche Form können mehrere Gemeinden ein Werk gemeinsam betreiben. Auf die Umwandlung von Regiebetrieben in privatrechtliche Gesellschaften aus Gründen der Kapitalbeschaffung soll noch eingegangen werden. Die Form der Beteiligungsfinanzierung wird deshalb erwähnt, weil gerade in den Jahren der Inflation die entscheidenden Weichen für die spätere Struktur der Versorgungswirtschaft zumindest hinsichtlich der Besitzverhältnisse gestellt wurden. Der hohe Finanzbedarf, der zumindest bei den großen Kraftwerken weder durch Selbst- noch durch Fremdfinanzierung gedeckt werden konnte, sollte oftmals durch eine Aufstockung des Aktienkapitals befriedigt werden. Da es angesichts der schwierigen Finanzsituation vielen Kommunen nicht möglich war, sich an einer solchen Kapitalerhöhung zu beteiligen, suchte man finanzkräftige Kapitalgeber beziehungsweise forderte bewußt andere Gemeinden und Unternehmen zur Übernahme von Aktien auf. So nahm zum Beispiel die Zahl der Anteilseigner der Württembergischen Landes-Elektrizitätsgesellschaft zwischen 1919 und 1923 bei sieben Kapitalerhöhungen von vier auf zwölf zu. Das berühmteste Beispiel sind die RWE; bei einer Kapitalerhöhung im Sommer 1920 beteiligten sich allein zwölf Städte und Landkreise neu. Die Beispiele ließen sich fortsetzen; bei fast allen heute noch bestehenden großen Versorgungsunternehmen hat die starke Zersplitterung der Besitzverhältnisse in den Jahren der Inflation entweder stark zu- oder sogar ihren Anfang genommen.[47] Ausschlaggebend hierfür waren natürlich nicht nur Finanzierungsprobleme, sondern auch versorgungspolitische Überlegungen hinsichtlich Versorgungsstruktur, Absatz und Fremdbezug.

2. *Fremdfinanzierung*

Der Begriff der Kredit- oder Fremdfinanzierung ist auf öffentliche Regiebetriebe nur bedingt anwendbar.[48] Da der Regiebetrieb, anders als der spätere Eigenbetrieb, noch nicht über ein Stammkapital verfügte, das dem Unternehmen dauerhaft zur Verfügung stand, sondern nur über eine Anlageschuld, die verzinst und getilgt werden mußte, gab es Eigenkapital — abgesehen von den Rücklagen und stillen Reserven — gar nicht. Da aber das Unternehmen über keine eigene Rechtspersönlichkeit verfügte, für die Amortisation des Kapitals in letzter Konsequenz also der öffentliche Träger verantwortlich war, könnte man auch sagen, daß im Regiebetrieb nur Eigenkapital investiert wurde. Betrachtet man das Innenverhältnis zwischen Unternehmen und Gebietskörperschaft näher, so wird die Frage, was Eigen- und was Fremdkapital ist, noch schwerer zu beantworten sein. In manchen Städten wurden zum Beispiel die im sogenannten Erneuerungsfonds angesammelten Beträge vom Betrieb selbst verwaltet, während in anderen Städten der Kämmerer über sie verfügte und die Betriebe sie nur in Form eines Darlehens in Anspruch nehmen konnten. Auf die unklare Abgrenzung von Zuschüssen und Darlehen wurde bereits hingewiesen. Selbst wenn nur die Mittel als Fremdkapital bezeichnet werden, die die Gemeinden ihrerseits wieder auf dem öffentlichen Kreditmarkt aufgenommen haben, ergeben sich Probleme, da nicht immer festgestellt werden konnte, welcher Anteil der Kredite den Betrieben zufloß. Eine gesamtwirtschaftliche statistische Erhebung gibt es nur für die Anlei-

[47] Einen Eindruck von den zahlreichen Kapitalerhöhungen gerade in den Jahren der Inflation vermittelt: *Die Elektrizitätswirtschaft im Deutschen Reich. Entstehung. Aufbau. Werke. Arbeits- und Interessengebiete. Statistik. Finanzen,* Berlin 1934.

[48] Zur Bedeutung des Eigenkapitals bei öffentlichen Unternehmen vgl. Th. Thiemeyer, *Wirtschaftslehre*... [wie Anm. 12], S. 116f.; Ulrich Heidemann, *Die finanzielle Verflechtung der kommunalen Versorgungsunternehmen mit ihren Trägerkörperschaften unter besonderer Berücksichtigung der Zuführung neuer Mittel,* Darmstadt 1975, S. 93ff.

hen, die von vornherein ausschließlich für die wirtschaftlichen Betriebe bestimmt waren.[49] Auf der Passivseite wurden die Positionen „Kreditoren", „Schuld bei der Stadtkasse" etc. teilweise zwar weiter aufgegliedert, ein klares Bild dieser Bilanzposten ergab sich — wenn überhaupt — aber nur am jährlichen Bilanzstichtag. Außerdem ist eine wirklich aussageträchtige Kapitalstrukturanalyse nur über Relationszahlen und deren Veränderung möglich. Auf die damit zusammenhängenden Probleme wurde bereits bei der Selbstfinanzierung hingewiesen. Auch hier dient daher die Vorkriegszeit als Vergleichsmaßstab, und es werden nur die absoluten Werte verfolgt.

Aufgrund der Korrespondenz und der Verhandlungen zwischen Betriebsleitung und Werks- beziehungsweise Finanzausschuß und der Stadtkasse lassen sich für die hier genauer untersuchten Städte dennoch folgende Aussagen treffen, wobei sie mit den Ergebnissen der statistischen Erhebung zur Entwicklung der Anleihen kombiniert werden. Kurz- und mittelfristige Kredite standen den Regiebetrieben 1919 und 1920 in größerem Umfang zur Verfügung. Die Aufnahme von Anleihen, die ausschließlich der Finanzierung öffentlicher Unternehmen diente, nahm ebenfalls in diesen Jahren stark zu. Mit ihnen sollten unter anderem die kurzfristigen Schulden konsolidiert werden. 1921 wurden den Regiebetrieben von den öffentlichen Trägern kurzfristige Kredite in geringerem Umfang zur Verfügung gestellt. Auch die Aufnahme von betriebsorientierten, langfristigen Anleihen ging zurück. Offensichtlich machte sich in dieser Zeit die verstärkte Selbstfinanzierung bemerkbar. Ab Mitte 1922 waren dann die kommunalen Giroorganisationen nicht mehr in der Lage, die wachsenden Kreditansprüche der Kommunalverbände zu befriedigen; auch die Darlehenskassen begannen die Diskontierung von Kommunalwechseln zu stoppen. Generell wurden die Richtlinien der Länder für den Kommunalkredit verschärft. Für die Regiebetriebe bedeutete das, daß der Anteil des Kreditvolumens, der an sie weitergeleitet wurde, noch mehr zurückging. Einer ganzen Reihe von Städten gelang allerdings, vor allem in der ersten Hälfte des Jahres 1922, die Aufnahme von betriebsbezogenen Anleihen, wobei das Volumen um mehr als die Hälfte über dem von 1921 lag.

Bei allen hier untersuchten Städten scheint der für die Betriebe verwendete Anteil an der Verschuldung bis 1920 angestiegen und von da an zurückgegangen zu sein. Die Verwendung der Schulden der Kommunen, deren Kreditfähigkeit zu einem großen Teil in dieser Zeit

[49] AVfK, B (DST) 3492.

auf ihrem Betriebsvermögen beruhte, verschob sich also zugunsten der Hoheits- und Kämmereiverwaltungen. Welche Bedeutung die öffentlichen Unternehmen für die kommunale Verschuldung besaßen, kam auch darin zum Ausdruck, daß in den meisten Großstädten zumindest mit dem Gedanken gespielt wurde, die Werke rechtlich zu verselbständigen, um auf diese Weise die eigene Kreditwürdigkeit und die der Betriebe zu verbessern.

Bei der Verwendung des Fremdkapitals für das Betriebsvermögen gab es eine deutliche Verschiebung. Bis 1920 wurden Investitionen im Anlagevermögen sowohl mit kurz- als auch mit langfristigem Kapital finanziert; 1921 dienten dazu nur noch die Anleihen, während ab 1922 mit kurzfristigen und sogar mit einem Teil der langfristigen Mittel Materialkosten bestritten wurden.

Die Frage, ob über einen sinkenden Realzins und entsprechende Schuldnergewinne die Investitionen im Anlagevermögen *bewußt* durch eine offensive Schuldenpolitik finanziert worden sind, muß aus der Sicht der öffentlichen Unternehmen verneint werden. Obwohl der Zusammenhang von Inflation und Wertverlust flüssiger Vermögensteile erkannt wurde, war der Wunsch, zum Zweck der Selbstfinanzierung möglichst liquide zu sein, selbst in Zeiten hoher Inflationsraten groß. Daß den öffentlichen Unternehmen in der Praxis die eigenen liquiden Mittel von ihren Trägern entzogen wurden und sie daher verstärkt auf fremdes Kapital zurückgreifen mußten, lag an der schwierigen Situation der öffentlichen Haushalte. Insofern ist ein Teil der öffentlichen Investitionen tatsächlich, aber ungewollt, über inflationsbedingte Schuldnergewinne bestritten worden. Das galt insbesondere für die Investitionen im Umlaufvermögen, bei den Roh-, Hilfs- und Betriebsstoffen. Viele Werke ließen ihre Tarife 1923 hinter der allgemeinen Preisentwicklung nur deshalb zurückfallen, weil sie die Kohle mit dreimonatlichen Wechselkrediten bei der Reichsbank vorfinanzierten und nach drei Monaten mit stark entwertetem Geld zurückzahlten. Die Eingrenzung der Wechselkredite warf daher erhebliche Probleme auf. Die Reichsbank lehnte eine Lombardierung immer häufiger ab, wenn sie nach Überprüfung der Einnahmequellen zur Auffassung kam, daß diese Form der Kreditgewährung nur dazu diente, die Tarife niedrig zu halten.[50]

[50] Z. B. StdA Bremerhaven 810/77/33. Für Dresden siehe Vortrag von L. Wahl, *Die wirtschaftliche Gestaltung*... [wie Anm. 40], S. 8.

In der Diskussion über die Frage, ob die Investitionen mit Eigen- oder Fremdkapital finanziert werden sollten, spielte dieser Gesichtspunkt allerdings nur eine untergeordnete Rolle.[51] Hier ging es vielmehr um das Problem, ob Investitionen, die für mehrere Generationen bestimmt waren, in einer so schwierigen Zeit wie den Nachkriegsjahren über Preiserhöhungen und damit über eine erhöhte indirekte Besteuerung finanziert werden sollten. Als Alternative schien sich die langfristige Fremdfinanzierung anzubieten, die die lebende Generation zu Lasten späterer Generationen entlasten konnte. Eine eindeutige Zuordnung der Argumente ist weder zwischen Werksleitung, Gemeindeverwaltung und Gemeindevertretung möglich, auch wenn die Betriebsleitung vielleicht eher zur Selbstfinanzierung neigte. Ebenso ist bei den politischen Parteien keine eindeutige Entscheidung für die eine oder andere Lösung zu erkennen.

V

Die Entwicklung der Investitionen

Die Beantwortung der Frage, wie sich die Investitionen in den Jahren der Inflation entwickelt haben, stößt auch bei der öffentlichen Wirtschaft auf erhebliche Probleme, da es keine gesamtwirtschaftlichen oder branchenspezifischen Zahlen für die Inflationsinvestitionen gibt. Selbst auf betrieblicher Ebene ist es kaum möglich, die Höhe der Investitionen exakt zu bestimmen: Die Investitionen in Sachanlagen wurden nur unvollständig aktiviert, auf die Probleme der Abschreibungen und der Umrechnung in Realwerte wurde bereits hingewiesen. Verzichtet man auch auf eine genaue quantitative Bestimmung, so läßt sich doch der Trend der Investitionen erkennen, nicht zuletzt aus den Anträgen, die die Deputationen beziehungsweise Stadtverordnetenversammlungen bewilligen mußten.[52] Für die hier untersuchten Werke ergibt sich folgendes Bild: Die Investitionstätigkeit setzte 1919 ein, erreichte 1920/21 ihren Höhepunkt und ging 1922 bereits wieder zurück. 1923 dürften nur Ersatzinvestitionen durchgeführt worden sein. Die meisten Investitionen erfolgten bei den Elektrizitätswerken. Eine

[51] Vgl. Diskussion in der Deputation für die städtischen Werke in Bremen, StA Bremen, Best. 3 - G.10.; im Ausschuß der Verwaltung der städtischen Gewerbebetriebe in Hannover, StdA Hannover, Hauptregistratur X.A. oder in der Deputation für das Beleuchtungswesen in Hamburg, StA Hamburg, Senatsakten C 1 VII, Lit.D. Nr. 16.

[52] Z. B. StA Bremen, Best. 3 - G.10. Nr. 225.

Netto- oder Bruttoinvestitionsquote läßt sich nicht bestimmen. Im Vergleich zu den Investitionen in den Jahren zwischen 1924 und 1930 dürften sie in der Inflationszeit niedriger gewesen sein.

Die Zahlen gelten selbstverständlich nicht für die gesamte Versorgungswirtschaft. Die Gemeindegrößenklasse beziehungsweise die Art der Gebietskörperschaft spielt hier eine entscheidende Rolle. So wie bei der Wasserversorgung die meisten Investitionen bei den kleinen, ländlichen Gemeinden getätigt wurden, so waren es bei der Elektrizitätsversorgung umgekehrt die großen Kommunen und die Länder. Erinnert sei daran, daß die großen Landeselektrizitätsversorgungsunternehmen unmittelbar nach dem Ersten Weltkrieg gegründet wurden. Insofern dürfte das Investitionsvolumen der hier untersuchten Werke, die alle im Besitz großer Städte waren, im Verhältnis zu den Investitionen in der zweiten Hälfte der zwanziger Jahre über dem der Versorgungsunternehmen kleiner und mittlerer Städte, aber unter dem der Landesunternehmen gelegen haben.

Gesamtwirtschaftliche Zahlen gibt es zwar nicht für die Investitionen, aber für die Kapazitäten beziehungsweise Leistungsfähigkeit, die zumindest den Trend der Nettoinvestitionen widerspiegeln.[53] Vergleicht man zum Beispiel den Ausbau der Leistung in der Elektrizitätswirtschaft im Dreijahresdurchschnitt zwischen 1908 und 1931 und setzt den Kapazitätsausbau zwischen 1919 und 1922 gleich 100, so ergeben sich für die Jahre zwischen 1908 und 1911 44 % und zwischen 1911 und 1914 83 %. Für die Jahre zwischen 1922 und 1925 lag der Wert bei 161 % und zwischen 1925 und 1928 sogar bei 223 %, das heißt, die Leistung wurde in der zweiten Hälfte der zwanziger Jahre mehr als doppelt so stark ausgebaut wie in den Inflationsjahren. Zumindest für die Elektrizitätsversorgung ergibt sich daraus, daß die Investitionen in der Inflation zwar deutlich über denen der Vorkriegszeit lagen, aber noch deutlicher unter denen der nachinflationären Zeit.

Stellt man die zur Verfügung stehende Leistungsfähigkeit und die Erzeugung gegenüber, so zeigt sich, daß die Kapazitätsauslastung sowohl 1919 als auch 1922 über der der Vorkriegszeit lag. 1919 lag sie zwar knapp unter der der Jahre von 1925 bis 1930 — eine Ausnahme bildete das Jahr 1926 —, das Jahr 1922 weist dagegen die höchste Kapazitätsauslastung im ersten Drittel des 20. Jahrhunderts auf.

Ein eindeutiger Zusammenhang von Inflation und Investitionen konnte nicht festgestellt werden. Infrastrukturinvestitionen werden in

[53] Siehe *Die Elektrizitätswirtschaft in Deutschland*... [wie Anm. 47], S. 7.

erster Linie aufgrund finanz- und wirtschaftspolitischer Kriterien vorgenommen. Die Planungs- und Durchführungsphase dauert relativ lange. Sie sind daher insgesamt weniger konjunkturabhängig als private Investitionen. Will man dennoch einen solchen Zusammenhang herstellen und vernachlässigt diese langfristigen Entscheidungsmerkmale, so zeigt sich — vor dem Hintergrund der These von den inflationsbedingten Investitionen —, daß Investitionen vor allem in den Phasen relativ langsam steigender Preise bewilligt wurden. Ausschlaggebend waren zum einen die bestehenden Finanzierungsmöglichkeiten — die Entwicklung der Investitionen spiegelt insofern die Entwicklung der Innen- und Außenfinanzierung und der finanzwirtschaftlichen Situation der öffentlichen Haushalte wider. Ausschlaggebend waren zum anderen die aktuellen oder erwarteten Kosten, das heißt, Investitionen sollten vor der erwarteten inflationsbedingten Kostensteigerung durchgeführt werden — unabhängig von der zukünftigen Gewinnsituation und den bei Fremdfinanzierung sich eventuell ergebenden Schuldnergewinnen. Das galt für das Anlagevermögen. Für das Umlaufvermögen muß diese Aussage — wie bereits erwähnt — insofern relativiert werden, als ab Mitte 1922 die Rohstoffe ganz bewußt mit fremden Mitteln vorfinanziert wurden.

VI

Ergebnisse

1. Der Anteil der Überschüsse aus dem Betriebsvermögen am Finanz- beziehungsweise Zuschußbedarf der Gemeinden wich sowohl innerhalb bestimmter Gemeindegrößenklassen als auch zwischen den Gemeindegrößenklassen stark voneinander ab, wobei er allerdings tendenziell bei den großen Gemeinden höher lag als bei den kleinen Gemeinden. In den hier untersuchten Städten machte er 1920 und 1921 ein Viertel des Zuschußbedarfs aus.

2. Die Struktur der Gesamtkosten hatte sich 1918 im Vergleich zur Vorkriegszeit bei den öffentlichen Unternehmen insofern verschoben, als die Kosten für Löhne, Gehälter und Sozialabgaben sowie für Roh-, Hilfs- und Betriebsstoffe anteilig höher lagen, während sie für den Kapitaldienst anteilig niedriger waren. Während der Inflation stiegen die Kostenanteile der ersten beiden Positionen weiter an, während sie beim Kapitaldienst 1919 sprunghaft zunahmen, 1920 etwa auf gleicher Höhe blieben und dann bis 1922 abnahmen. Der Grund für diese Entwicklung lag bei den Löhnen und Materialien in ihrer relativen

Preisflexibilität, beim Kapitaldienst zwar auch in den Kreditkosten, vor allem aber in den sich verändernden Finanzierungsformen.

3. Von 1919 bis etwa Mitte 1921 fand eine verstärkte Selbstfinanzierung statt: Die Preise zogen an. Im Vergleich zur Kriegszeit wurden erhöhte Abschreibungen vorgenommen, die allerdings hinter denen der Vorkriegszeit zurückblieben, so daß mit ihnen die reale Wertminderung in keinem Fall erfaßt wurde. Rücklagen, die in der Vorkriegszeit gebildet worden waren, waren 1918 kaum noch vorhanden. Die Rücklagenkonten wurden zumindest ansatzweise erneut aufgestockt. Diese für die Unternehmen positive Entwicklung kehrte sich Ende 1921 um. Die Tarife konnten der allgemeinen Preisentwicklung zwar bis Anfang 1923 noch folgen, die Abschreibungen sanken dagegen stark, und die Rücklagenkonten wurden praktisch aufgelöst.

In dieser Entwicklung der Selbstfinanzierung drückten sich einerseits die Probleme aus, die die Inflation für die Tarifierung und das betriebliche Rechnungswesen mit sich brachte. Andererseits war sie die Folge der fiskalpolitischen Ansprüche, die die Kommunen an ihr Betriebsvermögen stellten. Die finanzielle Situation der kommunalen Haushalte ließ es bis 1921 zu, daß die Unternehmen ihre Investitionen verstärkt selbst finanzierten. Von da an wurden über eine Verringerung der Abschreibungen und Rücklagen in verstärktem Maße Buchgewinne gemacht, die die tatsächliche Gewinnsituation verschleierten und auf Kosten der zukünftigen Investitionsmöglichkeiten die aktuellen Überschüsse steigerten.

4. Dies wird durch die Entwicklung der Zuschußfinanzierung bestätigt. Bauzuschüsse gewährten die Gemeinden bis 1921, ab 1922 nur noch in Ausnahmefällen, meist für Wasserwerke. Auch die Zunahme der internen Subventionierung der Werke untereinander erfolgte nicht nur aus Gründen der Rationalisierung, sondern um die öffentlichen Haushalte zu entlasten.

5. Privatrechtliche öffentliche Gesellschaften versuchten, ihre Finanzierungsprobleme unter anderem durch mehrfache Aufstockung des Aktienkapitals zu lösen. Die Form der Beteiligungsfinanzierung wurde vor allem bei Elektrizitätswerken zu einem gebräuchlichen Finanzierungsinstrument. Mit ihr nahm die heute noch bestehende Zersplitterung der Besitzverhältnisse in der Versorgungswirtschaft stark zu, teilweise sogar ihren Anfang.

6. Interpretiert man alle Kredite, die dem Regiebetrieb vom öffentlichen Träger gewährt wurden, als Fremdkapital, so nahm die Fremdfinanzierung in den Jahren 1919/20 stark zu, und zwar sowohl die kurz-

als auch die langfristige Verschuldung. 1921 gingen die kurzfristige Kreditverschuldung und die Anleiheaufnahme zurück. Das Volumen kurzfristiger Kredite nahm 1922 weiter ab, während Anleihen wieder in größerem Umfang aufgelegt wurden. Für 1923 sind Aussagen kaum mehr möglich.

Interpretiert man auch die Fremdfinanzierung im Zusammenhang mit der finanziellen Situation der Gemeinden, so waren die Kommunen 1919/20 in der Lage, einen größeren Teil ihrer Finanzmittel an die Betriebe weiterzuleiten als 1921, besonders aber 1922. 1921 konnten die öffentlichen Unternehmen die fehlenden Fremdmittel durch verstärkte Selbstfinanzierung ausgleichen; 1922 führte die eingeschränkte Fremdfinanzierung dagegen zu einer Abnahme der Investitionen. Insgesamt verschoben sich zwischen 1920 und 1923 die Anteile an der kommunalen Verschuldung zu Lasten des Betriebsvermögens und zu Gunsten der Hoheits- und Kämmereiverwaltungen.

7. Die Kapitalfreisetzung durch Rationalisierungsmaßnahmen spielte in der Nachkriegszeit eine besondere Rolle. Einerseits drückte sich darin ein allgemeiner Trend zur Entbürokratisierung beziehungsweise Verselbständigung öffentlicher Unternehmen aus, der ganz besonders in den Jahren der Inflation im Bereich kommunaler Betriebe zu entscheidenden Strukturveränderungen führte. Andererseits war auch diese Form der Finanzierung eine Folge der gestiegenen fiskalpolitischen Ansprüche der öffentlichen Träger an ihre Unternehmen. Durch die Rationalisierung sollte sowohl die Innenfinanzierung ausgeweitet als auch im Rahmen der Außenfinanzierung die Aufnahme fremder Mittel erleichtert werden. Letztlich diente die „Kommerzialisierung" der Kommunalwirtschaft zur Verbesserung der Gewinnsituation der Betriebe und der allgemeinen Kreditfähigkeit der Gemeinden.

8. Investiert wurde in verstärktem Maß seit 1919. 1920/21 erreichten die Investitionen ihren Höhepunkt, fielen 1922 zurück, während 1923 nur noch Ersatzinvestitionen getätigt wurden. Der Investitionsprozeß spiegelt damit die Entwicklung der verschiedenen Finanzierungsmöglichkeiten wider. Das bedeutete, daß die Investitionen der kommunalen Versorgungsunternehmen zu einem ganz wesentlichen Teil von der finanziellen Situation der kommunalen Haushalte abhing. Das bedeutete letztlich aber auch — erinnert sei an die hohe Kapazitätsauslastung der Elektrizitätsversorgungsunternehmen —, daß der notwendige Ausbau der Infrastruktur als wichtiger Bestandteil einer modernen Daseinsvorsorge und Basisproduktionsfaktor der Wirtschaft durch die fiskalpolitischen Interessen der Gemeinden gebremst wurde. Das Ziel

des Unternehmerstaates, durch den Eigenbesitz von Produktionsmitteln die fehlenden Einnahmen des Steuerstaates zu ersetzen, und die gleichzeitige Verantwortung des Staates zur Schaffung bestimmter materieller Produktionsvoraussetzungen ließen sich in der Inflation also nur bedingt miteinander vereinbaren.

Summary

After the First World War municipalities made higher demands on their enterprises. Firstly, they were to function more efficiently in general. Secondly, they were to fulfill needs of structural stabilization in addition to other economic and social policy objectives. Thirdly, they were to increase their contribution to the financing of the municipal budget. The last point especially was important since the combined effect of inflation, changes in taxation and public finance, and war-related costs prevented municipalities after the war from being able to cover additional expenses by means of autonomous rates and charges. Many municipalities succeeded in increasing the contributions of their own enterprises to the general operating budget. The high fiscal demands placed on municipal enterprises, however, had far-reaching consequences for the business management of these works. In the initial post-war years until 1921 municipal enterprises not only made profits but also accelerated depreciation write-offs and accumulated reserves. The large transfers to the public budgets, however, occurred at the cost of orderly management practices. Until the beginning of 1923 the rates for gas, water and electricity rose with the general price level but depreciation write-offs fell sharply and reserves melted away. The real profit-and-loss situation was disguised through accountancy manipulation and current surpluses were increased at the cost of future investments. In the final analysis this meant that the extension of the public infrastructure especially crucial after the war, was halted by the fiscal interests of the municipalities. Thus during the inflation years the goal of replacing missing tax revenues by the profits of municipally owned productive enterprises was scarcely combinable simultaneously with communal responsibility for the creation of specific productive conditions and social services.

Anpassung an die Inflation. Das Investitionsverhalten der deutschen Staatsbahnen/Reichsbahn in den Jahren 1914 bis 1923/24

PETER-CHRISTIAN WITT

I
Fragestellung

Die Fragestellung, der in diesem Aufsatz nachgegangen werden soll, ist verhältnismäßig einfach: Wie haben die deutschen Staatsbahnen beziehungsweise die Reichsbahn unter den Rahmenbedingungen von Krieg, Kriegs- und Waffenstillstands- sowie Friedensvertragsverlusten, Inflation und Stabilisierung ihre Geschäftspolitik geführt, und insbesondere wie hat ihr Investitionsverhalten ausgesehen? Hat das wirtschaftliche Unternehmen Eisenbahn seine Unternehmenspolitik im wesentlichen an wirtschaftlichen Rahmendaten, das heißt dem Verkehrsaufkommen und seiner vermuteten weiteren Entwicklung, orientiert oder haben gesamtwirtschaftliche Überlegungen, politische und militärische Ansprüche an die Eisenbahnen eine, dann näher zu definierende Rolle gespielt? Die zunächst „einfach" erscheinende Fragestellung hat in Wirklichkeit also eine Vielzahl von Facetten. Zahlreiche politische und wirtschaftliche Faktoren greifen ineinander und müssen bei einer Analyse des Investitionsverhaltens der Eisenbahnen berücksichtigt werden. Im Rahmen eines kurzen Aufsatzes lassen sich diese Aufgaben keineswegs lösen; vielmehr werde ich mich auf die Konstruktion einiger Datenreihen, aus denen die Investitionstätigkeit der Eisenbahnen in den Jahren 1914 bis 1923/24 in Preisen von 1913 erschlossen werden kann, beschränken müssen. Auf die politischen Motive für dieses Investitionsverhalten wird dabei ebenso wie auf die gesamtwirtschaftlichen Wirkungen nur implizit eingegangen.

II

Zur volkswirtschaftlichen Bedeutung und Organisation der deutschen Eisenbahnen

Zunächst sind jedoch einige Bemerkungen zur Rechtfertigung dieses Vorhabens notwendig. Die gesamtwirtschaftliche Bedeutung der Eisenbahnen läßt sich, wie folgt, kennzeichnen:[1]

Anteil an der Produktion	1909—1913	1925—1929
der gesamten Volkswirtschaft	4,5 %	4,2 %
Anteil an den Beschäftigten	2,5 %	2,5 %
Anteil an den Nettoinvestitionen der gesamten Volkswirtschaft	8,3 %	3,8 %

Deutlich wird aus diesen wenigen Globalziffern bereits, daß die relative gesamtwirtschaftliche Bedeutung der Eisenbahnen in den Jahren 1925 bis 1929 gegenüber den letzten Vorkriegsjahren abgenommen hat; dies schlägt sich vor allem in dem erheblich geringeren Anteil der Eisenbahnen an den Nettoinvestitionen nieder. Aus einem vor dem Ersten Weltkrieg noch stark expandierenden Sektor der Volkswirtschaft war ein offensichtlich stagnierender, wenn nicht sogar ein rückläufiger geworden. Und da der Anteil der bei den Eisenbahnen Beschäftigten sowie ihr Anteil am Kapitalstock der gesamten Volkswirtschaft mit 9,0 beziehungsweise 8,9 % gleichgeblieben war, muß auch die Entwicklung der Arbeitsproduktivität bei den Eisenbahnen hinter der in der gesamten Volkswirtschaft zurückgeblieben sein. Ob diese Entwicklung und wenn ja, in welcher Weise mit den bei *Hoffmann* nichtdokumentierten Kriegs- und Nachkriegsjahren 1914 bis 1924 zusammenhängt, wird zu erörtern sein.

Dennoch darf nicht folgender Tatbestand übersehen werden: Wie vor dem Ersten Weltkrieg so war auch in den Jahren nach 1925 die Gemeinschaft deutscher Staatsbahnen beziehungsweise die Reichsbahn nicht nur der bei weitem größte Arbeitgeber des Reiches, sondern auch der bei weitem größte einzelne Auftraggeber für den Hoch- und Tiefbau, für industrielle Rohstoffe, Halb- und Fertigwaren im Reich.[2]

[1] Berechnet nach Walther G. Hoffmann, *Das Wachstum der deutschen Wirtschaft seit der Mitte des 19. Jahrhunderts*, Berlin-Heidelberg-New York 1965, S. 201, 205f., 258, 455.

[2] Vgl. dazu die Akten über das Beschaffungswesen der öffentlichen Hände und der öffentlichen Unternehmungen, BA Koblenz, R 43 I Nr. 897—900; R 43 II Nr. 187b.

Und auch die relative Bedeutung der Eisenbahnen innerhalb des Verkehrswesens blieb nach wie vor überragend. Ihr Anteil an der gesamten Wertschöpfung des Verkehrswesens betrug 1909 bis 1913 rund 61,7 % und 1925 bis 1929 immer noch rund 59,2 % bei einem nahezu unveränderten Anteil von 51,3 % beziehungsweise 51,5 % der in diesem Sektor Beschäftigten.[3] Allerdings ist unverkennbar, daß sich, seit dem Ende des Ersten Weltkrieges beginnend und verstärkt nach der Stabilisierung, die Konkurrenz des privaten und gewerblichen Personen- und Güterverkehrs mit Kraftfahrzeugen bemerkbar machte und der Eisenbahn zunehmende Anteile am Verkehrsaufkommen entzog,[4] darüber hinaus aber auch zunehmend staatliche Investitionen für den Straßenbau beanspruchte. In diesem Zusammenhang sei beispielhaft nur auf folgenden Aspekt hingewiesen: In den letzten Jahren vor 1913 war ein ganz erheblicher Teil der Investitionen der Eisenbahnen für Streckenerweiterung nicht aus dem Eisenbahnetat getragen worden, sondern, da aus strategischen Gründen erfolgend, durch den Reichshaushalt. Strategische Eisenbahnbauten hat es ausweislich der Etatsakten in den Jahren nach 1919 zwar auch noch, aber doch nur in bescheidenem Umfang gegeben, jetzt flossen diese Investitionsmittel hauptsächlich in den Ausbau des Straßennetzes.[5] Bei der Bewertung der Eisenbahninvestitionen in den letzten Jahren vor 1913 werden solche nichtökonomischen Faktoren angemessen zu berücksichtigen sein, zumal mit ihnen erhebliche dauernde Belastungen ohne Gegenleistung verbunden waren, denn nur wenige strategische Eisenbahnbauten erwiesen sich, wie etwa die noch vor 1914 fertiggestellte Umgehungsstrecke um Berlin, auch volks- und betriebswirtschaftlich als nutzbringend.

Die deutschen Staatsbahnen beziehungsweise die Reichsbahn umfaßten drei deutlich voneinander abgegrenzte Unternehmensbereiche, nämlich die Betriebsabteilung, die den rollenden Verkehr, die stationäre Personen- und Güterabfertigung, die Streckensicherung und alle

[3] W. G. Hoffmann, *Das Wachstum*... [wie Anm. 1], S. 200f., 425.

[4] Zur Auswirkung des privaten und gewerblichen Kraftfahrzeugverkehrs auf die Eisenbahnen vgl. die Denkschrift der Hauptverwaltung der Reichsbahn-Gesellschaft, 31. 12. 1929, BA Koblenz, R 2 Nr. 23098. Über die Einführung des Lastkraftwagenverkehrs, der vor 1914 nur durch direkte Subventionen des Kriegsministeriums an private Unternehmer durchsetzbar gewesen war und während des Ersten Weltkrieges vollständig in der Hand der Heeresverwaltung (Feldkraftwagen A.G. und Heimat-Lastwagenkolonnen) gelegen hatte, vgl. die Denkschrift des Reichsverwertungsamtes, 15. 3. 1919, BA Koblenz, R 43 I, Nr. 895.

[5] ZStA Potsdam, Rkz Nr. 107; BA Koblenz, R 2 Nr. 5145-5153, 21866-21899.

damit zusammenhängenden Aufgaben abwickelte; sodann die Bahnunterhaltung, die sämtliche mit der Instandhaltung der Strecken verbundenen Aufgaben durchführte und der wenigstens zeitweise auch eine Neubauabteilung angegliedert war, und schließlich die Werkstättenabteilung, in der neben der laufenden Instandhaltung des Fahrzeugbestandes auch umfangreiche, auf Neubau hinauslaufende Grundüberholungen der Fahrzeuge durchgeführt wurden. Oder anders ausgedrückt, tatsächlich zerfielen die deutschen Eisenbahnen in ein Unternehmen des Verkehrssektors, eines des Bausektors (allerdings auf Tief- und Eisenbauarbeiten beschränkt, während Hoch- und Brückenbauten und weitgehend auch die Neubauarbeiten für die Erweiterung des Eisenbahnnetzes an andere Firmen vergeben wurden) und eines der Maschinen- und Fahrzeugbauindustrie. Dieser Tatbestand muß im Auge behalten werden, da Veränderungen in dem relativen Gewicht der drei Unternehmensbereiche, zum Beispiel im Personalbereich, auch Rückschlüsse auf die Produktion und die Investitionen der Eisenbahnen zulassen. Die unterschiedliche Stellung der drei Unternehmensbereiche der Eisenbahnen zeigt sich übrigens auch deutlich in der Zusammensetzung des Personals; während das Verkehrsunternehmen, in dem 1913 etwa 70 % aller bei der Eisenbahn beschäftigten Personen arbeiteten, etwa je zur Hälfte Beamte und Arbeiter (oder beamtete Hilfskräfte als Aufstiegsposition für Betriebsarbeiter) beschäftigte, waren in der Bahnunterhaltung (1913 etwa 16 % des Gesamtpersonals) und in den Werkstätten (1913 etwa 14 % des Gesamtpersonals) ganz überwiegend Arbeiter tätig, lediglich die Leitungs- und Aufsichtspositionen (mit Ausnahme der untersten Ebene) waren mit Beamten besetzt.[6]

Wie schon angedeutet, waren die Eisenbahnen der größte Auftraggeber für Hoch- und Tiefbauarbeiten, Primärenergie, industrielle Rohstoffe, Halb- und Fertigwaren. Allerdings war die wirtschaftliche Bedeutung der Eisenbahnen als Nachfrager für Leistungen der Bauwirtschaft, des Kohlenbergbaus, der Walzwerke, der Fahrzeugbau-, der

[6] Diese Bemerkungen dienen nur dazu, die ökonomische Struktur des Unternehmens Eisenbahnen knapp zu kennzeichnen. Zu der komplizierten bürokratischen Struktur der Eisenbahnen vgl. R. van der Borght, *Das Verkehrswesen*, 3., umgearb. Aufl., Leipzig 1925, S. 286—301; *Das deutsche Eisenbahnwesen der Gegenwart*, hrsg. von Wilhelm Hoff, 3. Ausg., Berlin 1927; M. Alberty, *Der Übergang zum Staatsbahnsystem in Preußen*, Jena 1911, S. 307—313, sowie *Reichsbahn-Handbuch*, Jg. 1927ff., bearb. in der Hauptverwaltung der Deutschen Reichsbahn-Gesellschaft, Berlin 1927.

Maschinenbau- und der elektrotechnischen Industrie sehr unterschiedlich. Vor 1913 kamen die Aufträge der Eisenbahnen im wesentlichen den Lokomotivbauanstalten und den Waggonbauanstalten, die jeweils zwischen 60 bis 80 % ihrer Gesamtproduktion an die Gemeinschaft der deutschen Staatsbahnen absetzen konnten, sodann den Walzwerken (Anteil der Eisenbahnen an dem Gesamtabsatz um 10 %), dem Steinkohlenbergbau (etwa 9 %), dem Baugewerbe (um 7 %) und der Industrie der Steine und Erden (um 5 %) zugute. Alle anderen Industrie- und Gewerbezweige wiesen einen sehr viel geringeren, meist unter 1 % liegenden Anteil der Eisenbahnen an dem Gesamtabsatz auf, was freilich nicht ausschloß, daß auch in solchen Bereichen die Eisenbahnen als Nachfrager für einzelne Unternehmungen eine monopolartige Stellung haben konnten. In den Jahren nach 1924 hat sich das relative Gewicht der Eisenbahnen als Nachfrager für die Produkte der genannten Industrien und Gewerbe in der Regel erheblich verringert, dafür erhielten die Eisenbahnen jetzt erstmals infolge der energisch vorangetriebenen Elektrifizierung einiger wichtiger süd- und mitteldeutscher Hauptstrecken einige Bedeutung als Nachfrager der elektrotechnischen Industrie.[7] Die hohe relative Bedeutung der Eisenbahnen für manche Industrien, die im Falle der Lokomotiv- und Waggonbauanstalten fast einem Nachfragemonopol gleichkam, könnte als betriebswirtschaftlich außerordentlich günstige Ausgangsposition mißverstanden werden. Tatsächlich erwies sich für die Eisenbahnen dieses Nachfragemonopol eher als betriebswirtschaftliches Hindernis, da beschäftigungspolitische und gesamtwirtschaftliche Überlegungen bei der Fahrzeugbeschaffung einen erheblichen Stellenwert erhielten. Auch bei den anderen Industrien, wie etwa dem Steinkohlenbergbau und den Walzwerken, wo die Eisenbahnen einen sehr signifikanten Anteil der Produktion abnahmen, aber monopolartig organisierten Anbietern gegenüberstanden, konnten sie betriebswirtschaftlich kaum Nutzen aus ihrer Stellung als Großauftraggeber ziehen. Wie als Anbieter von Verkehrsleistungen bei der Tarifgestaltung oder dem Ausbau der Strecken waren die Eisenbahnen auch als Abnehmer von industriellen Rohstoffen, Halb- und Fertigwaren und Bauleistungen von vielfältigen, durch politische und/oder ökonomische Interessen formulierte Faktoren abhängig, die eine nur nach betriebswirtschaftlichen Gesichtspunkten erfolgende Beschaffungspolitik von vornherein ausschlossen.

[7] BA Koblenz, R 43 I Nr. 898; R 43 II Nr. 187 b (Nachweisungen über die sächlichen Ausgaben der Reichsbahn/Staatseisenbahnen).

III
Die Produktion und die Investitionen der Staatseisenbahnen/Reichsbahn 1914 bis 1923/24

1. Vorbemerkungen

1. Eine Grundsatzentscheidung stellt die Beantwortung der Frage dar, ob von dem jeweiligen deutschen Staatsgebiet ausgegangen oder die zum Vergleich herangezogenen Daten der Jahre vor dem Ersten Weltkrieg auf das jeweilige neue Staatsgebiet (Gebietsveränderungen, die die Eisenbahnen berührten, traten 1918, 1919, 1920, 1921 und 1922 ein) bezogen werden sollen. Abgesehen von den kaum lösbaren praktischen Problemen, die solche Umrechnungen aufwerfen würden, erscheint es auch fraglich, ob das Ergebnis den zusätzlichen Arbeitsaufwand rechtfertigen würde. Sicher haben die Gebietsveränderungen der Jahre 1918 bis 1922 einschneidenden Einfluß auf die Eisenbahnen gehabt. Das bewegliche und unbewegliche Anlagevermögen der Eisenbahnen wies ebenso wie das Verkehrsaufkommen erhebliche Verluste auf; doch hatten die Verluste auch durchaus positive Aspekte: Die in den östlichen abgetretenen Gebietsteilen gelegenen Strecken (etwa 8,4 % des Streckennetzes auf rund 8,8 % des Gebietes) erforderten nämlich im Verhältnis zu ihrem Verkehrsaufkommen relativ höhere Aufwendungen für Betrieb und Unterhalt als die beim Reich verbliebenen Strecken. Betriebswirtschaftlich gesehen, waren die Streckenabtretungen also nicht nur ein Verlust. Und solche Überlegungen müßten einbezogen werden, wenn man Vergleichsziffern des jeweiligen Staatsgebiets für die Vorkriegszeit errechnen wollte. Daher erscheint es am besten, von dem jeweils gegebenen Gebietsstand des Deutschen Reiches auszugehen und die auf diesem Gebiet vorhandenen Eisenbahnen zu untersuchen. Die Wirkungen des Waffenstillstands- und Friedensvertrags werden jeweils ausgewiesen, und bei allen Vergleichen mit der Vorkriegszeit sind die durch diese hervorgerufenen Verluste zu bedenken. Mit einer solchen Entscheidung werden auch die Fallstricke umgangen, die in den aus politischen Gründen erfolgten zeitgenössischen Doppelrechnungen gespannt worden sind, in denen nämlich je nach politischen Verwertungsinteressen einmal Vergleiche unter Berücksichtigung, das andere Mal ohne Berücksichtigung der Verluste nach 1918 angestellt wurden.

2. Gleichermaßen wichtig ist die Frage, welches Vergleichsjahr für die Beurteilung der Entwicklung in dem Zeitraum 1914 bis 1923/24 ge-

wählt wird. Gewöhnlich wird das letzte Friedensjahr 1913 als „Normaljahr" angesehen, auf das sich dann ohne weiteres alle folgenden Jahre beziehen lassen. Für dieses Jahr liegen auch die umfangreichsten statistischen Daten bereit; insofern erscheint seine Wahl zum Vergleichsjahr auch aus praktischen Gründen „natürlich". Wenn man sich freilich bewußt macht, daß sehr viele der uns heute für das Jahr 1913 zur Verfügung stehenden Daten erst nach 1918 unter durchaus politisch bestimmten Gesichtspunkten nachträglich konstruiert worden sind, wird die Entscheidung für das Vergleichsjahr 1913 schon weniger selbstverständlich. Es können nämlich begründete Zweifel an der „Normalität" des Jahres 1913 in der jahrweise erfaßten, langfristigen ökonomischen Entwicklung Deutschlands angemeldet werden; oder anders ausgedrückt: Das Normaljahr 1913 dürfte als Basisjahr für Vergleiche zu hohe Ausgangswerte liefern. Die reale Wachstumsrate der gesamten Volkswirtschaft (und ihrer einzelnen Sektoren) war in diesem Jahr nach den Berechnungen von *Walther G. Hoffmann*, auf die in der Regel schon aus arbeitstechnischen Gründen zurückgegriffen werden muß, mit 4,5 % außergewöhnlich hoch und wurde in den Jahren des Bestehens des Kaiserreichs nur noch in sechs Jahren übertroffen.[8] Trotz dieser Bedenken wird — allerdings nur aus arbeitsökonomischen Gründen — auch hier mit wenigen Ausnahmen (Neubau, Verbrauch von Eisenbahnoberbaumaterial und rollendem Eisenbahnmaterial) auf das Jahr 1913 für Vergleichszwecke zurückgegriffen. Doch sollte sich der Leser stets vor Augen halten, daß dies nur einen Notbehelf darstellt und in mancher Hinsicht zu Verzerrungen bei der Beurteilung der Entwicklung nach 1918 führen kann.

3. Wenn hier von deutschen Eisenbahnen gesprochen wird, sind in der Regel sämtliche normalspurigen Eisenbahnen ohne Rücksicht auf die Besitzverhältnisse gemeint. In bestimmten Fällen sind freilich Ausnahmen notwendig, da für die privaten normalspurigen Eisenbahnen manche Daten nicht mit der wünschenswerten Genauigkeit zu ermitteln waren. Diese Ausnahmen werden im einzelnen bezeichnet. Die schmalspurigen Eisenbahnen bleiben grundsätzlich außer Betracht. Da ihr Anlagekapital und das Verkehrsaufkommen in den Jahren 1909 bis 1913 nur etwa 1 % dessen der normalspurigen Eisenbahnen ausmachte, dürfte ihre Nichtberücksichtigung auch dann zu keinen signifikanten Veränderungen des Gesamtbildes führen, wenn ihre Entwicklung nach

[8] Berechnungen nach W. G. Hoffmann, *Das Wachstum*... [wie Anm. 1], passim.

1914 beziehungsweise 1918 exzeptionelle Abweichungen von der der normalspurigen Eisenbahnen aufgewiesen hätte.

4. Die für die Eisenbahnen ermittelbaren Jahresdaten gelten in der Regel für das Rechnungsjahr, das in dem hier interessierenden Zeitraum mit dem Haushaltsjahr (1. 4. bis 31. 3. des folgenden Kalenderjahres) zusammenfiel. Bei Vergleichen ist dieses Rechnungsjahr immer mit den Daten für das jeweilige Kalenderjahr verglichen worden. Eine theoretisch mögliche Umrechnung des Rechnungsjahres auf das Kalenderjahr ist mit so vielen methodischen Problemen belastet, daß die dadurch entstehenden Fehler wohl noch größer wären, als dies bei der Gleichsetzung von Rechnungsjahr und Kalenderjahr der Fall ist.

5. Aus arbeitspraktischen Gründen werden für die im folgenden wiedergegebenen Tabellen die Quellen nicht jeweils einzeln angeführt. Das verbietet sich schon deswegen, weil für die in der Regel in den veröffentlichten Statistiken fehlenden Jahre 1914 bis 1923 umfangreiche Rekonstruktionsarbeiten aufgrund unveröffentlichter Statistiken (aus den verschiedensten staatlichen Archiven) erfolgen mußten; die unveröffentlichten Statistiken mußten außerdem in einer Reihe von Fällen bei sich widersprechenden Überlieferungen auf ihre Plausibilität geprüft und konnten in der Regel nicht unverändert übernommen werden. Ließen sich die Widersprüche nicht ausreichend aufklären, sind bisweilen auch mehrere Reihen gebildet worden. Daher werden die Quellen für die Tabellen jeweils nur mit der Nummer des Quellenverzeichnisses wiedergegeben.

2. *Die Produktion der Eisenbahnen 1909 bis 1929*

Zur Beurteilung des hier in erster Linie interessierenden Investitionsverhaltens der Eisenbahnen sind auch wenigstens annähernde Vorstellungen über deren Produktion notwendig. Die einzige zuverlässige Größe für deren Messung stellt die Zahl der geleisteten Personen- und Tonnenkilometer dar. Für die Jahre 1909 bis 1913 und 1922 bis 1929 sind diese Daten in den amtlichen Statistiken enthalten und hier unverändert übernommen worden.[9] Daraus läßt sich ersehen, daß im Personenverkehr die Produktion 1922 bis 1929 in jedem Jahr höher als vor 1913 gewesen ist und in den beiden letzten Inflationsjahren 1922 und 1923 ihr Maximum erreicht hat, das bis 1939 nicht mehr übertrof-

[9] Tabelle 1, S. 402.

fen wurde. Zweifelsohne hängt dies auch damit zusammen, daß das Gut Personenverkehr zu komparativ sehr niedrigen Preisen angeboten wurde. Nach der Stabilisierung der Mark und der Neugestaltung des Tarifsystems[10] ging der Personenverkehr stark zurück (bereits im Geschäftsjahr 1923, das ja schon von der Markstabilisierung betroffen war, um 14,1 % gegenüber 1922 und 1924 nochmals um 31 % gegenüber 1923) und pendelte sich dann auf einem Niveau um 115 % des Jahres 1913 (für 1925—1929) ein. Da wir aus langfristigen Beobachtungen eines Vergleichs der Wagenachskilometer mit den Personenkilometern wissen, daß sich beide Kurven in logarithmischer Darstellung (jedenfalls nach der sukzessive erfolgenden Indienststellung der neuen Personenwagentypen in den Jahren seit 1905) etwa parallel entwickeln,[11] lassen sich aus den mit Ausnahme der Jahre 1914 bis 1916 bekannten Daten über die geleisteten Wagenachskilometer im Personenverkehr[12] begründete Vermutungen über die Entwicklung des Personenverkehrs in den nicht dokumentierten Jahren 1917 bis 1921 ableiten. Mit Ausnahme des Jahres 1919, in dem der Personenverkehr immer wieder für kürzere und längere Zeiträume eingestellt worden ist, dürfte die Produktion der Eisenbahnen im Personenverkehr nicht unter den Stand des Jahres 1913 gefallen sein, sondern wahrscheinlich darüber gelegen haben. 1917 und 1918 dürfte dies allerdings ausschließlich durch die Militärpersonentransporte auf deutschen Strecken bedingt gewesen sein, in den Jahren 1920 und 1921 war die schon für die Jahre 1922/23 festgestellte Tarifgestaltung wohl mitentscheidend für die hohe Nachfrage nach Personenverkehrsleistungen.

Die Produktion der Eisenbahnen im Güterverkehr hat dagegen erst 1927 das Volumen des Jahres 1913 übertroffen und 1929 ein Maximum mit knapp 114 % des Jahres 1913 ereicht.[13] Im Gegensatz zum Personenverkehr, der eher von den Tarifen beeinflußt wird, spiegelt sich in der Güterverkehrsentwicklung stärker die konjunkturelle Großwetterlage wider und, da in dem hier interessierenden Zeitraum die Konkurrenz des Lastwagenverkehrs zwar allmählich und seit 1925 beschleunigt auftrat, hieß dies, daß der Eisenbahngüterverkehr hochgradig konjunkturreagibel war. Dabei nahmen die Güterverkehrsleistungen stets etwas

[10] Vgl. Ursula-Maria Ruser, *Die Reichsbahn als Reparationsobjekt,* Freiburg 1981, S. 182—205.

[11] Vgl. *Geschäftsbericht der Deutschen Reichsbahn für 1937,* Berlin 1938, S. 144f.

[12] Tabelle 2, S. 403.

[13] Tabelle 1, S. 402.

ausgeprägter zu oder ab, als die Produktion der Einzelsektoren Landwirtschaft und Bergbau, Industrie und Handwerk. Da für die in den Eisenbahngüterstatistiken fehlenden Jahre 1914 bis 1921 auch keine zuverlässigen Produktionsstatistiken für Industrie, Handwerk, Bergbau[14] und Landwirtschaft vorliegen, ist diese Beobachtung nicht unmittelbar für unsere Zwecke verwertbar. Sie hilft aber bei der Interpretation der auch hier hilfsweise herangezogenen Wagenachskilometerleistungen im Güterverkehr.[15] Auch hier ist zu beachten, daß seit 1905 sukzessive und besonders während der Jahre 1919 und folgende neue Güterwagentypen in Dienst gestellt wurden, die ein höheres Zuladegewicht per Achse hatten. Aufgrund dieser zur Verfügung stehenden Daten und Beobachtungen läßt sich über die Entwicklung des Güterverkehrs folgendes vermuten: 1917 dürfte der Güterverkehr in etwa dem des Jahres 1913 entsprochen haben, 1918 etwa 90 % von 1913, 1919 und 1920 etwa 70 bis 80 % und bereits 1921 den Stand des Jahres 1922 mit rund 90 % erreicht haben. Dies sind, wie auch für den Personenverkehr, natürlich nur begründete Vermutungen, die sich nicht tabellarisch darstellen lassen; aber immerhin dürfte deutlich geworden sein, daß, ungeachtet der Streckenverluste, die deutschen Eisenbahnen insgesamt in den Jahren 1919 bis 1921 nicht wesentlich hinter dem Produktionsniveau des Jahres 1913 zurückgeblieben sind. Für die Kriegsjahre läßt sich wegen der fehlenden Hilfsdaten für die Jahre 1914 bis 1916 noch nicht einmal eine solche Vermutung anstellen.

Gewöhnlich wird die Nettoproduktion der Eisenbahnen aus der Summe der Löhne und Gehälter und der Betriebsüberschüsse errechnet; die Verteilung auf die Bereiche Personen- und Güterverkehr erfolgt über die Einnahmen der beiden Betriebszweige. Zwar sind die hierfür erforderlichen nominalen Ausgaben der Eisenbahnen für Löhne und Gehälter und die Zahl der im Jahresdurchschnitt Beschäftigten[16] ebenso bekannt wie die Betriebsüberschüsse beziehungsweise Fehlbeträge,[17] doch beziehen sich diese Daten zum Teil auf unterschiedliche Einheiten „deutsche Eisenbahnen“, sind die Betriebsüberschüsse be-

[14] Die Angaben bei Rolf Wagenführ, *Die Industriewirtschaft. Entwicklungstendenzen der deutschen und internationalen Industrieproduktion 1860—1932 (= Vierteljahreshefte für Konjunkturforschung*, Sonderh. 31), Berlin 1933, beruhen ihrerseits auf so vielen ungesicherten Vermutungen, daß sie für den angestrebten Zweck praktisch unbrauchbar sind.

[15] Tabelle 2, S. 403.

[16] Tabelle 3 u. 4, S. 404 u. 405.

[17] Zusammenstellbar aus den Quellen [1], [5], [6], [7], [12], [14], [18].

ziehungsweise Fehlbeträge methodisch anders als vor 1913 und nach der Stabilisierung festgestellt worden und sind vor allem die Umrechnungen der einzelnen nominalen Reihen in „Goldmark" mit unterschiedlichen Methoden und unterschiedlichen, sogenannten Geldentwertungsfaktoren erfolgt. Es ist daher — zumindest für den Moment — nicht möglich, eine Nettoproduktionsreihe für die Eisenbahnen zu konstruieren.

TABELLE 1

Produktion der Eisenbahnen

Jahr	Personen-kilometer in Mrd.	Personen-kilometer Index 1913=100	Güterverkehr Tonnenkilometer in Mrd.	Güterverkehr Tonnenkilometer Index 1913=100	Insgesamt Index 1913=100	Insgesamt Index: Ø 1909—1913 =100
1909	33,8	81,6	52,8	78,0	79,3	87,5
1910	35,7	86,2	56,4	83,3	84,4	93,2
1911	38,2	92,3	62,0	91,6	91,8	101,3
1912	40,2	97,1	66,2	97,8	97,5	107,6
1913	41,4	100,0	67,7	100,0	100,0	110,4
1914	(1)	(1)	(1)	(1)	(1)	(1)
1915	.	.	.	.	.	.
1916	.	.	.	.	.	.
1917	.	.	.	.	.	.
1918	.	.	.	.	.	.
1919	.	.	.	.	.	.
1920	.	.	.	.	.	.
1921	.	.	.	.	.	.
1922	75,2	181,6	62,9	92,9	124,0	136,9
1923	64,6	156,0	42,7	63,0	104,8	115,7
1924	44,6	107,7	47,9	70,8	84,0	92,7
1925	50,1	121,0	60,2	88,9	100,4	110,8
1926	44,0	106,8	65,4	96,6	100,1	110,5
1927	46,6	112,7	73,3	108,3	109,8	121,2
1928	48,8	117,9	73,9	109,2	112,3	124,0
1929	48,1	116,2	77,1	113,9	114,7	126,6

[1] Für die Jahre 1914 bis 1921 liegen keine oder so unvollständige Erhebungen vor, daß auf ihre Wiedergabe verzichtet wird.

Quellen: [1], [8], [10].

TABELLE 2

Fahrleistungen der Eisenbahnen

Jahr	Nutzkilometer (Lokomotiven)[1]				Wagenachskilometer[2]				Nutzkilometer eigener Lokomotiven auf fremden Strecken (Personen und Güter)	
	Personenverkehr		Güterverkehr		Personenverkehr		Güterverkehr			
	in Mill.	Index 1913 = 100	in Mill.	Index 1913 = 100	in Mill.	Index 1913 = 100	in Mill.	Index 1913 = 100	in Mill.	Index 1913 = 100
1909	422,2	86,3	238,3	83,9	7.227	79,3	19.385	79,5	39,5	94,7
1910	434,8	88,9	247,5	87,2	7.647	83,9	20.866	85,5	38,7	92,8
1911	456,2	93,3	266,0	93,7	8.131	89,2	22.600	92,6	40,0	95,9
1912	473,3	96,7	279,6	98,5	8.619	94,6	23.969	98,2	41,3	99,0
1913	489,1	100,0	284,0	100,0	9.114	100,0	24.399	100,0	41,7	100,0
1914	414,6	84,8	225,1	79,3	[3]	.	[3]	.	34,9	83,7
1915	384,8	78,7	262,1	92,3	.	.	.	.	35,7	85,6
1916	373,4	76,3	266,8	93,9	.	.	.	.	37,0	88,7
1917	322,1	65,9	274,1	96,5	7.577	83,1	24.742	101,4	32,9	78,9
1918	267,9	54,8	230,5	81,2	6.581	72,2	20.100	82,4	27,9	66,9
1919	204,9	41,9	197,8	69,7	5.084[4]	55,8	15.835[4]	64,9	22,0	52,8
1920	238,5	48,8	209,7	73,8	6.081[4]	66,7	16.983[4]	69,6	22,9	54,9
1921	286,6	58,6	223,5	78,7	6.841	75,1	18.052	74,0	21,3	51,1
1922	303,0	62,0	226,2	79,8	7.194	78,9	18.118	74,3	23,2	55,6
1923	257,8	52,7	167,4	58,9	6.078	66,7	13.344	54,7	18,5	44,4
1924	260,3	53,2	157,2	55,4	6.050	66,4	13.659	56,0	21,3	51,1
1925	324,6	66,4	205,5	72,4	7.717	84,7	16.184	66,3	23,0	55,2
1926	357,3	73,1	220,3	77,6	7.596	83,3	18.470	75,7	14,4	34,5
1927	378,1	77,3	236,0	83,1	7.945	82,2	19.723	80,8	14,1	33,8
1928	407,0	83,2	248,6	87,5	8.498	93,2	20.584	84,4	12,7	30,5
1929	430,0	87,9	261,5	92,1	8.873	97,4	21.996	90,2	14,2	34,1

[1] Leistungen eigener u. fremder Lokomotiven auf eigenen Strecken.

[2] Leistungen auf eigenen und fremden Strecken.

[3] Es liegen nur ganz unvollständige Angaben für 1914—1916 vor, auf deren Wiedergabe verzichtet wird.

[4] Die Zahlen sind unvollständig.

Quellen: [1], [8].

TABELLE 3

Personal der deutschen Eisenbahnen (im Jahresdurchschnitt)

Jahr	Staatsbahnen bzw. Reichsbahn: Beamte planmäßige und außerplanmäßige	Angestellte beamtete Hilfskräfte	Betriebsarbeiter	Bahnunterhaltungsarbeiter	Werkstättenarbeiter	Neubauarbeiter	Summe	Personal der vollspurigen Privatbahnen und Elsaß-Lothringen	Personal insgesamt
1	2	3	4	5	6	7	8	9	10
1913	281 690	242 093		117 029	100 270	—	741 082	45 384	786 466
1914	470 768			102 820	96 979	—	.	.[1]	670 567
1915	545 854			94 613	91 477	—	.	.[1]	731 944
1916	564 992			89 924	101 570	—	.	.[1]	756 486
1917	599 154			87 093	130 743	—	.	.[1]	816 990
1918	.[2]	.[2]		.[2]	.[2]	—	.[2]	.[1] [2]	922 355
1919	333 503	404 951		149 674	234 377	—	1 122 505	9 680	1 132 185
1920	395 876	146 949	207 207	133 490	206 318	6 350	1 096 190	9 367	1 105 557
1921	429 674	134 532	178 254	116 129	192 309	2 146	1 053 044	14 393	1 067 437
1922	437 981	127 941	163 700	113 742	174 275	2 655	1 020 294	14 368	1 034 662
1923 (1.10.)	425 671	129 472	154 240	111 058	185 531	.	1 005 972	.[3]	.
1924 (30.6.)	336 159		389 756			.	725 915	.[3]	.
1925	315 751	78 011	110 663	87 832	124 743	.	717 000	16 677	733 677

[1] In den Zahlen für die Staatsbahnen mitenthalten.
[2] Die Einzelaufteilung ließ sich nicht feststellen.
[3] Zahlen für die Privatautobahnen zu diesen Stichdaten fehlen.

Quellen: [1], [8], [12], [20], [25].

TABELLE 4

Verteilung des Personals der Eisenbahnen auf Betriebszweige

Jahr	Personal des Betriebes der Eisenbahnen		Personal für Unterhaltung der Bahnanlagen		Personal für Unterhaltung der Fahrzeuge		Gesamtpersonal
	absolut	in v. H.	absolut	in v. H.	absolut	in v. H.	
1913	555 869	70,7	124 199	15,8	106 396	13,5	786 464
1914	470 768	70,2	102 820	15,3	96 979	14,5	670 567
1915	545 854	74,6	94 613	12,9	91 477	12,5	731 944
1916	564 922	74,7	89 924	11,9	101 570	13,4	756 416
1917	599 154	73,3	87 093	10,7	130 743	16,0	816 990
1918	.[1]	.	.[1]	.	.[1]	.	922 355
1919	744 822	65,8	150 965	13,3	236 398	20,9	1 132 185
1920	756 441	68,4	140 981	12,8	208 135	18,8	1 105 557
1921	752 608	70,5	119 862	11,2	194 967	18,3	1 067 437
1922	739 897	71,5	117 999	11,4	176 766	17,1	1 034 662
1923 (1.10.)	709 383	70,8	111 058	11,1	185 531	18,5	(1 005 972)
1924 (30.6.)	.[1]	[1]	[1]	[1]	[1]	[1]	(725 924)
1925	532 227	71,0	89 830	12,0	127 581	17,0	749 638

[1] Die Einzelaufteilung ließ sich nicht feststellen.

Quellen: Wie TABELLE 3.

3. Die Investitionen der Eisenbahnen 1914 bis 1923/24

3.1. Definitorische und methodische Vorbemerkung

Hoffmann hat in seiner Untersuchung die Nettoinvestitionsreihe für die Eisenbahnen in der Weise gewonnen, daß er die jährlichen Veränderungen des ausgewiesenen Anlagekapitals als Nettoinvestitionen versteht, wobei die Zugänge zu gleichen Teilen jeweils auf das laufende und das Vorjahr verteilt werden, um dem Umstand Rechnung zu tragen, daß zwischen Baubeginn und Fertigstellung häufig eine längere Zeit verstreicht. Zur Deflationierung verwendet er einen Preisindex, der vor 1913 zu 50 % aus dem Einzelindex für Tiefbauten, zu 35 % aus dem für Maschinen, zu 10 % aus dem des Hochbaus und zu 5 % aus dem für Holz besteht, in den Jahren 1925 bis 1939 setzt sich sein Preisindex zu 75 % aus dem Index für Arbeitsmaschinen und zu 25 % aus dem für den Tiefbau zusammen.[18] Unter strikter Anwendung dieser Berechnungsmethoden[19] läßt sich aus dem vorhandenen Material eine Nettoinvestitionsreihe der Eisenbahnen für die Jahre 1914 bis 1917 konstruieren; danach betrugen die Nettoinvestitionen 1914 rund 455 Mill., 1915 rund 321 Mill., 1916 rund 251 Mill. und 1917 rund 214 Mill. M in Preisen des Jahres 1913 (zum Vergleich 1913 = 652 Mill. M); dabei ist für 1917 der eigentlich vorzunehmende hälftige Nettoabgang des Anlagevermögens im Jahre 1918 (für die abgetretenen Strecken etc.) mit rund 66,7 Mill. M nicht berücksichtigt. Das vorhandene Quellenmaterial[20] würde, zwar mit einigem Berechnungsaufwand verbunden, dennoch eine Fortsetzung dieser Reihe bis zum Ende des Rechnungsjahres 1923 gestatten und damit würde sich die Lücke in den *Hoffmannschen* Berechnungen schließen lassen. Ein solches Unterfangen würde freilich nur Nonsens-Ergebnisse produzieren. Das liegt an einer Reihe von Umständen: 1. Die Verluste infolge des Krieges, Waffenstillstands- und Friedensvertrags müssen, ganz abgesehen von den hier aus außenpoliti-

[18] W. G. Hoffmann, *Das Wachstum*... [wie Anm. 1], S. 261, 567.

[19] Hoffmann selber hat sich kurioserweise in den Jahren vor 1913 nicht an seine Anweisungen gehalten, sondern den Unterschied im Anlagevermögen zweier Rechnungsjahre als Nettoinvestition gebucht; d. h. die Nettoinvestitionen für 1913 errechnen sich bei ihm aus dem Unterschied zwischen dem Anlagevermögen zum 31. 3. 1913 und zum 31. 3. 1914. Anstatt eine Verteilung auf das laufende und das Vorjahr zu gleichen Teilen vorzunehmen, werden bei ihm das laufende Jahr (zu drei Vierteln) und das folgende Jahr (zu einem Viertel) berücksichtigt.

[20] Vgl. Quellen: [1], [5], [6], [7], [8], [10], [12], [14], [18], [21].

schen Gründen verwendeten, ganz zweifelhaften Bilanzierungsmethoden,[21] notwendig zu hohen außerordentlichen Abschreibungen beim Anlagevermögen führen, was betriebswirtschaftlich richtig ist, aber gar nichts über die volkswirtschaftlich entscheidende Frage nach den inländischen Brutto- und Nettoinvestitionen aussagt. 2. Das ausgewiesene Anlagevermögen kann nicht, wie *Hoffmann* es aufgrund von unbegründeten Vermutungen *Helfferichs* annimmt,[22] als auf Zeitwert abgeschriebener Anschaffungswert interpretiert werden. Gegen diese Vermutung sprechen viele Hinweise, so insbesondere die bei den Verhandlungen über die Übernahme der Eisenbahnen durch das Reich 1920 durchgeführten Neubewertungen.[23] 3. Die Eigenart des Eisenbahnbetriebes, der eben nicht nur Verkehrsleistungen, sondern in großem Umfang auch Bauleistungen erbrachte und industrielle Fertigwaren (Investitionsgüter) produzierte, und die Eigenart der Anlagevermögensberechnungen der Eisenbahnen verbieten es, letztere beziehungsweise ihre Veränderungen als Nettoinvestitionen zu interpretieren. Dies gilt in besonderem Maße in Zeiten inflationärer Entwicklungen.

Daher muß ein anderes Verfahren zur Berechnung der Nettoinvestitionen angewandt werden. Hierfür wird von folgenden Überlegungen ausgegangen: Die Bruttoinvestitionen der Eisenbahnen lassen sich in solche des unbeweglichen und des beweglichen Anlagevermögens trennen. Zu den ersteren gehören die Erweiterungen des Streckennetzes und die qualitativen Veränderungen des Streckennetzes; im einzelnen sind dies:

(a) Der Neubau von Strecken, einschließlich der dafür notwendigen Hochbauten, Brücken- und Tunnelbauten und Sicherungssysteme;

(b) Die Verlegung zweiter und weiterer Gleise bei bestehenden Strecken; die hierfür notwendigen Aufwendungen sind in den Anlagevermögensberechnungen ganz offensichtlich nur völlig unzureichend berücksichtigt worden.

(c) Die qualitative Verbesserung bestehender Strecken durch Ersatz älteren Schienenmaterials mit niedrigem Gewicht durch solches höheren Gewichts, Verringerung der Schwellenabstände, Einführung neuer Sicherungssysteme (Indusi).

(d) Die Umrüstung bestehender Strecken auf elektrischen Antrieb.

[21] Vgl. die Denkschriften des RFM, 22. 2. 1923/Mai 1923, BA Koblenz, R 2 Nr. 2659.

[22] Karl Helfferich, *Deutschlands Volkswohlstand, 1888—1913,* Berlin 1913, S. 107f.

[23] Vgl. Quellen: [14].

Die Bruttoinvestitionen in das bewegliche Anlagevermögen lassen sich wie folgt gliedern:

(aa) Erweiterung des Fahrzeugbestandes;

(bb) qualitative Verbesserung des vorhandenen Fahrzeugbestandes, zum Beispiel durch die seit 1918 sukzessive in den vorhandenen Altbestand an Güterwagen eingebaute durchgehende Bremse oder durch Umrüstung vorhandener Lokomotiven.

Sodann sind die betriebswirtschaftlich richtigen Abschreibungen zu berechnen;[24] den Unterschied zwischen den Bruttoinvestitionen und den Abschreibungen stellen sodann die Nettoinvestitionen dar. Die dabei entstehenden praktischen Probleme, die keineswegs alle eindeutig gelöst werden konnten, werden jeweils bei der Darstellung der Investitionen in das unbewegliche und bewegliche Anlagevermögen erörtert werden. Für die Beurteilung der volkswirtschaftlichen Funktion der Eisenbahnen sind jedoch selbst lückenhaft bleibende Berechnungen dieser Art nützlich.

3.2. Investitionen in das unbewegliche Anlagevermögen

Verhältnismäßig einfach ist das Investitionsvolumen für den Neubau von Eisenbahnstrecken festzustellen. Die jährlichen Statistiken weisen den Streckenzugang (beziehungsweise den Abgang in den Jahren 1918 bis 1922) über den ganzen Zeitraum aus,[25] die Baukosten sind bekannt und ihre Verteilung auf Grunderwerb, Hoch- und Tiefbau, Brückenbauarbeiten usw. kann für die Jahre 1909 bis 1913 ermittelt werden.[26] Der Durchschnitt der jeweiligen Anteile dieser Jahre wird als repräsentativ für den gesamten Zeitraum angesehen. Die Grunderwerbskosten werden, da keine Investitionen, eliminiert. Dennoch taucht eine Reihe von Problemen auf. Die Verteilung der Neubaustrecken auf Haupt- und Nebenstrecken, deren Ausstattung und Gestehungskosten sich erheblich voneinander unterschieden, ist nicht für alle Jahre bekannt, ebensowenig läßt sich der Anteil von ein- und

[24] Die Eisenbahnen haben keine Berechnungen über die notwendigen Abschreibungen durchgeführt, sondern aus den Betriebseinnahmen laufend Verbesserungen und Ergänzungen des Anlagevermögens vorgenommen, beim Fahrzeugpark ersetzten Ausmusterungen und dafür erfolgende Neubeschaffungen die Abschreibungen.

[25] TABELLE 5, S. 412.

[26] Neben den veröffentlichten Daten (in den Quellen: [1], [8], [10], [12]) wurden dafür Berechnungen aus den unveröffentlichten Quellen: [14], [15], [18], [21] herangezogen.

mehrgleisigen Strecken feststellen. Da aber die Gesamtgleislänge der Eisenbahnen, einschließlich aller Bahnhofsstrecken, Weichen etc., ermittelt werden kann und damit auch deren jährlicher Zugang, werden die Neubaukosten in Preisen von 1913 nicht je neugebauten Kilometer Streckenlänge, sondern je Kilometer Gleislänge errechnet. Aus der Multiplikation des Preises für einen Kilometer Gleislänge in Preisen von 1913 mit dem jährlichen Zugang an Gleislänge ergeben sich dann die Bruttoinvestitionen in den Streckenausbau, einschließlich der sonst gar nicht erfaßten Errichtung zweiter und weiterer Gleise bei bestehenden Strecken.[27]

Sehr viel schwieriger ist das Problem zu lösen, wie die qualitative Verbesserung der bestehenden Strecken erfaßt und bewertet werden soll. Man könnte natürlich so verfahren, daß die gesamten qualitativen Verbesserungen, wie es die Eisenbahnverwaltungen selber getan haben, schlicht als die notwendigen Abschreibungen verstanden werden. Dies ist jedoch weder betriebswirtschaftlich richtig, noch können mit einem solchen Verfahren die volkswirtschaftlich wichtigen Schwankungen der tatsächlichen Bruttoinvestitionen erfaßt werden. Die Abschreibungen auf das unbewegliche Anlagevermögen werden in folgender Weise berechnet: bei Gebäuden mit dem üblichen Satz von 1 % des jeweiligen Anfangsbestandes, bei dem Eisenbahnoberbau mit 5 %[28] und bei den Streckensicherungsanlagen mit 10 %, für den Tiefbau werden keine Abschreibungen vorgenommen. Hieraus wird unter Berücksichtigung der Zusammensetzung des jeweiligen Anfangsbestandes des unbeweglichen Anlagevermögens ein durchschnittlicher linearer Abschreibungssatz von 2,3 % errechnet. Wahrscheinlich ist dieser Abschreibungssatz noch zu hoch; dies hängt damit zusammen, daß in seine Berechnung auch tatsächliche Praktiken bei der Erneuerung des Eisenbahnoberbaus und der Streckensicherungsanlagen eingeflossen sind.

Für die qualitativen Veränderungen des unbeweglichen Anlagevermögens gibt es eine Reihe von Anhaltspunkten, die zum Ausgang einer Schätzung der hierfür erfolgenden Bruttoinvestitionen dienen. Bekannt ist, daß zwischen dem Jahre 1903 und dem Jahre 1926 das deutsche Schienennetz, das ursprünglich aus Schienen im Gewicht von unter 40 kg/lfd. Meter, vollständig auf neue 45 kg-Schienen (auf einigen

[27] TABELLE 6, S. 413.

[28] Dieser Satz wird aus verschiedenen Angaben über die durchschnittliche Lebensdauer von Schienen, die naturgemäß auf Haupt- und Nebenstrecken erheblich schwankte, und Schwellen errechnet.

Strecken auch höhergewichtig) umgerüstet und zugleich die Zahl der pro Kilometer Streckenlänge verwandten Schwellen von 1265 auf 1502 erhöht worden ist. Die jährliche Umrüstung vor 1913 und nach 1924 kann mit großer Sicherheit berechnet werden, für die Jahre 1914 bis 1923 wird dies aufgrund von Hilfsindikatoren (inländischer Verbrauch an Eisenbahnoberbaumaterial, Verbrauch an Schwellenholz und ähnliches) geschätzt. Die jährlichen Schätzfehler für 1914 bis 1923 können beträchtlich sein, über den gesamten Zeitraum steht jedoch die Summe der Bruttoinvestitionen hierfür mit großer Sicherheit fest. Daneben ist auch die Summe der zwischen 1914 und 1923 für Verbesserungen der Streckensicherung vorgenommenen Bruttoinvestitionen bekannt; mangels besserer Informationen werden sie im arithmetischen Mittel auf die einzelnen Jahre aufgeteilt, obwohl eine hohe Wahrscheinlichkeit dafür spricht, daß sie in den Jahren 1914 bis 1919 weit unterdurchschnittlich gewesen sind. Aus diesen Einzelberechnungen und den ferner bekannten jährlichen Investitionen für die Elektrifizierung von Strecken werden die gesamten Bruttoinvestitionen in das unbewegliche Anlagevermögen errechnet und sodann, mit den jährlichen Abschreibungen saldiert, die Nettoinvestitionen festgestellt.[29] Nicht berücksichtigt sind hier die Investitionen für den Bau von Arbeiterwohnungen, die, offensichtlich in laufenden Preisen gerechnet, zwischen 1920 und 1927 rund 285 Mill. M betragen haben sollen,[30] da die Produktion in den einzelnen Jahren nicht ermittelt werden konnte und diese Investitionen außerdem keine Eisenbahninvestitionen darstellten.

Das Ergebnis dieser Berechnungen ist eindeutig; trotz erheblicher Investitionen für die Erhaltung, den Ausbau und die Verbesserung des vorhandenen Streckennetzes haben diese von 1914 bis 1926 nicht mehr ausgereicht, um die betriebswirtschaftlich notwendigen Abschreibungen zu kompensieren, von 1916 bis 1920 waren sogar negative Nettoinvestitionen beim unbeweglichen Anlagevermögen zu verzeichnen, wobei die betriebswirtschaftlich notwendigen Abschreibungen für die Streckenabtretungen unberücksichtigt geblieben sind. Denn sie veränderten zwar den Kapitalstock der Eisenbahnen (und werden dort ebenso wie bei der Errechnung der Abschreibungen auf den verbleibenden Streckenbestand berücksichtigt), aber sie waren als uneinbringliche Kriegsverluste ohne Einfluß auf die wirtschaftliche Betätigung der

[29] Tabelle 6, S. 413.

[30] *Handwörterbuch des Wohnungswesens*, Jena 1930, S. 577.

Eisenbahnen auf dem neuen Reichsgebiet. Nur in dem theoretisch denkbaren Fall, nur die Eisenbahnen, nicht aber die Souveränität wären auf den neuen Besitzer übergegangen, wären die Abtretungsverluste bei der Errechnung der Nettoinvestitionen zu berücksichtigen gewesen.

Bei dem Vergleich der Brutto- und Nettoinvestitionen der Vorkriegsjahre mit denen des Krieges und der Inflation ist allerdings noch folgender Aspekt zu berücksichtigen: Die verhältnismäßig noch sehr bedeutsamen Bruttoinvestitionen in Neubaustrecken der letzten Vorkriegsjahre sind zum Teil unter strategischen, zum Teil unter strukturpolitischen (Landwirtschaftsförderung) Gesichtspunkten durchgeführt worden und stellten betriebswirtschaftlich eher eine Belastung dar. Die sehr verringerte Neubautätigkeit seit dem Jahre 1915 erfolgte dagegen überwiegend mit Blick auf das potentielle Verkehrsaufkommen. Bei den Bruttoinvestitionen für Erhaltung und Ausbau vorhandener Strecken hat sich in den Jahren seit 1914 offensichtlich ein gewisser Wandel vollzogen; die zur Verfügung stehenden Mittel wurden fast ausschließlich für die Hauptstrecken (das heißt etwa 57 % des gesamten Streckennetzes mit etwa 70 % der Gleislänge) und die mit ihnen verbundenen baulichen Anlagen sowie für den Ausbau von deren Streckensicherung ausgegeben, während die Nebenstrecken offensichtlich nur in unzulänglicher Weise unterhalten wurden und sich daher in dürftigem Zustand befanden.[31] Der qualitative Zustand der Hauptstrecken, auf denen etwa 85 % des Gesamtverkehrs abgewickelt wurden, dürfte sich daher gegenüber dem der Vorkriegszeit eher verbessert haben (und zwar schon während des Krieges). Für diese Annahme sprechen auch die ständige Zunahme der durchschnittlichen Beförderungsgeschwindigkeit und der dramatische Rückgang der durch technisches Versagen bedingten Unfälle auf den Hauptstrecken (bei allerdings starkem Anstieg von Unfällen auf den Nebenstrecken).[32]

3.3. Investitionen in das bewegliche Anlagevermögen (Fahrzeuge und Maschinen)

Den weitaus überwiegenden Teil des beweglichen Anlagevermögens stellen bei den Eisenbahnen die Fahrzeuge (Lokomotiven und Waggons aller Art) dar. Daneben aber sind hierzu auch die Maschinen und

[31] Vgl. dazu den Bericht über den Zustand der baulichen Anlagen der Reichsbahn, 31. 12. 1929, BA Koblenz, R 2 Nr. 23018.

[32] Vgl. die statistischen Zusammenstellungen in den Quellen: [8], [9], [10], [13].

TABELLE 5

Strecken- und Gleislänge der normalspurigen Eisenbahnen

Jahr	Streckenlänge (in km) Stand Ende des Rechnungsjahres	Streckenlänge (in km) Zugang im Rechnungsjahr	Streckenlänge (in km) Abgang durch Abtretungen	Gleislänge (in km) Stand Ende des Rechnungsjahres	Gleislänge (in km) Zugang im Rechnungsjahr
1909	58.216	630	—	127.503	1.380
1910	59.031	815	—	129.288	1.785
1911	59.763	732	—	131.180	1.892
1912	60.521	758	—	132.852	1.872
1913	61.159	638	—	134.856	1.804
1914	61.749	590	—	136.465	1.609
1915	62.091	342	—	137.221	756
1916	62.347	256	—	137.787	566
1917	62.443	96	—	137.999	212
1918	60.555	180	6.312	133.826	398
1919	55.951			124.211	
1920	55.556	104	499	122.641	231
1921	55.657	348	247	123.415	774
1922	55.350	312	625	124.109	694
1923	55.450	100	—	124.332	223
1924	55.670	220	—	124.824	492
1925	55.809	139	—	125.136	312
1926	56.001	192	—	125.567	431
1927	56.116	115	—	125.824	257
1928	56.359	243	—	126.369	545

Quellen: [1], [8], [10], [12].

Werkzeuge der Eisenbahnwerkstätten zu rechnen, die ja tatsächlich industrielle Großbetriebe für Reparatur und Produktion von Fahrzeugen waren. Für diesen letzteren Bereich gibt es weder für die jährlichen Bruttoinvestitionen noch für die Abschreibungen hinreichende Angaben; ferner ist ungeklärt, ob die bedeutenden Eigenleistungen dieser Werkstättenbetriebe ausreichend berücksichtigt sind. Aus den zu vereinzelten Stichdaten zur Verfügung stehenden genaueren Angaben über die Bewertung dieses Teils des Anlagevermögens sind Jahresreihen über den Kapitalstock, die Bruttoinvestitionen und die Abschreibungen im Wege der Interpolation gewonnen worden.[33] Deren Zuverlässigkeit ist allerdings gering.

[33] Vgl. Quellen: [8], [9], [10], [13], [24].

TABELLE 6

Investitionen der Eisenbahnen (unbewegliches Anlagevermögen) in Mill. M in Preisen von 1913

Jahr	Bruttoinvestitionen Neubaustrecken	Bruttoinvestitionen für Ausbau u. Erneuerung	Bruttoinvestitionen für Elektrifizierung	Summe der Bruttoinvestitionen	Abschreibungen	Nettoinvestitionen
1909	130,9	299	—	429,9	268,0	161,9
1910	169,4	305	3,4	477,8	278,3	199,5
1911	179,5	309	3,4	491,9	284,4	207,5
1912	177,6	314	3,4	495,0	289,2	205,8
1913	171,2	321	3,4	495,6	293,9	201,7
1914	152,7	289	3,4	445,1	298,5	146,6
1915	71,7	251	—	322,7	301,9	20,8
1916	53,7	242	—	295,7	302,4	- 6,7
1917	20,1	237	—	257,1	302,2	- 45,1
1918	18,8[1]	223	—	241,8	290,5	- 48,7
1919	18,8[1]	248	3,4	270,2	272,3	- 2,1
1920	21,9	231	3,5	256,4	269,0	- 12,6
1921	73,4	276	3,9	353,3	268,7	84,6
1922	65,9	281	5,0	351,9	270,0	81,9
1923	21,2	250	5,0	276,2	269,2	7,0
1924	46,7	268	3,1	317,8	269,4	48,4
1925	29,6	274	3,5	307,1	270,5	36,6
1926	41,0	279	3,5	323,5	271,5	52,0
1927	24,3	283	3,7	311,0	272,7	38,3
1928	51,7	295	3,8	350,5	273,6	76,9

[1] Mangels besserer Unterlagen wird der Zugang an neuen Strecken, der für 1918 und 1919 nur in einer Summe vorliegt, gleichmäßig auf beide Jahre verteilt.

Quellen: [1], [3], [4], [6], [7], [8], [11], [12], [13], [23], [24].

Der weitaus wichtigste Teil des beweglichen Anlagevermögens waren jedoch die Fahrzeuge. Über deren Anschaffungspreise, über Neuanschaffungen, Ausmusterungen, Grundüberholungen mit gleichzeitiger Werterhöhung liegen zahlreiche, zum Teil allerdings widersprüchliche Daten vor, die verhältnismäßig zutreffende Berechnungen für den jeweiligen Kapitalstock, die Bruttoinvestitionen, die notwendigen Abschreibungen und damit auch die Nettoinvestitionen gestatten. Wegen der erheblichen Differenzen in den Urmaterialien ist es hier allerdings notwendig, die für Abschreibungen und Investitionen gewählten Berechnungsmethoden genauer darzustellen.

3.3.1. Zum Problem der Abschreibungen auf den Fahrzeugbestand

Die Absterbeordnung für Lokomotiven der deutschen Staatsbahnen sah in den Jahren 1881 bis 1913 die Ausmusterung der in dem jeweiligen Ausgangsjahr x beschafften Lokomotiven, verteilt über einen Zeitraum von 54 Jahren, vor (entsprechend einer logistischen Kurve; Annäherung an eine Funktion vom Typ 1 : $y = a + b \times c^x$). Die durchschnittliche Lebensdauer der Lokomotiven betrug 28 Jahre, das heißt im 28. Jahr war von dem neubeschafften Bestand des Ausgangsjahres die eine Hälfte ausgemustert, die andere noch im Dienst. Durchschnittliche und effektive Lebensdauer sind bei einer — wie in der Absterbeordnung für Lokomotiven vorgesehenen — symmetrischen Verteilung um den Mittelwert also nicht identisch. Ein Abschreibungskonzept für Lokomotiven, das die durchschnittliche Lebensdauer zur Basis einer linearen Abschreibung (Ausmusterung) machen würde, ist also offensichtlich falsch. Dennoch wird dieses Konzept häufig verwandt, weil es zu seiner Anwendung nur der Kenntnis des jeweiligen jährlichen Gesamtbestands an Lokomotiven, unabhängig von deren individuellem Dienstalter, bedarf. Die Abschreibung erfolgt in diesem Fall mit einem linearen Satz von 3,571 % im Jahr. Die Berücksichtigung der effektiven Lebensdauer der Lokomotiven bei der Berechnung der zur Erhaltung des jeweiligen jährlichen Gesamtbestands an Lokomotiven notwendigen Abschreibungen (die in der Praxis immer durch Ausmusterung und entsprechende Neubeschaffung erfolgte) setzt dagegen die Kenntnis der Altersklassen sämtlicher Lokomotiven des Bestandes voraus. Trotz aller Bemühungen ist es bisher nicht gelungen, eine lückenlose Reihe für die jährlichen Neuindienststellungen und Ausmusterungen von Lokomotiven seit dem Jahre 1860 zu erstellen, was notwendig wäre, um eine Reihe der zur Bestanderhaltung theoretisch notwendigen Abschreibungen (Ausmusterungen und Neubeschaffungen) seit 1913 zu konstruieren. Ersatzweise ist daher auf die in den Jahren 1906 bis 1913 erfolgten Ausmusterungen gemäß der Lokomotivabsterbeordnung zurückgegriffen worden. Hiernach sind durchschnittlich pro Jahr 2,099 v. H. des Lokomotivbestandes ausgemustert worden. Die unterschiedslose Anwendung dieses Satzes an jährlich notwendigen Ausmusterungen (Abschreibungen auf den Lokomotivbestand) dürfte immer noch zu hoch sein, da die Eisenbahnen allein in den Jahren 1906 bis 1913 knapp 11 000 neue Lokomotiven (oder etwas über 36 v. H. des Bestands von 1913) in Dienst gestellt haben und da, je jünger der Gesamtbestand, desto geringere Abschreibungen notwendig sind. Mangels besserer Unterlagen wird dennoch mit dieser jährlichen linearen Ausmusterungsquote von 2,099 v. H. gerechnet, um die zur Bestandserhaltung notwendigen Abschreibungen zu berechnen. Aus diesen theoretisch notwendigen Abschreibungen und den Lokomotivbeschaffungen des jeweiligen Jahres werden die Nettoinvestitionen berechnet. Zum Vergleich sind auch die tatsächlichen Ausmusterungen in den Jahren 1913 bis 1926, einschließlich der Kriegsverluste und der Abgaben nach dem Waffenstillstands- und Friedensvertrag, wertmäßig festgestellt worden. Hieraus ergibt sich eine signifikant abweichende Reihe der Nettoinvestitionen.

Die mittlere Lebensdauer des Bestands an Personen-, Gepäck- und Güterwagen, der im übrigen eine hohe Typenvielfalt aufwies, hat vor 1913 bei etwa 20 Jahren gelegen; auch für ihn gilt eine im Prinzip der Lokomotivabsterbeordnung ähnliche Absterbeordnung, das heißt, auch hier klaffen mittlere Lebensdauer und effektive Lebensdauer auseinander. Ferner ist hier die jährliche Indienststellung an Neuwagen nur ungefähr (in den Jahren 1900 bis 1913 zwischen 35 000 und 50 000 jährlich bei Gepäck- und Güterwagen, um 3500 bis 4000 bei Personenwagen) bekannt. Allerdings läßt sich daraus schließen, daß 1913 mehr als zwei Drittel des Bestandes an Gepäck- und Güterwagen und etwa zwei Drittel der Personenwagen nach 1900 neu beschafft worden sind. Dieser Bestand an neueren Waggons hat in der Regel ausgereicht, um den Bedürfnissen des Verkehrs zu genügen, der ältere Restbestand ist offensichtlich nur in Spitzenverkehrszeiten eingesetzt und folglich auch nur gering beansprucht worden; nur aufgrund dieser Tatsache ist die außerordentlich geringe jährliche Ausmusterungsquote von unter 1,5 v. H. in den letzten Jahren vor 1914 (für 1906 bis 1913) zu erklären. Zur Erhaltung der Substanz war sie offensichtlich zu gering und kann daher nicht als repräsentativ für den Abschreibungssatz angesehen werden; die aus der mittleren Lebensdauer errechenbare lineare Abschreibungsquote von 5 v. H. ist auf der anderen Seite, wie schon oben zur Lokomotivabsterbeordnung ausgeführt, offensichtlich zu hoch. Mangels besserer Daten wird für unsere Zwecke hier von einem linearen Abschreibungssatz von 3,25 v. H., dem Mittelwert zwischen tatsächlichen Ausmusterungen und linearer Abschreibung nach der mittleren Lebensdauer, ausgegangen. Da in den Jahren 1914 bis 1923 jährlich rund 45 700 Gepäck- und Güterwagen und rund 2600 Personenwagen neu beschafft wurden, das heißt weiterhin eine starke Expansion vorlag, dürfte dieser Satz zum Zwecke der Substanzerhaltung wahrscheinlich zu hoch liegen. Auch hier sind wie für die Lokomotiven zwei Nettoinvestitionsreihen gebildet worden, die eine unter Verwendung des linearen Abschreibungssatzes von 3,25 v. H., die andere unter Verwendung der tatsächlichen Ausmusterungsquote.

Wie schon die Hinweise auf die Berechnung der Abschreibungen erkennen lassen, treten bei der Feststellung des 1913 in Maschinen und Fahrzeugen vorhandenen Kapitalstocks erhebliche Probleme auf. Würde man einfach auf die Nachweisungen des Anlagekapitals seitens der Eisenbahnverwaltungen zurückgreifen,[34] bedeutete dies für das Stichjahr auch die Übernahme von deren Abschreibungskonzept. Nun könnte man natürlich argumentieren, daß dies für den Lokomotivbestand ohnehin geschieht; das ist tatsächlich aber nicht der Fall. Zwar wird die Ausmusterungsquote 1906 bis 1913 als durchschnittliche lineare Abschreibungsquote benutzt, aber wenn man die Anlagekapitalberechnung der Eisenbahnen verwenden würde, übernähme man die signifikant abweichenden Abschreibungsquoten früherer Jahrzehnte mit. Unter diesen Umständen blieb nichts anderes übrig, als den Zeitwert des gesamten Fahrzeugbestandes des Jahres 1913 neu zu berechnen. Dies ist unter Zugrundelegung der bekannten Bestandszahlen von 1913[35] geschehen, der jeweils für einige Jahre zusammengefaßten Neuzugänge und Ausmusterungen, des durchschnittlichen Gewichts der Lokomotiven beziehungsweise des Achs- oder Zuladegewichts der Waggons und der sich verändernden Ausstattung (zurückverfolgt bis 1880, wobei die preußisch-hessische Eisenbahngemeinschaft als repräsentativ für alle Bahnen gesetzt wurde) sowie der für 1913 ermittelbaren Preise.

Ein zusätzliches Problem für die Berechnung der Abschreibungen und die jeweilige Neubewertung des Kapitalstocks stellen die Kriegs-

[34] Vgl. Quellen: [8].

[35] TABELLEN 7, a, b, c, S. 424 f.

verluste und die Ablieferungen aufgrund des Waffenstillstands- und Friedensvertrags dar, die im Gegensatz zu den Streckenabtretungen als Verlust an Betriebsvermögen als Sonderabschreibungen zu berücksichtigen sind. Zwar stehen mit einigen kleineren Differenzen die zahlenmäßigen Ablieferungen an die alliierten Mächte fest, aber für die direkten Kriegsverluste infolge von Feindeinwirkungen oder der Zurücklassung beim Rückzug 1918 sind nur ganz ungenaue Zahlen zu gewinnen.[36] Wichtiger aber ist noch, daß über Typen, Altersklassen und Ausstattung der abgelieferten Lokomotiven, Personen- und Güterwagen keine eindeutige Aussage gemacht werden kann, weshalb für die Bewertung dieser Ablieferungen oder Kriegsverluste auf den durchschnittlichen Zeitwert in Preisen von 1913 zurückgegriffen werden muß. Dieses Verfahren dürfte wahrscheinlich zu Sonderabschreibungen für Kriegsverluste und Ablieferungen führen, die zu hoch sind, da es Hinweise darauf gibt, daß eher ältere Bestände abgeliefert wurden.[37]

Wegen einiger Unstimmigkeiten in den Daten vor 1913 und nach 1926 sind die Berechnungen für den Fahrzeugbestand, abweichend von den übrigen Tabellen, nur für den Zeitraum von 1913 bis 1926 vorgenommen worden.

3.3.2. Zur Feststellung der Bruttoinvestitionen und der Preise für Fahrzeuge

Die Bruttoinvestitionen in den Fahrzeugbestand sind trotz des verhältnismäßig dichten Quellenmaterials aus drei Gründen nicht völlig zweifelsfrei festzustellen. Einmal ist nicht für alle Jahre zwischen 1914 und 1926 die exakte Zahl der neubeschafften Fahrzeuge bekannt, sondern nur der Nettozugang und ebenso gibt es nur wenige Informationen über die Eigenleistungen der Eisenbahnwerkstätten, die zum Teil bei den Bruttoinvestitionen in Fahrzeuge berücksichtigt werden müßten. Lediglich der seit 1918 erfolgende Einbau des durchgehenden Kunze-Knorr-Bremssystems in den Altbestand an Güterwagen, der zum Teil in den Eisenbahnwerkstätten erfolgte, kann durch entsprechende Höherbewertung des vorhandenen Altbestandes an Güterwagen berücksichtigt werden. Zum andern sind nicht für alle Jahre genügend sichere Hinweise über die Typen der neu in Dienst gestellten Fahrzeuge vorhanden; es sind daher Hilfsberechnungen notwendig, um

[36] Siehe Abschnitt 3.3.2., S. 417 ff.

[37] Vgl. die Denkschriften des RFM, oben Anm. 21.

die unterschiedlichen Typen und ihre unterschiedlichen Neupreise angemessen in Rechnung zu stellen. Und schließlich sind die Neupreise der Fahrzeuge im Jahre 1913 nicht zweifelsfrei feststellbar.

Die hierdurch auftauchenden Probleme wurden in folgender Weise gelöst:

1. Soweit Unklarheiten über den Bruttozugang an Fahrzeugen in einem Rechnungsjahr bestehen, ist versucht worden, mit Hilfe der Angaben der Lokomotiv- und Waggonbauanstalten eine Aufklärung herbeizuführen. War dies nicht auf diesem Wege möglich, sind in den Fällen, in denen die Bruttozugänge zum Beispiel nur für mehrere Jahre gemeinsam bekannt sind, die Bruttozugänge unter Verwendung der Angaben der Wirtschaftsberichte des RWM über die Beschäftigungslage der Unternehmen[38] auf die einzelnen Jahre aufgeteilt worden. Trotz aller Bemühungen ließ sich aber die Diskrepanz bei den Indienststellungszahlen für Lokomotiven, die zwischen den Berechnungen von *Sarter,* dem Dawes-Gutachten und den Angaben der Lokomotivbauanstalten bestehen,[39] nicht einwandfrei aufklären. Vermutlich sind die sehr viel höheren Zahlen der Lokomotivbauanstalten über ihre Lieferungen an die deutschen Staats- und Privatbahnen in den Jahren 1914 bis 1918 zutreffend. Der Unterschied zu den Zugangszahlen, die *Sarter* aufgrund der Eisenbahnstatistiken angibt, ließe sich dann nur dadurch erklären, daß die direkten Lieferungen der Lokomotivbauanstalten an den Feldeisenbahnchef nicht berücksichtigt worden sind und daß solche Lokomotiven, die während eines Geschäftsjahres in Dienst, aber sofort infolge kriegerischer Einwirkungen in Verlust geraten sind, in die Bilanzen der Eisenbahnen nicht aufgenommen worden sind. Für die eigenen Berechnungen wird von den Angaben der Lokomotivbauanstalten ausgegangen, dabei aber werden nur die Lieferungen berücksichtigt, die ausdrücklich als an deutsche Staatsbahnen gehend bezeichnet worden sind. Für die Rechnungsjahre 1924 bis 1926 ist schließlich der Bruttozugang an Personen- und Güterwagen nicht einwandfrei feststellbar, wohl aber die dafür gemachten Aufwendungen. Es ist für diese Jahre also abweichend von dem sonst üblichen Verfahren nicht von der Menge der neubeschafften Güter ausgegangen worden, sondern von den Aufwendungen, die über den Preisindex für Arbeitsmaschinen deflationiert worden sind.

[38] BA Koblenz, R 43 I Nr. 1 147-1 149.

[39] Tabelle 8, S. 426.

2. Da die Typen der neu in Dienst gestellten Fahrzeuge nicht in jedem Fall bekannt sind, wird für Lokomotiven mit dem Eigengewicht, für Personenwagen mit der Achszahl beziehungsweise dem Achsgewicht und für Güterwagen mit Achszahl und Zuladegewicht als Hilfsgrößen gearbeitet, die eine Berücksichtigung der unterschiedlichen Typen und ihres Wertes gestatten. Da diese Daten laufend zur Verfügung stehen, konnten auch Kontrollberechnungen für Zeitabschnitte verhältnismäßig stabiler Preise durchgeführt werden. Sie bestätigen, daß die gewählten Indikatoren zuverlässig sind.

3. Die Preise für Fahrzeuge im Jahre 1913 stehen für die Lokomotiven mit großer Sicherheit fest. Für Personenwagen der vier Klassen gibt es zumindest genügend zahlreiche Einzelangaben, um aus ihnen Einheitswerte per Tonne Achsgewicht zu errechnen, für die verschiedenen Güterwagentypen liegen dagegen sehr widersprüchliche Angaben vor. Sicher lassen sich aus ihnen auch für das Jahr 1913 Einheitswerte per Tonne Ladegewicht errechnen, aber während bei den Lokomotiven der Wertunterschied einer schweren Güterzuglok oder einer Schnellzuglok zu Rangierloks oder Personenzugloks sich tatsächlich ziemlich exakt in dem unterschiedlichen Eigengewicht ausdrückte, ist dies bei Güterzugwagen nicht genauso eindeutig. Und da bei der großen Zahl jährlich beschaffter Güterzugwagen schon kleine Wertunterschiede pro Tonne Ladegewicht erhebliche Auswirkungen hatten, ist hier der gewogene Tonnenladegewichtspreis in Preisen von 1913 für alle zwischen 1905 und 1913 in Dienst gestellten Güterwagen als Einheitswert festgelegt worden. Das Indienststellungsjahr 1905 wird deshalb als Beginn für die Durchschnittsberechnung gewählt, weil in diesem Jahr neue Güterwagentypen mit höherem Ladegewicht zur Auslieferung kamen. Die so festgestellten Einheitswerte pro Tonne Eigengewicht/Achsgewicht/Ladegewicht können aber nicht einfach als Multiplikator für die Jahre 1914 bis 1926 verwandt werden. Vielmehr ist hier folgender Umstand zu berücksichtigen: Während des Krieges sind bei Lokomotiven Bauteile, die üblicherweise aus Buntmetallen produziert wurden, aus Eisen gefertigt worden; daher ist ein Abschlag auf den Preis pro Tonne Eigengewicht in Höhe von 12,8 % für die in den Jahren 1914 bis einschließlich 1919 gefertigten Lokomotiven vorzunehmen. Mangels besserer Unterlagen wird für die übrigen Fahrzeuge von einem gleichen Abschlag für die Verwendung minderer Materialien ausgegangen, zugleich aber für den seit 1918 beginnenden Einbau der Kunze-Knorr-Bremse in die Güterwagen ein Aufschlag von rund 9,75 % angesetzt.

3.3.3. Ergebnisse

Wie aus den TABELLEN 7 a bis c hervorgeht,[40] haben die deutschen Eisenbahnen in den Jahren 1914 bis 1923 ihren Fahrzeugpark in erheblichem Maße modernisiert. Besonders deutlich tritt dieser Umstand bei den Lokomotiven hervor; die jährlichen Indienststellungen (= Bruttoinvestitionen) haben hier mit Ausnahme von 1914 und 1923 stets über dem Stand des Jahres 1913 gelegen und 1920/1921 mit 2300 beziehungsweise 2340 den höchsten Neuzugang in der Geschichte der deutschen Eisenbahnen verzeichnet. Im Geschäftsjahr 1922 und noch schärfer akzentuiert 1923 wurden die Neubestellungen schon erheblich reduziert, 1924 auf weniger als ein Drittel der Jahre 1920/21 zurückgeführt, und in den Jahren 1925 bis 1928 lagen sie nur noch bei 3,5 bis 6,0 % des Standes von 1920/21. Während der Kriegszeit hatten den hohen Zahlen bei den Neuindienststellungen verhältnismäßig niedrige Zahlen bei den Ausmusterungen (nur etwa 41 % der Ausmusterungen des Jahres 1913) gegenübergestanden, aber schon 1920 wurde die Ausmusterungsquote von 1913 übertroffen und seit 1922 übertrafen die jährlichen Ausmusterungen die Neuzugänge. Seit dem Jahre 1925 wurde der Lokomotivbestand durch Ausmusterungsquoten zwischen 1600 und 2100 pro Jahr drastisch reduziert. Ende des Geschäftsjahres 1928 betrug er nur noch knapp 26 000 und lag damit um fast 6000 unter dem Nachkriegshöchststand im Jahre 1921; dennoch war auch dieser reduzierte Lokomotivbestand noch zu hoch für die Verkehrsbedürfnisse. Für den durchschnittlichen Verkehr reichten rund 19 000 Lokomotiven aus, und selbst in Zeiten des Spitzenbedarfs, das heißt bei industrieller Hochkonjunktur, Erntebedarf der Landwirtschaft und ungünstigem Wasserstand der Binnenwasserstraßen, waren etwa 23 000 Lokomotiven ausreichend.[41]

Etwas abweichend verliefen Beschaffungen und Ausmusterungen im Bereich von Personen- und Güterwagen; Personenwagen wurden sowohl während des Krieges als auch in den ersten Nachkriegsjahren in erheblich geringerem Umfang als vor 1914 neubeschafft. Während des Krieges erfolgten kaum Ausmusterungen, so daß ein hoher Reinzugang zu verzeichnen war. Nach Kriegende wurden dann jedoch etwa zweieinhalbmal so viele Personenwagen wie im Jahre 1913 jährlich ausgemustert, so daß die Reinzugänge auf etwa ein Sechstel des Jahres 1913

[40] Vgl. S. 424 f.

[41] Denkschrift der Lokomotivbauanstalten, Juli 1928, BA Koblenz, R 43 I Nr. 1039.

sanken. Tendenziell ähnlich sah die Situation im Güterwagenbereich aus; freilich stiegen hier die Neubeschaffungen während der Jahre 1919 bis 1923 über den Stand des Jahres 1913, und der Rückgang während des Krieges war nicht so signifikant ausgeprägt. Bei den Ausmusterungen ist ein ähnlicher Verlauf zu verzeichnen. Bei allen Waggongattungen besaßen die deutschen Bahnen am Ende des Geschäftsjahres 1923 einen höheren Bestand als im Jahre 1913, der zudem zu über 60 % aus Wagen mit einem Dienstalter von weniger als zehn Jahren bestand und darüber hinaus qualitativ höherwertig war als 1913. Genau wie bei den Lokomotiven war der vorhandene Güter- und Personenwagenpark für die Verkehrsbedürfnisse größer als erforderlich, so daß auch hier seit dem Geschäftsjahr 1923 die Neubestellungen erheblich reduziert (auf 15—20 % des Standes von 1920/21) und die Ausmusterungen erheblich erhöht wurden.

Aus diesen physischen Veränderungen des Fahrzeugbestands ist eine Brutto- und Nettoinvestitionsreihe errechnet worden,[42] wobei die tatsächlichen Ausmusterungen als Abschreibungen betrachtet wurden. Daneben ist jedoch auch eine Nettoinvestitionsreihe errechnet worden, die die betriebswirtschaftlich notwendigen Abschreibungen berücksichtigt. Aus den oben[43] dargelegten Gründen weichen beide Reihen erheblich voneinander ab. Während bei der von den Eisenbahnen angewandten Methode, die tatsächlichen Ausmusterungen als Abschreibungen anzusehen, die Nettoinvestitionen während des Krieges im ungünstigsten Fall auf etwa 73 % der Nettoinvestitionen des Jahres 1913 fielen, im Durchschnitt aber bei etwa 80 % lagen, sanken sie bei Anwendung des betriebswirtschaftlich richtigen Abschreibungskonzepts während des Krieges auf durchschnittlich 60 % des Jahres 1913. Umgekehrt läßt die Abschreibungsmethode der Eisenbahnen die Nettoinvestitionen in den Jahren seit 1919 geringer erscheinen als dies bei der Anwendung des betriebswirtschaftlich richtigen Abschreibungskonzepts der Fall ist. Dieser Tatbestand tritt freilich in den Jahren 1919 und 1920, als die Ablieferungen von Lokomotiven und Waggons aufgrund des Waffenstillstands- und Friedensvertrages bilanziert wurden, nicht so deutlich hervor. Desto ausgeprägter ist diese Tendenz dann aber in den Jahren nach 1923, als durch die verstärkte Ausmusterung von Fahrzeugen und Waggons bei gleichzeitigem scharfem Rückgang der Neuindienststellungen hohe negative Nettoinvestitionen auftraten.

[42] TABELLE 9, S. 427.
[43] Vgl. oben S. 414ff.

4. Die gesamten Investitionen der deutschen Eisenbahnen

Die Bruttoinvestitionen der deutschen Eisenbahnen haben während des Ersten Weltkrieges bei durchschnittlich 69 % des Jahres 1913 gelegen, in den Jahren 1919 bis 1923 ein durchschnittliches Niveau von 81 % des Jahres 1913 erreicht und sind dann in den ersten Jahren nach der Stabilisierung (1924—1926) auf rund 50 % zurückgefallen. Noch signifikanter war der Rückgang der Nettoinvestitionen; bei Anwendung des betriebswirtschaftlich richtigen Abschreibungskonzepts betrugen die Nettoinvestitionen während des Krieges durchschnittlich 37,5 % des Jahres 1913, in den Jahren 1919 bis 1923 rund 30 % und 1924 bis 1926 rund 1,9 %. Bei Verwendung des Abschreibungskonzepts der Eisenbahnen ergab sich ein den „Niedergang" nach Kriegsende noch schärfer heraushebendes Bild: Während des Krieges lagen danach die Nettoinvestitionen bei rund 50,5 % des Jahres 1913, 1919 bis 1923 bei nur 7,2 % und 1924 bis 1926 waren negative Nettoinvestitionen in Höhe von durchschnittlich 6,5 % des Jahres 1913 zu verzeichnen.[44] Die Nettoinvestitionen der unmittelbaren Nachkriegsjahre werden dabei durch den Umstand erheblich verringert, daß in beiden Abschreibungskonzepten die aufgrund des Waffenstillstands- und des Friedensvertrags auftretenden Veränderungen bei dem beweglichen Anlagevermögen voll als Sonderabschreibungen berücksichtigt werden — und zwar mit dem durchschnittlichen Wert pro gelieferter Einheit in Preisen von 1913. Ob die hinter diesem Sonderabschreibungskonzept stehende Annahme über die deutschen Waffenstillstands- und Friedensvertragslieferungen wirklich zutrifft, muß bezweifelt werden.[45] Mangels besserer und eindeutigerer Daten muß jedoch so verfahren werden. Eine weitere Unsicherheit stellen die gesamten Abschreibungen auf das bewegliche Anlagevermögen dar. Wie oben dargelegt,[46] dürfte das hier verwandte, als „betriebswirtschaftlich richtig" bezeichnete Abschreibungskonzept die notwendigen Abschreibungen auf den Fahrzeugpark überschätzen, zumal wenn man bedenkt, daß in den Jahren 1914 bis 1923 ein wachsender Anteil der Bruttoinvestitionen in die Erneuerung und Erweiterung des Fahrzeugparks geflossen ist.[47] Mit dieser Bemerkung ist schon ein weiteres zentrales Ergebnis angesprochen: In den

[44] Vgl. Tabellen 10 und 10a, S. 428 f.

[45] Vgl. Anm. 21.

[46] Vgl. oben S. 421.

[47] Vgl. Tabelle 11, S. 430.

Kriegs- und Inflationsjahren sind sowohl die Erhaltungs- wie die Erweiterungsinvestitionen überwiegend in das bewegliche Anlagevermögen geflossen; ein bereits vor dem Weltkrieg sich abzeichnender Trend setzte sich dabei verstärkt fort. Das Streckennetz war bereits vor 1913 bis zu einem gewissen Sättigungsgrad ausgebaut, viele der damals noch in Angriff genommenen neuen Strecken dienten entweder rein militärischen Gesichtspunkten oder der Erschließung dünnbesiedelter landwirtschaftlicher Gebiete, deren Einbindung in das Eisenbahnverkehrsnetz mit dem allmählichen Aufkommen des privaten und öffentlichen Kraftfahrzeugverkehrs seit 1914 beziehungsweise 1918 zunehmend unwirtschaftlich wurde. Die durch die Erfordernisse des Krieges bedingte und nach dem Waffenstillstand aus gesamtwirtschaftlichen Gründen ebenso wie wegen der Ablieferungsverpflichtungen erfolgende Entscheidung für die Allokation der knappen Ressourcen für den Ausbau des Fahrzeugparks der Eisenbahnen war daher wohl gesamt- wie betriebswirtschaftlich richtig. Freilich darf nicht übersehen werden, daß dieser Ausbau des Fahrzeugparks aus politischen Gründen übermäßig forciert wurde. Hieraus entstanden nach der Stabilisierung und der Umwandlung der Reichsbahn in eine durch die Verpflichtungen aus dem Dawes-Plan auf Gewinnmaximierung ausgerichtete Gesellschaft erhebliche betriebswirtschaftliche Probleme, die sich dann auf einen wichtigen Industriezweig, die Fahrzeugbauindustrie, negativ auswirkten.

TABELLE 7

Betriebsmittel der Deutschen Eisenbahnen (Staats- und Privatbahnen)
a) Lokomotiven (Normalspur)

Jahr	Ende des Geschäftsjahres vorhandene Lokomotiven und Triebwagen	Im Laufe des Geschäftsjahres ausgemusterte Lokomotiven	Im Laufe des Geschäftsjahres neugelieferte Lokomotiven und Triebwagen	Reinzugang an Lokomotiven und Triebwagen	Abgang aus Anlaß des Waffenstillstands- und Friedensvertrages	Lieferungen von Lokomotiven nach Angaben der Lokomotivbauanstalten (Kalenderjahr)[2]
1913	29 990	600	1 725	1 125	—	1 550
1914	31 120	381	1 511	1 130	—	1 797
1915	32 798	253	1 931	1 678	—	1 956
1916	34 391	237	1 830	1 593	—	2 545
1917	36 081	220	1 910	1 690	—	3 105
1918	37 961	167	2 047	1 880	—	3 281
1919	31 435	203	1 847	1 644	ca. 8 170[1]	1 649
1920	31 358	690	2 300	1 610	1 687	ca. 4 600
1921	31 849	1 849	2 340	491	—	
1922	31 368	2 187	1 706	- 481	—	1 545
1923	30 884	1 903	1 419	- 484	—	1 396
1924	30 767	867	750	- 117	—	735
1925	28 697	2 205	135	-2 070	—	135
1926	27 051	1 726	80	-1 646	—	80

[1] Davon 5907 Ablieferungen, Rest: Erst zu Kriegsende abgeschriebene Kriegsverluste bzw. Kriegsverluste, die nie in den Jahresstichtagszahlen aufgetaucht sind.

[2] Nur Staatsbahnen.

Quellen: [8], [9], [10], [12], [13], [16], [25].

TABELLE 7 *(Fortsetzung)*

Betriebsmittel der Deutschen Eisenbahnen (Staats- und Privatbahnen)

Jahr	b) Personenwagen				c) Güter- und Gepäckwagen			
	Bestand Ende Rechnungsjahr	Im Laufe des Rechnungsjahrs ausgemusterte Personenwagen	Im Laufe des Rechnungsjahrs neugelieferte Personenwagen	Reinzugang im Rechnungsjahr	Bestand Ende des Rechnungsjahres	Im Laufe des Rechnungsjahres ausgemusterte Güter- und Gepäckwagen	Im Laufe des Rechnungsjahres neugelieferte Güter- und Gepäckwagen	Reinzugang im Rechnungsjahr
1913	65 961	899	4 221	3 322	685 721	8 061	48 951	40 890
1914	68 923	431	3 393	2 962	715 809	5 551	44 341	38 790
1915	70 690	309	2 076	1 767	745 027	4 063	30 656	26 593
1916	73 672	203	3 185	2 982	780 258	3 693	32 069	28 376
1917	76 205	283	2 816	2 533	814 826	3 785	35 207	31 422
1918	78 287	240	2 322	2 082	854 231	4 223	40 156	35 933
1919	66 848	222	1 951	-7 831		72 444[2]		
		9 560[1]					108 817[2]	-179 839
1920	67 500	2 026[2]	2 591[2]	-3 043[2]	655 759	216 212[1]		
		3 608[1]						
1921	68 338	2 026[2]	2 590[2]	564[2]	694 674	36 222[2]	54 408[2]	18 186
1922	69 454	2 026[2]	2 591[2]	565[2]	708 006	36 222[2]	54 408[2]	18 186
1923	69 106	2 026[2]	2 590[2]	564[2]	728 949	36 222[2]	54 408[2]	18 186
1924	69 029	1 453[3]	1 538[3]	85	728 217	.[3]	.[3]	- 732[3]
1925	65 583	.[3]	.[3]	-3 446	707 649	.[3]	.[3]	- 20 568[3]
1926	64 265	.[3]	.[3]	-1 318	689 844	.[3]	.[3]	- 17 805[3]

[1] Kriegsverluste, Waffenstillstands- und Friedensvertragslieferungen.

[2] Die Ausmusterungs- und Lieferungszahlen für 1920—1923 nach Dawes-Gutachten; die Verteilung erfolgt linear auf die einzelnen Geschäftsjahre.

[3] Für 1924 wahrscheinlich unvollständige Zahlen bei den Ausmusterungen und Neuzugängen; für (1924)/1925 und 1926 lassen sich nur der Reinzugang sowie die Beschaffungsaufwendungen ermitteln.

Quellen: Wie TABELLE 7, S. 424.

TABELLE 8

Neulieferung und Ausmusterung von Lokomotiven und Triebwagen 1914 bis 1923

	Sarter [25] (Staatsbahnen)	Dawes-Gutachten [12] (Reichsbahn)	Lokomotivbauanstalten [10] (Staatsbahnen)	Eigene Berechnungen (alle Normalspur-Eisenbahnen)
Bestand Ende Geschäftsjahr 1913:	29 990	29 990	29 990	29 990
Zugang Geschäftsjahre 1914—1918	+ 8 984	+ 8 859	+ 12 684	+ 9 229
Ausmusterung 1914—1918	- 1 258	- 1 256	keine Angaben	- 1 258
Zugang Geschäftsjahre 1919—1923	keine Angaben	+ 8 506	+ 8 923	+ 9 612
Ausmusterung 1919—1923	keine Angaben	- 5 815	-(8 090)	- 8 090
Ablieferung im Waffenstillstands- und Friedensvertrag	keine Angaben	- 7 594	-(7 594)	- 7 594
Kriegsverluste	keine Angaben	-(1 806)	-(5 029)	- 2 263
Bestand Ende des Geschäftsjahres 1923	keine Angaben	(30 884)	(30 884)	29 626

Quellen: Wie TABELLE 7, S. 424. (Die in Klammern gesetzten Angaben finden sich nicht in den Quellen, sondern sind das rechnerische Ergebnis der übrigen Angaben).

für Fahrzeuge und Maschinen in Mill. M in Preisen von 1913

Jahr	Bruttoinvestitionen Lokomotiven	Personenwagen	Güterwagen	Maschinen[1]	Summe	Abschreibungen (theoretisch notwendig) Lokomotiven	Personenwagen	Güterwagen	Maschinen	Summe	Nettoinvestitionen	Tatsächliche Abschreibungen durch Ausmusterungen (einschl. Maschinen)	Nettoinvestionen nach Berechnungsmethode der Eisenbahnen
1913	141,8	67,5	137,2	40	386,5	32,2	21,1	26,1	35	114,4	272,1	89,9	296,6
1914	108,3	50,8	108,4	40	307,5	34,2	23,4	30,5	35,5	123,6	183,9	69,6	237,9
1915	138,4	29,0	74,9	35	277,3	37,1	24,3	33,0	36,0	130,4	146,9	59,8	217,5
1916	131,2	44,4	78,4	35	289,0	39,2	24,4	34,4	35,9	133,9	155,1	57,3	231,7
1917	136,9	39,3	86,3	35	297,5	41,2	25,1	35,8	35,8	137,9	159,6	57,2	240,3
1918	146,8	32,4	98,2	40	317,4	43,2	25,5	37,4	35,7	141,8	175,6	54,9	262,5
1919	177,3	31,2	133,0	45	386,5	358,7[2]	109,3[4]	192,1[6]	36,1	696,2	-309,7	853,7[8]	-467,2
1920	220,8	41,5	152,5	45	459,8	106,2[3]	55,7[5]	190,1[7]	37,0	389,0	70,8	488,9[9]	- 29,1
1921	224,6	41,4	150,8	45	461,8	43,9	22,7	36,3	37,8	140,7	321,1	230,7	231,1
1922	163,7	41,5	150,8	45	401,0	47,7	23,3	40,0	38,5	149,5	251,5	250,1	150,9
1923	136,2	41,4	150,8	45	373,4	50,2	23,9	43,6	39,2	156,9	216,5	237,7	135,7
1924	72,0	23,2	62,0	45	202,2	52,0	24,5	47,1	39,8	163,4	38,8	168,3	33,9
1925	13,0	29,3		45	87,3	52,4	72,1		40,3	164,8	- 77,5	235,5	-148,2
1926	7,7	38,2		45	90,9	51,6	70,7		40,7	163,0	- 72,1	211,3	-120,4

[1] Schätzung.
[2] Davon 45,3 ordentliche; 313,4 außerordentliche für Kriegsverluste etc.
[3] Davon 41,5 ordentliche; 64,7 außerordentliche für Kriegsverluste etc.
[4] Davon 25,7 ordentliche; 83,6 außerordentliche für Kriegsverluste etc.
[5] Davon 23,2 ordentliche; 32,5 außerordentliche für Kriegsverluste etc.
[6] Davon 39,5 ordentliche; 152,6 außerordentliche für Kriegsverluste etc.
[7] Davon 37,5 ordentliche; 152,6 außerordentliche für Kriegsverluste etc.
[8] Davon 72,8 ordentliche; 744,8 außerordentliche für Kriegsverluste etc.
[9] Davon 126,7 ordentliche; 325,2 außerordentliche für Kriegsverluste etc.

Quellen: [1], [5], [6], [8], [9], [10], [12], [13], [14], [15], [16], [18], [21], [22], [24], [25].

Tabelle 10

Bruttoinvestitionen, Abschreibungen und Nettoinvestitionen der deutschen Eisenbahnen in Mill. M/RM in Preisen von 1913

Jahr	Brutto-investitionen	Abschreibungen		Nettoinvestitionen		Kapitalstock	
		1	2	1	2	1	2
1913	882,1	407,9	383,8	474,2	498,3	19141	19165
1914	752,6	422,1	368,1	330,5	384,5	19472	19550
1915	600,0	432,3	361,7	167,7	238,3	19640	19788
1916	584,7	436,3	359,7	148,4	225,0	19748	20013
1917	554,6	440,1	359,4	114,5	195,2	19903	20208
1918	559,2	432,3	345,4	126,9	213,8	19566[3]	19958[3]
1919	656,7	968,5	1126,0	-311,8	-469,3	18509[3]	18744[3]
1920	716,2	658,0	757,9	58,2	- 41,7	18425[3]	18560[3]
1921	815,1	408,8	499,4	406,3	315,7	18804[3]	18849[3]
1922	752,9	419,5	520,1	333,4	232,8	19019[3]	18964[3]
1923	649,6	426,1	506,9	223,5	142,7	19243	19107
1924	520,0	432,8	437,7	87,2	82,3	19330	19189
1925	394,4	471,9	506,0	- 40,9	-111,6	19289	19077
1926	414,4	486,5	482,8	- 20,1	- 68,4	19269	19009

[1] Nach dem Abschreibungskonzept S. 414 ff.

[2] Nach dem Abschreibungskonzept der Eisenbahnen.

[3] Für die nicht bei den Abschreibungen berücksichtigten Streckenabtretungen sind 1918 = 464 Mill., 1919 = 745 Mill., 1920 = 142 Mill., 1921 = 27 Mill. und 1922 = 118 Mill. M beim Kapitalstock des jeweiligen Jahres abgesetzt.

Quellen: Vgl. Tabellen 6 und 9.

TABELLE 10a

Index der gesamten Brutto- und Nettoinvestitionen der deutschen Eisenbahnen (1913 = 100)

Jahr	Bruttoinvestitionen	Nettoinvestitionen	
		(1)	(2)
1913	100	100	100
1914	85,0	69,7	77,2
1915	68,0	35,4	47,8
1916	66,3	31,3	45,2
1917	62,9	24,2	39,2
1918	63,4	26,8	42,9
1919	74,5	- 65,8	- 94,2
1920	81,2	12,3	- 8,4
1921	92,4	85,7	63,4
1922	85,4	70,3	46,7
1923	73,6	47,1	28,6
1924	59,0	18,4	16,5
1925	44,7	- 8,6	- 22,4
1926	47,0	- 4,2	- 13,7

[1] Nach dem Abschreibungskonzept S. 414 ff.
[2] Nach dem Abschreibungskonzept der Eisenbahnen.

Quellen: Vgl. TABELLEN 6 und 9.

TABELLE 11

Verteilung der Bruttoinvestitionen, Abschreibungen und Nettoinvestitionen auf das bewegliche und unbewegliche Anlagevermögen der deutschen Eisenbahnen (in v. H.)

Jahr	Bruttoinvestitionen unbeweg-liches Anlagevermögen	Bruttoinvestitionen beweg-liches Anlagevermögen	Abschreibungen unbewegliches Anlagevermögen [1]	Abschreibungen unbewegliches Anlagevermögen [2]	Abschreibungen bewegliches Anlagevermögen [1]	Abschreibungen bewegliches Anlagevermögen [2]	Nettoinvestitionen unbewegliches Anlagevermögen [1]	Nettoinvestitionen unbewegliches Anlagevermögen [2]	Nettoinvestitionen bewegliches Anlagevermögen [1]	Nettoinvestitionen bewegliches Anlagevermögen [2]
1913	56,2	43,8	72,1	76,6	27,9	23,4	42,6	40,5	57,4	59,5
1914	63,5	36,5	70,7	81,1	29,3	18,9	43,4	38,1	56,6	61,9
1915	53,8	46,2	69,8	83,5	30,2	16,5	12,4	8,7	87,6	91,3
1916	50,6	49,4	69,3	84,1	30,7	15,9	- 4,5	- 3,0	104,5	103,0
1917	46,4	53,6	68,7	84,1	31,3	15,9	- 39,4	-23,0	139,4	123,0
1918	43,2	56,8	67,2	84,1	32,8	15,9	- 38,4	-22,8	138,4	122,8
1919	41,2	58,8	28,1	24,2	61,9	75,8	- 0,7	- 0,4	- 99,3	- 99,6
1920	35,8	64,2	40,9	35,5	59,1	64,5	- 21,7	-28,8	121,7	- 71,2
1921	43,3	56,7	65,7	53,8	34,3	46,2	21,0	26,8	79,0	73,2
1922	46,7	53,3	64,4	51,9	35,6	48,1	24,6	35,2	75,4	64,8
1923	42,5	57,5	63,2	53,1	36,8	46,9	3,1	4,9	96,9	95,1
1924	61,1	38,9	62,3	61,6	37,7	38,4	55,5	58,8	44,5	41,2
1925	77,9	22,1	57,3	53,5	42,7	46,5	91,4	32,8	-191,4	-132,8
1926	78,1	21,9	55,8	56,2	44,2	43,8	258,7	76,0	-358,7	-176,0

[1] Nach dem Abschreibungskonzept S. 414 ff.
[2] Nach dem Abschreibungskonzept der Eisenbahnen.

Quellen: Vgl. TABELLEN 6 und 9.

Quellenverzeichnis

[1] *Statistisches Handbuch für das Deutsche Reich,* Jg. 1900 ff.

[2] *Statistisches Handbuch von Deutschland 1928—1944,* hrsg. vom Länderrat des Amerikanischen Besatzungsgebietes, München 1949.

[3] *Statistik des Deutschen Reichs,* Bde 152/53, 158/59, 165/66, 172/73, 181—183, 189—191, 196—198, 231/32, 241/42, 251/52, 260/61, 270/71 (Deutscher Außenhandel 1902—1913); Bd. 310, 317—319, 329—330 (Deutscher Außenhandel 1920—1925).

[4] Monatliche Nachweise über den Auswärtigen Handel Deutschlands Juli 1914—Juni 1920, Januar—April 1921 (unveröffentlicht; zusammengesetzt aus verschiedenen Einzelüberlieferungen in: Zentrales Staatsarchiv [im folgenden ZStA zitiert] Potsdam, Bundesarchiv [im folgenden BA zitiert] Koblenz).

[5] *Wirtschaft und Statistik,* 1. Jg. ff., Berlin 1921.

[6] *Wirtschaft und Statistik,* Sonderh. 1, *Zahlen zur Geldentwertung in Deutschland 1914—1923,* Berlin 1924.

[7] *Deutschlands Wirtschaft, Währung und Finanzen,* Berlin 1924.

[8] *Statistik der im Betriebe befindlichen Eisenbahnen Deutschlands,* hrsg. vom Reichs-Eisenbahnamt (bis 1917), vom Reichsverkehrsministerium (ab 1918), vom Eisenbahnzentralamt (1922 u. 1923), von der Deutschen Reichsbahngesellschaft (ab 1924).

[9] *Archiv für Eisenbahnwesen.*

10] *Das deutsche Eisenbahnwesen der Gegenwart,* hrsg. von Wilhelm Hoff u. a., 1. Ausg., Berlin 1923, 3. Ausg., Berlin 1927.

[11] *Hundert Jahre deutsche Eisenbahnen,* 2., neubearb. u. erg. Aufl., hrsg. vom Reichsverkehrsministerium, Leipzig 1938.

[12] *Die Sachverständigengutachten. Die Berichte der von der Reparationskommission eingesetzten beiden Sachverständigenkomitees vom 9. April 1924,* Berlin 1924.

[13] *Reichsbahn-Handbuch 1927,* bearb. in der Hauptverwaltung der Deutschen Reichsbahn-Gesellschaft, Berlin 1927, 3. Ausg., Berlin 1933.

[14] BA Koblenz, R 2 Nr. 1953—1971, Akten betr. die Verreichlichung der Eisenbahnen.

[15] BA Koblenz, R 2 Nr. 2659, Akten betr. Bewertung deutscher Leistungen aufgrund des Waffenstillstands- und des Friedensvertrags.

[16] BA Koblenz, R 43 I Nr. 897—899, Akten betr. das Beschaffungswesen des Reiches.

[17] BA Koblenz, R 43 I Nr. 1039—1040, Akten betr. Eisenbahnen allgemein.

[18] BA Koblenz, R 43 I Nr. 1044—1046, Akten betr. die Verreichlichung der Eisenbahnen.

[19] BA Koblenz, R 43 I Nr. 1048—1053, Akten betr. Umgestaltung des Eisenbahnverkehrswesens.

[20] BA Koblenz, R 43 II Nr. 187 b, Akten betr. finanzielle Lage der Reichsbahn.

[21] ZStA Merseburg, Rep. 151 I A Nr. 7202, Akten betr. finanzielle Auseinandersetzung Reich — Preußen.

[22] Erhard Born, *Lokomotiven und Wagen der deutschen Eisenbahnen. Geschichtliche und technische Entwicklung,* Mainz-Heidelberg 1967.

[23] Otto Gröner, *Die Holzwirtschaft bei der deutschen Reichsbahn*, Diss. Ing. TH Stuttgart, Borna-Leipzig 1939.
[24] Ludwig Röbe, *Die Investierungspolitik der Deutschen Reichsbahn*, Berlin 1933.
[25] Adolf Sarter, *Die deutschen Eisenbahnen im Kriege*, Stuttgart 1930.

Summary

The article discusses the gross and net investment of the most important single enterprise in Germany — the state-owned Railways — during World War I and the inflation (1914—1924). Its main purpose is to establish a reliable data-set for this period hitherto excluded in the economic history literature. By employing a wide range of published and unpublished sources the essay proves that the gross investment of the German Railways was — as to be expected — considerably lower than before 1914, but also considerably higher than estimated by contemporaries or historians. In fact, gross investment in the rolling-stock was after 1918 even higher than before 1914 due to the policy of the revolutionary Government to fight unemployment by deficit spending. Gross investment for the extension of the Railways did decline firstly because the net-work had already reached a certain degree of density and secondly because the Government channelled new investment into road-building. The net investment of the Railways was nonetheless fairly low and never exceeded 40 p. c. of the pre-war investment, but this way was partly an effect of war and reparation related losses. The one most striking result of the investment policy of the German Railways especially during the years 1919 to 1923 was the fact that in 1924 nearly two thirds of all train engines and at least fifty p. c. of the goods vans were less than 10 years old.

The Fate of the Social Insurance System in the German Inflation, 1914 to 1923*

GERALD D. FELDMAN

The fate of the German social insurance system in the German inflation, like the fate of other institutions and enterprises and the social groups with which they were identified, is a very complex matter and needs to be viewed from a variety of perspectives. Whatever the point of entry one chooses in dealing with the problems of the inflation, it is necessary to take account of the considerable progress that has been made in the study of this period and of the increasing consensus among scholars that a nuanced and balanced appreciation of the causes and consequences of the inflation is necessary.[1] The war, not the inflation, after all, was most destructive of Germany's capital resources, and the redistributive effects of the inflation, however untoward many of their results from a moral, social, and political point of view, did serve the cause of promoting production and speeding up a reconstruction process that might have been even more delayed than it was without inflationary stimulation. Of course, the recovery after 1923 turned out

* The author wishes to acknowledge the support of the Volkswagen Foundation for the research on which this paper is based. The paper was written while the author was a Fellow of the German Marshall Fund of the United States.

[1] See Otto Büsch/Gerald D. Feldman (eds.), *Historische Prozesse der deutschen Inflation 1914 bis 1924. Ein Tagungsbericht* (= Einzelveröffentlichungen der Historischen Kommission zu Berlin, vol. 21), Berlin 1978; Carl-Ludwig Holtfrerich, *Die deutsche Inflation 1914—1923. Ursachen und Folgen in internationaler Perspektive*, Berlin-New York 1980; Gerald D. Feldman/Carl-Ludwig Holtfrerich/Gerhard A. Ritter/Peter-Christian Witt (eds.), *Die deutsche Inflation. Eine Zwischenbilanz/The German Inflation Reconsidered. A Preliminary Balance* (= Veröffentlichungen der Historischen Kommission zu Berlin, vol. 54: Beiträge zu Inflation und Wiederaufbau in Deutschland und Europa 1914—1924, vol. 1), Berlin-New York 1982.

to be a very fragile one, and one must also inquire as to the extent to which the fragility of the stabilization was attributable to the inflation.

In considering Germany's social insurance system during the inflation, therefore, at least two related sets of issues have to be discussed. On the one hand, we need to inquire into the short-term problems of adaptation to inflation during the various phases of the protracted decade of inflation that began in 1914 and ended in 1923. What happened to the resources of the various social insurance bodies during this period and how did they manage them? How did monetary depreciation affect the recipients of social insurance and what was done to adjust payments to inflationary conditions? On the other hand, we must investigate the social insurance system from the perspective of reconstruction and ask how it was affected in the longer run by the inflation. To accomplish both tasks, which in any case can only be done in a sketchy way here, it is necessary to define briefly the character and problems of the German social insurance system before the war.

I

As is well known, Germany was a pioneer in the field of social insurance, and the most important constituent elements of the German social insurance system were put in place under Bismarck in the 1880's: the Sickness Insurance Law of 1883, the Accident Insurance Law of 1884, and the Invalid and Old Age Insurance Law of 1889. Bismarck's paternalistic and political motives notwithstanding, these measures represented a significant departure from traditional dependence on poor relief and private charity in favor of compulsory, organized self-help. That is, the obligation to participate in an insurance scheme and contribute to it conferred a right to its benefits. The years before the First World War witnessed a steady expansion of those encompassed by the legislation as well as increasing sophistication of the system itself. Thus, by 1913, the Sickness Insurance system protected over 14.5 million persons making yearly contributions of 509 million marks; Accident Insurance covered 24.8 million persons and was based on 229 million marks in contributions; Invalid and Old Age Insurance covered 16.3 million persons, the system receiving 229 million marks in contributions and a government subsidy of 58 million marks. The employer was required to provide one-third, the employees two-thirds of the Sickness Insurance contributions; the employer associations provided the full contribution for Accident Insurance; the employer and employee shared equally in the contributions to Invalidity and Old Age Insurance. 1911 was a particularly significant year in the history of the system. On the one hand, a special Invalid, Old Age und Survivor Insurance System for Salaried Employees was established which, by 1913, involved over 1.4 million persons. On the other hand a Reich Insurance Code was promulgated which attempted to coordinate the various types of social insurance in no less than six books of regulations.[2]

This coordination was anything but perfect, however, and the relationships among the various types of insurance were never completely worked out, while the existence of separate systems for miners and salaried employees complicated matters still further. The management of the sickness insurance was distributed among six types of funds, while those of the other types of insurance were administered through occupational or various entities organized on a geographical basis. Competency disputes and overblown administrations were not uncommon, and administrative costs rose alarmingly in some cases. At the time, the security provided by the system often left much to be desired. While considerable progress was made in providing improved health services for the ill, the sickness insurance funds found themselves in conflict with the medical profession. The latter demanded free choice of physician, while the former took advantage of the surplus of doctors to limit patient choice and drive down fees, often to the detriment of quality of service. The benefits provided by accident insurance were the most satisfactory of the three forms of social insurance, but workers frequently had to go to court to secure their rights, while employers

[2] No attempt will be made here to provide detailed references on background material. The information provided is based on W. Harbutt Dawson, *Social Insurance in Germany, 1893—1911*, London 1912; Gerhard Erdmann, *Die Entwicklung der deutschen Sozialgesetzgebung*, 2nd ed., Berlin-Frankfurt/M. 1957; R. Clyde White, *The Growth of German Social Insurance* (= Indiana University Studies, vol. 20), Bloomington 1933; Karl Kolb, *Kapitalbildung und Kapitalanlage in der deutschen Sozialversicherung*, Phil. Diss., Leipzig 1929; Volker Hentschel, *Das System der sozialen Sicherung in historischer Sicht 1880 bis 1975*, in: *Archiv für Sozialgeschichte*, vol. 18 (1978), pp. 307—352; Florian Tennstedt, *Sozialgeschichte der Sozialversicherung*, in: Maria Blohmke et al. (eds.), *Handbuch der Sozialmedizin*, Stuttgart 1975, vol. 3, pp. 385—492; B. Schmittmann, *Sozialversicherung*, in: Ludwig Elster et al. (eds.), *Handwörterbuch der Staatswissenschaften*, Jena 1926, vol. 7, pp. 622—650; Julius Scheuble/Otto Neuloh (eds.), *Hundert Jahre staatliche Sozialpolitik.* Aus dem Nachlaß von Geheimrat Dr. Friedrich Syrup, Stuttgart 1957.

claimed that the system encouraged unjustified permanent disability claims on the grounds of accident. This tendency, insofar as it existed, was encouraged by the inadequacy of the invalidity insurance, which averaged 187 marks per year in 1911. This was higher than the 166 mark average old age pension paid as a reward for a minimum of 20 years of contributions and the rare good fortune of living to 70. While the system became more progressive before the war by introducing a system of survivor benefits, it still could be considered no more than a supplement to the other forms of income and poor relief that were essential if the worker was to have a minimum standard of living. Finally, the scale of contributions and benefits was organized in such a way as to favor higher over lower paid workers because the latter's contributions were higher and benefits were lower relative to workers at the lower end of the wage scale. As we shall see, this was to have some peculiar consequences during the inflation.

Most important for understanding the consequences of the inflation for the German social insurance system, however, are its financial foundations. A fundamental distinction is to be made between the structure of assets and the determination of benefits in sickness and accident insurance, on the one hand, and in invalid and old age insurance, on the other hand. In the case of the first two forms of insurance, contributions play a much more important role than capital investments in determining benefits, the funds being required only to have sufficient return on investments to cover unexpected emergencies (e. g., epidemics) and thereby prevent undesirable fluctuations in the contributions. This cost-averaging method, or *Umlageverfahren*, is based on a relatively short-run determination of requirements and ultimately depends upon covering costs by contributions rather than return on investments. In the case of invalid and old age insurance, longer term calculations are much more important. Invalid insurance was supposed to be covered by the so-called capital coverage method, that is, contributions calculated to cover all costs over a substantial period of time *(Kapitaldeckungsverfahren)*. Old age and survivor insurance depended upon long term investments, eligibility for benefits being determined by a „qualifying procedure," or *Anwartschaftsverfahren* under which a person qualified for benefits only after a certain period of investment in the system. The solvency of the system was meant to depend primarily upon returns on the invested capital rather than upon the relatively immediate use of the contributions made by the insured and the subsidy provided by the state. Needless to say, the government strictly regulated the forms which the investment of all insurance bodies took. Investments had to be *mündelsicher,* that is, absolutely secure and non-speculative. The gilt-edge assets of the insurance bodies normally took the form of government and local bonds, mortgages, special securities, bank deposits and real estate. The return on these assets increased moderately but steadily before the war, averaging between 3.57 and 3.7 % between 1910 and 1913. During the war, at least until 1917, they rose to as much as 4.1—4.8 % as the insurance bodies invested heavily in high interest bearing German war bonds, an investment in whose *Mündelsicherheit* no loyal German of course had any doubt.[3]

II

From hindsight, it is obvious that the German social insurance system, especially that portion of it which depended upon long term returns from invested assets, was in jeopardy by 1918, but this was something that contemporaries would only realize when hyperinflation took hold in the spring of 1922. So long as the fiction was maintained that a „mark is equal to a mark,“ the tendency was to concentrate on immediate problems and presume that an eventual stabilization of the existing currency would restore a reasonable value to investments. Nevertheless, there is a continuous contradiction that runs through German behavior toward the social insurance system throughout the inflation and even beyond. On the one side, the Social Democrats, their allies in the Labor Ministry and others friendly to the system sought not only to expand its membership and services but even to expand it to include unemployment. On the other side, the practical economic difficulties led many of the same groups and persons to favor measures that virtually abandoned the insurance principle in favor of welfare relief measures and thus gave plausibility to both the old and the new critics who argued in favor of a return to the welfare system.

The war required, and the revolution and inflation encouraged, an expansion of the persons covered by social insurance. Relaxation of waiting requirements for returning troops was a question of elementary justice, while both the depreciating currency and the social ideology of

[3] On the matters discussed in this paragraph, see the excellent discussion in K. Kolb, *Kapitalbildung*... [see note 2], pp. 3—5, 19ff.

the new regime led to an increase in the wage and salary levels at which sickness insurance became compulsory, an expansion of the categories of work and mishap covered by accident insurance, and a host of provisions loosening old restrictions and increasing the voice and power of labor in the various insurance bodies. The measures taken by the revolutionary governments and their immediate successors were accompanied by considerable talk about a thoroughgoing reform and coordination of the entire system, but political conflicts and more pressing immediate concerns left room for little more than patchwork measures that added to the complexity of the system. The upshot was a host of complaints about the confused regulations, increased discretion on the part of individual insurance bodies resulting in a breakdown of any semblance of uniformity, and intensification of old problems such as the battle between the sickness insurance funds and the doctors.[4]

While the government contemplated further expansion of the system, monetary depreciation and the rise in the cost of living were making the benefits of the system even less beneficial. Efforts by the insurance bodies to supplement benefits in 1919 and 1920 rapidly ran afoul of the capital coverage requirements governing the use of assets so that, with great reluctance, the Reich became increasingly involved in late 1921 in providing welfare supplements for social pensioners. The Reich sought to implement income maintenance through the traditional distributors of welfare in Germany, the municipalities, but these hard pressed entities responded by declaring that „the cities are at the end of their capabilities and their credit... The social policy of the Reich and the states cannot be carried out at the expense of the municipalities anymore."[5] In fact, they warned that this was not in the interest of the pensioners since „it will lead to passive resistance in many of the municipalities, at times even to efforts to drive the pensioners out of their localities."[6] At the same time, the more fundamental objection was raised that the entire social insurance system was being undermined by this return to what amounted to poor relief.

From this perspective, the early phases of hyperinflation in the summer and fall of 1922 seemed almost welcome since they created the

[4] On the Weimar period in general, see especially Ludwig Preller, *Sozialpolitik in der Weimarer Republik*, Stuttgart 1949, pp. 59f., 233ff., 282ff., 325ff., 378ff.

[5] Vorsitzende des Bayerischen Städtebundes an das Ministerium für Soziale Fürsorge, Oct. 25, 1921, Bayerisches Hauptstaatsarchiv München, M Arb. Nr. 1190.

[6] Landesverband bayer. Stadt- und Marktgemeinden an das Ministerium für Soziale Fürsorge, Oct. 27, 1921, *ibid.*

illusion that the insurance bodies could cover the cost of benefit increases. In July, the Reichstag, anxious to make some popular decisions before summer recess, took heart from statements by the heads of various insurance bodies that they were „swimming in money“ and increased pensions.[7] The government called for yet another increase in October and argued that the needed funds would come from the existing contributions and an increase of contributions in 1924. Obviously, the ever higher paper mark wages were the source of the liquidity of the insurance bodies, although the continued practice of having the higher classes of workers pay a lower proportion of the contributions deprived the insurance bodies of much needed operating capital, particularly since practically no one was working at the lower wage scales anymore.[8]

The money illusion disappeared in the course of 1923, when neither contributions nor benefits could keep up with the rate of inflation and all the infamous symptoms of a dying currency made their appearance, e. g., accident insurance payments became worthless as they went through the mails, employers enjoyed a short interest free loan because they could benefit from the intervals between their required contributions, doctors' fees had to be renegotiated at increasingly short intervals. By summer, the contributions to the system were insufficient to cover administrative costs, let alone benefits. As concern grew that „an ever increasing number of people in Germany live exclusively from the printing press,“[9] the government decided in June that a tripling of the insurance benefits would be a „better business“ than the doubling proposed by the Reichstag, provided that the Reichstag, refrained from a further increase in July and accepted a quadrupling of the contributions as of October 1. In August, a system of indexation was introduced, but renewed efforts to divide the costs between the insurance bodies and the municipalities were useless because the former were inhibited by their capital coverage regulations while the latter had

[7] Report of the Staatliche Bayerische Wirtschaftsstelle in Berlin, July 8, 1922 and subsequent reports, Bayerisches Hauptstaatsarchiv München, MA Nr. 104017.

[8] See the important analyses by Ernst Günther, *Die Tarife in der deutschen Sozialversicherung*, in: *Schmollers Jahrbuch für Gesetzgebung, Verwaltung und Volkswirtschaft im deutschen Reiche*, vol. 45 (1921), pp. 1067—1109, and *Die Anpassung der Sozialversicherung an die Geldentwertung und Lohnsteigerung*, in: *Jahrbücher für Nationalökonomie und Statistik*, vol. 121 (1923), pp. 1—54.

[9] Report by v. Rohmer, June 29, 1923 and subsequent reports, Bayerisches Hauptstaatsarchiv München, MA Nr. 104017.

already reached the state of bankruptcy toward which the insurance bodies themselves seemed to be heading. Ultimately, the government decided that it had to leave the care of the socially insured to the insurance bodies even if this meant higher contributions, severely reduced services and release from the restrictions on the use of their capital resources. The situation was well characterized by one of the leading experts and commentators on the social insurance system, Dr. Ernst Günther: „The provisions made in the past were pointless; provisions made for the future are at present just as pointless; our age is left completely to itself alone and can in the present only care for the present."[10]

There was as much reality as there was pathos behind this statement, and this becomes most apparent when one considers the evaporation of much of the capital invested by the social insurance system. What, after all, is *mündelsicher* in a hyperinflation? The dangers faced by the social insurance bodies with respect to their capital certainly did not go entirely unnoticed by 1922. Thus, in December 1922, one of the leading white collar unions, the Deutschnationale Handlungsgehilfenverband wrote to the Reich Insurance Board for Salaried Employees (R. f. A.) proposing radical changes in the regulations governing the capital of the fund so that only 1/12 instead of 1/4 of the fund's money had to be invested in government bonds and so that it could invest in real values previously not allowed by the regulations. The union insisted that „The employed will unquestionably insist in the light of the present high contributions that the savings which they are making through the contributions to the R. f. A. should be as much invested in real values *(wertbeständig)* as possible. Otherwise, the R. f. A. will become an institution for the compulsory confiscation of employee salaries. It is an impossibility that only the workers should bear the depreciation of the currency through the emergency premiums which they set aside for their old age in case of invalidity while other social groups understand how escape from the inflation. The first principle of the R. f. A. must be to take care that the insured do not suffer any loss of their wealth."[11]

This, of course, was easier said than done, and while the government relaxed its regulations in 1923 and urged the insurance bodies to valo-

[10] E. Günther, *Die Anpassung*... [see note 8], in: *Jahrbücher für Nationalökonomie und Statistik*, vol. 121 (1923), p. 4.

[11] Letter of Dec. 6, 1922, Bundesarchiv Koblenz, R 112, Nr. 61, Bl. 18. See also Bl. 19ff.

rize their investments — or what was left of them — not all of them acted with sufficient alacrity. Thus, when the Association of German Occupational Organizations reproached the Labor Ministry in October 1923 for allowing many of its members to go bankrupt, the Ministry responded with great irritation, pointing out that the regulations had been relaxed throughout the course of the year and that it could not understand why some insurance bodies had taken advantage of this fact while others were still holding large quantities of worthless government and municipal bonds. The Ministry's irritation was all the greater because it had paid most of the Accident Insurance benefits for the year while the insurance funds had only to pay their staffs, staffs which the ministry viewed as bloated.[12]

If one examines the aggregate effects of the hyperinflation, however, then it is clear that the relaxation of the investment regulations came too late for most of the insurance funds. As the table shows, when compared with 1913/14, the assets of the various German insurance funds in 1924 bear clear evidence of the devastation produced by the hyperinflation. The one notable exception was the Salaried Employees Insurance Fund, whose lonely success is to be explained by its recent vintage and the fact that it was not obligated to begin paying pensions until 1923 as well as by its apparent speedy response to the possibilities for valorizing its assets.[13]

The same table, however, also demonstrates that the long run consequences of the inflation for the German social insurance system were not what many contemporaries thought they were or should have been, namely, the destruction of the entire system and the return to older forms of welfare and poor relief. While 1924 was a tough year for the system, filled with personnel reductions, increased contributions and reduced benefits, the years 1925—1929 were years not only of apparent recovery but even of expansion both in terms of the improvement of the benefits provided by the old forms of social insurance and the creation of an unemployment insurance system in 1927. How is one to

[12] Verband der deutschen Berufsgenossenschaften an den Herrn Reichsarbeitsminister, Oct. 24, 1923 and response by Dr. Geib of Nov. 24, 1923, Bundesarchiv Koblenz, R 431/2093, Bl. 250—251, 257—258.

[13] For a discussion of the problems of the system from 1913 to 1933 see Dobbernack, *Entwicklung und Stand der Sozialversicherungsfinanzen unter besonderer Berücksichtigung der Rentenversicherungen,* in: *Reichsarbeitsblatt,* IV, Nr. 15, (1933), pp. 254—266.

explain this? Did the virtual destruction of assets mean nothing at all? The blossoming of the social insurance system in 1925—1929 must be explained, first of all, by the deep commitment of the Labor Ministry and its leaders to the perpetuation of the system in the face of strong opposition from the Economics Ministry and the employers either to its expansion or to its very existence on the grounds that Germany was too impoverished to afford it.[14] This victory of the proponents of the system, however, could only be won at the expense of a radical change in the funding of the system, namely, the abandonment of the old capital coverage procedures and qualifying procedures upon which the invalid and old age insurance had been founded in favor of the cost-coverage system employed in the sickness and accident insurance funds and also used in the unemployment insurance system.[15] In this way, it was possible to contain the increase in contributions that the new benefits and even the continuation of the old benefits would have required.

The long term consequences of the inflation for the social insurance system, therefore, only truly made themselves felt in the depression, as can be seen from the table. The loss of assets during the inflation and the vastly increased dependence upon contributions during the stabilization through the exclusive use of the cost-coverage procedures meant that the entire system was extremely vulnerable to the effects of depression. Another long term consequence of the inflation had been to provoke a strong opposition to any increases in the „social burdens" once stabilization came, and the loss of contributions as a result of unemployment now made it possible for the opponents of the social insurance system to appear correct and to have their policies implemented in the social demontage conducted by Brüning and von Papen. Perhaps this serves to give added weight to the argument made by Professor Knut Borchardt recently that Weimar could afford neither her wage bills nor her social policy and that labor's victories were

[14] For the Labor Ministry position, see the important articles by Ministerialdirektor Griesser of the Labor Ministry in *Reichsarbeitsblatt* (1924), nichtamtlicher Teil, pp. 182—184 and 412—413 as well as the correspondence and debate between the Labor and Economics Ministries in 1925 in Bundesarchiv R 431/2088 and position statements by such leading industrialists as August Thyssen.

[15] Dobbernack, *Entwicklung und Stand...*, in: *Reichsarbeitsblatt*, IV, Nr. 15 (1933), p. 260.

abortive.[16] The ultimate answer to this question, of course, depends upon that careful examination of the management of the economy by Germany's private and public economic leadership that remains to be undertaken.

[16] Knut Borchardt, *Zwangslagen und Handlungsspielräume in der großen Wirtschaftskrise der frühen dreißiger Jahre. Zur Revision des überlieferten Geschichtsbildes*, in: *Jahrbuch 1979 der Bayerischen Akademie der Wissenschaften*, (1979), pp. 1—47.

TABLE

The German Social Insurance System, 1913—1932
(excluding Unemployment Insurance)

Year	No. of Insured (in millions)	Regular Income: Contributions	Regular Income: Reich Funds	Regular Income: Interest, etc.	Regular Income: Total	Regular Expenditures: Payments	Regular Expenditures: Administrative Costs	Regular Expenditures: Total	Surplus or Deficit	Assets (end of year)	No. of Pensioners year)
				HEALTH INSURANCE (including miner and other funds)							
1914	16.9	595.9	—	75.0	670.9	506.1	52.5	569.2	+101.7	430.0	
1924	19.1	1097.8	10.0	22.1	1129.9	924.9	76.7	1014.7	+115.2	230.0	
1925	20.1	1419.6	25.0	32.3	1476.9	1276.8	97.0	1388.5	+ 88.4	380.0	
1926	20.3	1537.2	23.6	27.7	1588.5	1340.0	105.1	1461.3	+127.2	510.9	
1927	21.2	1780.3	26.5	35.5	1842.3	1604.0	118.4	1738.8	+103.5	619.7	
1928	22.0	2074.3	29.0	41.4	2144.7	1892.9	141.8	2051.2	+ 93.5	721.3	
1929	22.4	2241.2	27.0	54.1	2322.4	2049.9	151.1	2219.3	+103.1	822.6	
1930	21.9	2060.2	21.0	58.7	2139.9	1834.1	162.3	2010.0	+103.1	822.6	
1931	20.6	1548.3	2.7	59.6	1610.6	1493.1	158.6	1666.4	- 55.8	881.5	
1932	18.7	1195.0	.8	44.2	1240.0	1060.8	140.0	1210.0	+ 30.0	900.0	
				ACCIDENT INSURANCE							
1913	25.0	194.7	—	34.6	229.3	179.4*	26.6	226.8	+ 2.5	597.9	1,096,268
1924	22.0	203.7	—	24.0	227.7	111.6	28.8	143.5	+ 84.2	156.5	—
1925	23.0	240.2	—	26.7	266.9	178.9	34.8	223.8	+ 43.1	183.8	823,326
1926	21.4	323.0	—	37.8	360.8	268.8	39.6	321.6	+ 39.2	247.1	885,088
1927	22.8	355.7	—	16.9	372.6	288.2*	43.8**	337.2	+ 35.4	278.4	916,127
1928	23.3	377.4	—	18.5	395.9	321.8*	51.2**	377.5	+ 18.4	296.8	977,696
1929	24.0	406.3	—	23.6	429.9	349.8*	55,4**	410.7	+ 19.2	314.7	1,025,392
1930	24.2	404.3	—	19.0	423.3	364.8*	58.4**	429.1	- 5.8	308.9	1,053,333
1931	23.1	370.0	—	19.1	389.1	357.6*	54.4**	420.1	- 31.0	277.1	1,046,398
1932	20.8	270.0	—	25.0	295.0	281.4*	44.5**	332.4	- 37.4	240.0	app. 670,000

* Including accident prevention.

** Includ[illegible]

TABLE (*Continuation*)

The German Social Insurance System, 1913—1932
(excluding Unemployment Insurance)

Year	No. of Insured (in millions)	Regular Income: Contributions	Regular Income: Reich Funds	Regular Income: Interest, etc.	Regular Income: Total	Regular Expenditures: Payments	Regular Expenditures: Administrative Costs	Regular Expenditures: Total	Surplus or Deficit	Assets (end of year)	No. of Pensioners year)
OLD AGE AND INVALID INSURANCE											
1918	18.1	290.0	58.5	70.8	419.3	218.3	24.4	243.0	+176.3	2105.5	1,174,221
1924	17.0	362.5	95.6	13.4	471.5	371.1	24.2	395.8	+ 75.7	329.6	2,797,482
1925	17.5	548.9	161.5	18.3	728.7	588.9	33.0	627.3	+101.4	430.9	3,020,443
1926	18.0	659.6	184.5	115.9	960.0	759.9	37.6	802.4	+157.6	588.5	2,848,178
1927	18.0	875.2	210.6	125.3	1211.1	872.4	43.4	917.9	+293.2	881.7	2,972,198
1928	18.0	1075.8	320.3	126.0	1522.1	1070.1	52.2	1126.2	+395.9	1277.6	3,096,598
1929	18.0	1092.0	433.4	103.4	1628.7	1260.0	55.0	1324.3	+304.4	1582.1	3,273,909
1930	18.0	986.3	445.4	98.3	1530.0	1409.4	61.9	1475.4	+ 54.6	1636.7	3,520,208
1931	18.0	819.2	417.4	98.5	1335.1	1449.1	65.1	1520.6	- 185.5	1451.2	3,544,173
1932	18.0	642.2	386.3	75.4	1103.9	1213.1	57.0	1287.9	- 184.0	1267.2	3,257,283
WHITE COLLAR EMPLOYEES INSURANCE											
1913	1.7	138.1	—	3.6	141.7	11.3	2.9	14.7	+127.0	137.1	—
1924	2.0	125.6	—	16.8	142.4	22.9	6.1	29.2	+113.2	177.7	66,312
1925	2.8	185.8	—	25.1	210.9	56.7	7.9	66.5	+144.4	328.9	88,022
1926	2.8	245.8	—	41.5	287.3	71.4	8.5	79.9	+207.4	533.1	106,416
1927	3.1	280.9	—	59.7	340.6	128.6	9.6	141.0	+199.6	732.7	127,741
1928	3.3	317.2	—	89.3	406.5	124.0	11.3	138.2	+268.3	1000.6	149,646
1929	3.4	372.4	—	124.5	495.9	168.8	12.1	186.2	+309.7	1310.3	187,817
1930	3.5	385.2	—	162.6	547.8	210.7	12.9	224.8	+323.0	1633.3	226,285
1931	3.1	343.5	—	179.6	523.1	249.3	13.7	263.1	+260.0	1893.3	268,145
1932	3.0	287.7	—	158.7	446.4	251.5	12.0	263.6	+182.8	2076.1	291,164

TABLE (*Continuation*)

The German Social Insurance System, 1913—1932
(excluding Unemployment Insurance)

Year	No. of Insured (in millions)	Regular Income: Contributions	Regular Income: Reich Funds	Regular Income: Interest, etc.	Regular Income: Total	Regular Expenditures: Payments	Regular Expenditures: Administrative Costs	Regular Expenditures: Total	Surplus or Deficit	Assets (end of year)	No. of Pensioners year)
					MINERS' INVALID AND OLD AGE INSURANCE						
1913	0.4	77.1	—	15.4	92.5	43.9	2.3	46.8	+ 45.7	app. 37.0	—
1924	0.8	147.0	—	4.2	151.2	75.6	4.9	81.6	+ 69.7	68.4	308,076
1925	0.7	155.4	—	7.3	162.7	133.0	8.1	141.7	+ 21.0	85.2	347,112
1926	0.8	167.5	—	5.5	173,0	172.2	7.8	180.2	- 7.2	80.2	330,025
1927	0.8	217.9	—	5.6	223.5	207.7	8.3	217.3	+ 6.2	92.2	349,519
1928	0.8	222.1	—	8.3	230.4	216.6	9.3	226.8	+ 3.6	95.7	363,386
1929	0.8	192.3	56.3	13.4	262.0	221.5	9.5	231.9	+ 30.1	182.6	367,136
1930	0.6	151.5	29.3	21.3	202.1	229.5	9.6	240.4	- 38.3	144.3	381,832
1931	0.5	120.7	66.6	14.6	201.9	211.9	9.9	225.9	- 24.0	120.3	398,102
1932	0.5	93.0	90.6	13.3	196.9	185.2	8.3	197.1	- 0.2	120.2	412,864
					ALL SOCIAL INSURANCE (except unemployment insurance)						
1913	—	1295.8	58.5	199.4	1553.7	959.0	108.7	1100.5	+453.2	3640.5	2,400,000
1924	—	1936.6	105.6	80.5	2112.7	1506.1	140.7	1664.8	+457.9	1012.2	3,900,000
1925	—	2549.9	186.5	109.7	2846.1	2243.3	180.8	2447.8	+398.3	1408.8	4,278,903
1926	—	2933.1	208.1	228.4	3369.6	2612.3	198.6	2845.4	+524.2	1959.8	4,169,707
1927	—	3510.0	237.1	243.0	3990.1	3100.9	223.5	3352.2	+637.9	2604.7	4,365,585
1928	—	4066.8	349.3	283.5	4699.6	3625.4	265.8	3919.9	+779.7	3392.0	4,587,326
1929	—	4304.2	516.7	318.0	4304.2	4050.9	283.1	4372.4	+766.3	4212.3	4,854,155
1930	—	3987.5	495.7	359.9	4843.1	4048.5	305.1	4379.7	+463.4	4675.7	5,181,658
1931	—	3151.7	486.7	371.4	4059.8	3761.0	301.7	4096.1	- 36.3	4623.4	5,256,817
1932	—	2487.9	477.7	316.6	3282.2	2992.0	261.8	3291.0	- 8.8	4603.5	4,631,311

Source: Dobbernack, *Entwicklung und Stand der Sozialversicherungsfinanzen unter besonderer Berücksichtigung der Rentenversiche-* [illegible]

Summary

This paper seeks to sketch the short run and long run consequences of the inflation for the German social insurance system. The complex and relatively well developed social insurance system was based on two types of funding procedures, the cost-averaging method used primarily for sickness and accident insurance and the capital coverage method employed in old age and survivor insurance. The former was designed to use contributions to pay immediate benefits, while the latter provided benefits based upon the return from the investment of contributions and thus required that the beneficiary qualify by making contributions over a substantial period of time. The inflation reduced the real value of benefits and ultimately destroyed the value of the investments made by the social insurance system — usually government bonds. The government sought to supplement benefits, but ultimately lost the battle, and it failed to relax the system's restrictions on investments in time to permit a switch to more promising assets. Despite these disastrous developments, the system was reconstructed and even expanded in 1924—1929. It proved possible to do so by abandoning the old capital coverage and qualifying procedures and using the cost-coverage system for invalid and old age insurance. Only with the coming of the depression and Weimar's fiscal crisis, did the inability to cover the costs of social insurance by contributions become evident and did the consequences of the destruction of assets during the inflation become evident.

VIERTER TEIL

PART FOUR

Binnen- und Außenwirtschaftsprogramme in Anpassung an die Inflation

Economic Programs and Adaptation to Inflation

The Insider as Outsider: Rudolf Wissell's Critique of Social Democratic Economic Policies, 1919 to 1920*

DAVID E. BARCLAY

On 12 July 1919 the Social Democrat Rudolf Wissell submitted his resignation as Reich Economics Minister.[1] His departure from office, accompanied by that of Under State Secretary Wichard von Moellendorff, spelled the end of a bold five-month effort by the Economics Ministry to introduce in Germany a full-scale system of macroeconomic planning based on an elaborate structure of „industrial self-government." The Wissell-Moellendorff proposals had been presented to the cabinet in early May 1919 and had been leaked to the press in June. They had encountered vigorous opposition at almost every turn: from commercial interests, from the German Democratic Party (DDP), and, most notably, from significant elements within the Social Democratic Party itself. When Wissell's economic ideas had been formally presented to the cabinet for discussion on 7 July 1919, they had been decisively rejected; indeed, only Wissell himself had voted for them. Throughout the debate, one of Wissell's sharpest critics had been his old SPD comrade Robert Schmidt, who had been serving as Reich Food Minister and as Prussian Food Commissar. Schmidt's designation as Economics Minister to replace Wissell thus served notice that the

* The original version of this paper was prepared for the workshop on „Inflation and Reconstruction in Germany and Europe, 1914—1924" at the University of California, Berkeley, in July-August 1982. I should like to thank the workshop's participants for their helpful comments and suggestions.

[1] Rudolf Wissell to Friedrich Ebert, 12 July 1919, Bundesarchiv Koblenz (hereafter: BA), Nachlaß (hereafter: NL) Rudolf Wissell, III/20/2851—2855.

former Minister's organizational plans had been utterly repudiated by his fellow Social Democrats. As if to underscore this, in that same month the SPD's *Vorstand* published a broadside entitled *Sozialismus und Planwirtschaft* which scathingly dismissed the Wissell-Moellendorff plans as a „perpetuation of capitalism" that had nothing to do with preparing the way for socialism.[2] Wissell's political isolation thus seemed complete, while his ideas had seemingly been consigned to the dustbin of history.

These events have been frequently analyzed in recent years, and they do not require detailed retelling here.[3] Historians have on the whole

[2] See the text of the broadside in Rudolf Wissell, *Praktische Wirtschaftspolitik. Unterlagen zur Beurteilung einer fünfmonatlichen Wirtschaftsführung*, Berlin 1919, pp. 135—137.

[3] Among many titles, see Fritz Redlich, *German Economic Planning for War and Peace*, in: *Review of Politics*, 6 (1944), pp. 315—335; Ralph H. Bowen, *German Theories of the Corporative State: With Special Reference to the Period 1870—1919*, New York 1947, pp. 160—209; Klemens von Klemperer, *Germany's New Conservatism: Its History and Dilemma in the Twentieth Century*, Princeton 1957, pp. 83—88; Hans Schieck, *Der Kampf um die deutsche Wirtschaftspolitik nach dem Novemberumsturz 1918*, Phil. Diss., Heidelberg 1958; Kurt Trüschler, *Die Sozialisierungspolitik in der Weimarer Republik 1918—1920*, Phil. Diss., Marburg 1968; Dieter Schmid, *Wichard von Moellendorff. Ein Beitrag zur Idee der wirtschaftlichen Selbstverwaltung*, Phil. Diss., FU Berlin 1970; Michael William Honhart, *The Incomplete Revolution: The Social Democrats' Failure to Transform the German Economy, 1918—1920*, Diss., Duke University 1972; Eckhard Biechele, *Der Kampf um die Gemeinwirtschaftskonzeption des Reichswirtschaftsministeriums im Jahre 1919. Eine Studie zur Wirtschaftspolitik unter Reichswirtschaftsminister Rudolf Wissell in der Frühphase der Weimarer Republik*, Rer. pol. Diss., FU Berlin 1973; Richard Breitman, *German Socialism and Weimar Democracy*, Chapel Hill 1981, pp. 59—64; David E. Barclay, *A Prussian Socialism? Wichard von Moellendorff and the Dilemmas of Economic Planning in Germany, 1918—19*, in: *Central European History*, 11 (1978), no. 1, pp. 50—82; David E. Barclay, *Rudolf Wissell, Planwirtschaft and the Free Trade Unions, 1919—1923. Some Tentative Observations*, in: Otto Büsch/Gerald D. Feldman (eds.), *Historische Prozesse der deutschen Inflation 1914 bis 1924. Ein Tagungsbericht* (= Einzelveröffentlichungen der Historischen Kommission zu Berlin, vol. 21), Berlin 1978, pp. 295—309; David E. Barclay, *Rudolf Wissell als Sozialpolitiker 1890—1933* (= Einzelveröffentlichungen der Historischen Kommission zu Berlin, vol. 44), Berlin 1984, chapter three; Hans Gotthard Ehlert, *Die wirtschaftliche Zentralbehörde des Deutschen Reiches 1914 bis 1919. Das Problem der „Gemeinwirtschaft" in Krieg und Frieden* (= Beiträge zur Wirtschafts- und Sozialgeschichte, vol. 19), Wiesbaden 1982, esp. pp. 225—387; William Carl Mathews, *The German Social Democrats and the Inflation: Food, Foreign Trade, and the Politics of Stabilization 1914—1920*, Diss., University of California, Riverside, 1982, esp. chaps. 7—9. The most up-to-date and thoughtful treatment of the Wissell-Moellendorff program in the context of the entire

continued to regard Wissell and Moellendorff as interesting but politically somewhat tangential mavericks; most agree that the Wissell-Moellendorff program was too complex, too utopian, and too inattentive to pressing political realities to have served as a practicable alternative to the desultory, *ad hoc* economic policies that were so often pursued after July 1919. Although I have suggested elsewhere that this line of interpretation should be modified, I shall not attempt to review these matters in any great detail here. Rather, this essay will focus primarily on Wissell as a critic of government policies, and perforce of the economic policy of Robert Schmidt and of the entire SPD, in 1919—20. I shall first consider the sources of the disagreement between the two men, who otherwise had remarkably similar backgrounds and experiences and who indeed had worked closely for many years. Then I shall assess the nature, character, and significance of Wissell's critique of Schmidt's economic policies, and I shall attempt to reach some conclusions about the extent to which they were or were not appropriate or justified. I hope that these remarks can contribute to a reconsideration of two frequently-discussed problems in the history of Social Democracy during the inflation era and thereafter: the alleged *Konzeptionslosigkeit* of Social Democratic economic policy, and the problem of historical alternatives to policies actually pursued and to decisions actually taken (or not taken).

I

Failure of the Wissell-Moellendorff Experiment, February to July 1919

Before 1919 Robert Schmidt and Rudolf Wissell had both pursued remarkably similar careers. Born in 1864, Schmidt was five years older

post-World War I „socialization“ discussion in Germany can be found in Klaus Novy, *Strategien der Sozialisierung. Die Diskussion der Wirtschaftsreform in der Weimarer Republik*, Frankfurt/Main-New York 1978, pp. 136—138 and *passim.* For an analysis that deals with the actual course of state economic policy between 1918 and 1923, see the suggestive article by Peter-Christian Witt, *Staatliche Wirtschaftspolitik in Deutschland 1918 bis 1923: Entwicklung und Zerstörung einer modernen wirtschaftspolitischen Strategie*, in: Gerald D. Feldman/Carl-Ludwig Holtfrerich/Gerhard A. Ritter/Peter-Christian Witt (eds.), *Die deutsche Inflation. Eine Zwischenbilanz/The German Inflation Reconsidered. A Preliminary Balance* (= Veröffentlichungen der Historischen Kommission zu Berlin, vol. 54. Beiträge zu Inflation und Wiederaufbau in Deutschland und Europa 1914—1924, vol. 1), Berlin-New York 1982, pp. 151—179.

than Wissell. Trained as a piano maker, he had been active since the early 1890s as a Social Democratic journalist and parliamentarian. In 1903 he had become First Secretary of the Central Workers' Secretariat in Berlin, a post he held until 1910, when he became head of the Social Policy Bureau of the General Commission of the Free Trade Unions. At the end of the First World War he had begun to familiarize himself with matters of food and nutrition policy in the War Food Office. Accordingly, in February 1919 he became Reich Minister for Food and Agriculture.[4] Wissell was a metalworker who in the 1890s had become active in Social Democratic and trade union affairs in Kiel; after serving as Workers' Secretary in Lübeck, he was called to Berlin in 1908 to work with Schmidt as Second Secretary in the Central Workers' Secretariat. In 1910 he became First Secretary, a position he held until 1918. In December of the latter year he became a member of the *Rat der Volksbeauftragten,* and in February 1919 he was designated Reich Economics Minister.[5] Wissell and Schmidt had thus known each other for years, and although their individual temperaments were rather different, there was nothing before early 1919 to suggest that they had ever disagreed significantly on any major issue.

Differences did emerge in 1919 as a consequence of Wissell's close cooperation with Wichard von Moellendorff, the conservative and technocratically inclined Under State Secretary at the Economics Ministry who had played a major role in the evolution of the war economy. Although there can be no question that Moellendorff was indeed the creative force behind the Economics Ministry's drive to restructure the postwar German economy on the basis of *gemeinwirtschaftlich* ideas, it would be simplistic to regard Wissell simply as the pliant instrument of Moellendorff's will. Driven by a reformist and refreshingly undogmatic vision of socialism based on the principle of a „planned and socially controlled economy,“[6] Wissell was convinced that the circumstances of 1919 required some sort of economic action program that would at

[4] For biographical information on Schmidt, see Paul Umbreit, *Robert Schmidt,* in: Ludwig Heyde et al. (eds.), *Internationales Handwörterbuch des Gewerkschaftswesens,* 2 vols., Berlin 1931—1932, vol. 2, pp. 1405—1406.

[5] For biographical information on Wissell, see Otto Bach (ed.), *Rudolf Wissell. Ein Leben für soziale Gerechtigkeit,* 2nd ed., Berlin-Grunewald 1959, and D. E. Barclay, *Rudolf Wissell als Sozialpolitiker...* [see note 3].

[6] Rudolf Wissell, *Kritik und Aufbau. Ein Beitrag zur Wirtschaftspolitik der letzten zwei Jahre,* Berlin-Fichtenau 1921, p. 90.

once avoid the risk of economic collapse and break with the economic practices of the past. Moellendorff's ideas thus seemed particularly appealing to him: they held out the promise of conflict resolution through parity representation of group interests in a highly complex and quasi-corporatist structure of regional and branch-based „councils". The capstone of this gigantic edifice would be a Reich Economic Council. Although this system would not at first displace established property relationships in industry, it would, Wissell and Moellendorff hoped, represent a major step on the road to a more genuine „socialization" of the economy than the outright nationalization of specific firms or industries. Thus the disruptive effects of nationalization and expropriation would be avoided, while the entire structure of economic decision-making would be reorganized in a systematic, planned, and consistent way. Moreover, though this system was rooted in the experiences of the war economy, its authors contended that it would be based on genuine group autonomy and *Selbstverwaltung* and so eschew the inefficient system of bureaucratic regulation that had characterized the war economy: it would, they said, be a *Gemeinwirtschaft* and not a *Zwangswirtschaft.*[7] It would also, at least at first, be a collective economy that would have to be based on a spirit of mutual sacrifice and renunciation. Among other things, Germans would have to concentrate on the tasks of restoring production at home; sharp restrictions on unnecessary consumption and unnecessary imports should be encouraged, which in turn would require for the foreseeable future the maintenance of careful import-export controls. In the spring of 1919 the Economics Ministry attempted in a piecemeal and rather roundabout way to put some of these notions into practice: „socialization" laws in March and April 1919 attempted to reorganize the coal and potash industries along some of the lines that Moellendorff had been proposing for months; the Ministry suggested that branch-based Export Control Bureaus *(fachlich gegliederte Außenhandelsstellen)* be established on a parity-representation basis to decentralize the authority of the Reich Commissar for Imports and Exports; and in April and May plans were initiated for the creation of a „self-governing body" *(Selbstverwaltungskörper)* in the paper industry.[8] But these plans were greeted with considerable skepticism in a number of quarters. The advocates of

[7] For example, see Moellendorff's manuscript „Vom Verhältnis der Wirtschaft zur Verfassung," February 1919, BA, NL Wichard von Moellendorff, no. 86.

[8] D. E. Barclay, *A Prussian Socialism?...* [see note 3], pp. 65—69.

economic liberalism and of a return to the fundamentals of free trade in the Scheidemann cabinet, most notably Reich Treasury Minister Georg Gothein, were particularly appalled at the Economics Ministry's activities; but Wissell's own comrades in the SPD and the Free Trade Unions also gave his ideas a rather icy reception. The results of this discussion are well known. Wissell and especially Moellendorff were singularly inept political tacticians. In May 1919 the Economics Ministry produced a detailed memorandum along with an eight-point action program. These in turn elicited detailed criticism from Gothein and Schmidt; and within two months, after a thorough public airing of the whole matter, Wissell and Moellendorff stepped down.[9]

The two men responded to their defeat in rather different ways. Moellendorff was a man who had an impatient, even authoritarian streak, and he had long been inclined to construct grandiose and usually highly abstract models of an ideal German society; but in the end he was more effective as a critic than as a builder. Hence he had always been impatient with day-to-day political work and the inevitable requirements of compromise in a parliamentary system. After his resignation his contempt for the exigencies of party politics and indeed for the business of politics as a whole reached new heights; thus he increasingly withdrew into sour isolation, occasionally firing bitter publicistic salvos at his enemies but making almost no real contributions to the resolution of Germany's economic and political problems.[10] Wissell, on the other hand, was very much a political animal, for all his tactical clumsiness; and in the months after July 1919 he devoted his considerable energies to a justification of his own conduct, pleading his case before the SPD National Assembly *Fraktion* and turning his publicistic talents to withering critiques of the allegedly „planless" state of the German economy. The major targets of his jeremiads were Robert Schmidt and Gustav Bauer.

[9] The texts of these documents can be found in Hagen Schulze (ed.), *Akten der Reichskanzlei, Weimarer Republik. Das Kabinett Scheidemann, 13. Februar bis 20. Juni 1919*, Boppard am Rhein 1971, pp. 268—303.

[10] For example, see D. Schmid, *Wichard von Moellendorff*... [see note 3], pp. 181—184. Moellendorff's impatience with party politics can be seen in a letter that he wrote shortly after his resignation: „From the outset I must say that I have come to doubt the suitability of political parties to sustain fruitful ideas. My hopes rest on temporarily apolitical constructs like the ‚*Arbeitsgemeinschaft*', which may be able to establish itself as an economic council against the so-called pure politicians; in my opinion all truly socialist forces should push forward in that direction." Moellendorff to Alma de l'Aigle,

II
The Wissell-Schmidt Controversy, May 1919 to October 1920

After his resignation in July 1919 Wissell directed the brunt of his criticism at Schmidt's alleged policy of *Fortwursteln*, his supposed unwillingness to commit himself to a systematic or coherent policy of economic planning. On the whole, most historians have tended to agree with Wissell that Schmidt's policies constituted a rather unimaginative, *ad hoc* approach to the country's assorted economic difficulties. Schmidt's own ideas about these difficulties were suggested early on, in his response as Food Minister to the Wissell-Moellendorff memorandum of May 1919. In this document Schmidt underscored the continued relevance of the SPD's Erfurt Program: „Socialism does not depend on the control of firms, as the [Economics Ministry's] memorandum repeatedly insists, but rather on the transformation of ownership from private property into social property.“ Accordingly, Schmidt contended, the Wissell-Moellendorff program had little to contribute either to the genuine socialization of the German economy or to the resolution of the country's immediate and pressing problems: „One can come much closer to the Erfurt Program of socialization if in some of those firms that are ripe for monopolies one proceeds to create such monopolies.“ He mentioned the possible creation of monopolies on spirits, petroleum, grain, and tobacco as well as the „communalization of those works that are important and of general utility to the municipalities.“[11]

More important, though, than his denunciation of Wissell's putative deviation from the principles of the Erfurt Program was Schmidt's skepticism regarding the *practical* significance of the Wissell-Moellendorff ideas. Schmidt argued that Wissell had quite simply been vague about this. As one writer put it at the time, Schmidt believed that the central problem facing the German economy was the restoration of the *„will to work“* and the *„desire to work.“*[12] Restoring these things

23 August 1919, BA, NL Moellendorff, no. 14. See also the letter from Wissell to Moellendorff of 17 August 1921, BA, NL Wissell, I/12/823—823a.

[11] „Denkschrift des Reichsernährungsministers zur Denkschrift des Reichswirtschaftsministeriums vom 7. Mai 1919,“ in: H. Schulze (ed.), ... *Das Kabinett Scheidemann*... [see note 9], pp. 295, 296.

[12] E. H. [Ernst Heilmann?], *Die Gegendenkschrift Robert Schmidts gegen Wissell*, in: *Die Glocke*, 5 (19 July 1919), no. 16, p. 483. Italics in original.

necessarily took precedence over long-range planning. The restoration of industrial productivity, based on a well-nourished working class, was the top priority. So in his counter-memorandum Schmidt emphasized the importance of maintaining acceptable levels of food production, the development of those branches of industry that were not heavily dependent on large quantities of raw materials imports, and an export offensive by those branches of industry: „The memorandum [of the Reich Economics Ministry] emphasizes the difficulties of reestablishing foreign ties. That is true, but at no time will it be so easy for us to reestablish those ties than during a period when an unfavorable currency situation gives us the possibility of competitive superiority on the world market. Thus our problem still remains the export of coal, products of the iron wares industry, machine construction, potash, products of the chemical industry, glass, porcelain, etc.; all of them products that depend not at all or only to a small extent on foreign raw materials."[13] Schmidt was thus highly critical of one of the most interesting parts of the Wissell-Moellendorff proposal, the suggested creation of a special *Reichsfonds* of around five billion marks to encourage weak industries and thus prime the economic pump. Schmidt believed that this would simply be superfluous and wasteful.[14]

These ideas, sketched when he was still Food Minister in the Scheidemann cabinet, were to form the essentials of Schmidt's program in the Bauer cabinet when he added the Economics Ministry portfolio to his other responsibilities. On 23 July 1919 Bauer described his cabinet's economic plans before the National Assembly. He announced his government's determination to eliminate the vestiges of unnecessary wartime regulation and suggested that the government intended, where appropriate, gradually to socialize those industries that were ripe for it.[15] Thus the groundwork had been prepared for what Michael Honhart has correctly called a policy of „piecemeal socialization."[16] Bauer and Schmidt were reluctant to engage in long-term economic planning until such time as food and productivity problems had been

[13] „Denkschrift des Reichsernährungsministers...", in: H. Schulze (ed.), ... *Das Kabinett Scheidemann*... [see note 9], p. 293.

[14] *Op. cit.*, pp. 293—294.

[15] Eduard Heilfron (ed.), *Die deutsche Nationalversammlung im Jahre 1919 in ihrer Arbeit für den Aufbau des neuen deutschen Volksstaates*, 9 vols., Berlin 1919—1920, vol. 7, pp. 48—68. See also H. Schieck, *Der Kampf*... [see note 3], pp. 256—261.

[16] M. W. Honhart, *The Incomplete Revolution*... [see note 3], p. 193.

resolved. „Socialization" was left very much on the back burner. A special Electricity Law in December 1919 provided for a government takeover of large power lines and a government share in large electrical works.[17] A rather confused and half-hearted attempt was undertaken to nationalize the Ilseder Hütte, an important source of iron ore, and in early 1920 an Iron Trades Federation *(Eisenwirtschaftsbund)* was established as a kind of „self-governing body" *à la* Wissell and Moellendorff for that industry.[18] But none of these projects could be regarded as the result of any systematic socialization policy. Schmidt's priorities lay elsewhere; and Rudolf Wissell vigorously denounced them.

The Bauer-Schmidt regime also seemed to give the appearance of zig-zagging on the question of the continued maintenance of economic controls. At first the government lifted the wartime *Devisenordnung* and relaxed certain import-export controls. But for a variety of reasons the government modified its policy on controls in late 1919.[19] The government had to step up regulation of the iron trades, as has already been noted; and at the end of 1919, given what Feldman has described as „enormous raw materials shortages, the hoarding of foreign exchange by exporters, increasing foreign threats of retaliation against German exchange dumping, and mounting criticism of German business for failing to keep contracts," a network of Export Control Bureaus *(Außenhandelsstellen)* was established that in many respects resembled the bodies that Wissell and Moellendorff had proposed.[20] And so, as Feldman has further observed, the Economics Ministry „thus found itself in the unenviable position of first abandoning the Wissell-Moellendorff program in July, only to resurrect some of its leading characteristics a few months later."[21] Small wonder, then, that Schmidt and Julius Hirsch (Moellendorff's successor) seemed to critics like Wissell to have abjured any long-term economic strategy; and indeed, the Schmidt-Hirsch team in the Economics Ministry did seem more interested in short-term economic management than in any sort of fundamental innovation or reorganization of the structures of the

[17] *Reichs-Gesetzblatt*, no. 5 (1920), pp. 19—26.

[18] M. W. Honhart, *The Incomplete Revolution*... [see note 3], pp. 194—204.

[19] Gerald D. Feldman, *Iron and Steel in the German Inflation 1916—1923*, Princeton 1977, pp. 130—140, 189—193. See also *Reichs-Gesetzblatt* (1919), pp. 2128—2129; *op. cit.*, (1920), pp. 500—504.

[20] G. D. Feldman, *Iron and Steel*... [see note 19], p. 190.

[21] *Op. cit.*, p. 113.

German economy. Schmidt himself admitted as much in a speech to a group of German wholesalers in October 1919. The situation, he asserted, was too volatile to permit any long-term planning strategies: „The international situation alone prohibits the drawing-up of a long-term plan ... Nothing else can be done but clearly to understand the foreign and domestic situations respectively and shape an economic plan accordingly, being ready to modify it as new factors arise. The hallmark of the present economic epoch is precisely this fluidity and insecurity."[22]

Rudolf Wissell was convinced that all this represented a recipe for disaster: and in the calamitous depreciation of the Mark in late 1919, the political catastrophes of early 1920, the Social Democrats' electoral setback in June 1920, and the SPD's subsequent withdrawal into opposition he saw a bleak confirmation of his own dire warnings and predictions. In his writings and speeches he continued indefatigably to assail his own party's performance, past and present, and he insisted that his prescriptions were the only correct ones for the party and the country. The result of his campaign was a sustained and often bitter debate between Wissell and Schmidt that reached a climax at the SPD congress in Kassel in October 1920.[23]

Wissell's critique of his comrades, and of Schmidt in particular, was often painfully smug and self-righteous. Moreover, it was usually conducted in bombastic tones and conceived as a justification of virtually everything that Wissell had done during his own tenure as Reich Economics Minister. Nevertheless, the Schmidt-Hirsch policies were indeed open to a number of legitimate criticisms, some of which Wissell articulated fairly clearly. His critique focused on several elements: 1) the „planlessness" of the German economy after July 1919; 2) dangerously loose exchange policies; 3) dangerously inconsistent policies on import-export controls; 4) an insufficient appreciation on Schmidt's

[22] *Rede des Reichswirtschaftsministers auf der Tagung des Zentralverbandes des Deutschen Großhandels in Hamburg (2. Oktober 1919)*, pp. 5—6, printed copy in BA, R 43 I/925, Bl. 45—49. See also M. W. Honhart, *The Incomplete Revolution* ... [see note 3], pp. 205—206. For a cogent analysis of the Schmidt-Hirsch policies, especially in the matter of controls, see the contribution by William Mathews to this volume.

[23] See the bitter exchanges between Wissell and Schmidt in their separate contributions to a special pamphlet concerning a possible revision of the SPD's party program: Rudolf Wissell, *Die nächste Wirtschaftspolitik*, in: *Das Programm der Sozialdemokratie. Vorschläge für seine Erneuerung*, Berlin 1920, esp. pp. 53, 56, and 67; Robert Schmidt, *Die Sozialisierung*, in: *Op. cit.*, esp. pp. 51 and 52.

part of stimulative devices such as the Wissell-Moellendorff *Reichsfonds* idea; 5) an attempt by the government to substitute „*Fiskalisierung*“ for a genuine „*Sozialisierung.*“ I shall deal in a summary fashion with each in turn.

1) Wissell emphasized in his writings again and again that Germans had to realize that the war had been lost, that they had to accommodate themselves to this dismal fact, and that as a result the country was quite simply poorer than before; as he said at the first congress of works councils in October 1920, „We have become poor in the most literal sense of the word.“[24] In numerous speeches and articles he loved to remind Germans that for the foreseeable future „*Schmalhans*“ had become „*Küchenmeister.*“[25] Accordingly, across-the-board sacrifices were essential if the German nation wished to recover. These sacrifices, Wissell contended, could only be undertaken in an equitable and timely fashion if unnecessary consumption were reduced and production of goods were maximized. But this could only be done in the context of an economic plan, and under present circumstances that in turn was only feasible in terms of the kind of planning that Moellendorff and he had suggested: „... we have to shape our work according to a plan to the greatest possible extent. It is no longer permissible for our economy to be characterized by the anarchic production of goods.“[26] Wissell went on to say that the „planless“ policies of Schmidt and Hirsch had opened the floodgates to speculators and individual profiteers. The „planlessness“ of the Economics Ministry under Schmidt and Hirsch thus paved the way for a reckless return to economic liberalism, Wissell asserted, and so the general needs of the community had been sacrificed.[27] What mattered in politics, he insisted, was not good will, but results. And as he exlaimed at the SPD congress in Kassel, these results had been minimal: „Individual decisions were taken without a firm program. There was no permanent goal that could be sustained through all of the

[24] Rudolf Wissell, *Die wirtschaftliche Lage Deutschlands*, in: *Protokoll der Verhandlungen des Ersten Reichskongresses der Betriebsräte Deutschlands. Abgehalten vom 5.—7. Oktober 1920 zu Berlin*, Berlin 1920, p. 95.

[25] *Op. cit.*, p. 99. Wissell seems to have been especially attached to this metaphor, which he used on numerous occasions.

[26] Rudolf Wissell, *Die Planwirtschaft. Vortrag von Rudolf Wissell, Staatsminister a. D., gehalten vor dem Arbeiterrat Groß-Hamburg am Sonntag, 11. Januar 1920 im Gewerkschaftshaus*, Hamburg 1920, p. 9.

[27] Rudolf Wissell, *Freies Spiel der Kräfte*, in: *Sozialistische Monatshefte*, 25 (20 October 1919), p. 962.

crosscurrents and the variegated circumstances of the day, and to which individual decisions would have to be subordinated. And so we ended up pursuing a zigzag course that is no different from that of the old regime (Very good!), ... What was missing was that bit of unitary direction that can convince the masses that the party knows what it wants... In the course of the year no one could know what steps the party would take. Its economic policy, which consistently showed itself capable only of arousing great expectations but which was never able to generate deeds, a policy which has contributed to the continuous rise in prices, this economic policy has cost us the confidence of the voters."[28] For all its lack of specificity and its rhetorical flamboyance, this passage illustrates one of Wissell's fundamental criticisms of Schmidt's economic policies: that „planlessness" — i. e., the relaxation of controls — shared much of the blame for the depreciation of the Mark in late 1919.

2) Wissell was convinced that the deterioration of the Mark's position in late 1919 was directly attributable to the loosening of controls, particularly the lifting of the old *Devisenordnung*. Basing his ideas on notions that he derived from Fritz Andreae, a former associate in the Economics Ministry and Walther Rathenau's brother-in-law, and Felix Deutsch, general director of the AEG, Wissell warned in a series of essays in late 1919 and early 1920 about the danger of a „sell-out" of the Mark.[29] Wissell was not naive enough to suggest that the elimination of controls was the sole reason for the decline of Germany's currency; but he certainly believed that the loosening of restrictions, supported by those who gained short-term profits from a *Revolutionskonjunktur*,

[28] R. Wissell, *Kritik und Aufbau*... [see note 6], p. 11. The entire speech was reprinted in this slender volume, which included a number of Wissell's reflections on Germany's economic situation up to late 1920. Less interesting as a commentary on the times, but far more interesting from a theoretical perspective, is Rudolf Wissell/Alfred Striemer, *Ohne Planwirtschaft kein Aufbau. Eine Aufklärungsschrift*, Stuttgart 1921.

[29] Fritz Andreae to Wissell, 19 September 1919, BA, NL Wissell, II/15/1051—1055; Felix Deutsch, *Deutschlands Ausverkauf*, in: *Vossische Zeitung*, 9 November 1919. See also Wissell's essays in late 1919 and early 1920: e. g., *Der Valutasturz*, in: *Bremer Volksblatt*, 27 September 1919; *Planmäßige Wirtschaft oder was sonst?*, in: *Die Neue Zeit*, 38 (3 October 1919), pt. 1, no. 1, pp. 1—5; *Lederwirtschaft*, in: *Sozialdemokratische Artikel-Korrespondenz*, 6 (4 October 1919), pp. 1—2; *Freies Spiel der Kräfte*, in: *Sozialistische Monatshefte*, 25 (20 October 1919), pp. 960—965; *Die nächsten Ziele*, in: *Heilbronner Sonntags-Zeitung*, 4 January 1920; *„Positive, planvolle, zielklare Wirtschaftspolitik"*, in: *Die Neue Zeit*, 38 (9 January 1920), pt. 1, no. 15, pp. 333—341.

accelerated the process. It took him a fairly long time, however, to develop a somewhat more sophisticated understanding of inflationary processes. Indeed, it was only in 1921 that he seems to have used the word „inflation“ for the first time. In 1921 his solution for the problem of Germany's inflation was threefold: a) a genuine balancing of the budget; b) a gradual elimination and consolidation of floating debts; c) a policy of currency stabilization through a drastic reduction of spending, a tax increase, and a compulsory loan.[30] But in 1921, as in 1919 and 1920, he continued to insist that the prerequisite for all of this was an improvement of Germany's trade and payments balances, „and that brings me once again to my old recommendation concerning a planned increase in the production of goods. Only the most extreme frugality, the limitation of imported wares on the one hand and the most intense production on the other are the means that alone can help us.“[31] Above all else, then, a dramatic increase in industrial production levels was necessary to rescue the Mark, he averred,[32] and this required stringent planning measures that included careful import-export controls. It should most certainly not take the form, Wissell warned in 1919—20, of a rise of domestic prices to world price levels. This could be at best a short-term and highly artificial solution which would end with a decline in Germany's temporary export advantage.[33] So in this respect too Wissell insisted that some kind of controlled economy would remain necessary for the foreseeable future, and his medium-range remedy was the usual: an economy „that with all available means aims to keep domestic prices low through an increase in production.“[34]

3) Wissell castigated Schmidt's import-export policies with extreme vehemence. He had always asserted that continued stringent controls

[30] R. Wissell, *Kritik und Aufbau*... [see note 6], pp. 52—53.

[31] *Op. cit.*, p. 53.

[32] He insisted that across-the-board price reductions could only take place within the context of increased production not only in industry but also in agriculture: Rudolf Wissell, *Zusammenschluß der Wirtschaft*, in: *Sozialistische Monatshefte*, 26 (16 August 1920), p. 635.

[33] See the two-part article written by Wissell which was published under various titles in a number of Social Democratic newspapers in late February and early March 1920: e. g., *Ungezügelte Profitjagd*, in: *Volkszeitung* (Mainz), 25/26 February 1920.

[34] *Ibid.*, 25 February 1920. There is in almost all of Wissell's writings, both before and after 1919—20, a strong tendency to emphasize the importance of increased industrial production as an important prerequisite to and concomitant of economic democratization: for example, see his important article *Lohnerhöhung oder Produktionssteigerung*, in: *Holzarbeiter-Zeitung*, 25 February 1922.

were necessary; ideally, these should be enforced not by the state but by Export Control Bureaus established on the basis of parity representation and *Selbstverwaltung.* The government's loosening of controls, Wissell argued, had resulted in a proliferation of unnecessary luxury goods at a time when economic frugality was essential and unavoidable.[35] It would be an exaggeration to say that Wissell called for a conscious and deliberate policy of autarky, but he did argue that imports should be limited to essentials. Effective Export Control Bureaus could strictly control export profits and make sure that they were diverted to socially useful purposes such as providing assistance for the needy or covering those „import obstacles" that had resulted from currency devaluation.[36] There would be leaks, he realized, and controls could not be uniformly enforced; he was aware, of course, of the „hole in the West" and the control problems that it posed. But he was convinced that something was better than nothing; and he saw in the reestablishment of controls after December 1919 a vindication of his own position.[37]

4) Wissell frequently defended the idea of a stimulative *Reichsfonds,* which Schmidt had criticized as unnecessary and discriminatory. Wissell himself had not come up with the *Reichsfonds* idea, as he readily admitted; Moellendorff had outlined this notion as early as the autumn of 1918. It was to be part of a whole series of mechanisms that Wissell and Moellendorff had proposed in conjunction with their larger, more abstract, and more complex plans for a structure of parity-based „self-governing" councils and similar bodies. (Some of the other mechanisms included plans for the Reich to acquire stock or capital shares in German industrial firms and a *Reichsvermögensbank* to help administer Reich properties or mixed enterprises.) Certain enterprises which were engaged in socially or economically useful activities, but which were having credit problems, could receive commissions from the fund. The whole thing would function as a kind of pump-primer to stimulate the

[35] R. Wissell, *Die Planwirtschaft*... [see note 26], p. 17, and idem, *Der Valutasturz*... [see note 29].

[36] R. Wissell, *„Positive, planvolle, zielklare Wirtschaftspolitik"*... [see note 29], p. 341. On the differences between Wissell and Schmidt in the matter of food imports, see the two *Denkschriften* of May 1919 as well as H. Schieck, *Der Kampf*... [see note 3], pp. 213—214, and Susanne Miller, *Die Bürde der Macht. Die deutsche Sozialdemokratie 1918—1920* (= Beiträge zur Geschichte des Parlamentarismus und der politischen Parteien, vol. 63), Düsseldorf 1978, p. 307.

[37] R. Wissell, *Kritik und Aufbau*... [see note 6], pp. 15, 38—41.

growth especially of export industries. Wissell accused Schmidt of being too absorbed in the short-term problems of the German economy and so of having overlooked the long-term benefits of the *Reichsfonds.*[38]

5) Wissell fired his most violent rhetorical salvos at the Bauer government's notions of „socialization." Schmidt and Bauer had both insisted that the proper path to socialization was to undertake the full socialization of those firms or branches of industry that were „ripe" for it. But Wissell contended that, radical though this might appear to be, it was really a formula for inaction and for at least a short-term acceptance of the *status quo* in industry. One consequence of this, he suggested, was that under Schmidt's direction the Economics Ministry had engaged in the mere *Fiskalisierung* of certain parts of the German economy, which it had then disengenuously tried to pass off as *Sozialisierung.* Simply transforming certain private enterprises into publicly-owned enterprises was insufficient, though its immediate economic consequences might well be beneficial. The Electricity Law of late 1919 and the attempts of the Reich to gain control of the Ilseder Hütte were, he said, examples of this.[39] But this would not significantly alter macroeconomic structures: „Whenever the state buys up a single enterprise, as was planned for example with the Ilseder Hütte, then the state merely joins the ranks of the factory owners."[40] There could be no substitute for macroeconomic reorganization, Wissell argued, and to assume otherwise was to ignore the central long-term task that faced Social Democracy.[41] It was, he said, impossible to build socialism at once. The calamitous state of the economy meant that immediate nationalization could be disastrous, especially if that entailed the exclu-

[38] *Op. cit.*, pp. 45—49. Moellendorff had already outlined his notions concerning a *Reichsfonds* in late 1918; see his „Denkschrift betreffend den Reichsfonds" (20 December 1918) and „Richtlinien für die Geschäftsgebarung der Reichs-Fonds-Stelle," both in BA, NL Moellendorff, no. 152. See also Peter-Christian Witt, *Bemerkungen zur Wirtschaftspolitik in der „Übergangswirtschaft" 1918/19. Zur Entwicklung von Konjunkturbeobachtung und Konjunktursteuerung in Deutschland,* in: Dirk Stegmann/Bernd-Jürgen Wendt/Peter-Christian Witt (eds.), *Industrielle Gesellschaft und politisches System. Beiträge zur politischen Sozialgeschichte. Fritz Fischer zum siebzigsten Geburtstag,* Bonn 1978, pp. 95—96.

[39] Rudolf Wissell, *Sozialisierung oder Fiskalisierung der Elektrizitätswirtschaft,* in: *Vorwärts,* 28 July 1919 (evening ed.); R. Wissell, *Kritik und Aufbau*... [see note 6], pp. 6—7.

[40] R. Wissell, *Die nächsten Ziele*... [see note 29].

[41] R. Wissell, *„Positive, planvolle, zielklare Wirtschaftspolitik"*... [see note 29], p. 336.

sion of capitalist managers; and like most other Social Democrats, he recognized that in any case the constellation of forces in the National Assembly ruled out such drastic policies. Rather, he believed that in his own *Planwirtschaft* he had identified a vehicle that could slowly prepare the ground for the ultimate emergence of socialism. Schmidt's policies, he insisted, did nothing of the sort. The working class itself was not yet ready for socialism.[42] It had to be prepared and educated, and one should begin this task forthwith; to resign oneself fatalistically, to wait for the great day, was foolish. Concrete measures had to be undertaken. In response to the claims of numerous critics from the SPD and USPD who asserted that the Wissell-Moellendorff program had nothing to do with socialism, Wissell tried to be disarming by agreeing with them. But first steps were essential. It was necessary for socialists to show that they were breaking with the „atomized" economy of the present. Everything was pointing toward higher forms of economic concentration and organization, and it was the duty of socialists to jump on that bandwagon in order to transform the existing system into a „useful preliminary stage of socialism."[43] On the basis of a *general* reorganization of the economy into self-governing bodies a grass-roots process of socioeconomic transformation would begin, but it would take some time before Germany would be ready for socialism: „The organization of the economy on the basis of planning, and the equitable participation of the workers in it, is thus the first goal that has to be attained."[44] But, Wissell contended, it was precisely this sort of goal that Schmidt had avoided.

Focusing on the five points that have just been described, Wissell maintained a steady drumbeat of criticism throughout 1919 and 1920, even after the withdrawal of the Social Democrats from the government. The climax of all this, as already noted, came at the Kassel congress in October, where in particularly pointed and vitriolic terms Wissell assailed his comrades' record of non-achievement. What had become of the aims that Bauer and Schmidt had enunciated in July 1919? „Nothing, nothing, and yet again nothing ... And how did it come to be that nothing happened? One stared as though hypnotized at the final goal without being able to get any closer to it and so let the

[42] Rudolf Wissell, *Die wirtschaftliche Entwicklung*, in: *Die Glocke*, 7 (12 September 1921), no. 24, pp. 658—659.

[43] R. Wissell, *Kritik und Aufbau*... [see note 6], p. 16.

[44] *Op. cit.*, p. 75.

whole vast realm of the economy become a playground for the wildest sort of speculation." As a result, Wissell proclaimed rather histrionically, the Social Democrats' record in 1919 and 1920 would be weighed in the balance of history and found wanting.[45]

III

Significance of the Wissell-Schmidt Debate

How serious and significant was Wissell's denunciation of Social Democratic economic policies after July 1919? It is well known that Wissell, through the vigor of his polemics, had climbed far out on a rather shaky limb. For all the sympathy that his ideas had evoked among many Social Democrats in 1919, he had become quite isolated by 1920. His own shrillness and self-righteousness had contributed a lot to this isolation. Schmidt and Bauer defended themselves vigorously and capably at the Kassel congress.[46] They asserted that Wissell had failed to understand basic problems of production, which in the context of 1919—20 had made long-term economic planning difficult if not impossible. Given the difficulties, Bauer contended, those governments in which Social Democrats had participated could point to genuine achievements. Wissell was merely obsessed with his own notions, Bauer hinted; he had become the „prophet and fanatic of an abstract idea" that had little to do with economic reality.[47] The party congress seemed to agree with him. It overwhelmingly supported a resolution that more or less sustained the Bauer-Schmidt policies.[48] Clearer evidence of Wissell's maverick position within the party could hardly be imagined.

Yet for all that there was a great deal about Wissell's critique that deserved to be taken seriously. Not only was there much to criticize in Social Democratic policies after July 1919 but there was also much to praise in Wissell's own notions. Many historians have emphasized

[45] *Op. cit.*, pp. 12, 13.

[46] See the description of the party congress in Heinrich Ströbel, *Die Sozialisierung. Ihre Wege und Voraussetzungen*, Berlin 1921, pp. 141—143.

[47] *Protokoll über die Verhandlungen des Parteitages der Sozialdemokratischen Partei Deutschlands abgehalten in Kassel vom 10. bis 16. Oktober 1920*, Berlin 1920, pp. 142—143, 152—159.

[48] *Op. cit.*, pp. 316—328. For a more thorough discussion of all this, see M. W. Honhart, *The Incomplete Revolution*... [see note 3], pp. 225—229, and D. E. Barclay, *Rudolf Wissell als Sozialpolitiker*... [see note 3], chapter four.

Schmidt's unimaginativeness and conventionality. William Mathews's recent work suggests that this picture is overdrawn, and certainly his analysis presents us with a much more differentiated, sympathetic, and less one-sided picture of Schmidt and his policies.[49] But even if there was more consistency and a clearer vision behind Schmidt's actions than has sometimes been thought (especially in the crucial area of food policy), I am still inclined to think that the *essence*, if not always the particulars, of Wissell's critique was justified.

This is not to overlook the weaknesses of that critique. Quite apart from its unnecessarily shrill and *ad hominem* character, it had a number of flaws. For one thing, Wissell's assessment of the causes and nature of inflation was always quite vague, and he never had a very clear understanding of financial and monetary matters.[50] Thus his analysis of the reasons for the Mark's depreciation is rather murky and sometimes contradictory, while at the same time it was not always clear how his proposed import-export policies, which were linked to his assessment of the condition of the country's currency, would actually work in practice. This in fact had been a weakness of his ideas all along, a weakness to which Moellendorff had contributed immensely: their proposals had always been too abstract and inattentive to basic political realities, especially the reality of divergent and conflicting group interests in Germany. Given these interests, how could group conflict successfully be resolved within the context of Wissell's quasi-corporatist system in such a way that these groups could still work together for the common good? Certainly on this level Schmidt had a clearer sense of at least short-term political reality, of what was or was not possible, than did

[49] For example, see his dissertation, *The German Social Democrats and the Inflation*... [see note 3], as well as his contribution to this volume. Gerald Feldman has also recently directed the attention of historians to the policies of Julius Hirsch, who from 1919 to 1922 „was probably the nation's most active economic policy maker." Feldman describes him as „a complicated but extremely important person who ended up supporting and implementing proposals associated with the so-called *Gemeinwirtschaftsprogramm*," even as he was „a good deal less irritating and certainly politically more effective" than Moellendorff. Gerald D. Feldman, *The Political Economy of Germany's Relative Stabilization during the 1920/21 World Depression*, in: G. D. Feldman/C.-L. Holtfrerich/G. A. Ritter/P.-Ch. Witt (eds.), *Die deutsche Inflation.../The German Inflation Reconsidered*... [see note 3], pp. 188, 196n.

[50] Of course, this was not especially surprising or unusual. As Feldman reminds us (*Iron and Steel*... [see note 19], p. 131), many German financial leaders were quite deficient in their understanding of the inflationary phenomenon.

Wissell. Indeed, there were many practical economic problems that Wissell and Moellendorff hardly ever addressed: and one of these was the vital matter of food procurement, which was one of Schmidt's areas of special interest, expertise, and achievement.[51] Wissell's reflections on Germany's food problems are remarkable only for their lack of helpfulness.[52] Schmidt's policies may have alienated peasants, but at least he had policies.[53]

Still, the major thrust of Wissell's criticism seems justified, especially his emphasis on the *political* shortcomings of the Bauer-Schmidt government in creating a clear *sense* of direction and in paving the way for some sort of socialization. The Bauer government made no effort to socialize „ripe" industries, apart from the rather feeble Electricity Law and the problematical Ilseder Hütte acquisition. Nothing came of the government's original proposals to create monopolies in certain branches of the economy. The government's import-export policies were at best confusing, and, as Gerald Feldman notes, Schmidt and Hirsch were being „pushed and pulled" by the condition of the economy in late 1919 and early 1920 to develop economic policies that seemed inconsistent with their original intentions.[54] In view of the volatility of German economic and social circumstances, Schmidt had attempted to justify such flexibility. But the policy of short-term management was hardly the sort of program that could inspire much confidence in the future, or that could encourage the impression that Social Democracy had what Klaus Novy calls a clear-cut „transformation strategy,"[55] a creative or viable vision of the kind of society that a

[51] See Rudolf Wissell, *Wirtschaftliches zur Umbildung des Kabinetts*, in: *Westfälische Arbeiter-Zeitung* (Dortmund), 7 April 1920, copy in BA, NL Wissell, XIII/46/10361.

[52] For example, in a series of proposed resolutions that he drafted for a *Fraktion* diskussion on 11 December 1919, Wissell recommended that the *Fraktion* ask Schmidt to explain why he was maintaining the *Zwangswirtschaft* in the countryside, despite its well-known failures, „instead of introducing responsible self-government *[Selbstverwaltung]* on the basis of the cooperatives." BA, NL Wissell, XLII/120/18300. Certainly Schmidt encountered great difficulties in his efforts to maintain the *Zwangswirtschaft* in the countryside; for example, see Robert Gardiner Moeller, *Peasants, Politics and Pressure Groups in War and Inflation: A Study of the Rhineland and Westphalia, 1914—1924,* Diss., University of California, Berkeley 1980, pp. 336—354. But how Wissell's proposals would have improved matters — in particular, how they could have simultaneously satisfied peasants and maintained relatively low food prices in the cities — is not at all clear.

[53] *Op. cit.*, pp. 338—339.

[54] G. D. Feldman, *Iron and Steel*... [see note 19], p. 123.

[55] K. Novy, *Strategien der Sozialisierung*... [see note 3], p. 267.

democratic Germany could become.[56] Wissell was surely right, then, when he indicted the Bauer-Schmidt government for what at the very least appeared to be its „planlessness," its tendency to weave and drift, and its willingness to avoid concrete steps to address the socialization question — extremely difficult though that certainly would have been, given the constellation of political forces in late 1919. It is here that his general denunciations of Schmidt were most telling, problematical though they may have been in such particulars as the matter of controls.

In the final analysis, it is a bit difficult to assess the real significance of the Wissell-Schmidt debate if only because in their mutual recriminations they often spoke past each other rather than to each other. In his ideas and in his policies Schmidt undoubtedly demonstrated a better feeling for short-term economic realities and for the practical difficulties of daily administration. Though it would be too simple to accuse him of *Konzeptionslosigkeit,* his concept of the economic policies that Social Democracy should pursue extended to the short run and so took the form of relatively quick remedies for the country's desperate problems; though how successful these remedies actually were is certainly a matter for debate. For all their abstract and schematic qualities (and I would suggest that they were less abstract and schematic than has sometimes been thought), the Wissell-Moellendorff proposals clearly demonstrated a better grasp of the long-term dynamics of capitalist development and of the appropriate responses of democratic socialists to that process. Might it not be suggested that in this discrepancy between short-term priorities and longer-term visions of socioeconomic change lies one of the many tragic dilemmas of Social Democracy in the Weimar Republic?

[56] H. Schieck argues convincingly that in his policies Schmidt relied on „das traditionelle Gedankengut" of the SPD: H. Schieck, *Der Kampf...* [see note 3], pp. 256—257. For a more recent and more widely ranging assessment of the consequences of the SPD's tendency to fall back on old concepts and formulae, see Heinrich August Winkler, *Klassenbewegung oder Volkspartei? Zur Programmdiskussion in der Weimarer Sozialdemokratie,* in: *Geschichte und Gesellschaft,* 8 (1982), no. 1, pp. 9—54.

Summary

This essay focuses on the Social Democrat Rudolf Wissell's critique of his party's economic policies in the months after his resignation as Reich Economics Minister in July 1919. His critique was based upon the unorthodox *Planwirtschaft* notions that his Under State Secretary, Wichard von Moellendorff, and he had unsuccessfully attempted to implement in early 1919. Wissell was convinced that the policies of his successor as Economics Minister, Robert Schmidt, represented a formula for disaster, and he believed that his own warnings were vindicated by the political and economic difficulties that the government of Gustav Bauer faced after July 1919. The essay argues that, for all the excessively vitriolic zeal and self-righteousness that characterized Wissell's campaign, many of his criticisms were legitimate. He focused his attack on five areas: 1) the supposed „planlessness" of the German economy; 2) Schmidt's allegedly dangerous exchange policies; 3) Schmidt's wavering on import-export controls; 4) Schmidt's failure to recognize the utility of stimulative devices, especially Moellendorff's *Reichsfonds* proposal; 5) the government's confusion of „*Fiskalisierung*" with genuine „*Sozialisierung*".

Wissell's publicistic campaign continued for more than a year and reached a climax at the SPD's Kassel congress in October 1920. Schmidt and Bauer ably defended themselves, and again Wissell was repudiated by his comrades. The essay concludes, nevertheless, that much in Wissell's critique deserved to be taken seriously. To be sure, it suffered from serious weaknesses. Wissell's own ideas tended to be rather too abstract, while there can be no doubt that Schmidt had a better sense of what was practicable in the short run. Still, Wissell's emphasis on the *political* shortcomings of the Bauer-Schmidt government, on its inability to create a *sense* that that government had been paving the way for some kind of truly substantive change, seems justified. Moreover, his critique points to a real dilemma that Social Democracy faced after 1918: the discrepancy between short-term priorities and longer-term visions of change.

Deutscher Außenhandel und Goldzölle 1919 bis 1923*

CARL-LUDWIG HOLTFRERICH

Immer wieder können wir in der Geschichte beobachten, daß die beabsichtigten Wirkungen politischer oder wirtschaftspolitischer Maßnahmen von den tatsächlichen Wirkungen dieser Aktionen oder Regelungen abweichen. Das kann zum einen damit zusammenhängen, daß die Erkenntnisreichweite derjenigen, die politische Entscheidungen zu treffen haben, begrenzt ist, zum anderen damit, daß der politische Entscheidungsträger nur ein Akteur in einem grundsätzlich offenen Entwicklungsprozeß ist, an dem viele Akteure, auch außerhalb der politischen Institutionen, gestaltend mitwirken. Auch politische „Herrenmenschen" mit zu hohen Erwartungen an die Weisheit und Gestaltungskraft ihrer Entscheidungen werden deshalb von der Realität immer wieder auf die Grenzen ihrer Einflußmöglichkeiten gestoßen, was diese politischen „Führer" häufig genug dazu veranlaßte, die Grenzen ihres Einflusses durch Zwangs- und Terrormethoden zu erweitern. In demokratisch regierten Staatswesen ist dagegen auch unter Politikern die Einsicht größer, daß politische Entwicklungsprozesse — wie die Geschichte insgesamt — prinzipiell offen sind wie der Ausgang eines Spiels, in dem zwar die überlegene Mannschaft die größere Chance zu siegen hat, nicht aber die Garantie des Sieges.

Damit komme ich zum Thema, den Wirkungen der handelspolitischen Bestimmungen des Versailler Vertrages auf den deutschen Außenhandel. Artikel 269, Absatz 1 des Friedensvertrages bestimmte, daß für ein halbes Jahr nach Inkrafttreten des Friedensvertrages — im Anschluß an die Ratifizierung durch die Parlamente Deutschlands,

* Beitrag zum Internationalen Wirtschaftshistorikerkongreß in Budapest vom 16. bis 20. August 1982.

Englands, Frankreichs und Italiens — die an den Reichsgrenzen zu erhebenden Zölle nicht höher sein dürften als am 31. Juli 1914. Da der Friedensvertrag am 10. Januar 1920 in Kraft trat, konnte das deutsche Reich bis zum 10. Juli 1920 keine Zollerhöhungen über das Niveau der Zollsätze der Vorkriegszeit hinaus vornehmen. In der Folgezeit ist dies jedoch mehrfach geschehen.[1]

Erhöhungen der allgemeinen Zollsätze hatten während der Inflationszeit aber nur geringe Wirkung, da die deutschen Vertragszollsätze davon unberührt blieben. Die Vertragszollsätze galten aber für den weitaus größten Teil der deutschen Einfuhr. Das beruhte auf folgendem: In Artikel 264 bis 267 verpflichtete der Versailler Vertrag das Deutsche Reich, bei der Ein- und bei der Ausfuhr, bei allen Zolltarifen und Verordnungen den 27 alliierten und assoziierten Vertragsstaaten die Meistbegünstigung ohne Gegenseitigkeit zu gewähren.[2] In Artikel 280 war diese handelspolitische Entmachtung Deutschlands auf fünf Jahre beschränkt. Jedoch war vorgesehen, daß der Völkerbund diese Frist verlängern konnte. Bekanntlich hat er von diesem Recht jedoch keinen Gebrauch gemacht,[3] so daß das Deutsche Reich am 10. Januar

[1] Vgl. Bundesarchiv Koblenz (BA), R 43 I (Akten der Reichskanzlei) 2416: Akten betreffend Zölle 27. 6. 1919—30. 12. 1924. Wichtig war vor allem das „Gesetz über Erhöhung von Zöllen" (= Anlage 8 des Gesetzes über Änderungen im Finanzwesen vom 8. April 1922), *Reichsgesetzblatt* (im folgenden *RGBl.) I*, (1922), S. 386—388. Besonders für verarbeitete Produkte wurden mit diesem Gesetz die „allgemeinen Zollsätze" der Vorkriegszeit um 100 % erhöht.

[2] Die einseitige Meistbegünstigung mußte den alliierten und assoziierten Mächten auch für Fischerei, Küstenschiffahrt und Schleppschiffahrt in den deutschen Hoheitsgewässern zugestanden werden. Darüber hinaus war eine fünfjährige Zollfreiheit für die Wareneinfuhr aus Elsaß-Lothringen, aus Luxemburg und aus dem Saargebiet vorgesehen sowie eine dreijährige für Importe aus Gebieten, die an Polen abgetreten werden mußten. Auch mußte den alliierten und assoziierten Mächten das Recht zur Bestimmung einer Zollordnung für die besetzten Gebiete „zur Wahrung der wirtschaftlichen Interessen der dortigen Bevölkerung" zugestanden werden. Außerdem wurde ein Herkunftsschutz für Weine und geistige Getränke vereinbart, dieses allerdings auf der Basis der Gegenseitigkeit. Konkret bedeutete das ein Verbot der Bezeichnungen „Champagner" und „Cognac" für deutsche Erzeugnisse. Vgl. den Vertragstext in: *Der Friedensvertrag zwischen Deutschland und den Alliierten und Assoziierten Mächten.* Amtlicher Text der Entente und amtliche deutsche Übertragung. Volksausgabe in drei Sprachen. Im Auftrage des Auswärtigen Amtes, Charlottenburg 1919, S. 137—143.

[3] Bernhard Hinst, *Meistbegünstigung und Reziprozität*, in: Franz Eulenburg (Hrsg.), *Neue Grundlagen der Handelspolitik* (= Schriften des Vereins für Socialpolitik, Bd. 17, Teil 1), München-Leipzig 1925, S. 136.

1925 — fünf Jahre nach Inkrafttreten des Versailler Vertrages — seine volle handelspolitische Aktionsfähigkeit wiedergewann.

Der Absicht der Siegermächte, nämlich Deutschland handelspolitisch zu schwächen und in Nachteil zu setzen, entsprach die Bewertung dieser Bestimmungen auf deutscher Seite. Typisch dafür ist folgende Einschätzung:

„Die Bestimmung, jedem der 27 Vertragsgegner für fünf Jahre bedingungslose Meistbegünstigung zu verleihen, machte Deutschland zum wehrlosen Ausbeutungsland: Die Gegner konnten nach Belieben für unsere Erzeugnisse ihre Grenzen schließen, während diese für unsere Konkurrenten offen blieben; wir durften durch zollpolitische Gegenmaßregeln nicht darauf antworten und waren demgemäß außer Stande, eine eigentliche zielsichere Handelspolitik durchzuführen."[4]

Neben den Bemühungen um eine Revision der Reparationsregelungen spielte deshalb in der deutschen Außenpolitik der Kampf um die Wiedergewinnung der handelspolitischen Gleichberechtigung eine zwar weniger spektakuläre, aber dennoch wichtige Rolle,[5] zumal die beiden Verpflichtungen Deutschlands im Hinblick auf ihre Wirkungen auf die deutsche Zahlungsbilanz kontradiktorisch waren. Die handelspolitische Benachteiligung Deutschlands war tendenziell darauf angelegt, deutsche Importüberschüsse zu erzeugen beziehungsweise zu vergrößern, während zum Transfer der Reparationen Exportüberschüsse erforderlich gewesen wären. Es ist bekannt, daß die deutsche Nachkriegsinflation die handelspolitische Benachteiligung Deutschlands zum Teil dadurch ausgehöhlt hat, daß durch die über weite Strecken größere Entwertung der deutschen Währung gegenüber dem Ausland als im Inland, mit anderen Worten, durch das sogenannte *exchange dumping*, die Konkurrenzfähigkeit der deutschen Industrie gegenüber ausländischen Wettbewerbern, insbesondere gegenüber den Haupt-

[4] Albert Ströhle, *Von Versailles bis zur Gegenwart. Der Friedensvertrag und seine Auswirkungen*, Berlin 1928, S. 90. Vgl. auch Wilhelm Röpke, *Die internationale Handelspolitik nach dem Kriege*, Jena 1923, S. 53. Bernhard Harms, *Die Zukunft der deutschen Handelspolitik im Rahmen des Neuaufbaus der deutschen Volkswirtschaft und ihrer weltwirtschaftlichen Beziehungen*, Jena 1925, S. 68: „Es war das Verhältnis des Herrn zum Sklaven, das hier begründet wurde."

[5] Hans-Jürgen Schröder, *Die politische Bedeutung der deutschen Handelspolitik nach dem Ersten Weltkrieg*, in: Gerald D. Feldman u. a. (Hrsg.), *Die deutsche Inflation. Eine Zwischenbilanz. The German Inflation/A Preliminary Balance* (= Veröffentlichungen der Historischen Kommission zu Berlin, Bd. 54. Beiträge zu Inflation und Wiederaufbau in Deutschland und Europa 1914—1924, Bd. 1), Berlin-New York 1982, S. 235—251.

konkurrenten aus den stabilitätsorientierten Ländern, nämlich aus Großbritannien und den USA, gestärkt wurde.[6] Für den deutschen Binnenmarkt resultierte aus dieser Schere der inneren und äußeren Kaufkraftentwicklung der Mark (vgl. Dollarkurs und Großhandelspreisentwicklung in der TABELLE auf S. 476) ein ähnlicher Protektionismus wie durch eine Zollerhöhung, so daß die deutsche Außenhandelsstruktur in den ersten Nachkriegsjahren nur innerhalb bestimmter Grenzen von der der Vorkriegszeit abwich, Veränderungen, die im übrigen zum Teil aus den Gebietsabtretungen resultierten, die einen Teil des Binnenhandels der Vorkriegszeit in der Nachkriegszeit als Außenhandel in Erscheinung treten ließen. So lag im Durchschnitt der Jahre 1920 bis 1923 der Anteil der Rohstoffimporte an der deutschen Gesamteinfuhr mit 41,3 % nur wenig unter dem Anteil von 1913, der 44,6 % betrug, der Importanteil für lebende Tiere, Lebensmittel und Getränke mit 31,5 % 1920 bis 1923 nur wenig über dem entsprechenden Importanteil von 27,5 % im Jahr 1913. Der Importanteil von Rohstoffen und Nahrungsmitteln zusammen lag also im Jahre 1913 bei 72,1 %, im Durchschnitt der Jahre 1920 bis 1923 bei 72,8 %, war damit fast unverändert. Der Einfuhranteil für Halbwaren betrug 1913 11,3 %, im Durchschnitt der Jahre 1920 bis 1923 demgegenüber 12,4 %; für Fertigwarten 1913 12,7 %, im Durchschnitt der Jahre 1920 bis 1923 14,6 %.[7]

Wesentlich größer sind demgegenüber die Unterschiede in der Exportstruktur. Der Ausfuhranteil für lebende Tiere, Lebensmittel und Getränke und Rohstoffe zusammen hatte 1913 noch 23,4 % betragen. Er ging für den Durchschnitt der Jahre 1920 bis 1923 auf 9,9 % zurück. Auch bei den halbfertigen Waren ist ein Rückgang von 9,2 % im Jahr 1913 auf 6,8 % im Durchschnitt der Jahre 1920 bis 1923 zu beobachten. Der Fertigwarenanteil stieg dagegen dramatisch von 66,4 % im Jahr 1913 auf 83,0 % im Durchschnitt der Jahre 1920 bis 1923, was als Beleg für den komparativen Wettbewerbsvorteil gelten kann, den die deut-

[6] Theodor Plaut, *Deutsche Handelspolitik. Eine Einführung*, Leipzig-Berlin 1929, S. 213—215 (Abschnitt: „Die handelspolitische Bedeutung des Währungsverfalls").

[7] Errechnet aus: *Der Auswärtige Handel in den Jahren 1920, 1921 und 1922 verglichen mit dem Jahre 1913 nach Warengruppen, Warengattungen und Ländern* (= Statistik des Deutschen Reichs, Bd. 310,1), H. 1, Berlin 1924, S. I. 4. Die Prozentanteile sind errechnet aus den Außenhandelsvolumina des Spezialhandels, bewertet mit den Einheitswerten von 1913. Zum Gesamtaußenhandel wurde neben den erwähnten Kategorien auch die Ein- bzw. Ausfuhr von Gold und Silber gezählt.

TABELLE

Indizes für den Dollarkurs ($), das Goldzollaufgeld (Go) und die Großhandelspreise für Inlandswaren (Gr) in Deutschland 1919 bis 1923 (Monatsdurchschnitt, 1913 = 1)

	1919			1920			1921			1922			1923 (in 1000)		
	$	Go	Gr	$	Go	Gr	$	Go	Gr	$	Go	Gr	$	Go	Gr
Jan.				15,4	10,0	9,61	15,5	8,0	13,6	45,7	40,0	33,8	4,28	1,93	2,39
Febr.				23,6	10,0	12,1	14,6	8,0	13,2	49,5	40,0	37,6	6,65	5,36	4,94
März				20,0	10,0	12,5	14,9	8,0	12,8	67,7	45,0	50,3	5,05	5,52	4,50
April				14,2	10,0	11,9	15,1	8,0	12,8	69,3	60,0	59,9	5,83	5,00	4,76
Mai				11,1	9,55	12,9	14,8	8,0	12,7	69,1	60,0	60,3	11,4	7,04	7,08
Juni				9,3	8,0	12,4	16,5	8,0	13,2	75,6	61,0	65,4	26,2	14,5	17,0
Juli				9,4	8,0	12,6	18,3	8,0	13,7	117	82,9	93,0	84,2	32,6	69,7
Aug.	4,48	3,76	4,24	11,4	8,0	13,3	20,1	8,0	19,1	270	143,9	165	1101	548	868
Sept.	5,73	4,76	4,65	13,8	8,0	13,5	25,0	8,0	19,5	349	314	258			
Okt.	6,39	5,49	5,03	16,2	8,0	12,9	35,8	13,3	22,4	758	416	499			
Nov.	9,12	7,20	5,63	18,4	8,0	13,4	62,6	24,5	29,7	1711	1078	953			
Dez.	11,14	8,75	6,33	17,4	8,0	13,2	45,7	40,0	31,7	1808	1806	1283			

Quelle: Zahlen zur Geldentwertung in Deutschland 1914 bis 1923 (= *Wirtschaft und Statistik*, 5. Jg., Sonderheft 1), Berlin 1925, S. 6, 11, 16—17.

sche Volkswirtschaft in jenen Jahren der Nachkriegsinflation gerade im Fertigwarenbereich gegenüber dem Ausland genoß. Für die Interpretation dieser Zahlen ist es allerdings wichtig, darauf hinzuweisen, daß das Außenhandelsvolumen in den Nachkriegsjahren gegenüber 1913 wesentlich reduziert war. In Prozent von 1913 machte das Einfuhrvolumen 1920 nur 35,2 %, 1921 51,3 %, 1922 56,3 % und 1923 43,0 % aus. Bei der Ausfuhr betrugen die entsprechenden Anteile 1920 36,5 %, 1922 60,8 % und 1923 52,5 %.[8]

Wäre die handelspolitische Benachteiligung Deutschlands durch den Versailler Vertrag erfolgreich gewesen, hätte sich dies in relativ großen Einfuhrüberschüssen Deutschlands niederschlagen müssen. Schon in den Vorkriegsjahren wies die deutsche Außenhandelsbilanz Importüberschüsse aus, die aus den Exportüberschüssen im Dienstleistungsverkehr finanziert wurden. 1913 betrug der Einfuhrüberschuß rund eine Milliarde; das entsprach knapp 10 % der deutschen Ausfuhr.[9] Das Außenhandelsdefizit für die Nachkriegsinflationsjahre 1919 bis 1923 ist vom sogenannten McKenna-Ausschuß auf 6,3 bis 7,3 Mrd. Goldmark geschätzt worden.[10] Davon fiel der Großteil, ca. 5 Mrd.,[11] jedoch schon im Jahr 1919 an, besonders als nach Aufhebung der alliierten Blockade im Sommer 1919 die Rohstofflager durch Käufe auf dem Weltmarkt wiederaufgefüllt wurden und durch Lebensmittelimporte die Nahrungsmittelversorgung der Bevölkerung verbessert wurde. Schon 1920 zeigte die deutsche Handelsbilanz eine Tendenz zur Aktivierung. Im Jahre 1921 ließ die gegenteilige Konjunkturlage in der Weltwirtschaft (Depression) und in Deutschland (anhaltendes Wachstum) noch einmal ein größeres Passivum in der deutschen Handelsbilanz entstehen. Im Jahre 1922 war die Bilanz wiederum etwa ausgeglichen, im Jahr 1923 sogar aktiv. Das Defizit nach 1919 dürfte nicht mehr als 7 bis 12 % der Gesamtexporte betragen haben.[12] Daß dieser Prozentsatz etwa in der Größenordnung von 1913 lag, die deutsche Handelsbilanz 1920 bis

[8] Für 1921 liegen die Ausfuhrzahlen nur für die Monate Mai—Dezember vor.

[9] *Der Auswärtige Handel*... [wie Anm. 7], S. I. 4.

[10] Carl-Ludwig Holtfrerich, *Die deutsche Inflation 1914—1923. Ursachen und Folgen in internationaler Perspektive*, Berlin-New York 1980, S. 281.

[11] Vgl. die mit dem Großhandelspreisindex deflationierten Import- und Exportwerte in: Friedrich Hesse, *Die deutsche Wirtschaftslage von 1914 bis 1923. Krieg, Geldbläbe und Wechsellagen*, Jena 1938, S. 472—473.

[12] 6,3 bis 7,3 Mrd. Goldmark minus 5 Mrd. (1919) im Verhältnis zur Gesamtausfuhr 1920—1923 (ca. 19,3 Mrd. Goldmark). Vgl. *Der Auswärtige Handel*... [wie Anm. 7], S. I. 4.

1923 (ausgenommen 1921) eine Tendenz zur Aktivierung zeigte und darüber hinaus besonders im Fertigwarenbereich gegenüber 1913 relativ größere Überschüsse erwirtschaftet werden konnten, belegt meines Erachtens klar, daß die mit dem Versailler Vertrag beabsichtigte handelspolitische Benachteiligung Deutschlands nicht erfolgreich war.

Daß die ausländischen Konkurrenten Deutschlands auf dem deutschen Binnenmarkt, insbesondere im Bereich der Fertigwarenproduktion, nicht stärker Fuß fassen konnten, ist zum einen — wie bereits erwähnt — auf die mit der Nachkriegsinflation verbundene Abwertung der Mark zurückzuführen, die zumeist über den inländischen Kosten- und Preisanstieg hinausging und damit schutzzollähnliche Wirkungen ausübte. Darüber hinaus könnte aber auch die Tatsache eine Rolle gespielt haben, daß in Deutschland durch ein Reichsgesetz vom 21. Juli 1919 die Goldrechnung für die Erhebung der Zölle eingeführt worden war,[13] der einzige Bereich übrigens, in dem zu einem so frühen Zeitpunkt der Inflation die staatlichen Einnahmeforderungen mit einer Geldwertsicherungsklausel versehen wurden.

Dieses Vorgehen traf allerdings zunächst auf den Widerstand der Siegermächte, insbesondere Frankreichs. Während die anderen alliierten Mächte nur dann zustimmen wollten, wenn Frankreich einverstanden war, versuchte Frankreich, sein Zugeständnis in der Goldzollfrage von einer Aufhebung deutscher Importverbote für Luxuswareneinfuhr (im Fall Frankreich vor allem Seide, Modewaren und Toilettenartikel) abhängig zu machen.[14] Im besetzten linksrheinischen Gebiet konnten zwar deutsche Zollbeamte an den Reichsgrenzen die Zölle erheben. Auf Anweisung der interalliierten Rheinlandkommission durften sie jedoch weder die von der Reichsregierung verordneten Einfuhrverbote zur Anwendung bringen (was als sogenanntes „Loch im Westen" bekannt ist) noch zunächst die Zölle zum Goldwert erheben. Während an den übrigen Reichsgrenzen die Einfuhrzölle seit August 1919 in Gold

[13] *RGBl. I,* (1919), S. 1361. Vgl. auch: Ignatz Jastrow (Hrsg.), *Textbücher zu Studien über Wirtschaft und Staat,* Bd. 1: *Handelspolitik,* 5. Aufl., Berlin 1923, S. 166. Hermann Pikielny, *Die Zahlungsverpflichtung im Dawes-Plan und Deutschlands Handelspolitik. Eine wirtschaftspolitische Untersuchung über den Zusammenhang der Probleme der Reparationsverpflichtung, des Außenhandels und der neuen Handelspolitik in Deutschland,* Diss. Bern 1925, S. 67. Einen internationalen Überblick dazu bieten: Joseph B. Eßlen, *Die Valutazölle der Gegenwart. Ein Beitrag zur Theorie der Außenhandelspolitik* (= Kieler Vorträge, H. 3), Jena 1922. Karl Latacz, *Zollvalorisierungen vor und nach dem Kriege und ihre Wirkungen auf den Zweck der Zölle,* Diss. Hamburg 1925 (MS).

[14] BA Koblenz, R 43 I/2416, bes. Blatt 40.

zu zahlen waren, blieb im linksrheinischen Gebiet die Verzollung in Papiermark bestehen, so daß die Einfuhrtätigkeit hier erheblich zunahm und an den übrigen Reichsgrenzen, zum Beispiel in den deutschen Seehäfen, bedrohlich zurückging, was zu Protesten der dortigen Handelskammern führte. Die deutsche Regierung verhandelte mit den Franzosen immer wieder über die Anerkennung der Goldzölle, an deren Erhebung die französische Regierung insofern ein Interesse haben mußte, als die Zolleinnahmen traditionell ein bedeutender Posten unter den Reichseinnahmen (1913 ca. 30 %) waren und nunmehr zur Finanzierung der Reparationsschulden hätten dienen können. Die französische Regierung bestand jedoch zunächst auf ihrem Junktim mit der geforderten Lockerung der deutschen Einfuhrverbote.[15] Dies veranlaßte die deutsche Seite, durch ein Gesetz vom 8. Dezember 1919 die Goldzollerhebung vorübergehend zu suspendieren,[16] was wiederum den Obersten Rat der Alliierten dazu anregte, in zwei Noten vom 22. und 23. Dezember 1919 nun doch einer (zunächst auf drei Monate befristeten) Erhebung von Goldzöllen zuzustimmen, so daß das Goldzollgesetz vom 21. Juli 1919 am 1. Januar 1920 wieder in Kraft gesetzt werden konnte.[17] Nachdem im Frühjahr 1920 mit Frankreich Kompromisse in der Einfuhrverbotsfrage gefunden werden konnten, war seitdem sowohl das „Loch im Westen" weitgehend geschlossen als auch die Erhebung der deutschen Zollabgaben in Gold weiterhin von den Alliierten genehmigt.

In einem Lehrbuch der Handelspolitik aus der Vorkriegszeit wird das Verfahren der Goldzollerhebung folgendermaßen beschrieben und eingeschätzt:

„Die Länder, welche an einer entwerteten Valuta leiden, treffen zuweilen die Verfügung, daß die *Zahlung der Zölle in Gold* zu erfolgen habe. Eine solche Maßregel ist natürlich gleichbedeutend mit einer allgemeinen Erhöhung sämtlicher Zölle um jenen Prozentsatz, um welchen das internationale Gold höher notiert als das entwertete inländische Geld. Wirtschaftliche Gründe können hierbei insofern mitwirken, als dadurch der Zollschutz auf unauffällige und verhältnismäßig

[15] Vgl. hierzu: BA Koblenz, R 43 I/2416. Nachlaß G. v. Le Suire, Vorl. 72: Einfuhr und Ausfuhr im Jahr 1920, sowie Vorl. 78: Goldzoll.

[16] *RGBl. I*, (1919), S. 1959.

[17] *A.a.O.*, S. 2187. Vgl. auch: *Akten der Reichskanzlei. Weimarer Republik. Das Kabinett Bauer 21. Juni bis 27. März 1920*, hrsg. von Karl Dietrich Erdmann und Hans Mommsen, bearbeitet von Anton Golecki, Boppard am Rhein 1980, S. 250.

leichte Art zu einer Zeit vermehrt wird, da infolge der Geldentwertung die Warenpreise im Inlande eine Tendenz zur Steigerung entwickeln."[18]

Im folgenden soll deshalb die Frage geprüft werden, ob die Erhebung des Goldzollaufgelds ebenfalls zu einer schutzzollähnlichen Abschirmung des deutschen Binnenmarktes und zur Aushöhlung der im Versailler Vertrag beabsichtigten handelspolitischen Benachteiligung Deutschlands in jenen Jahren der Nachkriegsinflation beigetragen hat.

Der deutsche Zolltarif aus der Vorkriegszeit sah im wesentlichen spezifische Zölle vor, das heißt in festen Geldbeträgen festgesetzte Gewichtszollsätze.[19] Das hat zur Folge, daß sich der prozentuale *ad-valorem*-Zollschutz erhöht, wenn die Preise der gehandelten Produkte fallen — wie zum Beispiel in der sogenannten Großen Depression nach 1873 — und umgekehrt — wie in der Periode seit den 1890er Jahren bis zum Ersten Weltkrieg. Der prozentuale *ad-valorem*-Zollschutz kann sich aber auch bei steigenden Preisen erhöhen, wenn die Zölle in Gold erhoben werden und das Goldzollaufgeld über dem Niveau der Preissteigerung liegt.

Konkret konnten die Zollschulden in ausländischen Goldmünzen, in Golddevisen, zum Beispiel US-Dollar, und in inländischer Währung gezahlt werden, wobei der nominelle Zollsatz in Mark mit dem jeweils der Währungsentwertung angepaßten Goldzollaufgeld vervielfacht wurde. In Perioden tendenzieller Stabilität der Mark, so in den Jahren 1920 und 1921, wurde der Multiplikator des Goldzollaufgelds während vieler Monate konstant gehalten. In Perioden rapiden Währungsverfalls, wie in der zweiten Jahreshälfte 1919 und besonders seit dem Einsetzen der Hyperinflation im Sommer 1922, wurde das Goldzollaufgeld häufig, zumeist wöchentlich, neu festgesetzt. Der empirische Befund ist in der TABELLE auf Seite 476 enthalten. Dort ist die Entwicklung des Goldzollaufgelds der Entwicklung der Großhandelspreise für Inlandswaren gegenübergestellt. Für die Monate, in denen die Meßzahl für das Goldzollaufgeld höher lag als der Großhandelspreisindex, kann auf einen im Vergleich zu 1913 erhöhten *ad-valorem*-Zollschutz des deutschen Binnenmarktes geschlossen werden. In den Perioden, in denen das Goldzollaufgeld unter dem Niveau des Großhandelspreisindex lag, war der *ad-valorem*-Zollschutz gegenüber seinem Niveau

[18] Josef Grunzel, *System der Handelspolitik*, 2. Aufl., Leipzig 1906, S. 379.

[19] Th. Plaut, *Deutsche Handelspolitik*... [wie Anm. 6], S. 120.

von 1913 vermindert. Der Befund ist nun, daß nur in Perioden beschleunigten Währungsverfalls, in denen das Aufgeld häufig neu festgesetzt wurde, der Großhandelspreisindex unter dem Niveau des Goldzollaufgelds lag, so von September 1919 bis Januar 1920, von Dezember 1921 bis Februar 1922 und in den meisten Monaten zwischen September 1922 und April 1923. Die schutzzollähnliche Wirkung, die sich aus der stärkeren Entwertung der Mark gegenüber dem Dollar auf dem Inlandsmarkt ergab, wurde in jenen Perioden durch die Entwicklung des Goldzollaufgelds anscheinend verstärkt.

Aber angesichts der Tatsache, daß grundsätzlich die Möglichkeit der Zollstundung bestand, konnte die anscheinend protektionistische Tendenz des Goldzollaufgelds in Perioden des beschleunigten Währungsverfalls unterlaufen werden. Im Jahr 1922 sollen die Hälfte bis drei Viertel der Importzölle und Ausfuhrabgaben gestundet worden sein, wie das Garantiekomitee der Reparationskommission in einer Note an den Reichskanzler am 19. Dezember 1922 mit der Forderung nach Abhilfe feststellte.[20] Die Stundungsfrist betrug drei Monate vom Zeitpunkt des Warenimports an. Dies bedeutete zinslosen Kredit des Reiches an die Zollschuldner, der natürlich bei galoppierender Inflation einem Geschenk gleichkam. Erst durch eine Verordnung des Reichsfinanzministers vom 22. März 1923, die auch unter dem Druck der Linksparteien im Reichstag zustandekam,[21] wurde die Stundungsmöglichkeit zwar formal nicht aufgehoben, aber materiell uninteressant insofern, als nunmehr nicht mehr das Goldzollaufgeld zum Zeitpunkt der Wareneinfuhr, sondern zum Zeitpunkt der tatsächlichen Zahlung an die Finanzbehörden geschuldet wurde. Erst jetzt waren die Zölle voll valorisiert.

In der Periode von März 1922 bis August 1922 lag zwar das Goldzollaufgeld unter dem Niveau des Großhandelspreisindex, allerdings nur relativ geringfügig darunter, und diente insofern im wesentlichen tatsächlich nur als Ausgleich für die Geldentwertung. In der langen Periode tendenzieller Stabilität der Mark von Anfang 1920 bis Mai 1921, in der der deutschen Wirtschaft die Konkurrenzvorteile des sogenannten *exchange dumping* verloren gegangen waren, blieb auch der relative Zollschutz hinter dem Niveau von 1913 zurück, wodurch der Verlust an Wettbewerbsvorteilen verstärkt wurde. Die Weltwirtschaftskrise

[20] BA Koblenz, R 43 I/2416, Blatt 171—174.

[21] Th. Plaut, *Deutsche Handelspolitik*... [wie Anm. 6], S. 218.

von 1920/21 im Ausland wirkte zusätzlich dämpfend auf die deutsche Exportnachfrage und verstärkte den Konkurrenzdruck von seiten des Auslands auf dem deutschen Binnenmarkt. Bei anhaltend guter Konjunktur in Deutschland[22] lagen hier die Ursachen für den gewaltigen Anstieg der deutschen Importe im Jahr 1921 gegenüber 1920, nämlich in Werten von 1913 von 3,95 auf 5,75 Mrd. Goldmark, also um 45,6 %.[23] In den Monaten, für die wir über Vergleichszahlen verfügen, nämlich Juli bis Dezember 1921 gegenüber der entsprechenden Vorjahresperiode, fiel gleichzeitig der deutsche Export.[24]

Die Frage nach der Wirkung der Goldzölle auf die Entwicklung des deutschen Außenhandels während der Nachkriegsinflation läßt sich zusammenfassend dahingehend beantworten, daß das Goldzollaufgeld die fördernde oder dämpfende Wirkung, die für die internationale Wettbewerbsposition der deutschen Wirtschaft aus dem jeweiligen Entwicklungsverlauf der Währungsverhältnisse resultierte, insgesamt in paralleler Weise unterstützte, wenn nicht die Zollstundungsmöglichkeit bis März 1923 die fördernde Wirkung auch in den Perioden beschleunigten Währungsverfalls aufhob. Zur Aushöhlung der handelspolitischen Benachteiligung Deutschlands durch den Versailler Vertrag hat dieses Instrument daher kaum beigetragen. „Die Entwertung der Mark ... war die einzige Waffe, die ihm der Feindbund hatte lassen müssen."[25]

[22] Vgl. Carl-Ludwig Holtfrerich, *Die konjunkturanregenden Wirkungen der deutschen Inflation auf die US-Wirtschaft in der Weltwirtschaftskrise 1920/21*, in: G. D. Feldman u. a. (Hrsg.), *Die deutsche Inflation*... [wie Anm. 5], S. 207—234, bes. S. 211.

[23] *Der Auswärtige Handel*... [wie Anm. 7], S. I. 4.

[24] F. Hesse, *Die Deutsche Wirtschaftslage*... [wie Anm. 11], S. 472—475. Er gibt die Monatsdaten in Goldmark an, und zwar deflationiert sowohl über den Großhandelspreisindex als auch über den Dollarkurs. Auch wenn man die Monatsergebnisse von Mai bis Dezember 1921 addiert und mit dem Faktor zwölf Achtel auf ein Jahresergebnis für 1921 hochrechnet und dieses mit dem Jahresexportergebnis für 1920 vergleicht, zeigt sich sowohl im Falle der Dollarkursdeflationierung als auch im Falle der Großhandelspreisdeflationierung ein Rückgang der deutschen Exporte im Jahr 1921. Das ist allerdings nicht der Fall, wenn die Bewertung in Einheitswerten von 1913 erfolgt (*Der Auswärtige Handel*... [wie Anm. 7], S. I. 4). In diesem Fall zeigt sich zwar eine Steigerung der deutschen Exportwerte von 3,72 Mrd. Goldmark im Jahr 1920 auf 4,48 Mrd. Goldmark im Jahr 1921, also um 20,4 %. Jedoch zeigt auch hier die im Jahre 1920 fast ausgeglichene deutsche Außenhandelsbilanz wegen des weit stärkeren Zuwachses der Einfuhren einen Anstieg des Defizits von nur 0,22 Mrd. im Jahre 1920 auf 1,27 Mrd. Goldmark im Jahre 1921.

[25] Gustav Büscher, *Die Inflation und ihre Lehren*, Zürich 1926, S. 60—61.

Als ein bewußt eingesetztes Instrument der Wirtschaftspolitik kann die Ausgestaltung des Goldzollaufgelds allenfalls in der Periode tendenzieller Stabilität der Mark angesehen werden, ab Jahresbeginn 1920, als es auf das zehnfache festgesetzt und am 25. Mai 1920 sogar auf das achtfache gesenkt und auf diesem Niveau bis zum 10. Oktober 1921 gehalten wurde,[26] und zwar auch dann noch, als nach dem Londoner Ultimatum vom Mai 1921 der Dollarkurs und die Großhandelspreise im Juni wieder bedrohlich zu steigen anfingen. Die deutsche Regierung erwartete offenbar noch bis in den Oktober hinein eine Stabilisierung der Währungsverhältnisse oder aber wollte durch Importförderung dazu beitragen. Wahrscheinlicher ist jedoch, daß das Goldzollaufgeld die Erwartungen der Regierung hinsichtlich der Währungsentwicklung widerspiegelt, da — wie beschrieben — in Perioden beschleunigten Währungsverfalls die Erhöhung des Aufgelds über das Niveau hinausgeführt wurde, das vom aktuellen Preisniveau her notwendig gewesen wäre, und insofern wohl im Hinblick auf erwartete zukünftige Entwicklungen vorgenommen wurde.

Summary

The Versailles Treaty drastically curtailed Germany's room for maneuver in foreign trade policy until January 1925. She was compelled unilaterally to grant most-favored-nation treatment to the victorious countries. Yet the inflation-induced depreciation of the mark until November 1923 tended to improve Germany's international competitive position and helped to compensate for this disadvantage. The same depreciation, however, tended to erode the real value of German import duties, as most of them were set as specific (= nominally fixed amounts per unit), not as ad-valorem (= percentage of import value) rates. To counteract this erosion of tariff protection, Germany started in July 1919 to levy tariffs in gold value. The German government applied a multiplier to the nominally-fixed customs rates. The multiplier was changed whenever price and exchange-rate levels altered substantially. The main purpose of this paper is to test empirically whether

[26] Die genauen Änderungstermine sind angegeben in: *Zahlen zur Geldentwertung in Deutschland 1914 bis 1923* (= *Wirtschaft und Statistik*, 5. Jg., Sonderheft 1), Berlin 1925, S. 11. Vgl. auch: *Die Wirtschaftskurve*, 2. Jg. (1923), Heft 1, S. 87.

the „gold tariff" multiplier was set by the government in such a way as to effectively increase the tariff protection of the German market in comparison to 1913. The finding is that it was not: it was the inflation-induced mark depreciation alone, not the „gold tariff" multiplier that compensated German producers for the trade policy disadvantage imposed by the Treaty of Versailles.

The Continuity of Social Democratic Economic Policy 1919 to 1920: The Bauer-Schmidt Policy

WILLIAM CARL MATHEWS

There have been several studies of the Social Democrats' economic policies during the Revolution and the early Weimar Republic. With the possible exception of Peter-Christian Witt's essay on the ,transition economy' in 1918/19, however, historians have examined the SPD's policies from the standpoint of their failure to change the structure of the German economy either by means of socialization or the *Planwirtschaft.*[1] In the eyes of these historians, the SPD's policies

[1] The most useful of the works on the SPD's economic policies remains the unpublished dissertation by Hans Schieck, *Der Kampf um die deutsche Wirtschaftspolitik nach dem Novemberumsturz 1918,* Phil. Diss., Heidelberg 1958. For a sweeping survey of general economic debates in the SPD, a useful study is Wilfred Busch, *Der Wandel der Wirtschaftskonzeptionen der deutschen Sozialdemokratie und seine wirtschaftspolitischen Gründe,* Sozialwirt. Diss., Graz 1961. There are several detailed studies of the debates over socialization and the *Planwirtschaft:* Kurt Trüschler, *Die Sozialisierungspolitik in der Weimarer Republik 1918—1920,* Phil. Diss., Marburg 1968; Eckhard Biechele, *Der Kampf um die Gemeinwirtschaftskonzeption des Reichswirtschaftsministeriums im Jahre 1919. Eine Studie zur Wirtschaftspolitik unter Reichswirtschaftsminister Rudolf Wissell in der Frühphase der Weimarer Republik,* Rer. pol. Diss., FU Berlin 1972; Michael William Honhart, *The Incomplete Revolution: The Social Democrats' Failure to Transform the German Economy 1918—1920,* Diss., Duke University 1972; David Edward Barclay, *Social Politics and Social Reform in Germany 1890—1933: Rudolf Wissell and the Free Trade Union Movement,* Diss., Stanford 1975. Less useful is the dissertation by Elsa Heymann, *Die Stellung der deutschen Sozialdemokratie zur Inflation,* Phil. Diss., Berlin 1926. A sense of the economic realities in which these collectivistic economic experiments would have had to take place, however, is absent or treated as a matter of political will except in the essay by Peter-Christian Witt, *Bemerkungen zur Wirtschaftspolitik in der Übergangswirtschaft 1918/19. Zur Entwicklung von Konjunkturbeobachtung und Konjunktursteuerung in Deutschland,* in: Dirk Stegmann/Bernd-Jürgen Wendt/Peter-Christian Witt (eds.), *Industrielle Gesellschaft und Politisches System. Beiträge zur politi-*

were at best flawed, incoherent, or improvised and led by default to the burst of inflation in late 1919 and an eventual restoration of the free market capitalist economy.[2] Some have even charged that the SPD actively frustrated socialization or planning.[3]

The result is that we know a great deal about what the SPD did *not* do; that is, we know that they did not find the „yellow brick road" to socialism in 1918/19. Do we, however, know what the SPD actually did? An examination of the SPD's thinking about the post-war economy before and during the Revolution will show that most Social Democrats at no time thought they could enact socialization in the near future; on the contrary, from Ebert to Eisner it was understood that socialization was a long process of histoical development dependent first on a restoration of productive capacity and then on the democratization of both German society and of the means of production. The most that even Hilferding thought could be accomplished in 1918—20 was to take some rudimentary first steps to encourage and anticipate historical developments in the direction of socialization.[4] Some party members considered the *Planwirtschaft* as presented by Wissell to be the appropriate step to take. Others, including the bulk of the SPD's experienced political leaders, rejected the *Planwirtschaft* in favor of an expropriation of private property in the somewhat distant future. In

schen Sozialgeschichte. Festschrift für Fritz Fischer zum siebzigsten Geburtstag (= Schriftenreihe des Forschungsinstituts der Friedrich-Ebert-Stiftung, vol. 137), Bonn 1978, pp. 79—96. Many practical problems of the domestic industrial economy in 1918/19 are covered by Gerald D. Feldman, *Economic and Social Problems of German Demobilization 1918—19*, in: *Journal of Modern History*, 47 (1975), Nr. 1, pp. 1—23.

[2] H. Schieck, *Der Kampf*... [see note 1] especially pp. 256—265; David Edward Barclay, *A Prussian Socialism? Wichard von Moellendorff and the Dilemmas of Economic Planning in Germany, 1918—19*, in: *Central European History*, 11 (1978), no. 1, p. 51; ders., *Social Politics*... [see note 1], pp. 177—178, 187—189.

[3] Although he was less vehement in his dissertation, Schieck sharply denounced the SPD in a later essay, Hans Schieck, *Die Behandlung der Sozialisierungsfrage in den Monaten nach dem Staatsumsturz*, in: *Vom Kaiserreich zur Weimarer Republik*, ed. Eberhard Kolb, Köln 1972, pp. 138—164. More denunciatory is Werner Richter, *Gewerkschaften, Monopolkapital und Staat im ersten Weltkrieg und der Novemberrevolution 1914—1919*, Berlin [Ost] 1957, who has overstated the significance of the *Zentralarbeitsgemeinschaft*.

[4] Susanne Miller, *Die Bürde der Macht. Die deutsche Sozialdemokratie 1918—1920* (= Beiträge zur Geschichte des Parlamentarismus und der politischen Parteien, vol. 63), Düsseldorf 1978, pp. 141—163; K. Trueschler, *Die Sozialisierungspolitik*... [see note 1], pp. 38—40.

the meantime the party did not stand idly by. On the contrary, the SPD developed practical policies directed towards solving specific economic problems of the inflation that, it should not be forgotten, had been inherited from the *Kaiserreich*.

In marked contrast to the nebulous and rarefied theoretical debates over socialization and the *Planwirtschaft*, practical economic policies were drawn up by Gustav Bauer and Robert Schmidt, two veteran trade union and party leaders in the early Weimar governments. The Bauer-Schmidt program was profoundly mundane, designed to remedy the ever-worsening malnutrition, falling productivity, and exhaustion of labor power among German workers that were fueling inflation. The goal was to get food into the empty stomachs of the working class. The immediate problems that this policy faced were where to get the food and how to pay for it in a world dominated by victorious Entente capitalism? In this paper I will examine the evolution of the Bauer-Schmidt policy, showing that there was a continuity in SPD economic policy oriented towards the party's concern for the inter-related problems of the food crisis and inflation.

I

Falling Productivity and the Food Crisis

The history of the German Revolution and the early Weimar Republic has been frequently written as if it occurred amidst conditions of plenty and as if there were a free choice of policies. Nothing, however, could be more misleading. The First World War and the British blockade had thrown the German economy into a nutritional crisis that became evident as early as 1915.[5] Shortages of food and rising prices had affected the productivity of labor in 1915/16 and exacerbated the wartime inflation. Attempts to control food production, prices, and distribution by means of controls and rationing *(Zwangswirtschaft)*

[5] An introduction to the crisis of nutrition is Paul Eltzbacher et al., *Die deutsche Volksernährung und der englische Aushungerungsplan*, Braunschweig 1914. The beginning of the nutritional crisis has traditionally been dated in 1916/17 following August Skalweit, *Die deutsche Kriegsernährungswirtschaft* (= Wirtschafts- und Sozialgeschichte des Weltkrieges. Veröffentlichungen der Carnegie-Stiftung für internationalen Frieden), Berlin 1927, p. 16. In my dissertation I have argued for an earlier dating in 1915/16, William Carl Mathews, *The German Social Democrats and the Inflation: Food, Foreign Trade, and the Politics of Stabilization 1914—1920*, Diss., University of California, Riverside 1982, Chaps. 2 and 3.

failed. Agricultural production declined sharply. A thriving black market, encompassing up to 50 % of the food supply, according to official estimates, pushed up the costs of physiologically sufficient nutrition faster than wages could follow.[6] By 1918 the productivity of labor had fallen between 20 and 30 % due primarily to malnutrition and physical exhaustion.[7] The disasterous ‚turnip winter' of 1916/17, when even potatoes were scarce, took a terrible toll on public health. Mortality rates among women, children, and the elderly rose between 30 and 50 % in 1917 alone. The incidence of tuberculosis doubled by 1918. By December 1918 the Reich Health Office estimated that 805 people were dying daily due to the effects of malnutrition caused by the blockade.[8]

The main concern of the SPD during the Revolution was to solve the food crisis.[9] With the *Zwangswirtschaft* plagued by poor production

[6] On the *Zwangswirtschaft* see A. Skalweit, *Die deutsche Kriegsernährung*... [see note 5] passim, and the superb work by Jens Flemming, *Landwirtschaftliche Interessen und Demokratie. Ländliche Gesellschaft, Agrarverbände und Staat 1890—1925*, Bonn 1978, pp. 76—160. Estimates of the black market vary. A. Skalweit, *Die deutsche Kriegsernährung*... [see note 5], p. 228, and Max Rubner, *Die Gesundheitsverhältnisse im Allgemeinen*, in: *Deutschlands Gesundheitsverhältnisse unter Einfluß des Weltkrieges*, (= Wirtschafts- und Sozialgeschichte des Weltkrieges. Veröffentlichungen der Carnegie-Stiftung für internationalen Frieden), ed. F. Bumm et al., Stuttgart 1928, 1, p. 72, both argue for a lower estimate of about 15 % of the total food supply; however, during the war the rations rarely provided more than 50 % of the daily required calories and nutrients. However horrible conditions were, the death rates rose less than one would anticipate from such a low estimate of the food available on the black market. Higher figures were frequently cited during the war; the figure of 50 % comes from a KEA official's statement in *Müssen wir verhungern?*, in: *Die Freiheit*, 16 a (23. 11. 1918).

[7] Jürgen Kuczynski, *Die Geschichte der Lage der Arbeiter unter dem Kapitalismus*, vol. 4, Berlin [Ost] 1967, p. 397; ders., *Die Geschichte der Lage*..., vol. 5, p. 185.

[8] Reichsgesundheitsamt, Schädigung der deutschen Volkskraft durch die ungesetzliche Handelsblockade (Dezember 1918), Bundesarchiv Koblenz (hereafter cited as BA R 43 I/1266, Bll. 43—79. The thesis of exhaustion and malnutrition was argued by the SPD during the Reichstag's investigations into the causes of the collapse in 1918, *Die Ursachen des deutschen Zusammenbruchs im Jahre 1918* (= Das Werk des Untersuchungsausschusses der Verfassunggebenden Deutschen Nationalversammlung und des Deutschen Reichstages 1919—1928, 4. Reihe), Berlin 1928, 12 vols. Also see Andre-E. Sayous, *L'epuisement economique de l'Allemagne entre 1914 et 1918*, in: *Revue historique*, 188 (1940), pp. 56—88.

[9] The central role of the food issue during the Revolution has been pointed out by Leo Haupts, *Deutsche Friedenspolitik 1918—19. Eine Alternative zur Machtpolitik des Ersten Weltkrieges?*, Düsseldorf 1976, pp. 183—328. I would like to thank Gerald D. Feldman for calling the food issue to my attention.

and passive resistance, Emmanuel Wurm (USPD) and Friedrich Ebert (SPD) immediately put the government on a course aimed at importing food from the United States.[10] In order to accelerate the peace talks necessary to remove the blockade as well as help stabilize conditions throughout German society, both the SPD and the right-wing of the USPD oriented around Wurm, Hugo Haase, and Karl Kautsky favored holding elections to a constituent assembly. In expectation that imports would start soon, Ebert and Wurm tried to increase or at least maintain production so that imports could be paid for with exports of coal. Under the pressure of the dire economic conditions, the leaders of both the SPD and the USPD accepted the need to avoid radical experiments in socialization such as the Bolsheviks had tried in Russia; instead, both parties recognized the ‚Stinnes-Legien' agreement of November 1918 as a means of maintaining production.[11] The overwhelming majority of the councils understood the fundamental importance of the food crisis to the Revolution and voted in favor of early elections at the First Congress of the Workers' and Soldiers' Councils in mid-December 1918.[12]

Both the SPD und the USPD leaders feared that the economy might collapse into anarchy. Emil Barth, the *Obleute*'s representative on the Council of People's Commissars, thought that disruption of the econ-

[10] L. Haupts, *Deutsche Friedenspolitik...* [see note 9], pp. 232—246. Wurm's very important role has recently been pointed out by Martin Schumacher, *Land und Politik. Eine Untersuchung über politische Parteien und agrarische Interessen 1914—1923* (= Beiträge zur Geschichte des Parlamentarismus und der politischen Parteien, vol. 65), Düsseldorf 1978, pp. 130—135. Arno Mayer, *Politics and Diplomacy of Peacemaking: Containment and Counterrevolution at Versailles 1918—1919*, New York 1967, pp. 97—98, 280—281, agreeing with the Spartacists, doubts that there was a real food crisis. Kurt Schwabe, *Deutsche Revolution und Wilson-Friede. Die amerikanische und deutsche Friedensstrategie zwischen Ideologie und Machtpolitik 1918/19*. Düsseldorf 1971, pp. 238—248, 250—251, 269—270, argues along lines very similar to Mayer; nevertheless, Schwabe conceeds the reality of the food crisis.

[11] S. Miller, *Die Bürde der Macht...* [see note 4], pp. 104—115; Gerhard A. Ritter/Susanne Miller (eds.), *Die Deutsche Revolution 1918—1919. Dokumente*, Hamburg 1975, pp. 233 ff.

[12] S. Miller, *Die Bürde der Macht...* [see note 4], pp. 119—135; Eberhard Kolb, *Die Arbeiterräte in der deutschen Innenpolitik 1918—1919*, 1962; Berlin 1978, pp. 197—199. Wilhelm Dittmann and Max Cohen-Reuss made explicit the connection to food in Zentralrat (ed.), *Allgemeiner Kongreß der Arbeiter- und Soldatenräte Deutschlands 16. bis 20. Dezember 1918 im Abgeordnetenhaus zu Berlin. Stenographische Berichte*, Berlin 1919, pp. 40—43, 105—110.

omy was irresponsible given the necessity of paying for large imports of food and raw materials: „... we are sitting so deep in slime that our nose is just barely sticking above it. We have to get planks under our legs so that we can hold ourselves up... We can only socialize if there is something there to socialize. We need 6 billion Mk for food and 10 billion Mk for raw materials for next year reckoned at the old exchange rates. Production can only be increased if we can export something. But for that we need the intelligence of the German people. Even the employers are not all cretins and coupon clippers... Strikes today don't take the slightest amount of courage, but it does take courage to bring the colleagues back to reason...“[13]

Local councils, however, often tried to act independently to solve food shortages, a lack of coal, and unemployment by intervening in the administered economy left over from the war. Such interventions, however justifiable they may seem from the standpoint of local sufferings, disrupted the central administration and planning of the economy. Small town councils frequently cut off food and coal going to larger urban industrial areas, causing shortages and economic dislocations.[14]

Increasingly the government was put under pressure to stave off what seemed to be a slow grinding descent of the economy into chaos. Robert Schmidt threatened to resign from his post in the Ministry of Food if actions were not taken to maintain coal production in the Ruhr.[15] Rudolf Wissell and August Mueller pressed the government to take military action to re-assert Berlin's authority over dissident local councils.[16]

Unfortunately, progress on food talks in 1918 was not forthcoming, and the food crisis grew steadily worse in early 1919. A series of attacks

[13] Barth's speech to the Berliner Workers' Council on 29. 11. 1918 cited in: *Der Volksbeauftagte Barth über die Notwendigkeit der Produktion,* in: *Sozialdemokratische Partei-Korrespondenz,* Nr. 2 (1. 2. 1919), p. 43.

[14] See Chap. 7 of my thesis *The German Social Democrats...*, cited in fn. 5.

[15] Susanne Miller/Heinrich Potthoff (eds.), *Die Regierung der Volksbeauftragten,* introduction by Erich Matthias (= Quellen zur Geschichte des Parlamentarismus und der politischen Parteien, Erste Reihe, vol. 6), Düsseldorf 1969, 2, Doc. 80 (28. 12. 1918), p. 135, and Doc. 86 (30. 12. 1918), p. 146.

[16] On Müller see *op. cit.*, 1, Doc. 30 (25. 11. 1918), pp. 207—208. Müller was especially concerned about the coal supply network in December 1918, BA R 43 I/2181, Bll. 42—67. Also see Besprechung in der Reichskanzlei über die wirtschaftliche Lage am 21. 1. 1919, BA R 43 I/1146, Bll. 2 ff., p. 9. On Wissell, see his memo to Noske (19. 1. 1919), BA R 43 I/2181, Bl. 112.

against the government in Berlin led by the Spartacists and the *Obleute* combined with attempts by some local councils to challenge the authority of the central government to create conditions of quasi-civil war. Social protest movements in the Ruhr spread to Central Germany and Berlin in March 1919. The government responded to the local uprisings and protests with military measures, the so-called *Noskepolitik,* that were designed to protect the delicate lifelines of the ration system, coal supply, and transport.[17] Far from maintaining order and preserving production, however, the *Noskepolitik* aroused further protests that crippled key sectors of the economy, especially coal.[18]

If there was a positive aspect to the *Noskepolitik,* it was that it helped put the fear of Bolshevism into the Entente powers. Food talks were quickly carried to a conclusion at Brussels, leading to an end of the blockade of food for all practical purposes in March 1919.[19] At long last Germany could begin to import food. However, the Entente gave no credits to the Scheidemann government. Germany was, therefore, forced to limit imports to her ability to pay with either gold or foreign exchange earned by exports. With the economy collapsing from the social upheaval, Scheidemann's government could derive little immediate benefit from the Brussels agreement.

The economic program that the Scheidemann government followed under these restricting circumstances has been obscured by the debates over socialization and the *Planwirtschaft.* Scheidemann announced a broad plan of socialization, clearly in line with the SPD's notion of a long term process which could at best only be begun in 1919. Pressure from the protest movement in the Ruhr, Central Germany, and Berlin led to the passage of some socialization laws modelled after the *Planwirtschaft* in March. Of greater significance for the SPD's practical economic policy in 1919, however, was a cabinet decision of 26 March that empowered the Minister of Food, Robert Schmidt, to import food as „the first line priority" of the government's economic program.[20]

[17] S. Miller/H. Potthoff (eds.), *Die Regierung der Volksbeauftragten*... [see note 15], 2, Doc. 113 (21.1.1919), pp. 285—287; S. Miller, *Die Bürde der Macht*... [see note 4], pp. 252—274. See also the insightful article by Wolfgang Mommsen, *Die deutsche Revolution 1918—1920. Politische Revolution und soziale Bewegung,* in: *Geschichte und Gesellschaft,* 4 (1978), Nr. 3, pp. 362—392.

[18] Coal production all but collapsed in 1919 especially during the April strike, J. Kuczynski, *Die Geschichte der Lage*..., vol. 15, p. 21.

[19] K. Schwabe, *Deutsche Revolution und Wilson-Friede*... [see note 10], pp. 363—379; L. Haupts, *Deutsche Friedenspolitik*... [see note 9], pp. 293—328.

[20] Hagen Schulze (ed.), *Das Kabinett Scheidemann. 13. Februar bis 20. Juni 1919.*

Schmidt had succeeded Wurm as Minister of Food in February 1919. Wurm, neglected by historians but nevertheless an important member of the revolutionary government, had put the bulk of his effort into documenting and publicizing the extent of the food crisis after years of government cover-ups. Wurm hoped that by stating the desperate situation in unambiguous terms, he could draw the attention of the Entente to Germany's need for food. He also hoped to focus the attention of the German public on the need to maintain production and stabilize the Revolution in order to keep the ration system working smoothly and to build up exports to pay for food once the blockade had been removed.[21] In early 1919 it was, therefore, well-known that a nutritional crisis of unprecedented proportions would occur two and a half months before the new harvest unless food was imported to supplement the dwindling reserves of the *Zwangswirtschaft.*[22] The wave of mass protests and strikes in March 1919 was commonly traced back to problems of malnutrition by working class leaders like Wilhelm Sollmann: „But the German people cannot eat ‚blue beans', rather it needs protein and fat to restore its health ... What we are experiencing in Germany today is a malady caused by hunger and nothing else."[23] It was imperative, therefore, that Schmidt draw food into Germany as quickly as possible.

Schmidt set out aggressively to use imports as a means of supplementing the normal rations with meat and fat. The price of the rations was kept down by selling imported flour on the open market at prices well above the Food Ministry's costs but still well below black market prices; the profits were used to subsidize the cost of the rations. This

Akten der Reichskanzlei. Weimarer Republik, ed. Karl Dietrich Erdmann and Wolfgang Mommsen, Boppard am Rhein 1971, p. 102.

[21] M. Schumacher, *Land und Politik*... [see note 10], pp. 130—135; L. Haupts, *Deutsche Friedenspolitik*... [see note 9], pp. 268—274; *Staatssekretär Wurm über die Ernährungslage: Ohne Auslandshilfe Zusammenbruch,* in: *Vorwärts,* 322 (23. 11. 1918); KEA Denkschrift (CI 7644) (21. 11. 1918), pp. 3—4, BA R 43 I/1266, Bll. 9 ff. REA to AA (4. 12.1918), BA R 85/947, Bll. 145—149.

[22] Besprechung in der Reichskanzlei über die wirtschaftliche Lage am 21. 1. 1919, pp. 11—12, BA R 43 I/1146, Bll. 2 ff.; Demobilmachungsamt. Kurzer Überblick über die Lage der Lebensmittel (20. 1. 1919), GSA, Rep. 2B, AB. I, vol. 3; Emanuel *(sic!)* Wurm, *Der Stand der Ernährungslage in Deutschland,* in: *Hamburger Echo,* 76 (15. 2. 1919).

[23] Wilhelm Sollmann in: *Verhandlungen der Verfassunggebenden Deutschen Nationalversammlung. Stenographische Berichte und Anlagen,* Berlin 1919 f., vol. 326, 24. Sitzung (10. 3. 1919), p. 653 (hereafter cited as *NV*).

scheme not only increased the total number of calories and desperately needed fat in the rations (see FIGURE 1); it also helped relieve consumer demand and drive down prices on the black market, leading to a decline in total nutritional costs throughout the spring and summer of 1919 (see FIGURE 2). Although food prices rose in the winter of 1919/20, they rose less rapidly than the overall rate of inflation.

Within the government and especially among farmers, Schmidt's policies were a source of bitter controversy. Although the level of food imports remained significantly below what the Ministry of Food thought was needed to end the public health crisis and restore labor power, Schmidt found it difficult to pay for the foreign food.[24] The wartime inflation combined with a passive trade balance and speculation against the Mark to reduce the value of the Mark as a medium for international exchange. Furthermore, payments for imports under the Brussels agreement had to be made in either specified foreign currencies or gold. Eugen Schiffer (DDP), the Minister of Finance, and Rudolf Havenstein, the President of the Reichsbank, both objected to the volume of food imported by Schmidt. Schiffer, a proponent of free trade liberalism, opposed in principle Schmidt's policy of bringing all food imports under the control of the Ministry of Food, prefering instead an end to all state intervention in the economy. Havenstein was primarily concerned to stop Schmidt from alienating the Reichsbank's gold reserve. Schiffer and Havenstein did their best to curb Schmidt's demands for gold and foreign exchange, accusing Schmidt of extravagance and an unbusinesslike mode of operation.[25] Only Schiffer, however, went so far as to claim that the food itself was unnecessary.[26] By promising to maintain a businesslike approach to his task, therefore, Schmidt had little difficulty getting the cabinet to continue its support for his import program and the high level of priority that it had given to food imports on 26 March.[27]

Although Schiffer eventually resigned out of despair over the general financial situation,[28] his successor, Bernhard Dernburg (DDP), under-

[24] L. Haupts, *Deutsche Friedenspolitik*... [see note 9], pp. 315—327, 442—443.

[25] RFM to RK (10. 4. 1919), BA R 43 I/1266, Bll. 172ff.

[26] L. Haupts, *Deutsche Friedenspolitik*... [see note 9], p. 324, fn. 201.

[27] REM to RFM (28. 4. 1919), BA R 43 I/1266, Bll. 172ff.; REM to RWM (29. 4. 1919), BA NL Wissell, vol. 47, 10609/15; H. Schieck, *Der Kampf*... [see note 1], p. 214.

[28] H. Schulze (ed.), *Das Kabinett Scheidemann*... [see note 20], Doc. 40 (11. 4. 1919), p. 156; H. Schieck, *Der Kampf*... [see note 1], p. 156; Werner Schiefel, *Bernhard*

FIGURE 1

Average Number of Calories in Food Rations
Oct. 1918 — Feb. 1920

Percentage of Nutritional Needs of Calories and Fat
in Food Rations 1918—1920

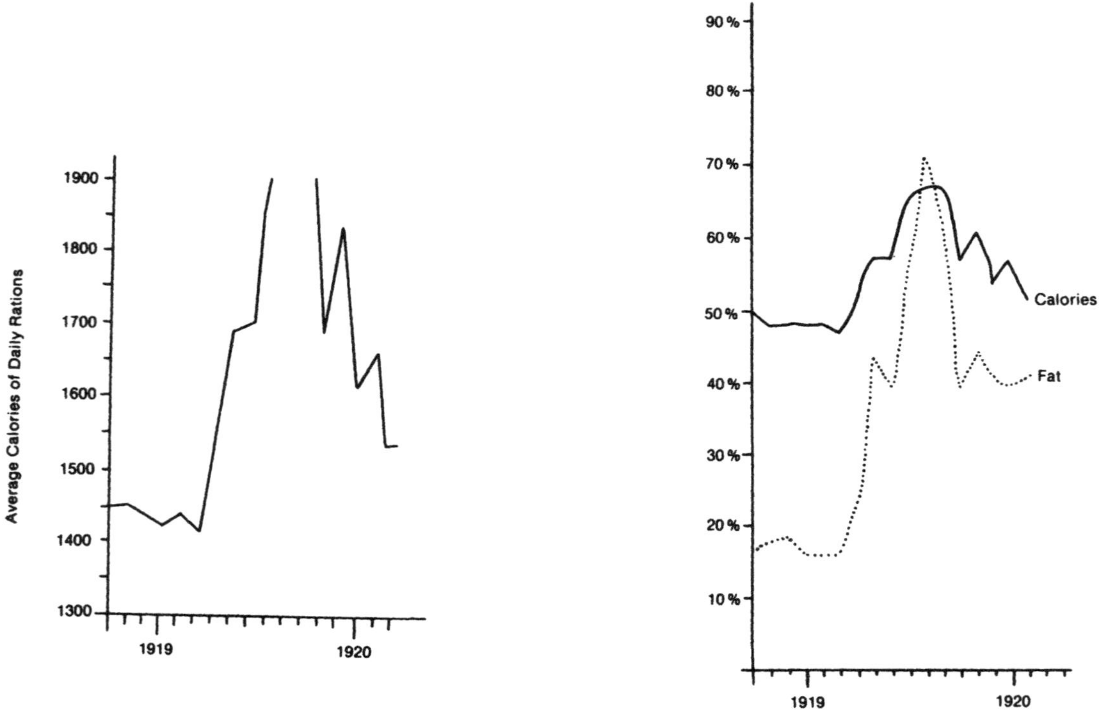

Source: RWM to RK (29. 4. 1920), BA R 43 I/1147, Bl. 156.

FIGURE 2

Cost of Rations, Supplements to Rations, and Total Cost of Nutrition

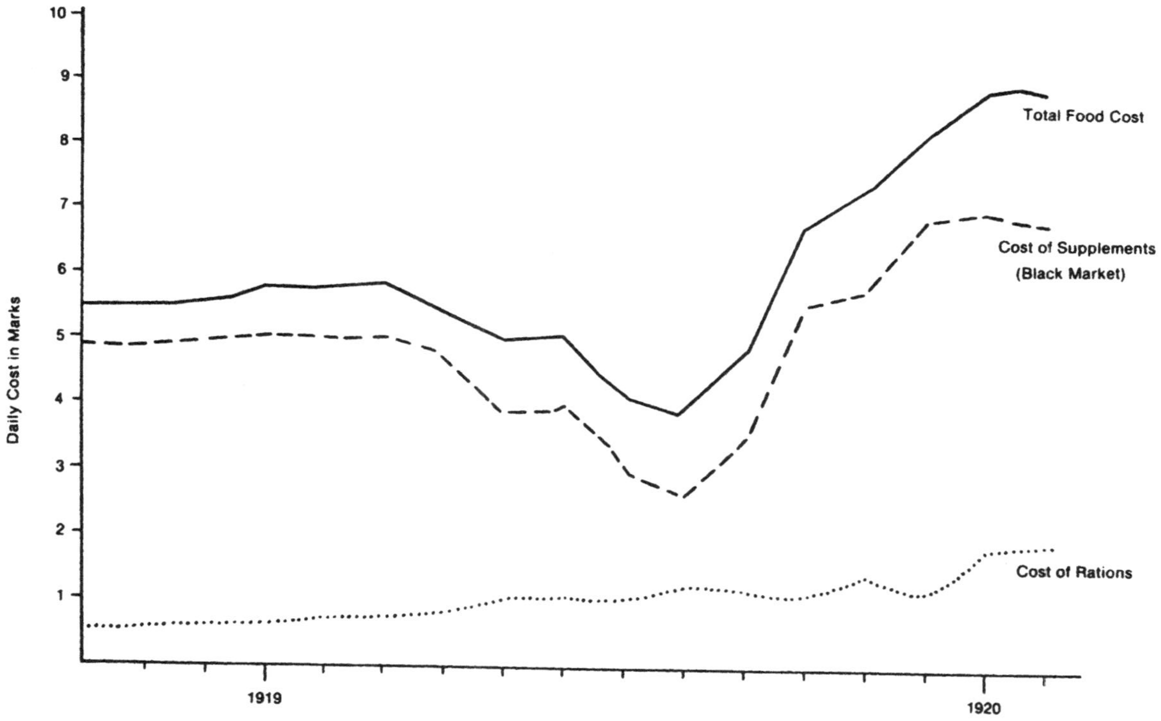

Source: RWM to RK (29. 4. 1920), BA R 43 I/1147, Bl. 156.

stood that food was one of the keys to resolving the problems of production that plagued the economy and offered little resistance to Schmidt.[29] In the meantime Rudolf Wissell, the SPD Minister of Economics, became a source of trouble for both the liberals and Schmidt. Wissell joined Schiffer and Havenstein in opposing Schmidt's demands for gold. Wissell thought the gold would be better used to pay for imports of industrial raw materials which could be used to generate export production as a means of paying for subsequent food imports. But Wissell and his State Secretary Wichard von Moellendorff also resented the influence the Ministry of Food was acquiring over the economy by its control over food imports. One of the goals of Moellendorff's *Planwirtschaft* was to abolish the Ministry of Food and give its powers over imports and agricultural prices to the Ministry of Economics.[30]

Wissell's arguments were not wholly without substance. It was, for example, important that Schmidt used the gold reserve with great care. Germany could scrape together only a marginal amount of import credits from the neutrals, so that it was important that the Reichsbank preserve Germany's credit rating abroad by paying off foreign obligations when they fell due, if necessary by using the gold reserve as the last source of credit. Furthermore, the gold reserve was limited. Sooner or later the gold would reach an end unless Germany recovered her ability to export. However, Wissell failed to appreciate that it was essential to improve the food supply in order to bring peace and order to the process of production. There simply had to be something at the end of the food queues besides the *Noskepolitik.* Wissell and Moellendorff overestimated the effectiveness of rhetorical appeals for discipline and order, neglecting the fact that such appeals had fallen on the deaf ears of desperately hungry workers since December 1918.[31] The workers would have to have food before they could resume full productivity.

Dernburg 1865—1937. Kolonialpolitiker und Bankier im wilhelminischen Deutschland, Zürich n. d., p. 162; BA NL Koch-Weser, Nr. 16 (11. 4. 1919).

[29] Bernhard Dernburg, *Der Weg zum Wirtschaftsfrieden. Eine notwendige Enquete* (= Das Demokratische Deutschland, H. 2), Berlin 1919, in BA R 43 I/1129, Bll. 176 ff.

[30] BA NL Wissell, vol. 47, 10609/15; BA NL Moellendorff: vol. 153, Niederschrift einer Besprechung vom 21. 11. 1918; Nr. 2, Moellendorff to Wissell (7. 3. 1919). See also Denkschrift des RWM (7. 5. 1919), BA R 43 I/1146, Bll. 54 ff.

[31] Eduard David made this point to the cabinet in Anlage zum Protokoll vom 8. 7. 1919, pp. 1—2, BA R 43 I/1350.

II

The Debate over Foreign Trade Policy

Wissell and Moellendorff's greatest problem was the lack of a practical alternative to Schmidt's policy. The *Planwirtschaft* was basically oriented around a policy of autarky designed to restrict both imports and exports.[32] While in the long run such an austere economic policy might have helped organize production and stabilize the Mark, in the short run it meant throttling foreign trade and reducing the amount of foreign exchange the German economy could earn. Instead of importing food, Moellendorff and Wissell advocated increasing domestic food prices, thinking that higher prices would draw hoarded foodstuffs onto the market.[33] The supporters of the *Planwirtschaft* simply failed to appreciate how much more dependent Germany had become on foreign food supplies as a result of the war. German agriculture was not in a position to produce enough food to feed the population regardless of how high prices went. Nor for the matter could prices have been raised without triggering labor unrest. Autarky, therefore, was a barren policy in 1919.

In marked contrast to Wissell, Schmidt understood that Germany could no longer rely on her own agricultural production to meet the nutritional needs of the population. Until production recovered, Schmidt thought the *Zwangswirtschaft* would have to be retained in order to ensure that the poor would not be driven out of the food market by high prices caused by shortages.[34] Although Schmidt believed that importing food was essential to restore labor power, he was also realistic enough to sense that Germany could not rely on the gold reserve to pay all her foreign debts. Therefore, Schmidt supported changes in the system of foreign trade controls inherited from the war if the changes promised a means of increasing the flow of foreign exchange needed to pay for the food imports. For example, by allowing

[32] D. E. Barclay, *A Prussian Socialism?*... [see note 2], in: *Central European History*, 11 (1978), no. 1, p. 55.

[33] Denkschrift des RWM (7. 5. 1919), BA R 43 I/1146, Bl. 66; E. Biechele, *Der Kampf um die Gemeinwirtschaftskonzeption*... [see note 1], p. 77.

[34] Schmidt was not a die-hard supporter of the *Zwangswirtschaft*, but he did think at least during the immediate post-war transition crisis the *Zwangswirtschaft* had to be maintained, Robert Schmidt, *Der Freie Handel*, in: *Vorwärts*, 93 (7. 4. 1918); Schmidt in: *NV*, vol. 326, 24. Sitzung (10. 3. 1919), pp. 625 ff. Especially revealing are Schmidt to Braun (4. 8. 1919) and (12. 9. 1919), BA R 43 I/1255, Bll. 177 ff. and 156 ff. respectively.

private entrepreneurs to use their personal credit resources abroad to import food and exempting 20 % of the foreign exchange earnings of exports for the personal use of the exporter, Schmidt saw that it was possible to increase the volume of exports. The increase in exports and the foreign exchange earned in the process could be used to pay for imports on current account, thus relieving the pressures placed upon the gold reserve and the Mark. Schmidt also favored removing banking controls over foreign exchange as a means of reducing the scope of the black market in foreign exchange and, therefore, making more exchange available to the Reichsbank and the government.[35] These measures involved risks of inflation due to the removal of controls over the foreign exchange; however, the controls were notoriously ineffective. Schmidt reasoned that if exports were stimulated as a result of decontrol, the inflationary pressures would be more than overcome by the benefits the economy would derive from the increased volume of foreign exchange and the food that could be imported.

These sorts of measures were regarded by Wissell and Moellendorff as attacks on the *Planwirtschaft.* They planned to thwart Schmidt's demands for gold by allying with Dernburg and his DDP colleague Georg Gothein on a special cabinet committee on imports and exports, the so-called ‚Dictatorial Economic Committee'; however, they soon discovered to their dismay that Schmidt was able to combine his need for foreign exchange with the DDP's desire to de-control foreign trade. Desperate to halt what he thought was an attempt by Dernburg to force the government onto a policy of free trade, Wissell formally presented the *Planwirtschaft* as an ultimatum to Scheidemann on 7 May 1919.[36]

The details of Wissell's failure to win approval for the *Planwirtschaft* are well-known.[37] Although he managed to win a qualified acceptance of the *Planwirtschaft* at the SPD's Weimar Party Congress, Wissell's ultimatum tactics with the Bauer government cost him the support of the Reichstagsfraktion. After the *Planwirtschaft* was rejected by the cabinet in early July, Wissell and Moellendorff resigned.

[35] PA/AA, Handakten Toepffer: Diktatorischer Wirtschaftsausschuß (15. 4. 1919); H. Schieck, *Der Kampf*... [see note 1], p. 211.

[36] H. Schulze (ed.), *Das Kabinett Scheidemann*... [see note 20], Doc. 63a; H. Schieck, *Der Kampf*... [see note 1], Anlage 1, Wissell to Scheidemann (7. 5. 1919), pp. 266ff.

[37] H. Schieck, *Der Kampf*... [see note 1], pp. 209—255; D. E. Barclay, *Social Politics*... [see note 1], pp. 138—178; E. Biechele, *Der Kampf um die Gemeinwirtschaftskonzeption*... [see note 1], pp. 83—212.

After some difficulties in selecting a successor, Schmidt was named temporary Minister of Economics in addition to his post as Minister of Food. Supporters of the *Planwirtschaft* within the government initially feared Schmidt would pursue a radical policy of de-control; however, they soon realized that the SPD was open to parts of the *Planwirtschaft*, even if the party would not accept it as a substitute for an eventual socialization.[38] Although Schmidt rejected the overall scheme of the *Planwirtschaft*, he was prepared to adopt certain elements of it, such as the Foreign Trade Bureaus envisioned to monitor imports and exports, if they proved effective.[39]

Wissell had chosen to follow principles rather than practicalities in 1919. A schematic geometry for the organization of the economy into self-administering trusts, some ill-defined pump-priming, anti-strike legislation, and a re-structuring of the Reich bureaucracy to assure the Ministry of Economics an autocratic control over the economy were the practical measures the *Planwirtschaft* had to offer. Even if it had been desirable, there was no possibility of regimenting foreign trade the way Wissell and Moellendorff wanted due to the lack of a tariff barrier in the occupied Rhineland, the so-called ‚gap in the West'. By trying to force the economy into an abstract plan, Wissell risked a prolonged stagnation of the economy. In the meantime, he could not have effectively controlled production nor have met the vital needs of the population. In the end, all Wissell and Moellendorff could offer was austerity, autarky, and autocracy without immediately practical results. That

[38] Gustav Brecht sent Wissell a copy of a letter from Carl Bachem to Ernst von Trendelenburg (all of them bureaucrats who supported the *Planwirtschaft*) describing the aftermath of Wissell's resignation in positive tones, Brecht to Wissell (13. 7. 1919), BA NL Wissell, Nr. 22, Bll. 3383 ff.

[39] Schmidt's criticisms are in REM to RK (7. 5. 1919), BA R 43 I/1146, Bll. 19 ff. Trendelenburg was responsible for imports and exports in RWM under Wissell and Moellendorff and had been working on revamping the Foreign Trade Bureaus throughout 1919. At first Trendelenburg thought to resign with Wissell and Moellendorff. He found, however, that Schmidt did not intend to go over rashly to free trade; in fact, he was commissioned by Schmidt to continue his work on the Foreign Trade Bureaus in conjunction with the *Zentralarbeitsgemeinschaft* as before. It should also be pointed out that Trendelenburg had already realized that there were problems with the *Planwirtschaft*. It was, as he complained to Moellendorff, „too abstract", Entwurf der Rücktrittszuschrift von Trendelenburg, Bl. 3392, and Bachem to Trendelenburg, 13. 7. 1919, Bll. 3383, BA NL Wissell, vol. 22; see also Trendelenburg to Moellendorff, 12. 4. 1919, BA NL Moellendorff, vol. 153; zur Frage der Außenhandelskontrolle Trendelenburg (6. 11. 1919), BA NL Le Suire, Nr. 87.

Moellendorff directed the *Planwirtschaft* against parliamentary democracy is certain. Whether Wissell understood the political implications of the *Planwirtschaft* is less clear.[40]

The course adopted by the government after Wissell's fall was known as the Bauer-Schmidt program. In its basic goals, the Bauer-Schmidt program differed little from the policies pursued by the Scheidemann government. Gustav Bauer, who replaced Scheidemann as Chancellor during the cabinet shuffle over the Treaty of Versailles, presented his economic program to the National Assembly on 23 July. He postulated the distant goal of socialization as opposed to the *Planwirtschaft.* Most of his program, however, dealt with more concrete matters. Bauer made clear his intention to meet the material needs of the lower income groups. He also intended to control foreign trade in order to eliminate luxury imports. The most important continuity with Scheidemann's program, however, was Bauer's commitment to solving the food crisis: „At the top of all efforts to improve the conditions of the nation materially has to be the food issue."[41] Bauer hoped to get credits from the United States to finance imports; otherwise, he foresaw the use of subsidies to keep the prices of imported foodstuffs within the purchasing power of the poor. Although he favored lifting exchange controls, Bauer clearly wanted to maintain some measure of control over foreign trade.

Schmidt announced a policy of greater economic freedom to the National Assembly the next day. He wanted to let German society experience some material benefits from the signing of the peace treaty. Although Schmidt hoped to make rapid progress in increasing coal production, he refused to countenance the *Planwirtschaft's* notions of regimenting labor. Instead, he hoped better social-political legislation protecting the rights of labor would help minimize industrial conflict, thereby increasing production.[42]

The Bauer-Schmidt program placed its hopes on a burst of foreign trade following the signing of the peace treaty. Bauer and Schmidt were aware that there would be a shock to the exchange rate and domestic prices when Germany was re-integrated into the international economy; however, the impact of the price shock on the poor would be

[40] E. Biechele, *Der Kampf um die Gemeinwirtschaftskonzeption*... [see note 1], pp. 69—71.

[41] Speech to *NV*, vol. 328 (23. 7. 1919), pp. 1848—1849.

[42] *Op. cit.* (24. 7. 1919), pp. 1866 ff.

mitigated by using food price subsidies. According to Carl Bachem, Bauer thought that „the main thing was to get goods into the country and get the economy breathing, then we would be able to resume payments with goods on our side."[43] To encourage the economy, Schmidt simplified the foreign trade regulations, particularly regarding foods, textiles, and producers' goods, by de-centralizing the licensing system and loosening prohibitive controls over exports.[44]

Whereas the *Planwirtschaft* sought to isolate Germany from the shocks of re-integration into the international economy by restricting foreign trade and circumscribing growth, the Bauer-Schmidt program was based on the premises that it would be impossible to stop the shock effect on the exchange rate due to the ‚gap in the West' and that it was not desirable to constrict economic activity. The shock of ‚world prices' for imports could be reduced by subsidizing rations and continuing the *Zwangswirtschaft*. In the meantime economic activity would be stimulated by a revival of foreign trade. By recovering productive capacity and resuming a healthy volume of exports, the problem of paying for imports would be solved, especially if luxury imports could be eliminated and foreign exchange collected and used to stabilize the Mark.

The emphasis that Bauer placed on the food issue was reflected in Schmidt's economic policies. Although Schmidt thought political motives explained much of the strike activity in the coal mining areas, he also recognized that until the food shortages and high prices were turned around, the decline of labor productivity would continue due to low real wages, physical exhaustion, and strikes. Since it was essential that the production of coal be increased so that the metal industry could be re-started, the source of labor unrest had to be removed. Stabilizing food prices was, therefore, the prerequisite for a restoration of the productivity of labor.

In late June 1919 the government headed off an ominous strike threat from the railway workers by promising to reduce food prices if the workers would forego wage increases.[45] Bauer and Schmidt tried to

[43] Bachem to Trendelenburg, (13. 7. 1919), BA NL Wissell, Nr. 22, Bl. 3390.

[44] RWM. Wirtschaftspolitische Richtlinie (September 1919), Bll. 243—245 and RWM to RK (10. 9. 1919), Bll. 248 ff., BA R 43 I/1127.

[45] Pr. Staat. Min. Protokoll (26. 4. 1919), (3. 5. 1919), and (10. 6. 1919), Bll. 45—61, 66—72, 109—111; Sitzung mit den Eisenbahnern, 6. 5. 1919, Bll. 77 ff.; Südekum to Bauer (5. 7. 1919), Bl. 113, BA NL Südekum, vol. 105. See also *Der Streik der Eisen-*

stabilize the price of rations by using import price subsidies. Starting with a fund of 1.5 billion Mk, the program was eventually expanded until nearly 7 billion Mk had been spent to cushion rations from the full impact of rising import costs.[46]

The SPD was not enthusiastic about subsidies. They were regarded as a „French idea“ that would only distort the economy and lead to further deficit spending.[47] One could argue that Schmidt should have risked greater deficits and increased the scope of the subsidies to stabilize food prices and wages while production was given a chance to recover; the inflationary pressures generated by the spending might have been balanced out by an increase in production. Schmidt, however, pursued only a cautious and conservative policy of trying to reduce the shock of price increases caused by the depreciation of the Mark. This sort of fiscal orthodoxy was typical of the SPD on the whole.

Schmidt understood that subsidies could only be an interim policy designed to help preserve real wages and restore productivity until the economy recovered its capacity to produce. Although labor and management put pressure on them to hold prices down more tightly,[48] Schmidt and his Secretary of State, Julius Hirsch, realized that the Minister of Food could not arbitrarily roll back prices. At a meeting of an inter-departmental committee formed in July 1919 to discuss ways to halt rising prices, Hirsch made it clear that the process of inflation was ruining the economy. Prices, however, were being driven up by the bloated supply of money inherited from the *Kaiserreich*, the deficit spending since the Revolution, and the expansion of credit by the Reichsbank. Hirsch thought that only a comprehensive „simultaneous and goal oriented“ program of coordinated monetary, production, and labor policies could halt the inflation.[49]

bahner, in: *Vorwärts*, 320 (25. 6. 1919); *Fortdauer des Eisenbahnstreiks*, in: *Die Freiheit*, 302 a (28. 7. 1919).

[46] Kabinettsitzung (26. 6. 1919), BA R 43 I/1349, Bll. 601—604; Denkschrift über die Verbilligung von Lebensmitteln. Schmidt (17. 3. 1920), BA R 43 I/1267, Bll. 172 ff.

[47] Eduard Bernstein in S. Miller/H. Potthoff (eds.), *Die Regierung der Volksbeauftragten*... [wie Anm. 10], 1, Doc. 52, p. 334.

[48] BA R 43 I/1256, Bl. 116; *Entschließung der Zentralarbeitsgemeinschaft zur Lebensmittelteuerung*, in: *Correspondenzblatt*, 30 (1920), Nr. 1; Heinrich Kaun, *Die Geschichte der Zentralarbeitsgemeinschaft der industriellen und gewerblichen Arbeitgeber und Arbeitnehmer Deutschland*, Diss. Wirtschaftliche Hochschule Berlin, Jena 1938, pp. 77—78.

[49] Aufzeichnung über die Sitzung des Vorstandes des REM am 11. 7. 1919, BA R 43 I/1255, Bll. 58 ff.

According to Hirsch, the key was restoring the productivity of labor. The „present flood of money" would have to be soaked up by levying heavy taxes on wealth and property. Production could be encouraged by maintaining the Ministry of Food's „linked economy" *(gebundene Wirtschaft)*, which tried to coordinate food price increases to industrial wage levels. Otherwise productivity was dependent on an adequate supply of food for the workers, and without a restoration of production, prices would continue to rise.[50] Although there were several *Planwirtschaft* proposals advanced at the session, the sole practical measure was the food subsidy program.

In September Schmidt announced a set of policy guidelines designed to coordinate the Ministry of Economics' policies with Erzberger's efforts to balance the budget. Schmidt thought that the way to stop inflation was to „halt the constant rise in prices, which is synonymous with the constant depreciation of our currency." To achieve a stabilization of the currency, he proposed a four point program: 1) control the supply of money to reflect more closely the actual level of industrial production; 2) regulate industrial wages and prices along the lines of the Ministry of Food's price controls over agriculture; 3) improve the allocation of investment resources, if necessary by forming mixed ventures between the government and private industry; and 4) reduce food subsidies along planned guidelines as soon as possible.[51]

These guidelines were established merely to focus attention on the issues that Schmidt thought were most crucial to halting the inflation. Unlike Wissell, who tried to impose a plan on economic development, Schmidt thought that trying to plan the economy towards far-reaching goals was impossible in 1919 due to a „lack of clarity concerning the tendencies of economic development" after the war.[52] He hoped to control imports by means of quotas, but he realized that the ‚gap in the West' rendered any rational foreign trade policy hopeless due to the lack of a tariff barrier. Schmidt tried to loosen up export controls further by setting up a Dictatorial Committee on imports and exports in the Ministry of Economics so that foreign trade licenses could be approved more quickly.[53]

[50] *Ibid.*
[51] Wirtschaftspolitische Richtlinie. RWM, BA R 43 I/1127, Bll. 248ff., pp. 5—7.
[52] *Op. cit.*, p. 1.
[53] RWM to RK (30. 7. 1919), BA R 43 I/1191, Bl. 16.

Part and parcel of the Bauer-Schmidt program was the expectation that foreign credit would become available to Germany after the signing of the peace treaty.[54] When it became clear that there would be no large scale credits forthcoming to help finance imports, Schmidt postponed any further liberalization of foreign trade. As the inflationary spurt of the autumn of 1919 began to accelerate rapidly, the collapse of the Mark threatened the Ministry of Food's import plan and reduced the effectiveness of its subsidies. Initially Schmidt tried to postpone further imports of food until the Mark stabilized, fearing that large scale purchases abroad would only exacerbate the depreciation of the Mark. Imports, however, soon became indispensable due to the resistance of farmers to Schmidt's decision to continue the *Zwangswirtschaft.* When deliveries of food to the Ministry of Food lagged in November and December, Schmidt was forced to raise domestic food prices and resume imports. Despite stringent opposition from both farmers and the Prussian Ministry of Agriculture, Schmidt argued forcefully that the *Zwangswirtschaft* had to be maintained in order to keep food prices down and reduce the amount of food Germany had to import.[55] By the end of the 1919/20 harvest, however, it was clear that the scope of imports necessary to feed the population was larger than anyone had anticipated. To pay for the imports without harming the Mark, the collection and distribution of foreign exchange within the government were coordinated, in order to accumulate a reserve with which the exchange rate could be influenced.[56]

The real problem was foreign trade. Examining foreign trade statistics and production indexes, Schmidt and Hirsch concluded that the economy was starting to recover in late 1919. Export prices, however, were not climbing with the depreciation of the Mark. Although the volume of exports was rising, suggesting a trade surplus, the value of exports remained low due to „dumping" prices. Low export prices of course helped Germany capture markets abroad, but the low prices relative to the rapid rise of import prices led to a passive balance of payments that only spurred the inflation onwards. To remedy this situation, Schmidt and Hirsch announced their intention in October to

[54] RFM to RK, BA R 43 I/1172, Bll. 68 ff.

[55] Robert Schmidt, *Der Abbau der Zwangswirtschaft,* in: *Vorwärts,* 473 M (16. 9. 1919); also see fn. 34.

[56] Georg Gradnauer/Robert Schmidt, *Die deutsche Volkswirtschaft. Eine Einführung,* Berlin 1921, p. 205.

enact export price controls to force German exporters to factor their prices up to world market levels. At the same time, export profits derived from the difference between German production costs and world prices created by the depreciation of the Mark would be taxed by means of an export toll.[57]

After the export controls were completed in talks with the *Zentralarbeitsgemeinschaft*, Schmidt presented them for the cabinet's approval on 1 December 1919. Since industry wanted to tighten up its cartel agreements, the price factoring presented no problem. Schmidt's plan to tax export profits, however, provoked a bitter controversy.[58] Schmidt argued from the „higher point of view" of the national interest that exports profits made on the depreciation of the Mark should be returned to the national economy and not left in the hands of speculators.[59] Industry, using its influence with Erzberger and the Reichsbank, argued that the tolls would throttle the export boom.[60] When Erzberger tried to force a reconsideration of Schmidt's program in the cabinet, Bauer staunchly defended Schmidt and expressed his anger at Erzberger's maneuver against a previous decision of the government.[61] However, Schmidt had problems getting the export toll accepted by the National Assembly and had to settle for a watered-down version of the export toll in mid-1920.[62]

[57] *Zum Programm des Reichswirtschaftsministeriums,* Berlin 1919, RWM to RK (20. 10. 1919), BA R 43 I/1128. Also compare the monthly volume of foreign trade in 1919/20 in Costantino Bresciani-Turroni, *The Economics of Inflation. A Study of Currency Depreciation in Post-War Germany, 1914—1923,* trans. M. E. Sayer, London 1968, p. 448, to the value of foreign trade in J. Kuczynski, *Die Geschichte der Lage*... [see note 18], vol. 15, p. 32.

[58] G. Gradnauer/R. Schmidt, *Die deutsche Volkswirtschaft*... [see note 56], pp. 198 ff.; Julius Hirsch, *Das deutsche Wirtschaftsprogramm und die Reichsfinanzen. Ein Gespräch mit Professor Dr. Julius Hirsch,* Berlin 1919, p. 54; Gerald D. Feldman, *Iron and Steel in the German Inflation 1916—1923,* Princeton 1977, pp. 187—195.

[59] Raumer to Sämisch (24. 11. 1919), BA NL Sämisch, Nr. 67, Bll. 40—48.

[60] RFM to RK (5. 12. 1919), BA R 43 I/1172, Bll. 147 ff. G. D. Feldman offers a different interpretation in *Iron and Steel*... [see note 58], p. 191.

[61] Tagbuch (10. 12. 1919), BA NL Koch-Weser, Nr. 16, Bll. 415 ff.

[62] G. D. Feldman, *Iron and Steel*... [see note 58], pp. 191 ff.; Trendelenburg to Wissell (5. 5. 1920), BA NL Wissell, Nr. 19.

III

Robert Schmidt and the Partial Stabilization of 1919/20

In early 1920 the Mark suddenly began to improve and continued to improve throughout most of the spring. Schmidt did not think the December trade controls were responsible for this relative stabilization of the Mark.[63] The *general* program of stabilization outlined by Schmidt and Hirsch, however, did help to break up the inflationary spiral in early 1920: Erzberger's fiscal reforms began to draw in revenues, reducing the Reich's need to rely on deficit spending; the Reichsbank took measures to slow the growth of the money supply; and a settlement of the ‚gap in the West' was reached with the British.[64] An additional factor behind the improvement of the Mark was a sudden interest by foreign speculators and investors in Germany due to the low price of the Mark relative to other currencies. Growing exports and careful monitoring of exchange spending by the government helped produced a rise of the price of the Mark on the international exchanges as foreign capital flowed into Germany.[65]

Several historians, however, have argued that it was the December trade controls that were responsible for choking off the inflationary spurt. Hans Schieck in his pioneering dissertation argued that the

[63] SPD, *Protokoll der Sitzung des Parteivorstandes, des Parteiausschusses und der Parteiredakteure am 27. Januar 1920 im Reichstag*, Berlin n. d., pp. 37—38.

[64] On the Schmidt-Hirsch guidelines for stabilization, see fns. 49, 51, and 53. Also see RB to RK (31. 12. 1919), Bll. 3—37, and RB to RK (31. 12. 1919), Bll. 37ff., BA R 43 I/2432; RWM to AA (20. 2. 1920), AA to RWM (30. 3. 1920), Aufzeichnung (6. 4. 1920), PA/AA, Unterstaatssekretär für Wirtschaft, 1 A: Loch im Westen. On Erzberger's taxes, see Klaus Epstein, *Matthias Erzberger and the Dilemma of German Democracy*, Princeton 1959, pp. 333—348.

[65] Gerald D. Feldman, *The Political Economy of Germany's Relative Stabilization during the 1920/21 World Depression*, in: Gerald D. Feldman/Carl-Ludwig Holtfrerich/Gerhard A. Ritter/Peter-Christian Witt (eds.), *Die deutsche Inflation. Eine Zwischenbilanz. The German Inflation Reconsidered. A Preliminary Balance* (= Veröffentlichungen der Historischen Kommission zu Berlin, vol. 54. Beiträge zu Inflation und Wiederaufbau in Deutschland und Europa 1914—1924, vol. 1), Berlin-New York 1982, pp. 182—187; Derek Aldcroft, *Die zwanziger Jahre. Von Versailles zur Wall Street 1919—1929* (= dtv-Geschichte der Weltwirtschaft im 20. Jahrhundert, vol. 3), trans., München 1978, pp. 81—96; Denkschrift Andreae über die Besserung des Markkurses im Ausland (14. 4. 1920), BA NL Le Suire, vol. 81. Schmidt argued earlier that the collapse of the Mark was due to the general financial problems of Germany, RWM to RB (9. 12. 1919), BA R 43 I/2444, Bll. 10ff.

inflation of 1919 was primarily the result of a zig-zag course in the SPD's economic policies. According to Schieck, after the SPD failed to enact either socialization or the *Planwirtschaft*, Schmidt and Bauer had removed economic controls; however, the removal of controls caused the wave of currency depreciation, forcing Schmidt and Bauer to restore controls in December.[66] In his general line of analysis, Schieck echoed Wissell's criticisms of Schmidt, as other historians have also done.[67]

The argument that the SPD's economic policy went from controls to de-control back to controls has led to the notion that the SPD's economic policies were incoherent and indecisive. This interpretation, I contend, is misleading. In the first place Schieck confused the controls that were removed and allegedly reinstated with the December controls; moreover, he overlooked the basic continuity of Schmidt's foreign trade policies. The controls that were removed following the defeat of the *Planwirtschaft* were the controls over foreign exchange. But these controls were wholly ineffective, a point which Wissell himself conceded. Wissell cared little about these controls in themselves; he simply used the removal of the defunct controls as an excuse to bring the *Planwirtschaft* onto the Scheidemann government's agenda, thinking that the Reichsbank would support strict controls over foreign trade as a means of protecting the Mark.[68] As it was, the decision to remove the exchange controls was taken so that the volume of exchange on the black market would be reduced. This led to an increase in the monthly flow of foreign exchange to the Reichsbank from 25 million Mk to 105 million Mk, thereby greatly easing the threat to the gold reserve.[69] Moreover, the controls that were enacted after December 1919 were not the old controls restored; on the contrary, they were the

[66] H. Schieck, *Der Kampf*... [see note 1], pp. 261—262.

[67] Wissell to SPD-Fraktion, Fraktionsprotokolle der SPD, II (9. 12. 1919), International Instituut voor Sociale Geschiedenis, Amsterdam; Rudolf Wissell, *Freies Spiel der Kräfte*, in: *Sozialistische Monatshefte*, 25 (20. 10. 1919), pp. 960—965; Moellendorff (?) to Georg Bernhard (15. 8. 1919), BA NL Moellendorff, vol. 20; D. E. Barclay, *A Prussian Socialism?*... [see note 2], in: *Central European History*, 11 (1978), Nr. 1, pp. 78—79. G. D. Feldman, *Iron and Steel*... [see note 58], pp. 108—109.

[68] Wissell to Scheidemann (6. 6. 1919), Bl. 10, and Wissell to RK (26. 6. 1919), Bl. 40, BA R 43 I/1191; RWM to RK (11. 7. 1919), BA NL Moellendorff, vol. 153; zur Frage der Aufrechterhaltung der Devisenordnung, 17958/9, BA NL Wissell, vol. 109.

[69] According to Schmidt in SPD, *Protokoll der Sitzung des Parteivorstandes, Parteiausschusses und der Parteiredakteure vom 27. 1. 20 im Reichstag*..., p. 38.

Foreign Trade Bureaus that Wissell and Moellendorff had sketched out, but which Ernst von Trendelenburg only finished after negotiations with the *Zentralarbeitsgemeinschaft* were held in the fall of 1919.[70] The December regulations affected exports; the measures of de-control enacted by Bauer and Schmidt after Wissell's fall concerned imports for the most part and were left unchanged.[71] Finally, it is very doubtful that the inflationary spurt was caused by the Bauer-Schmidt program. The inflation had been rolling steadily throughout 1919. It was primarily the end of the blockade, smuggling in the Rhineland, and the restoration of ‚normal' trading relations after the signing of the Treaty of Versailles that left the bloated money supply exposed to a wave of foreign speculation against the Mark. When the foreign speculators suddenly became interested in the Mark in 1920, the situation changed to Germany's benefit. Certainly Schmidt's policies encouraging production and exports had a strong positive effect against inflation, for as economic activity improved, foreign capital began to flow into Germany, relieving pressure on the Mark.

Formulating the interpretive debate around the issue of control versus de-control is not terribly useful in dealing with the SPD's policies in 1919. Wissell, it must be kept in mind, did not reflect the mainstream of his party. As Hermann Molkenbuhr, the aged veteran of the SPD Executive, noted in his reflections on the party leaders during the early Weimar Republic, it had been a mistake to put Wissell in the Ministry of Economics. Molkenbuhr thought Wissell would have done better in the Ministry of Labor. Instead of evolving a practical economic policy, Wissell had sat around with Moellendorff and „conjured up" *(ausklügeln)* abstract plans that had little application in the present.[72] For Molkenbuhr and the SPD as a whole, the important thing was to get some practical results in 1919 before Germany's industrial society collapsed into chaos.

[70] Zur Frage der Außenhandelskontrolle. Trendelenburg (6. 11. 1919), BA NL Le Suire, vol. 87.

[71] Hirsch concluded that „the guidelines which were laid down in September for an import policy should not be fundamentally altered, especially as concerns the import of food and industrial raw materials", Ergebnis der Besprechung von Ein- und Ausfuhrfragen am 18. 11. 1919 im RWM, Bl. 140, p. 9, BA R 43 I/1172. Compare to Niederschrift über die Sitzung am 4. 9. 1919 über die Regelung der Aus- und Einfuhr, BA R 43 I/1172, Bll. 66ff. for the continuity in Schmidt's foreign trade policies.

[72] FES, NL Molkenbuhr, IV (12. 4. 1921).

It is certainly very misleading to characterize Schmidt as a proponent of de-control. It is true that Schmidt permitted some ‚experiments' in de-control when he was Minister of Food in early 1919. These, however, were designed primarily as concessions to proponents of de-control within the Ministry of Food and did not reflect Schmidt's personal views. Schmidt always referred to the ‚experiments' as failures that proved the need for the *Zwangswirtschaft*'s controls over the price, production, and distribution of food. Until supply could meet demand, Schmidt was thoroughly convinced of the necessity of the *Zwangswirtschaft* in 1919/20, a point he contested sharply with Otto Braun, the SPD Minister of Agriculture in Prussia, who favored ending controls over agricultural production in the summer of 1919.[73]

The same may be said for Schmidt's notion of trade controls. He hoped by removing controls that restricted exports and hindered imports of food or raw materials, such as cotton, wool, and tobacco that were necessary for German industries, he could stimulate foreign trade and attain full employment. However, Schmidt thought free trade was out of the question in 1919. Food imports were carefully monitored by the Food Ministry through a central administration of both domestic and imported supplies in order to ensure an equal distribution at fixed prices. As long as domestic prices remained below world prices, Schmidt thought controls had to be maintained in order to prevent a catastrophic burst of inflation that would disrupt the gradual recovery of production: „Keep in mind that we are coming out of an impoverished economy from which every further shock must be kept far away. Thus, a coupling of the domestic market onto the price structure of the world market would be economically and politically catastrophic in its effects. With a great deal of effort, we have managed a modest stability in coal production. From other sectors of the economy, I have heard that a willingness to work has gradually returned. The general awakening of production cannot be jeopardized for any reason by rash experi-

[73] M. Schumacher, *Land und Politik*... [see note 10], pp. 136—143. See also fns. 30 and 51 and Schmidt's speech to *NV*, vol. 331, 119. Sitzung (26. 11. 1919), pp. 3761 ff. Schmidt was adamant that the *Zwangswirtschaft* be preserved through 1920. By early 1920, however, there was dwindling support from the SPD and the Weimar Coalition for such a tough stance against agriculture. See BA NL Koch-Weser, Nr. 16 (21. 1. 1920), Bl. 447, (13. 2. 1920), Bll. 471—472. See also Hagen Schulze, *Otto Braun oder Preußens demokratische Sendung. Eine Biographie* (= Eine Veröffentlichung der Stiftung Preußischer Kulturbesitz), Berlin 1977, pp. 274—278.

ments ... I have my sights set on nothing but the national economy of our people. This forces me to reject radical experiments ..."[74]

Schmidt, above all else, was a socialist with a sense for practical effectiveness. The SPD was primarily concerned in 1919 that the food supply be improved; therefore, the party put its most experienced economic practitioner, Robert Schmidt, in the Ministry of Food. Moreover, the party stayed behind Schmidt's economic policies in the course of 1919/20, despite Wissell's *fronde* and Otto Braun's attempt to take a different path. If removing some superfluous controls could increase the volume of exports, facilitate the food supply, and help restore the productivity of labor, the issue of control versus de-control was relatively unimportant to the party, as was made clear in its weak resistance to the dismantling of the *Zwangswirtschaft* in 1920.[75]

It is much more revealing, particularly if one is concerned with the development of the SPD's economic policies during the decade of inflation after 1914, to look at Schmidt's analysis of the situation of the German economy in 1919/20. Although he has often been characterized as fixated on the problems that the Treaty of Versailles posed to the German economy, Schmidt's understanding of the workings of the inflation was more insightful than historians have suspected. While most of his contemporaries tried to reduce the inflation to a single cause, usually a passive balance of payments caused by the Treaty of Versailles,[76] Schmidt thought inflation was caused by a combination of economic problems, including production, foreign trade, and monetary policy. In 1919 the problems of production and food were closely correlated. Schmidt understood that a stable currency was essential to halt the spiraling prices that led to labor unrest. Germany was depend-

[74] R. Schmidt, *Zum Programm*... [see note 57], p. 25.

[75] In theory, the SPD projected the wartime controls as a step towards socialism, thinking that the controls had become indispensable to capitalism; in practice, the party was ready to do what was necessary to relieve the economic crisis, regardless of whether it meant putting on or taking off controls. Usually this meant maintaining some level of control, while tougher controls were reduced. See Chap. 9 of my dissertation *The German Social Democrats*... [see note 5] for the party's debates over the *Zwangswirtschaft*.

[76] Karl Hardach, *Zur zeitgenössischen Debatte der Nationalökonomen über die Ursachen der deutschen Nachkriegsinflation*, in: Hans Mommsen/Dietmar Petzina/Bernd Weisbrod (eds.), *Industrielles System und politische Entwicklung in der Weimarer Republik* (= Verhandlungen eines Internationalen Symposiums in Bochum vom 12.—17. Juni 1973), Düsseldorf 1974, pp. 368—375.

ent on foreign supplies of food and raw materials. To keep the foreign foods within the purchasing power of the workers, import prices had to be held down. Industry would also benefit from less fluctuation in the exchange rates. Ultimately this meant stabilizing the Mark.[77] The SPD first drew this connection between food, foreign trade, and stabilization in its program for the ‚transition economy' in 1918; it continued to form a basic continuity in the party's economic policies in 1919/20 and was made even more explicit in Robert Schmidt's policies. Although in the later phases of the inflation, the emphasis shifted away from the issue of food to fiscal policy, the links between food, imports and exports, and the need for a stable currency as a prerequisite for ending the price spiral remained at the center of the SPD's economic policies.

Summary

Most studies of Social Democratic economic policies during the Revolution of 1918/19 and the early Weimar Republic have portrayed the SPD as indecisive, inconsistent, or injurious to working class interests. However, if one examines the practical economic policies which were formulated by Robert Schmidt and Gustav Bauer, two key SPD trade union leaders and ministers in the early Weimar coalition governments, a much different assessment of SPD policies emerges.

Socialization or its apparent alternative, the *Planwirtschaft*, played a relatively minor role in SPD economic policy formation. Much more important to the bulk of the party was solving the food crisis that had been inherited from the First World War. Aware that the Entente blockade had produced widespread exhaustion and malnutrition among the population, the SPD placed top priority on maintaining the existing administration of food supplies through rations while compre-

[77] The SPD's transition economics were sketched out at the Wuerzburg Party Congress in October 1917 and presented in a more distilled form in the *Aktionsprogramm* of May 1918. The basic problems were analyzed by Adolf Braun, *Zum Preis-, Lohn- und Arbeitsleistungsproblem in der Übergangswirtschaft*, in: *Archiv für Sozialwissenschaft und Sozialpolitik*, 45 (1918/19); see also Karl Kautsky, *Sozialdemokratische Bemerkungen zur Übergangswirtschaft*, Leipzig 1918, and Emmanuel Wurm, *Die Übergangswirtschaft und die Arbeiter* (= Vortrag gehalten in der Generalversammlung der Verwaltungsstelle Berlin des Deutschen Metallarbeiter-Verbandes am 12. Januar 1918), Berlin 1918. Chapter 5 of my dissertation *The German Social Democrats*... (cited in fn. 5) examines the SPD's thought on the ‚transition economy'.

hensive efforts were directed towards importing food to head off famine and economic collapse.

Importing food, however, meant that German exports and industrial production had to be boosted or at least preserved from further disruption; otherwise, Germany would quickly exhaust its gold reserves and descend into rapidly spiraling inflation. In order to stimulate exports and increase the amount of foreign exchange available for importation of food, Schmidt sought to loosen wartime restrictions over foreign trade and currency collection. By increasing the volume of exports and reducing the scope of the black market in foreign currencies, Schmidt was able to generate the means to pay for most of the food imports on current account. Simultaneously, Schmidt continued controls over agriculture in order to bring stability to food prices and improve both the quality and quantity of food in the rations.

Supported by his colleague, Gustav Bauer, Schmidt was able to prevail against his major opponent within the SPD, Rudolf Wissell. Whereas Wissell argued for tighter controls over foreign trade and rigorous collection of export earnings, Schmidt and Bauer wanted to stimulate the volume of foreign trade. After a burst of inflation in the late summer and fall of 1919, Schmidt's policies began to bear fruit. Stable food prices and improved nutrition resulted in better labor productivity and economic growth in late 1919 and early 1920. The result was a relative stabilization of the Mark.

The Bauer-Schmidt policy showed general characteristics of the SPD's understanding of the inflation. Orthodox in its approach to economic policy, the SPD sought to avoid any further disruption of production after the Revolution. Vague and abstract experiments in economic reform were avoided. Instead, the SPD concentrated on solving the complex and inter-related problems of labor exhaustion, food supplies, the balance of trade, and the bloated supply of money. In light of the food crisis and its relationship to foreign trade, the SPD's economic policies during 1919 and early 1920 reflected a continuity of purpose and priorities rather than inconsistency.

VERZEICHNIS DER MITARBEITER

AMBROSIUS, Gerold, Dr. phil., Priv.-Doz. (geb. 1949), Freie Universität Berlin

BARCLAY, David E., Ph. D. (geb. 1948), Professor of History, Kalamazoo, Michigan/USA

FELDMAN, Gerald D., Ph. D. (geb. 1937), Professor of History, University of California, Berkeley, Calif./USA

GEYER, Martin H., M. A. (geb. 1957), Universität München

HOLTFRERICH, Carl-Ludwig, Dr. phil. (geb. 1942), Professor am John F. Kennedy-Institut, Freie Universität Berlin

JAKSCH, Hans Jürgen, Dr. (geb. 1930), Professor am Alfred-Weber-Institut für Sozial- und Staatswissenschaften, Universität Heidelberg

KROHN, Claus-Dieter, Dr. (geb. 1941), Professor an der Hochschule Lüneburg

KUNZ, Andreas, Ph. D., Wiss. Assistent (geb. 1948), Freie Universität Berlin

MAI, Gunther, Dr. phil., Priv.-Doz. (geb. 1949), Universität Marburg

MATHEWS, William Carl, Ph. D. (geb. 1949), Assistant Professor of Modern European History, State University of New York/USA

NIEHUSS, Merith, Dr. phil., Akademische Rätin (geb. 1954), Universität München

RANFT, Norbert, Staatsexamen, Wiss. Mitarbeiter (geb. 1948), Universität Bochum

SCHOLZ, Robert, Staatsexamen (geb. 1950), Technische Universität Berlin

WEBB, Steven B., Ph. D. (geb. 1947), Professor of Economics, University of Michigan/USA

WITT, Peter-Christian, Dr. phil. (geb. 1943), Professor am Fachbereich Geschichte, Gesamthochschule Kassel

Kirchweg 33 ('Mittelhof'). D 1000 Berlin 38 (Nikolassee)

Bei Fragen zur Produktsicherheit wenden Sie sich bitte an:
If you have any questions regarding product safety,
please contact:

Walter de Gruyter GmbH
Genthiner Straße 13
10785 Berlin
productsafety@degruyterbrill.com